汽车电气结构与基础

主　编　徐　燕　袁　新　王　娟
副主编　肖　红　岳关举
主　审　唐德修　钟双勇

北京理工大学出版社
BEIJING INSTITUTE OF TECHNOLOGY PRESS

内容简介

为适应新工业革命背景下教学改革进程的需要，本书以讲汽车的电气结构为主线，系统简洁地引入了电路分析、模拟电子技术、数字电子技术等电工电子基础知识的内容，将电工电子基础知识与汽车电气专业知识相结合，共同构成了与汽车电气相适应的完整知识框架。本书共10个单元（含总论部分），主要内容包括：汽车电源系统、起动系统、点火系统、照明与信号系统、仪表与报警系统、空调系统、舒适与安全系统、娱乐信息与网络系统以及汽车全车电路分析等相关知识。

本书可作为应用型本科院校汽车类相关专业的规划教材，也可作为汽车行业就业群体、工程技术人员、职工培训的参考用书。

图书在版编目（CIP）数据

汽车电气结构与基础 / 徐燕，袁新，王娟主编. —北京：北京理工大学出版社，2017.8

ISBN 978-7-5682-4665-1

Ⅰ. ①汽…　Ⅱ. ①徐…　②袁…　③王…　Ⅲ. ①汽车-电气设备-结构-高等学校-教材　Ⅳ. ①U463.6

中国版本图书馆CIP数据核字（2017）第203226号

出版发行 / 北京理工大学出版社有限责任公司
社　　址 / 北京市海淀区中关村南大街5号
邮　　编 / 100081
电　　话 / (010) 68914775（总编室）
　　　　　(010) 82562903（教材售后服务热线）
　　　　　(010) 68948351（其他图书服务热线）
网　　址 / http：//www. bitpress. com. cn
经　　销 / 全国各地新华书店
印　　刷 / 三河市华骏印务包装有限公司
开　　本 / 787毫米×1092毫米　1/16
印　　张 / 23.5
字　　数 / 555千字
版　　次 / 2017年8月第1版　2017年8月第1次印刷
定　　价 / 79.00元

责任编辑 / 李秀梅
文案编辑 / 杜春英
责任校对 / 周瑞红
责任印制 / 李志强

图书出现印装质量问题，请拨打售后服务热线，本社负责调换

前言

PREFACE

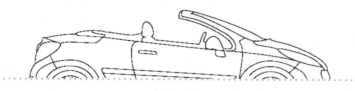

众所周知，人才是当今社会最宝贵的财富，是社会良性发展不可或缺的、至关重要的因素。高素质人才的培养有助于经济的可持续增长和社会的和谐发展。

随着科学技术的发展以及汽车技术的进步，特别是电子技术、计算机技术、控制技术在汽车上的广泛应用，现代汽车已经从最初的简单代步工具演变成集当代高新技术于一身的产物，它的控制系统、信息系统、显示系统用到了当今最先进的电子技术，要成为掌握现代汽车的专家，必须掌握汽车电气与电子技术的知识。而快速、正确地理解现代汽车这个集机、电、液、光于一体的高科技产物，是汽车教育、科研、生产、使用、维修等领域所有环节都十分重视并苦苦追求的目标，一部能适应汽车最新发展要求、适应现代教育发展、适合高校教学改革的教材的产生就成为生产力发展的必然。

本书所介绍的汽车电气结构与基础知识，是从事与汽车有关的技术人员必须掌握的内容。现代汽车的电气电子技术发展迅猛，不同车型又有不同的特点，任何书籍都不可能完全同步跟上这种步伐，而掌握最基础的知识是学习各种具体车型知识的平台，因为它们的基本原理是相同的。因此，本书在兼顾知识框架完整和学时有限的前提下，旨在突出新理论、新技术、新方法。全书以讲汽车的电气结构为主线，系统简洁地引入了电路分析、电磁感应原理、整流－滤波－稳压原理、晶体三极管、变压器、直流电动机、模数转换等电工电子基础知识的内容，将电工电子基础知识与汽车电气专业知识相结合，共同构成了与汽车电气相适应的完整知识框架。本书共 10 个单元（含总论部分），主要内容包括：汽车电源系统、起动系统、点火系统、照明与信号系统、仪表与报警系统、空调系统、舒适与安全系统、娱乐信息与网络系统以及汽车全车电路分析等相关知识。

“汽车电气结构与基础”是汽车类专业的一门重要专业基础课程。通过本课程的学习，学生能够掌握汽车电气设备的结构、原理、使用与维护等基础知识；能够读懂电路图，学会用电路图分析汽车电路的基本工作情况；能够正确选择和使用相关工具和仪器进行汽车电气部件和总成的维护；能够培养安全生产、文明生产及规范操作的职业意识，具备相应的实践能力、创新能力和职业素养。同时，为学生对后续学科的学习、分析、理解做铺垫，使学生具有适应工作岗位需要的专业能力和继续学习的可持续发展能力。

本书适用于应用型本科院校汽车类相关专业教学，可以根据学制、专业的不同灵活掌握讲授内容。书中每个单元的前导知识回顾——“电工电子基础知识内容”，对单独开设这些课程的专业可以作为复习总结用，对有些专业则可以不讲，对未单独开设，但学生又应当掌握的专业，可结合教学进程插入相关内容，使学生在学习汽车电气知识的同时，能结合电工电子基础知识加深理解。这部分内容在保持完整性的同时，尽量简略，目的是让读者对电工电子基础知识有一个整体认识，这部分内容讲解的深度由教师掌握。

本书由徐燕、袁新、王娟任主编，肖红、岳关举任副主编，唐德修、钟双勇任主审。其中，徐燕编写总论，单元二、三、四、五；袁新编写单元一；王娟编写单元八、九以及每个单元中的前导知识回顾部分；肖红编写单元六；岳关举编写单元七；全书由徐燕统稿。易小兰、刘春、周贵富、刘燕枚、姚柳、郭志庭、邹凤彬等同志为本书的成书做了相应的工作，本书在编写过程中还参阅了相应书籍与文献资料，在此一并表示感谢。

由于编者学识和水平有限，书中内容错漏之处在所难免，欢迎各位读者对书中的错误及不足提出修改意见和建议，敬请批评指正。

编　者

2017 年 4 月于成都

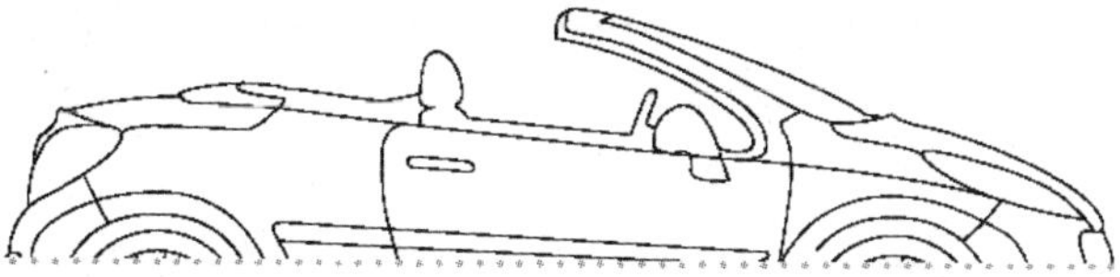

目录

CONTENTS

总论

本章学习目标

1. 知识目标

(1) 了解汽车电气系统的组成及特点。

(2) 了解汽车各常用基础元件的作用及特点。

(3) 了解熔断器盒中继电器及熔丝的分布规律。

(4) 了解各种常见维修工具和检测仪器的技术特点。

2. 能力目标

(1) 能操作点火开关及其他常见开关。

(2) 能检测熔丝、继电器及各种开关。

(3) 能熟练使用各种常见维修工具和检测仪器。

第一节　汽车电气设备的发展历程

汽车作为一种交通工具，自诞生已有100多年历史，其性能不断提高，功能不断完善，给人类的生活以及整个世界都带来了巨大的变化。汽车电气设备已经成为汽车越来越重要的组成部分，随着汽车技术的进步，汽车电气设备的结构与性能也在不断改进，特别是电子技术、计算机技术、控制技术在汽车上的广泛应用，在解决汽车行车安全、节能降耗、减少排放污染等方面起到重要作用，对汽车的动力性、经济性、排放水平、安全性、舒适性、可靠性产生越来越重要的影响。

在过去较长的一段时间内，汽车发展的最初阶段主要是以机械设备为主，除传统的点火系统外，汽车上几乎没有电气设备。20世纪60年代以后，随着电子技术的进步，汽车上开始大量采用电子设备，其主要标志是在汽车上使用了采用二极管整流技术将交流电变为直流电的交流发电机，此交流发电机的体积和质量小，工作可靠性较以往大幅提高；之后，又用电子电压调节器替代了传统的触点式电压调节器，使发电机的输出电压更加稳定，并减少了维护的工作量。

20世纪70年代至90年代中期，是汽车电子技术的大发展阶段，汽车采用的电子装置越来越多。特别是计算机技术的发展，给汽车电子控制技术带来了一场技术革命，其主要特征是电子装置代替机械部件，部分传统电气设备、发动机和底盘等许多机械部分实现微机控制。由于点火系统对汽油机的动力性、经济性和排放水平等有直接影响，因此，针对传统点火系统存在的不足，将电子技术应用在点火系统中，出现了电子控制高能点火系统——点火提前的电子控制系统，使点火能量有很大提高，点火提前控制更加精确，提高了汽车的动力性，降低了汽车的排放污染。为进一步降低汽车的排放污染和提高汽车整体性能，随之又出现了电控燃油喷射系统（EFI）、电控自动变速器（ECT）、防抱死制动系统（ABS）、电控转向、电控悬架、驾驶辅助装置、安全警报装置、通信和娱乐系统等。

进入21世纪后，随着汽车的大量应用，人们对汽车的安全性和舒适性要求越来越高，而现今汽车在机械结构方面已经非常完善，靠改变传统的机械结构和有关结构参数来提高汽车的性能已临近极限。但近年来，随着电子技术、计算机与网络技术、控制技术的发展，汽车电子控制已发展到一个新阶段，电子技术、电控技术已深入到汽车的各个部分，使汽车的整体性能得到大幅提高。当下，在新的产业经济环境下，新形势下的汽车产业正着眼于提升汽车的电子化、集成化、智能化水平，努力向着安全性、舒适性、低污染的方向发展。

第二节　汽车电气系统的组成与特点

一、汽车电气系统的组成

汽车电气系统作为汽车四大组成部分之一，在现代汽车上所占的比例越来越大。现代汽车电气系统的设备种类和数量繁多，但按照各自所起的作用不同，大致可以分为电源系统、用电设备和配电装置三大部分，如图0－1所示。

1. 电源系统

电源系统也称为充电系统，包括蓄电池、发电机、调节器及充电指示装置。其主要作用是给汽车各用电设备提供低压直流电能。发电机与蓄电池并联工作，发动机不工作时由蓄电池供电，发动机起动后，转由发电机供电。发电机给用电设备供电的同时，也给蓄电池充电。发电机配有调节器，其主要作用是在发电机转速变化时，自动保持发电机输出电压稳定。

2. 用电设备

（1）起动系统。该系统包括起动机及其控制电路，其作用是用于起动发动机。

（2）点火系统。该系统用于汽油发动机上，其任务是产生高压电火花点燃汽油发动机气缸内的可燃混合气。有传统点火系统和电子点火系统之分，主要包括点火线圈、点火器、分电器总成、火花塞等。

（3）照明系统。照明系统包括汽车内外各种照明灯及其控制装置，用来保证夜间行车安全。

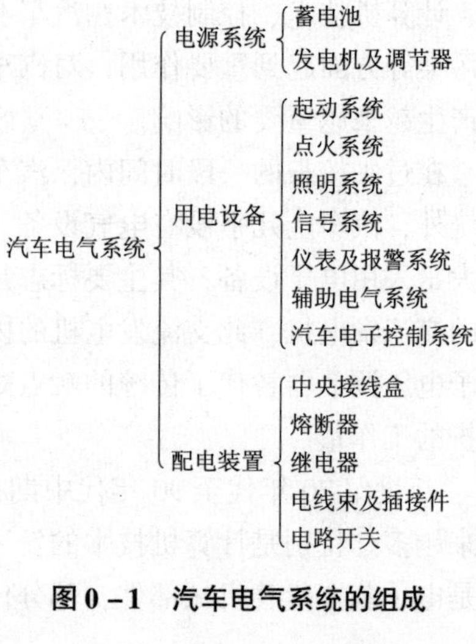

图0－1　汽车电气系统的组成

（4）信号系统。信号系统包括声、光信号及各种行车信号标识灯，用来保证车辆运行时的人车安全。

(5) 仪表及报警系统。仪表及报警系统包括各种电气仪表（电流表、电压表、机油压力表、水温表、燃油表、车速里程表、发动机转速表、气压表等）及警告灯，用来监测并显示汽车的运行参数，帮助驾驶人员及时发现汽车各种运行参数的异常情况，确保汽车正常运行。

(6) 辅助电气系统。辅助电气系统包括空调系统、电动刮水器、电动车窗、电动座椅、防盗系统、汽车音响系统、通信系统、车载网络系统等。其作用是给驾乘人员提供舒适的工作和乘坐环境。

(7) 汽车电子控制系统。汽车电子控制系统又称微机控制系统，包括汽车的动力传动控制、底盘行驶控制、车身控制和信息与通信控制等。随着现代汽车技术的发展，各控制系统由独立变成相互联系，构成了汽车局域网络。其作用主要是解决目前汽车使用所面临的安全、环保、能源问题和提高行驶汽车的动力性、舒适性。

3. 配电装置

配电装置包括中央接线盒、熔断器、继电器、电线束及插接件、电路开关等，使全车电路构成一个统一的整体。

二、汽车电气系统的特点

1. 汽车电气设备的基本特点

现代汽车电气设备繁多，但具有以下五个共同特点：

(1) 两个电源。两个电源指蓄电池和发电机，汽车所有设备均与蓄电池、发电机并联。发电机为主电源，主要提供汽车运行时各用电设备用电；蓄电池为辅助电源，主要提供起动机用电。

(2) 低压直流。汽车电气系统的额定电压主要有 12 V 和 24 V 两种，汽油车普遍采用 12 V 电源，重型柴油车和客车多采用 24 V 电源。目前，随着汽车技术的发展，一些汽车在引入混合动力技术后，越来越多大功率部件对提高电压提出了紧迫需求，因此在混合动力汽车中还加装有 48 V 的电源系统。

(3) 并联单线。汽车用电设备较多，但均采用并联电路，从电源正极到用电设备只使用一根导线连接，另一根导线由发动机机体或汽车车身作为一根共用导线来代替。作为回路连接方式，单线制不仅节约导线，使线路简化、清晰，而且便于安装和检修。安装在钣金件上、挂车上或非金属车厢板上的电气设备则一般采用双线制。

(4) 负极搭铁。采用单线制时，蓄电池的一个电极接到车身上，俗称“搭铁”。蓄电池的负极与车身相连称为负极搭铁；反之，若蓄电池的正极与车身相连则称为正极搭铁。为减少蓄电池电缆铜端子在车架、车身连接处的电化学腐蚀，提高搭铁可靠性，统一标准。按国际通行的做法和我国国家标准规定，汽车电气系统采用单线制时，必须统一电源负极搭铁，以便于汽车电子设备的生产、使用和维修。

(5) 装有大电流用电设备控制装置和保险装置。汽车中有许多通过大电流的设备，如起动机、电喇叭等。这些设备工作时的电流很大，如起动机的工作电流一般在 100 ~ 200 A，如果直接用开关控制它们的工作状态，往往在早期就会使控制开关损坏。所以对大电流用电设备的控制往往采用加中间继电器的方法，即通过继电器触点的断开与闭合来控制大电流用电设备的工作状态。与此同时，为了防止电路或元件因为搭铁或短路而烧坏线束和用电设备，电路中安装有熔断装置，起防止短路和过载保护作用。

2. 汽车电气设备的使用特点

汽车电气设备在使用的过程中，环境对其影响很大，具体有以下几个方面。

1）温度与湿度的影响

（1）温度的影响：指外界环境温度和条件使用温度。外界环境温度的变化范围较大，为 -40 ~ 50 ℃；条件使用温度与电子设备的布局位置、自身发热、散热条件和汽车工作时间长短等条件有关。发动机的温度可达 100 ℃以上，排气管内温度可达 600 ℃以上。对电子元器件来讲，外界环境温度和条件使用温度的变化大，将会造成电子元器件的过热损坏等现象。

（2）湿度的影响：特别是南方阴雨连绵的季节，空气中水分对电子产品的浸润作用，会引起电子元器件的绝缘性能下降，加速老化。

2）电压波动的影响

正常情况下，汽车电源电压是波动的。

（1）一种是正常范围内的波动，如低温起动时蓄电池电压可从 12 V 降低到 6 ~ 8 V；而发电机高速运转时，电压可高达 14.5 V。

（2）瞬间过电压。汽车电气设备在使用过程中的开关过程、触点断合、点火脉冲等动作会由于电磁感应而在短时间内产生较高电压，称为脉冲电压，又称瞬时过电压。瞬时过电压的峰值很高，但持续时间短，对强电设备危害不大，但对微电子设备及元件危害较大。因此，在使用有电子控制装置的汽车时，需特别注意瞬时过电压的产生及预防。

3）无线电干扰的影响

现代汽车上的各个电器工作方式不同，它们之间会以不同的方式彼此干扰。通常将汽车电器在车上共同工作而不干扰其他电器的正常工作，并能抵抗其他电器干扰的能力称为汽车电器相容性，所以要求电器相容性好。任何因素激发出的电路振荡，都会通过导线等以电磁波的形式发射出去，不仅干扰收音机、通信设备，而且对车上高频声响电子系统也会产生电磁干扰。此外，由车外收发两用机之类的无线电设备、雷达、广播电台等发射的无线电波也会干扰汽车上的仪器，使电子控制装置失控。因此，汽车上应采用良好的电磁屏蔽措施，确保电气设备正常工作。

4）振动与冲击

汽车行驶中难免会有振动或受冲击，这对电子设备的破坏是机械性的，会造成脱线、脱焊、触点抖动、搭铁不良等。另外，行驶中尘埃、有害气体的侵蚀也会导致绝缘不良、接触不良等，均会使工作可靠性变差。

第三节 汽车电气系统电路常用的基础元件

电路是为实现某种需要，由若干电气元件按一定方式相互连接起来的组合，或者可以简单地理解为电路就是电流所流通的路径。一般的电路是用导线连接而成的，故又称为线路。

电路的结构形式，按所实现的任务不同而多种多样，但大都由电源、负载和中间环节三个基本部分组成。

（1）电源。电源（信号源）是将其他形式的能量或信号转换为电能或电信号的装置。例如，汽车上有两个电源：一是蓄电池，它将化学能转换为电能；二是交流发电机，它将发动机旋转的机械能转换为电能。传感器将非电量信号转换为电信号等。

（2）负载。负载是取用电能，并将电能转换为其他形式能量的装置，也称为用电设备。例如，电动机将电能转换为机械能，扬声器将音频信号转换为声音，等等。

（3）中间环节。中间环节主要是指把电源和负载连接起来的部分，这部分构成电流通路，起着传递和控制电能的作用。连接电源与负载之间的中间环节是传送、控制电能或电信号的部分，它包括连接导线、控制电器和保护元件（开关、熔断器）等。

汽车电路是用选定的导线将全车所有的电气设备相互连接成电路，构成一个完整的供、用电系统。主要用来实现两个方面的功能：一是实现能量的传输、分配和转换，例如，在汽车前照灯（俗称大灯）电路中，电路将蓄电池或者发电机的电能送给负载前照灯，而前照灯将电能转换为光能；二是实现信号的传递与处理，例如，在汽车发动机燃油喷射控制系统的电路中，传感器电路将反映发动机各种工况的非电量信号转换为电信号送给控制器（ECU），而控制器电路按照预先存储的控制程序对输入的电信号加以运算、判断、处理，最后输出控制信号给喷油器，从而精确地控制喷油量。

组成汽车电气系统电路的元器件种类繁多，而此处所讲汽车电路的基本元件主要是指导线、线束、保险装置（熔断器、易熔线、断路器）、插接器、继电器与各种车用开关等，它们是汽车全车电路中最常用的基础元件。

一、导线

导线是汽车电气系统最基础的组成部分，有低压导线和高压导线之分。低压导线又分为普通导线、起动电缆、搭铁电缆三种；高压导线又分为铜芯线和阻尼线两种。

在不同的汽车电路中，对导线的尺寸和所用材料的要求也不一样，它们各自都有严格的标准规定，主要是根据通过电流的大小、导线的绝缘和机械强度三个方面的要求进行选择。

普通低压导线为铜质多丝软线，根据外皮绝缘包层的材料不同又分为 QVR 型（聚氯乙烯绝缘包层）和 QFR 型（聚氯乙烯－丁腈复合绝缘包层）两种。这两种导线的横截面面积主要根据用电设备的工作电流进行选择。但对于功率较小的电气设备而言，若仅根据工作电流的大小选择导线，那么由于其横截面面积小、机械强度低，就会使导线很容易折断。因此，汽车电气系统中所用的导线截面积最小不得小于 0.5 mm^2。汽车用低压导线允许负载电流值如表 0－1 所示。汽车 12 V 电系主要线路导线标称截面积推荐值如表 0－2 所示。

表 0－1　低压导线标称截面积允许负载电流值

导线标称截面积/mm^2	1.0	1.5	2.5	3.0	4.0	6.0	10.0	13.0
允许负载电流值/A	11	14	20	22	25	35	50	60

表 0-2 汽车 12 V 电系主要线路导线标称截面积推荐值

额定电压/V	标称截面积/mm^2	用途
12	0.5	指示灯、仪表灯、顶灯、尾灯、牌照灯、燃油表、刮水器、水温表等电路
	0.8	转向灯、制动灯、停车灯、分电器等电路
	1.0	前照灯、电喇叭（3 A 以下）电路
	1.5	前照灯、电喇叭（3 A 以上）电路
	1.5~4.0	其他 5 A 以上线路的连接导线的电路
	4~6	柴油机电热器塞电路
	6~25	电源电路
	16~95	起动机电路
注：标称截面积是指经过换算而统一规定的线芯截面积，不是实际线芯的几何面积，也不是各股线芯几何面积之和。		

蓄电池搭铁电缆又称搭铁线，是由铜丝编织成的扁形软铜线。目前，国产汽车常用搭铁线长度有 300 mm、450 mm、600 mm、760 mm 四种。起动电缆是指连接蓄电池正极与起动机电源端子之间的电缆，其横截面面积有 25 mm^2、35 mm^2、70 mm^2 等多种规格，允许电流高达 500~1 000 A。

高压导线用来传送高电压，由于工作电压很高、工作电流强度较小，因此高压导线的绝缘包层很厚、线芯截面积很小，但耐压性能很好。高压导线主要用于汽油车点火系统点火线圈至火花塞之间的电路中，一般耐压值在 30 kV 以上，它在点火系统中承担高压电输送任务。按线芯不同，可分为普通铜芯高压线和阻尼高压线两种。带阻尼的高压线可抑制和衰减点火系统产生的高频电磁波，减少对无线电设备和电控装置的干扰。

为了便于维修，连接各设备的导线常以不同的颜色加以区分。其中，截面积在 4 mm^2 以上的导线采用单色线，而截面积在 4 mm^2 以下的导线均采用双色线，搭铁线均用黑色线。汽车电气系统各导线的主色如表 0-3 所示。

表 0-3 汽车电气系统各导线的主色

序号	系统名称	导线主色	代号
1	电源系统	红	R
2	起动与点火系统	白	W
3	灯光照明系统	蓝	Bl
4	灯光信号系统	绿	G
5	车身内部照明系统	黄	Y
6	仪表、喇叭和报警系统	棕	Br
7	收音机、点烟器等辅助电气系统	紫	V
8	各种辅助电动机及电气操作系统	灰	Gr

二、线束

随着汽车电气设备的增多，导线的数量不断增加，为了使全车线路规整、安装方便及保护导线的绝缘，汽车上的全车线路除高压导线、蓄电池搭铁电缆和起动线外，一般将同区域、不同规格的导线用棉纱或薄聚氯乙烯带编织、缠绕包扎成束，又称为线束。

汽车线束由导线、端子、插接器插头、护套等组成。一辆汽车的线束常分为发动机线束、仪表线束、车身线束等分线束。在安装汽车线束时，通常先将仪表板、各开关连接好，然后再往汽车上安装。各分线束之间、线束与终端电气设备之间的连接采用插接器，在连接时根据插接器的规格、形状、颜色和导线颜色等分别连接到相应的电器上，每个线头连接都必须牢固、可靠，且接触良好。线束穿过洞口或绕过锐角处都应有护套管保护，在线束布置过程中不要拉得太紧，线束位置确定后，应用卡簧或绊钉固定，以免松动损坏。汽车线束如图 0－2 所示。

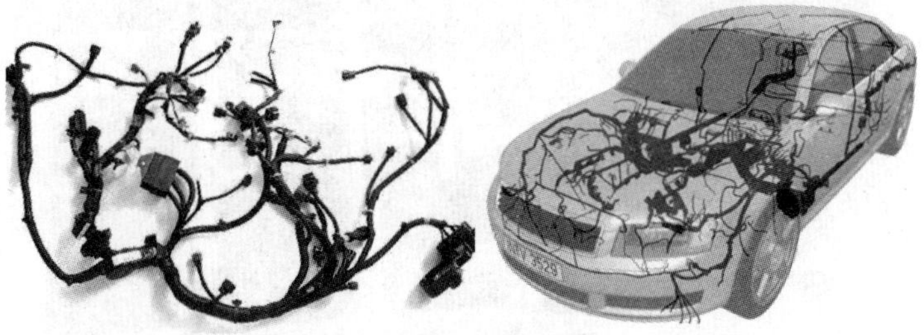

图 0－2　汽车线束

三、保险装置

汽车上使用的线路保护装置有熔断器、易熔线、断路器三种。

1. 熔断器

熔断器又称为保险管或保险，串联在电源与用电设备之间的线路中，其功用是在电气系统发生过载或短路时，熔断器的熔丝自身发热而熔断，从而自动切断电路，防止烧坏电路连接导线和电气设备，把故障限制在最小范围内。常见的熔断器外形如图 0－3 所示。

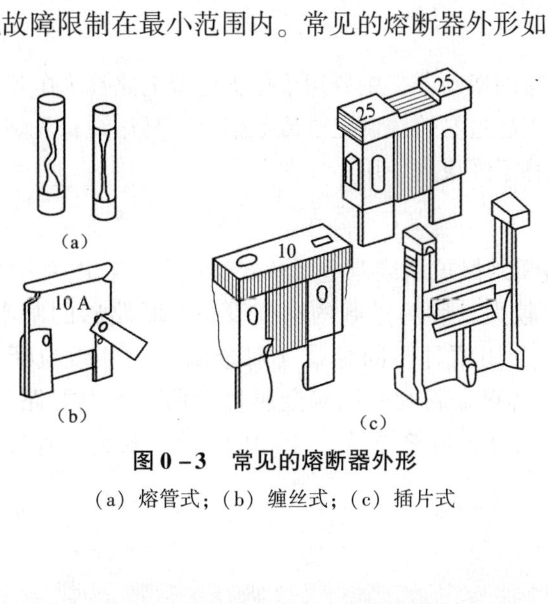

图 0－3　常见的熔断器外形

(a) 熔管式；(b) 缠丝式；(c) 插片式

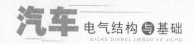

通常情况下，熔断器集中安装，即将很多熔断器组合在一起安装在熔断器盒内，并在熔断器盒盖上注明各熔断器的名称、额定容量和位置。汽车熔断器盒如图 0－4 所示。

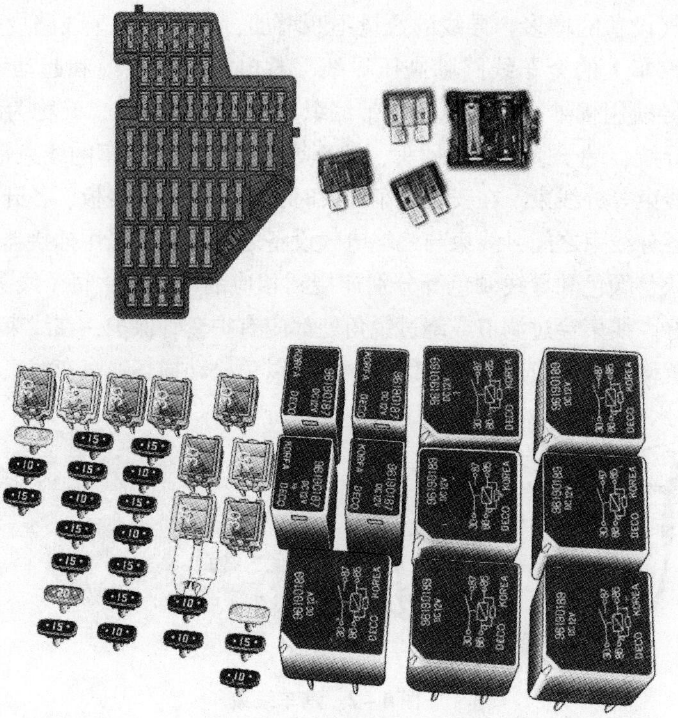

图 0－4　汽车熔断器盒

熔断器在使用中应注意以下事项：

（1）熔断器熔断后，必须查明故障原因，彻底排除故障。

（2）更换熔丝时，一定要用与原规格相同的熔断器。

（3）熔断器支架与熔断器接触不良会产生电压降和发热现象。安装时要保证熔断器与熔断器支架接触良好，如果发现支架有氧化现象或脏污，必须及时清理。

（4）汽车上增加用电设备时，不要随意改用容量大的熔断器，最好另外再安装熔断器。

2．易熔线

易熔线是一种大容量的熔断器，主要用于保护电源电路和大电流电路，通常连接在被保护线路的起始端。当电流超过易熔线额定电流数倍时，易熔线首先熔断，避免线路或电气设备损坏。易熔线不能绑扎于线束内使用。

3．断路器

断路器又称为电路断路保护器或双金属片式熔断器，在电路中主要用于保护刮水电动机、门锁电动机等电流较大、容易过载的电气设备。断路器的基本组成是一对受热敏双金属片控制的触点，它利用两种不同金属（双金属）的热效应断开电路，如图 0－5 所示。如果额外的电流经过双金属片，则双金属片弯曲，触点开路，阻止电流通过。当断路器冷却时，触点再次闭合，电路导通。当无电流时，双金属片冷却而使电路重新闭合，断路器复位。

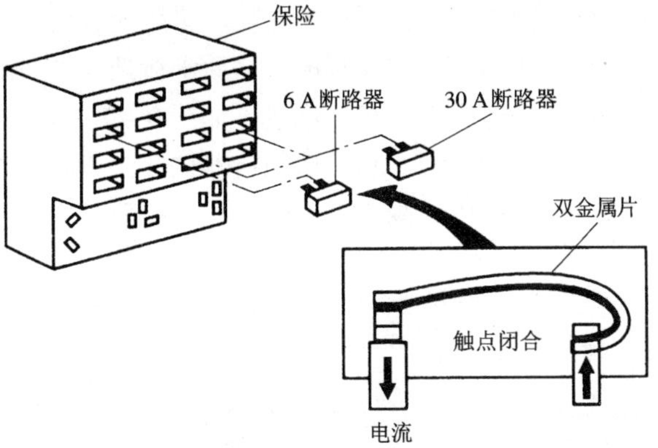

图 0-5　断路器

与易熔线和熔断器相比，断路器具有可重复使用的特点。按断路器作用后的恢复形式不同，可分为一次作用式和多次作用式两种。

一次作用式断路器在电气设备过载或电路发生短路故障时，双金属片受热变形使触点自动断开将电路切断。待故障排除后，按压一次双金属片复位按钮，电路即可恢复正常。多次作用式断路器又称为自动恢复式断路器，在电气设备过载或电路发生短路故障时，双金属片受热变形使触点自动断开将电路切断。当触点断开后，双金属片逐渐冷却就会恢复变形，使触点重新闭合将电路接通。多次作用式断路器可用于控制前照灯、车窗玻璃升降电动机、刮水电动机等容易过载的电器线路。

四、插接器

插接器又称为连接器，是一种连接线束或电气设备的装置，由插头和插座组成。现代汽车上的线束由发动机、车身、仪表等的分线束组成，在分线束与分线束之间、线束与终端电气设备之间就采用插接器来连接。因其连接可靠、检修方便，在现代汽车电路上得到广泛应用。

插接器由导线端子与塑料壳体或橡胶壳体组成。为了避免装配和安装中出现差错，把插接器制成不同型号规格、不同颜色形状来加以区分。根据线束连接的需要，插接器有单路式、双路式和多路式几种。插接器的符号和实物如图 0-6 所示。

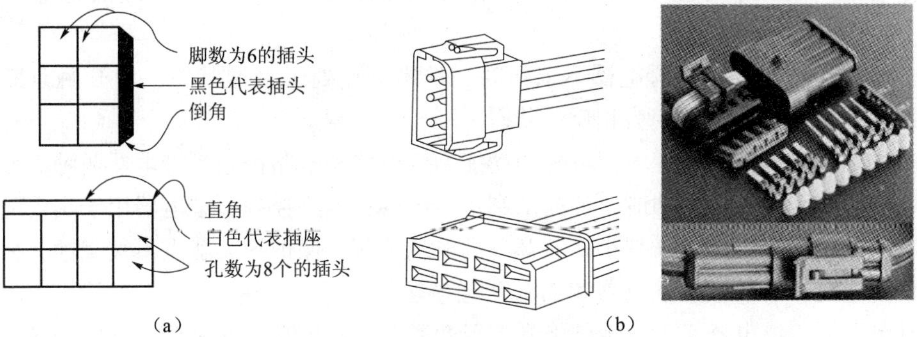

图 0-6　插接器的符号和实物

(a) 符号；(b) 实物

为了防止插接器在汽车行驶中脱开，所有插接器均采用闭锁装置。插接器接合时，应把插接器的导向槽重合在一起，使插头和插孔对准，然后平行插入即可保证插接器十分牢固地连接在一起。插接器连接后，其连线为一对一连接，如图 0 –7 所示。

要拆开插接器时，首先要解除闭锁，然后把插接器拉开，不允许在未解除闭锁的情况下用力拉导线，这样会损坏闭锁或连接导线。正确的方法是先压下闭锁，再把插接器拉开，如图0 –8 所示。

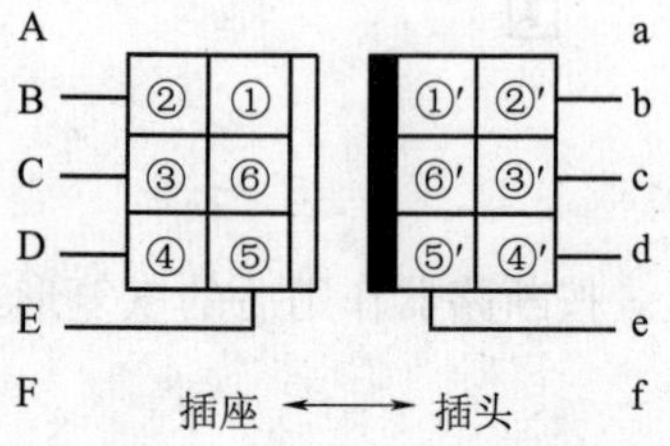

图 0 –7　插接器的连接方法

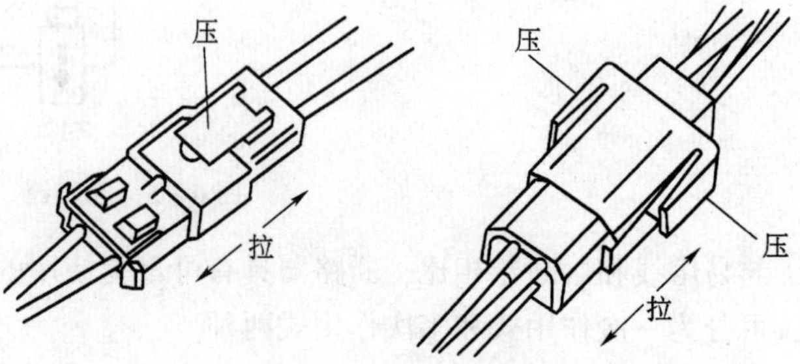

图 0 –8　插接器的拆装

五、继电器

继电器是一种利用电磁或机电原理及其他方法（如热电或电子），实现自动接通或切断一对或多对触点，以完成用较小电流控制较大电流或低电压控制高电压的电气装置。继电器是间接开关，由触点和线圈组成。

在电路中设置继电器可以减小控制开关的电流负荷，减少烧蚀等现象的产生，保护电路中的控制开关。如进气预热继电器、空调继电器、喇叭继电器、雾灯继电器、刮水继电器、危险报警与转向闪光继电器等。

汽车上的继电器很多，根据触点的状态不同，常把继电器分为常开继电器、常闭继电器和混合型继电器三种类型。

（1）常开继电器：触点在继电器不工作时处于断开状态，继电器线圈通电后触点才接通。

（2）常闭继电器：触点在继电器不工作时处于闭合状态，继电器线圈通电后触点才断开。

（3）混合型继电器：在继电器不工作时，常闭触点处于接通状态，常开触点断开；当继电器线圈通电时，触点则变为相反的状态。

根据用途不同，汽车用继电器可分为功能型继电器和电路控制型继电器两种类型。功能型继电器用于实现某种控制功能，如间歇刮水继电器；电路控制型继电器用于实现电路接通与切断状态的转换，主要用来减小控制开关的电流负荷，保护开关触点不被烧蚀，如起动继电器、灯光继电器、鼓风机继电器和喇叭继电器等。

按外形不同，继电器又可分为圆形和方形两种；按插接端子的多少，继电器又可分为三端子、四端子、五端子和六端子四种类型。继电器的实物和示意结构如图 0 –9 所示。继电器的插脚布置和内部电路如图 0 –10 所示，工作状态如表 0 –4 所示。

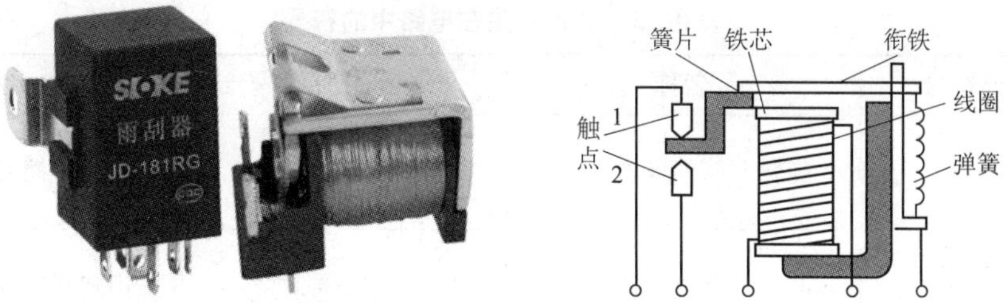

图 0－9　继电器实物及示意图

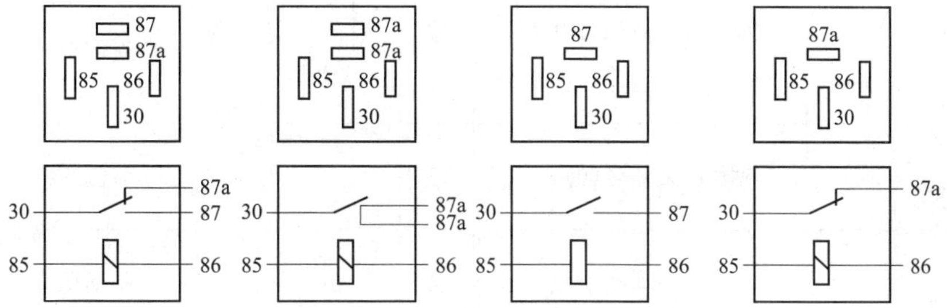

图 0－10　继电器的插脚布置和内部电路

表 0－4　继电器的工作状态

继电器类型 / 工作状态	常开（N、O）继电器	常闭（N、C）继电器	混合型继电器
正常（通常）状态	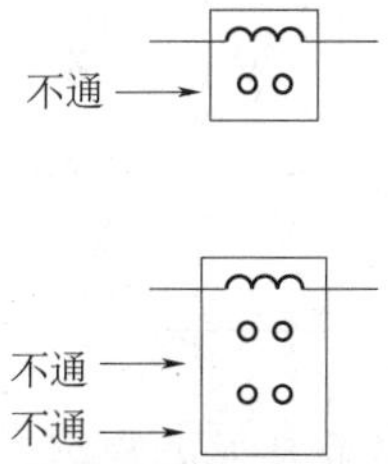	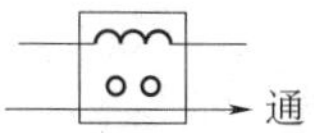	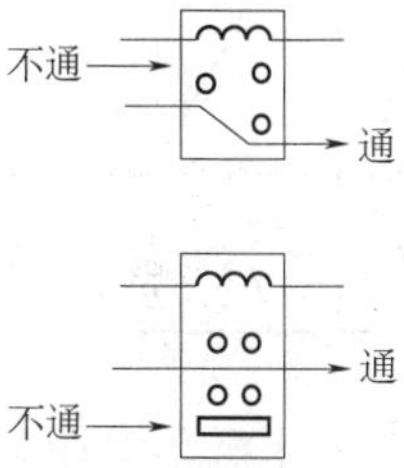
线圈通电时的情况	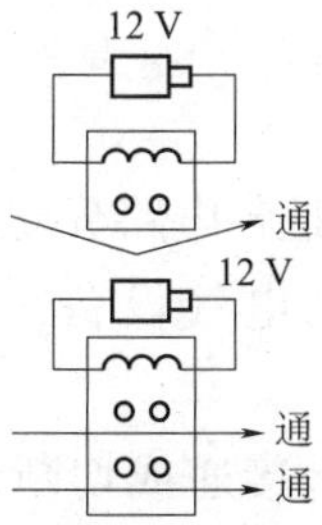	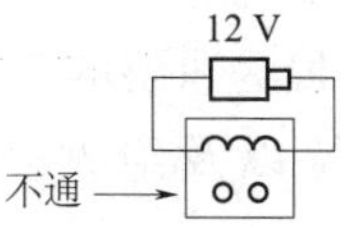	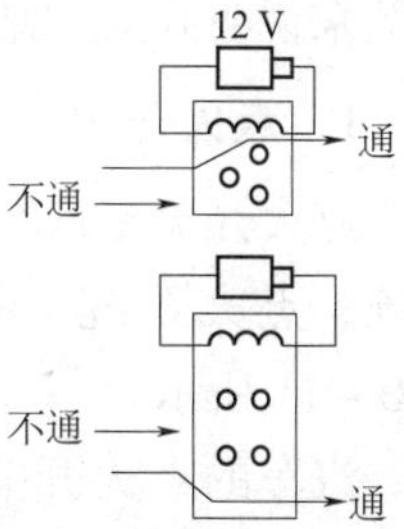

六、车用开关

在汽车电路中，各用电设备的接通和停止都必须由开关控制，为此在汽车用电设备或独立的电系中一般设有单独的控制开关，如灯光开关、变光开关、刮水器开关、洗涤器开关、转向开关、紧急报警开关、空调开关、制动开关和喇叭开关等。电路中各种开关符号如表 0－5 所示。

表0－5　各种开关在电路中的符号

序号	图形符号	名称	序号	图形符号	名称
1	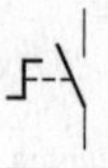	旋转、旋钮开关	10	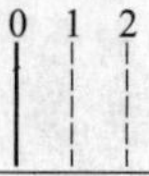	推拉多挡开关位置
2		液位控制开关	11	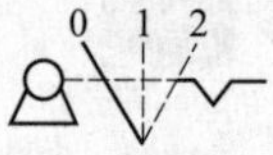	钥匙开关（全部定位）
3	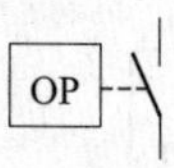	机油滤清器报警开关	12	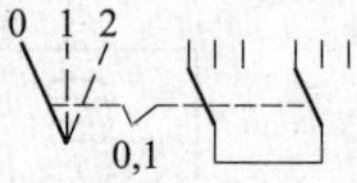	多挡开关，点火、起动开关，瞬时位置为2能自动返回至1（即2挡不能定位）
4	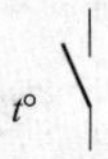	热敏开关动合触点	13	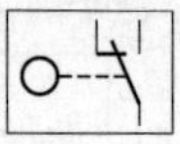	节流阀开关
5	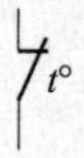	热敏开关动断触点	14	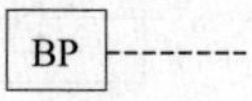	制动压力控制
6	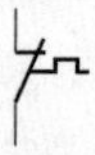	热敏自动开关动断触点	15	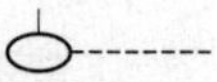	液位控制
7	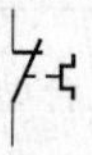	热继电器触点	16	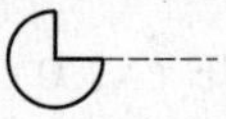	凸轮控制
8	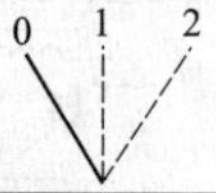	旋转多挡开关位置	17	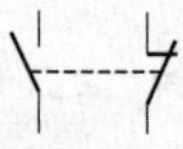	联动开关
9	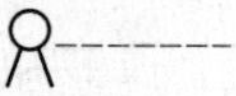	钥匙操作	18	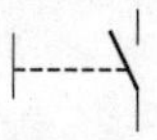	手动开关的一般符号

由于汽车电路中各种开关的结构相似，下面以最常见的点火开关、组合开关和信号开关为例来说明开关的结构及工作过程。

1．点火开关

点火开关是汽车电路中最为重要的开关之一，是各电路分支的控制枢纽，它控制着充电系统、点火系统、起动系统以及绝大多数的辅助电气设备，是多挡多接线柱开关，如图0－11所示。

汽车的点火开关装在转向柱上，其主要功能是接通或切断起动机、点火和电器线路。点火开关一般设有锁止转向盘转轴（LOCK）挡、运行/点火（ON或IG）挡、起动（ST或START）挡、附件（ACC）挡四个位置，如果用于柴油车则增加预热（HEAT）挡。其中起动、预热挡因为工作电流很大，开关不宜接通过久，所以这两挡在操作时必须用手克服弹簧力，扳住钥匙，一松手就弹回运行挡，不能自行定位，其他挡均可自行定位。点火开关的结构及表示方法如图0－12所示。

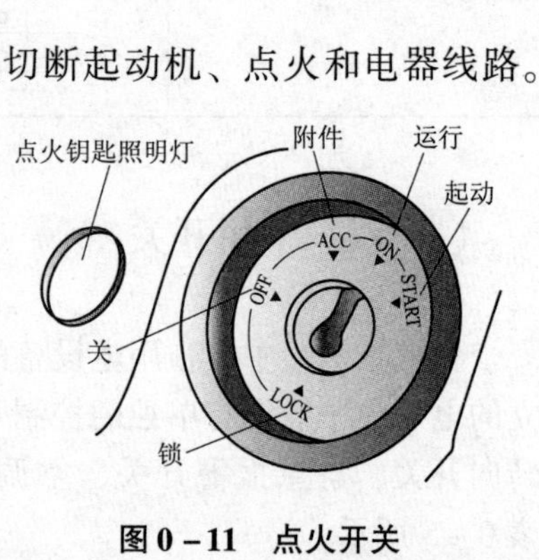

图0－11　点火开关

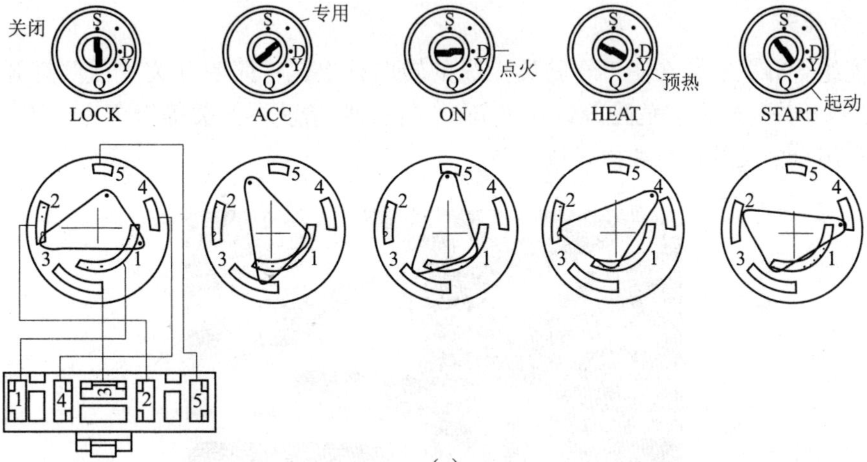

(a)

	1	3	5	2	4
LOCK锁住（S）	○				
ACC专用（Y）	○	○			
ON点火（D）	○	○	○		
HEAT预热（H）	○			○	
START起动（Q）	○			○	○

(b)

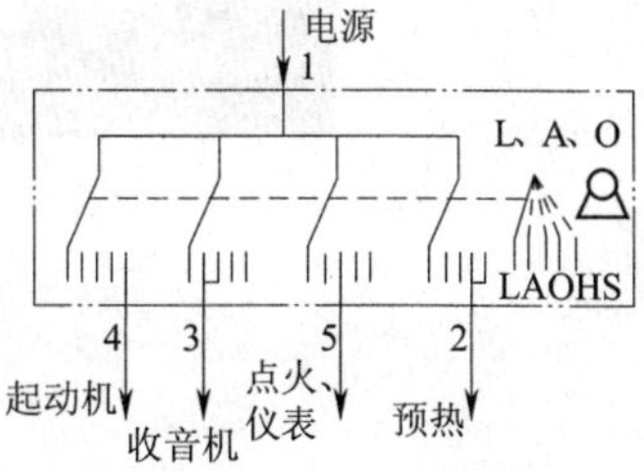

(c)

图 0－12　点火开关的结构及表示方法

(a) 结构示意图；(b) 表格表示法；(c) 图形符号表示法

当前绝大多数轿车的钥匙采用了电子钥匙，具有防盗功能。其原理是在点火钥匙上装有一个电阻晶片，每把钥匙所用的电阻晶片有一特定的阻值，其范围在 380 ~ 12 300 Ω。点火钥匙除了像普通钥匙那样必须与锁体匹配之外，其晶片电阻值还要与起动机的电路电流匹配。图 0－13 所示为某电子钥匙防盗系统。

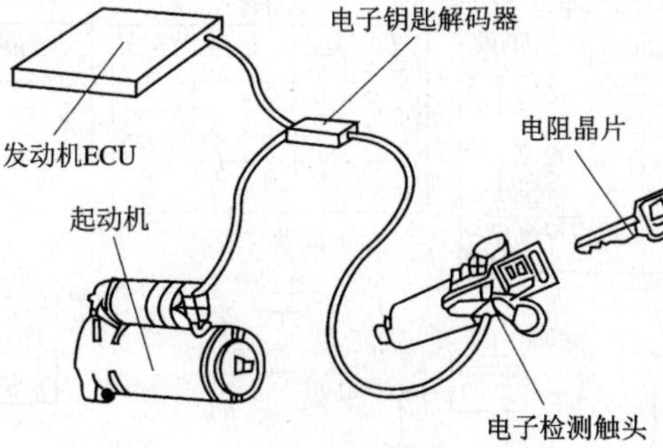

图 0－13　电子钥匙防盗系统

当点火钥匙插入锁体时，电阻晶片与电阻检测触头接触。当锁体转到 ST 挡时，点火钥匙电阻晶片的电阻值输送到电子钥匙解码器。若电阻晶片的电阻值与电子钥匙解码器中存储的电阻值一致，则起动机工作；同时，起动信号被发送给发动机 ECU，发动机 ECU 控制燃油喷射与点火系统，完成发动机的起动。若电阻晶片的电阻值与电子钥匙解码器存储的电阻值不一致，解码器便禁止起动机工作，尽管锁体已经转到了起动位置，发动机仍然不能起动。

2．组合开关

多功能组合开关安装在便于驾驶员操纵的转向柱上，将照明开关（前照灯开关、变光开关）、信号开关（转向、危险警告、超车）、刮水器/清洗器开关等组合为一体。图 0－14 所示为轿车组合开关的挡位和接线柱关系。

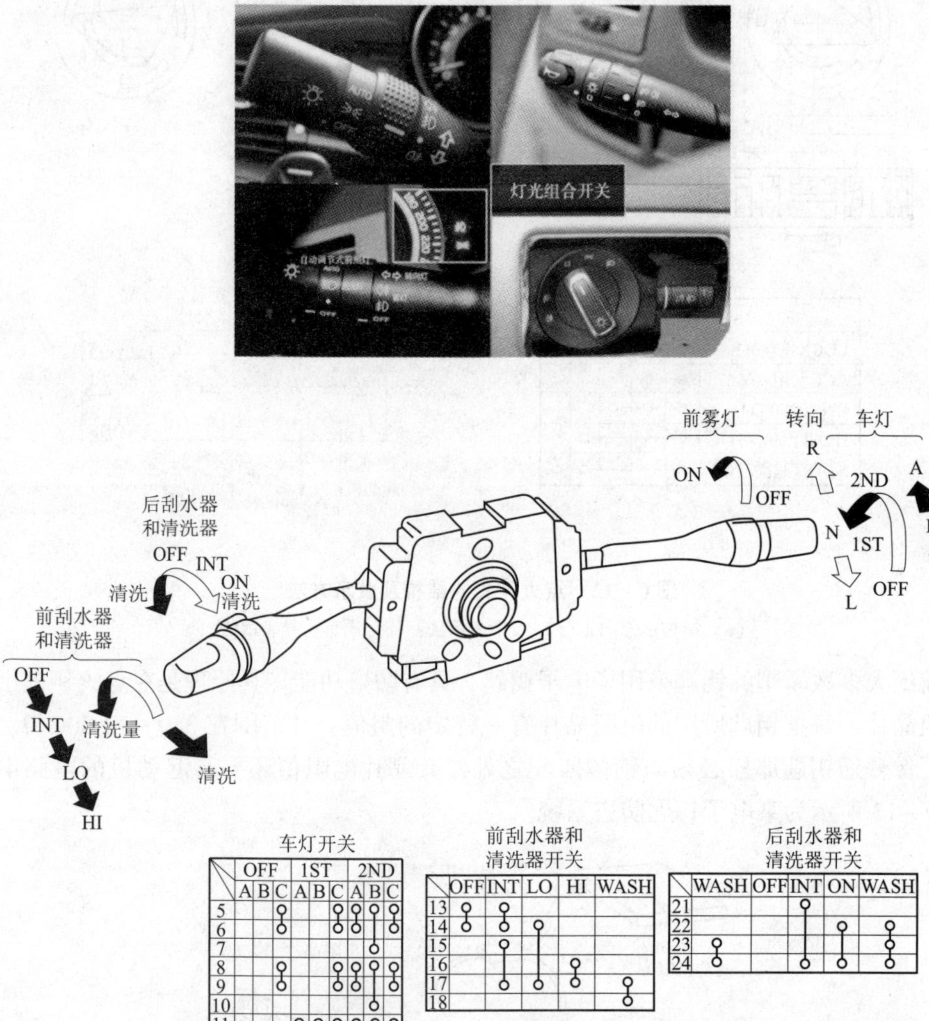

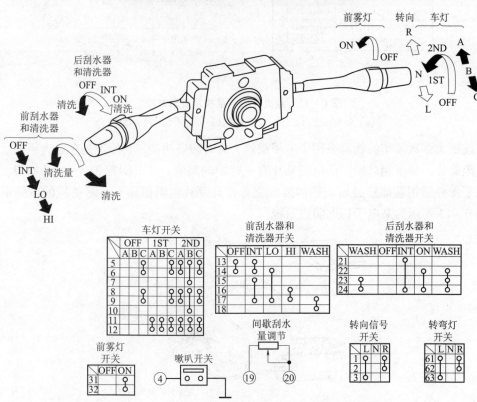

图 0－14　轿车组合开关的挡位和接线柱关系

3．信号开关

随着电子技术的发展，车载电脑和车载网络的应用日趋普及，控制开关和用电设备的控制形式也发生了一些变化，信号开关获得推广和应用。其与传统控制开关之间的区别如表 0－6 所示。信号开关的工作原理如图 0－15 所示。

表 0-6　信号开关与传统控制开关的比较

比较内容	传统控制开关	信号开关
电路连接形式	开关与用电设备串联	开关与用电设备没有直接电路连接
控制形式	直接控制	间接控制
流经开关的电流	与用电设备的工作电流相等	信号电流很小
开关的功能	不能改变	可以根据需要重新定义

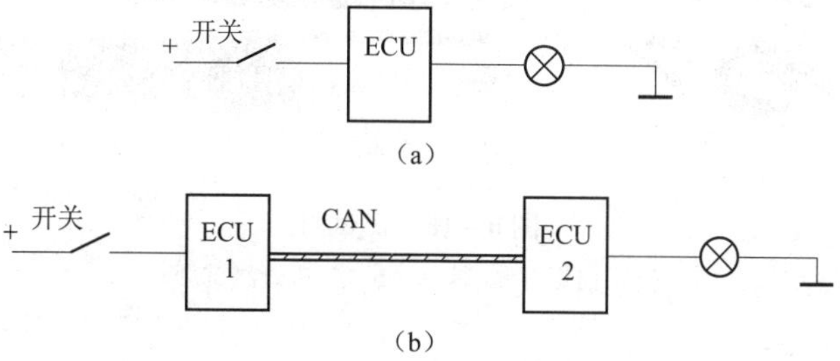

图 0-15　信号开关的工作原理

(a) 开关通过 ECU 控制执行元件；(b) 开关通过 ECU 和 CAN 总线控制执行元件

第四节　汽车电气系统常用的维护检修工具和仪器

电气系统在汽车中是十分关键的一个组成部分，其运作的可靠性是汽车得以正常行驶的基本前提，因此在汽车电气系统发生故障时，能准确、迅速地将故障发生部位及原因诊断出来，并采取有效的维修方法是至关重要的。为便于汽车维修人员能够准确查找、判断汽车电气系统故障原因，目前在汽车电气系统的故障检修中，常采用跨接线、测试灯、万用表、示波器、充电机和汽车故障电脑诊断仪等维护检修工具和仪器来辅助维修人员进行检修。

一、跨接线

跨接线就是一段多股导线，两端分别接有鳄鱼夹或不同形式的插头，如图 0-16 所示。跨接线对被怀疑断路的导线起替代作用，也可以把部分电路短路。跨接线的连接如图 0-17 所示。

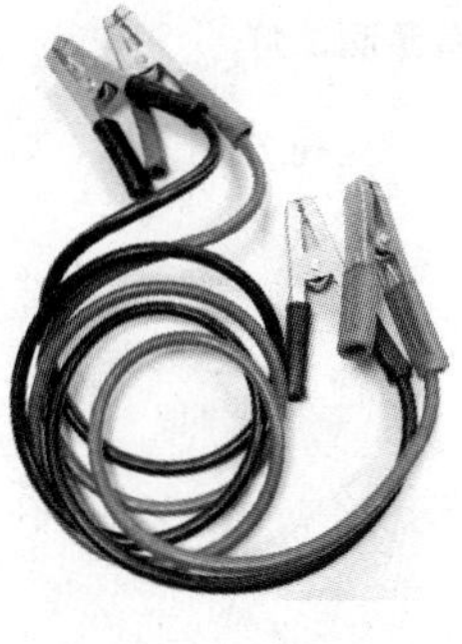

图 0-16　跨接线

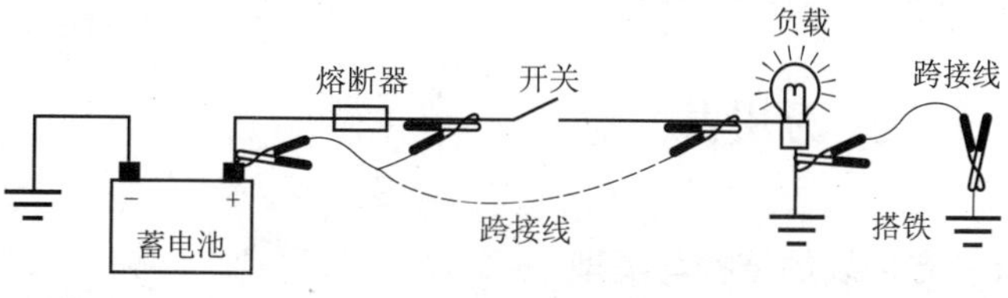

图 0-17　跨接线的连接

二、测试灯

测试灯也称测电笔，按其内部是否有电源，分为无源测试灯和有源测试灯；按其发光体不同，分为白炽灯测试灯和二极管测试灯。测试灯如图 0－18 所示。

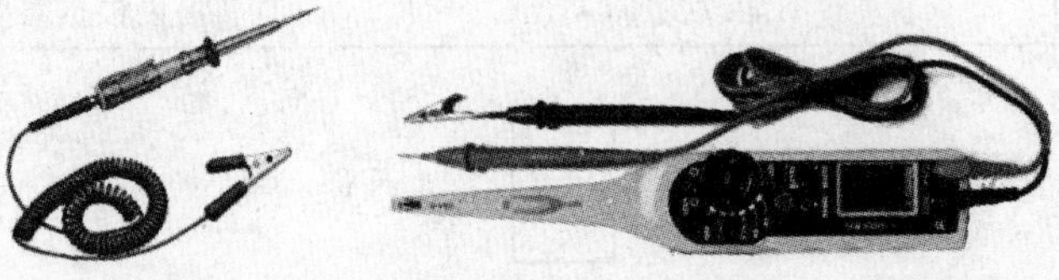

（a）　　（b）

图 0－18　测试灯

（a）白炽灯测试灯；（b）二极管测试灯

1. 12 V 无源测试灯

12 V 无源测试灯由 12 V 灯泡、导线和各种型号的插头组成，用来检查电源电路各接线端是否有电源，主要用于电路的断路检测。其使用方法是将 12 V 无源测试灯一端搭铁，另一端分别接触不同的测试点，检测是否有电压，如图 0－19 所示。

将 12 V 无源测试灯的 G 端与电路 d 相连，若灯亮，说明这部分到电源电路无故障；若不亮，顺着电源方向找到下一个测试点 c，若灯亮了，说明故障点就在 c 点到 d 点之间，存在开路故障；若灯依然不亮，则继续顺着电源方向找到下一个测试点 b，按此方法依次查找，直到灯亮为止，故障在最后一个被测接头与上一个被测接头之间的电路上。

2. 有源测试灯

有源测试灯和 12 V 无源测试灯基本相同，它只是在手柄内安装两节 1.5 V 的干电池，如图 0－20 所示。

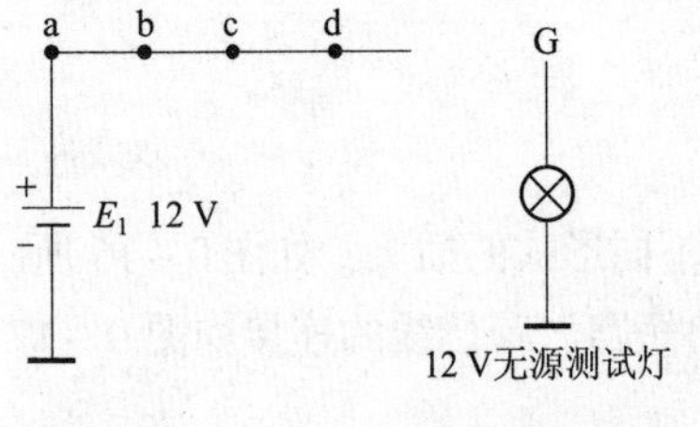

图 0－19　12 V 无源测试灯测试电路

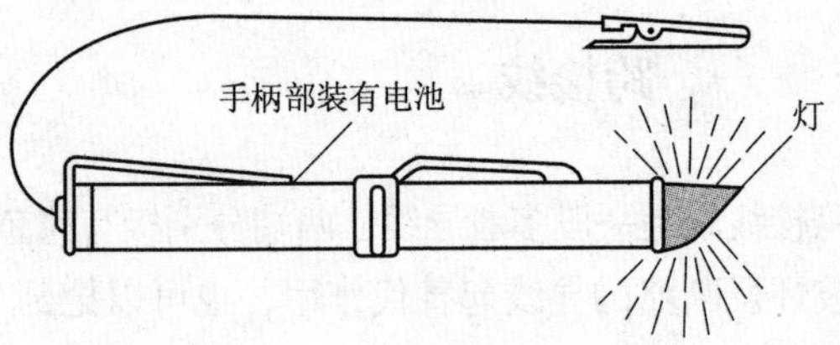

图 0－20　有源测试灯

有源测试灯用来检测电气电路的断路和短路，如图 0－21 所示。应特别注意，无论是断路检查还是短路检查都必须断开与所检测电路的电源。

三、万用表

1. 万用表的结构与类型

万用表是一种多用途的电工仪表，一般由表头、测量线路和转换开关三个主要部分构成。

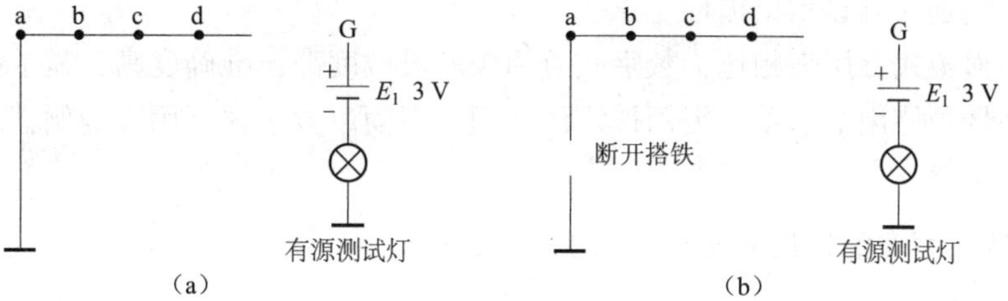

图 0－21　有源测试灯测试电路

（a）断路测试；（b）短路测试

目前，万用表根据所应用的测量原理和测量结果显示方式的不同，可分为模拟式万用表和数字式万用表两大类。两者的结构与基本测量原理如图 0－22 和图 0－23 所示。

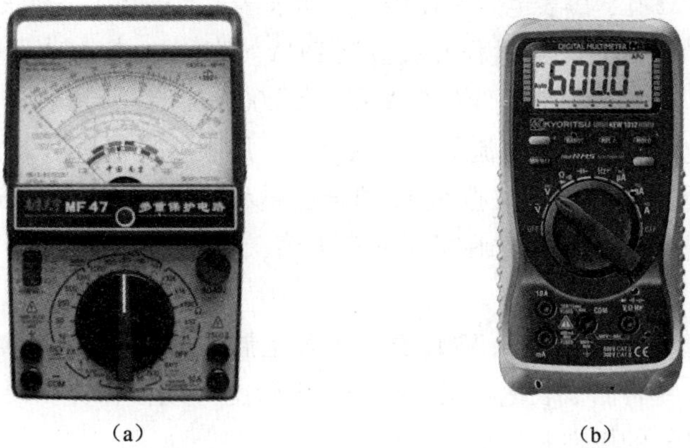

图 0－22　万用表

（a）模拟式万用表；（b）数字式万用表

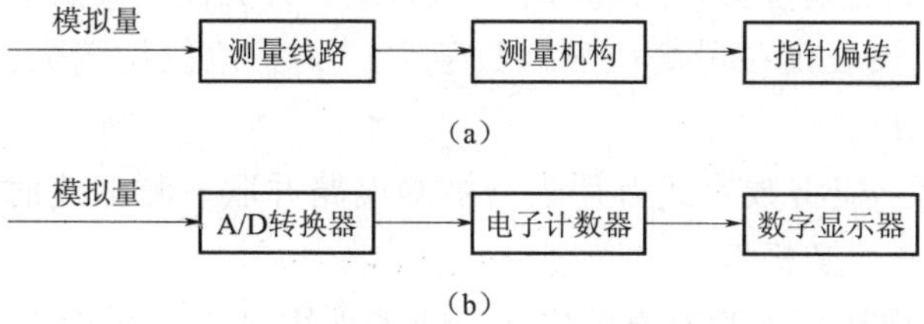

图 0－23　万用表的基本测量原理

（a）模拟式万用表基本测量原理；（b）数字式万用表基本测量原理

从总体上讲，数字式万用表的性能和精度要优于模拟式万用表，两者主要的差异表现在以下几个方面：

（1）模拟式万用表刻度是非线性的，表盘上的电阻值刻度线从左到右逐渐变疏。

（2）数字式万用表的内阻比模拟式万用表内阻高得多，进行电压测量时，数字式万用表更准确。

（3）模拟式万用表是根据刻度盘和指针来读数的，读取数据时会产生人为误差，而数字式万用表是数字显示，消除了人为误差。

（4）测量直流电流或电压时，模拟式万用表若正、负极接反，指针会反转，而数字式万用表能自动判别并且显示出极性。

因此，与模拟式万用表相比，数字式万用表的灵敏度高，准确度高，显示清晰，过载能力强，便于携带，使用更简单，因而被广泛采用。下面以数字式万用表为例，简单介绍其使用方法和注意事项。

2. 数字式万用表的使用方法和注意事项

1）使用方法

（1）使用前，应认真阅读有关仪表的使用说明书，熟悉电源开关、量程开关、插孔和特殊插口的作用。

（2）将电源开关置于“ON”位置。

（3）交直流电压的测量。根据需要将量程开关拨至 DCV（直流）或 ACV（交流）的合适量程，红表笔插入 V/Ω 孔，黑表笔插入 COM 孔，并将表笔与被测线路并联，读数即显示出来。

（4）交直流电流的测量。将量程开关拨至 DCA（直流）或 ACA（交流）的合适量程，红表笔插入 mA 孔（<200 mA 时）或 10 A 孔（>200 mA 时），黑表笔插入 COM 孔，并将万用表串联在被测电路中。测量直流量时，数字式万用表能自动显示极性。

（5）电阻的测量。将量程开关拨至 Ω 的合适量程，红表笔插入 V/Ω 孔，黑表笔插入 COM 孔。如果被测电阻值超出所选择量程的最大值，万用表将显示“1”，这时应选择更高的量程。

（6）测试二极管。红表笔插入 V/Ω 孔，黑表笔插入 COM 孔，将“转换开关”置于二极管符号的挡位上，并将测试表笔跨接在被测二极管上（或接在待测线路的两端），通过读值和蜂鸣声判定二极管的极性和二极管好坏。

2）注意事项

（1）如果无法预先估计被测电压或电流的大小，应先拨至最高量程挡测量一次，再视情况逐渐把量程减小到合适位置。测量完毕，应将量程开关拨到最高电压挡，并关闭电源。

（2）满量程时，仪表仅在最高位显示数字“1”，其他位均消失，这时应选择更高的量程。

（3）测量电压时，应将数字式万用表与被测电路并联。测电流时应与被测电路串联，测直流量时不必考虑正、负极性。

（4）当误用交流电压挡去测量直流电压，或者误用直流电压挡去测量交流电压时，显示屏将显示“000”，或低位上的数字出现跳动。

（5）禁止在测量高电压（220 V 以上）或大电流（0.5 A 以上）时换量程，以防止产生电弧，烧毁开关触点。

（6）检测直流电流（DC）时，不得检测高于 15 A 的电流。虽然汽车万用表可能显示更高的电流值，但有可能损坏其内部线路。

（7）当显示“BATT”或“LOW BAT”时，表示电池电压低于工作电压。

四、示波器

汽车示波器是一种用途广泛的电子测量仪器，它既能直接测量电信号的波形（电压与时间的关系)，又能测量电压信号的幅度、周期、频率和相位等参数，如图 0 – 24 所示。配合各种传感器，一切可以转化为电压的电学量（如电流、电功率、电抗等）和非电学量(如温度、位移、速度、压力、光强、磁强等）都可以用示波器来观测，并可通过观察波形排除故障、查找间歇性故障、查处故障码所指出的电路故障。

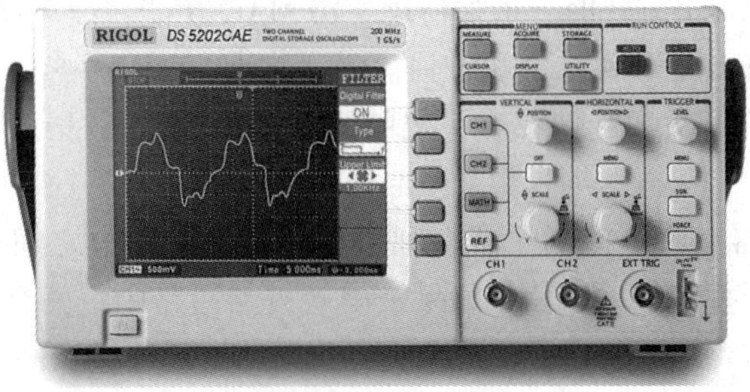

图 0 – 24　示波器

1. 示波器的结构特点

示波器主要由阴极射线示波管、扫描和触发系统、放大系统和电源系统四个部分组成。其特点是：

（1）由于电子束的惯性小，因而速度快，工作频率范围宽，适于测试快速脉冲信号。

（2）灵敏度高，因为配有高增益放大器，所以能够观测微弱信号的变化。

（3）输入阻抗高，对被测电路影响很小。

（4）随着微处理器、单片机和计算机技术在示波器领域里越来越广泛的应用，示波器的测量功能越来越强大，测量电参量的数量（包括通过传感器将非电量转换成的电参量）越来越多。

2. 示波器的类型

示波器发展到现在已经有非常多的种类，按测量范围，可分为低频和超低频示波器、中频示波器、高频和超高频示波器；按测量功能（对信号的处理方式）不同，可分为模拟示波器和数字示波器两种。

模拟示波器是采用模拟方式对时间信号进行处理和显示，主要有数字存储示波器、数字荧光示波器和采样示波器几种类型。模拟示波器是直接测量信号电压，并通过从左到右穿过示波器屏幕的电子束在垂直方向描绘电压。原理是通过其显像管内部的电子枪向屏幕发射电子（示波器屏幕通常是阴极射线管“CRT”），电子束投到荧幕的某处，屏幕后面总会有明亮的荧光物质。当电子束水平扫过显示器时，信号的电压使电子束发生上下偏转，跟踪波形直接反映到屏幕上。在屏幕同一位置电子束投射的频度越大，显示得也越亮。

数字示波器是采用数字方式对时间信号进行处理和显示，主要有通用示波器、多束示波器和取样示波器几种类型。与模拟示波器不同，数字示波器主要包括微处理器、数字存储器、A/D 与 D/A 转换核心。输入信号通过 A/D 转换器把模拟波形转换成数字信息，存储在数字存储器内，显示时再从存储器中读出，经过 D/A 转换器将数字信息转换成模拟波形显示到液晶显示屏上。

3. 示波器的使用注意事项

（1）低频信号发生器的输出端不允许短接。

（2）示波器输入信号的电压请勿超过规定的最大值。

（3）为防止显示器的荧光屏烧毁，波形显示的亮度要适中。

（4）用示波器的 $X-Y$ 方式时，请勿使用 ×10 MAG 功能，以免波形中有干扰信号产生。

（5）示波器暂时不用时，不必关机，只需将“辉度”调暗一些。

（6）示波器上所有开关和旋钮都有一定的调节范围，按顺时针或逆时针方向调节时不可用力过猛。

（7）通常电子仪器交流电源的干扰会通过变压器原、副边之间杂散电容耦合到副边，在仪器地端存在一些干扰信号。该信号如果被串入被测通路中，就会造成测量误差。因此，实验中如果同时存在多台电子仪器，一般应将各仪器的地端连接在一起。

五、充电机

充电机有固定式和移动式两种，如图 0－25 所示。移动式有活动轮，作为快速充电机用，以方便车上蓄电池充电使用。另外，充电机也可根据大电压或大电流来分类。

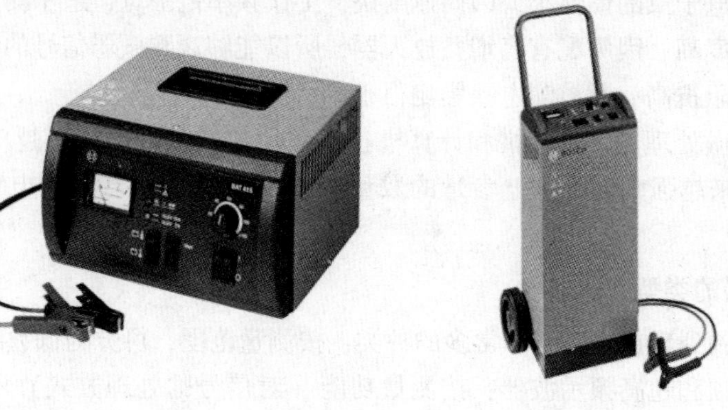

（a）　　　　（b）

图 0－25　充电机

（a）固定式；（b）移动式

快速充电机的最大充电量，约为蓄电池充电容量安培数的 1/2，可在 1 h 内充电至 80%～90%的程度，但不能完全充满电，只适用无电但急需使用的蓄电池。硫化、使用时间较久或久未使用的蓄电池不适于快速充电。

初次充电法：无电解液的蓄电池有两种，一是已充电的即用式，二是未充电式。加入电解液后，等待约 2 h，必要时补充。

一般充电时的充电电流量约为蓄电池充电容量安培数的 1/10，属于慢速充电。充电时间，已充电的即用式约 6 h，未充电式约 60 h。蓄电池充电容量与充电电流的关系如表 0－7 所示。

表 0-7　蓄电池充电容量与充电电流的关系

车辆类型	蓄电池充电容量/(A·h)	充电电流/A
大型柴油车	120~200	10~20
大型汽油车	55~70	6~8
中型柴油车	70~100	7~10
中型汽油车	45~60	4~7
小型汽油车	30~40	3~5
摩托车	8~15	1~2

六、汽车故障电脑诊断仪

随着科学技术的迅速发展，电子技术在汽车上得到广泛应用，在现代汽车电子控制系统中增加了故障自诊断功能模块。汽车电子控制系统中的故障自诊断功能模块主要的监测对象是电控汽车上的各种传感器、电子控制系统本身以及各种执行元件，故障判断是针对上述三种对象进行的。故障自诊断功能模块共用汽车电子控制系统的信号输入电路，在汽车运行过程中监测上述三种对象的输入信息，当某一信号超出了预设的范围值，并且这一现象在一定的时间内不会消失，故障自诊断功能模块便判断这一信号对应的电路或元件出现故障，并把这一故障以代码的形式存入 ECU 内部存储器，同时点亮仪表盘上的故障指示灯，使维修人员在检修汽车时可以借助汽车故障电脑诊断仪，利用汽车故障自诊断功能调出故障码，快速对故障进行定位和修复。

汽车故障电脑诊断仪俗称解码器，其基本结构如图 0-26 所示。它的功能包括基本检测功能和特殊测试功能两部分。基本检测功能包括读取故障码和清除故障码。特殊测试功能包括动态数据流测试、执行元件测试、系统匹配、示波功能和其他功能。

图 0-26　汽车故障电脑诊断仪

（1）读取故障码。可将存储在车用电脑中的故障码和含义显示在屏幕上，以便阅读。

（2）清除故障码。利用解码器，通过简单的操作即可清除存储在车用电脑上的故障码。

（3）动态数据流测试。利用解码器可对传感器和执行器的动态参数进行实时监测，例如发动机转速、节气门开度、喷油脉冲宽度、点火提前角、车速以及怠速开关、空调开关、继电器、变速器挡位状态等。

（4）执行元件测试。利用解码器，可通过车用电脑向执行元件发出指令，并执行相应动作，例如喷油器喷油、节气门打开、散热器风扇运转等。

（5）系统匹配。利用解码器可对汽车电子控制系统进行基本调整和设置，例如发动机的怠速设定、节气门开度的初始化、匹配钥匙、电脑编码等。

（6）示波功能。目前，多数解码器除具有诊断仪的功能外，还兼容示波器、万用表的功能。

（7）其他功能。现代汽车解码器还可以提供一些增值服务，如汽车故障远程诊断、汽车维修资料、故障代码对照表、客户档案管理、英汉辞典、计算器及其他辅助功能等。

前导知识回顾

一、电路的基本概念

1．电路的定义

电路是由各种元器件（或电工设备）按一定方式连接起来的总体，为电流的流通提供了路径。

2．电路的基本组成

电路的基本组成包括以下四个部分：

电源（供能元件）：为电路提供电能的设备和器件（如电池、发电机等）。

负载（耗能元件）：使用（消耗）电能的设备和器件（如灯泡等用电器）。

控制器件：控制电路工作状态的器件或设备（如开关等）。

连接导线：将电气设备和元器件按一定方式连接起来的电缆线（如各种铜、铝电缆线等）。

3．电路的状态

通路（闭路）：电源与负载接通，电路中有电流通过，电气设备或元器件获得一定的电压和电功率，进行能量转换。

开路（断路）：电路中没有电流通过，又称为空载状态。

短路（捷路）：电源两端的导线直接相连，输出电流过大，对电源来说属于严重过载，如没有保护措施，电源或电器会被烧毁或发生火灾，所以通常要在电路或电气设备中安装熔断器、保险丝等保险装置，以避免发生短路时出现不良后果。

二、电路的基本物理量

1．电流

电荷的定向移动形成电流。电流的大小用电流强度来衡量，电流强度亦简称为电流。其定义为：单位时间内通过导体横截面的电荷量，用公式表示为

$$i(t) = \frac{dq(t)}{dt} \tag{0-1}$$

式中，q 为通过导体横截面电荷的总量。电荷单位为库仑（C）、时间单位为秒（s）时，电流强度单位为安培，简称安（A）。实际应用中，大电流用千安（kA）表示，小电流用毫安（mA）或者微安（μA）表示。它们的换算关系是：

$$1\ \text{kA} = 10^3\ \text{A} = 10^6\ \text{mA} = 10^9\ \mu\text{A} \tag{0-2}$$

电流除了要考虑大小外，还要考虑方向。一般规定正电荷运动的方向为电流的实际方向。但是在一些复杂的电路中我们并不能判断电流的实际方向，加之在交流电路中，电流的实际方向也在不断改变。为分析电路方便，我们经常使用参考方向，参考方向可以任意设定，如用一个箭头表示某电流的假定正方向，就称之为该电流的参考方向。当电流的实际方向与参考方向一致时，电流的数值就为正值（即 $i>0$），如图 0－27（a）所示；当电流的实际方向与参考方向相反时，电流的数值就为负值（即 $i<0$），如图 0－27（b）所示。需要注意的是，未规定电流的参考方向时，电流的正负没有任何意义，如图 0－27（c）所示。

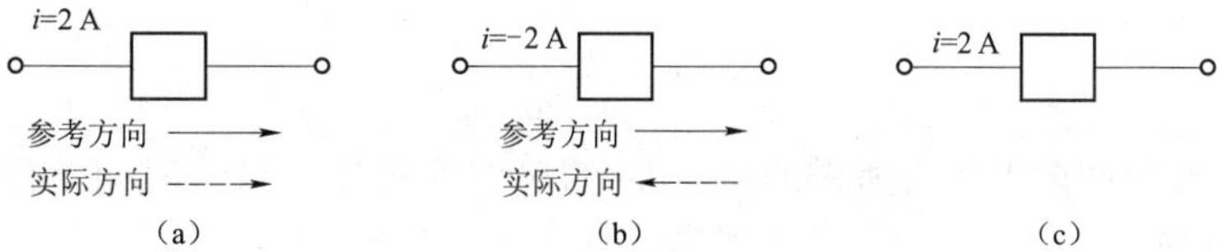

图 0－27　电流及其参考方向

2. 电压

电压和电流强度一样是量的概念，电压记为 $u(t)$ 或 u。电压的定义是：单位正电荷沿电路从一点移到另一点，电场力所做功的大小。即

$$u(t) = \frac{d\omega(t)}{dq(t)} \tag{0-3}$$

式中，电荷的单位为库仑（C）；功的单位为焦耳（J）；电压的单位为伏特，简称伏（V）。实际应用中，大电压用千伏（kV）表示，小电压用毫伏（mV）或者微伏（μV）表示。它们的换算关系是

$$1\ \text{kV} = 10^3\ \text{V} = 10^6\ \text{mV} = 10^9\ \mu\text{V} \tag{0-4}$$

电压的方向规定为从高电位指向低电位，在比较复杂的电路中，往往不能事先知道电路中任意两点间的电压，为了分析和计算方便，与电流的方向规定类似，在分析计算电路之前必须对电压标以极性（正、负号），或标以方向（箭头），这种标法是假定参考方向，如图 0－28 所示。如果采用双下标标记，电压的参考方向意味着从前一个下标指向后一个下标，图 0－28 元件两端电压记作 u_{ab}；若电压参考方向选 b 点指向 a 点，则应写成 u_{ba}，两者仅差一个负号，即 $u_{ab} = -u_{ba}$。

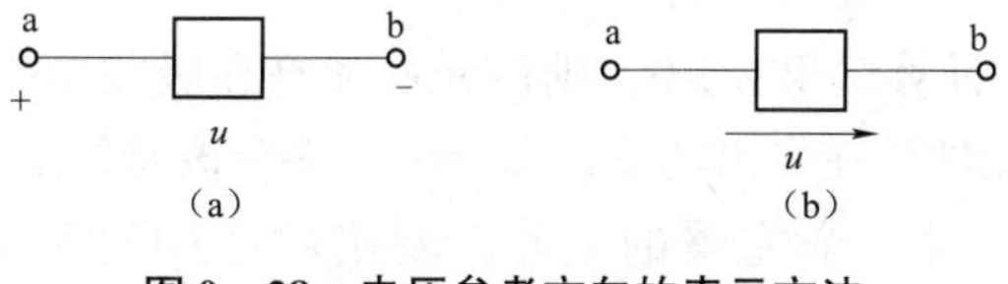

图 0－28　电压参考方向的表示方法

3. 电位

为了分析问题方便，常在电路中指定一点作为参考点，假定该点的电位是零，用符号“⊥”表示。在生产实践中，把地球作为零电位点，凡是机壳接地的设备，机壳电位即零电位。有些设备或装置，机壳并不接地，而是把许多元件的公共点作为零电位点，用符号“⊥”表示。

电路中其他各点相对于参考点的电压即各点的电位，因此，任意两点间的电压等于这两点的电位之差，我们可以用电位的高低来衡量电路中某点电场能量的大小。

电路中各点电位的高低是相对的，参考点不同，各点电位的高低也不同，但是电路中任意两点之间的电压差与参考点的选择无关。电路中，凡是比参考点电位高的各点电位是正电位，比参考点电位低的各点电位是负电位。

4. 功率

电流通过电路时传输或转换电能的速率，即单位时间内电场力所做的功，称为电功率，简称功率，用符号 $p(t)$ 表示，即

$$p(t) = \frac{\mathrm{d}\omega(t)}{\mathrm{d}t} \tag{0-5}$$

式中，$p(t)$ 为 $\mathrm{d}t$ 时间内电场力所做的功。$\mathrm{d}\omega$ 的单位为焦耳（J），时间单位为秒（s），则功率单位为瓦（W）。

将式（0－5）等号右边分子、分母同乘以 $\mathrm{d}q$ 后，变为

$$p = \frac{\mathrm{d}\omega(t)}{\mathrm{d}t} = \frac{\mathrm{d}\omega(t)}{\mathrm{d}q} \times \frac{\mathrm{d}q}{\mathrm{d}t} = ui \tag{0-6}$$

可见，元件吸收或发出的功率等于元件上的电压乘以元件上的电流。

为了便于识别与计算，对同一元件或同一段电路，往往把它们的电流和电压参考方向选为一致，这种情况称为关联参考方向，如图0－29（a）所示。如果两者的参考方向相反则称为非关联参考方向，如图0－29（b）所示。

图0－29　电压与电流的方向

（a）关联；（b）非关联

有了参考方向与关联的概念，则电功率计算式就可以表示为以下两种形式：

当 u、i 为关联参考方向时，

$$p = ui(\text{直流功率 } P = UI) \tag{0-7a}$$

当 u、i 为非关联参考方向时，

$$p = -ui(\text{直流功率 } P = -UI) \tag{0-7b}$$

无论关联与否，只要计算结果 $p>0$，则该元件就是在吸收功率，即消耗功率，该元件是负载；若 $p<0$，则该元件是在发出功率，即产生功率，该元件是电源。

根据能量守恒定律，对一个完整的电路，发出功率的总和应正好等于吸收功率的总和。

5. 电能

电路在一段时间内消耗或提供的能量称为电能。电路元件在 t_0 到 t 时间内消耗或提供的能量为

$$W = \int_{t_0}^{t} p\mathrm{d}t \tag{0-8}$$

在国际单位制中，电能的单位是焦耳（J）。1 J 等于 1 W 的用电设备在 1 s 内消耗的电能。通常电业部门用“度”作为单位测量用户消耗的电能，“度”是千瓦时（kW·h）的简称。1 度（或 1 kW·h）电等于功率为 1 千瓦的元件在 1 小时内消耗的电能。即

$$1\ \text{度} = 1\ \text{kW}\cdot\text{h} = 10^3 \times 3\,600\ \text{J} = 3.6 \times 10^6\ \text{J} \tag{0-9}$$

三、电路基本定律

1. 欧姆定律

设电阻元件上的电压、电流为关联参考方向，根据线性电阻伏安特性，可以得到电压 u 与电流 i 之间的关系式，为

$$u(t) = Ri(t) \tag{0-10a}$$

或者

$$i(t) = \frac{1}{R}u(t) = Gu(t) \tag{0-10b}$$

式中，R 为电阻元件的参数，称为电阻值，在不发生混淆的时候也称为电阻。电阻的常用单位是欧姆，简称欧，用 Ω 表示，其他单位有千欧（kΩ）和兆欧（MΩ），它们的转换关系是

$$1\ \Omega = 10^{-3}\ \text{k}\Omega = 10^{-6}\ \text{M}\Omega \tag{0-11}$$

R 的倒数 G 称为电导。电导的单位是西门子，简称西（S）。

如果电阻上电流、电压的参考方向非关联，只需要在其中一个参数上加“-”调整即可。

线性电阻有两种特殊情况：当 $R=\infty$ 或 $G=0$ 时，称为开路，此时无论端电压为何值，其通路电流恒为零；当 $R=0$ 或 $G=\infty$ 时，称为短路，此时无论通路电流为何值，其端电压恒为零。

2. 基尔霍夫定律

基尔霍夫定律是与电路结构有关的定律，在研究基尔霍夫定律之前，先介绍几个有关的常用电路术语。

支路：任意两个节点之间无分叉的分支电路称为支路，如图 0-30 中的 bafe 支路、be 支路、bcde 支路。

节点：电路中，三条或三条以上支路的汇交点称为节点，如图 0-30 中的 b 点、e 点。

回路：电路中由若干条支路构成的任一闭合路

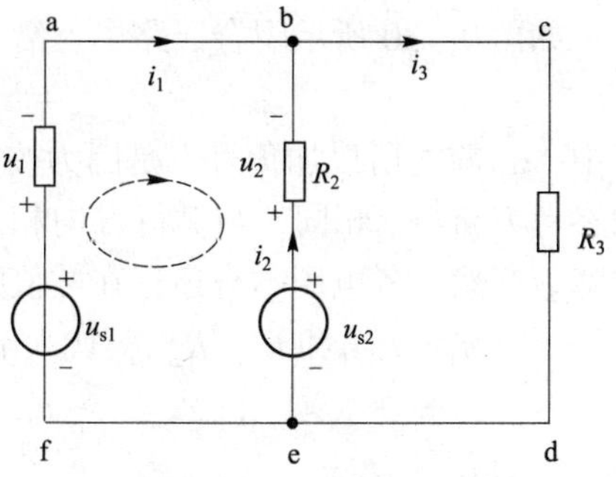

图 0-30　电路举例

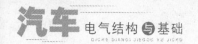

径称为回路，如图 0-30 中 abefa 回路、bcdeb 回路、abcdefa 回路。

网孔：不包围任何支路的单孔回路称为网孔，如图 0-30 中 abefa 回路和 bcdeb 回路都是网孔，而 abcdefa 回路不是网孔。网孔一定是回路，而回路不一定是网孔。

1）基尔霍夫电流定律

基尔霍夫电流定律（KCL）是用来反映电路中任意节点上各支路电流之间关系的。其内容为：对于任何电路中的任意节点，在任意时刻，流过该节点的电流之和恒等于零。其数学表达式为

$$\sum i = 0 \tag{0-12}$$

如果选定电流流出节点为正，流入节点为负，如图 0-30 的 b 节点，有

$$-i_1 - i_2 + i_3 = 0 \tag{0-13}$$

将上式变换得

$$i_1 + i_2 = i_3 \tag{0-14}$$

所以，基尔霍夫电流定律还可以表述为：对于电路中的任意节点，在任意时刻，流入该节点的电流总和等于从该节点流出的电流总和，即

$$\sum i_{\rm i} = \sum i_{\rm o} \tag{0-15}$$

KCL 不仅适用于电路中的任一节点，也可推广应用于广义节点，即包围部分电路的任一闭合面。可以证明，流入或流出任一闭合面电流的代数和为 0。

图 0-31 中，对于点画线所包围的闭合面，可以证明有如下关系：

$$I_{\rm a} - I_{\rm b} + I_{\rm c} = 0 \tag{0-16}$$

基尔霍夫电流定律是电路中连接到任一节点的各支路电流必须遵守的约束，而与各支路上的元件性质无关。这一定律对于任何电路都适用。

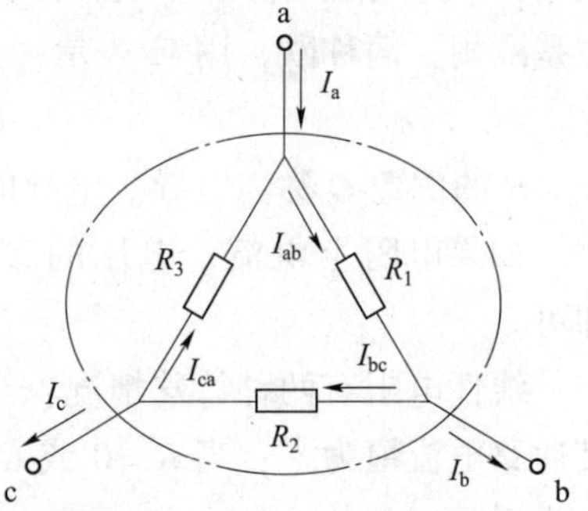

图 0-31　广义节点

2）基尔霍夫电压定律

基尔霍夫电压定律（KVL）是反映电路中各支路电压之间关系的定律。可表述为：对于任何电路中任一回路，在任一时刻，沿着一定的循行方向（顺时针方向或逆时针方向）绕行一周，各段电压的代数和恒为零。其数学表达式为

$$\sum u = 0 \tag{0-17}$$

如图 0-30 所示闭合回路中，沿 abefa 顺序绕行一周，则有

$$-u_{\rm s1} + u_1 - u_2 + u_{\rm s2} = 0 \tag{0-18}$$

式中，$u_{\rm s1}$ 前之所以加负号，是因为按规定的循行方向，由电源负极到正极，属于电位升；u_2 的参考方向与 i_2 相同，与循行方向相反，所以也是电位升；u_1 和 $u_{\rm s2}$ 与循行方向相同，是电位降。当然，各电压本身还存在数值的正负问题，这是需要注意的。

由于 $u_1 = R_1 i_1$ 和 $u_2 = R_2 i_2$，代入上式有

$$-u_{\rm s1} + R_1 i_1 - R_2 i_2 + u_{\rm s2} = 0 \tag{0-19}$$

或

$$R_1 i_1 - R_2 i_2 = u_{\rm s1} - u_{\rm s2} \tag{0-20}$$

这时，基尔霍夫电压定律可表述为：对于电路中任一回路，在任一时刻，沿着一定的循行方向（顺时针方向或逆时针方向）绕行一周，电阻元件上电压降之和恒等于电源电压升之和。其表达式为

$$\sum Ri = \sum u_s \qquad (0-21)$$

按式（0－21）列回路电压平衡方程式时，当绕行方向与电流方向一致时，则该电阻上的电压取“＋”，否则取“－”；当从电源负极循行到正极时，该电源参数取“＋”，否则取“－”。

注意应用 KVL 时，首先要标出电路各部分的电流、电压或电动势的参考方向。列电压方程时，一般约定电阻的电流方向和电压方向一致。

思考与练习题

1. 简述汽车电气系统的组成与特点。
2. 汽车电气设备由哪些系统组成？

单元一

汽车电源系统

本章学习目标

1. 知识目标

(1) 了解蓄电池的基本结构和型号。

(2) 了解蓄电池的工作原理。

(3) 正确描述交流发电机的基本结构及主要部件的功能。

(4) 了解电压调节器的作用和工作原理。

2. 能力目标

(1) 能够检查、维护和更换蓄电池。

(2) 能够对蓄电池进行补充充电。

(3) 能够完成发电机的检查与更换。

(4) 能够分解及组合发电机并完成重要部件的检查。

汽车电源系统是由蓄电池、交流发电机及电压调节器等组成的，其结构如图1-1所示。电源系统的作用是向全车用电设备提供电能，其中蓄电池主要用于发动机起动时短时间内向

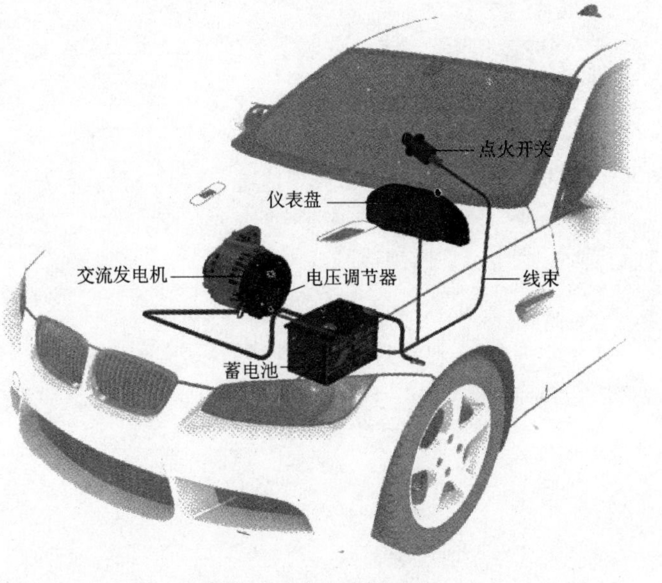

图1-1 汽车电源系统

起动机及点火系统供电；发动机正常工作时则由交流发电机向全车用电设备供电，同时对蓄电池充电；电压调节器的作用是使交流发电机在转速变化时能保持其输出电压恒定，防止因电压起伏过大而烧毁用电设备。

第一节　汽车蓄电池

蓄电池又称为二次电池，是一种将所获得的电能以化学能的形式储存并可将化学能转化为电能的电化学装置。它是目前世界上广泛使用的一种化学“电源”，具有电压平稳、安全可靠、价格低廉、适用范围广、原材料丰富和回收再生利用率高等优点，是世界上各类电池中产量最大、用途最广的一种电池。

汽车用蓄电池，从 1905 年应用至今，已经有 100 多年的历史。在其整个发展历程中，容量、能量密度、材料以及寿命等方面都有了很大的改进。进入 21 世纪，随着电子技术的发展及其在汽车上的应用，人们对环保的要求越来越高，汽车蓄电池也将随着电动汽车的普及而逐渐由起动型转为驱动型。

一、汽车用蓄电池的作用和基本要求

1. 汽车用蓄电池的作用

汽车蓄电池作为汽车上的两个电源之一，在汽车上与发电机并联，其主要作用有：

（1）起动发动机时，向起动系统、点火系统，以及收音机、点烟器及常用灯光等供电。

（2）当发动机低速运转，发电机电压低于蓄电池的充电电压时，由蓄电池向用电设备供电。

（3）储蓄电能：当发动机中、高速运转，发电机电压高于蓄电池的充电电压时，蓄电池将发电机的剩余电能储存起来。

（4）过载返回送电：当发电机过载时，蓄电池协助发电机向用电设备供电。

（5）电容器功能：蓄电池还可以吸收电路中的瞬时过电压，保持汽车电气系统电压的稳定，保护电子元件。

2. 汽车用蓄电池的基本要求

汽车用蓄电池最基本的功能是必须能够满足起动发动机的需要，即在短时间内（5 ~ 10 s），可供给起动机强大的电流（一般为 200 ~ 800 A，有些柴油机可达 1 500 A），故对汽车用蓄电池的基本要求是：容量大，内阻小，有足够的起动能力和连续供电能力。

二、起动型铅酸蓄电池的结构

蓄电池的种类很多，下面以起动型铅酸蓄电池为例介绍其结构。起动型铅酸蓄电池由 3 只或 6 只单格电池串联而成，如图 1 – 2 所示，每只单格电池电压约为 2 V，串联成 6 V 或 12 V 以供汽车选用。它主要由极板、隔板、电解液、外壳、联条和极柱等组成，下面分别加以介绍。

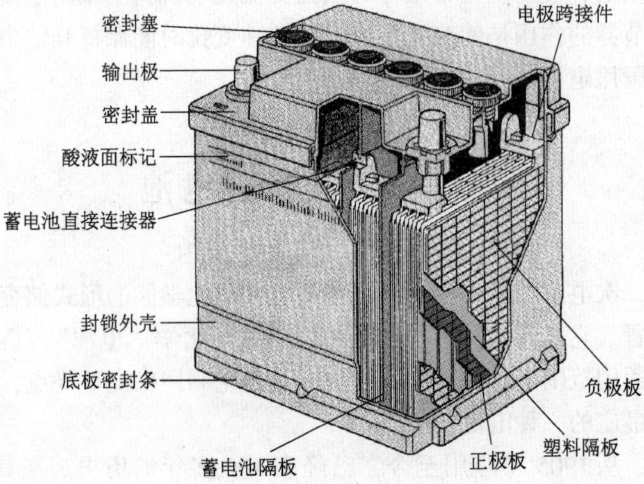

图 1－2　起动型铅酸蓄电池的结构

1．极板

极板是蓄电池的核心部分，蓄电池充放电过程中，电能与化学能的相互转换依靠极板上的活性物质与电解液中硫酸的化学反应来实现。极板分正、负极板两种，它由栅架和活性物质组成，如图 1－3 所示。

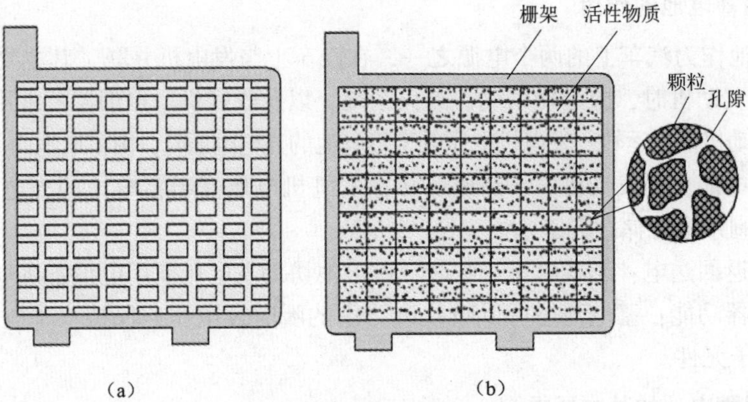

图 1－3　极板的结构

(a) 极板栅架；(b) 极板

1）栅架

栅架用于容纳活性物质，并使极板成型，一般由铅锑合金浇铸而成，如图 1－4 所示。铅锑合金中，一般加入 6%～8.5%的锑，以提高栅架的机械强度并改善其浇注性能。但锑会加速氢的析出而使电解液的消耗加剧，甚至会引起蓄电池自放电和栅架的膨胀、溃烂，缩短蓄电池的使用寿命。因此，栅架正向低锑，甚至无锑的铅钙锡合金发展。

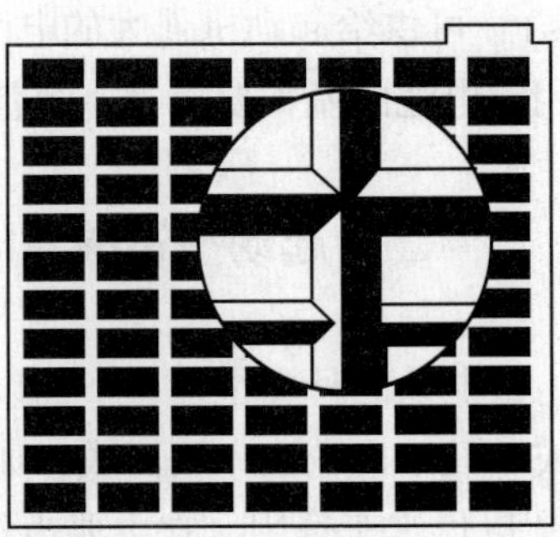

图 1－4　栅架

2）活性物质

活性物质就是极板上的工作物质，为充放电过程提供不可缺少的离子。正极板上的活性物质为深棕色的二氧化铅（PbO_2），负极板上的活性物质为青灰色的海绵状纯铅（Pb）。

将一片正极板和一片负极板浸入电解液中，可得到2.1 V左右的电动势。为增大蓄电池的容量，常将多片正、负极板分别并联，用横板焊接成正、负极板组。安装时，正、负极板组相互嵌合安装，中间插入隔板后装入蓄电池单格内，便形成单格电池。

由于正极板活性物质比较疏松，且正极板处的化学反应比负极板上的化学反应剧烈，反应前后活性物质体积变化较大，为防止因正极板拱曲和活性物质脱落，在每个单格电池中，负极板的片数总比正极板多一片。

国产负极板的厚度为1.8 mm，正极板的厚度为2.2 mm。国外大多采用薄型极板，厚度为1.1～1.5 mm。薄型极板对提高蓄电池的比容量（极板单位尺寸所提供的容量）和改善起动性能都是很有利的。

2. 隔板

为了使蓄电池结构尽量紧凑，正、负极应尽可能靠近，但又得避免其相互接触而造成短路，所以必须采用隔板加以绝缘。

由于电化学反应在液体中进行，有离子迁移运动，为使电解液渗透，隔板应具有多孔性和良好的耐酸性，故一般采用微孔塑料、微孔橡胶、木质材料和玻璃纤维等材料，如图1－5所示。

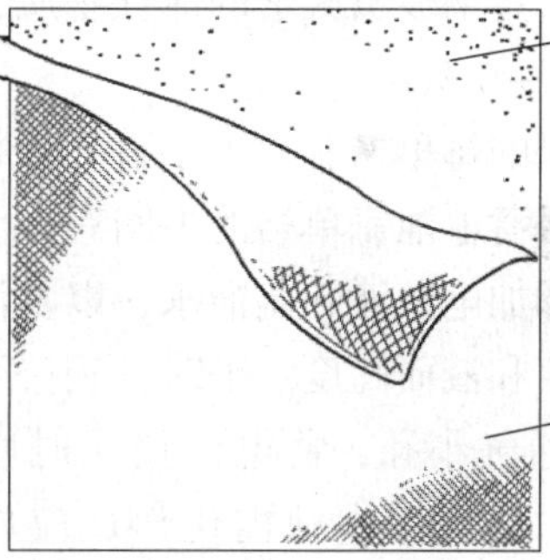

图1－5　隔板

木质隔板因原料丰富、制作简单、价格便宜曾得到广泛应用，但因其耐腐蚀性能差，已被淘汰。近年来，由于人造材料工业的不断发展，其价格大幅下降，且微孔橡胶和微孔塑料隔板耐酸性好、强度高、使用寿命长，而玻璃纤维隔板具有多孔性好、成本低廉等优点，故在实际使用中得以普及。

隔板一面平滑，另一面有凹槽，为保证正极板在充放电过程中化学反应剧烈时电解液顺利地上下流通，安装时带凹槽的一面应朝向正极板，这样能保证活性物质脱落时能沿槽迅速沉至底。

3. 电解液

电解液一般由密度为1.84 g/cm^3的专用硫酸和蒸馏水按一定比例配制而成，它是蓄电池发生化学反应的主要物质，为电化学反应提供必要的离子。电解液的配制应严格选用GB 4554—1984规定的二级专用硫酸和蒸馏水，且配置时要把浓硫酸缓慢倒入蒸馏水中，并不断搅拌。

电解液的密度一般为1.24～1.33 g/cm^3，电解液密度过低，冬季易结冰；电解液密度过高，电解液黏度增加，蓄电池的内阻增加，而加速隔板、极板的腐蚀，使其使用寿命缩短。故应根据本地区气候条件和制造厂的要求合理选用，如表1－1所示。

表 1-1　电解液密度选用的地区差异性

气候条件	全充电 15 ℃时的密度/(g·cm⁻³)	
	冬季	夏季
冬季温度低于 -40 ℃地区	1.31	1.25
冬季温度高于 -40 ℃地区	1.29	1.25
冬季温度高于 -30 ℃地区	1.28	1.25
冬季温度高于 -20 ℃地区	1.27	1.24
冬季温度高于 0 ℃地区	1.24	1.24

电解液相对密度值，随温度的变化而变化，一般温度每升高 1 ℃，相对密度变化值为 0.000 7 g/cm^3。

4. 外壳

外壳用来盛放电解液和极板组，并使蓄电池构成一个整体。外壳的材料有硬质橡胶和聚丙烯塑料两种，由间壁将其分为 3 个或 6 个相互分离的单格，底部有凸起的肋条支撑极板组，凸肋之间的空间用来容纳极板脱落的活性物质，以防极板短路，如图 1-6 所示。

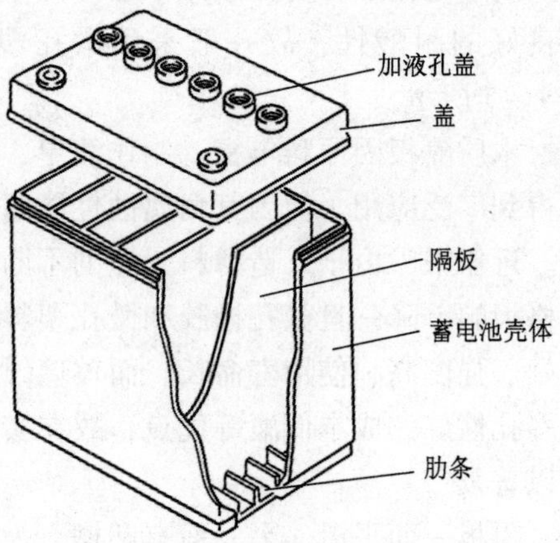

图 1-6　外壳

橡胶外壳的每单格有一个小盖，塑料外壳采用整体盖。普通蓄电池每单格的中间有一个电解液加液孔，用于添加电解液和蒸馏水，以及测量电解液的密度、温度和液面高度。平时拧装一个螺塞，螺塞上有一个通气小孔，蓄电池使用时应保持其畅通，以便随时排出蓄电池内化学反应放出的氢气（H_2）和氧气（O_2），防止外壳胀裂和发生事故，如图 1-7 所示。

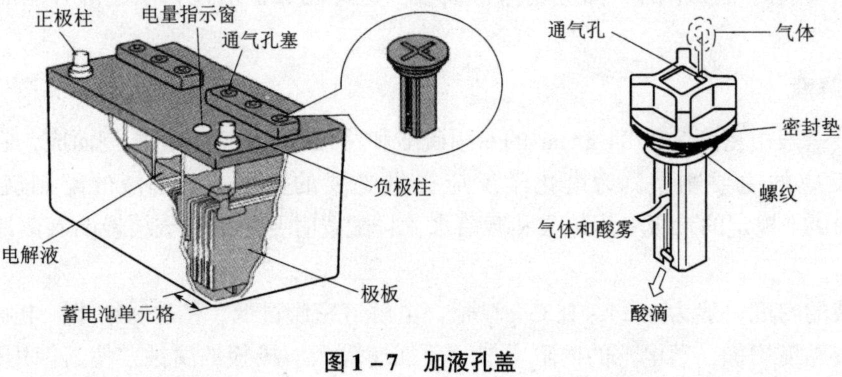

图 1-7　加液孔盖

5. 联条

为提高蓄电池的供电电压，用联条将各单格电池串联连接，一个单格电池的正极桩与相邻单格电池的负极桩采用联条焊接。

联条连接方式通常有外露式、内部穿壁式和跨越式等，如图 1 – 8 所示。

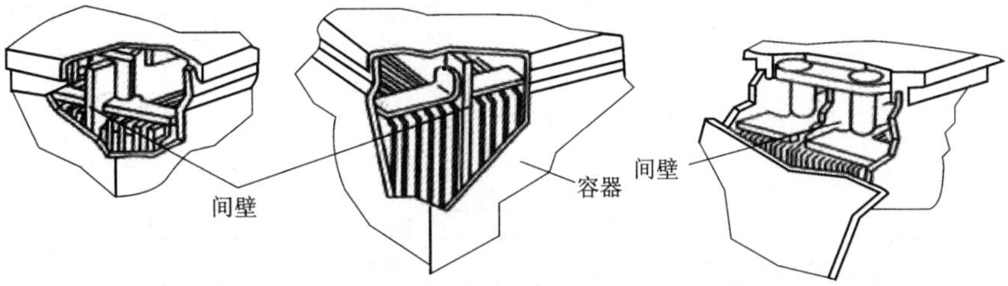

图 1 – 8 联条的连接方式

(a) 跨越式连接；(b) 内部穿壁式连接；(c) 传统外露式连接

为减小蓄电池内阻和质量，现代蓄电池上采用单格电池直接联条。各个单格电池的极板联条通过单格电池间壁以最短的距离相互连接，这样可减少由于外部影响造成短路的危险。

6. 极柱

极柱的作用是将蓄电池的电压引出，第一个单格电池的正极板联条与正极柱相连，最后一个单格电池的负极板联条与负极柱相连。极柱有锥形、侧置式和 L 形等，如图 1 – 9 所示。为便于识别，极桩的上方或旁边标刻有“ + ”（或 P）、“ – ”（或 N）标记，或者在正极桩上涂红色油漆。

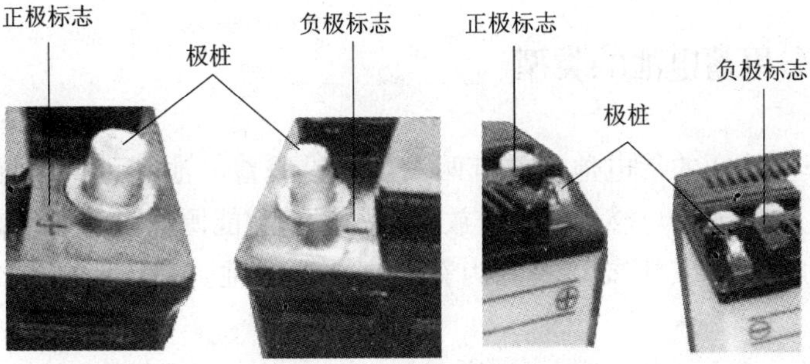

图 1 – 9 蓄电池极柱外形

三、蓄电池的工作原理

蓄电池的工作原理就是化学能和电能的相互转化，它分为充电和放电两个过程，如图 1 – 10 所示。

当铅酸蓄电池接通外电路负载放电时，正极板上的 PbO_2 和负极板上的 Pb 都变成了 $PbSO_4$，电解液中的硫酸变成了水。充电时，正、负极板上的 $PbSO_4$ 分别恢复成原来的 PbO_2 和 Pb，电解液中的水变成了硫酸。

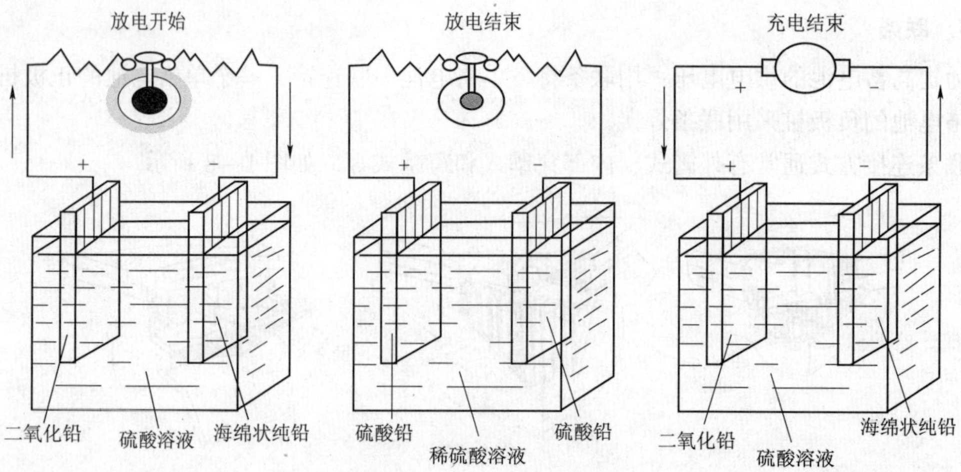

图1-10　蓄电池的工作原理

蓄电池的化学反应方程式为

$$PbO_2 + 2H_2SO_4 + Pb \underset{充电}{\overset{放电}{\rightleftharpoons}} 2PbSO_4 + 2H_2O \qquad (1-1)$$

当蓄电池的正、负极板浸入电解液中时，在正、负极板间就会产生约2.1 V的静止电动势。此时若接入负载，在电动势的作用下，电流就会从蓄电池的正极经外电路流向蓄电池的负极，这一过程称为放电。蓄电池的放电过程是化学能转变为电能的过程。充电时，蓄电池的正、负极分别与直流电源的正、负极相连，当充电电源的端电压高于蓄电池的电动势时，在电场的作用下，电流从蓄电池的正极流入，负极流出，这一过程称为充电。蓄电池的充电过程是电能转换为化学能的过程。

四、汽车用蓄电池的类型

目前燃油汽车上使用的蓄电池主要有两大类：铅酸蓄电池（以下简称铅蓄电池）和镍碱蓄电池。同时，由于人们对燃油汽车排放要求的提高和能源危机的冲击，各汽车公司正不断探索和研制电动汽车，其主要动力源为新型高能蓄电池。表1-2列出了各类蓄电池的特点。

表1-2　蓄电池的类型与特点

类型	优点	缺点	适用车辆
铅蓄电池	结构简单，价格便宜，内阻小，电压稳定，可以短时间供给起动机强大的起动电流	比容量小，使用寿命相对较短	一般车辆
镍碱蓄电池	容量大，使用寿命长，维护简单，能承受大电流放电而不易损坏	活性物质导电性差，价格较高	使用时间长、可靠性高的车辆
电动车蓄电池	比容量大，无污染，充、放电性能好，使用寿命长	结构复杂，成本高	电动汽车

铅蓄电池由于结构简单、价格便宜、内阻小、可以短时间供给起动机强大的起动电流而被广泛采用。

铅蓄电池又可以分为普通铅蓄电池、干荷电铅蓄电池、湿荷电铅蓄电池和免维护铅蓄电池。

1. 干荷电铅蓄电池

干荷电铅蓄电池是指极板处于干燥的已充电状态和无电解液储存的蓄电池。它的外观、内部零件结构及使用效果与普通铅蓄电池的基本相同，二者的根本区别在于，前者的极板在干燥状态下能较长期地保存制造过程中所得到的电荷。

干荷电铅蓄电池和普通铅蓄电池相比，自放电小，储存期长，因而被大批量生产和使用。

2. 湿荷电铅蓄电池

湿荷电铅蓄电池是指极板为荷电状态，带有少量的电解液，而大部分电解液被吸入极板和隔板中储存的一种蓄电池。它与普通铅蓄电池的不同之处在于，采用极板群组化成后浸入相对密度为 1.35 g/cm^3、内含 0.5%（质量比）硫酸钠的稀硫酸溶液中浸渍 10 min，离心沥酸后不经干燥即密封而成湿荷电铅蓄电池。

3. 免维护铅蓄电池

免维护铅蓄电池又称 MF（Maintenance - Free）蓄电池，是指在汽车合理使用期间，不需要对蓄电池进行加注蒸馏水、检测电解液液面高度、检测电解液密度等维护作业，其结构如图 1-11 所示。

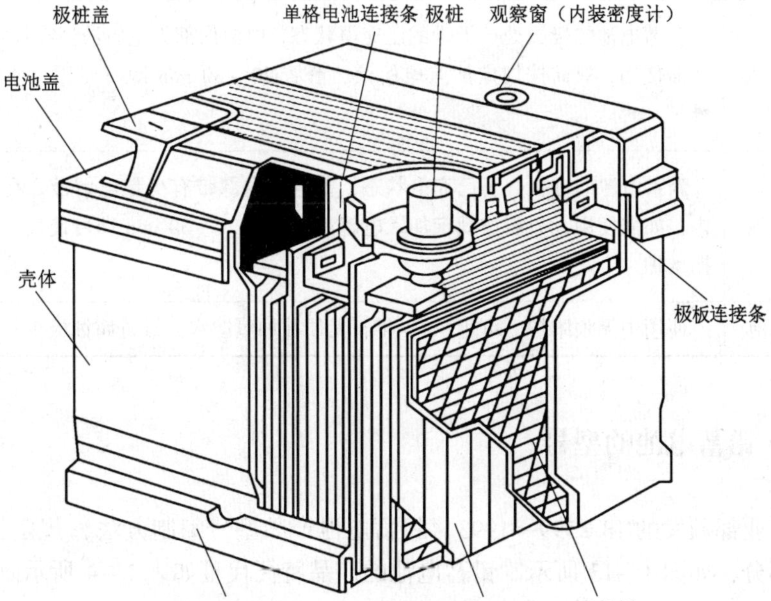

图 1-11　免维护铅蓄电池结构

免维护铅蓄电池内部安装有电解液密度计，可自动显示蓄电池的存电状态和电解液液面的高低。

如果密度计的观察窗呈绿色，表明蓄电池存电充足，可正常使用；若显示深绿色或黑色，表明蓄电池存电不足，需补充充电；若显示浅黄色，表明蓄电池已接近报废。内装式密度计工作示意图如图 1－12 所示。

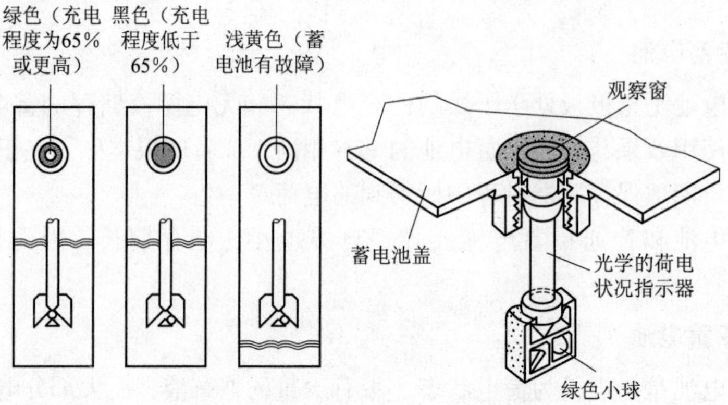

图 1－12　内装式密度计工作示意图

各种铅蓄电池的特点如表 1－3 所示。

表 1－3　各种铅蓄电池的特点

类型	特点
普通铅蓄电池	新蓄电池的极板不带电，使用前需按规定加注电解液并进行初充电，初充电的时间较长，使用中需要定期维护
干荷电铅蓄电池	新蓄电池的极板处于干燥的已充电状态，电池内部无电解液。在规定的保存期内，如需使用，只需按规定加入电解液，静置 20～30 min 即可使用，使用中需要定期维护
湿荷电铅蓄电池	新蓄电池的极板处于已充电状态，蓄电池内部带有少量电解液。在规定的保存期内，如需使用，只需按规定加入电解液，静置 20～30 min 即可使用，使用中需要定期维护
免维护铅蓄电池	使用中无须维护，可用 3～4 年，无须补加蒸馏水，极桩腐蚀极少，自放电少

五、铅蓄电池的型号

按机械工业部颁发的 JB 2599—1993《铅蓄电池产品型号编制方法》规定，铅蓄电池的型号分为三部分，如图 1－13 所示。铅蓄电池的产品特征代号如表 1－4 所示。

例如，6－QA－60 表示由 6 个单格电池组成，额定电压为 12 V，额定容量为 60 A · h 的起动型干荷电铅蓄电池。

6－QAW－60 表示由 6 个单格电池组成，额定电压为 12 V，额定容量为 60 A · h 的起动型干荷电免维护铅蓄电池。

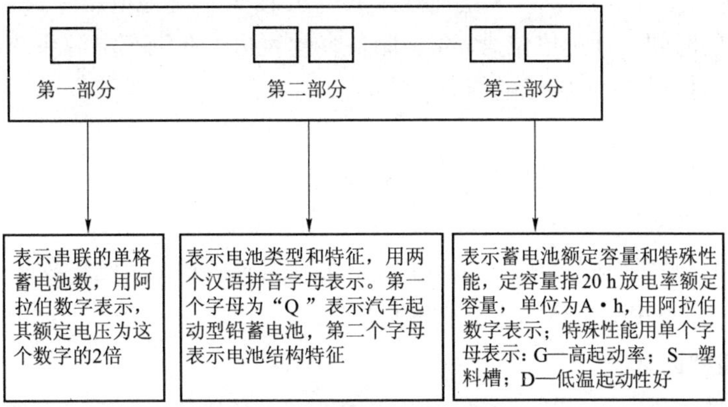

图 1－13　铅蓄电池的型号

表 1－4　铅蓄电池的产品特征代号

序号	产品特征	代号	序号	产品特征	代号	序号	产品特征	代号	序号	产品特征	代号
1	干荷电	A	4	少维护	S	7	半密闭式	B	10	激活式	I
2	湿荷电	H	5	防酸式	F	8	液密式	Y	11	带液式	D
3	免维护	W	6	密闭式	M	9	气密式	Q	12	胶质电解液	J

六、蓄电池的容量及其影响因素

蓄电池的容量是指在规定的放电条件下（一定的放电电流、一定的终止电压和一定的电解液温度下），完全充足电的蓄电池所能够输出的电量。它是标注蓄电池对外放电能力、衡量蓄电池质量的优劣以及选用蓄电池的重要指标。

1. 蓄电池容量的分类

蓄电池的容量根据其使用条件不同可以进行如下划分。

1）理论容量

理论容量是指假定活性物质全部参加放电反应，由活性物质质量按法拉第电化当量定律计算所得的容量。

2）实际容量

实际容量是指蓄电池实际放出的电量，一般用 C 表示。恒流放电时，$C = I_f t_f$。实际容量总小于理论容量。

3）额定容量

GB 5008. 1—1991《起动用铅酸蓄电池技术要求》规定：完全充足电的蓄电池在电解液温度为（25 ±2）℃条件下，以 20 h 放电率的放电电流（0. 05C_{20}）连续放电至 12 V 蓄电池的端电压降到（10. 5 ±0. 05）V 时输出的电量。额定容量是检验蓄电池质量的重要指标，在蓄电池型号中体现，如 6－QA－105 即表示额定容量为 105 A · h。

4）储备容量

GB 5008. 1—1991《起动用铅酸蓄电池技术要求》规定：完全充足电的蓄电池在电解液

温度为（25 ±2）℃条件下，以25 A电流连续放电至12 V蓄电池电压降到（10.5 ±0.05）V时，放电所持续的时间，计量单位为min。储备容量表达了在汽车电源系统出现故障时，蓄电池尚能向外电路提供25 A电流的能力。

5）起动容量

起动容量表示蓄电池在发动机起动时的供电能力，分为低温起动容量和常温起动容量。低温起动容量是指电解液在 -18 ℃时，以3倍额定容量的电流持续放电至单格电压下降至1 V所放出的电量，持续时间应在2.5 min以上；常温起动容量是指电解液在30 ℃时，以3倍额定容量的电流持续放电至单格电压下降至1.5 V所放出的电量，持续时间应在5 min以上。

2．影响容量的因素

蓄电池的容量不是一个定值，它与多种因素有关，具体体现在产品的结构因素和使用条件两方面。

1）产品结构因素对容量的影响

极板上活性物质的数量、极板厚度、极板面积、极板中心距、活性物质的孔率等对容量均有一定的影响。

理论上，一般活性物质的数量越多，容量越大。但是，实际上活性物质的利用率只有60%左右，一旦活性物质的数量确定，可通过增大极板面积以提高其利用率，从而增大容量。国产蓄电池基本极板面积已基本统一，每对极板面的容量为7.5 A·h，故通过极板数量N计算极板的容量$C_{20}=7.5(N-1)$。

极板越薄，活性物质的利用率就越高，容量就越高，反之亦然；极板面积越大，同时参与化学反应的活性物质就越多，容量越大；中心距越小，蓄电池内阻越小，容量越大。一般来说，活性物质的孔率越大，电解液扩散渗透越容易，容量越大，但孔率的过分增大会导致活性物质减少，从而导致容量减少。

2）使用条件对容量的影响

蓄电池的放电电流、电解液温度、电解液密度等使用条件对容量的影响如下：

随着放电电流I_f增大，蓄电池的电化学极化、浓差极化、欧姆极化变强，使蓄电池的端电压下降变快，从而使放电时间缩短。随着I_f的增大，单位时间内生成硫酸铅增多，而导致孔隙堵塞，使活性物质利用率低，从而导致容量C降低；此外随着I_f的增大，单位时间消耗硫酸量增多，使电解液密度下降快，容量C减小。故在起动发动机时，应该保证每次起动发动机的时间不超过5 s，再次起动时间间隔在15 s以上。

当蓄电池温度降低时，电解液的黏度随之增大，导致离子渗入极板困难，使活性物质利用率低而导致蓄电池容量C降低；与此同时，随着电解液黏度的增大，蓄电池内阻增大，导致内压降增高，端电压值减小，使容量C进一步减小。所以冬季时要对蓄电池保暖，以保证其有足够的容量。

随着电解液密度ρ增大，蓄电池的电动势E增大，电解液渗透能力增强，使参加反应的活性物质量增多，从而使蓄电池的容量C增大。但是当密度ρ过高时，会使电解液黏度增大，使其内阻增大，而加剧极板硫化，导致蓄电池容量降低。实践证明，电解液密度偏低有利于提高放电电流和容量。所以，冬季使用的电解液，在不使其结冰的前提下，应尽可能采用稍低的电解液密度。此外应考虑车辆在用地区的温度，因为温度的高低会影响电解液的密度。

七、蓄电池的充电

充电是蓄电池使用过程中延长使用寿命的一个重要环节，放电后的蓄电池必须通过充电才能重新投入使用。新蓄电池和修复后的蓄电池在首次使用前必须进行初充电；在蓄电池的正常使用过程中，为了延长蓄电池的使用寿命，还要进行一些必要的补充充电、均衡充电等。

1．充电方法

蓄电池的充电必须根据不同的情况选择恰当的方法，并且正确使用充电设备，以提高工作效率，延长充电设备和蓄电池的寿命。通常蓄电池的充电方法有以下 3 种。

1）恒流充电

恒流充电是指在充电过程中，充电电流保持不变（通过调整电压，保证电流不变）的充电方法。它广泛用于初充电、补充充电和去硫化充电等。

恒流充电的适应性强，可任意选择和调整充电电流的大小，有利于保持蓄电池的技术性能和延长使用寿命；其缺点是充电时间长，要经常调节充电电流。

2）恒压充电

恒压充电是指在充电过程中，充电电压保持恒定不变的充电方法，它是蓄电池在汽车上由发电机对其充电的方法。

3）脉冲快速充电

脉冲快速充电的过程是：先用 0.8～1.0 倍额定容量的大电流进行恒流充电，使蓄电池在短时间内充至额定容量的 50%～60%，当单格电池电压升至 2.4 V，开始冒气泡时，由充电机的控制电路自动控制，开始脉冲快速充电，首先停止充电 25 ms（称为前停充），然后再放电或反向充电，使蓄电池反向通过一个较大的脉冲电流（脉冲深度一般为充电电流的 1.5～3.0 倍，脉冲宽度为 150～1 000 μs），然后再停止充电 40 ms（称为后停充），而后按照正脉冲充电→前停充→负脉冲瞬间放电→后停充→正脉冲充电……循环进行，直至充足电为止。

脉冲快速充电的优点是充电时间可大大缩短（新蓄电池充电仅需 5 h，补充充电需 1 h）。但对蓄电池的寿命有一定的影响，并且脉冲快速充电机结构复杂、价格昂贵，故适用于电池集中、充电频繁、要求应急的场合。

2．充电的种类

根据充电目的不同，蓄电池的充电可分为初充电、补充充电和间歇过充电等。

1）初充电

初充电是对新蓄电池或更换极板后的蓄电池进行的首次充电，其目的是恢复蓄电池在存放期间，极板上部分活性物质因缓慢放电和硫化而失去的电量。初充电的特点是：充电电流小，充电时间长，必须彻底充足。

2）补充充电

补充充电是指对使用中的蓄电池在无故障的前提下，为保持或恢复其额定容量而进行的正常的保养性充电。

一般汽车用蓄电池应每隔 1～2 个月从车上拆下来进行一次补充充电，使用中，如发现下列现象之一，必须及时进行补充充电：电解液相对密度降至 1.15 g/cm^3 以下时；冬季放电量超过 25%，夏季放电量超过 50% 时；前照灯灯光比平时暗淡，起动无力时；单格电池电压降到 1.7 V 以下时。

3）间歇过充电

间歇过充电又称预防硫化过充电，是避免使用中极板硫化的一种预防性充电。一般应每隔 3 个月进行一次。

充电方法是先按补充充电方式充足电，停歇 1 h 后，再以减半的充电电流进行过充电，即出现“沸腾”现象为止。如此反复，直至充足电为止。

八、蓄电池的正确使用与维护

1. 三抓

（1）抓及时、正确充电：放完电的电池 24 h 内送充电间；装车使用的电池应定期补充充电，放电程度，冬季不超过 25%，夏季不超过 50%；带电解液存放的蓄电池应定期补充充电。

（2）抓正确使用操作：每次起动时间不超过 5 s，起动间隔时间为 15 s，最多连续起动 3 次；车上蓄电池应固定牢靠，安装搬运时应轻搬轻放。

（3）抓清洁保养：保持蓄电池表面清洁；及时清除蓄电池表面的酸液；经常疏通通气孔。

2. 五防

（1）防止过充和充电电流过大。

（2）防止过度放电。

（3）防止电解液液面过低。

（4）防止电解液密度过大。

（5）防止电解液内混入杂质。

3. 拆装注意事项

（1）拆装、移动蓄电池时，应轻搬轻放，严禁在地上拖曳。

（2）蓄电池型号和车型应相符，电解液密度和高度应符合规定。

（3）安装时，蓄电池固定在托架上，塞好防振垫。

（4）极桩涂上凡士林或润滑油，防腐防锈。极桩卡子与极桩要接触良好。

（5）蓄电池搭铁极性必须与发电机一致。

（6）接线时先接正极后接负极，拆线时相反，以防金属工具搭铁，造成蓄电池短路。

第二节　汽车交流发电机

发电机是汽车的主要电源，它与电压调节器相互配合工作。当发动机运行时，发电机为汽车上的点火系统、燃油喷射系统、照明系统、ECU 等用电设备提供电能。

早期使用的是直流发电机，它是配合汽车上的常规铅蓄电池使用的。在很长的一段时间内，它能满足汽车的需要，一直到20世纪70年代中期，随着汽车电子技术的发展和用电设备的增多，才逐渐为交流发电机所取代。

交流发电机具有体积和质量小，结构简单，维护方便，使用寿命长和低速充电性能好等优点。

在电源系统中设置电压调节器的目的是：满足汽车电气设备用电及向蓄电池恒定电压充电；充电状态指示装置用于指示汽车电源系统的工作情况。

一、交流发电机的功用与要求

1. 交流发电机的功用

交流发电机的功用是当发动机所需电压高于蓄电池电压时，能及时向蓄电池充电，并向全车除起动机外的所有用电设备直接供电。发电机是汽车上的主要电源，它与蓄电池并联，由汽车发动机驱动。

2. 对交流发电机的要求

汽车发电机的形式和结构，取决于车辆电气设备和蓄电池充电所需的电能，它必须满足以下要求，以保证能给蓄电池充电和为汽车上用电设备供应电能：

（1）所有连接的负载要用直流电。

（2）即使全部永久性负载都接通，也需要有足够的电力为蓄电池快速充电，并维持充电状态。

（3）要尽量在发电机的某个转速范围内保持输出电压恒定。

（4）质量小，结构紧凑，噪声低，效率高，寿命长。

（5）发电机要保持牢固，能承受外来的如振动、高温、剧烈温度变化、污垢和潮湿等各种变化。

二、交流发电机的结构

普通硅整流发电机主要由三相同步交流发电机和6只二极管组成的三相桥式全波整流器两大部分组成。如图1－14所示，主要包括转子、定子、整流器、前后端盖、风扇、皮带轮等部件。

1. 转子总成

转子的功用是产生磁场，它主要由两块爪极、磁轭、磁场绕组、转子轴和滑环等组成，如图1－15所示。

转子轴上压装着两块爪极，两块爪极各有6个由低碳钢制成的鸟嘴形磁极，空腔内装有磁轭（也叫铁芯），用于导磁。磁轭上绕有磁场绕组（又称转子线圈），磁场绕组的两根引线分别焊在与转子轴绝缘的两个滑环上。滑环由两个彼此绝缘的铜环组成，它与装在后端盖上的两个电刷相接触，两个电刷通过引线分别接在两个螺钉接线柱，即“F”和“－”上。

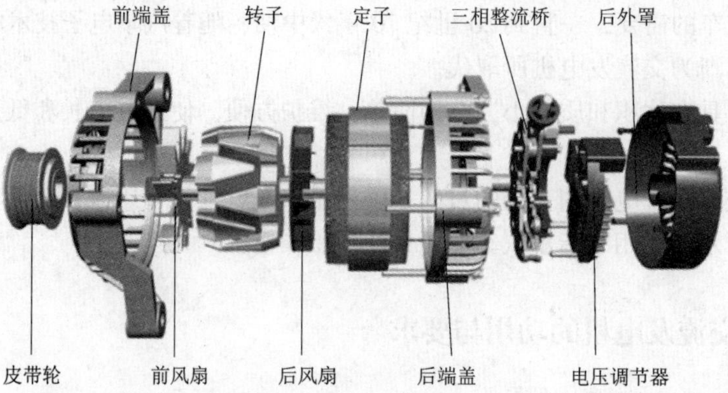

图1－14　发电机分解

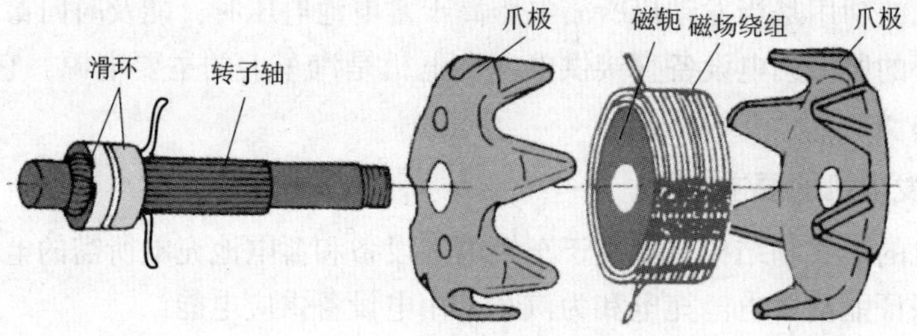

图1－15　转子总成分解

当两滑环通入直流电时（通过电刷），磁场绕组中就有电流通过，并产生轴向磁通，使得爪极一块被磁化为N极，另一块被磁化为S极，从而形成6对相互交错的磁极。当转子转动时，就形成了旋转的磁场。

除了永磁式交流发电机不需要励磁以外，其他交流发电机都需要励磁。所谓励磁，即将电流引入磁场绕组，使之产生磁场。交流发电机励磁有两种方式：自励和他励。

在发动机起动期间，需要蓄电池提供发电机的励磁电流，这种供给磁场电流的方式称为他励发电。当发电机有能力对外供电时，就将自身发的电供给磁场绕组生磁发电，这种供给磁场电流的方式称为自励。

2. 定子总成

定子也叫电枢，它的功用是产生感应电动势，主要由定子铁芯和定子绕组组成，如图1－16所示。

定子铁芯由内圈带槽的硅钢片叠成，定子绕组的导线就嵌放在定子铁芯的槽中。

定子绕组为三相绕组，采用星形（Y形）接法或三角形（大功率）接法，都能产生三相交流电，如图1－17所示。

三相绕组必须按一定要求绕制，才能使之获得频率相同、幅值相等、相位互差120°的三相电动势，发电机定子绕组由专门人员绕制。

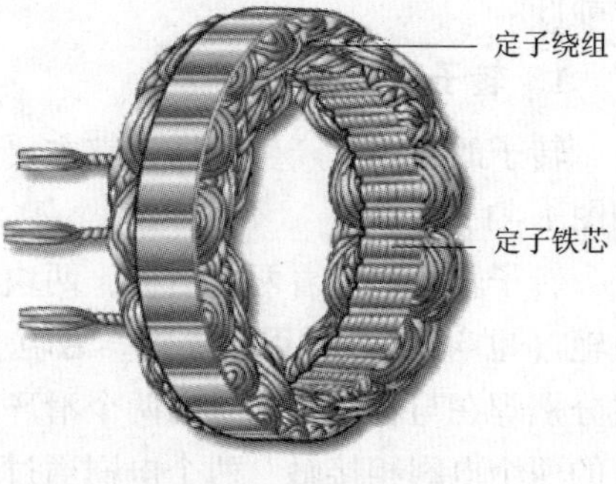

图1－16　定子的结构

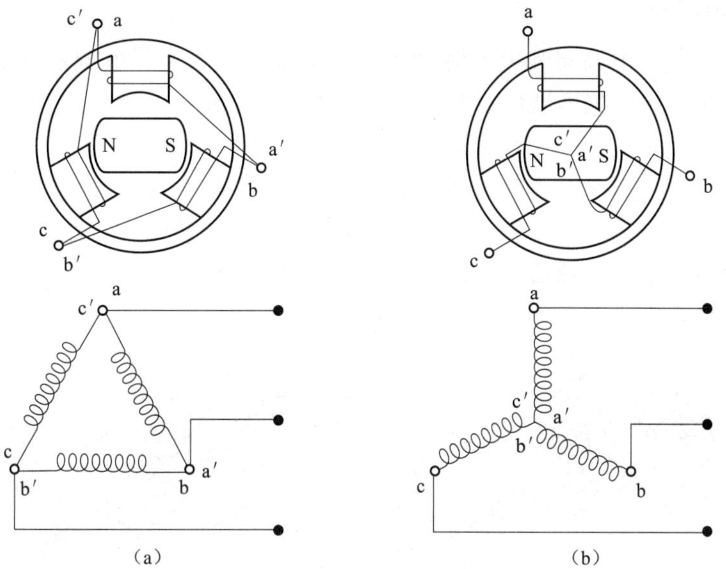

图 1－17　三相定子绕组的绕法

(a) 三角形接法；(b) 星形接法

3．整流器

交流发电机整流器的作用是将定子绕组产生的三相交流电整流成为直流电。整流器由 6 只硅整流二极管组成三相全波桥式整流电路，6 只硅整流二极管分别压装（或焊装）在两块整流板上，如图 1－18 所示。

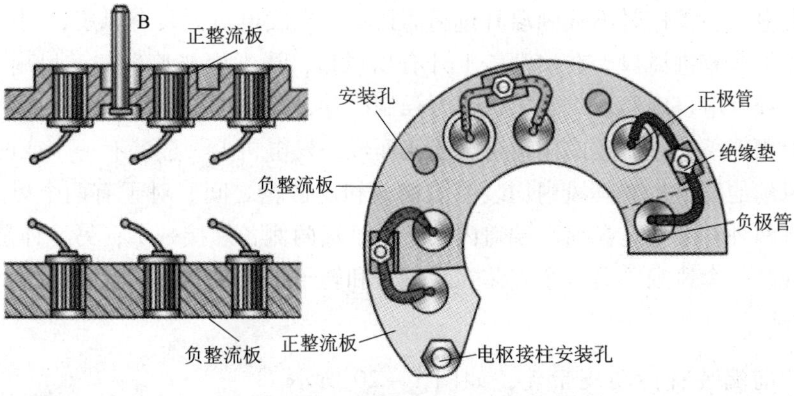

图 1－18　整流器的外形与二极管的安装方式

硅整流二极管只有一根引线，有正二极管和负二极管之分。引出线为正极的管子叫正极管，引出线为负极的管子叫负极管。

整流板有正、负极之分。将三只正极管安装在一块铝制散热板上，称为正整流板；将三只负极管安装在另一块铝制散热板上，称为负整流板，也可用发电机后盖代替负整流板。在正整流板上有一个输出接线柱 B（发电机的输出端）。负整流板直接搭铁，负整流板一定要和壳体相连接。

整流板的形状各异，有马蹄形、长方形和半圆形等。

4. 电刷与电刷架

电刷总成由电刷、电刷架和电刷弹簧组成。电刷的作用是将电源通过滑环引入磁场绕组，它由石墨制成。电刷架内装电刷和弹簧，利用弹簧的弹力与滑环紧密接触，多采用酚醛玻璃纤维塑料模压而成或用玻璃纤维增强尼龙制成。

发电机的电刷总成有内装式和外装式之分，如图 1－19 所示。内装式是将电刷架安装在后端盖内部，故如果电刷损坏，必须解体发电机，现已逐渐被淘汰。外装式电刷架用螺钉安装在后端盖壳体外表上，故检修和更换方便。

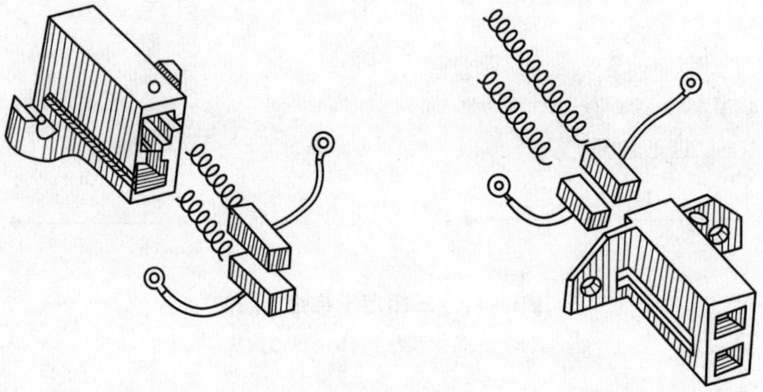

（a）　（b）

图 1－19　电刷总成

（a）内装式；（b）外装式

5. 风扇

为保证发电机在工作时不致因温升过高而损坏，在发电机上装有风扇，用以散热。发电机均在后端盖上开有进风口，在前端盖上开有出风口，当发电机旋转时，风扇也一起旋转，使空气高速流经发电机内部，对发电机进行强制冷却，如图 1－20 所示。

风扇一般用钢板冲制而成或用铝合金压铸而成。发电机上一般装有一个或两个风扇。对于只有一个风扇的发电机，其风扇均装在前端盖和皮带轮之间。对于有两个风扇的发电机，其安装形式有两种：一种是在前后端盖内的转子爪极两侧各焊接一个；另一种是在前端盖和皮带轮之间安装一个风扇，另一个安装在后端盖和转子爪极之间。

6. 皮带轮

发电机的前端装有传动皮带轮，如图 1－20 所示。它通过 V 形皮带与发动机曲轴上的 V 形皮带轮连接，由发动机曲轴驱动其旋转。皮带轮通常用铸铁或铝合金制成，也有用薄钢板卷压而成的，分为单槽、双槽和多楔形槽三种，利用半圆键装在风扇外侧的转轴上，再用弹簧垫片和螺母紧固。

图 1－20　风扇、皮带轮和前后端盖

7. 前后端盖

端盖一般分为前端盖和后端盖两部分，如图 1－20 所示，起固定转子、定子、整流器和电刷组件的作用。

端盖一般用铝合金铸造，一是可有效防止漏磁，二是铝合金散热性能好，而且能够减小发电机的质量。前端盖上铸有支脚、调整臂和出风口。后端盖上铸有支脚和进风口，而且还装有电刷总成。

三、交流发电机的工作原理

1. 发电原理

交流发电机定子的三相绕组按一定规律分布在发电机的定子槽中，内部有一个转子，转子上安装着爪极和磁场绕组。当外电路通过电刷使磁场绕组通电时，便产生磁场，使爪极被磁化为 N 极和 S 极。当转子旋转时，磁通交替地在定子绕组中变化，根据电磁感应原理可知，定子的三相绕组中便产生交变的感应电动势，而后经整流器整流为直流电输出，这就是交流发电机的工作原理，如图 1－21 所示。

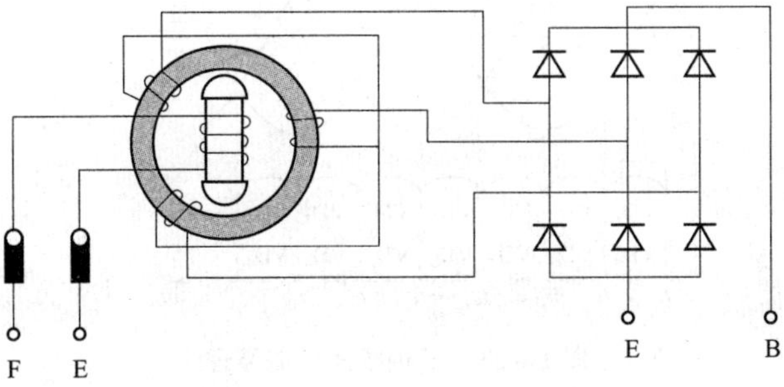

图 1－21　交流发电机的工作原理

由于三相绕组在定子槽中是对称绕制的，因此三相交流电动势大小相等、相位差互为 120°，其瞬时值为

$$e_U = E_m \sin(\omega t) \quad (1-2)$$

$$e_V = E_m \sin(\omega t - 120°) \quad (1-3)$$

$$e_W = E_m \sin(\omega t - 240°) \quad (1-4)$$

式中，E_m 为每相电动势的最大值，单位是 V；ω 为电角速度，其值 $\omega = 2\pi f$。

2. 整流原理

交流发电机是利用二极管的单向导通性把交流电转换为直流电的。普通交流发电机是用 6 只二极管组成三相桥式整流电路，把定子绕组中感应出来的交流电转变为直流电。

1）二极管的导通原则

当给二极管加上正向电压时，二极管导通；当给二极管加上反向电压时，二极管截止。当 3 只二极管负极端相连时，正极端电位最高者导通；当 3 只二极管正极端相连时，负极端电位最低者导通。二极管导通原则如图 1－22 所示。

2）整流过程分析

图 1－23（a）所示为以六管构成的三相桥式整流电路。由上述二极管导通原则可知，当发电机正常工作时，三个正极管 VD_1、VD_3、VD_5，在某瞬时，电压最高的一相正极管导通；三个负极管 VD_2、VD_4、VD_6，在某瞬时，电压最低的一相负极管导通。

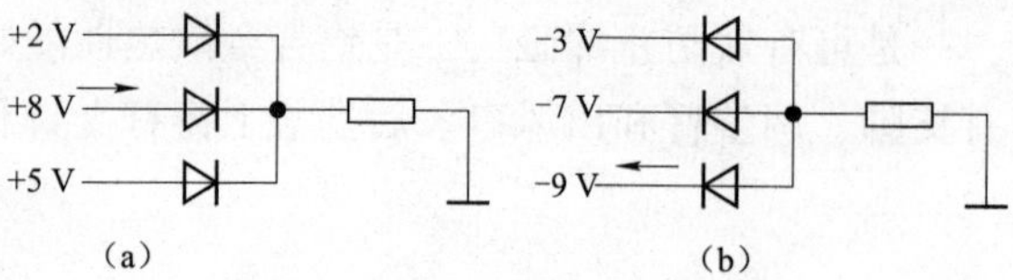

图 1-22　二极管导通原则

(a) 正二极管；(b) 负二极管

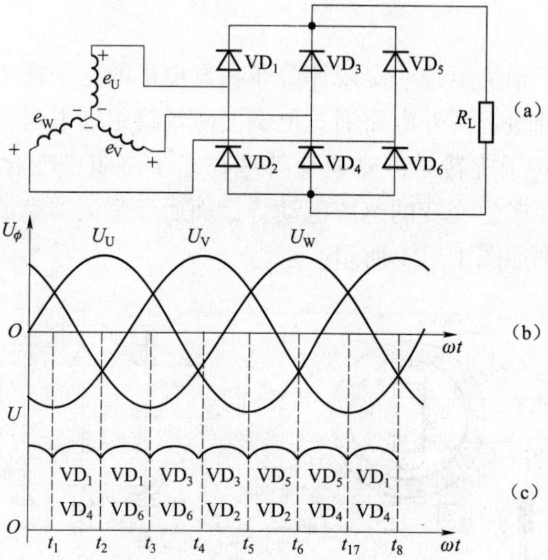

图 1-23　三相桥式整流原理

由于发电机的三相绕组是对称安装的，故同时导通的管子总是两个，即正、负极管各一个。具体分析如下：

在 0 ~ t_1时间内，U_W最高，U_V最低，VD_5和 VD_4都处于正向电压导通状态，电流回路为：最高电位点 W→VD_5→发电机“+”→负载 R_L→VD_4→最低电位点 V，于是在负载 R_L上得到的电压为 U_{WV}，其方向为上“+”下“−”。

在 t_1 ~ t_2时间内，U_U最高，U_V最低，VD_1和 VD_4都处于正向电压导通状态，电流回路为：最高电位点 U→VD_1→发电机“+”→负载 R_L→VD_4→最低电位点 V，于是在负载 R_L上得到的电压为 U_{UV}，其方向为上“+”下“−”。

在 t_2 ~ t_3时间内，U_U最高，U_W最低，VD_1和 VD_6都处于正向电压导通状态，电流回路为：最高电位点 U→VD_1→发电机“+”→负载 R_L→VD_6→最低电位点 W，于是在负载 R_L上得到的电压为 U_{UW}，其方向为上“+”下“−”。

在 t_3 ~ t_4时间内，VD_3和 VD_6导通；t_4 ~ t_5时间内，VD_2和 VD_3导通；t_5 ~ t_6时间内，VD_2和 VD_5导通。以此类推，6 只二极管两两轮流导通，使得负载 R_L两端得到一个比较平稳的脉动直流电压。

四、交流发电机的种类

1. 按交流发电机的总体结构分类

(1) 普通交流发电机：使用时需要配装电压调节器的发电机。

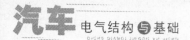

（2）整体式交流发电机：发电机和电压调节器制成一个整体的发电机。

（3）带泵交流发电机：和汽车制动系统用真空助力泵安装在一起的发电机，多用于柴油机。

（4）无刷交流发电机：无电刷和滑环的发电机。

（5）永磁交流发电机：转子磁极用永磁铁制成的发电机。

2. 按整流器结构分类

（1）六管发电机：整流器由 6 只二极管组成。

（2）八管发电机：整流器由 6 只二极管和 2 只中性点二极管组成。

（3）九管发电机：整流器由 6 只二极管和 3 只磁场二极管组成。

（4）十一管交流发电机：整流器由 6 只二极管、2 只中性点二极管和 3 只磁场二极管组成。

3. 按磁场绕组的搭铁形式分类

按磁场绕组（两只电刷引线）和发电机的连接方式，把发电机分为内搭铁式和外搭铁式两种，如图 1－24 所示。

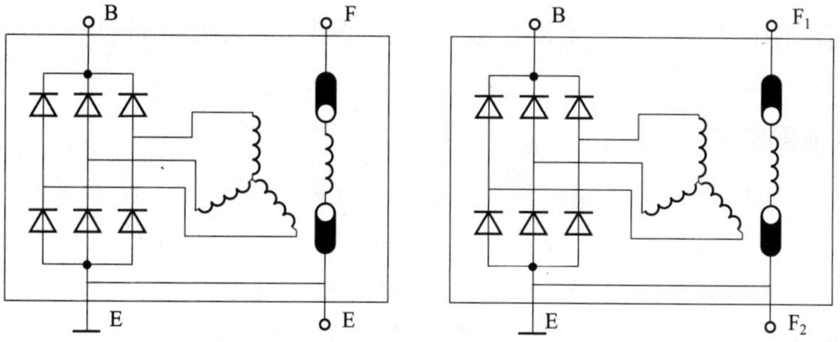

图 1－24　内、外搭铁式交流发电机

（1）内搭铁式发电机：磁场绕组直接在发电机内部与壳体相连而搭铁，即两只电刷的引线一根与后端盖上的磁场接线柱“F”相连，另一根直接与发电机外壳上的搭铁接线柱“－”相连。

（2）外搭铁式发电机：磁场绕组的两只电刷都与壳体绝缘的发电机，通过电压调节器搭铁，即两电刷的接线柱均与发电机外壳绝缘，分别用“F_1”和“F_2”表示。

4. 按冷却方式分类

（1）风冷式交流发电机：采用冷却风扇，用空气加以冷却（分为无新鲜空气吸入管的冷却和有新鲜空气吸入管的冷却）。

（2）水冷式交流发电机：采用水作为冷却介质进行冷却。

五、常见交流发电机的结构

1. 八管交流发电机

八管交流发电机和六管交流发电机的基本结构是相同的，区别是八管交流发电机在原有六管发电机的整流器的基础上增加了 2 只中性点二极管，1 只正极管 VD_7 接在中性点和正极之间，1 只负极管 VD_8 接在中性点和负极之间，对中性点电压进行全波整流，如图 1－25 所示。

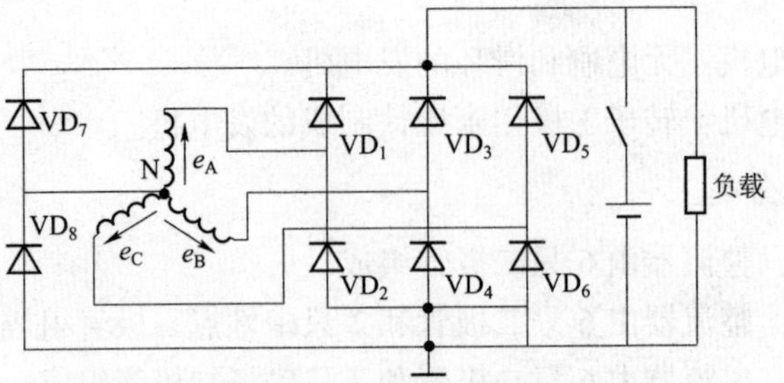

图 1－25　八管交流发电机

当中性点的电压高于发电机的输出电压时，二极管 VD_7 导通，此时电流由中性点→VD_7→发电机的 B→负载→任一只负极管→相应相绕组→中性点，形成回路。

当中性点的瞬时电压低于搭铁电压时，二极管 VD_8 导通，此时电流经中性点→任一相定子绕组→相应相的正极管→发电机的 B→负载→VD_8→中性点，形成回路。

这样，就能利用中性点电压来增加发电机的输出功率，在高速时，可以提高 10% ~ 15% 的输出功率。

2．九管交流发电机

九管交流发电机的基本结构和六管交流发电机相同，不同之处在于整流器。九管交流发电机的整流器由 6 只大功率整流二极管和 3 只小功率磁场二极管组成。其中 6 只大功率整流二极管组成三相全波桥式整流电路，对外负载供电。3 只小功率二极管与 3 只大功率负极管也组成三相全波桥式整流电路专门为发电机提供励磁电流，所以称 3 只小功率二极管为磁场二极管，如图 1－26 所示。

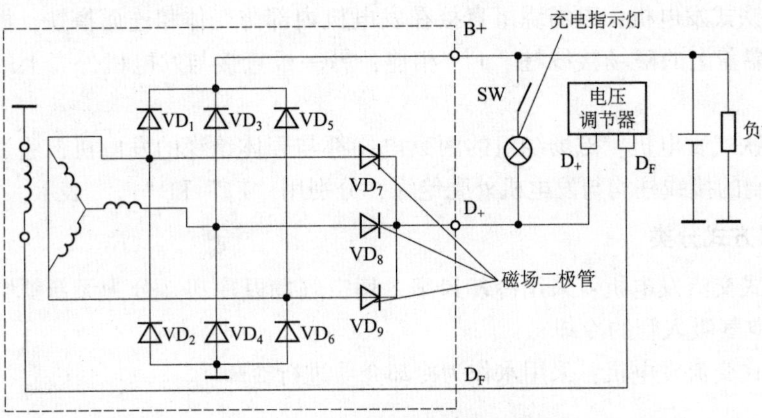

图 1－26　内搭铁式九管交流发电机

3．十一管交流发电机

十一管交流发电机的结构也和六管普通交流发电机基本相同，只是在原有 6 管整流器的基础上增加了 2 只中性点二极管和 3 只磁场二极管，它兼具九管交流发电机和八管交流发电机的优点，如图 1－27 所示。

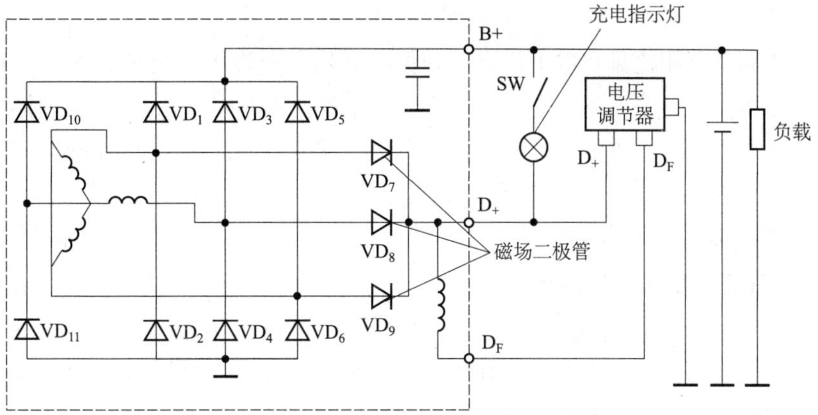

图 1－27　外搭铁式十一管交流发电机

六、电压调节器

由于交流发电机的转子是由发动机通过皮带驱动旋转的，且发动机和交流发电机的速比为1.7～3.0，因此交流发电机转子的转速变化范围非常大，这样将引起发电机的输出电压发生较大变化，无法满足汽车用电设备的工作要求。为了满足用电设备恒定电压的要求，交流发电机必须配用电压调节器，使其输出电压在发动机所有工况下基本保持恒定。

1. 电压调节器的作用

电压调节器的作用是使交流发电机输出电压在发动机所有工况下基本保持恒定。

2. 电压调节器的种类

汽车发电机用的电压调节器种类繁多，型号各异，一般采用整体封装形式，不可拆卸，不能维修，只能整体更换。按其结构特点和工作原理可分为触点式（电磁振动式）调节器和电子式调节器。常见电压调节器的外形如图 1－28 所示。

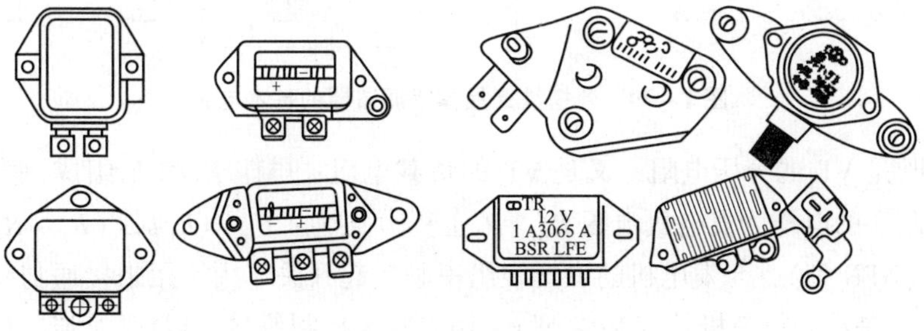

图 1－28　常见电压调节器外形

1）触点式调节器

触点式调节器是通过电磁力控制触点的开闭而改变磁场电路的电阻来调节励磁电流的，由于其有很多缺陷，随着汽车电子技术的迅速发展，目前已淘汰。

2）电子式调节器

电子式调节器是利用功率三极管的开关特性，接通或断开磁场电路来调节磁场绕组的平均电流的。

它与触点式调节器相比具有以下优点：开关时间短，允许更小的控制容差；开关电流大，可以减少型号种类；无开关火花，避免了无线电的干扰；不磨损，无须维护；对冲击振动和气候影响不敏感；结构紧凑，质量小，可直接装在交流发电机上，与发电机的尺寸无关。

电子式调节器按结构分为晶体管式、集成电路式和数字电路式；按安装方式分为外装式和内装式；按搭铁形式分为内搭铁式和外搭铁式；按功能的多少分为单功能型和多功能型。

3. 电压调节器的基本工作原理

由交流发电机的工作原理可知，交流发电机的输出电压正比于交流发电机的感应电动势，即 $U \propto E_{\phi} = C_{e}\Phi n \propto C_{e} n I_{f}$，当转速升高时，$E_{\phi}$ 增大，输出端电压 U 升高，当转速升高到一定值时（空载转速以上），输出端电压达到极限，要想使发电机的输出电压 U 不再随转速的升高而上升，只能通过减小磁通 Φ 来实现。又磁极磁通 Φ 与励磁电流 I_{f} 成正比，减小磁通 Φ 也就是减小励磁电流 I_{f}。

所以，交流发电机电压调节器的工作原理是：当交流发电机的转速升高时，调节器通过减小发电机的励磁电流 I_{f} 来减小磁通 Φ，使发电机的输出电压 U 保持不变。

1）外搭铁式晶体管调节器的工作原理

图 1－29 所示为外搭铁式晶体管调节器的基本电路，它由三只电阻 R_1、R_2、R_3，两只三极管 VT_1、VT_2，一只稳压二极管 VS 和一只二极管 VD 组成。

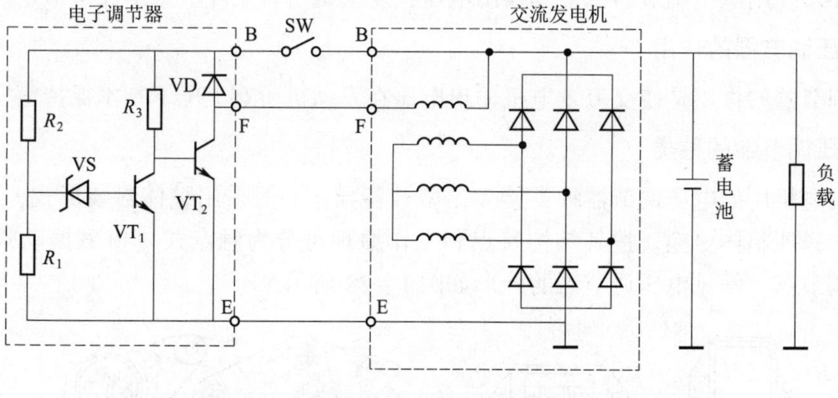

图 1－29　外搭铁式晶体管调节器的基本电路

电阻 R_3 既是 VT_1 的分压电阻，又是 VT_2 的负载电阻；电阻 R_1 和 R_2 组成一个分压器，分压器 R_1、R_2 两端的电压为发电机电压 R_B，R_1 上得分压为：$U_{R_1} = R_1 U_B / (R_1 + R_2)$；$VT_2$ 是大功率三极管（NPN 型），与发电机的磁场绕组串联，起开关作用，用来接通与切断发电机的励磁电路；VT_1 是小功率三极管（NPN 型），用来放大控制信号；VD 是续流二极管，磁场绕组由接通转为断开状态时（F 端为“＋”，B 端为“－”），经二极管 VD 构成放电回路，防止三极管 VT_2 被击穿损坏；稳压管 VS 是感受元件，串联在 VT_1 的基极电路中，并通过 VT_1 的发射极并联于分压电阻 R_1 的两端，以感受发电机的输出电压；U_{R_1} 电压加在稳压管 VS 上，R_1 的阻值是这样确定的，当发电机输出电压 U_B 达到规定的调整值时，U_{R_1} 电压正好等于稳压管 VS 的反向击穿电压。

其工作原理如下：

（1）点火开关 SW 接通，发电机电压 U_B < 蓄电池电动势时，VT_1 截止，VT_2 导通，蓄电池直接供电到磁场绕组。

此时的磁场绕组电路为：蓄电池正极→磁场绕组→调节器 F 接线柱→三极管 VT_2→调节器 E 接线柱→搭铁→蓄电池负极。

该阶段发电机他励，其电压随转速升高而升高。

（2）发电机电压虽然升高，但如果蓄电池端电压 < 发电机输出电压 U_B < 调节上限时，VT_1 继续截止，VT_2 继续导通，发电机开始自励并对外供电。

此时磁场绕组电路为：发电机正极→磁场绕组→调节器 F 接线柱→三极管 VT_2→调节器 E 接线柱→搭铁→发电机负极。

发电机电压随转速升高而继续升高。

（3）当发电机电压升高到等于调节上限 U_2 时，调节器开始工作。

电阻 R_1、R_2 分压，$U_{R_1} = U_{VS} + U_{be1}$，VS 导通，$VT_1$ 导通，VT_2 截止，磁场电路被切断，发电机输出电压迅速下降。

当发电机电压下降到等于调节下限 U_1 时，电阻 R_1、R_2 分压减小，当 $U_{R_1} < U_{VS} + U_{be1}$ 时，VS 截止，VT_1 截止，VT_2 重新导通，磁场电路重新被接通，发电机电压上升。

发电机电压升到调节上限 U_2 时，VT_2 就截止，磁场电路被切断，输出电压下降；降到等于调节下限 U_1 时，磁场电路被接通，发电机电压上升，周而复始，发电机输出电压被控制在一定范围内。

配装外搭铁式晶体管调节器的发电机的输出电压上限 U_2 和下限 U_1 的差值很小，所以发电机的输出电压波动非常小，再加上电容的滤波，所以发电机的输出电压很稳定。

2）内搭铁式晶体管调节器的工作原理

内搭铁式晶体管调节器的基本电路如图 1-30 所示。其特点是晶体管 VT_1、VT_2 采用 PNP 型，发电机的励磁绕组连接在 VT_2 的集电极和搭铁端之间，其工作原理与外搭铁式电子调节器类似。

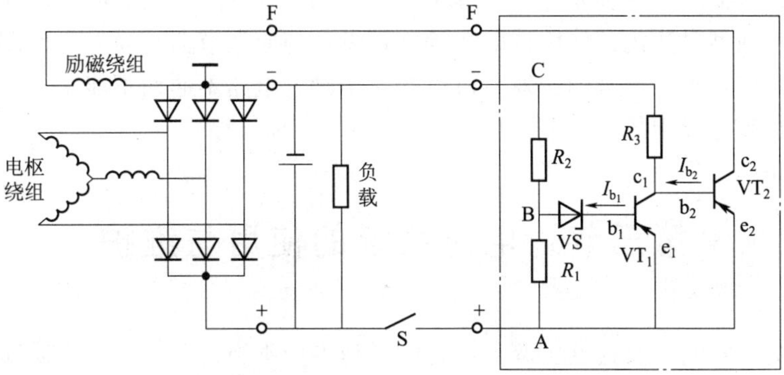

图 1-30　内搭铁式晶体管调节器的基本电路

3）集成电路调节器的工作原理

集成电路调节器也叫 IC 调节器，是根据使用要求，将电路中的若干元件集成在同一基片上，制成一个独立的电子芯片。

集成电路调节器装于发电机内部，构成整体式交流发电机。发电机外部有 2 个或 3 个接线柱。

集成电路调节器可以分为全集成电路和混合集成电路两类。前者是将二极管、三极管、电阻、电容等电子元件同时制在一块基片上；后者则由厚膜或薄膜电阻与集成的单片芯片或分立元件组装而成。

集成电路调节器与晶体管调节器相比，体积和质量更小，故可直接装在发电机内部或壳体上成为整体式发电机的一个零件，这样就可以省去调节器与发电机的连接导线，减少线路的损失，使调节精度更高（可达 ±0.3 V）；由于取消了外接电路，发生故障的概率更小，且无须任何保养，性能更加可靠；更耐振，寿命更长；耐高温性能好，可在 130 ℃的高温下正常工作。

集成电路调节器的工作原理与晶体管调节器的工作原理完全一样，都通过稳压管感应发电机的输出电压信号，利用三极管的开关特性控制发电机的励磁电流，使发电机的输出电压保持恒定。它同样有内外搭铁之分，并以外搭铁居多。

目前国内外轿车上已大量采用集成电路调节器，其主要代表有三接线柱式和四接线柱式两种，如图 1－31 所示。

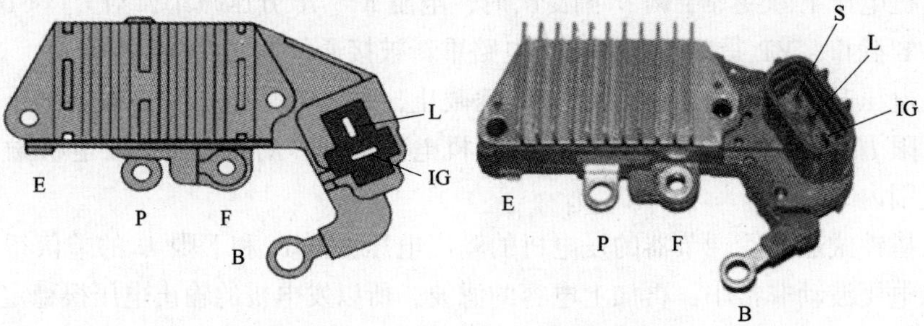

图 1－31　集成电路调节器

（a）三接线柱式集成电路调节器；（b）四接线柱式集成电路调节器

4. 电压调节器的选配

选配电压调节器时，应和发电机的搭铁形式匹配，最好使用汽车说明书中指定的调节器。如果采用其他型号替代，除标称电压等规定参数与原调节器相同外，代用调节器必须与原调节器的搭铁形式相同；否则，发电机可能由于励磁电路不通而不能正常工作。对于集成电路调节器，必须是专用的，不能替代。

第三节　电源系统的使用与维护

蓄电池、交流发电机及其电压调节器若使用与维护不当，不仅本身容易损坏而影响其正常使用，还容易影响汽车上的其他用电设备使用，甚至造成事故。因此，在日常的使用与维护中，应严格遵守相应规程。

一、蓄电池的使用与维护注意事项

（1）蓄电池为负极搭铁，不能接错，否则将烧坏交流发电机的整流器，并且还会对无反接保护的汽车电气设备造成损害。

（2）拆卸蓄电池时，应先拆下负极电缆，再拆正极电缆，安装时则相反。

（3）注意检查蓄电池连接电缆的牢固性，否则将因电缆松动而造成发动机不能起动或起动困难；不充电或充电电流过小；或瞬时过电压，导致电子元件损坏，甚至引起火灾等故障。

二、交流发电机与电压调节器的使用注意事项

交流发电机与电压调节器的结构简单，维护方便，若正确使用，不仅故障少而且寿命长；若使用不当，则会很快损坏。因此在使用和维护中应注意以下几点：

（1）交流发电机和蓄电池的搭铁极性必须保持一致，否则，蓄电池将通过二极管放电而烧坏交流发电机和电压调节器的电子元件。

（2）交流发电机运转时，不能用试火的方法检查发电机是否发电，否则会烧坏二极管，可采用万用表法或试灯法进行检查。

（3）整流器和定子绕组连接时，禁止用兆欧表或220 V交流电源检查发电机的绝缘情况，否则会损坏整流器。

（4）交流发电机不发电或充电电流很小时，应及时排除故障，不宜长时间继续运转，否则可能烧坏整流器或定子绕组。

（5）交流发电机与蓄电池之间的连接要牢靠，如突然断开，会产生过电压而损坏交流发电机或电压调节器的电子元件。

（6）一旦发现交流发电机或电压调节器有故障，应立即检修，及时排除故障，不应再连续运转。

（7）为交流发电机配用电压调节器时，必须配套：电压调节器的电压等级必须与交流发电机的电压等级相同，电压调节器的搭铁类型必须与交流发电机的搭铁类型相同，电压调节器的功率不得小于交流发电机的功率，否则系统不能正常工作。

（8）线路连接必须正确，目前不同车型电压调节器的安装位置及接线方式各不相同，故接线时要特别注意。

（9）交流发电机在工作时，不得任意拆下电路电器，否则，将由于瞬时过电压而烧坏电路中的电子元件。

（10）电压调节器必须受点火开关控制，对于未配备发电机磁场绕组保护器件的发电机，当发电机停止转动时，应将点火开关断开，否则会使发电机的磁场电路一直处于接通状态，不但会烧坏磁场线圈，而且会引起蓄电池亏电。

（11）交流发电机皮带的挠度应符合规定。若挠度过大，发电机发电不足；挠度过小，则易损坏皮带和皮带轮轴承。

三、交流发电机与电压调节器的维护

交流发电机在使用中，应定期进行以下检查：

（1）检查发电机皮带。

① 检查皮带的外观：用肉眼观看应无裂纹或磨损现象，如有则应更换。

② 检查皮带的挠度：用 30 N 的力压在皮带的两个传动轮之间，新带挠度为 5 ~ 10 mm，旧的皮带为 7 ~ 14 mm。

（2）检查导线的连接。

接线是否正确；接线是否牢靠；发电机输出端接线螺丝必须加弹簧垫。

（3）检查发电机运转时有无噪声。

（4）检查发电机是否发电。

① 观察充电指示灯的熄灭情况：若充电指示灯一直亮着，说明发电机或调节器有故障，也可能是充电指示灯线路有故障，应及时维修。

② 用万用表直流电压挡测量电压：在发电机未转动时测量蓄电池端电压，并记录下来，起动发动机并将转速提高到怠速以上转速，测量蓄电池端电压，若能高于原记录，说明发电机能发电，若测量电压一直不上升，说明发电机或调节器有故障，应及时维修。

（5）当发现发电机或调节器有故障需要从车上拆下检修时，首先关断点火开关及一切用电设备，拆下蓄电池负极电缆线，再拆卸发电机上的导线接头。

前导知识回顾

一、电磁感应原理

交流发电机是利用电磁感应原理产生交流电的。电磁感应是产生电的基础，其原理如下：当一个导体（导线或线圈）切割直流电磁场的磁力线时，导体内就感应出电动势，或者磁场静止而导体运动，或者磁场旋转而导体转动。其产生的感应电动势方向可用弗莱明右手定则判断，如图 1 – 32 所示。

若将线圈的两端连接到电压表上，则可在电压表上反映出线圈和磁极不断变化的关系。经实验可得出：如果线圈均匀转动，线圈内感应出的电动势是呈正弦规律变化的，如图 1 – 33 所示。

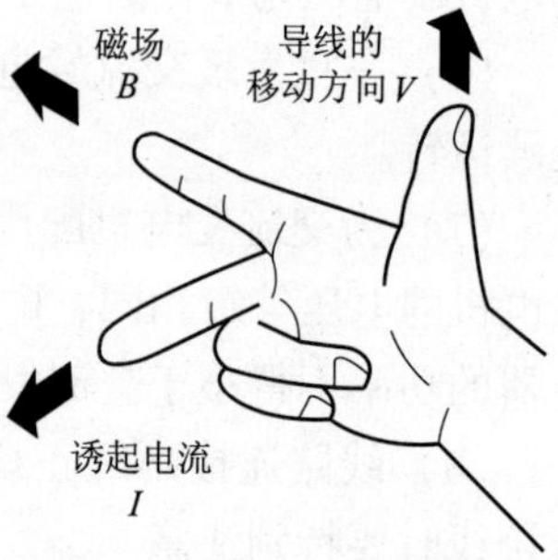

图 1 – 32　弗莱明右手定则

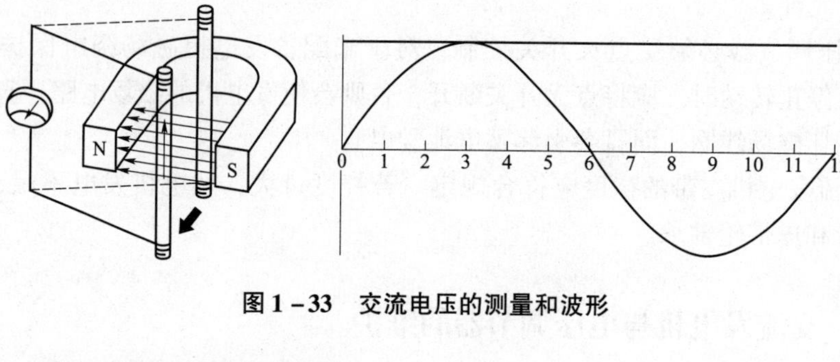

图 1 – 33　交流电压的测量和波形

二、整流、滤波和稳压原理

将交流电变换为相应电压等级的稳定直流电，需要经过变压、整流、滤波和稳压 4 个过程，如图 1 – 34 所示。

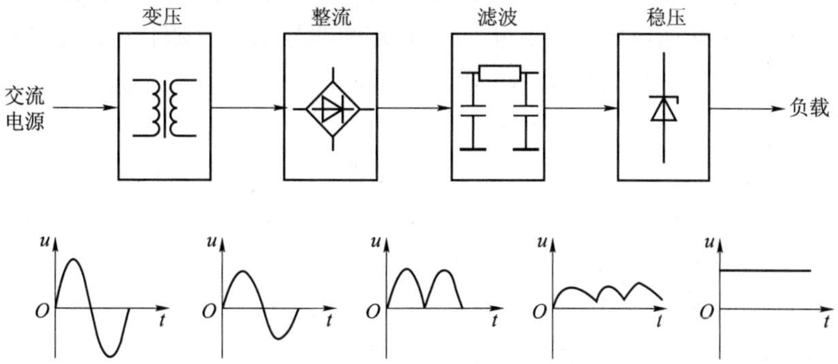

图 1－34　稳定的直流电源

（一）整流

半导体二极管按用途分可分为普通二极管和特殊二极管两大类。普通二极管包括整流二极管、检波二极管和开关二极管等；特殊二极管包括稳压二极管、发光二极管、光电二极管、变容二极管和阻尼二极管等。

1）二极管的结构和符号

整流二极管是由一个 PN 结加上接触电极、引线和管壳构成的。从 P 型半导体上引出的电极称为二极管的正极或阳极，用符号“＋”表示；另一电极称为负极或阴极，用符号“－”表示。二极管的结构和符号如图 1－35 所示。

2）二极管的伏安特性

二极管的伏安特性是指加在二极管两端的电压与通过它的电流之间的关系，可用伏安特性曲线来表示，如图 1－36 所示。

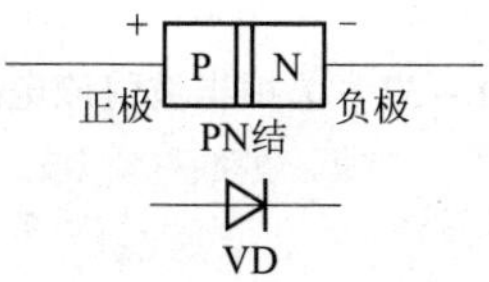

图 1－35　二极管的结构和符号

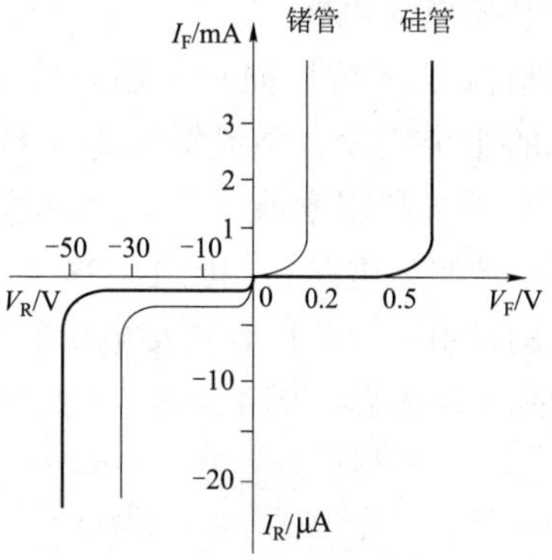

图 1－36　二极管的伏安特性曲线

（1）正向特性。

当二极管为正向接法时，即二极管阳极接电源的正极，阴极接电源的负极，此时正向电压由零开始增大，由于外加的电压很低，不足以克服 PN 结内电场的作用，此时正向电流很小或接近于零，该区域称为“死区电压”，也称为阈值电压或坎电压。硅管的死区电压约为 0.5 V，锗管的死区电压约为 0.2 V。死区电压的数值与环境温度有关，实验表明，温度每升高 1 ℃，正向压降减小 2.4 mV。温度升高时，死区电压降低，死区减小。

当外加的电压大于死区电压值时，正向电流开始明显增大，随着正向电压的增大，正向电流增长迅速，二极管的电阻变得很小，出现导通的状态，此区域称为正向导通区。

（2）反向特性。

当给二极管加反向电压时，即二极管阳极接电源的负极，阴极接电源的正极，二极管中仅有很小的反向电流，二极管不导通，称为反向截止。这时二极管呈现很高的电阻，在电路中相当于一个断开的开关，呈截止状态。

二极管的反向电流越小，说明其反向电阻越大，其反向截止性能越好。二极管的反向电流随电压增长变化很小，但随着温度变化的变化较大。

3）二极管整流

利用二极管的单向导电性，将交流电转变成直流电，这样的二极管也称为整流二极管。以下就单相整流电路说明二极管的整流原理。

（1）单相半波整流电路。

单相半波整流电路由整流变压器 T、二极管 VD 及负载 R_L组成，如图 1－37（a）所示。

整流原理：当 v_2 正半周时，由于二极管 VD 承受的是正向电压，根据二极管单向导通性能，二极管 VD 导通，v_2通过二极管 VD 给负载 R_L 供电；当 v_2负半周时，由于二极管 VD 承受的是反向电压，于是二极管 VD 截止，v_2 无法通过二极管 VD 给负载 R_L供电，负载 R_L上的电压、电流为 0。其波形如图 1－37（b）所示。

（2）单相桥式整流电路。

单相半波整流电路结构简单，但存在缺点：只利用了电源的半个周期，整流输出电压低，脉动幅度较大，变压器利用率低。为了克服这些缺点，可以采用全波整流电路，如图 1－38（a）所示。电路的结构是由 4 个二极管连接电桥的形式，也称为单相桥式整流电路。图 1－38（b）是其简化画法。

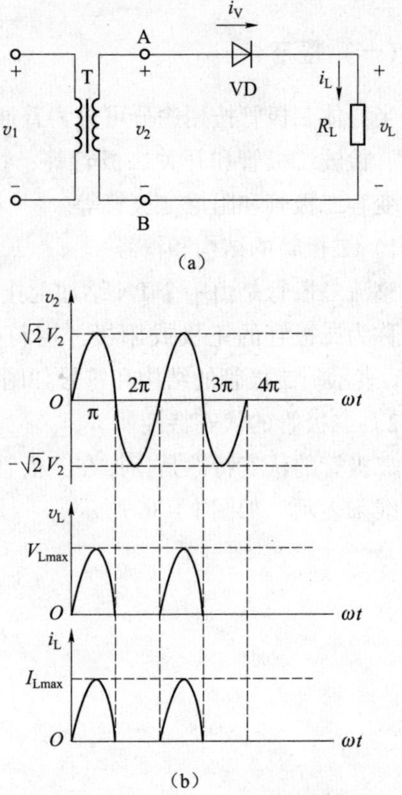

图 1－37　单相半波整流电路及波形

（a）电路；（b）波形

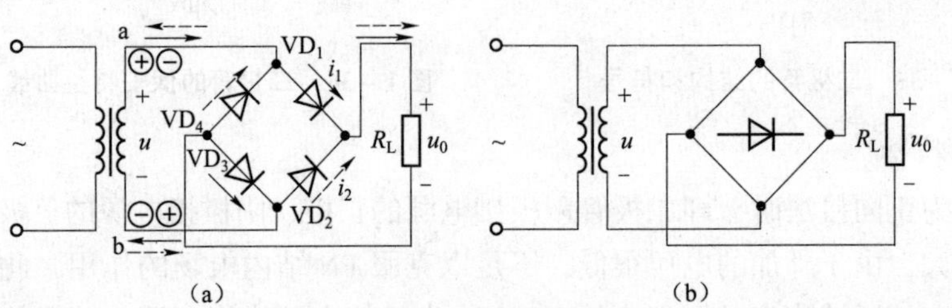

图 1－38　全波整流电路

整流原理：图 1-39（a）所示电路中，当电压 v_2 为正半周时，二极管 VD_1 和 VD_3 导通，VD_2 和 VD_4 截止，电流 i_1 的通路为 $A \to VD_1 \to R_L \to VD_3 \to B$，这时负载电阻 R_L 上得到一个正弦半波电压，如图 1-40 中（0～π）段所示。图 1-39（b）所示电路中，当电压 v_2 为负半周时，二极管 VD_1 和 VD_3 反向截止，VD_2 和 VD_4 导通，电流 i_2 的通路为 $B \to VD_2 \to R_L \to VD_4 \to A$。同样，在负载电阻上得到一个正弦半波电压，如图 1-40 中（π～2π）段所示。

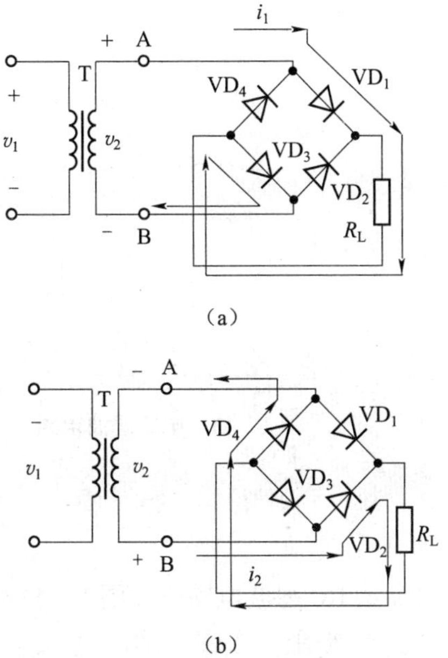

图 1-39　单相桥式整流电路

（a）v_2 为正半周时的电流方向；

（b）v_2 为负半周时的电流方向

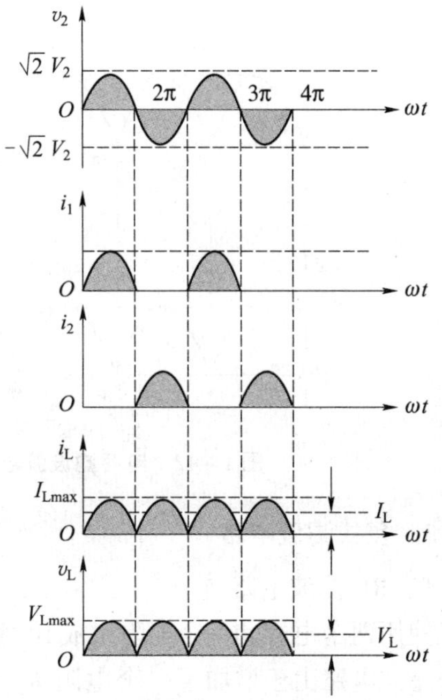

图 1-40　单相桥式整流电压和电流的波形

（二）滤波

整流输出的电压是一个单方向脉动电压，虽然是直流，但脉动较大，在有些设备中不能适应（如电镀和蓄电池充电等设备）。为了改善电压的脉动程度，需在整流后加入滤波电路。常用的滤波电路有电容滤波电路、电感滤波电路和复式滤波电路等。

1. 电容滤波电路

电容滤波电路如图 1-41 所示，电容滤波电路是利用电容的充放电原理达到滤波作用的。在脉动直流波形的上升段，电容 C_1 充电，由于充电时间常数很小，所以充电速度很快；在脉动直流波形的下降段，电容 C_1 放电，由于放电时间常数很大，所以放电速度很慢。在电容 C_1 还没有完全放电时再次开始进行充电。这样通过电容 C_1 的反复充放电实现了滤波作用。滤波电容 C_1 两端的电压波形如图 1-42 所示。

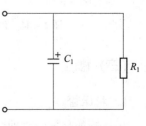

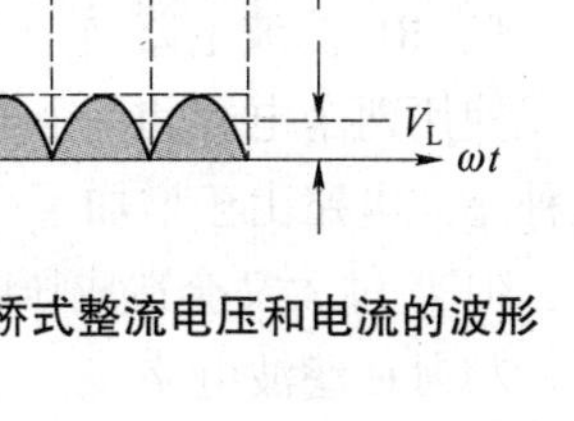

图 1-41　电容滤波电路

2. 电感滤波电路

电感滤波电路如图 1-43 所示。由于通过电感的电流不能突变，用一个大电感与负载串联，流过负载的电流也就不能突变，电流平滑，输出电压的波形也就平稳了。其实质是因为电感对交流呈现很大的阻抗，频率越高，感抗越大，则交流成分绝大部分降到了电感上，若忽略导线电阻，电感对直流没有压降，即直流均落在负载上，达到了滤波目的。电感滤波电路带负载能力比较好，多用于负载电流很大的场合。

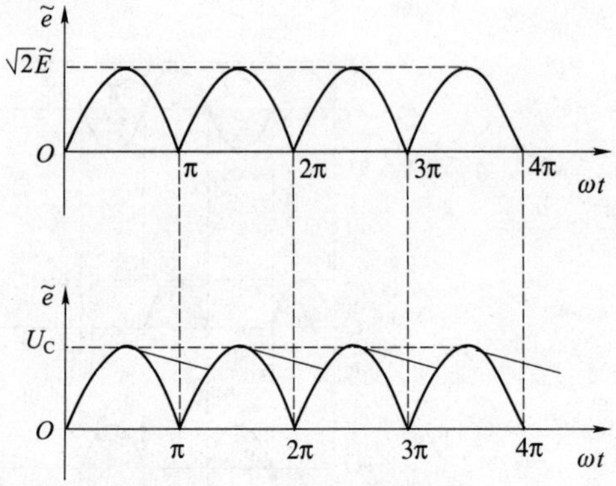

图 1-42 电容滤波波形

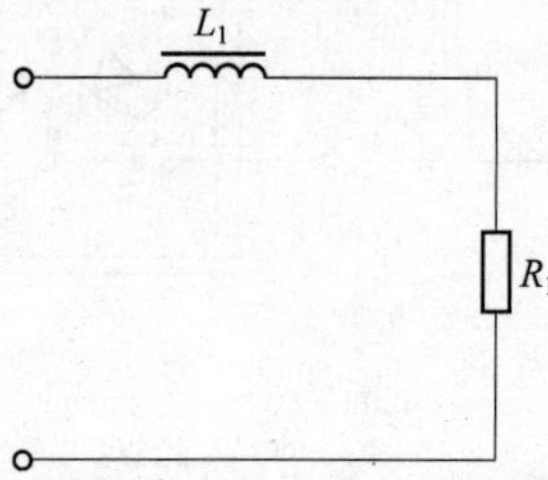

图 1-43 电感滤波电路

3. 复式滤波电路

1）RC 滤波电路

使用两个电容和一个电阻组成 RC 滤波电路，又称 π 型 RC 滤波电路，如图 1-44 所示。这种滤波电路由于增加了一个电阻 R_1，交流纹波都分担在 R_1 上。R_1 和 C_2 越大滤波效果越好，但 R_1 过大又会造成压降过大，减小了输出电压。一般 R_1 应远小于 R_2。

2）LC 滤波电路

与 RC 滤波电路相对的还有一种 LC 滤波电路，这种滤波电路综合了电容滤波电路纹波小和电感滤波电路带负载能力强的优点。其电路如图 1-45 所示。

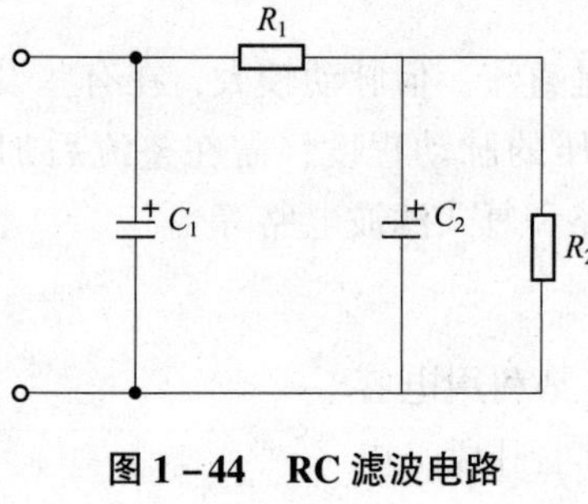

图 1-44 RC 滤波电路

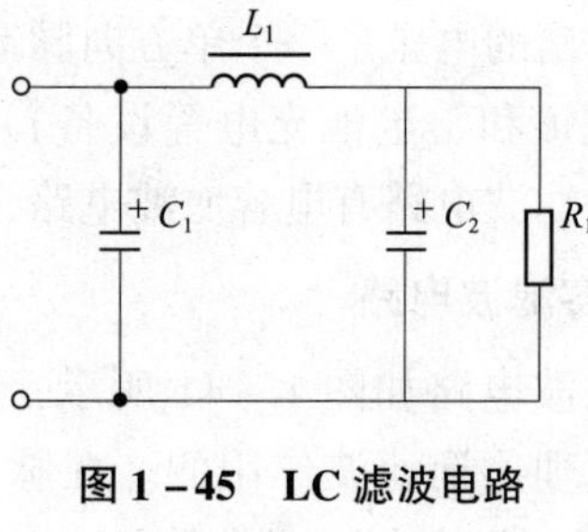

图 1-45 LC 滤波电路

（三）稳压

1. 稳压管

稳压管的伏安特性曲线及符号如图 1-46 所示。

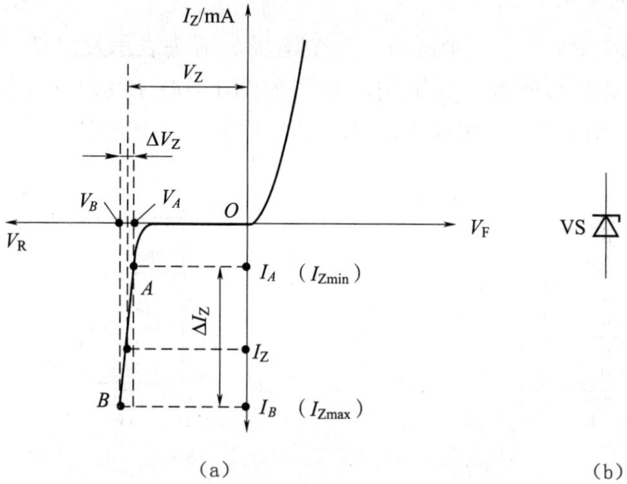

图 1－46　稳压管的伏安特性及符号

(a) 伏安特性曲线；(b) 符号

硅稳压二极管的特性：

(1) 稳压管工作在反向击穿状态。

(2) 当工作电流 I_Z 满足 $I_A < I_Z < I_B$ 条件时，稳压管两端电压 V_Z 几乎不变。

2. 稳压管稳压电路的工作原理

1) 电路图

稳压管稳压电路如图 1－47 所示。VS 为稳压管，起电流调整作用；R 为限流电阻，起电压调整作用。

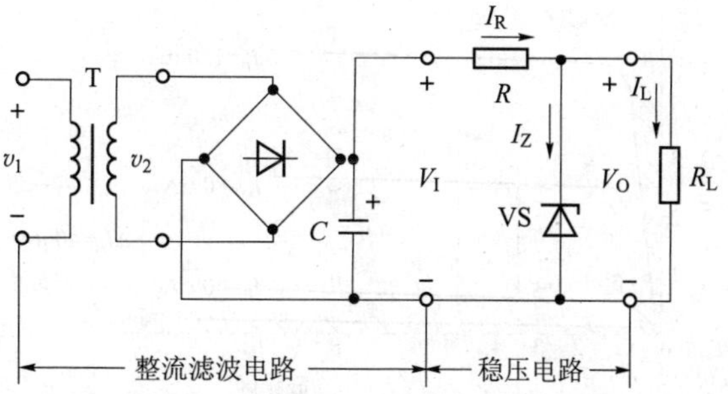

图 1－47　硅稳压管整流稳压电路

2) 电路的稳压过程

$$V_O \downarrow \rightarrow I_Z \downarrow \rightarrow I_R \downarrow \rightarrow V_R \downarrow \rightarrow V_O \uparrow$$

三、晶体三极管

晶体三极管也称为半导体三极管，简称晶体管，比二极管多了一个电极，是放大电路和开关电路的主要元件。

1. 晶体三极管的结构

晶体三极管有两个 PN 结、三个区域、三个电极。箭头表示发射结正向电流的流向，在结构上分 PNP 型和 NPN 型两种，其结构示意图如图 1－48 所示。使用最多的是硅 PNP 和 NPN 两种三极管，两者除了电源极性不同外，其工作原理是相同的。

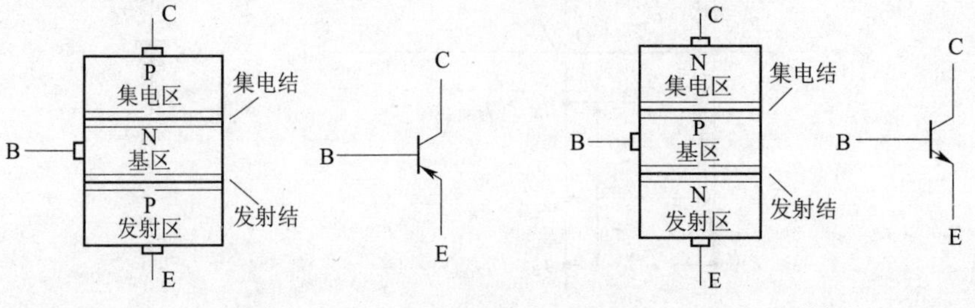

（a）　　　　　　　　　　（b）

图 1－48　晶体三极管结构

（a）PNP 型；（b）NPN 型

晶体三极管的两个 PN 结：发射结、集电结。

晶体三极管的三个区：发射区、基区、集电区。

三个电极：发射极（E 极）、基极（B 极）、集电极（C 极）。

2. 晶体三极管的输出特性

晶体三极管的输出特性是指当基极电流 I_B 一定时，集电极电流 I_C 与集－射极电压 U_{CE} 之间的关系曲线，如图 1－49 所示。在不同的 I_B 下，可得出不同的曲线，所以晶体三极管的输出特性是一组曲线。通常把输出特性曲线分为三个工作区：放大区、截止区和饱和区。

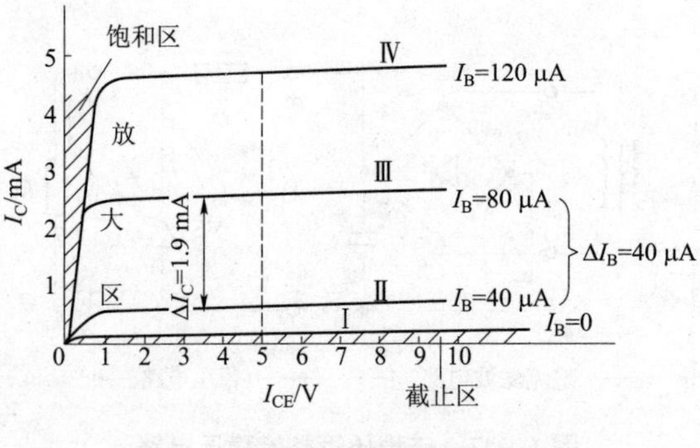

图 1－49　晶体三极管的输出特性

放大区：输出特性曲线的近于水平部分是放大区。在放大区，由于在不同 I_B 下电流放大系数近似相等，所以放大区也称为线性区。晶体三极管要工作在放大区，发射结必须处于正向偏置，集电结则应处于反向偏置，对硅管而言，应使 $U_{BE}>0$，$U_{BC}<0$。当晶体三极管发射结处于正偏，而集电结处于反偏工作时，I_C 随 I_B 近似作线性变化，所以放大区是晶体三极管工作在放大状态的区域。

截止区：$I_B=0$ 的曲线以下的区域称为截止区。实际上，对 NPN 硅管而言，当 $U_{BE}<0.5$ V 时就已开始截止，但是为了使晶体三极管截止可靠，常使 $U_{BE}\leqslant 0$，此时发射结和集电结均

处于反向偏置。

在截止区，当 $U_{BE}<0$ 时，则 $I_B\approx0$，发射区没有电子注入基区，但由于分子的热运动，集电集仍有少量电流通过，即 $I_C=I_{CEO}$，称为穿透电流。常温时 I_{CEO} 为几微安，锗管为几十微安至几百微安，它与集电极反向电流 I_{CEO} 的关系是：$I_{CEO}=(1+\beta)I_{CBO}$。常温时硅管的 I_{CBO} 小于 1 μA，锗管的 I_{CBO} 约为 10 μA。对于锗管，温度每升高 12 ℃，I_{CBO} 数值增大一倍，而对于硅管，温度每升高 8 ℃，I_{CBO} 数值增大一倍。虽然硅管的 I_{CBO} 随温度变化更剧烈，但由于锗管的 I_{CBO} 值本身比硅管大，所以锗管仍然是受温度影响较严重的管。在饱和区，当发射结和集电结均处于正偏状态时，I_C 基本上不随 I_B 而变化，失去了放大功能。根据晶体三极管发射结和集电结的偏置情况，可以判别其工作状态。

截止区和饱和区是晶体三极管工作在开关状态的区域，三极管导通时，工作点落在饱和区；三极管截止时，工作点落在截止区。

3. 晶体三极管的电流放大作用

晶体三极管的电流放大作用即“以小控大、以弱控强”的作用，并非真正把小电流放大。

不论是 PNP 型还是 NPN 型的晶体三极管，实现电流放大作用的基本条件是：发射结必须加正向电压（正偏），集电结则要加反向电压（反偏）。

1）晶体三极管的工作电压

对于 NPN 型，工作电压为 $U_C>U_B>U_E$；对于 PNP 型，工作电压为 $U_E>U_B>U_C$。

2）电流放大原理

晶体三极管内部载流子的运动情况可以分为以下三个过程：

三个电极中电流间的关系为

$$I_E=I_B+I_C \tag{1-5}$$

I_C 与 I_B 的比值称为直流电流放大倍数，用 $\bar{\beta}$ 表示，则有

$$I_C=\bar{\beta}I_B;\quad I_E=(1+\bar{\beta})I_B \tag{1-6}$$

式中，I_C 和 I_E 的单位是 mA。

当 I_B 有微小变化时，会引起 I_C 的较大变化，我们把集电极电流变化量与基极电流变化量之比称为交流电流放大倍数，用 β 表示，即

$$\beta=\frac{\Delta I_C}{\Delta I_B} \tag{1-7}$$

通常情况下，β 和 $\bar{\beta}$ 的数值差别很小，故不再加以区别，工程估算时两者可以通用。

思考与练习题

1. 简述汽车蓄电池的作用及组成。
2. 简述蓄电池的充电方式。
3. 免维护蓄电池的特点有哪些？
4. 简述蓄电池的检查与维护项目。
5. 简述汽车交流发电机的作用、结构和原理。

6. 简述几种常见交流发电机的特点。
7. 汽车交流发电机为什么需要电压调节器？它的作用和原理是什么？
8. 简述集成电压调节器的工作原理。
9. 简述内搭铁和外搭铁的电压调节器判断方法。
10. 简述交流发电机的工作特性。
11. 简述电源系统电路分析过程。
12. 简述电源系统出现不充电或充电不足的故障原因。

单元二

汽车起动系统

本章学习目标

1. 知识目标

(1) 了解起动机的组成和结构。

(2) 掌握起动机主要部件的作用及工作原理。

(3) 理解起动机的控制电路和起动主电路分析方法。

(4) 了解几种单向离合器的结构及工作过程。

2. 能力目标

(1) 能操作点火开关起动发动机。

(2) 能完成起动系统功能检查。

(3) 能正确进行起动机分解、检查、组合及起动机的性能测试。

第一节　起动系统概述

一、起动系统的功用

为了使发动机进入自行运行状态，必须借助外力来起动。发动机在外力矩作用下由静止到开始转动，至可以自行稳定怠速运转的过程，就称为发动机的起动。

起动系统的作用是供给内燃机曲轴起动转矩，使曲轴达到必需的起动转速，使内燃机进入自行运转状态。

二、起动方式与要求

1. 起动方式

发动机在各行各业内广泛使用，功率不同则用途不同、气缸大小不同，且起动方式也不同。目前，常用的有手摇人力起动、电动机电力起动、小型发动机起动、压缩空气起动四种方式。

(1) 手摇人力起动。只需将起动手摇柄端头的横销嵌入发动机曲轴前端的起动爪内，以人力转动曲轴即可，但由于其劳动强度大，操作不便，目前主要用于单缸柴油机或大功率柴油机的辅助汽油机起动，或在部分汽车上作为后备方式而保留。

（2）电动机电力起动。用电动机作为机械动力，当将电动机轴上的齿轮与发动机飞轮周缘的齿圈啮合时，动力就传到飞轮和曲轴，使之旋转。这种方式操作方便，起动迅速可靠，重复能力强，所以在现代汽车上被广泛采用。

（3）小型发动机起动。这种方式主要用在大型工程机械上，用电力起动小型发动机，再由小型发动机起动大型发动机。

（4）压缩空气起动。这种方式是用压缩空气代替燃气推动活塞运动，带动曲轴旋转，当达到起动转速后自行燃烧，完成起动过程，主要用于特种用途或大型内燃机的起动，如船用发动机的起动。

2. 起动基本要求

起动发动机必须满足一定的要求，除了满足对气缸压缩压力、混合气浓度、电火花强度及着火温度的要求外，还要求起动系统具备以下基本条件：

（1）必须有足够的起动转矩和转速。

起动发动机时，必须克服气缸内被压缩气体的阻力和发动机本身及其附件内相对运动的零件之间的摩擦阻力，克服这些阻力所需的力矩称为起动转矩。能使发动机顺利起动所必需的曲轴转速，称为起动转速。

车用汽油发动机温度为0～20 ℃时，最低起动转速一般为30～40 r/min。为了使发动机能在更低的温度下迅速起动，要求起动转速不低于50～70 r/min。若起动转速过低，压缩行程内的热量损失过多，气流的流速过低，将使汽油雾化不良，导致气缸内的混合气不易着火。

由于车用柴油发动机的压缩比比汽油发动机大，因而起动转矩较大，同时起动转速也比汽油机高，达150～300 r/min。所以起动柴油发动机所需的起动功率比汽油发动机大。

（2）起动转矩应能随转速的升高而降低。

在起动之初，曲轴由静止开始转动时，机件加速运动克服很大的静止惯性力，同时各部分摩擦处于半干摩擦状态，摩擦阻力较大，这时需要较大的起动转矩才能带动发动机曲轴转动，并使转速很快升高。但随着曲轴转速升高，加速阻力减小，油膜形成，所需的转矩相应减小。当曲轴转速升至起动转速，发动机一旦起动进行自行运转状态时，就不需要起动外力带着转动了，所以希望转矩能随着转速的升高而降低。

（3）为了保证起动机具有足够大的起动电流和必要的持续时间，要求蓄电池必须有足够的容量，且起动主电路的导线电阻和接触电阻要尽可能小，起动主电路中导线的截面积比普通导线大得多。

三、起动系统的组成

目前，现代汽车发动机的起动任务普遍采用电动机电力起动系统，它主要由蓄电池、点火开关、起动继电器、起动机和连接导线等部件组成，如图2－1所示。

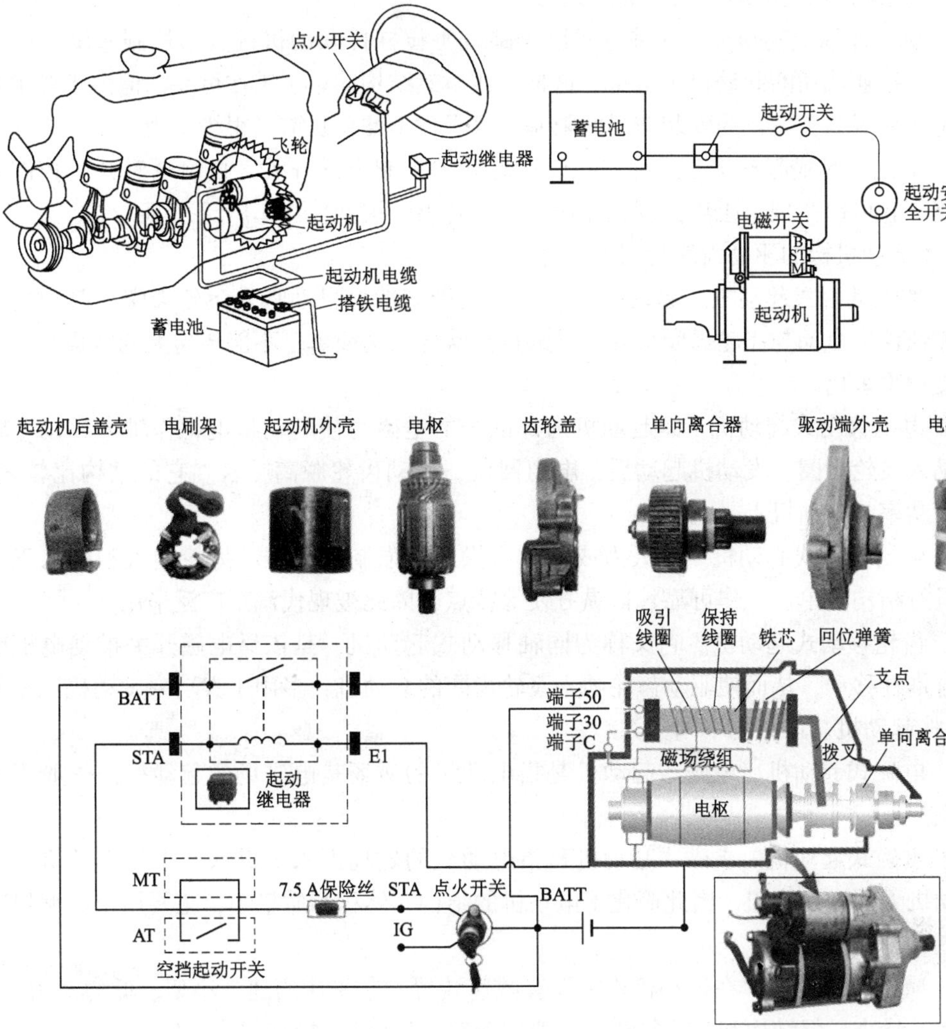

图2-1 汽车起动系统

第二节 起 动 机

起动机是汽车起动系统的主要组成部分，其功用是利用起动机驱动齿轮与发动机飞轮啮合，以摇转发动机使其能起动；在发动机被起动后，利用其单向离合装置保护起动机，让驱动齿轮与飞轮快速分离，防止发动机对起动机反拖而使起动机受损。

一、起动机的类型与型号

1. 起动机的类型

起动机种类繁多，形状各异，分类方法也各不相同，常用的分类方式有以下几种。

1）按控制机构的操纵方式分类

（1）机械操纵式起动机。这种方式由脚踏或手拉杠杆联动机构直接控制起动机的主电路开关，来接通或切断起动机主电路。这种方式虽然结构简单、工作可靠，但由于要求起动机、蓄电池靠近驾驶室，受安装布局的限制，且操作不便，目前已很少采用。

（2）电磁操纵式起动机。这种方式以钥匙开关控制电磁开关，再由电磁开关控制起动机主电路。它可以实现远距离控制，操作简便、省力，被现代汽车广泛采用。

2）按传动机构的驱动齿轮啮入方式分类

（1）惯性啮合式起动机。起动时，驱动齿轮借惯性力自动啮入飞轮齿圈，起动后驱动齿轮又靠惯性力自动与飞轮齿圈脱开。其缺点是啮合结构简单，不能传递大的转矩，可靠性差，现在很少采用。

（2）电枢移动式起动机。靠起动机内部磁极的电磁力使起动机电枢作轴向移动，将驱动齿轮啮入飞轮齿圈，发动机起动后，电枢回位，带动齿轮脱离啮合。它的结构比较复杂，多用于大功率的柴油机上。

（3）强制啮合式起动机。靠人力或电磁力操纵，强制拨动驱动齿轮啮入和脱出飞轮齿圈。它具有结构简单、工作可靠、操纵方便等特点，因此被现代汽车广泛采用。

（4）齿轮移动式起动机。它又称为同轴移动式起动机，是依靠电磁开关推动电枢轴孔内的啮合推杆移动，从而使驱动齿轮啮入飞轮齿圈的起动机，多用于大功率发动机汽车上。

3）按起动机总体结构不同分类

（1）电磁式起动机。电磁式起动机是指电动机的磁场是电磁场的起动机，一般用于载货汽车上。

（2）永磁式起动机。永磁式起动机是指电动机的磁场由永久磁铁产生的起动机，该类型的起动机无须磁场绕组，因此简化了电动机的结构，体积和质量小，主要用于轻型越野车和轿车上。

（3）减速式起动机。在传动机构中设有减速装置，它采用高速、小型、低力矩电动机，故体积和质量小，但结构和工艺复杂，一般用于轿车和轻型越野车上。

2. 起动机的型号

根据中华人民共和国行业标准 QC/T 73—1993《汽车电气设备产品型号编制方法》的规定，起动机的型号一般由五部分组成，如图 2－2 所示。

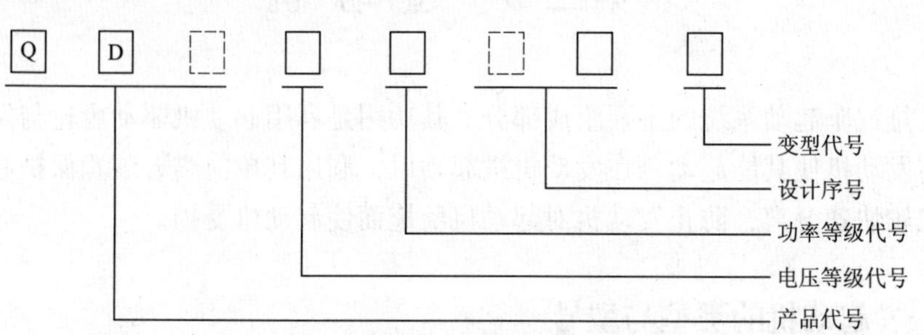

图 2－2　起动机的型号表示方法

（1）产品代号：有 QD、QDY、QDJ 三种，QD 表示普通电磁式起动机，QDJ 表示减速式起动机，QDY 表示永磁式起动机（包括永磁式减速起动机）。J、Y 分别表示“减”“永”。

（2）电压等级代号：用1位阿拉伯数字表示。1表示12 V；2表示24 V。

（3）功率等级代号：用1位阿拉伯数字表示，如表2－1所示。

表2－1 功率等级代号

分组代号	1	2	3	4	5	6	7	8	9
功率等级/kW	~0.736	(1~2)×0.736	(2~3)×0.736	(3~4)×0.736	(4~5)×0.736	(5~7)×0.736	(7~10)×0.736	(10~15)×0.736	>15×0.736

（4）设计序号：按产品设计的先后顺序，用1~2位阿拉伯数字表示。

（5）变型代号：主要电气参数和基本机构不变的情况下，一般电气参数和某些结构的改变称为变型，用A、B、C……依次表示。

例如，QDY1211表示额定电压为12 V，功率为1~2 kW，第11次设计的永磁式起动机。

二、电磁操纵强制啮合式起动机的结构与原理

由于电磁操纵强制啮合式起动机的结构较简单，故应用较多。它由直流电动机、传动装置和控制机构三部分组成，其主要功用是起动发动机，结构如图2－3所示。

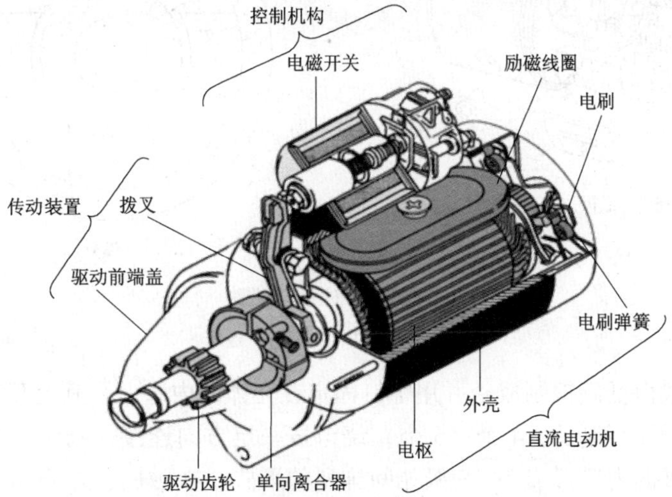

图2－3 电磁操纵强制啮合式起动机的结构

（一）直流电动机

直流电动机的主要功用是将蓄电池输入的电能转换为机械能，产生发动机起动时所需要的电磁转矩。

1. 直流电动机的结构特点

现代汽车起动机一般使用直流串励式电动机，这种直流电动机的励磁绕组与电枢绕组串联。它主要由磁极、电枢、电刷组件（电刷和电刷架）、前后端盖与轴承、壳体等组成，如图2－4所示。

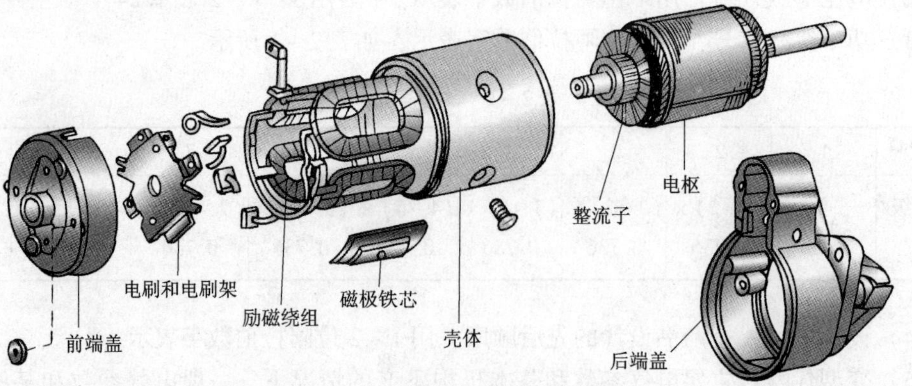

图 2-4　直流串励式电动机结构

1）磁极

磁极的功用是产生电动机的磁场。电磁式直流电动机的磁场为电磁场，它由磁极铁芯和励磁绕组两部分组成，如图 2-5（a）所示。

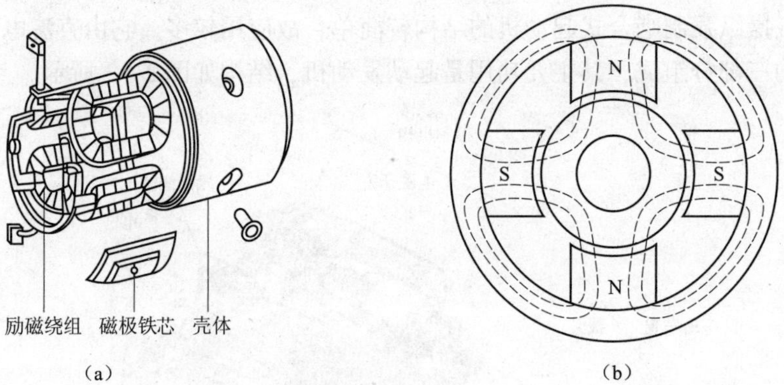

图 2-5　磁极与磁路

（a）磁极的组成；（b）磁路

磁极铁芯一般由低碳钢制成，并用螺钉固定在壳体的内壁上，其上套有励磁绕组；励磁绕组是用矩形裸铜线绕制的，4 个（6 个）绕组按一定方向连接，绕组通电后产生磁场，将磁极磁化，各磁极的内侧形成 N、S 极相间排列的形式，在磁极、外壳和电枢铁芯之间形成磁路，如图 2-5（b）所示。

励磁绕组的连接方式有两种（见图 2-6）：一种是四个绕组依次串联后再与电枢绕组串联；另一种是励磁绕组两两串联后再并联，然后与电枢绕组串联。采用后一种方法，电动机电阻很小，可以获得更大的电枢电流。

2）电枢

电枢又称为转子，它用来产生电磁转矩，主要由电枢铁芯、电枢绕组、电枢轴和换向器组成，结构如图 2-7 所示。

电枢铁芯由多片互相绝缘的硅钢片叠成，借内圆面的花键槽压装在电枢轴上，其外圆表面有槽，用来安装电枢绕组。

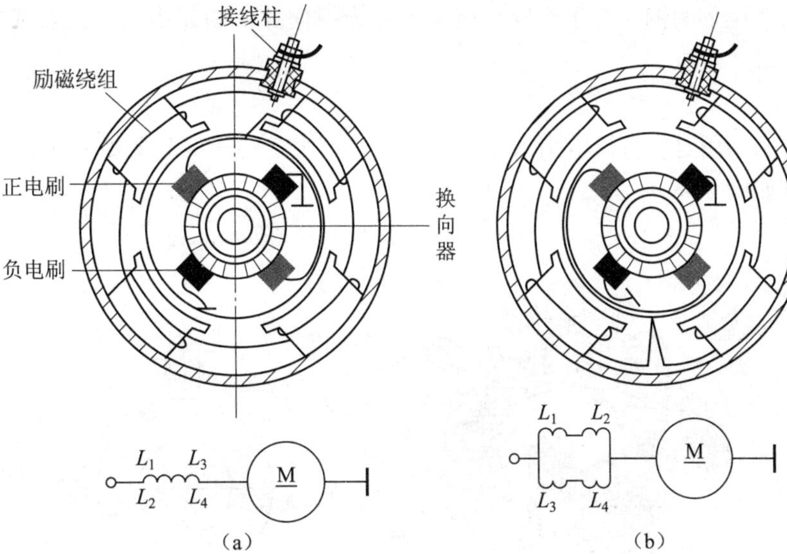

图 2－6　励磁绕组连接方式

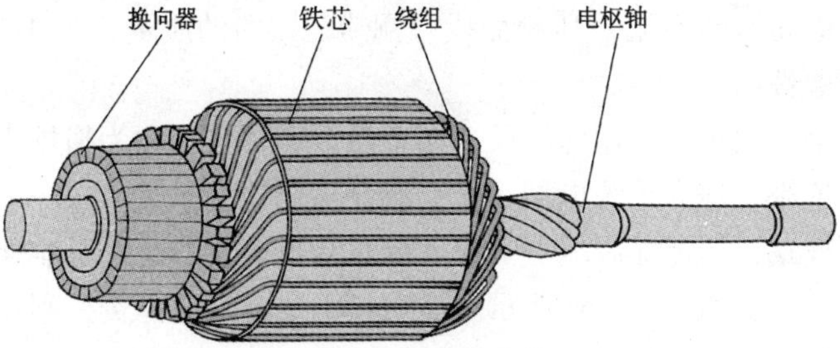

图 2－7　电枢的结构

电枢绕组嵌装在铁芯槽内，因电枢电流很大，所以其绕组采用截面积较大的矩形裸铜线绕制，并用绝缘纸在铜线与铜线之间，以及铜线与铁芯之间隔开，以防止其短路。电枢绕组各线圈的端头均焊在换向器上，一般采用波绕法，如图 2－8 所示。

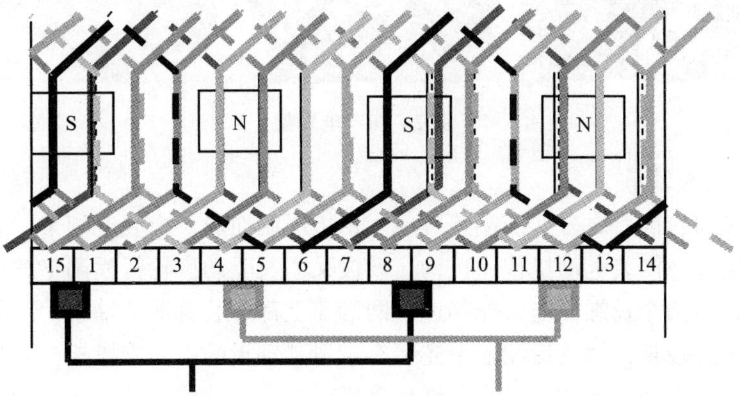

图 2－8　波绕法

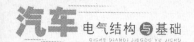

换向器压装在电枢轴上，其作用是把电刷的直流电转变为电枢绕组中的导体所需要的交变电流。它由燕尾形的铜片叠压而成，该铜片称为换向片，相邻换向片以及换向片与轴套、压环之间用云母片绝缘。

3）电刷组件

电刷组件的功用是将直流电引入电枢绕组使之产生定向转矩，主要由电刷、电刷架和电刷弹簧组成，如图 2－9 所示。

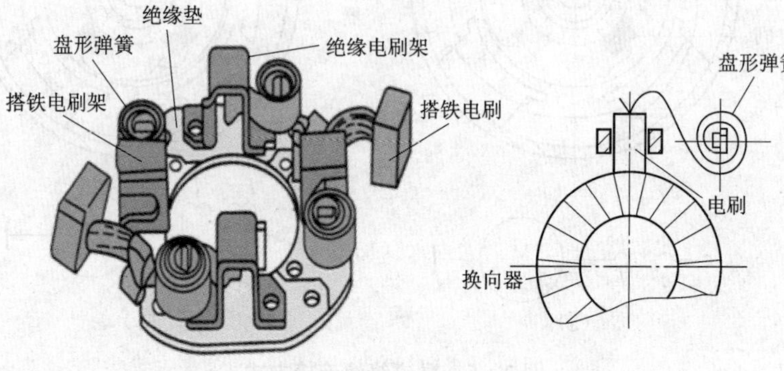

图 2－9　电刷组件结构

电刷用铜粉和碳粉（或石墨）压制而成。铜粉与碳粉的质量比为 4:1，加入铜粉是为了减小电阻并增大耐磨性。

电刷一般有四个，相对的电刷为同极。两个负电刷搭铁，称为搭铁电刷；两个正电刷接磁场线圈，与端盖绝缘，称为绝缘电刷，它们装在电刷架中。

电刷架多制成框式，固定在后端盖上，安装绝缘电刷用的绝缘电刷架与端盖间由绝缘垫隔开，各种电刷架的形状如图 2－10 所示。电刷架上装有盘形弹簧，利用弹簧的弹力将电刷压紧在换向器表面上。弹簧的弹力一般为 11.7～15.0 N。

图 2－10　电刷架

4）前后端盖与轴承

电动机的端盖有前后之分，前端盖一般用钢板压制而成，内装电刷架；后端盖用灰铸铁或铝合金铸造而成，内装电动机传动机构。设拨叉座及驱动齿轮行程调整螺钉，它们分别装在机壳的两端，用两个长螺栓与机壳相连。两端盖上都压装着滑动轴承，有些起动机采用滚动轴承。因电枢轴较长，故在后端盖上还装有带滑动轴承的中间支撑板，它与后端盖间形成的一个较大空腔，用来安装传动机构。轴承采用青铜石墨轴承或铁基含油轴承，可承受冲击性载荷。前端盖与后端盖的结构如图 2－11 所示。

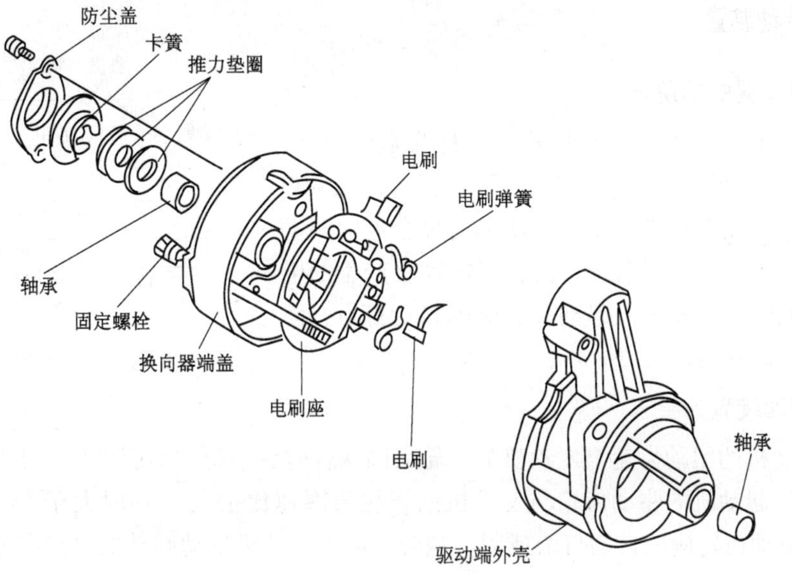

图 2-11　前端盖与后端盖的结构

5）壳体

壳体为基础件，并起导磁作用，用钢管制成，其一端开有窗口，作为观察电刷与换向器之用，平时用防尘箍盖住。壳上只有一个与外壳绝缘的电源接线柱，并在壳体内部与磁场绕组的一端相接。

2. 直流电动机的工作原理

直流电动机是根据载流导体在磁场中受到电磁力作用而发生运动的原理工作的。其工作原理如图2-12所示，电动机工作时，电流通过电刷和换向器流入电枢绕组。如图2-12（a）所示，换向片A与正电刷接触，换向片B与负电刷接触，绕组中的电流方向为a→b→c→d，根据左手定则，绕组ab边、cd边均受到电磁力F的作用，由此产生逆时针方向的电磁转矩使电枢转动；当电枢转动至换向片A与负电刷接触，换向片B与正电刷接触时，电流改由d→c→b→a，如图2-12（b）所示，但电磁转矩的方向仍然不变，使电刷按逆时针方向继续转动。

实际的电枢上有很多线圈，换向器铜片也有相应的对数。

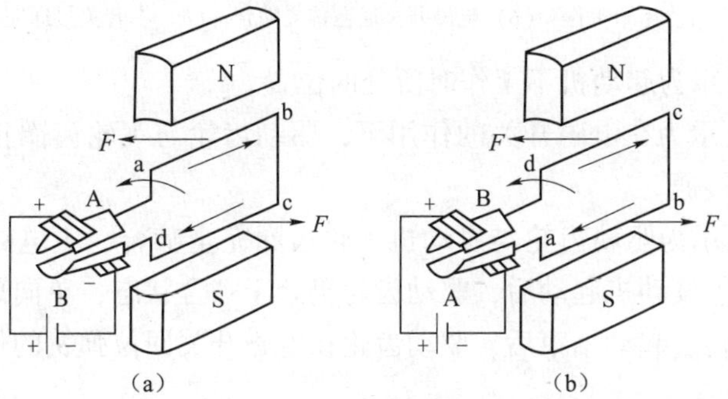

图 2-12　直流电动机的工作原理

（a）电流从a至d；（b）电流从d至a

（二）传动装置

1．传动装置的功用与结构

传动装置也称为单向传动机构，又称为啮合机构，由驱动齿轮、单向离合器和拨叉等部件组成，如图 2－13 所示。其作用是在发动机起动时，使单向离合器的驱动齿轮与发动机的飞轮齿圈啮合，把直流电动机产生的电磁转矩传给曲轴；当发动机起动后，能够自行打滑，防止反转，保护起动机。

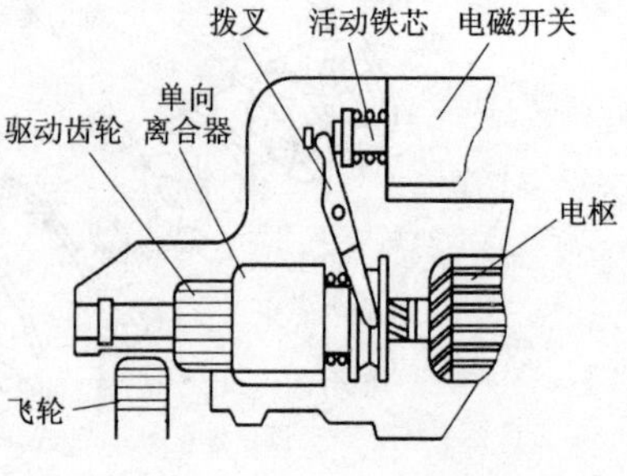

图 2－13　传动装置的组成

2．对传动装置的要求

（1）起动机的驱动齿轮与发动机的飞轮齿圈啮合时要平稳，不能发生冲击现象。

（2）由于起动机的驱动齿轮与发动机的飞轮齿圈速比很大（一般大于 15），因此发动机起动后，驱动齿轮应能自动打滑或脱离啮合，以免发动机带动起动机电枢高速旋转，造成电枢绕组“飞散”的事故。

（3）因为起动机是由点火开关控制的，所以当发动机工作时，需防止点火开关误操作而使起动机的驱动齿轮再次与发动机的飞轮齿圈啮合，导致起动机与发动机的飞轮齿圈损坏。

3．传动装置的工作原理

以强制啮合式起动机传动装置为例说明其工作原理，如图 2－14 所示。

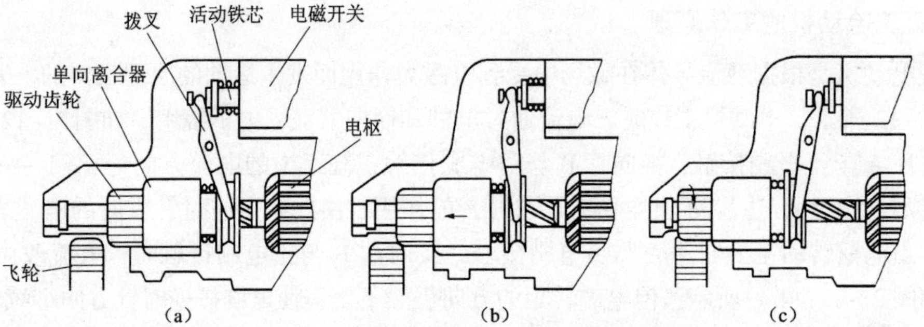

图 2－14　强制啮合式起动机传动装置工作示意图

（a）起动机静止未工作；（b）电磁开关通电推向啮合；（c）主开关接通完全啮合

图 2－14（a）所示为起动机不工作时所处的位置。

图 2－14（b）所示为在电磁开关的作用下，驱动齿轮与飞轮齿圈正在啮合，此时起动机的主要电路还没有接通。

图 2－14（c）所示为驱动齿轮与发动机飞轮齿圈完全啮合，主电路接通，电枢轴开始带动发动机曲轴旋转。发动机起动后，驱动齿轮仍处于啮合状态，单向离合器打滑，驱动齿轮在飞轮的带动下空转。起动结束后，驱动齿轮在电磁开关回位弹簧的作用下与发动机飞轮齿圈脱离啮合。

4．单向离合器的结构与原理

起动机传动装置中的关键部件是单向离合器。其作用是：在起动时将电枢产生的电磁转矩传递给发动机飞轮；而当发动机起动后，单向离合器立刻打滑，防止发动机飞轮带动驱动齿轮及电枢轴高速旋转，造成电枢绕组“飞散”的事故。

目前，常见的单向离合器有滚柱式、摩擦片式和弹簧式三种。

1）滚柱式单向离合器

十字滚柱式单向离合器的结构如图 2－15 所示，其驱动齿轮与外壳制成一体，十字块与花键套筒固定连接，在外壳与十字块形成的 4 个楔形槽中分别装有一套滚柱与压帽弹簧，花键套筒外面装有移动衬套及缓冲弹簧。滚柱式单向离合器通过改变滚柱在楔形槽中的位置来实现分离和接合，以实现起动机驱动发动机，而发动机不能驱动起动机的单向传递动力的作用。

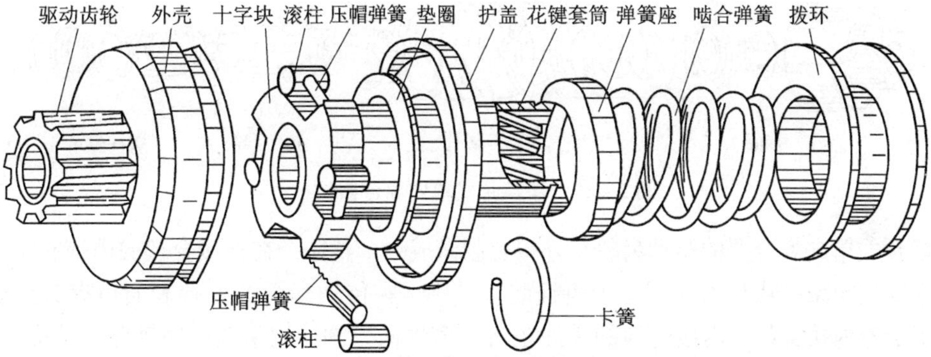

图 2－15　十字滚柱式单向离合器的结构

发动机起动时，拨叉使离合器总成沿电枢轴花键移动，驱动齿轮啮入发动机飞轮齿圈，然后起动机通电旋转，转矩由花键套筒传到十字块，十字块则随电枢旋转，这时滚珠在摩擦力的作用下滚入楔形槽的窄端被卡死，迫使驱动齿轮带动发动机飞轮旋转，起动发动机。

当发动机起动后，驱动齿轮被飞轮带着超速旋转。它的转速高于电枢转速，此时，驱动齿轮尾部带动滚柱克服弹簧的张力，使滚柱向楔形腔室较宽的一边滚动，于是滚柱在驱动齿轮尾部与外座圈间发生滑摩，导致驱动齿轮和外座圈以及电枢脱离联系，此时仅驱动齿轮随飞轮旋转，从而避免了电枢超速旋转导致在强离心力作用下甩出的危险，如图 2－16 所示。

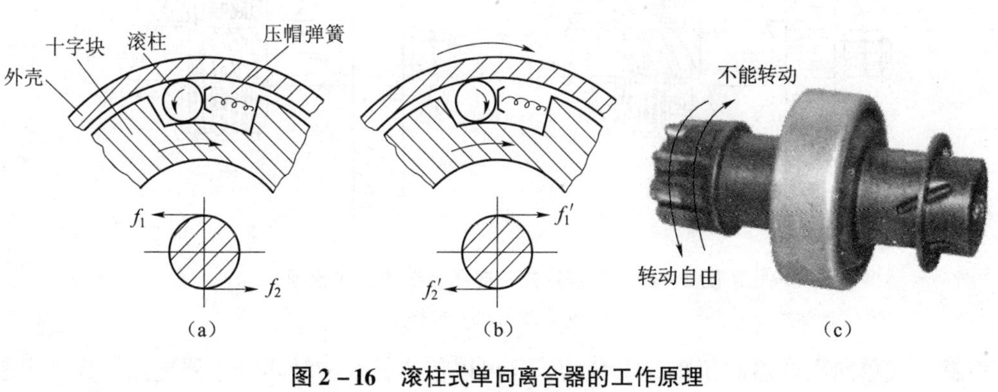

图 2－16　滚柱式单向离合器的工作原理

滚柱式单向离合器的结构简单、体积小、工作可靠，且磨损少，一般不需要调整，在现代汽车上被广泛采用。但它不能传递大的转矩，在大功率起动机上的使用受到限制。

2）摩擦片式单向离合器

摩擦片式单向离合器的原理是通过主、从动摩擦片的压紧和放松来实现接合和分离的。

摩擦片式单向离合器由外接合毂、内接合毂、主动摩擦片、从动摩擦片、弹性圈、驱动齿轮轴套等机件组成，其结构如图 2－17 所示。

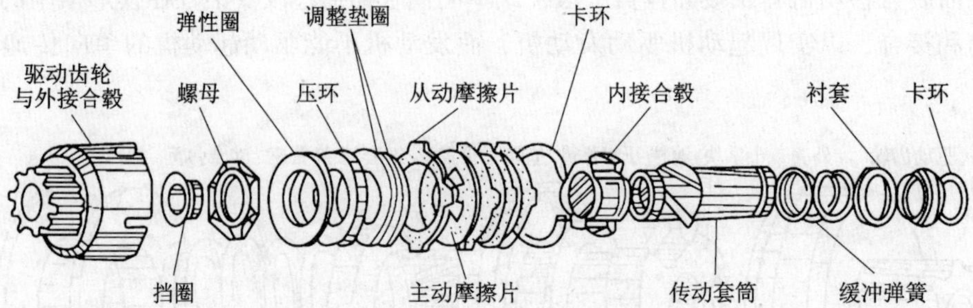

图 2－17 摩擦片式单向离合器结构

摩擦片式单向离合器的驱动齿轮与外接合毂做成一个整体，在外接合毂的内壁有 4 道轴向槽沟，钢质从动摩擦片利用外围 4 个齿插装入其中。在传动套筒的一端表面也有 3 个螺旋花键，其上套着内接合毂。内接合毂的表面也有 4 道轴向槽沟，用来插放主动摩擦片的内凸齿。主动摩擦片和从动摩擦片彼此相间地排列组装。内接合毂的外面装有缓冲弹簧，端部固装着卡环。

发动机起动前，在操纵装置的作用下，驱动齿轮和飞轮处于分离状态，主、从动摩擦片之间处于无摩擦力状态。

如图 2－18 所示，起动发动机时，通过拨叉推动拨环使内接合毂沿 3 个螺旋花键向外移动，主、从动摩擦片相互压紧，具有了摩擦力。当驱动齿轮啮入飞轮齿圈时，起动发动机，带动曲轴旋转。发动机起动后，驱动齿轮被飞轮齿圈带动作高速旋转，在惯性力的作用下，内接合毂沿传动套筒的 3 个螺旋花键向内移动，于是主、从动摩擦片之间出现间隙，摩擦力消失而打滑，避免了电枢超速飞散的危险。

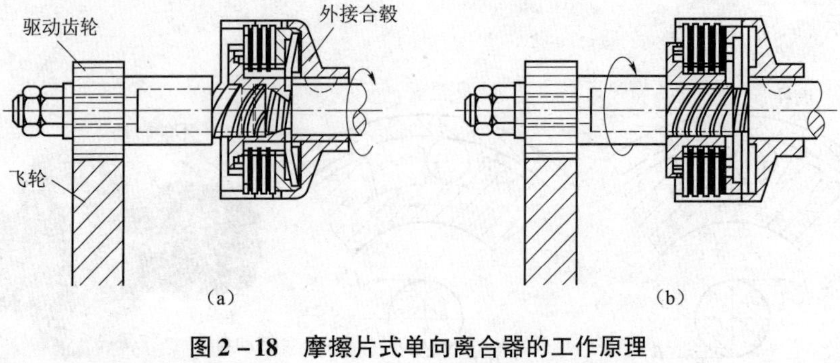

图 2－18 摩擦片式单向离合器的工作原理

（a）压紧；（b）放松

摩擦片式单向离合器的扭矩是可调的，且可以传递较大的转矩，主要应用于大功率起动机上。但是在使用过程中，摩擦片磨损后，表面摩擦系数会逐渐变小，传递的转矩将会下降，因此需要经常调整，而且其结构复杂。

3）弹簧式单向离合器

弹簧式单向离合器的原理是通过扭力弹簧的径向收缩和放松来实现分离和接合。

如图2－19所示，起动机驱动齿轮的左端有一光滑的套筒，套在起动机轴的光滑部分，花键套筒套在起动机螺旋花键部分，两个月牙键装入驱动齿轮右端相应的缺口中并嵌入花键套筒左端的环槽内，使驱动齿轮与花键套筒既可以一起转动，又可以相对滑动。扭力弹簧的两端各有1/4圈，其内径比花键套筒和驱动齿轮尾端的外径小，分别裹紧花键套筒和驱动齿轮。扭力弹簧与护圈之间有间隙，护圈可防止扭力弹簧被放松时直径过分变大而产生变形和防止月牙键脱出。挡圈可防止扭力弹簧作轴向移动，挡圈与移动衬套间的缓冲弹簧的作用是减少驱动齿轮与飞轮齿环接触时齿轮的磨损。花键套筒的右端制有环槽并装有卡簧，以防止移动衬套从花键套筒上脱出。

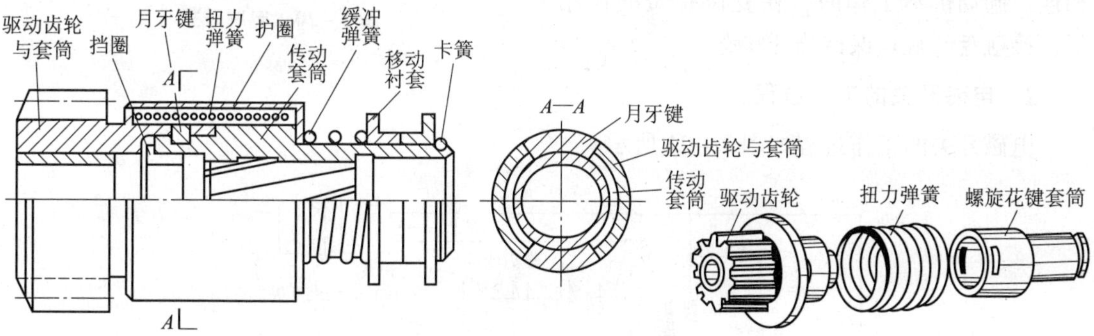

图2－19　弹簧式单向离合器结构

起动发动机时，控制装置迫使驱动齿轮与飞轮齿环啮合，电枢轴带动花键套筒旋转，在摩擦力的作用下扭力弹簧扭缩，直径缩小，抱紧两个套筒外圆表面，使其成为一刚体，于是电动机产生的转矩经花键套筒、扭力弹簧传给驱动齿轮，从而带动飞轮旋转。

起动发动机后，由于飞轮带动驱动齿轮的转速高于花键套筒，迫使扭力弹簧放松，使弹簧直径扩大，驱动齿轮和花键套筒不再成为一刚体，可以相对滑动，从而避免了电动机超速旋转的危险。

弹簧式单向离合器结构简单，成本低，寿命长，并可传递较大的转矩。但因扭力弹簧轴向尺寸较大，故一般只用在大功率起动机上。

（三）控制机构

控制机构，又称操纵机构、电磁开关，其作用是接通和断开电动机与蓄电池之间的主电路，以及控制驱动齿轮和飞轮的啮合与分离。

1．电磁开关的结构

电磁开关（见图2－20）主要由电磁铁机构和电动机开关两部分组成。电磁铁机构由磁力线圈（吸引线圈、保持线圈）、活动铁芯和固定铁芯组成；电动机开关由主开关接触盘和触点组成。

磁力线圈由导线粗、匝数少的吸引线圈和导线细、匝数多的保持线圈组成。吸引线圈与保持线圈的一端接起动接线柱，吸引线圈另一端接主接线柱，与直流电动机串联，保持线圈另一端直接搭铁。

活动铁芯和固定铁芯安装在一个套筒内，套筒外面安装有复位弹簧，其作用是使活动铁芯等可移动部件复位。固定铁芯不动，活动铁芯可在套筒内作轴向移动。活动铁芯前端固定有推杆，推杆前端与接触盘连接；活动铁芯的后端通过调节螺钉、连接销与拨叉相连。起动机不工作时，在复位弹簧的作用下，接触盘与触点保持分开状态。

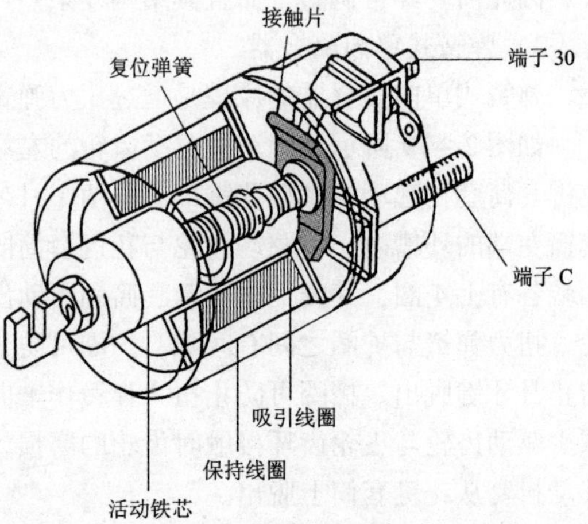

图 2－20　电磁开关

2．电磁开关的工作过程

电磁开关的工作过程如图 2－21 所示。

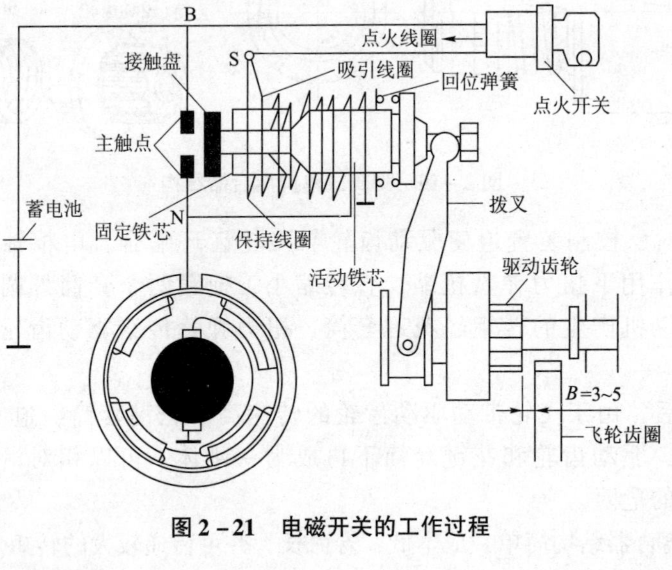

图 2－21　电磁开关的工作过程

1）起动机不工作时

驱动齿轮与飞轮齿圈处于脱开位置，电磁开关中的接触盘与主触点分开。

2）当点火开关置于起动挡时

蓄电池经起动控制电路向起动机的电磁开关通电，其电流回路为：

吸引线圈回路：蓄电池正极→电动机开关 B 接线柱→点火开关→电磁开关 S 接线柱→吸引线圈→电动机开关 N 接线柱→电动机励磁绕组→电枢绕组→负电刷→搭铁→蓄电池负极。

保持线圈回路：蓄电池正极→电动机开关 B 接线柱→点火开关→电磁开关 S 接线柱→保持线圈→搭铁→蓄电池负极。

此时，吸引线圈和保持线圈的电流方向相同，由右手螺旋定则可知，两线圈产生同方向的磁场，磁化铁芯，使活动铁芯克服回位弹簧的弹力前移，使前端的接触盘与两个主触点接触。与此同时，活动铁芯后端带动拨叉将驱动齿轮推出与发动机的飞轮齿圈啮合。

当驱动齿轮与飞轮齿圈完全啮合时，接触盘已经将主触点接通，起动机的主电路接通，此电路电阻极小，电流可达几百安培，电动机产生最大转矩，通过接合状态下的单向离合器传给发动机飞轮。

主开关电路接通后，保持线圈的电流回路不变，活动铁芯在保持线圈电磁力的作用下保持在啮合位置。此时吸引线圈和附加电阻则由于主触点的接通而被短路，其电流回路被替代为：蓄电池正极→电动机开关 B 接线柱→电动机开关 N 接线柱→电动机励磁绕组→电枢绕组→搭铁→蓄电池负极。

3）断开点火开关时

断开点火开关时，起动机主电路被切断，此时保持线圈和吸引线圈串联，其电流回路为：蓄电池正极→电动机开关 B 接线柱→接触盘→吸引线圈→保持线圈→搭铁→蓄电池负极。因此时吸引线圈和保持线圈的电流方向相反，产生反方向的磁场，互相抵消，活动铁芯在回位弹簧的作用下迅速回位，使驱动齿轮与发动机的飞轮齿圈脱开啮合，起动机停止工作，起动完毕。

（四）起动机的工作原理

如图 2－22（a）所示，起动时，接通起动开关，起动机电路通电，继电器的吸引线圈和保持线圈通电，产生很强的磁力，吸引铁芯右移，并带动驱动杠杆绕其销轴转动，使齿轮移出与飞轮齿圈啮合。与此同时，由于吸引线圈的电流通过电动机的绕组，电枢开始转动，齿轮在旋转中移出，减小冲击。

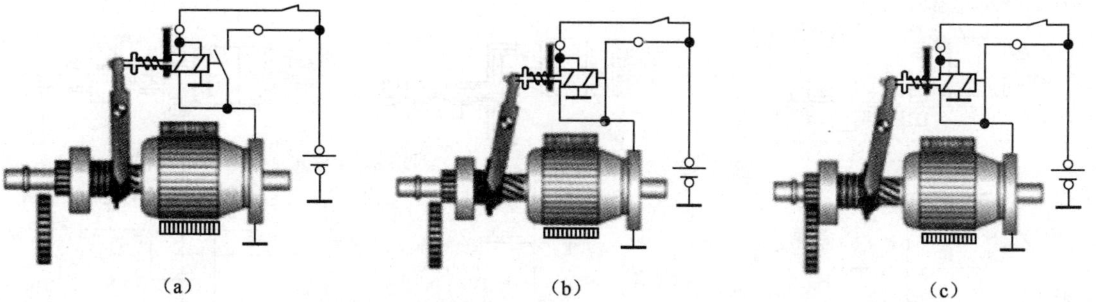

（a）　（b）　（c）

图 2－22　起动机工作过程

如果齿轮与飞轮齿端相对，不能马上啮合，此时弹簧压缩，当齿轮转过一个角度后，齿轮与飞轮迅速啮合。当铁芯移动到使短路开关闭合的位置时，短路线路接通，吸引线圈被短路，失去作用，保持线圈所产生的磁力足以维持铁芯处于开关吸合的位置，如图 2－22（b）所示。

在发动机起动后，驱动小齿轮和直流电动机之间通过单向离合器作用切断动力传递路径；起动完毕时，驱动小齿轮与飞轮齿圈自动脱离啮合，起动机保持静止状态，如图 2－22（c）所示。

三、减速式起动机的结构与原理

在电枢轴和驱动齿轮之间装有减速装置的起动机称为减速式起动机，它通过减速装置使驱动齿轮的转速降低并使转矩增大。与传统起动机相比，减速式起动机起动转矩大，起动可靠，有利于低温起动；起动机体积小，总长度可缩短 20% ~30%，便于外部安装；单位质量的输出功率增加，减轻了蓄电池的负担，延长了使用寿命。现代汽油发动机多采用减速式起动机。

（一）减速式起动机的结构

减速式起动机主要由电磁啮合开关、减速齿轮、电动机、起动齿轮（小齿轮）及单向啮合器等部分组成。

1. 电动机

减速式起动机采用小型、高速、低转矩的电动机，其转速可达 15 000 ~20 000 r/min。电动机按磁场形式可分为永磁式和电磁式两种。永磁式电动机不需要励磁绕组，节省材料，体积小，换向性能好，常用在小功率起动机上；电磁式电动机适用于输出功率大于 1.9 kW 的起动机。

2. 减速装置

在电动机的电枢轴和输出轴之间设置了齿轮减速装置，齿轮减速比一般为 3 ~5，将电动机的转速降低后，增大电枢输出转矩，再带动驱动齿轮。减速装置有外啮合式、内啮合式和行星齿轮式三种类型，如图 2 –23 所示。

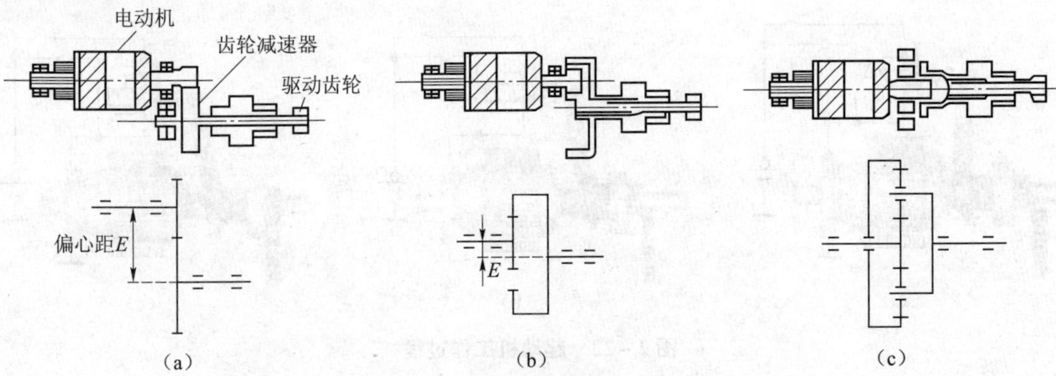

图 2 –23　减速装置的种类

（a）外啮合式；（b）内啮合式；（c）行星齿轮式

1）外啮合式减速装置

外啮合式减速装置，其主动齿轮轴和从动齿轮轴轴线平行，偏心距约为 30 mm。该装置中设有三个齿轮，即电枢轴齿轮、惰轮（中间齿轮）和减速齿轮，如图 2 –24 所示。与常规起动机相比，该减速装置传动比较大，输出力矩也较大。它具有结构简单、工作可靠、噪声小、便于维修等优点，适用于功率较小的起动机。

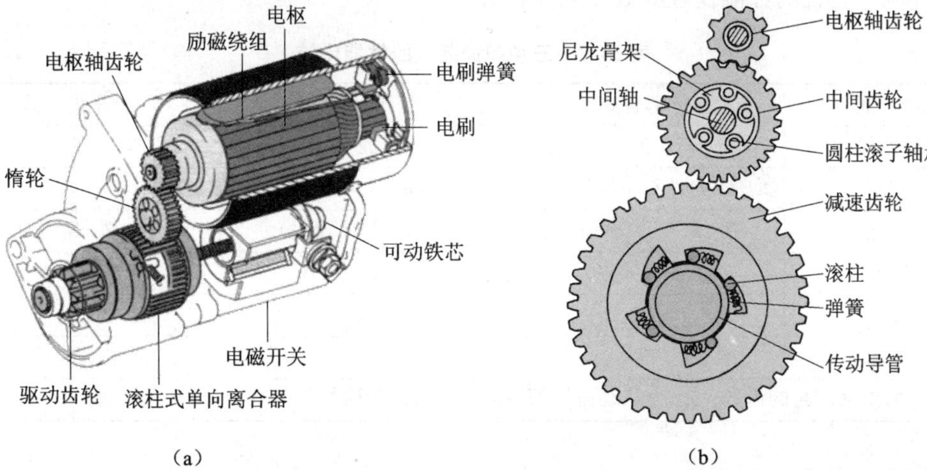

图 2－24　平行轴外啮合式减速装置

(a) 平行轴外啮合式减速装置结构；(b) 减速齿轮啮合关系

2）内啮合式减速装置

内啮合式减速装置和外啮合式一样，其主动齿轮轴和从动齿轮轴轴线平行，但偏心距较小，约为 20 mm，故工作可靠，但噪声大，一般用于输出功率较大的起动机。

3）行星齿轮式减速装置

行星齿轮式减速装置，其主动齿轮轴与从动齿轮轴轴线重合，偏心距为零，有利于起动机的安装，该起动机整机尺寸小，传动比最大，可达45:1，大大减小了起动电流。因扭力负载平均分布到几个行星齿轮上，故可采用塑料内齿圈和粉末冶金的行星齿轮，减小了质量又抑制了噪声，因此应用广泛。

图 2－25 所示行星齿轮式减速装置在电枢轴与驱动齿轮之间传递动力。行星齿轮式减速装置总成由太阳轮、三个行星齿轮和内齿圈组成。太阳轮装在电枢轴上，三个行星齿轮装在行星架上，内齿圈固定不动。当电枢轴转动时，太阳轮带动三个行星齿轮绕内齿圈转动，带动行星架转动，行星架与输出轴相连。动力传递过程为：电枢轴（太阳轮）→行星齿轮及行星架（与输出轴一体）→单向离合器→驱动齿轮→飞轮。

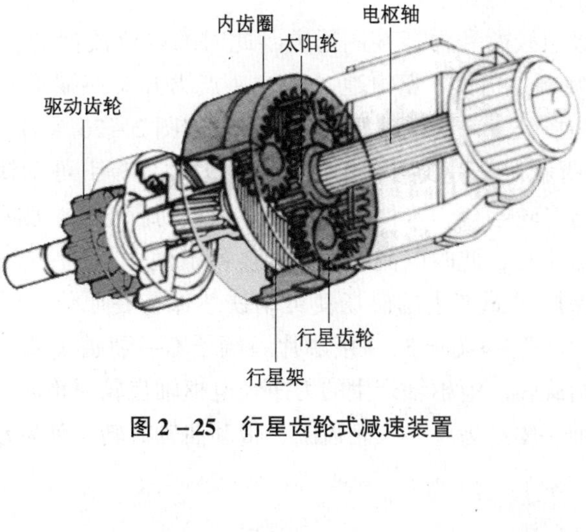

图 2－25　行星齿轮式减速装置

三种减速装置的性能比较如表 2－2 所示。

表 2－2　三种减速装置的性能比较

传动方式	外啮合式	内啮合式	行星齿轮式
齿轮数量	2	2	5
中心距	$a=m(Z_s+Z_c)/2$	$a=m(Z_s-Z_c)/2$	0
传动比	$i=Z_s/Z_c$（较小）	$i=Z_s/Z_c$（较大）	$i=1+Z_s/Z_c$（较大）
减速比	$1.0<j<5.0$	$2.5<j<5.0$	$3.8<j$
噪声	小	大	小
可靠性	高	高	低
注：Z_s 为主动齿轮的齿数，Z_c 为从动齿轮的齿数，m 为齿轮模数。			

3．传动装置及控制机构

减速式起动机上传动装置仍采用滚柱式单向离合器，与普通起动机离合器的结构相同，但要求其具有耐冲击性能。

减速式起动机的电磁开关与普通起动机相同，但单向离合器的操纵（驱动齿轮与飞轮的啮合与分离）采用拨叉式、直动齿轮式两种不同的形式控制。拨叉式与普通起动机相同，用在行星齿轮式减速装置上；直动齿轮式的驱动齿轮和电磁开关中的引铁（可动铁芯）同轴移动，多用于平行轴外啮合式减速装置上。

（二）减速式起动机的工作原理

目前，汽车上广泛采用的减速式起动机主要有平行轴外啮合式减速起动机和行星齿轮式减速起动机两种类型。

1．平行轴外啮合式减速起动机的控制原理

该起动机控制装置的结构与传统式电磁控制装置大致相同，不同之处在于单向离合器的操纵采用直动齿轮式，如图 2－26（a）所示。其可动铁芯的左端固装的挺杆，经钢球推动驱动齿轮轴，可动铁芯右端绝缘地固装着接触片。起动机不工作时，接触片与触点分开，驱动齿轮与飞轮分离。工作过程如下：

接通起动开关，吸引线圈和保持线圈通电，此时的电流流向为：蓄电池“＋”→点火开关→端子 50→保持线圈→搭铁；蓄电池“＋”→点火开关→端子 50→吸引线圈→端子 C 励磁线圈→电枢线圈→搭铁。此时电动机低速运转，如图 2－26（b）所示。

如图 2－26（c）所示，吸引线圈和保持线圈的电磁力吸引可动铁芯左移，推动驱动齿轮轴，迫使驱动齿轮与飞轮啮合，这种动作过程称为直动齿轮式。驱动齿轮与飞轮齿圈进入啮合后，接触片和触点接触，此时电流的方向为：蓄电池“＋”→点火开关→端子 50→保持线圈→搭铁。这样保持线圈产生的磁场使可动铁芯保持在原位。同时电流还流经励磁线圈，电路为：蓄电池“＋”→端子 30→接触片→端子 C→励磁线圈→电枢线圈→搭铁。这样电枢电路接通并开始旋转。电枢轴产生的力矩经电枢轴齿轮→惰轮→减速齿轮→滚柱式单向离合器→驱动齿轮轴→驱动齿轮→飞轮齿圈，带动曲轴旋转，使发动机起动。

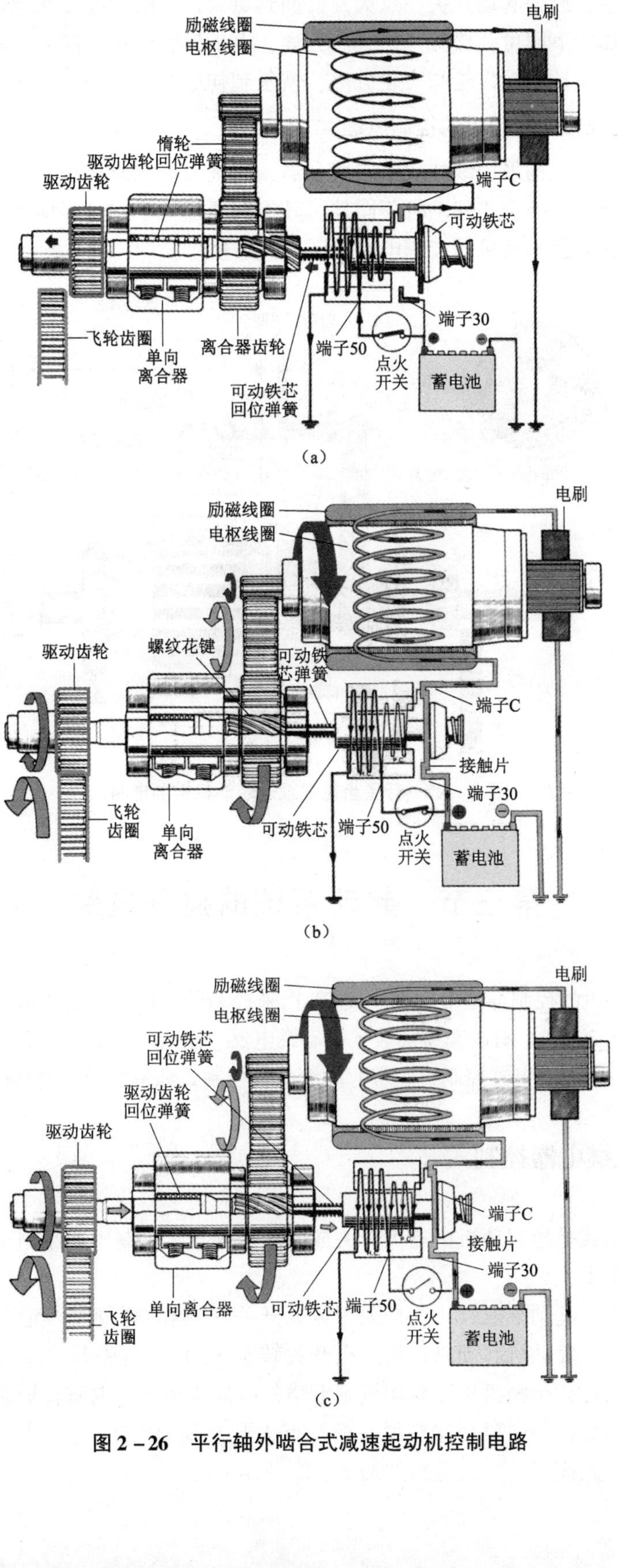

图 2－26　平行轴外啮合式减速起动机控制电路

发动机起动后，放松起动开关，点火开关回到点火挡。吸引线圈和保持线圈断电，引铁在回位弹簧张力作用下回位，接触片与触点分离，电枢停止转动。同时，驱动齿轮轴在回位弹簧作用下回位，拖动驱动齿轮与飞轮分离，恢复到初始状态。

2. 行星齿轮式减速起动机的控制原理

该起动机的传动机构采用滚柱式单向离合器，用拨叉拨动驱动齿轮使之移动。该起动机除减速装置与平行轴外啮合式起动机不同外，其控制原理与工作过程均与之相似，此处不再分析。行星齿轮式减速起动机的控制电路如图 2 – 27 所示。

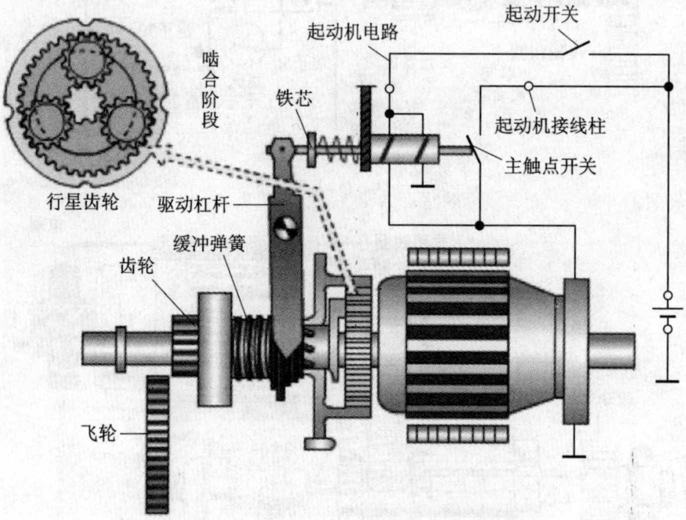

图 2 – 27　行星齿轮式减速起动机控制电路

第三节　起动系统的控制电路

一般汽车起动机的控制都是由点火开关 ST 挡来控制的。但是，由于起动机的电磁开关工作电流较大（大于 20 A），有的车型加装了起动继电器、组合继电器等。目前，汽车起动系统的控制电路一般分为无继电器控制式、带起动继电器控制式和带组合继电器控制式三种。

一、无继电器控制式

无继电器控制式是指起动机由点火开关或起动按钮直接控制，通常用于较小功率起动机的微型汽车、轿车上。

该控制电路中无起动继电器，这是因为点火开关 ST 挡的容量大，允许短时间内通过电磁开关的电流较大。发动机起动时，将点火开关转至 ST 挡，电磁开关接通，拨叉使单向离合器前移与飞轮接合，接触盘接通起动机主电路，电枢绕组产生电磁转矩而旋转，带动曲轴转动。发动机起动后，单向离合器打滑；松开点火开关到 ON 挡，主电路断开，拨叉回位，单向离合器回位，完成起动。其电路如图 2 – 28 所示。

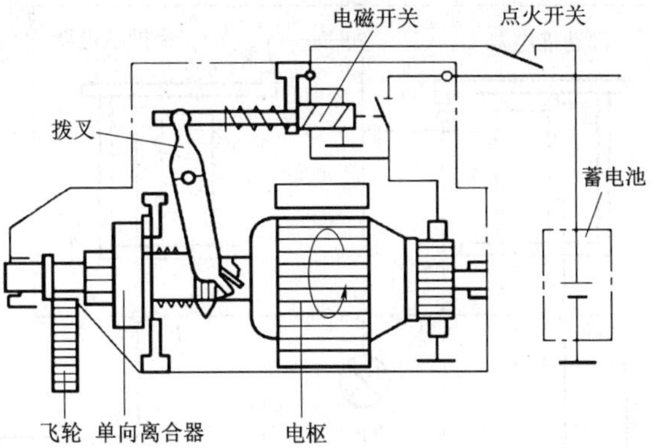

图 2－28　无继电器控制式起动系统控制电路

二、带起动继电器控制式

当汽车采用较大功率的起动机时，为了减小通过点火开关的电流强度，从而避免开关烧蚀，常用起动继电器的触点控制大电流，而用点火开关起动挡控制继电器线圈的小电流，其控制电路如图 2－29 所示。其工作过程如下：

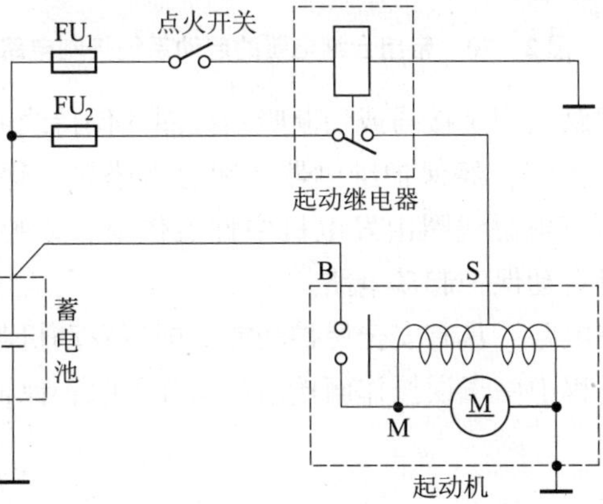

图 2－29　带起动继电器的起动系统控制电路

当点火开关打到 ST 挡时，蓄电池经点火开关给起动继电器中的磁化线圈供电（电流很小），使继电器中的常开触点闭合，这样蓄电池电流经主接线柱、继电器触点到起动机电磁开关的起动接线柱，电磁开关吸合，起动机工作。

发动机起动后，离合器打滑，只要松开点火开关，即可自动回到点火挡。此时，起动继电器中的电流中断，触点打开，切断起动机主电路，起动机停止工作。

三、带组合继电器控制式

组合式继电器多由起动继电器和保护继电器（充电指示继电器）组合而成，如图 2－30 所示。

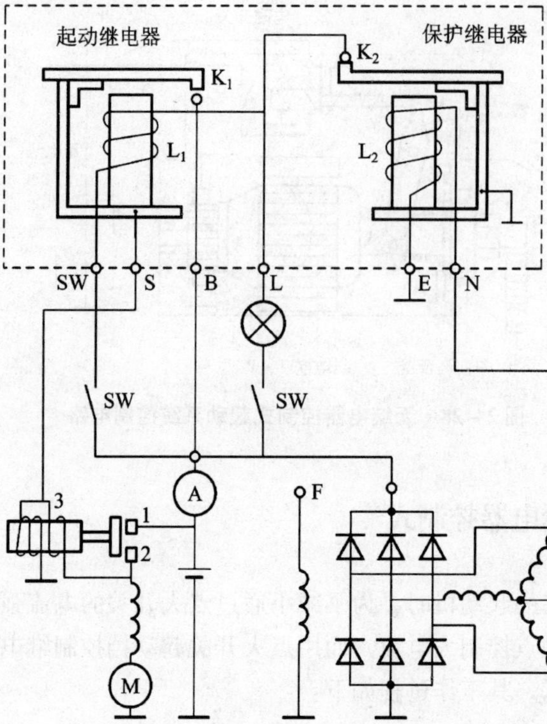

图 2-30　带组合继电器的起动系统控制电路

起动继电器中的常开触点用来接通或切断吸引线圈和保持线圈电流电路；继电器电磁铁线圈电流通路由点火开关控制，经保护继电器常闭触点搭铁。保护继电器（充电指示继电器）具有一对常闭触点，其电磁线圈由发电机中性点供电，以控制充电指示灯的亮灭，显示发电机工作状态，并且自动保护起动电路。

带组合继电器的控制电路，具有安全保护功能，即当发动机起动后，若驾驶员未及时释放起动开关，或在行车过程中由于误操作而接通起动开关时，保证起动机不工作，以保护起动机机件不被损坏。

四、带空挡起动开关或离合器起动开关的起动控制电路

在装用自动变速器的汽车上需安装起动安全开关（又称为抑制开关），起动安全开关是一种常开开关，是防止变速器不在空挡或发动机运转中，起动系统突然产生作用而发生危险或损坏齿轮的安全装置。起动安全开关串接在起动继电器控制电路中，使起动电路必须选择在空挡 N 或驻车挡 P 时才能作用。

有些装用手动变速器的汽车，装用离合器起动开关，起到起动安全保护的作用。起动时只有踩下离合器踏板，使离合器开关接合，起动机才能起动，以防止变速器不在空挡时起动发动机发生危险。离合器起动开关串接在起动继电器控制电路中，只有当离合器起动开关接通时，离合器起动继电器线圈通电，触点闭合，才能使起动线路接通，如图2-31 所示。

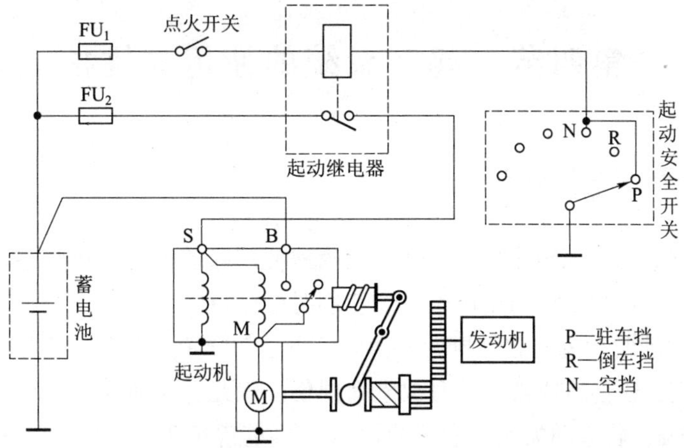

图 2-31　带空挡起动开关或离合器起动开关控制的起动控制电路

五、微电脑控制起动电路

微电脑控制起动系统主要由起动继电器、起动机、空挡起动开关和防盗器等组成，其电路如图 2-32 所示。

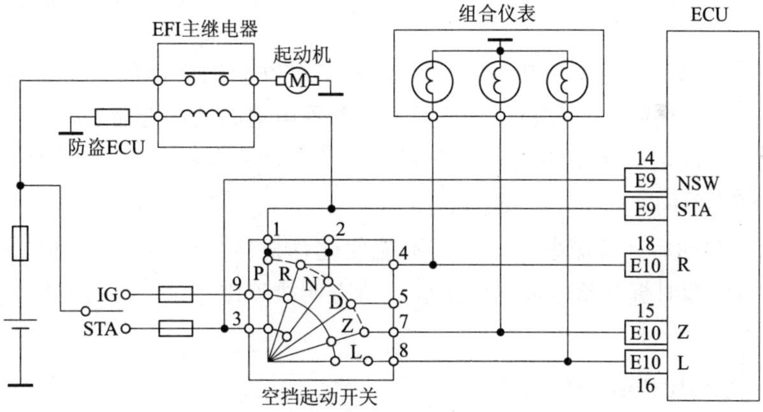

图 2-32　微电脑控制起动系统电路

汽车起动前，应先将变速器换挡杆置于 P 挡（停车挡或驻车挡）或 N 挡（空挡）。此时空挡起动开关处于闭合接通状态，以向发动机和自动变速器 ECU 传送空挡起动开关 NSW 信号，然后才能起动发动机。如果发动机和自动变速器 ECU 收不到空挡起动开关传来的 NSW 信号，发动机便不能起动运转。

防盗器是一种安全保护装置，串接在起动继电器线圈的供电回路中。正常情况下，防盗器内的有关电路将起动继电器线圈的 3 脚搭铁，可以使起动系统正常起动工作。

当防盗器处于守候防盗状态时，其内的有关电路将起动继电器线圈的 3 脚与搭铁间断开，从而切断了起动继电器线圈的电流通路。此时，即使小偷强行打开了汽车车门，也不能将发动机起动并开走，从而起到了防盗的作用。

第四节　起动系统的使用与维护

一、起动机的正确使用

起动机工作时电流大、转速高，合理、正确地使用起动机，能确保起动机工作正常、起动可靠，并有效地延长起动机的使用寿命。使用时应注意以下几点：

（1）发动机起动时，流向起动机的最大电流可达200 A，若长时间、大电流的工作，不仅可能烧坏起动机，还会造成蓄电池过放电而损伤。因此，起动发动机时，起动机的每次工作时间不宜超过5 s；若起动失败，应等约15 s后再重新起动。

（2）起动发动机时，尽量减少起动机的起动次数，若连续三次起动均失败，应检查发动机的电路、供油油路等系统是否正常，起动负荷是否过大，应排除故障后再行起动。

（3）在起动发动机过程中，应将变速器操纵杆置于空挡位置，并踩下离合器踏板，使起动机不带负载起动，提高一次起动成功率。

（4）蓄电池要经常保持充足电的状态，以保证发动机起动时起动机能获得较大的工作电流和电压，确保起动机具有足够的转速和转矩，以满足发动机的起动，减少起动机的工作时间。

（5）在冬季和低温环境下冷机起动时，建议先对发动机进行预热，以提高起动的成功率，减少重复起动的次数，并有利于延长起动机和蓄电池的使用寿命。

（6）发动机起动后，要立即松开点火开关，使起动机停止工作，以免损坏电磁开关和起动电动机，减小单向离合器不必要的磨损。

（7）发动机起动后，若操纵点火开关不能使起动机停止运转，要立即关闭发动机和车辆电源，必要时应即时拆开蓄电池的电源线，待查明故障排除后，再重新接好电路。

二、起动机的维护

1. 日常维护

（1）检查起动机电路各导线的连接，电源正极线的绝缘。如有不良，应更换电源线。

（2）清除起动机外壳的尘土及油污，保持清洁干燥。

（3）检查起动机操纵机构和电磁阀的工作情况，如运动杆件或柱塞卡滞，应及时排除。

2. 车辆每行驶6 000 km的维护

（1）清洁起动机换向器表面的灰尘和油污。

（2）检查换向器云母片深度，若云母片槽深度小于0.2 mm，应重新清理槽深。

（3）拆下起动机，清洁起动机转子轴承和转轴花键，并涂上润滑脂，以润滑转子轴和单向离合器。

3. 车辆每行驶 24 000 km 的维护

(1) 清洁换向器表面的油污，用 300# ~400# 砂纸打磨或用车床车削换向器外圆。

(2) 检查电刷的磨损程度及电刷弹簧压力。若电刷磨损后长度小于 12 mm，应更换；电刷弹簧弹力低于 10 N 时，应更换电刷弹簧。

发动机起动时，起动电流很大，起动系统在大负荷下工作，易发生故障。常见的故障有：起动机不转，运转无力，空转，不能停转，间歇工作，驱动齿轮与飞轮不能啮合等。其故障原因多为电气方面的，也有机械方面的，故在进行故障分析时，应综合多方面的因素。

前导知识回顾

一、磁场的基本物理量

1. 磁感应强度

磁感应强度，是描述磁场强弱和方向的基本物理量，它是矢量，常用符号 $\boldsymbol{B}$ 表示。磁感应强度 B 为单位面积的磁通量 $B=\Phi/S$，因此磁感应强度也被称为磁通量密度或磁通密度，简称磁密。磁感应强度的单位是特斯拉，简称特（T）。

2. 磁通量

一般情况下，磁通量是通过磁场在曲面面积上的积分定义的。穿过某一截面 S 的磁力线总数称为磁通量，用 Φ 来表示，即 $\Phi=\int_S B\mathrm{d}S$。对于均匀磁场，若 $\boldsymbol{B}$ 与截面垂直，则上式变为 $\Phi=BS$。磁通的单位是韦伯（Wb）。

3. 磁场强度

磁场强度是表征磁场性质的另一个基本物理量，它同样是一个矢量，常用符号 $\boldsymbol{H}$ 表示。磁密 B 与磁场强度 H 的比值反映了磁性材料的导磁能力。它们之间的关系可以表示为 $B=\mu H$，其中 μ 为材料的磁导率。磁场强度 H 的单位为安/米（A/m）。在同样大小的电流下，铁芯线圈的磁通比空心线圈的磁通大得多，这就是电机和变压器通常用铁磁材料来制造的原因。

二、电磁力的大小与方向

载流导体在磁场中受的力称为电磁力，也称安培力。其大小为 $f_{em}=Bil$，受力方向用左手定则确定，如图 2-33 所示。

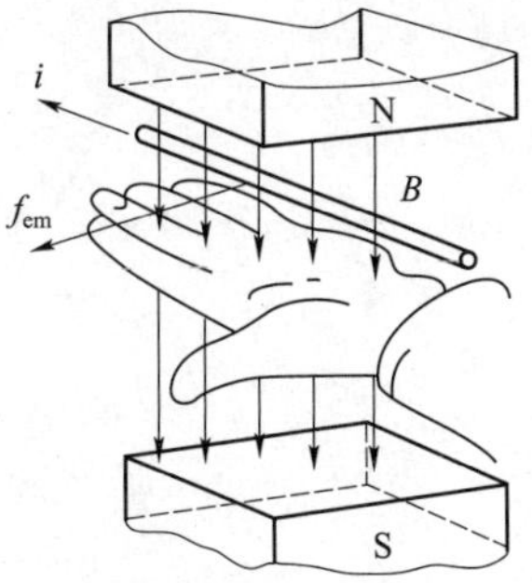

图 2-33 左手定则

伸开左手，使拇指与其余四个手指垂直，并且都与手掌在同一平面内；让磁感线从掌心进入，并使四指指向电流的方向，这时拇指所指的方向就是通电导线在磁场中所受安培力的方向。

三、右手螺旋定则

安培定则，也叫右手螺旋定则，是表示电流和电流激发磁场的磁感线方向间关系的定则。

通电直导线中的安培定则（安培定则一）：用右手握住通电直导线，让大拇指指向电流的方向，那么四指的指向就是磁感线的环绕方向，如图 2-34 所示。

通电螺线管中的安培定则（安培定则二）：用右手握住通电螺线管，使四指弯曲与电流方向一致，那么大拇指所指的那一端是通电螺线管的 N 极，如图 2-35 所示。

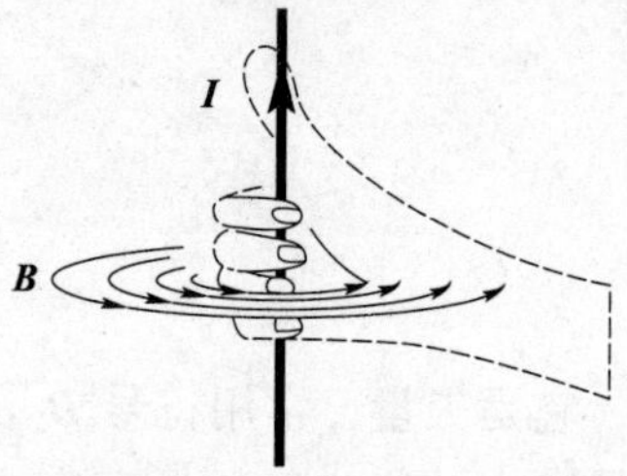

图 2-34　安培定则一

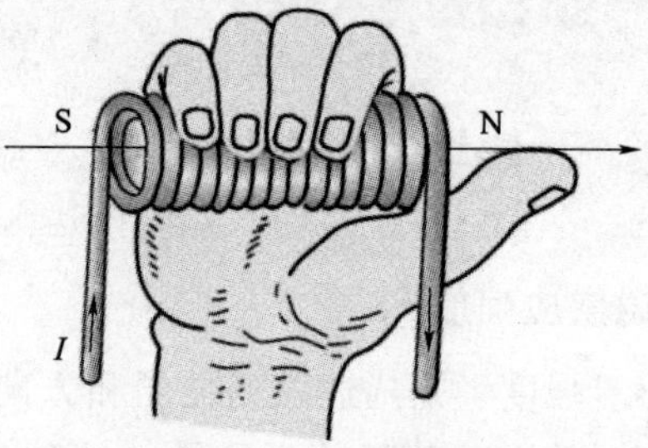

图 2-35　安培定则二

思考与练习题

1. 起动系统的作用是什么？起动系统由哪些部分组成？
2. 起动机是由哪些部分组成的？各自起什么作用？
3. 起动机为什么采用单向离合器？起动机单向离合器有哪几种？
4. 起动机为什么采用直流串励式电动机？（从起动机的工作特性进行分析）
5. 简述起动机的工作过程。
6. 起动继电器的作用是什么？
7. 起动系统控制电路有哪几种？简述各自的特点。
8. 采用减速式起动机有什么优点？减速装置有哪几种结构形式？
9. 起动机的正确使用和维护要求有哪些？

单元三

汽车点火系统

本章学习目标

1. 知识目标

(1) 了解点火线圈、分电器、点火控制器及火花塞的结构和原理。

(2) 熟悉有分电器点火系统和无分电器点火系统的特点。

(3) 掌握电控点火系统的组成和基本工作原理。

(4) 理解点火提前角和闭合角对汽油机性能的影响及控制方法。

(5) 了解点火系统中各传感器的作用和原理。

2. 能力目标

(1) 能正确分析点火系统的电路图。

(2) 能对各传感器进行性能检测。

(3) 能熟练使用各种常见维修工具和检测仪器。

第一节　点火系统概述

一、点火系统的功用

汽车发动机的工作循环是由吸气、压缩、做功、排气四个冲程组成的。柴油发动机压缩冲程末期，气缸内压缩空气的温度已经超过柴油的燃点，从喷油嘴喷出的雾状柴油遇到热空气即可立即燃烧，因此无须设置点火装置。汽油的自燃点较高，气缸内的汽油混合气是用高压电火花点着而燃烧的。

电火花由点火系统产生，点火系统的功用就是把汽车电源系统供给的低压电（10 ~ 15 V）转变成高压电（15 ~ 20 kV），并按发动机的工作顺序与点火时刻的要求，适时准确地将高压电送至各缸的火花塞，使火花塞跳火，形成电火花点燃气缸内的混合气，从而使发动机正常工作。

点火系统是汽油发动机重要的组成部分，点火系统的性能良好与否对发动机的功率、油耗和排气污染等影响很大。

二、点火系统的发展与类型

点火系统作为汽油发动机必不可少的组成部分，伴随着汽车技术的发展而不断完善，并达到了很高的水平。

1886年，第一辆以四冲程内燃机为动力的汽车使用的是磁电机点火系统。这种点火装置依赖于自身的发电来提供电能，能满足单缸或双缸汽油发动机的点火要求，但对于运行平稳性和动力性要求更高的多缸汽油发动机则不能适应。

1907年，美国人首先在汽车上使用蓄电池点火装置（触点式），这种用蓄电池和发电机来提供电能的点火系统采用了点火线圈，由断电器触点的闭合和断开来控制点火线圈初级电流的通断，使次级产生高压电。这种能满足多缸发动机点火需求的点火装置一直沿用至今，但最初的蓄电池点火系统在汽车发动机运行过程中不能对点火提前角进行调节（或依赖于驾驶员手动调节）。直到1931年，美国人才首先开始使用能自动根据发动机负荷和转速来调节点火提前角的真空、离心点火提前调节装置。此后，这种触点式点火装置逐步得到完善，在汽车上得到广泛的应用，并被称为“传统点火系统”。

随着人们对汽车发动机动力性、经济性及排放控制要求的提高，传统的触点式点火系统，其触点本身所固有的缺陷日益显现出来。到20世纪60年代初期，出现了晶体管辅助点火系统。这种点火系统增加了一个电子放大器，通过增大点火线圈初级电流使点火性能得到较大的提高，但晶体管辅助点火系统保留了触点，不能完全消除由触点本身所造成的缺点。因此，在20世纪60年代末期就被无触点的电子点火系统所取代。无触点式电子点火系统较为彻底地解决了传统点火系统由触点所带来的一系列问题，因此，从开始使用至今，在汽车上得到了广泛的应用。

1976年，美国通用公司首次将微处理器应用于点火时刻控制，此后微机控制的电子点火系统的应用日渐增多，并与汽油喷射、怠速等发动机其他电子控制系统一起进行综合控制。随着汽油发动机汽油喷射系统全面取代化油器这一趋势的发展，微机控制点火系统在汽车上的使用日益普及。

目前，汽车发动机点火系统按照其结构形式和产生高压电方式的不同，常分为传统点火系统、电子点火系统和微机控制点火系统。现代汽车普遍采用电子点火系统和微机控制点火系统。

1. 传统点火系统

传统点火系统以蓄电池和发电机为电源，借助点火线圈和断电器的作用，将电源提供的6 V、12 V或24 V的低压直流电转变为高压电，再通过分电器分配到各缸火花塞，使火花塞两电极之间产生电火花，点燃可燃混合气体，如图3－1所示。

传统点火系统由于存在产生的高压电比较低、高速时工作不可靠、使用过程中需经常检查和维护等缺点，目前已被电子点火系统和微机控制点火系统所取代。

2. 电子点火系统

电子点火系统以蓄电池和发电机为电源，借助点火线圈和由半导体器件（晶体三极管）组成的点火控制器将电源提供的低压电转变为高压电，再通过分电器分配到各缸火花塞，使火花塞两电极之间产生电火花，点燃可燃混合气。

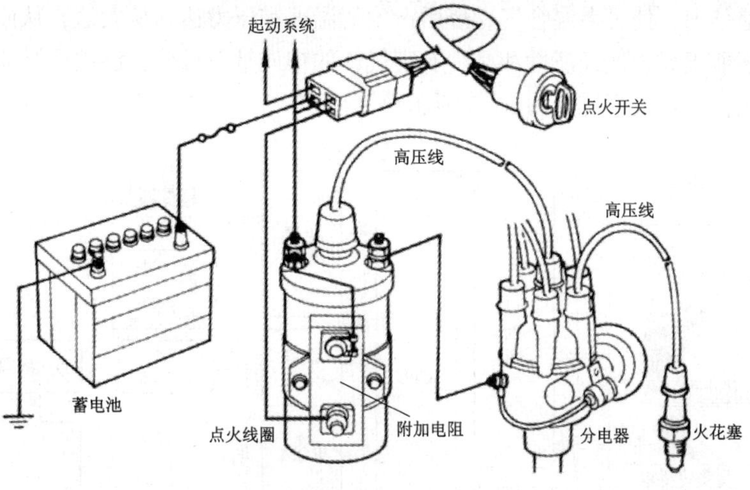

图 3-1　传统点火系统

普通电子点火系统按有无断电器触点又分为有触点式电子点火系统（或晶体管辅助点火系统）和无触点式电子点火系统两种，如图 3-2（a）和图 3-2（b）所示。其中，有触点式电子点火系统是电子点火系统发展的早期产品，是为了解决传统点火系统断电器触点烧蚀的问题，而采用大功率晶体管来控制电流较大的初级线圈电路的通和断，将断电器触点放在控制晶体管导通与截止的基极电路中，由于基极电路电流较小，所以触点不容易烧蚀。伴随着电子技术的发展，这种有触点式电子点火系统早已不再应用。

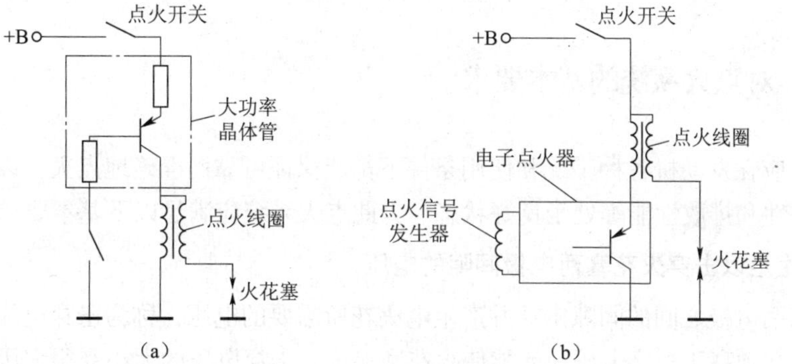

图 3-2　电子点火系统

(a) 有触点式；(b) 无触点式

与传统点火系统相比，电子点火系统具有点火可靠、使用方便等优点，但随着发动机电控技术的发展，除少部分在用车使用外，近几年已经被微机控制点火系统取代。

3. 微机控制点火系统

微机控制点火系统与上述两种点火系统相同，也是以蓄电池和发电机为电源，借助点火线圈将电源的低压电转变为高压电，再由分电器将高压电分配到各缸火花塞，并由微机控制系统根据各种传感器提供的发动机工况信息发出点火控制信号，控制点火时刻，点燃可燃混合气。它还可以取消分电器，由微机控制系统直接将高压电分配给各缸。

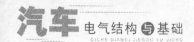

微机控制点火系统是目前最新型的点火系统，汽油发动机采用微机控制点火系统能将点火提前角控制在最佳值，使可燃混合气燃烧后产生的温度和压力达到最大值，从而提高发动机的动力性，同时还能提高燃油经济性和减少有害气体的排放量。目前，已被广泛应用于各种类型的汽车中。微机控制点火系统如图 3－3 所示。

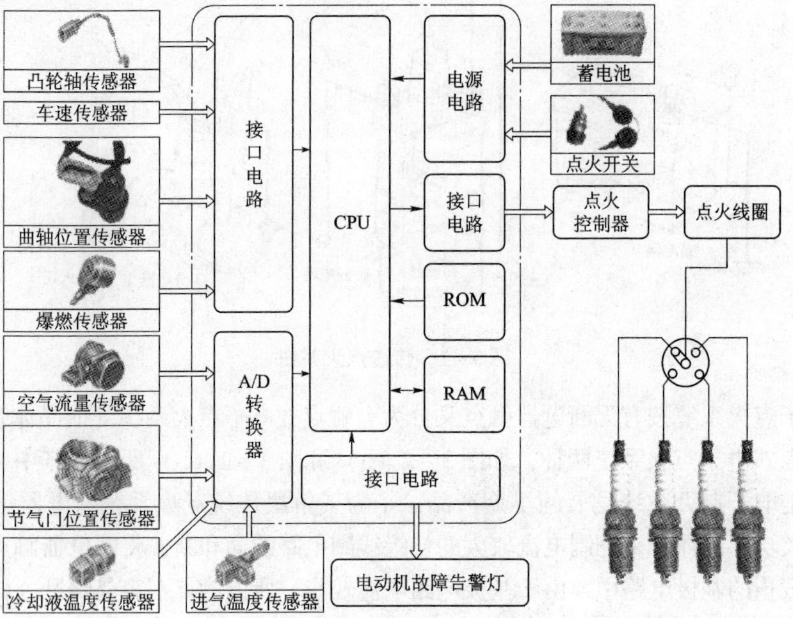

图 3－3　微机控制点火系统

三、对点火系统的基本要求

点火系统应在发动机各种工况和使用条件下都能保证可靠而准确地点火，以保证汽油机的动力性、经济性和排放性能等处于良好状态。为此点火系统应满足以下基本要求：

1. 能产生足以击穿火花塞两电极间隙的电压

使火花塞两电极之间的间隙击穿并产生电火花所需要的电压，称为击穿电压。点火系统产生的次级电压必须高于击穿电压，才能使火花塞跳火。击穿电压的大小受很多因素影响，其中主要有：

(1) 火花塞电极间隙和形状。火花塞中心电极和侧电极之间的间隙越大，击穿电压就越高；电极的尖端棱角分明，所需的击穿电压低。火花塞电极示意图如图 3－4 所示。

图 3－4　火花塞电极示意图

（2）气缸内混合气体的压力和温度。混合气的压力越大，温度越低，击穿电压就越高。

（3）电极的温度。火花塞电极的温度越高，电极周围的气体密度越小，击穿电压就越低。

（4）发动机的工作情况。发动机工况不同时，火花塞的击穿电压将随发动机的转速、负荷、压缩比、点火提前角以及混合气浓度变化。在低速大负荷时，所需的击穿电压为 8～10 kV，而在起动时所需的击穿电压最高可达 17 kV。为了能可靠地点燃可燃混合气，点火系统提供的击穿电压除必须满足不同工况的要求外，还应有一定的宽裕度，目前大多数电控汽油机点火系统所能提供的击穿电压已超过 30 kV。

2. 电火花应具有足够的能量

为了使混合气可靠点燃，火花塞产生的火花应具备一定的能量。一般情况下，电火花的能量越大，混合气的着火性能越好。点燃混合气所必需的最低能量与混合气的浓度、火花塞电极间隙及电极的形状等因素有关。

发动机正常工作时，由于接近压缩终点时混合气已经具有很高的温度，因此所需的火花能量较小，一般为 3～8 mJ。但在混合气过浓或过稀时，发动机起动、怠速或节气门开度快速变化的非稳定工况，则需较高的火花能量。并且随着现代发动机对经济性和排气净化要求的提高，迫切需要提高火花能量。因此，为了保证可靠点火，高能电子点火系统一般应具有 80～100 mJ 的火花能量，起动时应产生高于 100 mJ 的火花能量。

3. 点火时刻应适应发动机的工作状况

首先，发动机的点火时刻应满足发动机工作循环的要求；其次，必须在最有利的时刻进行点火。

由于可燃混合气在气缸内从开始点火到完全燃烧需要一定的时间（千分之几秒），所以要使发动机产生最大的功率，就不应在压缩行程终了（上止点）点火，而应适当地提前一个角度。这样当活塞到达上止点时，混合气已得到充分燃烧，从而使发动机获得较大功率。点火时刻一般用点火提前角来表示，即从火花塞跳火开始到活塞到达上止点为止的一段时间内曲轴转过的角度。通常把发动机发出功率最大和油耗最小时的点火提前角称为最佳点火提前角。

实践证明，如果点火时间适当，燃烧最大压力出现在上止点后 10°～15°时，发动机的输出功率最大。可以认为，所对应的点火提前角可称为最佳点火提前角。如果点火过迟，当活塞到达上止点时才点火，则混合气的燃烧主要在活塞下行过程中完成，即燃烧过程在容积增大的情况下进行，使炽热的气体与气缸壁接触的面积增大，因而转变为有效功的热量相对减少，气缸内最高燃烧压力降低，导致发动机过热，功率下降。如果点火过早，由于混合气的燃烧完全在压缩过程进行，气缸内的燃烧压力急剧升高，当活塞到达上止点之前即达最大，使活塞受到反冲，发动机做负功，不仅使发动机的功率降低，并有可能引起爆燃和运转不平稳现象，加速运动部件和轴承的损坏。较佳的点火提前角不仅能提高汽油机的动力性，降低燃油消耗率，而且也能减少汽油机有害物的生成量。

发动机在不同工况和不同使用条件下最佳点火提前角也不相同，影响最佳点火提前角的主要因素是发动机的转速和负荷。

当发动机转速一定时，随着负荷的加大（节气门开度加大），进入气缸的可燃混合气增多，压缩终了时的温度和压力增高，同时上一循环残余废气在缸内混合气中所占比例下降，因而混合气燃烧速度加快。这时，点火提前角应适当减小。反之，发动机负荷减小时，点火提前角则应加大。

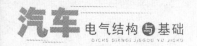

当节气门开度一定时，发动机转速增高，燃烧过程所占曲轴转角增大，这时应适当增大点火提前角；否则，燃烧会延续到膨胀过程中，造成功率和经济性下降。所以，点火提前角应随转速增高而适当增大。

此外，最佳点火提前角还与所用汽油的抗爆性、混合气的浓度、发动机压缩比、发动机水温、进气压力及进气温度等因素有关。随着汽油发动机向高转速、高压缩比、大功率、低油耗和低排放的方向发展，传统的点火装置已经不适应使用要求。提高点火装置的核心部件——点火线圈的能量，已成为点火装置适应现代发动机运行的基本条件。

第二节　传统点火系统

一、传统点火系统的组成

传统点火系统是指汽车上的蓄电池或发电机向点火系统提供电能，机械触点控制点火时刻，点火时刻的调节采用机械式自动调节机构。传统点火系统结构简单、成本低，是一种应用较早的点火系统。传统点火系统工作可靠性差，点火状况受转速、触点技术状况影响较大，需要经常维修、调整。

传统点火系统主要由电源（蓄电池、发电机）、点火线圈、分电器（包括断电器、配电器、电容器和点火提前机构）、火花塞和点火开关组成，如图 3－5 所示。

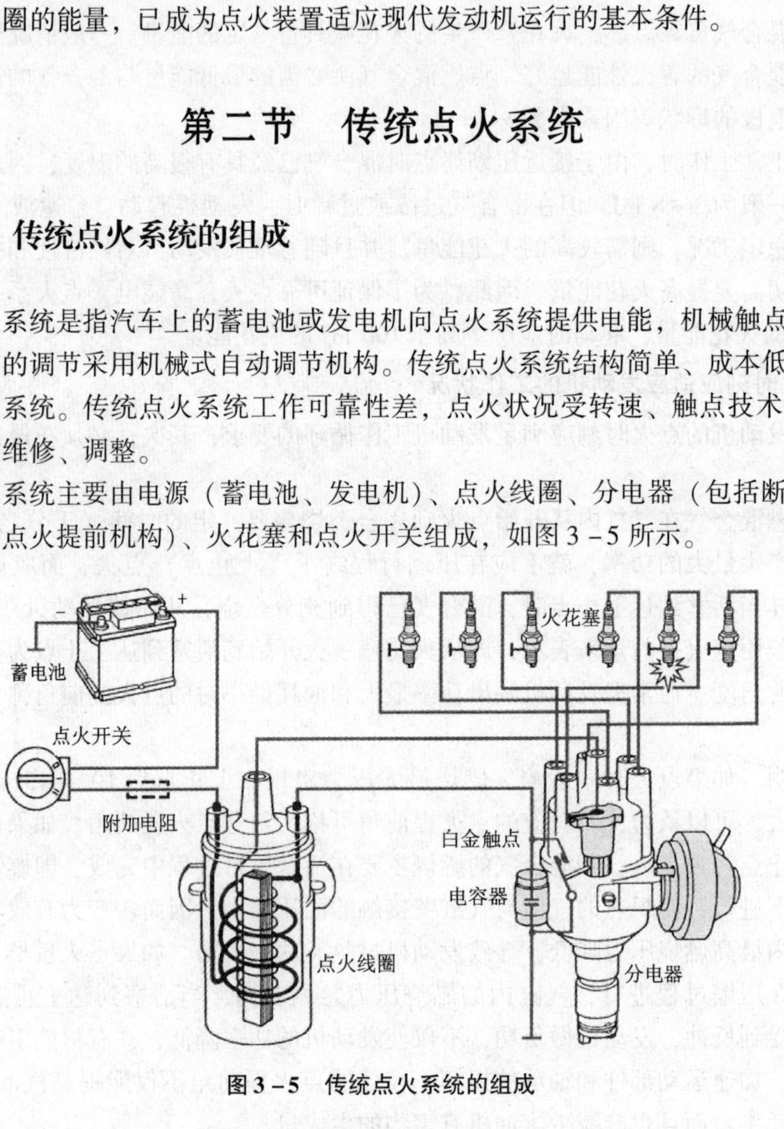

图 3－5　传统点火系统的组成

1. 电源

点火系统的电源为蓄电池或发电机，如图 3－6 所示。其作用是供给点火系统所需的低压电能。标称电压多为 12 V，起动时由蓄电池供电，起动后一般由发电机供电。

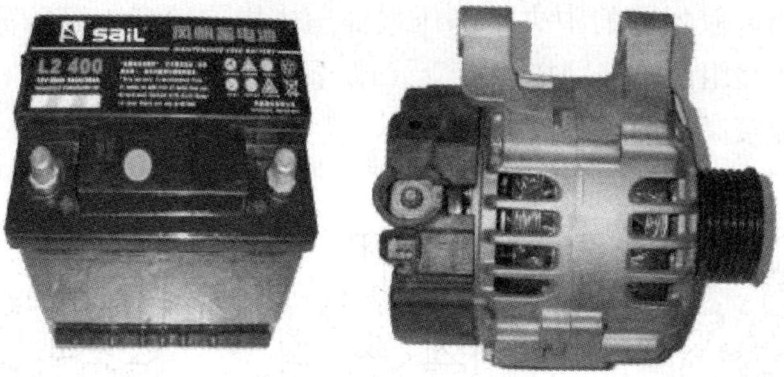

（a）　　　　　　　　　　　　　　　　（b）

图 3-6　点火系统电源

（a）蓄电池；（b）发电机

2．点火开关

点火开关的作用是控制点火系统低压电路的通断以及发动机起动、运转和熄火。

3．点火线圈

点火线圈的作用是将电源提供的低压电转变成能击穿火花塞电极间隙的高压电。每台汽油发动机上都有点火线圈，其数量根据发动机的结构和点火控制方式而定。

点火线圈是利用电磁感应原理制成的，主要由铁芯、初级绕组、次级绕组、胶木盖、瓷座、接线柱和外壳等组成，如图 3-7 所示。其铁芯用0.3 mm 左右的硅钢片叠成，铁芯上绕有初级与次级绕组，初级绕组放于次级绕组外侧。初级绕组用较粗的漆包线，通常用 0.5～1.0 mm 的漆包线绕 200～500 匝；次级绕组用较细的漆包线，通常用 0.1 mm 左右的漆包线绕 15 000～25 000 匝。

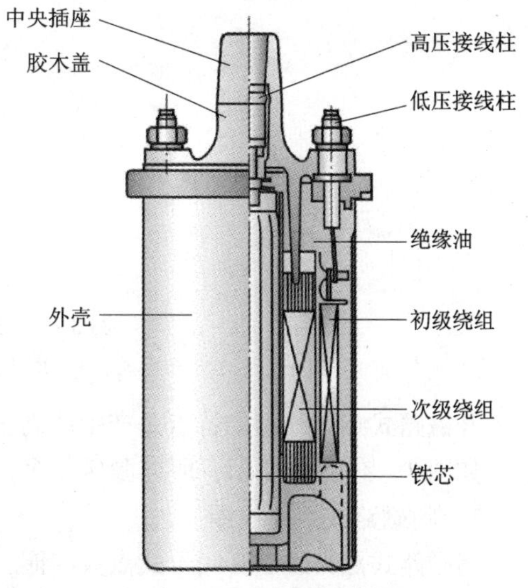

图 3-7　点火线圈的结构

点火线圈之所以能将汽车电源系统所提供的低压电转变成高电压，是由于有与普通变压器相同的形式，次级绕组与初级绕组的匝数比大。但点火线圈工作方式却与普通变压器不一样，普通变压器是连续工作的，而点火线圈则是断续工作的，它根据发动机不同的转速以不同的频率反复进行储能及放能。

点火线圈依照磁路结构形式的不同分为开磁路式和闭磁路式两种，开磁路式点火线圈多用于触点式点火系统中，闭磁路式点火线圈多用于电子点火系统中。

1）开磁路式点火线圈

点火线圈的胶木盖上装有与点火开关、分电器连接的低压接线柱。根据胶木盖上的低压接线端子数目不同，开磁路式点火线圈分为两接线柱式和三接线柱式两种，如图 3-8（a）所示。两接线柱式点火线圈的低压接线柱上分别标有“+”“-”标记。三接线柱式点火线圈的低压接线柱上分别标有“开关”“+开关”“-”标记，并在“开关”和“+开关”接线柱上接有附加电阻。胶木盖的中央是高压线插座，周围较高，以防高压电在接线柱间放电。点火线圈的初级绕组两端分别接“+”（或开关）和“-”接线柱，次级绕组的一端接初级绕组，另一端接高压插座。

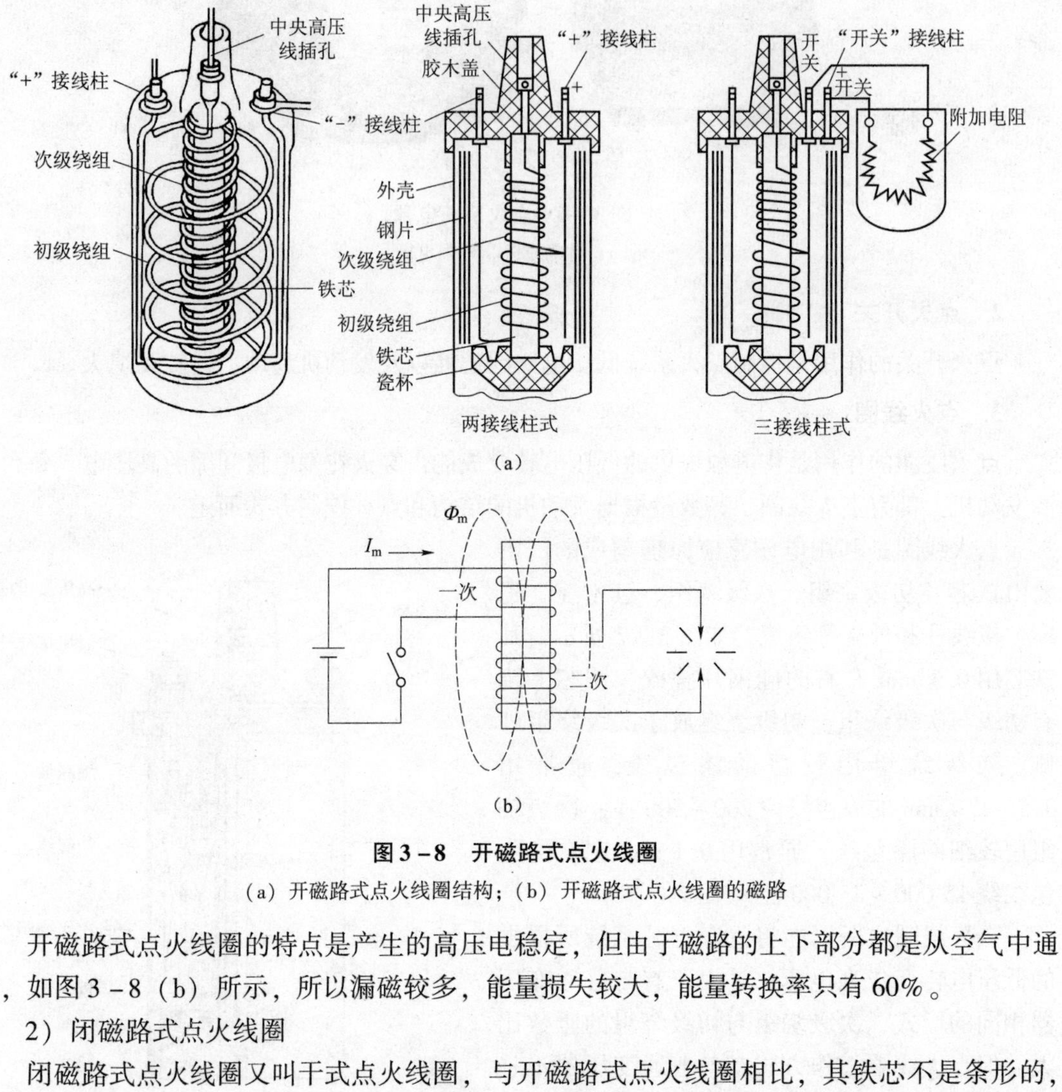

图 3-8　开磁路式点火线圈

（a）开磁路式点火线圈结构；（b）开磁路式点火线圈的磁路

开磁路式点火线圈的特点是产生的高压电稳定，但由于磁路的上下部分都是从空气中通过，如图 3-8（b）所示，所以漏磁较多，能量损失较大，能量转换率只有 60%。

2）闭磁路式点火线圈

闭磁路式点火线圈又叫干式点火线圈，与开磁路式点火线圈相比，其铁芯不是条形的，而是“曰”字形或“口”字形。铁芯磁化后，其磁感应线经铁芯构成闭合磁路，如图 3-9 所示。

与开磁路式点火线圈相比，闭磁路式点火线圈的铁芯是由“曰”字形的硅钢片叠成的，绕组绕在“曰”字形硅钢片中间的“一”字上，初级绕组在里边，次级绕组在初级绕组的外面，外面用环氧树脂密封，取消了金属外壳，这样易于散热。

闭磁路式点火线圈的铁芯是封闭的，磁通全部经过铁芯内部，铁芯的导磁能力约为空气的一万倍，故开磁路式点火线圈欲获得与闭磁路式点火线圈相同的磁通，则其初级线圈要有较大的磁动势（安培匝数）。目前，闭磁路式点火线圈已相当小型化，可与点火器合二为一，甚至可与火花塞连体化，如图 3-10 所示。

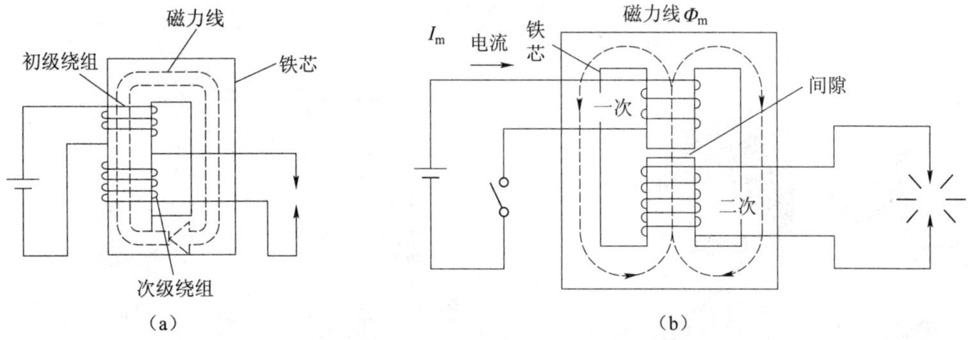

图 3－9　闭磁路式点火线圈的磁路

（a）“口”字形铁芯；（b）“日”字形铁芯

由于闭磁路式点火线圈漏磁小，磁路的磁阻小，能量损失小，所以能量转换率高达 75%，因此称其为高能点火线圈。另外，由于闭磁路的铁芯导磁能力强，可在较小的磁动势下产生较强的磁场，因而能有效地减少线圈匝数，使点火线圈小型化。其体积小，可直接装在分电器上，不仅结构紧凑，还能有效降低次级电容，故在电子点火系统中广泛使用。

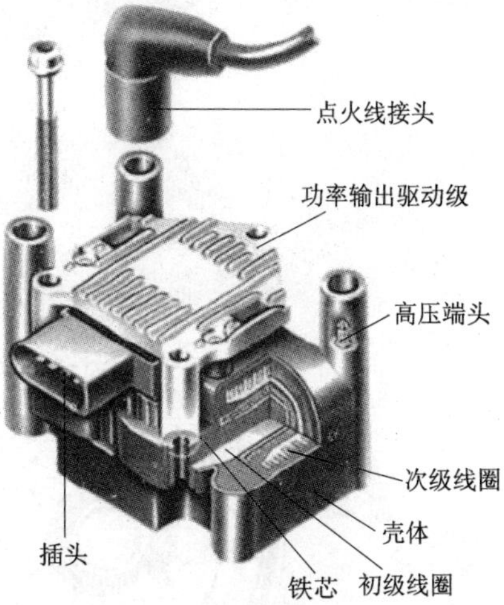

图 3－10　闭磁路式点火线圈结构

4. 附加电阻

附加电阻为正温度系数的热敏电阻，主要用来改善点火特性。

起动时，附加电阻被短路，提高了初级电流，增大了次级电压，改善了起动时的点火性能。正常工作时，附加电阻被串入初级电路中，根据发动机的转速自动调节初级电流，改善了点火特性。发动机低速运转时，由于断电器触点闭合时间长，初级电流大，附加电阻的温度升高，其电阻增大，从而限制了初级电流不致过大，避免点火线圈过热烧坏，减小次级电压。在发动机高速运转时，由于断电器触点闭合时间短，初级电流小，附加电阻温度下降，其阻值减小，故使初级电流下降很少，提高次级电压。

5. 分电器

分电器的作用是按气缸点火次序定时地将高压电流传至各气缸火花塞。分电器主要由断电器、配电器、电容器和点火提前装置等部分组成。分电器内部结构如图 3－11 所示。

1）断电器

断电器的功用是周期地接通和切断点火线圈初级绕组的电路，使初级电流和点火线圈铁芯中的磁通发生变化，以便在点火线圈的次级绕组中产生高压电。

断电器由断电器凸轮、活动触点和固定触点组成，如图 3－12 所示。断电器凸轮由发动机凸轮轴驱动，并以同样的转速旋转，即曲轴每转两转，凸轮轴转一圈。断电器凸轮的凸

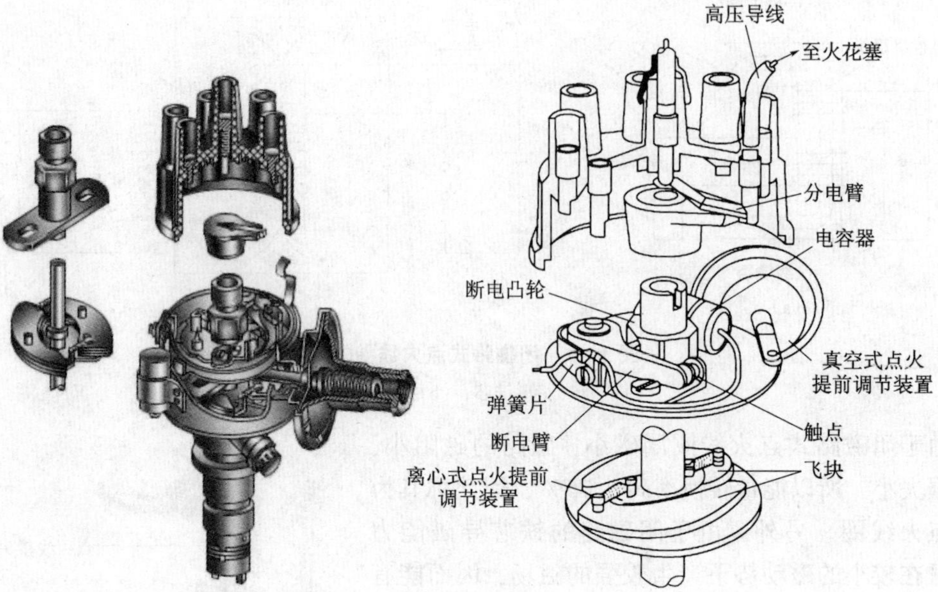

图 3-11　分电器内部结构

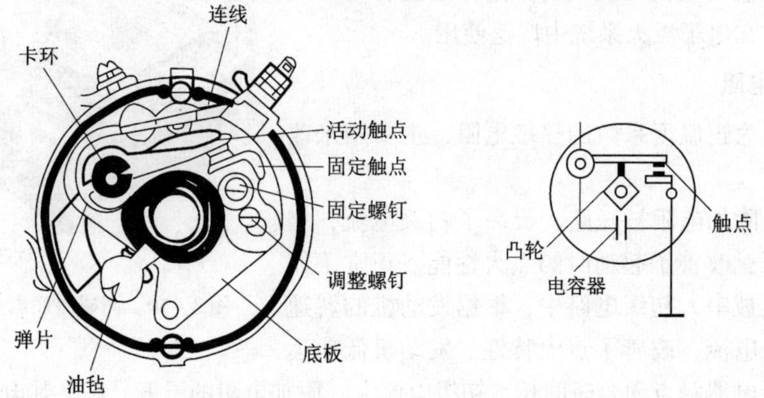

图 3-12　断电器

棱数与发动机气缸数相同。断电器触点与点火线圈初级绕组串联。凸轮轴通过离心式点火提前调节装置与分电器轴相连。分电器轴由发动机的曲轴通过配气凸轮轴上的齿轮驱动，其转速与配气凸轮轴的转速相等，为曲轴转速的一半（四冲程发动机）。

2）配电器

配电器（见图 3-13）用来将点火线圈中产生的高压电，按发动机的工作次序轮流分配到各气缸的火花塞。它主要由胶木制成的分电器盖和分火头组成。分电器盖上有一个深凹的中央高压线插孔，以及数目与发动机气缸数相等的若干个深凹的分高压线插孔，各高压线插孔的内部都嵌有铜套。分火头套在凸轮轴顶端的延伸部分，此延伸部分为圆柱形，但其侧面铣切出一个平面，分火头内孔的形状与之符合，借此保证分火头与凸轮同步旋转，并使分火头与分电器盖上的旁电极保持正确的相对位置。

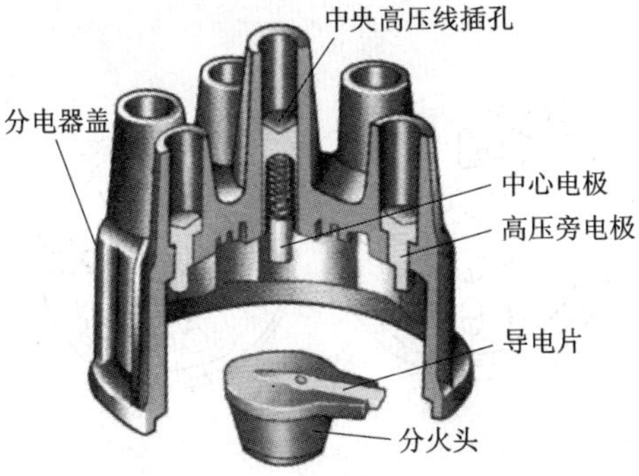

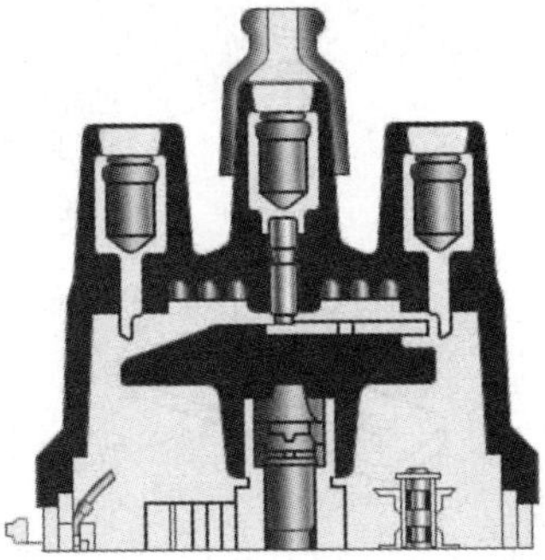

图 3－13　配电器

3）电容器

电容器安装在分电器的壳体上，目前发动机点火系统所用的电容器一般为纸质电容器。其极片为两条狭长的金属箔带，用两条同样狭长的很薄的绝缘纸与极片交错重叠，卷成圆筒形，在浸渍蜡绝缘介质后，装入圆筒形的金属外壳中加以密封。一个极片与金属外壳在内部接触，另一个极片与引出外壳的导线连接。电容器外壳固定在分电器外壳上搭铁，使电容器与断电器触点并联。

4）点火提前装置

为了实现点火提前，必须在压缩行程接近终了，活塞到达上止点之前便使断电器触点分开。从触点分开到活塞到达上止点这段时间越长，曲轴转过的角度越大，即点火提前角越大。因此，调节断电器触点分开的时刻，即改变触点与断电器凸轮或断电器凸轮与分电器轴之间的相对位置，便可以调节点火提前角。调节点火提前角的方法有两种，一是保持触点不动，将断电器凸轮相对于分电器轴顺着旋转方向转过一个角度 θ，凸轮提前将触点顶开，使点火提前，凸轮相对于轴转过的角度越大，点火提前角越大；二是凸轮不动（不改变凸轮与轴的相对位置），使断电器触点相对于凸轮逆着旋转方向转过一个角度 θ，也可使点火提前，触点相对于凸轮转过的角度越大，点火提前角越大。

（1）离心式点火提前调节装置。

离心式点火提前调节装置如图 3－14 所示。发动机工作时，它利用改变断电器凸轮与分电器轴之间的相对位置的方法，在发动机转速变化时自动地调节点火提前角。

发动机工作时，当曲轴的转速达到 200～400 r/min（开始转速因车型而不同）后，重块的离心力克服弹簧拉力的作用向外甩开。此时，两重块上的销钉推动拨板连同凸轮顺着旋转方向相对于分电器轴转过一个角度，将触点提前顶开，点火提前角加大。随发动机转速升高，点火提前角不断加大。反之，当转速降低时，离心力减小，弹簧便拉动离心块、拨板和凸轮沿旋转相反方向退回一个角度，使点火提前角自动减小。

（2）真空式点火提前调节装置。

真空式点火提前调节装置的作用是当发动机负荷发生变化时自动调整点火提前角。它装在分电器壳体的外侧，其结构与工作原理如图 3－15 所示。

在发动机工作时，它利用改变断电器触点与凸轮之间相位关系的方法，在发动机负荷（节气门开度）变化时自动调节点火提前角。当发动机小负荷运行时，节气门开度小，节气

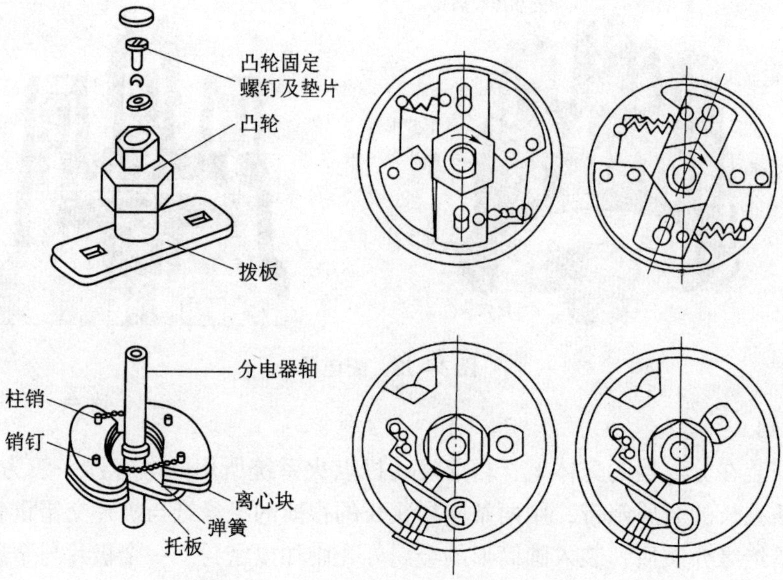

图 3－14　离心式点火提前调节装置

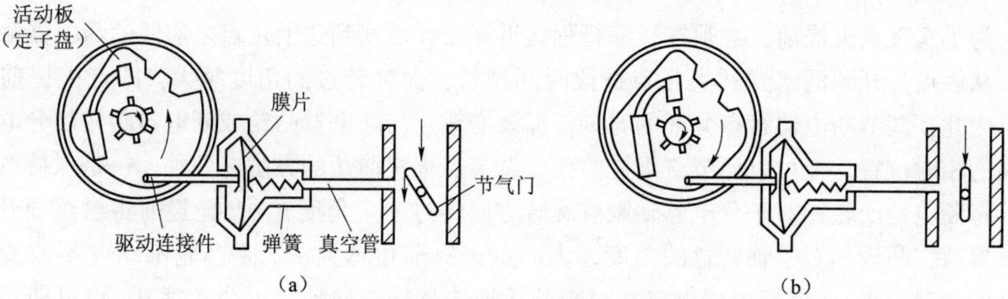

图 3－15　真空式点火提前调节装置

（a）节气门开度小时；（b）节气门开度大时

门后方的真空度大，并从小孔经真空连接管作用于调节装置的真空室，使膜片右方真空度增大，在大气压力的作用下，膜片克服弹簧张力向右拱曲，并带动拉杆向右移动。与此同时，断电器底板连同触点，相对于凸轮逆着旋转方向转过一个角度，使点火提前角加大。当发动机负荷增大时，节气门开度增大，小孔处真空度下降，膜片在弹簧力作用下向左拱曲，使点火提前角自动减小。怠速时，真空孔已位于节气门上方，真空度很小，点火提前角位于最小值。

发动机转速一定时，节气门后方的真空度只取决于节气门的开度，节气门开度越小（负荷越小），节气门后方的真空度越大，点火提前角也越大。

6. 火花塞

火花塞俗称火咀，其功用是将点火线圈的脉冲高压电引入燃烧室，并在两个电极之间产生电火花，以点燃可燃混合气。

1）火花塞的工作条件及对其要求

火花塞在发动机上的工作条件是相当苛刻的，在发动机各种不同工作条件下必须具有足够的机、电、热性能和耐化学腐蚀的性能。具体要求如下：

（1）受高压燃气冲击及发动机振动，故应有足够的机械强度。

（2）受冲击性高电压作用，故应有足够的绝缘强度。

（3）应能承受温度的剧烈变化。

（4）火花塞的电极应采用耐腐蚀材料。

（5）应有适当的电极间隙和安装位置，气密性要良好。

2）火花塞的结构

火花塞是以一根细长的金属电极穿过一个具有绝缘功能的陶瓷材质而制成的，其结构与实物如图3－16所示。高压电经接线螺母、螺杆引到中心电极，中心电极与接线螺杆之间有导电密封玻璃，以防止气体泄漏；侧电极接在火花塞外壳上搭铁；陶瓷绝缘体固定于中心电极与侧电极之间，有紫铜垫圈和密封垫圈防止气体泄漏；火花塞外壳与气缸盖之间有密封垫圈防止气体泄漏。火花塞绝缘体内紫铜垫圈以下的锥形部分称为火花塞的绝缘体裙部，是吸热部分，所吸收的高温热量经与外壳接触的紫铜垫圈传递给气缸盖。

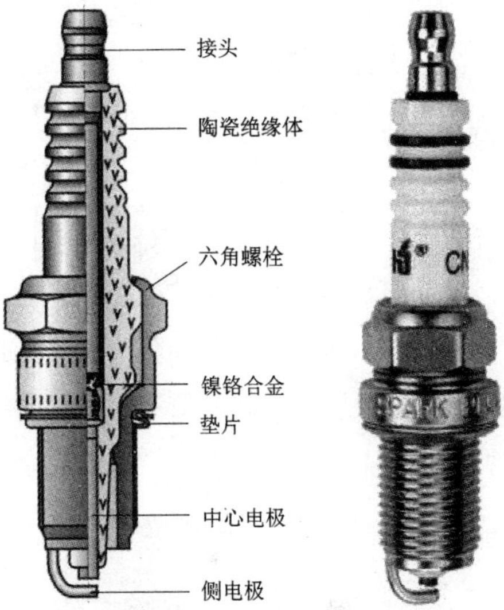

图3－16　火花塞结构与实物

火花塞的电极一般采用耐高温、耐腐蚀的镍锰合金钢或铬锰氮、镍基合金、镍锰硅等合金制成的，也有采用镍包铜材料制成的，以提高散热性能。火花塞电极间隙多为0.6～0.7 mm，电子点火其间隙可增大至1.0～1.2 mm。

3）火花塞的分类

（1）根据火花塞裙部绝缘体的长度，可以将火花塞分为冷型、普通型（中型）和热型三类，如图3－17所示。

冷型：裙部短的火花塞，其吸热面积小，传热距离短，散热容易，裙部温度低。冷型火花塞用于高压缩比、高转速、大功率的发动机中。

普通型（中型）：绝缘体裙部的长度介于热型与冷型之间。

热型：绝缘体裙部长的火花塞，其受热面积大，传热距离长，散热困难，裙部温度高。热型火花塞用于低压缩比、低转速、小功率的发动机中。

（2）按火花塞的结构特征，可将火花塞分为标准型、绝缘体突出型、细电极型、锥座型、多极型和沿面跳火型，如图3－18所示。另外，还有电阻型和屏蔽型等。

标准型：其绝缘体裙部略缩入壳体端面，侧电极在壳体端面以外，是使用最广泛的一种类型。

绝缘体突出型：绝缘体裙部较长，突出于壳体端面以外。它具有吸热量大、抗污能力好等优点，且能直接受到进气的冷却而降低温度，因而不易引起炽热点火，故热适应范围宽。

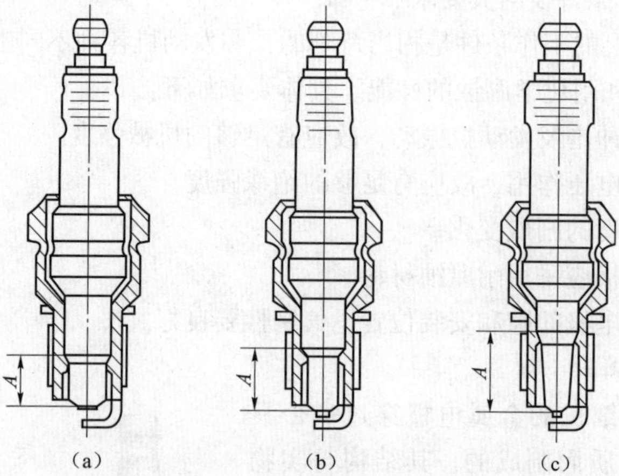

图 3－17　冷型、普通型和热型火花塞

(a) 冷型；(b) 普通型；(c) 热型

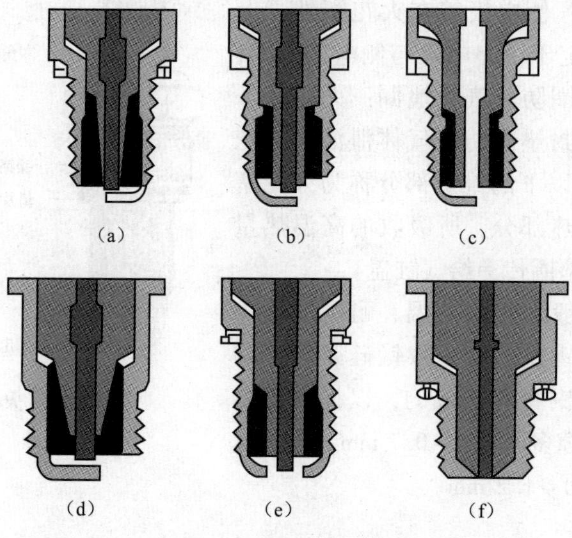

图 3－18　火花塞常见结构

(a) 标准型；(b) 绝缘体突出型；(c) 细电极型；(d) 锥座型；(e) 多极型；(f) 沿面跳火型

细电极型：其电极很细，特点是火花强烈，点火能力好，在严寒季节也能保证发动机迅速可靠地起动，热范围较宽，能满足多种用途。

锥座型：其壳体和旋入螺纹制成锥形，因此不用垫圈即可保持良好密封，从而缩小了火花塞体积，对发动机的设计更为有利。

多极型：侧电极一般为两个或两个以上，优点是点火可靠，间隙不需要经常调整，故在电极容易烧蚀和火花塞间隙不能经常调节的一些汽油机上经常采用。

沿面跳火型：即沿面间隙型，它是一种最冷型的火花塞，其中心电极与壳体端面之间的间隙是同心的。

电阻型：电阻型火花塞是在绝缘体中心部位内藏电阻值为 5 kΩ 的陶瓷电阻体的火花塞。由于汽车上装载着控制发动机的电子仪器、汽车收音机、汽车电话等通信装置及多种电子产品，无电阻火花塞在使用过程中，由点火装置、交流发电机和电动机等部件产生的电磁波干扰会使设备出现误操作或混入杂音等故障。而使用电阻型火花塞可以放缓电流变化和抑制产生电磁波，把干扰限制在最小限度内，而且使用陶瓷电阻体不会对发动机的起动性能、加速性能等带来负面影响，故现在生产的汽车基本上都使用该型火花塞。

屏蔽型：屏蔽型火花塞是利用金属壳体把整个火花塞屏蔽密封起来。屏蔽型火花塞不仅可以防止无线电干扰，还可用于防水、防爆的场合。

4）火花塞的规格型号与选用

（1）火花塞的规格型号。

根据现行国家发展与改革委员会 2005 年 2 月 14 日发布并于 2005 年 7 月 1 日开始实施的汽车行业标准 QC/T 430—2005《火花塞产品型号编制方法》的规定，火花塞产品型号由以下三部分组成。

第一部分（首位单或双字母），表示火花塞结构类型及主要形式尺寸，字母的含义如表 3－1 所示。

表 3－1　火花塞的结构类型与规格

代表数字	螺纹规格/(mm×mm)	安装座形式	螺纹旋合长度/mm	壳体六角对边/mm
A	M10×1	平座	12.7	16
B	M10×1	平座	19	16
C	M12×1.25	平座	12.7	17.5
CZ	M12×1.25	锥座	11.2	16
CH	M12×1.25	平座	26.5	17.5
D	M12×1.25	平座	19	17.5
DZ	M12×1.25	锥座	17.5	16
DE	M12×1.25	平座	12.7	16
DF	M12×1.25	平座	19	16
DH	M12×1.25	平座	26.5	16
DK	M12×1.25	平座	19	16
E	M14×1.25	平座	12.7	20.8
F	M14×1.25	平座	19	20.8
FH	M14×1.25	平座	26.5	20.8
G	M14×1.25	平座	9.5	20.8
GL	M14×1.25	矮型平座	9.5	20.8
H	M14×1.25	平座	11	20.8
J	M8×1	平座	19	16
K	M14×1.25	平座	19	16
KE	M14×1.25	平座	12.7	16
KH	M14×1.25	平座	26.5	16

续表

代表数字	螺纹规格/(mm×mm)	安装座形式	螺纹旋合长度/mm	壳体六角对边/mm
L	M14×1.25	矮型平座	9.5	19
M	M14×1.25	矮型平座	11	19
N	M14×1.25	矮型平座	7.8	19
P	M14×1.25	锥座	11.2	16
Q	M14×1.25	锥座	17.5	16
QH	M14×1.25	锥座	25	16
R	M18×1.5	平座	12	26
RF	M18×1.5	平座	19	26
RH	M18×1.5	平座	26.5	26
S	M18×1.5	平座	19	20.8
SE	M18×1.5	平座	12.7	20.8
SH	M18×1.5	平座	26.5	20.8
T	M18×1.5	锥座	10.9	20.8
TF	M18×1.5	锥座	17.5	20.8
TH	M18×1.5	锥座	25	20.8
VH	M12×1.25	平座	26.5	14
W	M9×1	平座	19	16
Z	M12×1.25	平座	11	19

第二部分为阿拉伯数字，表示火花塞的热值。

第三部分（末尾若干字母和阿拉伯数字），表示火花塞派生产品结构、结构特征、材料特性及特殊技术要求，字母的含义如表3-2所示。

表3-2　火花塞产品特征及其代表字母或数字

字母或数字	代表特征	字母或数字	代表特征
R	电阻型火花塞	C	镍铬复合中心电极
B	半导体型火花塞	P	铂金电极
H	环状电极火花塞	G	钇金电极
Y	沿面放电型火花塞	N	铱金电极
F	半螺纹火花塞	S	银电极
E	绝缘体突出型点火位置3 mm	V	V形槽中心电极
L	绝缘体突出型点火位置4 mm	U	U形槽侧电极
K	绝缘体突出型点火位置5 mm	X	跳火间隙1.1 mm及以上
Z	绝缘体突出型点火位置7 mm	O	加强的中心电极

续表

字母或数字	代表特征	字母或数字	代表特征
T	绝缘体突出型点火位置 3 mm 以下	1	细电极
D	双侧极	2	快热结构
J	三侧极	3	瓷绝缘体涂硅胶
Q	四侧极	4	整体接线螺杆

例如，“DF7 REC2”型火花塞的含义为：螺纹旋合长度为 19 mm，壳体六角对边为 16 mm，热值代号为 7，螺纹规格为 M12 × 1.25，带电阻的镍铬复合中心电极，快热结构，绝缘体突出型点火位置 3 mm 平座火花塞。

（2）火花塞的选用。

火花塞选择的依据是发动机压缩比的高低。对高压缩比的高速发动机，燃烧气体温度高，为防止绝缘体裙部过热，应采用裙部较短的冷型火花塞；对低压缩比、长期在低速运转的发动机，为避免裙部积炭，影响点火性能，应采用裙部较长的热型火花塞。

7. 高压导线

高压导线用以连接点火线圈与分电器中心插孔以及分电器旁电极和各缸火花塞，用于传输点火线圈产生的高压。由于工作电压很高（一般在 15 kV 以上），电流强度较小，因此高压导线的绝缘包层很厚，耐压性能好，但线芯截面积很小。汽车用高压导线有铜芯线和阻尼线两种。

二、传统点火系统的工作原理

传统点火系统电路如图 3 – 19 所示，分为低压电路和高压电路两部分。低压电路的作用是控制点火线圈初级的通断，使点火线圈内磁场突变，使点火线圈次级产生高压电。低压电路主要包括电源、点火开关、附加电阻、点火线圈初级绕组、断电器和电容器。高压电路的作用是在点火线圈初级电路被切断时互感出高压电，击穿火花塞间隙，点燃可燃混合气。高压电路主要包括点火线圈次级绕组、中心高压线、配电器、分缸高压电和火花塞。

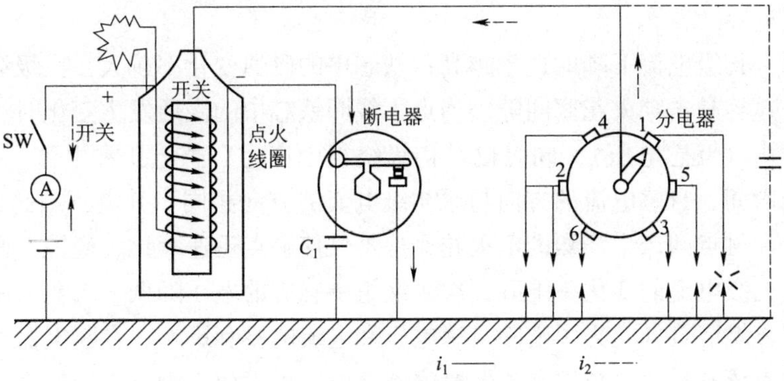

图 3 – 19 传统点火系统电路

低压电路回路（断电器触点闭合）：蓄电池正极→点火开关→点火线圈初级绕组→断电器活动触点臂→触点→分电器壳体搭铁→蓄电池负极，如图 3－20 所示。

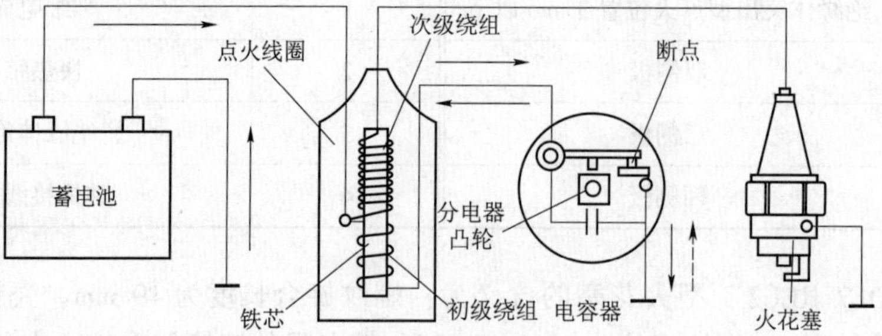

图 3－20　低压电路

高压电路回路（断电器触点断开）：点火线圈次级绕组→蓄电池→机体（搭铁）→火花塞侧电极→火花塞中心电极→高压导线→配电器→点火线圈次级绕组，如图 3－21 所示。

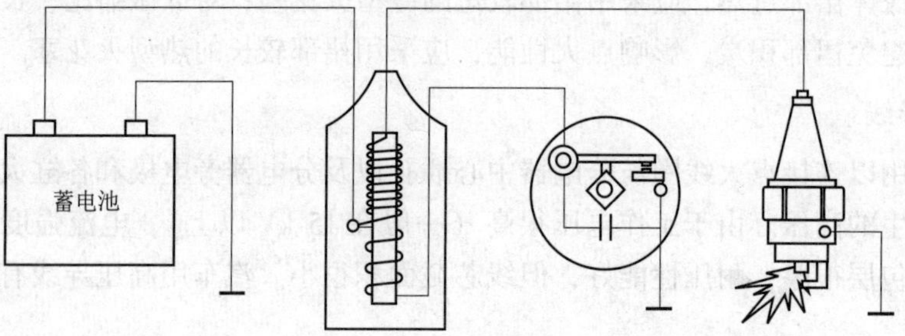

图 3－21　高压电路

传统点火系统的工作原理：

接通点火开关，发动机开始运转。发动机运转过程中，断电器凸轮不断旋转，使断电器触点不断地开、闭。当断电器触点闭合时，蓄电池的电流从蓄电池正极出发，经点火开关、点火线圈初级绕组、断电器活动触点臂、触点、分电器壳体搭铁，流回蓄电池负极。当断电器的触点被凸轮顶开时，初级电路被切断，点火线圈初级绕组中的电流迅速下降到零，线圈周围和铁芯中的磁场也迅速衰减以致消失，因此在点火线圈的次级绕组中产生感应电压，称为次级电压，其中通过的电流称为次级电流，次级电流流过的电路称为次级电路。

触点断开后，初级电流下降的速率越高，铁芯中的磁通变化率越大，次级绕组中产生的感应电压越高，越容易击穿火花塞间隙。当点火线圈铁芯中的磁通发生变化时，不仅在次级绕组中产生高压电（互感电压），同时也在初级绕组中产生自感电压和电流。在触点分开、初级电流下降的瞬间，自感电流的方向与原初级电流的方向相同，其电压高达 300 V。它将击穿触点间隙，在触点间产生强烈的电火花，这不仅使触点迅速氧化、烧蚀，影响断电器正常工作，同时使初级电流的变化率下降，次级绕组中感应的电压降低，火花塞间隙中的火花变弱，以致难以点燃混合气。为了消除自感电压和电流的不利影响，在断电器触点之间并联有电容器。在触点分开瞬间，自感电流向电容器充电，可以减小触点之间的火花，加速初级电流和磁通的衰减，并提高次级电压。

第三节　普通电子点火系统

一、普通电子点火系统概述

近年来，汽车发动机向着多缸、高转速、高压缩比的方向发展，人们还力图通过改善混合气的燃烧状况，以及燃用稀混合气，以达到减少排气污染和节约燃油的目的。这些都要求汽车的点火系统能够提供足够高的次级电压、火花能量和最佳点火时刻。

传统点火系统因白金触点会磨损、烧蚀，间隙发生改变，造成点火正时不对、感应高压电降低、不点火及排气污染、寿命短、经常需要保养调整等问题，已经不能满足现代汽油发动机汽车在动力性、经济性和排放等方面的要求。为此，从 20 世纪 70 年代后期，各国就开始积极探索改进途径，并研制了一系列电子点火系统。截至目前，汽油发动机的点火系统经历了由传统点火系统到电子点火系统，再到微机控制点火系统的发展历程。

普通电子点火系统以蓄电池和发电机为电源，利用电子元件（晶体三极管）作为开关来接通或断开点火系统的初级电路，通过点火线圈来产生高压电，用分电器将高压电分配到各缸火花塞，使火花塞两电极间产生电火花，点燃可燃混合气。

普通电子点火系统按有无断电器触点可分为有触点式电子点火系统和无触点式电子点火系统两种。

二、有触点式电子点火系统

有触点式电子点火系统是使用最早的一种电子点火装置，为了解决传统点火系统断电器触点烧蚀的问题，它将一只大功率晶体三极管串联在点火线圈的初级电路中，代替原有的触点，起到开关作用。断电器的触点串联在三极管的基极电路中，控制三极管的导通和截止，由于基极电路电流较小，所以触点不容易烧蚀。

有触点式电子点火系统按其储能方式不同，又可分为电感储能触点式和电容储能触点式两种类型。

（一）电感储能触点式电子点火系统

1. 结构特点

电感储能触点式电子点火系统的储能元件为点火线圈，主要由触点、点火控制器、点火线圈和火花塞等组成，其电路如图 3－22 所示。当发动机工作时，点火系统先将点火能量以磁场能的形式储存在点火线圈中，需要点火时再将部分点火能量转换为电场能量并分配到火花塞电极间隙上跳火点燃可燃混合气。由于该点火系统的结构简单、成本较低，早期在汽车上普遍采用。

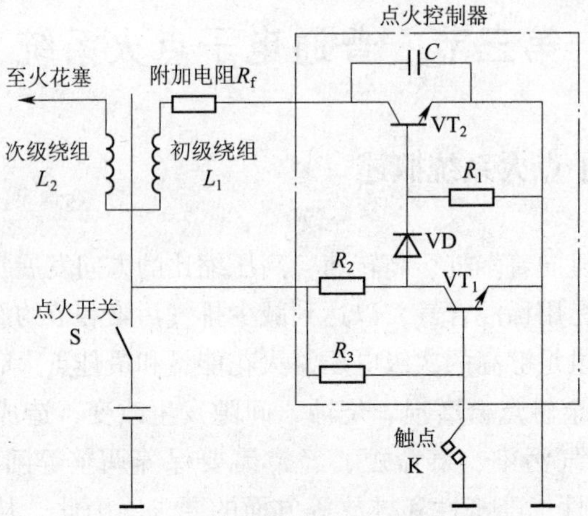

图 3－22 电感储能触点式电子点火系统

2. 工作原理

接通点火开关 S，当断电器触点 K 闭合时，因三极管 VT_1 的基极与蓄电池的负极相连，故 VT_1 截止。这时蓄电池通过 R_2、VD、R_1 构成回路，在 R_2、R_1 的分压作用下，三极管 VT_2 获得正向偏压而饱和导通，接通初级电路。其电路是：蓄电池正极→点火开关 S→初级绕组 L_1→附加电阻 R_f→三极管 VT_2 集电极、发射极→搭铁→蓄电池负极。此时，点火线圈初级绕组储存磁场能。

当触点 K 打开时，蓄电池通过 R_3 向三极管 VT_1 提供基极电流，使 VT_1 导通，VT_2 截止，点火线圈初级绕组中的电流中断，磁场迅速消失，于是在次级绕组中产生高压电，击穿火花塞间隙，点燃可燃混合气。

图 3－22 中电阻 R_1、R_2 是 VT_2 的偏置电阻，R_2 同时又是 VT_1 的负载电阻；R_3 是 VT_1 的偏置电阻；电容 C 用来保护 VT_2；二极管 VD 用来保证 VT_1 导通时 VT_2 能可靠截止。

（二）电容储能触点式电子点火系统

1. 结构特点

电容储能触点式电子点火系统的储能元件为电容器，该点火系统与电感式的不同，它增加了直流升压器、储能电容、晶闸管和触发器等，其基本组成如图 3－23 所示。电容储能触点式电子点火系统结构复杂、成本较高，放电持续时间较短，对发动机起动、低速点火和燃烧稀混合气极为不利，因此主要用于转速较高的赛车发动机上。

2. 工作原理

发动机工作时，点火系统先将点火能量以电场能的形式储存在专用电容器中，需要点火时储能电容再向点火线圈初级绕组放电，同时在次级绕组中感应产生高压电并加到火花塞电极上跳火点燃可燃混合气。

当点火开关闭合并且断电器触点闭合时，触发器发出指令信号，使晶闸管截止，直流升压器输出的 300～500 V 直流高压电向储能电容器充电；当触点打开时，触发器也发出指

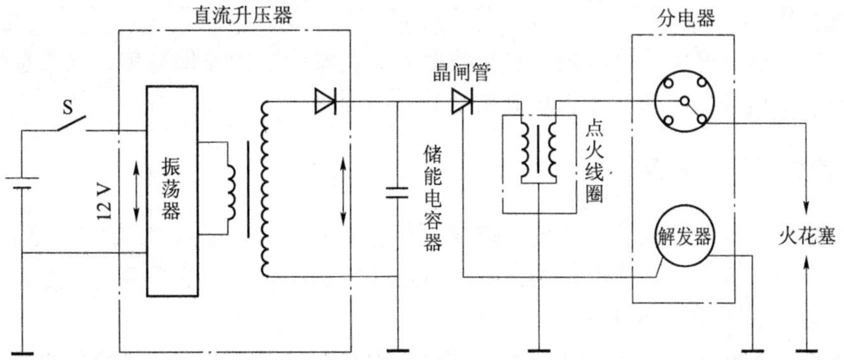

图 3－23　电容储能触点式电子点火系统

令信号，使晶闸管导通，储能电容器向点火线圈的一次绕组放电，在二次绕组中感应出与线圈匝数比成正比的 20～30 kV 高压电，击穿火花塞间隙，产生电火花，点燃气缸内的可燃混合气。

三、无触点式电子点火系统

无触点式电子点火系统利用传感器代替断电器触点，产生点火信号，控制点火线圈的通断和点火系统的工作，可以克服与触点相关的一切缺点，在国内外汽车上应用十分广泛。无触点式电子点火系统一般由电源、点火开关、分电器（配电器、离心式点火提前调节装置、真空式点火提前调节装置）、点火信号发生器、点火控制器（电子点火器）、点火线圈和火花塞等组成，如图 3－24 所示。

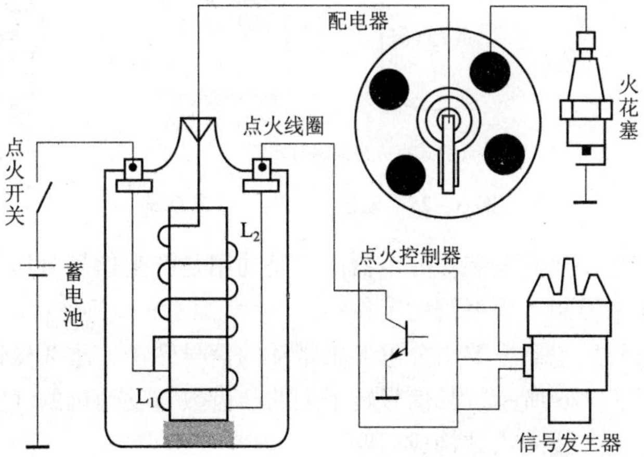

图 3－24　无触点式电子点火系统的基本组成

无触点式电子点火系统的工作原理是，当分电器转动时，点火信号发生器产生脉冲电压信号，此脉冲电压信号经点火控制器大功率晶体管前置电路的放大、整形等处理后，控制串联在点火线圈初级电路的大功率晶体管的导通和截止。大功率晶体管导通时，点火线圈初级电路导通，点火系统储能；当输入点火控制器的点火信号脉冲电压使大功率晶体管截止时，点火线圈初级电路断路，次级绕组便产生高压电，击穿火花塞间隙，产生电火花，点燃气缸内的可燃混合气。

由于电源、点火开关、分电器、点火线圈和火花塞的结构原理与传统点火系统相同，此处主要介绍点火信号发生器和点火控制器的结构与原理。

（一）点火信号发生器

点火信号发生器安装在分电器内，取代了传统点火系统断电器中的凸轮，用来判定活塞在气缸中所处的位置，并将非电量的活塞位置信号转变成脉冲电信号输送到点火控制器，从而保证火花塞在恰当的时刻点火。

点火信号发生器实际就是一种感知发动机工作状况，发出点火信号的传感器。它的类型很多，目前应用较多的主要有磁感应式、霍尔式和光电式三种类型。

1. 磁感应式点火信号发生器

装有磁感应式点火信号发生器的电子点火系统是由磁感应式分电器（内装磁感应式点火信号发生器)、点火控制器、专用点火线圈和火花塞等部件组成的，如图 3－25 所示。

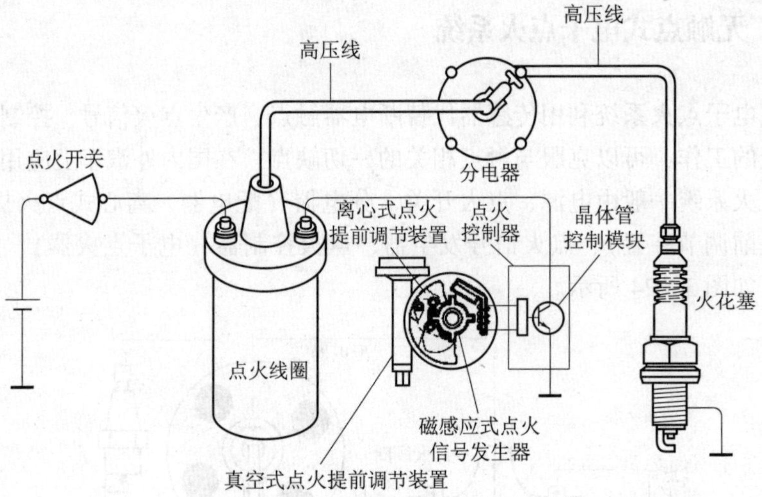

图 3－25　磁感应式电子点火系统

磁感应式点火信号发生器安装在分电器内，其功用是产生信号电压，并输出到点火控制器，通过点火控制器来控制点火系统的工作。

磁感应式点火信号发生器主要由分电器轴带动的信号转子、永久磁铁和绕在支架上的感应线圈等组成，如图 3－26 所示。其信号转子上的凸齿数与发动机的气缸数相同，永久磁铁的磁通经信号转子凸齿、线圈铁芯构成回路。

磁感应式点火信号发生器的工作原理如图 3－27 所示，工作过程如下：

永久磁铁的磁路为：N 极→空气间隙→转子→空气间隙→铁芯→S 极。当发动机工作时，分电器轴带动点火信号发生器的转子旋转，使转子与铁芯之间的空气间隙发生有规律的变化，磁路的磁阻随之改变，因此穿过感应线圈的磁通量也发生变化，从而在感应线圈内感应出交变电动势。

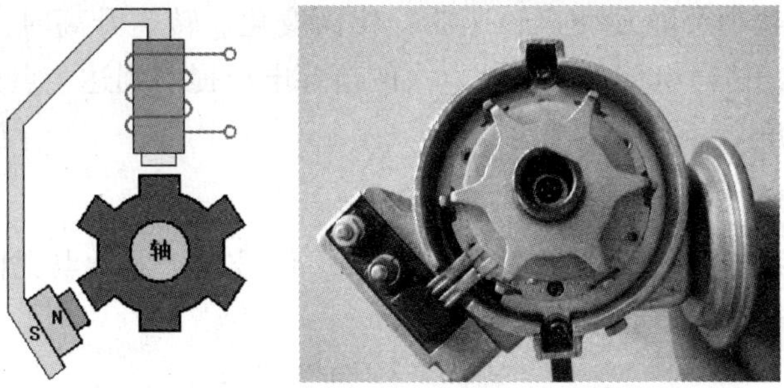

图 3-26　磁感应式点火信号发生器

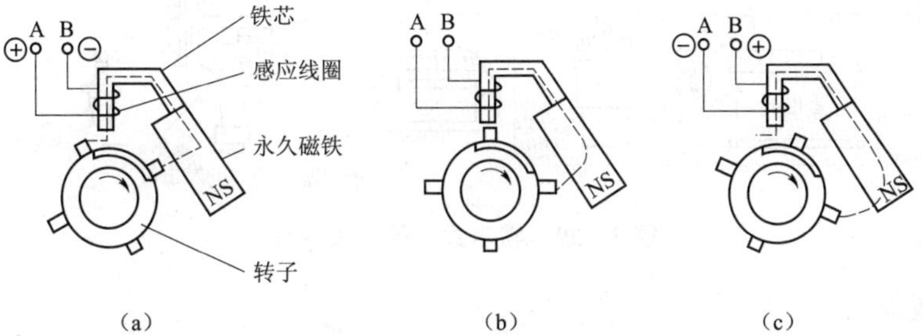

图 3-27　磁感应式点火信号发生器的工作原理

(a) 靠近时；(b) 对正时；(c) 离开时

通过感应线圈磁通的变化情况及感应电动势变化如图 3-28 所示。当信号转子顺时针转动时，信号转子的凸齿逐渐接近铁芯，凸齿与铁芯之间的空气隙越来越小，通过感应线圈的磁通逐渐增大，磁通变化率也逐渐增大而出现负向感应电动势；当信号转子凸齿的齿角与铁芯边缘相对时，磁通急剧增加，磁通变化率最大，负向感应电动势最大（*B* 位置）；当信号转子凸齿的中心正对铁芯的中心线时，空气隙最小，磁通最大，但磁通变化率最小，感应电动势为 0（*C* 位置）。转子继续转动时，空气隙又逐渐增大，磁通逐渐减小，感应出正向感应电动势，当信号转子凸齿的齿角正对铁芯的边缘时，磁通急剧减小，磁通变化率正向最大，感应电动势达正向最大值（*D* 位置）。

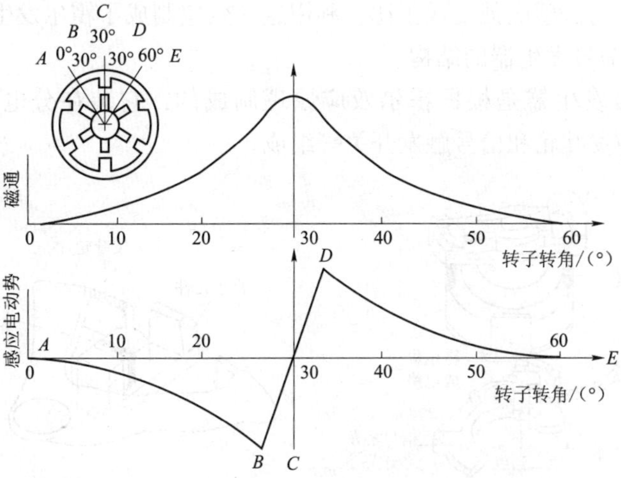

图 3-28　感应线圈内磁通及感应电动势的变化情况

点火信号电压的大小会随发动机转速的变化而变化。转速升高时，磁路磁阻变化率升高，磁通量变化升高，信号电压升高，使点火的击穿电压提前到达，点火相应提前，即能实现自动调节点火提前角。

2．霍尔式点火信号发生器

霍尔式电子点火系统由分电器（霍尔发生器）、信号发生器、点火控制器、高能点火线圈、高压线和火花塞等组成，如图 3－29 所示。

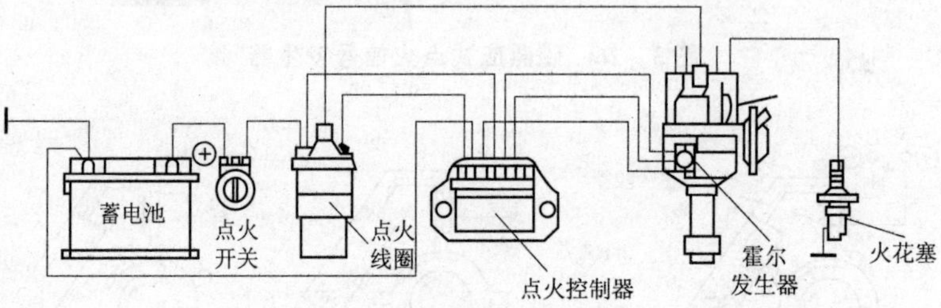

图 3－29　霍尔式电子点火系统

1）霍尔效应

霍尔效应的原理如图 3－30 所示。

当电流通过放在磁场中的半导体基片（即霍尔元件），且电流方向与磁场方向垂直时，在同时垂直于电流与磁场的方向上，半导体基片内产生一个与电流大小和磁场强度成正比的电压。这个电压就称为霍尔电压 U_H，用公式表示如下：

$$U_H = \frac{R_H}{d} = IB \qquad (3-1)$$

式中，R_H 为霍尔系数；d 为基片厚度；I 为通过基片的电流；B 为磁感应强度。

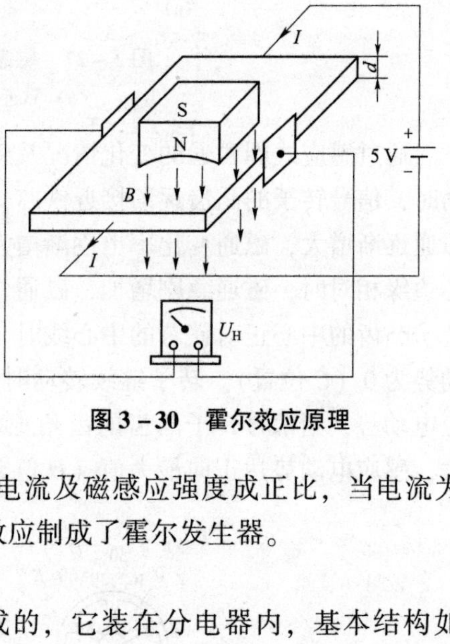

图 3－30　霍尔效应原理

由式（3－1）可知，霍尔电压与通过霍尔元件的电流及磁感应强度成正比，当电流为定值时，霍尔电压只与磁感应强度成正比，利用这一效应制成了霍尔发生器。

2）霍尔式点火信号发生器的结构

霍尔式点火信号发生器是根据霍尔效应原理制成的，它装在分电器内，基本结构如图 3－31 所示，由触发叶轮和信号触发开关等组成。

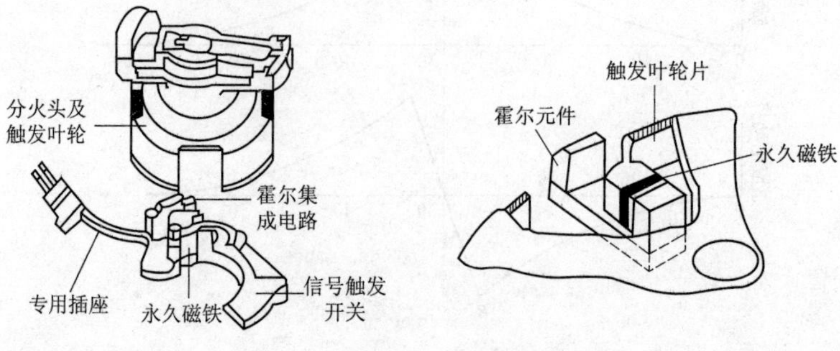

图 3－31　霍尔式点火信号发生器

触发叶轮（即转子）与分火头制成一体，由分电器轴带动，其叶片数与气缸数相等。信号触发开关（即定子）由霍尔元件和带导磁板的永久磁铁组成。带导磁板的永久磁铁与霍尔元件对置安装于分电器底板上，其间留有一定的间隙，触发叶轮的叶片可在间隙中转动。

由于霍尔信号发生器工作时，霍尔元件产生的霍尔电压 U_H 是毫伏级，信号很微弱，还需要信号处理，这一任务由集成电路完成。霍尔集成电路由霍尔元件、放大电路、稳压电路、温度补偿电路、信号变换电路和输出电路等组成。霍尔元件产生的霍尔电压 U_H 信号经过放大、脉冲整形，最后以整齐的矩形脉冲（方波）信号输出。图 3－32 所示为霍尔集成电路框图。

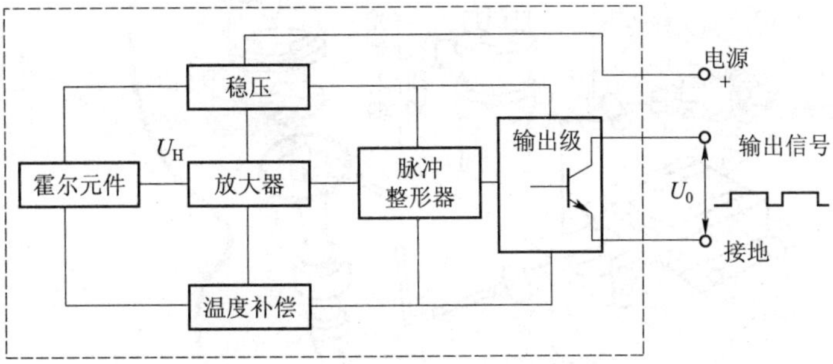

图 3－32　霍尔集成电路框图

3）霍尔式点火信号发生器的工作原理

霍尔式点火信号发生器的工作原理如图 3－33 所示。

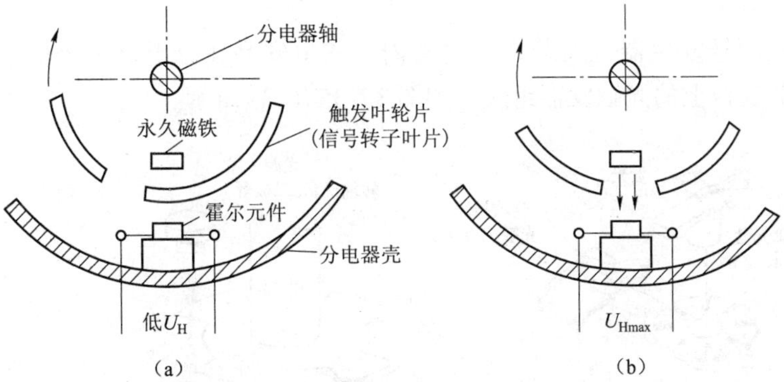

图 3－33　霍尔式点火信号发生器的工作原理

（a）磁感应线被叶片旁路；（b）磁感应线通过转子缺口

发动机运转时，触发叶轮片随分电器轴转动。当叶片进入永久磁铁与霍尔元件之间的间隙时，磁力线便被触发叶轮的叶片所短路而不能通过，因此霍尔元件此时不产生霍尔电压，霍尔集成电路输出级的三极管处于截止状态，信号发生器输出的信号电压为高电平，此时点火线圈初级绕组的电流将被接通。

当叶片转离永久磁铁与霍尔元件之间的间隙时，永久磁铁的磁力线便通过导磁板穿过间隙作用于霍尔元件上，于是通电的霍尔元件便产生霍尔电压，霍尔集成电路输出级的三极管处于导通状态，信号发生器输出的信号电压为低电平，此时点火线圈的初级电流将被切断，次级绕组将感应产生高压电。

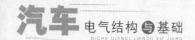

触发叶轮片不停地转动，信号传感器便输出一个矩形波信号，作为点火控制信号传给点火控制器，从而控制初级电路的通断。在霍尔式点火信号发生器输出的点火信号（波形）中，高低电平的时间比由触发叶轮的叶片分配角决定，触发叶轮的叶片数等于发动机的气缸数。

3. 光电式点火信号发生器

光电式无触点电子点火系统是采用光电式点火信号发生器产生点火信号，控制点火控制器和点火系统的工作，如图 3-34 所示。

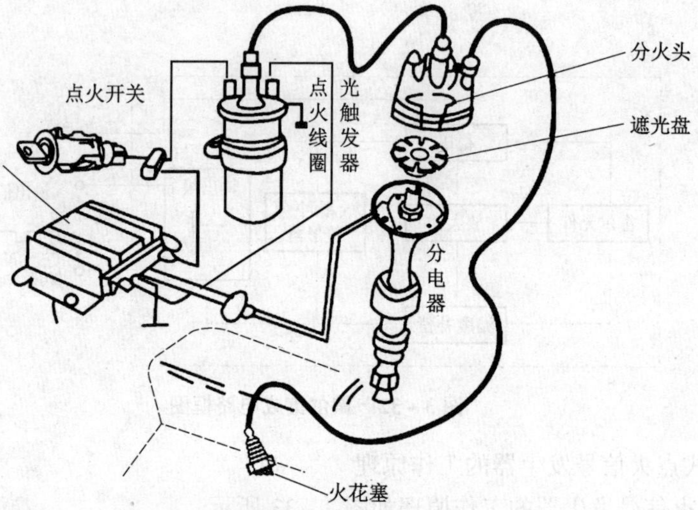

图 3-34 光电式无触点电子点火系统

光电式点火信号发生器也安装在分电器内，它由安装在分电器轴上的遮光盘（转盘）和安装在分电器底板上的光触发器组成，如图 3-35（a）所示。

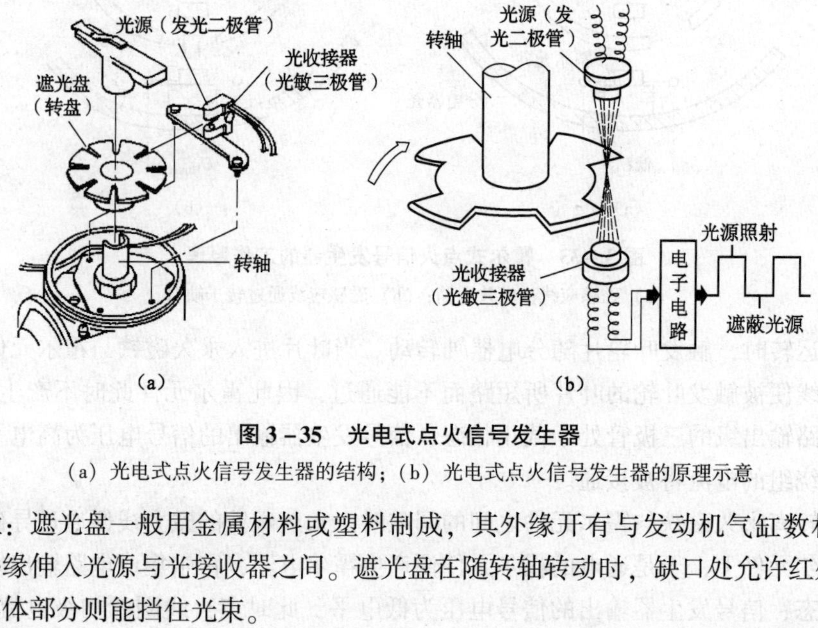

图 3-35 光电式点火信号发生器

（a）光电式点火信号发生器的结构；（b）光电式点火信号发生器的原理示意

遮光盘：遮光盘一般用金属材料或塑料制成，其外缘开有与发动机气缸数相对应的缺口，盘的外缘伸入光源与光接收器之间。遮光盘在随转轴转动时，缺口处允许红外线光束通过，其余实体部分则能挡住光束。

光触发器：由光源和光接收器组成。光源可以是白炽灯，也可采用发光二极管。由于发光二极管比白炽灯泡耐振动，在 150 ℃的环境温度下能连续工作，工作寿命很长，故现均采用发光二极管作光源（光源发出的光，用一只近似半球形的透镜聚焦）。光接收器可以是光敏二极管，也可采用光敏三极管，现常用光敏三极管作光接收器。它与光源相对应，并相隔一定的距离，以使光束聚焦后照射到光电元件上。光敏三极管的工作类似于普通三极管，所不同的是它们的工作电流（光敏三极管的基极电流）由光照后才能产生，因而在光敏三极管的基极不必输入电信号，也无须基极引线。

光电式点火信号发生器是利用光敏元件的光电效应原理，以红外线或可见光光束进行触发的，其工作原理如图 3－35（b）所示。

当遮光盘的转动挡住发光二极管的光线时，光敏三极管截止，控制电路输出低电平；当缝隙对准发光二极管和光敏三极管时，光线照到光敏三极管上，控制电路输出高电平。发光二极管持续发光，故产生脉冲信号，经过电子控制器处理后，输出点火信号，这样就能实现对点火线圈初级电流的控制，以达到控制次级绕组高压电的产生和准确、适时地进行点火的目的。

汽车发动机各气缸点火时间的精确度取决于遮光盘的缺口在其盘上分布位置的精度。

（二）点火控制器

点火控制器（简称点火器）又称电子点火器、点火组件、点火模块。点火控制器取代了传统点火系统中断电器的触点，其作用是将点火信号发生器传来的脉冲信号经过相应的放大和其他处理后，通过控制其内部的大功率三极管的导通和截止，来控制点火线圈的初级绕组所在电路的通断，完成点火工作。

点火器按其控制点火线圈初级电流的主要元件分类，有晶体管点火器、可控硅点火器和集成电路点火器。

1. 晶体管点火器

晶体管点火器是利用与点火线圈中初级绕组相接的大功率三极管的开关特性，即利用该晶体管工作时的导通与截止来接通和切断初级电流的，这无疑起到原断电器触点的作用。

晶体管点火器主要由传感脉冲整形电路、点火线圈初级电路通电时间控制电路、稳压电路和大功率输出电路等组成，如图 3－36 所示。

1）传感脉冲整形电路

无论何种形式的点火信号传感信号传感器，输出的均为交流非正弦脉冲信号，当此信号被输入晶体管点火器后，必须进行整形，即把交流非正弦脉冲信号变为矩形波信号输出，以形成数字脉冲。矩形波的宽度取决于传感器脉冲信号输出的持续时间，矩形波的高度（即脉冲整形级的输出电流值）取决于发动机的转速。

2）点火线圈初级电路通电时间控制电路

初级电路通电时间控制级，通常是通过改变点火线圈初级绕组通电开始的时刻来改变其通电周期的。若通电周期缩短，则点火线圈次级绕组的输出电压就降低。应用这种控制特性可以改变初级绕组的通电时间，以适应汽车发动机转速变化的需要。

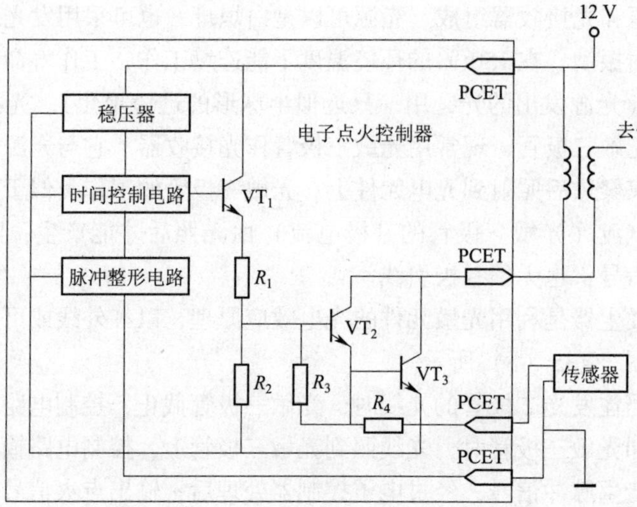

图3－36　晶体管点火器的基本结构与原理

3）稳压电路

由于汽车电系中充电输出和电能消耗的变化，引起供给电子点火器的电压改变，致使点火时间控制不准确，故在此设置一级稳压电路，以保证供电电压的稳定。

4）大功率输出电路

点火线圈初级电流的控制，通常由晶体管点火器中的输出级来完成，此输出级通常由大功率晶体管或复合晶体管（如达林顿管）等组成。输出级的输入信号来自初级电路通电时间控制级，此信号控制着大功率晶体管或复合晶体管的导通与截止，而大功率晶体管或复合晶体管又控制着点火线圈初级电路的接通与切断，从而起到一个比较理想的开关作用。因为它不仅能实现开关的功能（由于晶体管本身具有放大能力），还能以大功率输出，可增大初级电路的断开电流，以提高次级电路的输出电压。

2．可控硅点火器

可控硅点火器中的可控硅元件，作为一只能承受几百伏电压、通过大电流的电子开关使用，由它和电容器 *C* 等元件组成电容式点火电路。

可控硅点火器由脉冲整形器、触发器、逆变升压器、整流器，以及可控硅 SCR、电容器 *C* 所构成，如图 3－37 所示。

1）脉冲整形

此处的脉冲整形所担负的任务与晶体管点火器中的传感脉冲整形器相同，即把由发动机曲轴位置传感器所输出的交流脉冲信号变换成矩形波信号，输送给本点火器的触发级。

2）触发

触发器给可控硅 SCR 的控制极 G 加一脉冲信号，使其在发动机某气缸需要点火时立即触发导通，继而关断，以在火花塞电极间产生强大的高压电火花，确保点火正时。

3）逆变、升压

使电容器 *C* 的充电电压能够达到将近 400 V 的直流电压，这就需要电压变换器，先进行逆变后进行升压。其逆变器把直流电变成交流电，再采用升压变压器，将初级绕组振荡轴处的较低交流电压转变为变压器次级输出的较高交流电压。

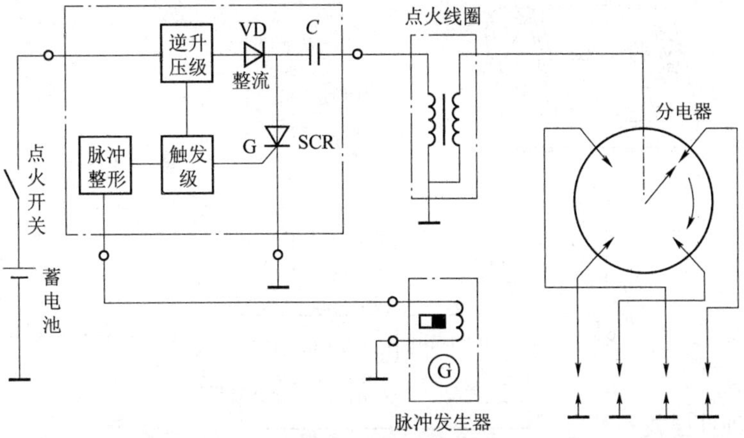

图 3－37　可控硅点火器的基本电路

4）整流

由硅整流二极管所组成的单相桥式整流电路，可把变压器次级绕阻输出的交流电整流成 400 V 左右的直流电，从而对储能容器 *C* 进行充电，储存点火所需要的能量。

5）电容器放电与点火

在可控硅 SCR 被触发导通之后，已被充电的电容器 *C* 即通过可控硅的阳极和阴极（即主电路）→搭铁（接地）→点火线圈初级绕组→电容器 *C* 的另一端进行放电，使点火线圈次级绕组中的磁通发生迅速变化而感应出高压（可达 30 kV），于是在火花塞电极间即可产生高能量的电火花，以对发动机进行准确而又适时的点火。

3．集成电路点火器

集成电路点火器的构成与晶体管点火器基本相同，其输出级大多采用单只大功率晶体管或复合晶体管，以控制点火线圈初级电路的通断。不过，该电子点火器脉冲形成、通电时间控制以及稳压等环节，不是采用分立的电子元件，而是将它们结合在一起构成集成电路，不仅同样能完成所要实现的功能，还具有体积小、接线简单、工作可靠等优点。

集成电路点火器主要由点火专用集成电路芯（集成块）和一些辅助电子元件组成，内部电路为全封闭结构，底板是一铝制散热板，用两个螺钉固定在点火线圈支架上，其外形和及内部电路如图 3－38 所示。

该点火器具有初级电流上升率控制、恒能点火（初级电流恒定为 7.5 A）、闭合角控制、停车断电保护、过电压保护等功能。

1）初级电流上升率控制

发动机工作时，当触发叶轮的叶片进入空气隙时，点火信号发生器输出 11～12 V 的高电压信号，使点火控制器集成电路中末级大功率三极管 VT 导通，点火器初级电路接通，电流经蓄电池“＋”→点火线圈 L_1→点火控制器（三极管 VT）→搭铁→蓄电池“－”，形成回路。

当触发叶轮的叶片离开空气隙时，点火信号传感器输出 0.3～0.4 V 的低电压信号，使点火器大功率三极管截止，初级电路切断，次级电路产生高压。

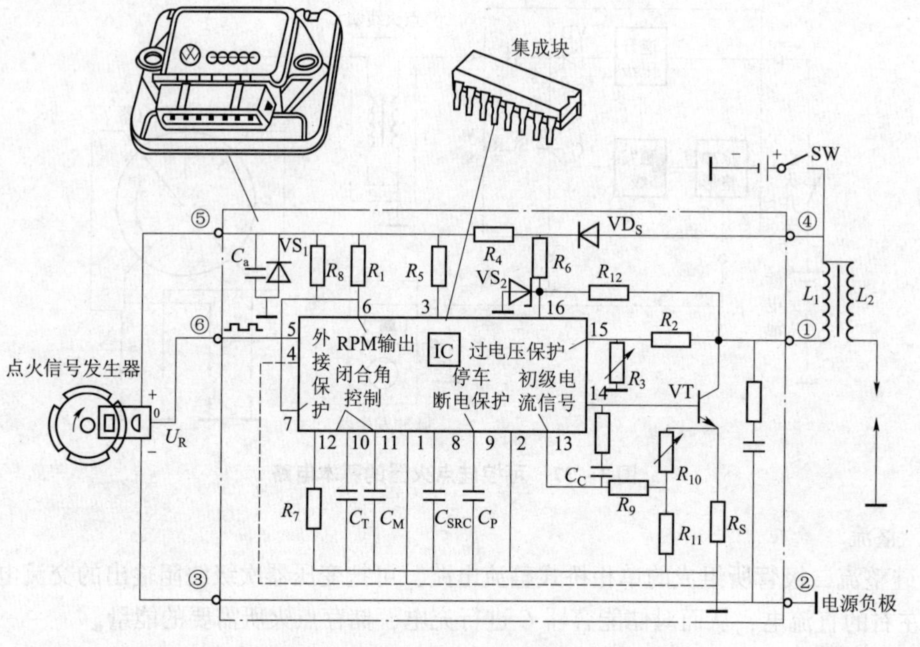

图 3-38　集成电路点火器的基本电路

VT—点火控制器末级大功率管；R_S—采样电阻；IC—点火集成块

2）恒能点火（限流控制）

为保证发动机在各种工况下都能稳定点火，现代汽车采用高能点火线圈，其初级绕组电阻为 0.52 ~ 0.76 Ω，电感为 5.5 ~ 6.5 mH，故初级电流增长快，电流大。如不加以控制，点火线圈和点火控制器会因过热而损坏。

当点火控制器中的采样电阻值一定时，采样电阻两端的电压值与通过点火线圈的初级电流成正比，工作中，采样电阻压降值反馈到点火集成块中的限流控制电路，使限流控制电路工作，从而保持流过点火线圈的初级电流 I_p 恒定不变。

3）闭合角控制

闭合角是指点火控制器的末级大功率晶体管 VT 导通期间，分电器轴转过的角度，亦称导通角。由于点火线圈采用了高能点火线圈，为进一步防止初级电流过大烧坏点火线圈，点火控制器必须控制末级大功率开关的导通时间，使初级电流控制在额定电流值，以保证点火系统可靠工作。

当转速变化时，闭合角控制电路在低速时使 VT 延迟导通，高速时使 VT 提前导通，从而使 VT 导通时间基本不变。当电源电压变化时，闭合角电路控制初级电流上升率也跟着变化，即电压高时上升快，电压低时上升慢，为保证限流时间不变，闭合角控制电路使 VT 导通时间随电源电压的增高而减小，反之增加。

此外，当点火线圈参数（电阻和电感）变化时，闭合角控制电路也会做出相应的反应，使闭合角做出小量的调整。

4）停车断电保护

汽车停驶时，如果驾驶员忘记将点火开关断开，霍尔信号传感器可能（随机地）输出高电位且保持信号不变，其结果将使点火线圈初级绕组长期处于接通状态，会使点火线圈及点火控制器大功率三极管等加速损坏。为了避免这种情况的发生，在点火控制器内设立初级电路自动切断电路，一般称为停车断电保护电路。

停车断电保护电路由点火集成块 IC、电容器 C_P 和偏流电阻 R_7 组成。该电路工作时，它将不停地检测霍尔信号传感器的输入信号，当输入信号为高电位时，将以一个恒定电流向电容器 C_P 充电；当输入信号为低电位时，电容器 C_P 放电。

如汽车停驶中忘记关断点火开关，霍尔信号传感器会较长期地输入高电位，如果输入高电位的时间大于设定的时间 t_p（一般为 1 ~2 s），由于电容器 C_P 充电时间延长，充电电压会不断升高，当电容器 C_P 充电电压达到某一工作电压值时，通过内部比较器使驱动级工作，驱动大功率晶体管 VT 缓慢截止，使点火线圈初级电流逐渐下降为零，从而避免了点火线圈长时间通电，保护点火线圈和点火控制器不被烧坏。缓慢切断初级电流的目的，是防止电流变化太快而在气缸内产生火花，使发动机误发动。

5）过电压保护

该电路由 IC 的部分电路、15 脚电阻 R_2 和可调电阻 R_3 组成。它根据末级大功率晶体管 VT 的耐压指标，适当调整 R_3 的阻值来调节 VT 集电极工作时承受的电压，以保证 VT 长期可靠地工作。

第四节　微机控制点火系统

一、微机控制点火系统概述

现代汽车发动机广泛采用微计算机控制点火系统（简称微机控制点火系统，ESA），其与普通电子点火系统的不同之处在于，利用微计算机接收各传感器的输入信号，以进行点火正时、点火提前及发动机在各种运转状况时的点火时间修正，并将此点火控制信号发送给点火控制器，通过点火控制器快速、准确地控制点火线圈的工作。

（一）微机控制点火系统的组成

微机控制点火系统由传感器（曲轴位置传感器、空气流量计、节气门位置传感器等）、电子控制单元（简称 ECU）和执行器（点火控制器、点火线圈、火花塞等）组成，如图 3 -39 所示。

传感器用于监测发动机运行状况，电子控制单元用于处理信号和发出点火指令，执行器用于对点火指令做出响应。

1. 传感器与各种开关信号

传感器用来检测发动机运行时在不同工况下的状况信息，并将与点火有关的信号输送给 ECU，作为计算和控制点火时刻的依据。微机控制点火系统中各传感器及开关信号的功能如表 3 -3 所示。

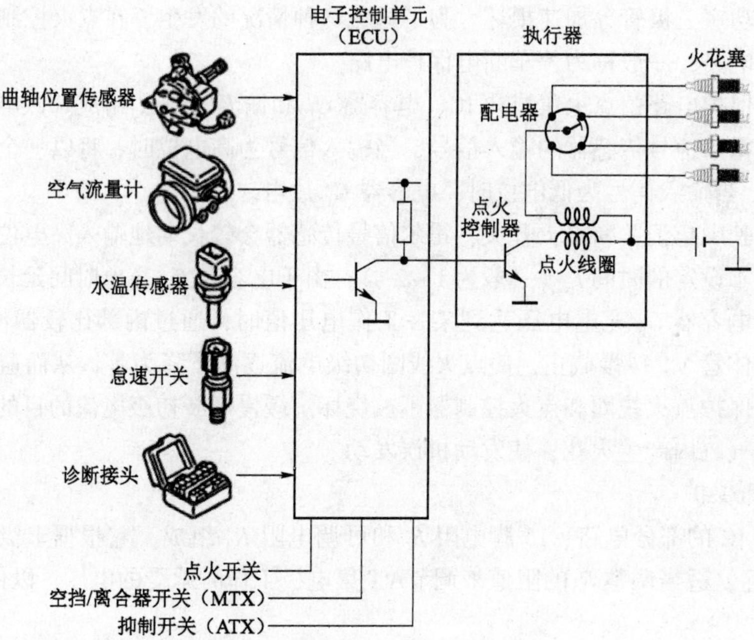

图 3－39　微机控制点火系统的组成

表 3－3　微机控制点火系统各组成部件的功用

组成		功能	
传感器	空气流量计（L、LH、M、MED型）	点火系统的主控制信号	检测进气量（负荷）信号并输送给 ECU
	进气歧管绝对压力传感器（D型）		
	曲轴位置传感器（Ne 信号）		检测曲轴转角（转速）信号并输送给 ECU，转速信号用于计算确定点火提前角，转角信号用于控制点火时刻
	凸轮轴位置传感器（G_1、G_2 信号）		采集凸轮轴的位置信号并输送给 ECU，以便 ECU 识别 1 缸压缩上止点，从而进行点火时刻控制和爆震控制。由于凸轮轴位置传感器能够识别是哪一缸活塞即将到达上止点，所以又称其为判缸传感器
	节气门位置传感器	点火提前角的修正信号	检测节气门开度信号并输送给 ECU
	冷却液温度传感器		检测发动机冷却液温度信号并输送给 ECU
	进气温度传感器		检测进气温度信号并输送给 ECU

续表

<table>
<tr><th colspan="2">组成</th><th colspan="2">功能</th></tr>
<tr><td rowspan="5">传感器</td><td>爆震传感器</td><td rowspan="5">点火提前角的修正信号</td><td>用来判断发动机是否发生爆震并将信号传给 ECU，ECU 通过推迟点火提前角来降低爆震，实现点火提前角的闭环控制</td></tr>
<tr><td>车速信号</td><td>检测车速信号并输送给 ECU</td></tr>
<tr><td>起动开关</td><td>向 ECU 输入发动机正在起动中的信号</td></tr>
<tr><td>空调开关 A/C</td><td>向 ECU 输入空调的工作信号</td></tr>
<tr><td>空挡位置开关</td><td>检测 P 挡或 N 挡信号并输送给 ECU</td></tr>
<tr><td>ECU</td><td>CPU、接口电路、ROM、RAM、A/D 转换器等</td><td colspan="2">根据各传感器输入的信号，计算出最佳点火提前角，并将点火控制信号输送给点火控制器</td></tr>
<tr><td>执行器</td><td>点火控制器、点火线圈、火花塞、配电器（有分电器的微机控制点火系统）</td><td colspan="2">根据 ECU 输出的点火控制信号控制点火线圈初级电路的通断，产生高压电。同时，向 ECU 反馈点火确认信号</td></tr>
</table>

2. 电子控制单元

现代汽车发动机的管理系统大多采用集中控制系统，具有对燃油喷射和点火协同控制的功能，其电子控制单元既是燃油喷射系统的控制核心，也是点火控制系统的控制核心。

电子控制单元的作用是根据发动机各传感器输入的信息及内存的数据，进行对比、分析、运算、处理、判断，然后输出指令控制相关执行器的动作，达到快速、准确控制发动机工作的目的。其主要包括输入回路、输出回路、A/D 转换器、微型计算机（CPU）以及电源电路、备用电路等，如图 3－40 所示。

在电子控制单元的只读存储器（ROM）中，除存储有监控和自检等程序之外，还存储有由台架试验测定的该型发动机在各种工况下的最佳点火提前角（脉谱图），如图 3－41 所示。

随机存储器（RAM）用来存储微机工作时暂时需要存储的数据，如输入/输出数据、单片机运算得出的结果、故障代码、点火提前角修正数据等。这些数据根据需要可随时调用或被新的数据改写。CPU 不断接收上述各种传感器发送来的信号，并按预先编制的程序进行计算和判断，向点火控制器发出接通与切断点火线圈初级电路的控制信号。

3. 执行器

执行器也可以称为点火组件，是控制点火的执行元件。它的作用是根据电子控制器输出的指令，通过内部大功率晶体管的导通和截止，控制一次电流的通断，使点火线圈产生高压电，之后分配给各缸火花塞，完成点火工作。

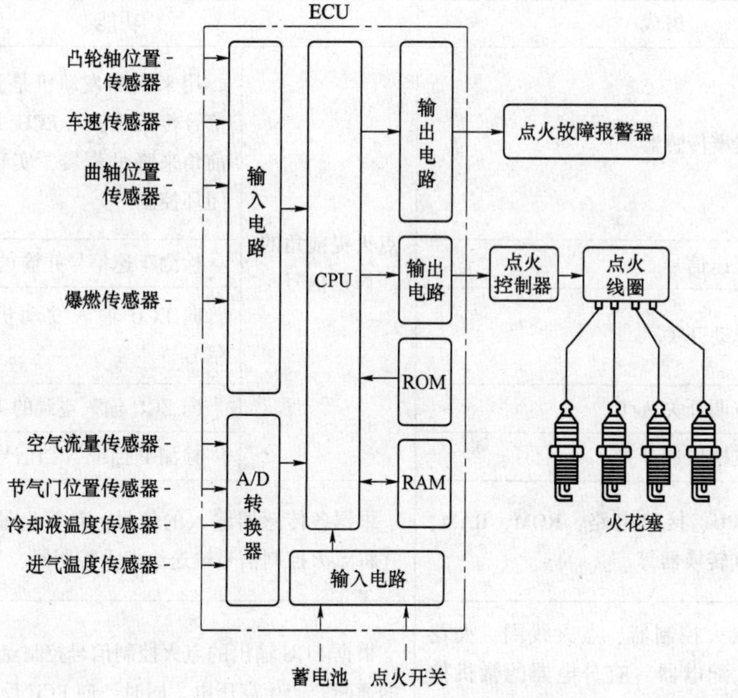

图 3-40　微机控制点火系统的电子控制单元

1）点火控制器

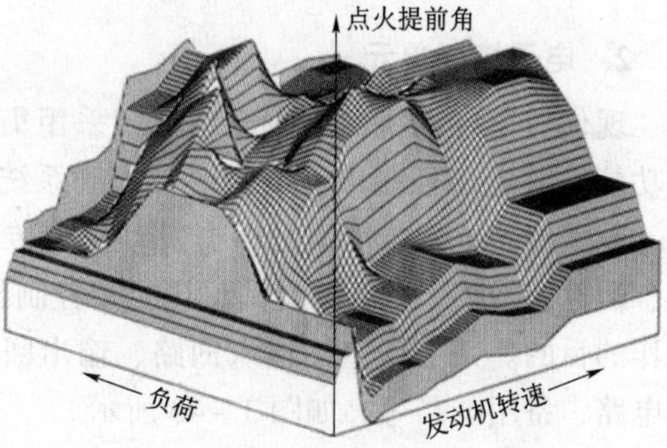

图 3-41　最佳点火提前角脉谱图

点火控制器又称为点火模块、点火器或功率放大器，是微机控制点火系统的功率输出级，它接受 ECU 输出的点火控制信号并进行功率放大，以便驱动点火线圈工作。

点火控制器的电路、功能与结构根据车型的不同而不同，有的与 ECU 制作在同一块电路板上，有的为独立总成，并用线束与 ECU 相连。各种发动机的点火控制器内部结构不一样。有的只有大功率三极管，单纯起开关作用；有的除起开关作用外，还起气缸判别、闭合角控制、恒流控制、安全信号等作用；有的不单设点火控制器，将大功率三极管组合在 ECU 中，由 ECU 直接控制点火线圈中的初级电流通断。

2）点火线圈

现代微机控制点火系统的点火线圈都采用闭磁路式，因为其铁芯是闭合的，磁通全部经过铁芯内部，铁芯的导磁能力约为空气的 10 000 倍。

3）分电器（配电器）

有分电器的微机控制点火系统仍然保留分电器，但没有断电器和离心式点火提前调节装置。点火线圈产生的高压电仍然经过分电器中的配电器，依照发动机的点火顺序适时地将高压电分配至各缸火花塞。

（二）微机控制点火系统的基本工作原理

发动机工作过程中，各传感器不断地检测发动机的转速、负荷、冷却水温度、进气温度等信号，并将检测信号经接口电路输入 ECU，ECU 综合各传感器输入信息进行查找、运算、修正，将计算结果转变为控制信号，向点火控制器发出控制指令；当需要点火时，点火控制器按发动机 ECU 输出的点火正时信号（IGT）来控制大功率晶体管的导通和截止，控制点火线圈初级电路的通断，从而控制点火线圈初级电流的变化，如图 3－42 所示。

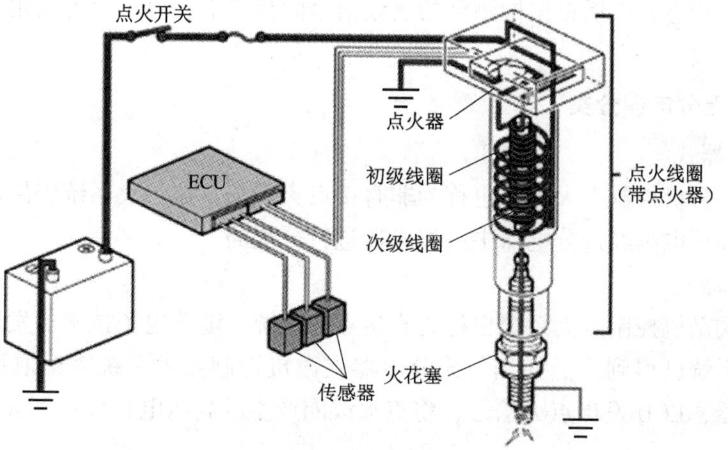

图 3－42　微机控制点火系统的基本工作原理

发动机工作期间，ECU 还不断地检测爆震传感器输出的信号，分步骤将点火提前角减小，爆震消除后又分步骤将点火提前角移回到爆震前的状态，实现点火提前角的闭环控制。

微机控制点火系统已不再使用离心与真空式点火提前调节装置来调节点火提前角，而是在工作时，将针对发动机转速、进气量、发动机温度等发动机各种工况的最佳点火时间均储存在 ECU 中，依各传感器信号选择最适当的点火时间，并传送切断初级电流的信号到点火控制器，以控制点火提前角。微机控制点火系统的点火时间曲线与理想点火时间最接近，如图 3－43 所示，为微机控制点火系统与离心和真空式点火提前调节装置的比较。

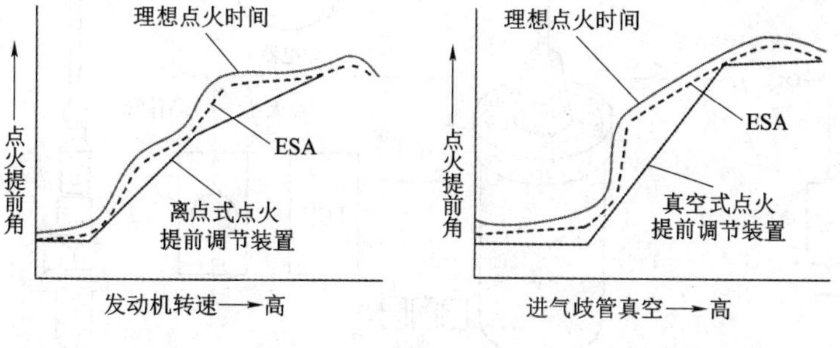

图 3－43　微机控制点火系统与离心和真空式点火提前调节装置的比较

（三）微机控制点火系统的分类

微机控制点火系统根据控制的方式、器件等有不同的分类方式。

1. 根据控制方式分类

1）开环控制方式

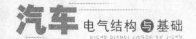

开环控制方式是指计算机检测发动机各种工作状态信息，并根据这些信息，从内部存储器中查出相应的点火提前角，然后输出控制信号对点火时刻进行控制。这种控制方式对控制结果不予反馈。

2）闭环控制方式

闭环控制方式是指计算机以一定的点火提前角控制发动机工作时，同时还不断地检测发动机的有关工作状态，然后根据检测到的反馈信号的相关信息对点火提前角进行修定，从而更理想地控制点火。

2. 根据有无分电器分类

1）有分电器式

有分电器式微机控制点火系统也称为非直接点火系统，该点火系统仍然保留分电器，点火线圈产生的高压电是经过分电器中的配电器进行分配的。

2）无分电器式

无分电器式微机控制点火系统也称为直接点火系统。随着电子技术的发展，无分电器式微机控制点火系统已得到广泛使用。无分电器式微机控制点火系统完全取消了传统的分电器，没有配电器，ECU 发出点火信号，将点火线圈产生的高压电直接送到火花塞。

二、有分电器式微机控制点火系统

(一) 有分电器式微机控制点火系统的组成

有分电器式微机控制点火系统主要由各种传感器、ECU、点火控制器（点火器）、点火线圈、分电器（配电器）、火花塞和高压线等组成，如图 3－44 所示。

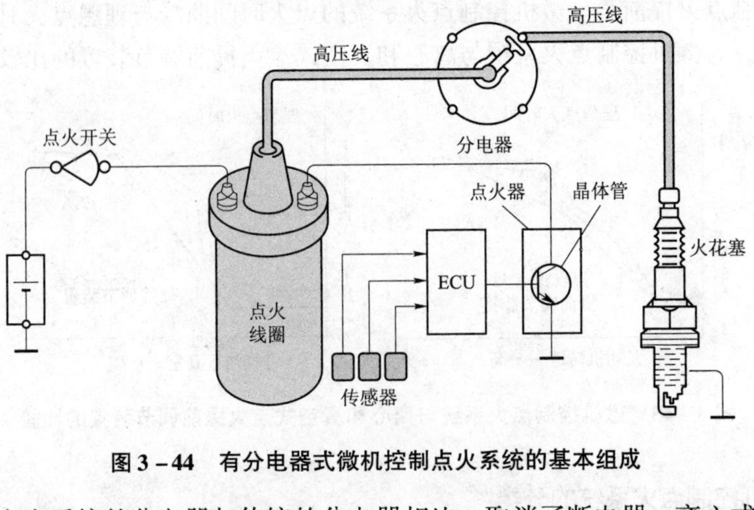

图 3－44　有分电器式微机控制点火系统的基本组成

微机控制点火系统的分电器与传统的分电器相比，取消了断电器、离心式点火提前调节装置等部件，不再承担点火线圈初级线圈电路的通断控制任务，由于其系统只有一个点火线圈，因此需装配分电器（配电器），用来对点火线圈产生的高压电进行分配。大多数情况下，这种分电器都内装凸轮轴位置传感器，为 ECU 提供凸轮轴位置和上止点信号。有的车型甚至将点火线圈和点火控制器全都集成在一个分电器内。

（二）有分电器式微机控制点火系统的工作原理

如图 3－45 所示，各传感器用于给 ECU 提供各种信号，这些信号主要用于点火提前角及初级线圈通电时间控制，ECU 则根据这些传感器信号进行分析、运算得出一个最佳的控制信号（最佳点火提前角），并去驱动大功率三极管。当三极管导通时，线圈通电储能；当三极管截止时，次级线圈产生高压电输送给分电器的配电器，配电器按照发动机的点火顺序，依次将高压电输送给各缸高压分线，高压分线再传给火花塞，火花塞跳火，点燃气缸内的可燃混合气。

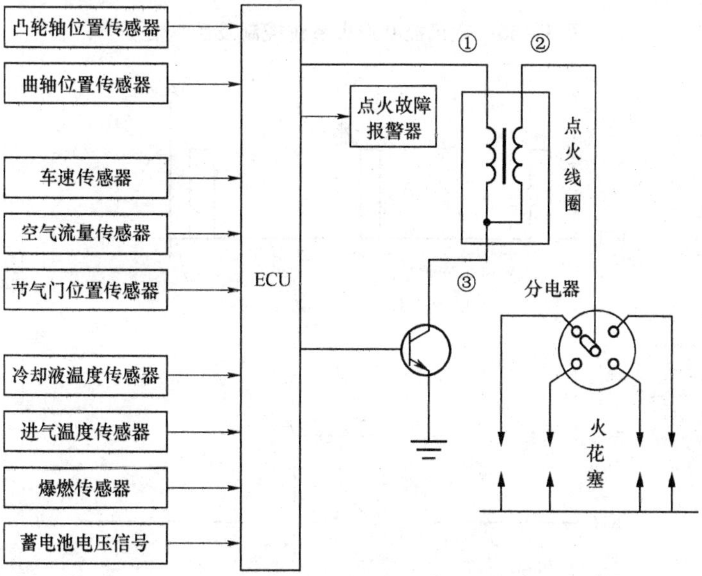

图 3－45　有分电器式微机控制点火系统的工作原理

工作时，ECU 发出控制信号（点火正时信号 IGT）至点火控制器，当 IGT 信号为低电位时，大功率三极管截止，点火线圈初级线圈电路切断，次级线圈产生高压电。同时触发点火确认反馈信号 IGF 发生电路，并输出反馈信号 IGF 给 ECU，如图 3－46 所示。

点火正时信号（IGT 信号）的形态如图 3－47 所示。该信号为高电平时，初级电路导通；该信号为低电平时，初级电路被切断，点火线圈产生高压电点火。

工作中，点火控制器还会根据点火线圈初级电路的感应电动势向 ECU 反馈点火确认信号（IGF 信号），以表明点火系统工作正常。如果发动机 ECU 连续 6 次或 8 次接收不到该点火确认信号，就会判定点火系统存在故障，其内部会储存相应的故障代码，同时，为了避免燃油冲刷气缸的润滑油膜，还会指令喷油器停止工作（失效保护功能）。

点火确认信号（IGF 信号）的产生方法是，ECU 向点火控制器发送一个 5 V 左右的信号参考电压，每点一次火，点火控制器就将该信号参考电压接搭铁一次，使其电平变零一次，ECU 则根据该零电平来判定点火状态。

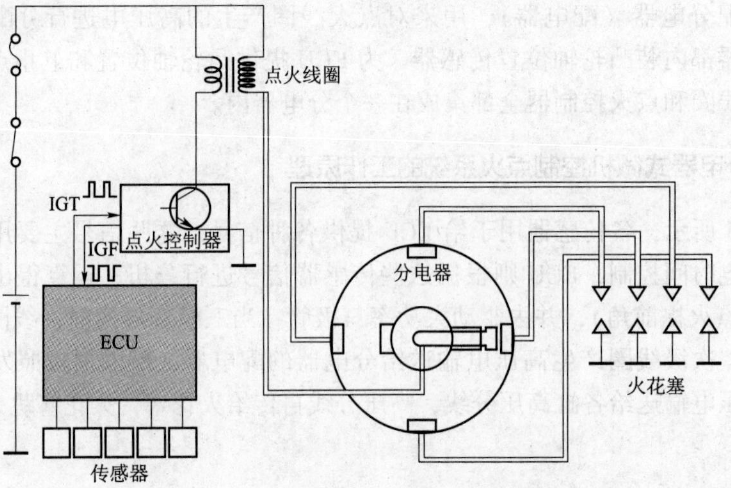

图 3-46　微机控制点火系统控制及反馈信号

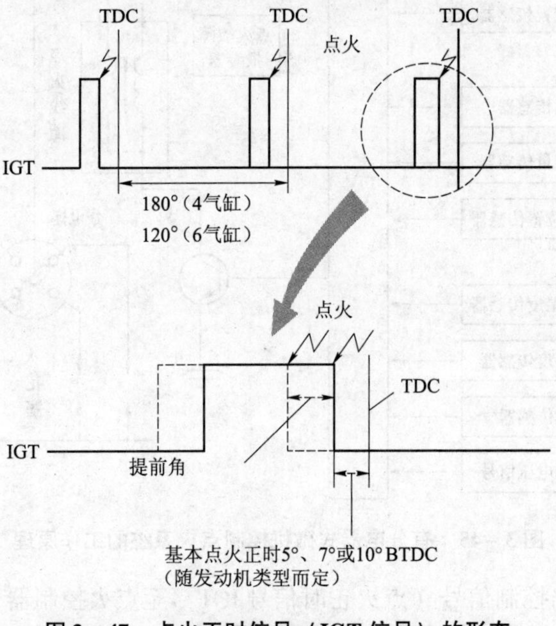

图 3-47　点火正时信号（IGT 信号）的形态

注：TDC（Top Dead Center）表示上止点；BTDC（Before Top Dead Center）表示在上止点前

（三）有分电器式微机控制点火系统的缺点

有分电器配电方式尽管工作效率较高，但它存在以下缺点：

（1）分火头与分电器盖旁电极之间必须保留一定间隙才能进行高压电分配，这一间隙的存在必定会损失一部分火花能量，同时也是汽车上一个主要的无线电干扰源。为了抑制无线电的干扰信号，高压线采用了高阻抗电缆，也要消耗一部分能量。

（2）分火头、分电器盖或高压线在使用中可能会漏电，漏电时会导致高压电火花减弱、缺火或断火而使发动机工作不良或熄火。

（3）曲轴位置传感器转子由分电器轴驱动，旋转机构的机械磨损会影响点火时刻的控制精度。

(4) 分电器安装的位置和占据的空间，会给发动机的结构布置和汽车的外形设计造成一定的困难。

三、无分电器式微机控制点火系统

目前，越来越多的汽车上开始采用无分电器式点火系统。无分电器式微机控制点火系统也称为直接点火系统，它取消了分电器、高压线和分火头等装置，降低了高压电传送的耗损，无须做点火正时调整，电波干扰更少，提高了点火时间的精确度。

无分电器式微机控制点火系统又分两种控制方式，一种方式是每两缸共用一个点火线圈，双缸同时点火，但是只有一缸做功的点火系统，如图 3-48 (a) 所示；另外一种方式是每缸一个点火线圈，各缸独立进行控制，如图 3-48 (b) 所示。

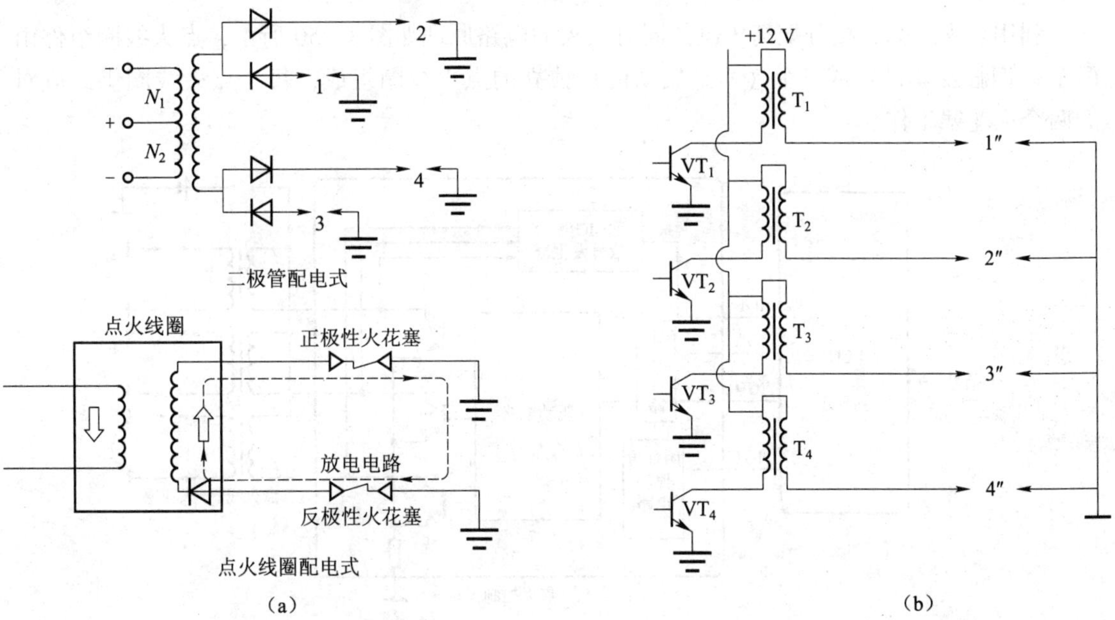

图 3-48 无分电器式微机控制点火系统电路

(a) 两缸共用一个点火线圈的点火系统；(b) 每缸一个点火线圈的点火系统

(一) 双缸同时点火的微机控制点火系统

双缸同时点火是指点火线圈每产生一次高压电，都使两个气缸的火花塞同时跳火。次级绕组产生的高压电将直接加在两个气缸的火花塞电极上使其跳火，例如四缸发动机的 1、4 缸或 2、3 缸，六缸发动机的 1、6 缸，2、5 缸或 3、4 缸。

双缸同时点火时，一个气缸处于压缩行程终了，是有效点火；另一个气缸处于排气行程终了，缸内温度较高而压力很低，火花塞电极间隙的击穿电压很低，对有效点火气缸火花塞的击穿电压和火花放电能量影响很小，是无效点火。曲轴旋转一周后，两缸所处行程恰好相反。双缸同时点火的点火线圈如图 3-49 所示。

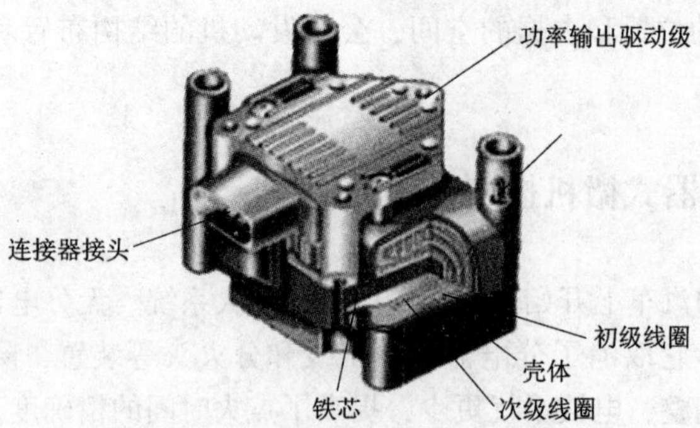

图 3-49　双缸同时点火的点火线圈

双缸同时点火时，高压电的分配方式又分为点火线圈分配和二极管分配两种。

1. 点火线圈分配高压电式

利用点火线圈直接分配高压电的同时点火的电路原理如图 3-50 所示，点火线圈组件由两个（四缸发动机）或三个（六缸发动机）独立的点火线圈组成，每个点火线圈供给成对的两个火花塞工作。

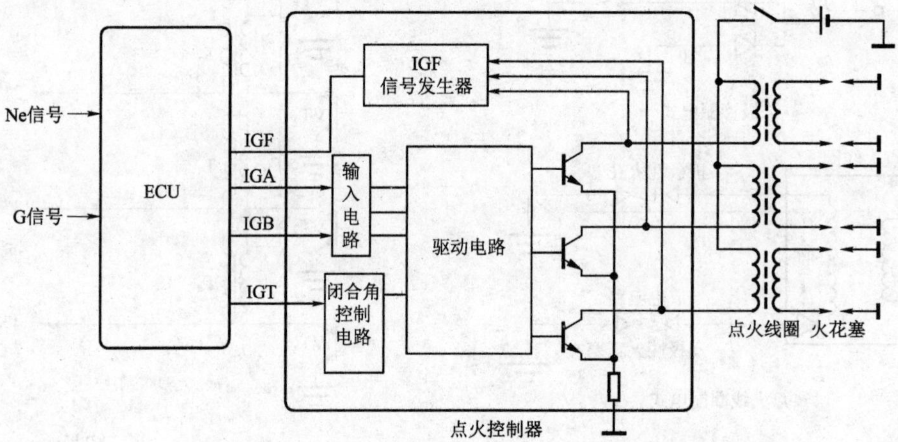

图 3-50　点火线圈分配高压电的双缸点火控制方式

点火控制器中设有与点火线圈数量相等的功率三极管，分别控制每个点火线圈工作。点火控制器根据 ECU 输出的点火控制信号，按点火顺序轮流触发功率三极管导通与截止，从而控制每个点火线圈轮流产生高压电，再通过高压线直接输送到成对的两缸火花塞电极间隙上跳火点燃可燃混合气。

2. 二极管分配高压电式

二极管分配式无分电器点火系统是将来自点火线圈的高压电直接分配给火花塞。其点火线圈的初级线圈有一个中心接头，将初级线圈分为上下两个部分，中心接头通电源电路，另外两个接头分别接点火器的功率三极管；次级线圈的两端分别有两个高压输出端，共形成四个高压输出端，通过四根高压线与四个气缸的火花塞相连，每个高压电路中各串联一个高压二极管。该系统所用点火线圈及基本电路如图 3-51 所示（以四缸发动机为例）。

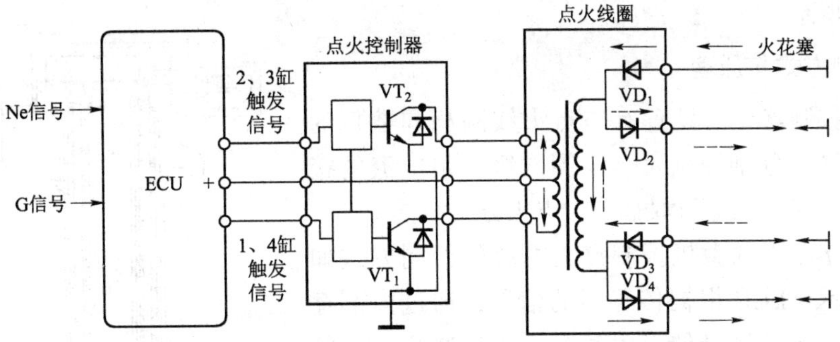

图 3-51　二极管分配高压电的双缸点火控制方式

其工作原理是，当 ECU 接收到曲轴位置传感器相应信号时，向点火控制器发出点火信号，点火控制器的控制回路使 VT_1 截止，初级绕组中的电流被切断，在次级线圈中感应出高压电，经 4 缸和 1 缸火花塞构成回路，两个火花塞均跳火，此时 1 缸接近压缩终了，混合气被点燃，而 4 缸正在排气，火花塞虽跳火但不起作用。曲轴转过 180°后，ECU 接收到传感器信号后再次向点火控制器发出触发信号，VT_2 截止，图 3-51 中上部初级绕组中的电流被切断，次级线圈感应出高压电，并经 2 缸和 3 缸火花塞构成回路，同时跳火，此时 3 缸点火做功，2 缸火花塞点空火。以此类推，发动机曲轴转两圈，各缸做功一次。

（二）单缸独立点火的微机控制点火系统

1. 结构特点

单缸独立点火即每缸的火花塞配备一个点火线圈，单独直接地对每个气缸点火，其位置一般在火花塞的顶部，所产生的高压电直接送给火花塞，因而取消了高压线，能量损失小，效率高，电磁干扰少，避免了高压线方面的故障，点火系统的可靠性也得到提高，而且结构紧凑，安装方便。因此，在现代汽车发动机上的应用日益广泛。单缸独立点火的微机控制点火系统如图 3-52 所示。

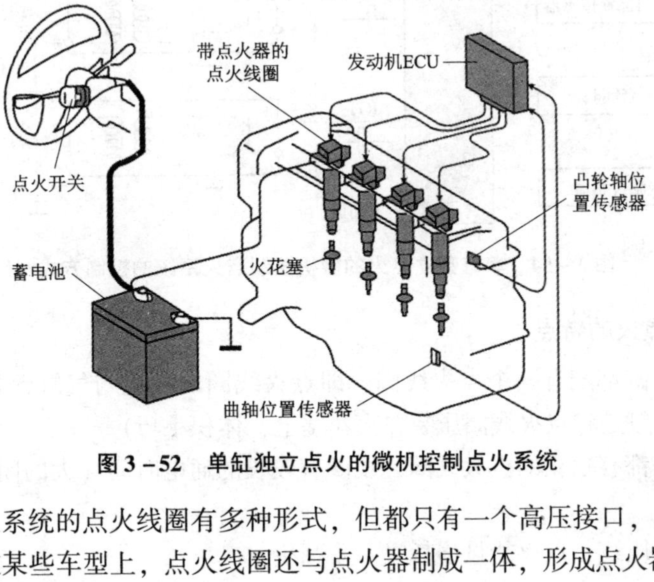

图 3-52　单缸独立点火的微机控制点火系统

单缸独立点火系统的点火线圈有多种形式，但都只有一个高压接口，并各自独立地安装在火花塞上方。在某些车型上，点火线圈还与点火器制成一体，形成点火器-点火线圈组件，如图 3－53 所示。

2. 控制方式与原理

在点火控制器中，设置有与点火线圈相同数目的大功率三极管，分别控制每个线圈次级绕组电流的接通与切断，其工作原理与双缸同时点火方式相同。

单缸独立点火的微机控制点火系统的控制方式如图 3－54 所示，ECU 根据传感器的信号，通过内部存储的程序计算出各缸最佳点火时刻，通过通往各缸的控制信号 IGT_1～IGT_4 去控制大功率三极管的通断，从而控制各缸火花塞的跳火。

如图 3－55 所示的单缸独立点火的微机控制点火系统，其供电由 EFI 主继电器提供，受点火开关控制，当点火开关置于“ON”挡时来自蓄电池的供电分别输送到各缸点火线圈的初级线圈，该线圈通过点火器中的大功率三极管控制搭铁，当三极管导通时线圈充磁，即将电能转变为磁场能储存起来；当三极管截止时，在次级线圈中产生高压电，使火花塞跳火。

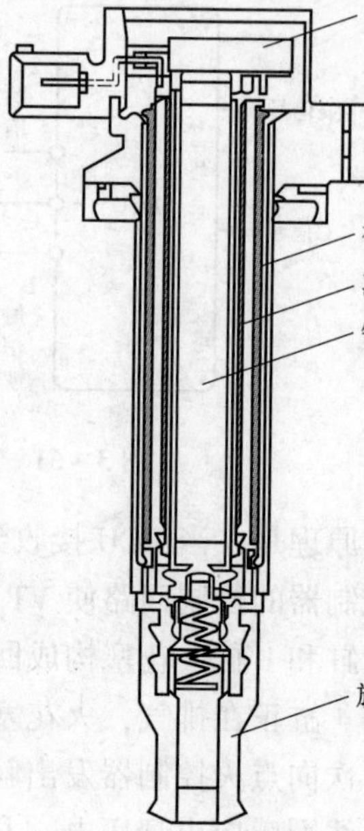

图 3－53 单缸独立点火的点火线圈组件

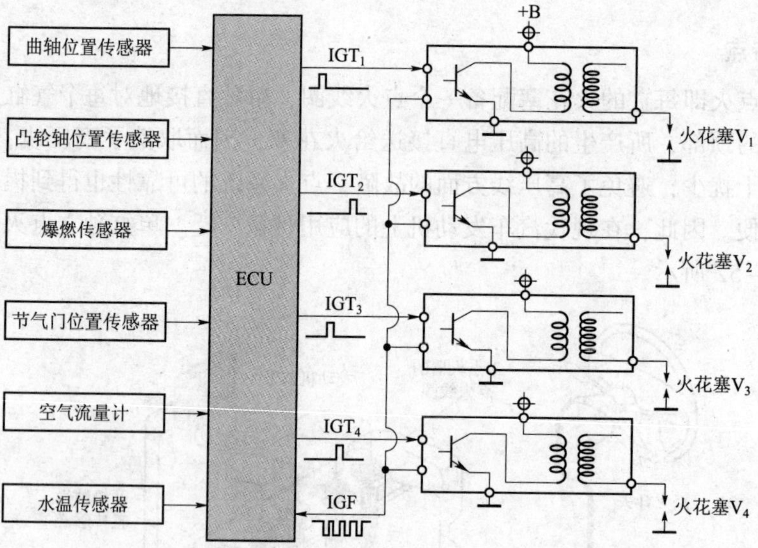

图 3－54 单缸独立点火的微机控制点火系统的控制方式

3. 单缸独立点火的特点

（1）每一个气缸都配有一个点火线圈，即点火线圈的数量与气缸数相等，且直接安装在火花塞上方（一般是将点火线圈压装在火花塞上，体积小巧）。

（2）由于每缸都有独立的点火线圈，线圈有较长的通电时间（大的闭合角），可以提供足够高的点火能量。

（3）省去了高压线，点火能量损耗进一步减少。

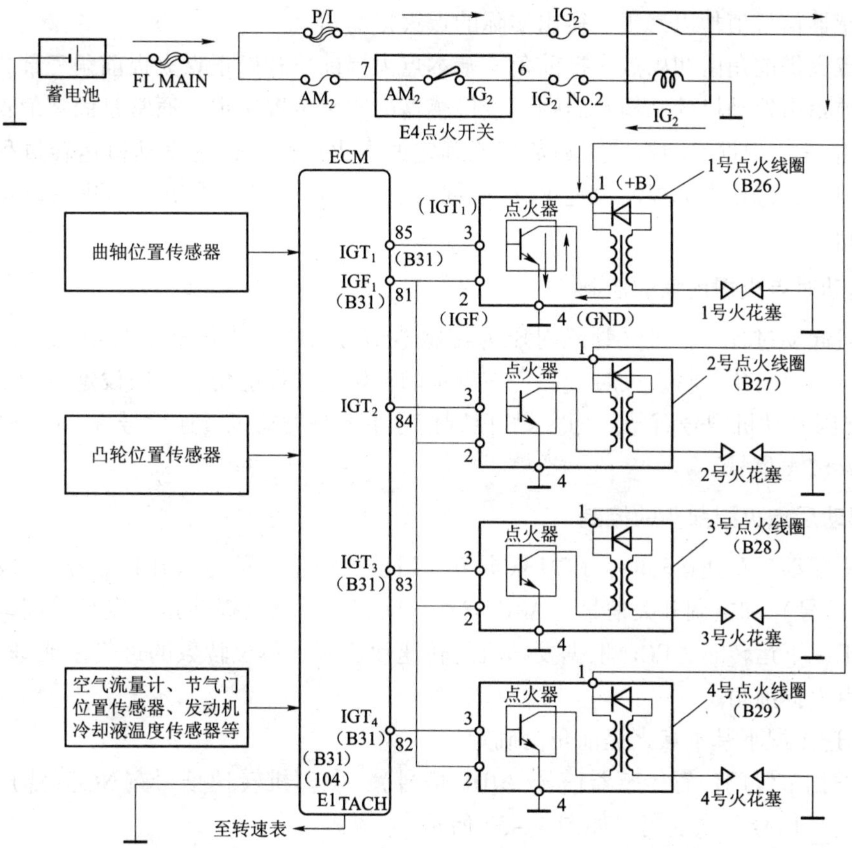

图 3-55　单缸独立点火的微机控制点火系统的控制电路

（4）在相同的转速和相同的点火能量下，单位时间内点火线圈的电流要小得多，线圈不宜发热。

（5）所有高压部件都可安装在气缸盖上的金属屏蔽罩内，点火系统对无线电的干扰可大幅度降低。

四、点火时间控制

（一）点火提前角的控制

发动机工况不同，需要的最佳点火提前角也不相同。怠速时的最佳点火提前角是为了使怠速运转平稳、降低有害气体排放量和减少燃油消耗量；部分负荷时的最佳点火提前角是为了减少燃油消耗量和有害气体排放量，提高经济性和排放性能；大负荷时的最佳点火提前角是为了增大输出转矩，提高动力性能。电子控制单元将各种工况下的最佳点火时刻储存在 ECU 中，即点火控制脉谱图。图 3-56 所示为基本点火提前角（以 D 型燃油喷射系统为例）脉谱图。

点火提前角的控制方法：ECU 根据汽油发动机的各种工况信号对点火时刻进行控制。首先根据发动机的转速和进气量从存储器所存的数据中找到相应的基本点火提前角，然后根据有关传感器信号值加以修正，得出实际的点火提前角。

实际点火提前角由初始点火提前角、基本点火提前角和修正点火提前角三部分组成。初始点火提前角由发动机的结构及曲轴位置传感器的安装位置决定，通常是固定值；基本点火提前角是由 ECU 根据发动机转速和负荷所确定的点火提前角，是发动机运转过程中最主要的点火提前角；修正点火提前角是 ECU 根据对点火提前角有影响的因素进行修正而得出的点火提前角。

1. 起动时点火提前角的控制

发动机起动过程中，进气管绝对压力传感器信号或空气流量计信号不稳定，ECU 无法正确计算点火提前角，将点火时刻固定在设定的初始点火提前角，一般设定值为上止点前不超过 10°（因发动机型号而异）。此时的控制信号主要是发动机转速信号（Ne 信号）和起动开关信号（STA 信号）。

2. 起动后点火提前角的控制

发动机起动后怠速运转时，ECU 根据节气门位置传感器信号（IDL 信号）、发动机转速信号（Ne 信号）和空调开关信号（A/C 信号）确定基本点火提前角。发动机起动后在除怠速以外的工况下运转时，ECU 根据发动机的转速和负荷（单位转数的进气量或基本喷油量）确定基本点火提前角。

1）怠速工况下基本点火提前角的确定

ECU 根据节气门位置传感器信号（IDL 信号）、发动机转速信号（Ne 信号）和空调开关信号（A/C 信号）来确定，如图 3－57 所示。

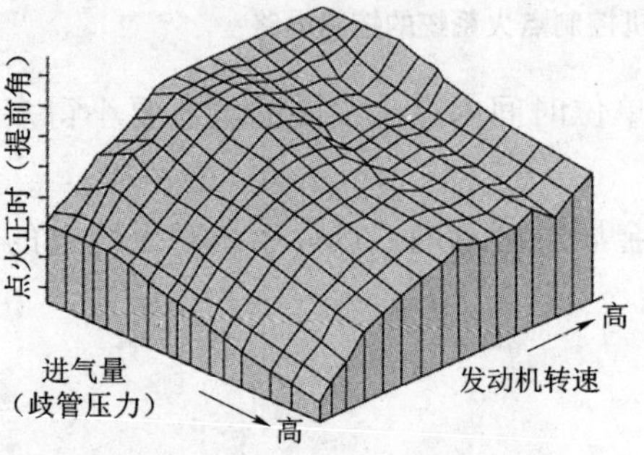

图 3－56 基本点火提前角脉谱图

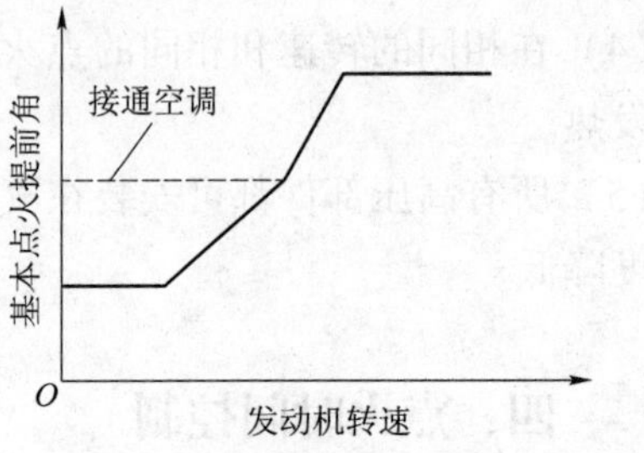

图 3－57 怠速工况下基本点火提前角的确定

2）其他工况下基本点火提前角的确定

ECU 根据发动机的转速和负荷对照存储器中存储的基本点火提前角控制模型来确定，如图 3－58 所示。

3. 点火提前角的修正

1）冷却液温度修正

为了改善发动机的驾驶性能，发动机冷车刚起动后，冷却液温度还比较低，混合气燃烧的速度也比较慢，发生爆燃的可能性比较小，此时应适当增大点火提前角。暖机过程中，随着冷却液温度的升高，点火提前角应逐渐减小，如图 3－59（a）所示。

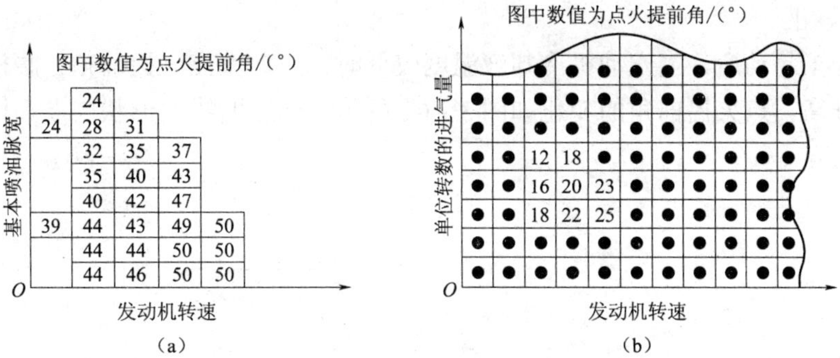

图 3－58　基本点火提前角控制模型

(a) 按喷油量和转速确定；(b) 按进气量和转速确定

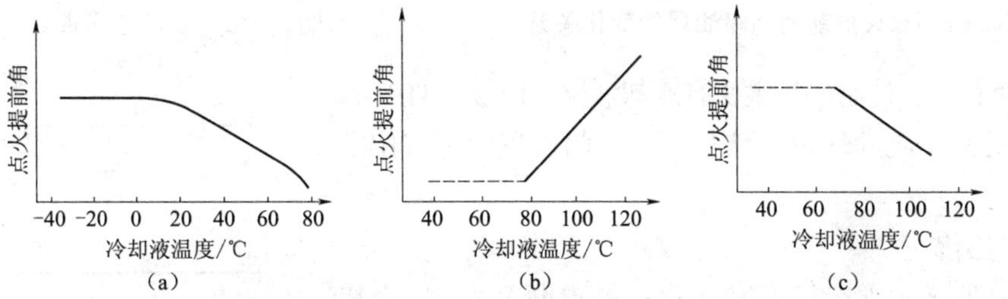

图 3－59　点火提前角与冷却液温度信号的关系

(a) 冷车起动情况；(b) 长时间怠速；(c) 发动机部分负荷运行

发动机处于怠速工况（如节气门位置传感器怠速触点闭合），当冷却液温度过高时，为避免发动机长时间过热，应将点火提前角增大，以此来提高发动机的怠速转速，从而提高水泵和冷却风扇的转速，增强制冷效果，降低发动机的温度。过热修正曲线如图 3－59（b）所示。

发动机处于部分负荷运行（如节气门位置传感器的怠速触点断开），当冷却液温度过高时，为了避免爆燃，可将点火提前角推迟，如图 3－59（c）所示。

2）怠速稳定性修正

发动机在怠速运行期间，由于发动机负荷变化使发动机转速改变，ECU 要调整点火提前角，使发动机在规定的怠速转速下稳定运转。怠速运转时，ECU 不断地计算发动机的平均转速。当发动机的转速低于规定的怠速转速时，ECU 根据与怠速目标转速差值的大小相应地增大点火提前角，反之则推迟点火提前角，如图 3－60 所示。

怠速稳定性修正信号主要有发动机转速信号（Ne）、节气门位置（IDL）、车速（SPD）、空调信号（A/C）等。

3）喷油量修正

装有氧传感器和闭环控制程序的电子燃油控制系统中，发动机 ECU 根据氧传感器的反馈信号对空燃比进行修正。随着修正喷油量的增加和减少，发动机的转速会在一定范围内波动。在喷油量减少时，混合气变稀，发动机转速相应降低，为了提高怠速的稳定性，点火提前角应适当地增加，反之点火提前角应适当地减小，如图 3－61 所示。

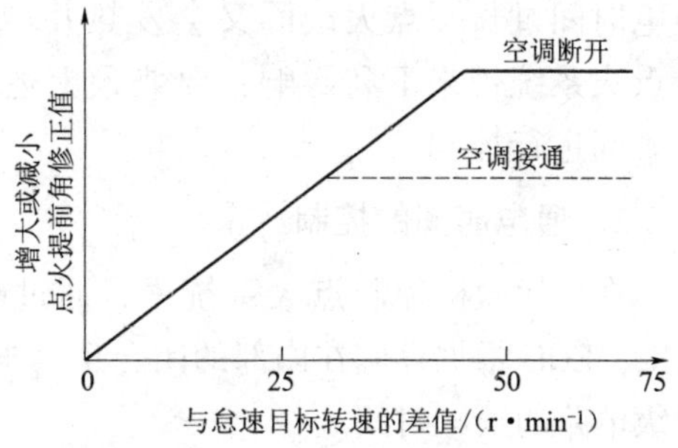

图 3－60　怠速稳定性修正

4）暖机修正

发动机冷车起动后，当发动机冷却液温度较低时，应增大点火提前角，暖机过程中，随冷却液温度升高，点火提前角的变化如图 3-62 所示。修正曲线的形状与点火提前角的大小随车型不同而异。

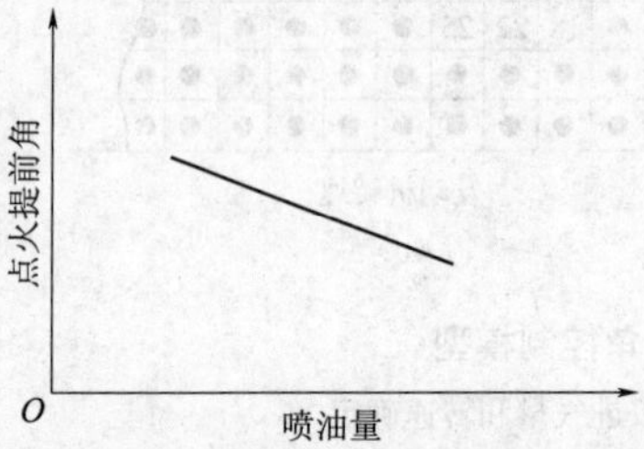

图 3-61　点火提前角随喷油量的变化关系

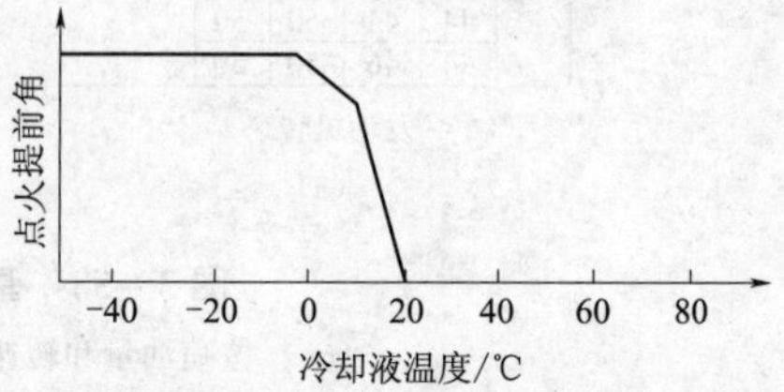

图 3-62　暖机修正曲线

暖机过程中，控制信号主要有冷却液温度信号（THW）、进气歧管压力（或进气量）信号、节气门位置信号（IDL）等。

5）过热修正

发动机处于正常运行工况（怠速触点断开），当冷却液温度过高时，为了避免产生爆震，应将点火提前角推迟。发动机处于正常运行工况（怠速触点闭合），冷却液温度过高时，为了避免长时间过热，应将点火提前角增大。过热修正曲线的变化趋势如图 3-63 所示。

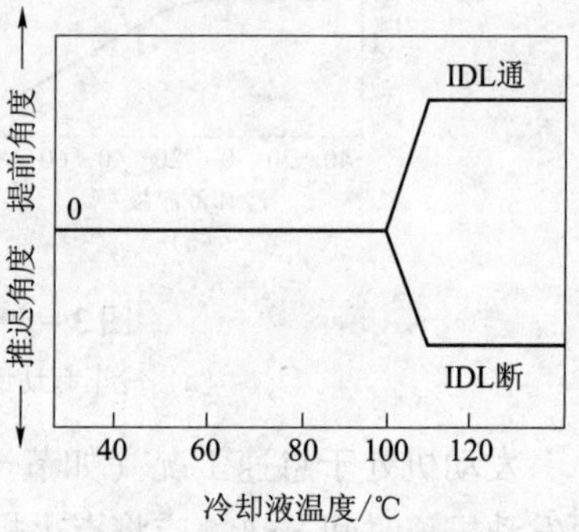

图 3-63　过热修正曲线

过热修正控制信号主要有冷却液温度信号、节气门位置信号。

（二）通电时间控制

1. 通电时间控制的必要性

当点火线圈的初级电路被接通后，其初级电流按指数规律增长，通电时间长短决定初级电流的大小。当初级电流达到饱和时，若初级电路被断开，此瞬间初级电流达到最大值（即断开电流），会感应次级电压达到最大值。次级电压升高，会使低火花塞点火能力增强，所以在发动机工作时，必须保证点火线圈的初级电路有足够的通电时间。但如果通电时间过长，点火线圈又会发热并增大电能消耗。所以，通电时间过长或过短，都会给点火系统带来不利影响，要兼顾上述两方面的要求，就必须对点火线圈初级电路的通电时间进行控制。

2. 通电时间的控制

在现代微机控制点火系统中，通过凸轮轴/曲轴位置传感器把发动机工作信号输送给 ECU，ECU 根据存储在内部的闭合角（通电时间）控制模型（见图 3-64）控制点火线圈初级电路的通电时间。

发动机工作时，ECU 根据发动机转速信号（Ne 信号）和电源电压信号确定最佳的闭合角（通电时间），并向点火器输出指令信号（IGT信号），以控制点火器中晶体管的导通时间，并随发动机转速提高和电源电压下降，闭合角（通电时间）增大。

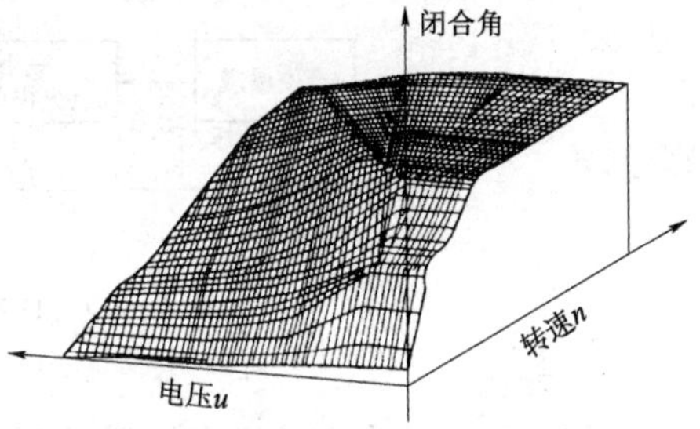

图 3－64 闭合角（通电时间）控制模型

ECU 根据发动机转速和蓄电池电压调节闭合角，以保证足够的点火能量。在发动机转速上升和蓄电池电压下降时，闭合角控制电路使闭合角加大，即延长一次侧电路的通电时间，防止一次侧储能下降，确保点火能量。在发动机转速下降和蓄电池电压较高时，闭合角控制电路使闭合角减小，即缩减一次侧电路的通电时间，确保初级线圈的安全。

（三）爆震控制

在发动机里，当压力和温度增高时，火花塞点火后，在火焰前锋还未到达之前，气缸内的可燃混合气就自行发火燃烧，这种不正常的燃烧现象就称为爆燃。因爆燃而造成的发动机缸体剧烈振动的现象称为爆震。理论与实践证明，剧烈的爆燃会使发动机的动力性和经济性严重恶化，气缸内有明显的金属敲击声，引起发动机的功率下降，冲击载荷增大，摩擦加剧，热负荷增大，使用寿命缩短，排气冒烟，经济性变差。

当发动机工作在爆燃的临界点时，发动机热效率最高，动力性和经济性最好。ECU 就是据此来进行防爆震控制的。而消除爆燃最有效的方法就是推迟点火提前角，利用点火提前角闭环控制系统能够有效地控制点火提前角，从而使发动机工作在爆燃的临界状态。这样既能防止爆燃发生，又能有效地提高发动机的动力性和经济性。

爆震控制实际是点火提前角控制中的追加修正控制。当发动机出现 1% ~5% 的轻微爆震时，其动力性、经济性接近最佳值。闭环控制方式即按轻微爆震来确定最佳点火提前角。闭环控制时，ECU 根据测出的爆震率对点火提前角进行调节。一定时间内无爆震时，就逐步增大点火提前角，直至发生轻微爆震，爆震率大于 5% 时，又将点火提前角减小，直至爆震消除。闭环控制原理与控制过程如图 3－65 所示。

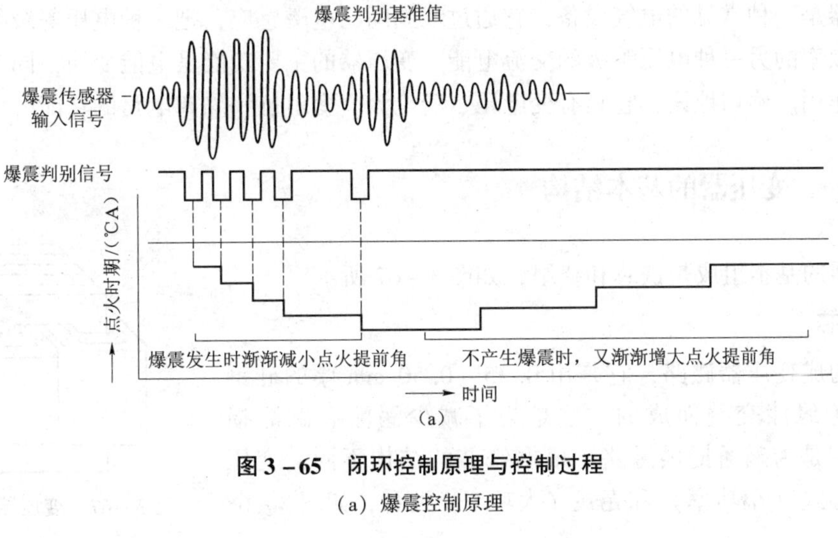

图 3－65 闭环控制原理与控制过程

（a）爆震控制原理

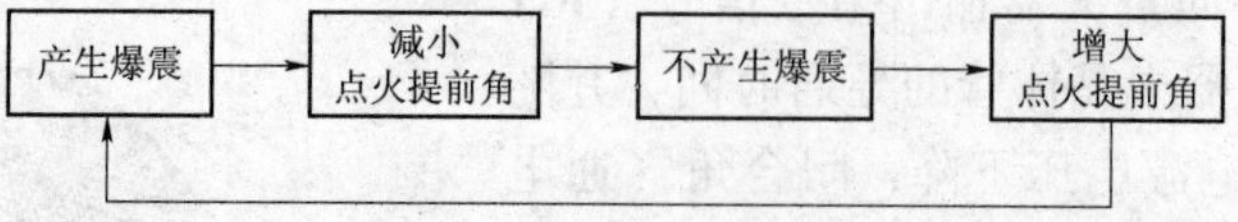

（b）

图 3-65　闭环控制原理与控制过程（续）

（b）爆震反馈控制框图

目前，国内外大多数汽车微机控制点火系统都采用非共振型压电式爆震传感器。压电式爆震传感器主要由套筒底座、压电元件、惯性配重、塑料壳体和接线插座等组成，其结构如图 3-66 所示。

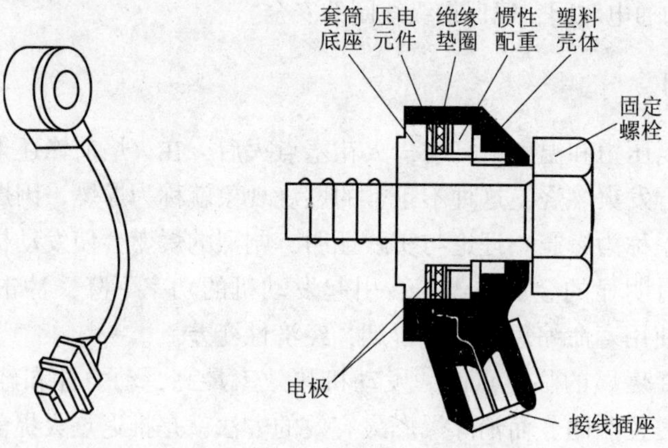

（a）　　（b）

图 3-66　压电式爆震传感器的结构

（a）传感器外形；（b）内部结构

前导知识回顾

变　压　器

变压器是一种常见的电气设备，它通过线圈间的电磁感应，把一种电压等级的交流电能转换成同频率的另一种电压等级的交流电能。变压器的主要功能是电能变换，同时还具有信号隔离的作用。确切地说，它具有变电压、变电流、变阻抗和隔离电路的功能。

一、变压器的基本结构

变压器的基本组成是铁芯和绕组，如图 3-67 所示。

1. 铁芯

铁芯构成变压器磁路，它是由 0.35～0.50 mm 厚的硅钢片表面涂绝缘漆交叠而成的，这是为了减少涡流和磁滞损耗，其作用是为磁通提供磁路。根据铁芯的结构不同，变压器可分为心式（小功率）和壳式（大功率）两种，如图 3-68

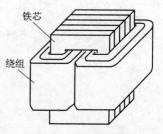

图 3-67　变压器的结构

所示。

2. 绕组

绕组，即线圈，是变压器的电路部分，它一般由绝缘导线绕制成不同匝数的线圈。与电源相连的绕组称为初级绕组或初级线圈，与负载相连的绕组称为次级绕组或次级线圈。绕组与绕组，绕组与铁芯间用绝缘材料隔开。

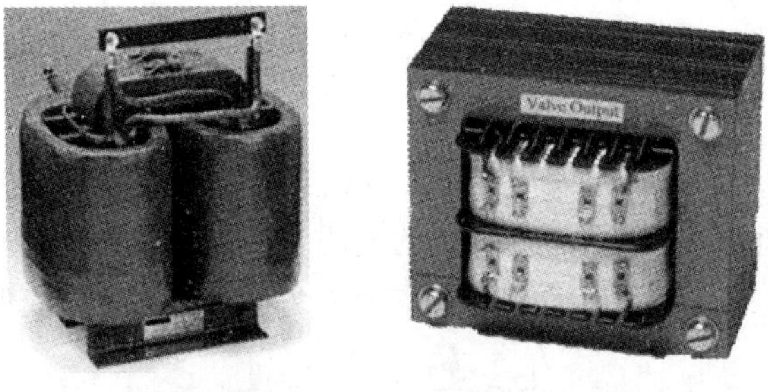

（a）　　（b）

图 3－68　变压器分类

（a）心式变压器；（b）壳式变压器

二、变压器的工作原理

变压器的基本原理是电磁感应原理，如图 3－69 所示。为了便于分析，将高压绕组和低压绕组分别画在两边。与电源相连的称为一次绕组（或称初级绕组），与负载相连的称为二次绕组（或称次级绕组）。一次、二次绕组的匝数分别为 N_1 和 N_2，当一次绕组接上交流电压时，一次绕组中便有电流通过。一次绕组的磁路产生的磁通绝大部分通过铁芯而闭合，从而在二次绕组中感应出电动势。如果二次绕组接有负载，那么二次绕组中就有电流通过。二次绕组也产生磁通，其绝大部分也通过铁芯而闭合。因此，铁芯中的磁通是一个由一次、二次绕组的磁动势共同产生的合成磁通，它称为主磁通，主磁通穿过一次绕组和二次绕组而在其中分别感应出电动势。此外，一次、二次绕组的磁动势还分别产生漏磁通。

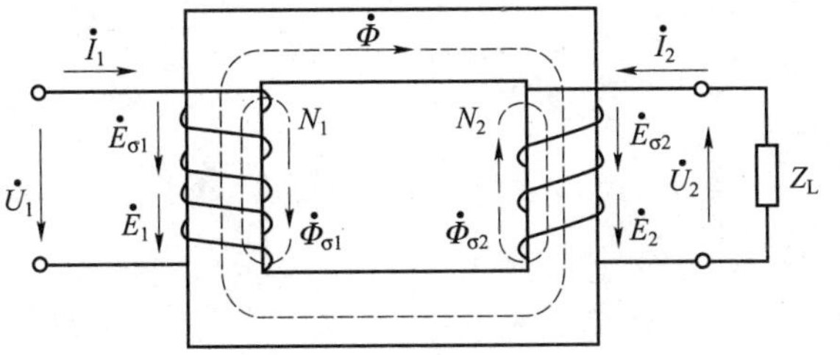

图 3－69　变压器原理

1. 电压变换

将变压器原绕组上接入交流电压，原绕组中便有电流通过。原绕组的磁动势在铁芯回路中产生交变磁通，从而在原绕组和副绕组中产生感应电动势 E_1 和 E_2，原绕组和副绕组产生的感应电动势的有效值分别为

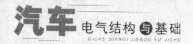

$$E_1 = 4.44fN_1\Phi_m$$
$$E_2 = 4.44fN_2\Phi_m \qquad (3-2)$$

式中，N_1和N_2分别为原绕组和副绕组的匝数；f为交流电的频率；Φ_m为交变磁通的最大值。两式相除得

$$\frac{E_1}{E_2} = \frac{N_1}{N_2} = K \qquad (3-3)$$

式中，K称为变压器原绕组和副绕组的匝数比，也是原绕组和副绕组的感应电动势之比。

2. 电流变换

在变压器的一次绕组上施加额定电压，二次绕组接上负载后，电路中就会产生电流，它是在二次绕组感应电动势的作用下流过负载的电流。当电源电压和频率不变时，E_1和Φ_m也都近似等于常数，一次、二次绕组的电流关系为$U_1I_1 = U_2I_2$，等式变形得

$$\frac{I_1}{I_2} = \frac{U_2}{U_1} \approx \frac{N_2}{N_1} = \frac{1}{K} \qquad (3-4)$$

式（3-4）表明，变压器一次、二次绕组电流之比近似等于它们匝数比的倒数。

思考与练习题

1. 试述传统点火系统的组成、工作原理及过程。
2. 简述电子点火系统的组成及原理。
3. 微机控制点火系统由哪些部件组成？试分析其工作原理。
4. 点火信号传感器的类型有哪些？
5. 集成电路点火器能实现哪些功能？
6. 试述无分电器式微机控制点火系统两种点火形式的区别。

单元四

汽车照明与信号系统

本章学习目标

1. 知识目标

(1) 了解照明装置的作用、组成及类型。

(2) 掌握前照灯的结构和类型。

(3) 掌握信号系统的组成及各自的特点。

(4) 掌握不同类型闪光器的结构及工作原理。

(5) 理解照明和信号系统的控制电路。

2. 能力目标

(1) 能正确分析照明与信号系统的电路图。

(2) 能操作照明与信号系统的开关。

(3) 能熟练使用各种常见维修工具和检测仪器。

为了保证汽车行驶的安全性，减少交通事故的发生，现代汽车上都装有多种照明设备与信号装置，这些设备与装置构成了照明与信号系统。照明系统用于提供车辆夜间安全行驶必要的照明，包括车外照明和车内照明；信号系统用于提供安全行车所必需的信号，包括灯光信号和声响信号。汽车照明与信号系统的构成如图 4－1 所示。

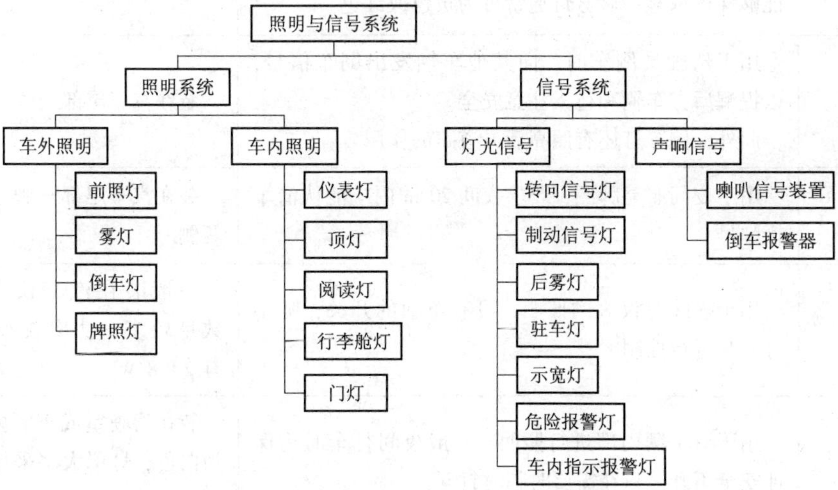

图 4－1　汽车照明与信号系统的构成

第一节 照明系统

一、照明系统的功用及组成

汽车照明系统是汽车在夜间以及能见度较低的情况下行驶时必不可少的照明设备。为了确保行车安全，汽车上装有多种照明设备，用于夜间以及能见度较低时的行车照明、车厢照明及检修照明。

不同车型的照明装置配置不尽相同，多数车型直接用灯光总开关控制各种灯具火线，有的则安装继电器，用开关控制继电器线圈，通过继电器触点控制灯丝电路的通断。汽车照明系统根据安装位置和用途不同，一般可分为外部照明装置与内部照明装置两部分，其中外部照明装置包括前照灯、雾灯、倒车灯、牌照灯等，内部照明灯装置包括仪表灯、顶灯、行李舱灯、阅读灯等。汽车上几种主要照明灯的功用及安装位置如表 4－1 所示。汽车照明与信号系统的安装位置示意如图 4－2 所示。

表 4－1 汽车上主要照明灯的功用及安装位置

灯具名称	功用	安装位置
前照灯	用于照亮车前的道路和物体，确保行车安全。同时还可利用远光、近光交替变换作夜间超车信号。 车辆夜间行车时，通常采用远光，而当对面有车来即会车时，应换用近光，超车时也应用远近光的变换来提醒被超车辆注意	前照灯安装在汽车头部的两侧，每辆车装 2 只或 4 只。 灯泡功率：远光灯 45～60 W，近光灯 25～55 W
雾灯	用于雨雪天和雾天道路照明并提供本车位置信息，保证行车安全。 前雾灯颜色通常为黄色，因为黄色光的光波较长，能够穿透浓雾；后雾灯通常可为黄色或红色	包括前雾灯和后雾灯，安装在汽车前部和后部。雾灯功率一般为 35 W
倒车灯	用于驾驶员倒车时，向其他车辆发出倒车信号，以提醒后方车辆和行人注意安全。 此外，倒车灯还有照亮后方道路的作用	装在汽车尾部
牌照灯	用于夜间照亮牌照，要求夜间 20 m 内应能认清车辆牌号	装在汽车尾部车牌上方或左右两侧
仪表灯	用于夜间对仪表的照明，没有单独的开关，随小灯一起进行控制	一般装在汽车仪表板内部，数量较多，功率较小，一般只有 2～8 W
顶灯	用于对车辆内部进行照明，一般夜间行车时为保证安全不开，只在需要时临时打开	装在驾驶室或车厢内部。灯光为白色，灯罩大多采用透明塑料制成，功率一般为 5～8 W

续表

灯具名称	功用	安装位置
行李舱灯	用于对车辆后备厢（行李舱）进行照明	一般装在轿车行李厢内部，白色，功率一般为 5 ~ 8 W
工作灯	工作灯是修理车辆时使用的灯具	一般汽车上只装设工作灯插座，是配带有一定长度导线的可移动式灯具，白色，功率一般为 8 ~ 20 W
踏步灯（门灯）	用来照明车门附近，方便乘员上下车	白色，功率一般为 5 ~ 8 W

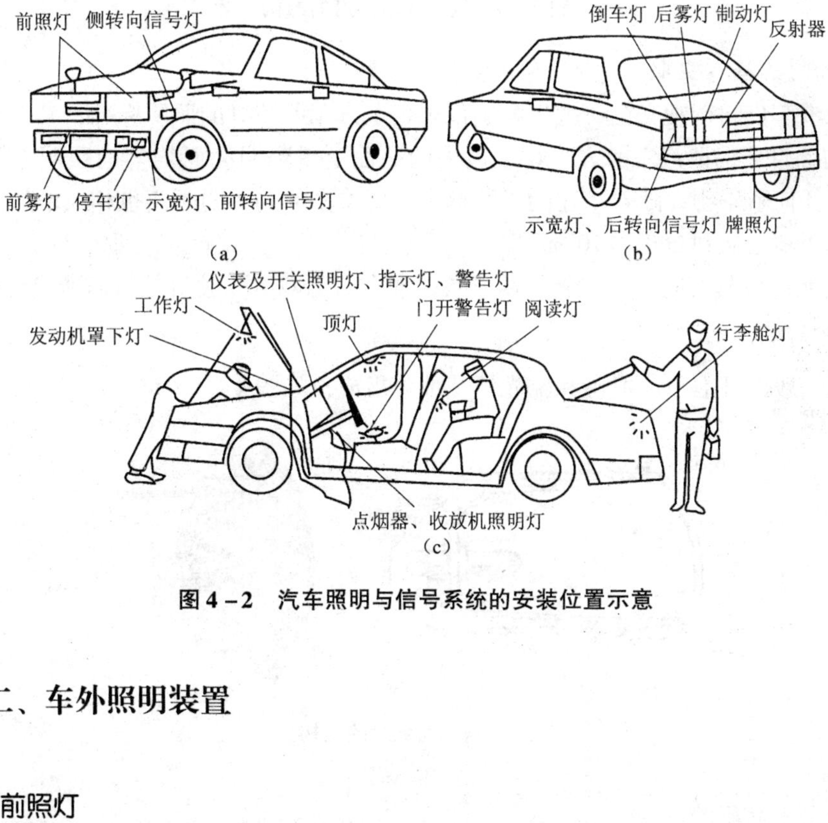

图 4 –2　汽车照明与信号系统的安装位置示意

二、车外照明装置

（一）前照灯

前照灯又称大灯，装于汽车头部两侧，其功用是在夜间行车时照亮车前的道路及物体，同时可以利用近、远光变换信号超越前方车辆，在各型汽车的所有照明装置中，前照灯是最重要的照明装置。为使汽车外形美观，目前汽车上普遍采用组合式前照灯，即将前照灯、前小灯、前转向信号灯组合在一起，如图 4 –3 所示。

前照灯包括远光灯和近光灯两种。远光灯用于保证车前有明亮而均匀的照明，使驾驶员能辨明 100 m 以内道路上的任何障碍物；近光灯在会车和市区内使用，用于保证夜间车前 50 m 内的路面照明，以及避免两车交会时造成驾驶员炫目而发生事故。

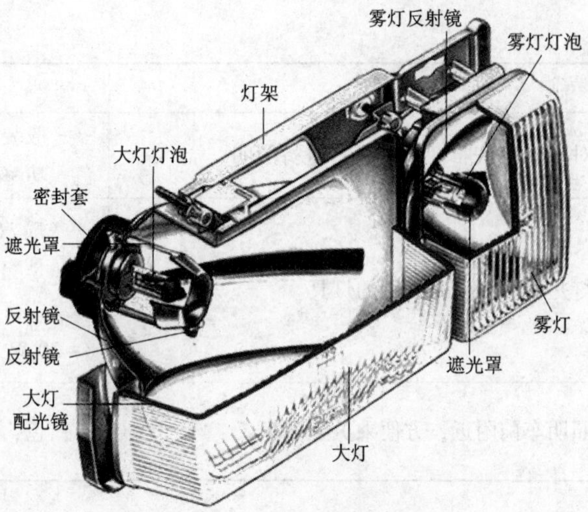

图 4－3　组合式前照灯的结构

1．前照灯的基本要求

为确保汽车夜间行驶安全，世界各国都规定了汽车前照灯的照明标准，其基本要求为：

（1）前照灯应保证汽车前方 100 m 以内的路面上得到明亮而均匀的照明，驾驶员能辨明路面上的任何障碍物。随着车速的不断提高，要求车前的照明距离也相应增加。现代汽车要求照明的距离已达到 200～270 m。

（2）前照灯应具有防炫目装置，防止夜间会车时因对方驾驶员炫目而造成交通事故。

2．前照灯的结构

前照灯一般由灯泡、反射镜和配光镜三部分组成，如图 4－4 所示。

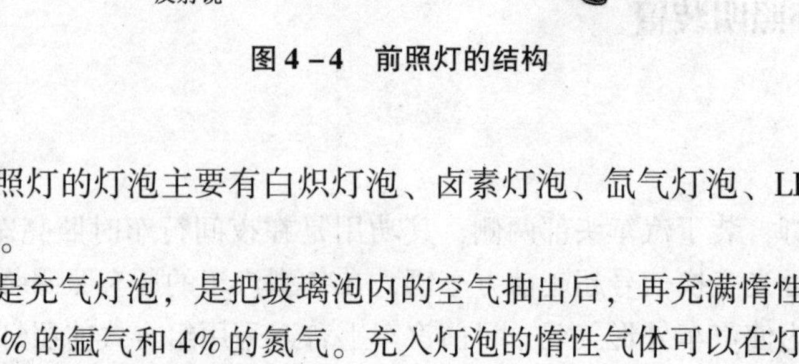

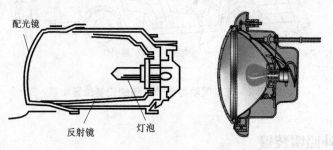

图 4－4　前照灯的结构

1）灯泡

目前，汽车前照灯的灯泡主要有白炽灯泡、卤素灯泡、氙气灯泡、LED 照明四种类型。

（1）白炽灯泡。

前照灯的灯泡是充气灯泡，是把玻璃泡内的空气抽出后，再充满惰性混合气体。一般充入的惰性气体为 96% 的氩气和 4% 的氮气。充入灯泡的惰性气体可以在灯丝受热时膨胀，增大压力，减少钨的蒸发，提高灯丝的温度和发光效率，节省电能，延长灯泡的使用寿命。虽然充气灯泡的周围抽成真空并充满了惰性气体，但是灯丝的钨质点仍然要蒸发，使灯丝损耗。而蒸发出来的钨沉积在灯泡上，使灯泡发黑。

前照灯用白炽灯泡结构如图 4－5 所示。

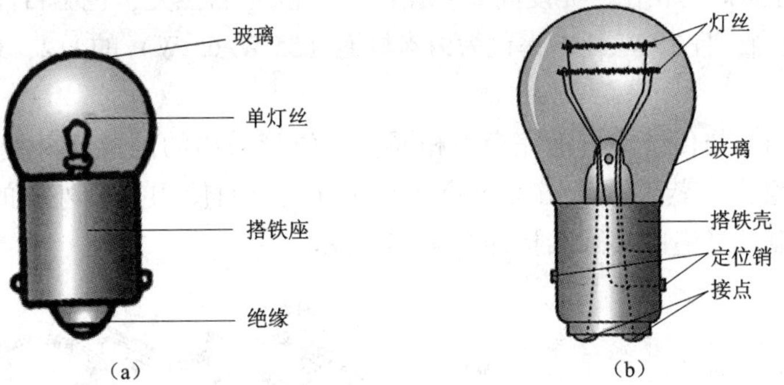

图 4－5　白炽灯泡

(a) 单丝灯泡；(b) 双丝灯泡

部分白炽灯泡为双灯丝，共用搭铁接点，双丝灯泡用于制动灯/尾灯及远/近光前照灯，各灯丝有自己的接点，因此可做两种用途。由于白炽灯泡的体积大、耗电且寿命短，因此已被逐渐淘汰。

(2) 卤素灯泡。

卤素灯泡从 1960 年开始在汽车上采用，它是在惰性气体中加入一定量的卤族元素制成的。卤族元素是指碘、溴、氯、氟等元素。现在灯泡使用的卤族元素一般为碘或溴，叫作碘钨灯泡或溴钨灯泡。卤素灯泡的结构如图 4－6 所示。

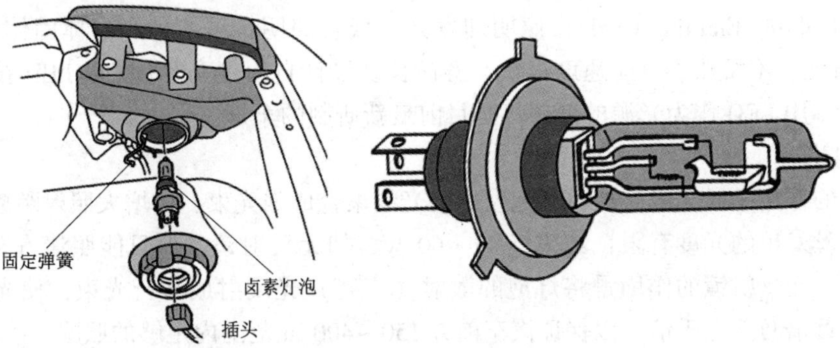

图 4－6　卤素灯泡

卤钨灯泡是利用卤钨再生循环反应的原理制成的，卤钨再生循环的基本作用过程是：从灯丝蒸发出来的气态钨与卤族元素反应生成一种挥发性的卤化钨，它扩散到灯丝附近的高温区又受热分解，使钨重新回到灯丝上，被释放出来的卤素继续扩散参与下一次循环反应，如此周而复始地循环下去，从而防止钨的蒸发和灯泡的发黑现象。

卤钨灯泡尺寸小，泡壳用耐高温、机械强度较高的石英玻璃制成，所以充入惰性气体的压力较高。因工作温度高，灯内的工作气压将比其他灯泡高得多，故钨的蒸发也受到更为有力的抑制，使用寿命长，目前得到广泛应用。

(3) 氙气灯泡。

氙气灯泡内部充满包括氙气在内的惰性气体混合体，是一种在两电极间因高电压产生电弧而在灯泡内产生光度的装置，简称 HID（High Intensity Discharge）氙气灯。HID 灯泡产生浅蓝色光，灯泡内无灯丝，1993 年由飞利浦公司首次成功研发。

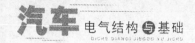

氙气灯泡与卤素灯泡相比，亮度高2～3倍，光色接近自然光，色温目前可达6 000 K，比日光的5 000 K更白，且35 W耗电率仅为卤素灯泡（55 W/65 W）的1/2，3 500 h的寿命为卤素灯泡的5倍。

氙气灯泡的结构与传统的灯泡完全不相同，其外管采用的是抗紫外线（UV）玻璃，这是因为HID灯泡会产生紫外线而伤害塑胶材质的灯具，而使用抗紫外线的石英玻璃外管可以遮蔽紫外线。氙气灯泡的实际结构如图4－7所示。

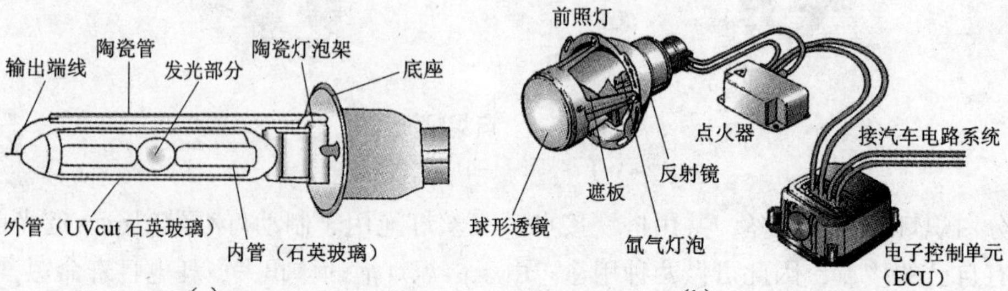

（a）　　　　　　　　（b）

图4－7　氙气灯泡

（a）氙气灯泡结构；（b）HID前照灯

氙气灯泡的优点为亮度高，且体积更小、更省电及寿命更长；但其缺点为成本和维修费用高，具有高电压的危险性，且无远光灯等，不过远光灯部分目前已获得改善。

（4）LED照明。

LED（Lighting Emitting Diode）照明即发光二极管照明，是一种半导体固体发光器件。由于LED省电、不发热、反应速度极快、寿命长及设计自由度高等优点，LED技术目前已被广泛应用，用LED作为光源的前照灯是目前最新研制的车灯。

2）反射镜

反射镜的作用是最大限度地将灯泡发出的光线聚合成强光束，以增大照射距离。由于前照灯灯泡灯丝发出的光度有限，功率仅45～60 W，如无反射镜，那只能照清汽车灯前6 m左右的路面。而反射镜的作用是将灯泡的散射（直射）光反射成平行光束，使光度大大增强，增强几百倍乃至上千倍，以保证汽车前方150～400 m范围内足够的照明。

反射镜一般呈抛物面状，内表面镀铬、铝或银，然后抛光，目前多采用真空镀铝。反射镜依反射原理，将灯泡产生的发散光线汇聚成集中光束，灯丝与反射镜间的相对位置不同，反射光线情况也不同，如图4－8所示。

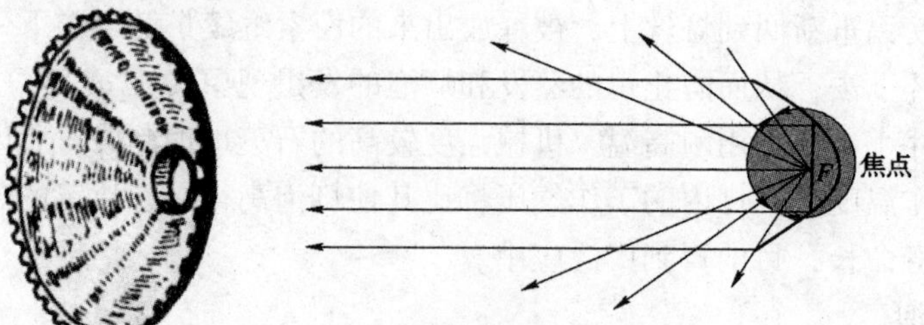

（a）

图4－8　反射镜

（a）反射镜的聚光作用

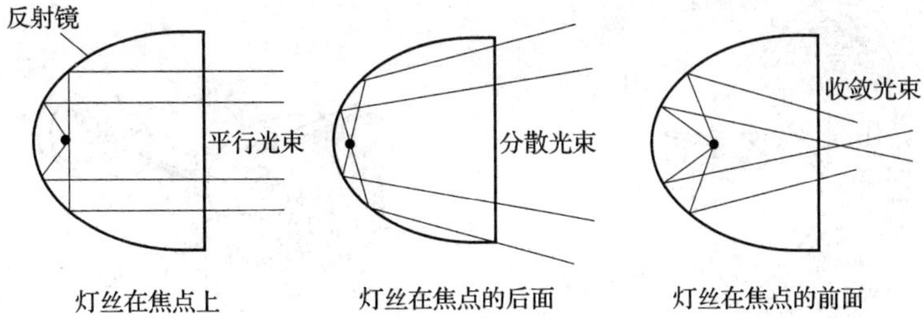

（b）

图 4－8　反射镜（续）

（b）灯丝位置不同所反射光线的情形

3）配光镜

配光镜也称散光玻璃，是用透明玻璃压制而成的棱镜和透镜的组合体，反射的光线经镜头可再改善，镜头能再分配反射的光束及散射的光线，故可得较佳的照明。

玻璃或塑胶镜头上有许多纵、横或不规则的条纹，整个镜头可分割成极大数量的方形块，也就是每一个单独的小镜头均会引导光线，来改善光线的投射或光束的形式，如图 4－9 所示。

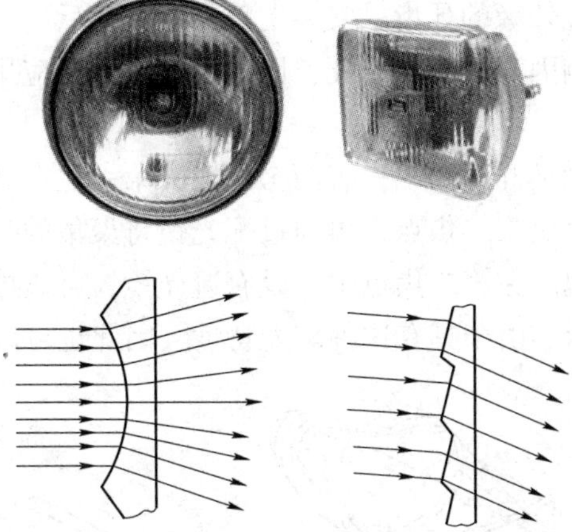

图 4－9　配光镜

3．前照灯的类型

前照灯按不同的分类标准，种类是不一样的，其中按前照灯光学组件的结构不同，可将其分为可拆式、封闭式、半封闭式和投射式前照灯几种。

1）可拆式前照灯

可拆式前照灯，反射镜和配光镜分别安装而构成组件，该灯气密性差，反射镜易受湿气和尘埃污染而降低反射能力，严重降低照明效果，目前已很少采用。

2）封闭式前照灯

封闭式前照灯（又叫真空灯），其反射镜和配光镜用玻璃制成一体，形成灯泡，里面充以惰性气体。灯丝焊在反射镜底座上，反射镜的反射面经真空镀铝，其结构如图 4－10（a）所示。

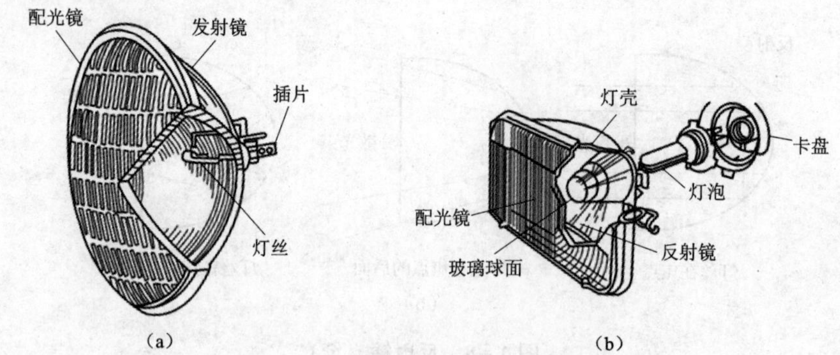

图 4-10　封闭式和半封闭式前照灯

(a) 封闭式；(b) 半封闭式

由于封闭式前照灯完全避免了反射镜被污染以及遭受大气的影响，其反射效率高，照明效果好，使用寿命长，得到了较快普及。但当灯丝烧断后，需要更换整个总成，成本高，因此限制了它的使用范围。

3）半封闭式前照灯

半封闭式前照灯的结构如图 4-10（b）所示，其配光镜靠卷曲反射镜边缘上的牙齿而紧固在反射镜上，二者之间垫有橡皮密封圈，灯泡只能从反射镜后端装入。当需要更换损坏的配光镜时，应撬开反射镜外缘的牙齿，安装上新的配光镜后，再将牙齿复原。由于这种灯具减少了对光学组件的影响因素，维修方便，因此得到了广泛应用。

4）投射式前照灯

投射式前照灯的反射镜呈椭圆形状，有两个焦点，第一焦点处放置灯泡，第二焦点是由光线形成的。凸形配光镜聚成第二焦点，再通过配光镜将聚集的光投射到前方。投射式前照灯所采用的灯泡为卤钨灯泡。在第二焦点附近设有遮光镜，可遮挡上半部分光，形成明暗分明的配光，如图 4-11 所示。由于具有这种配光特性，因此也可用于雾灯。

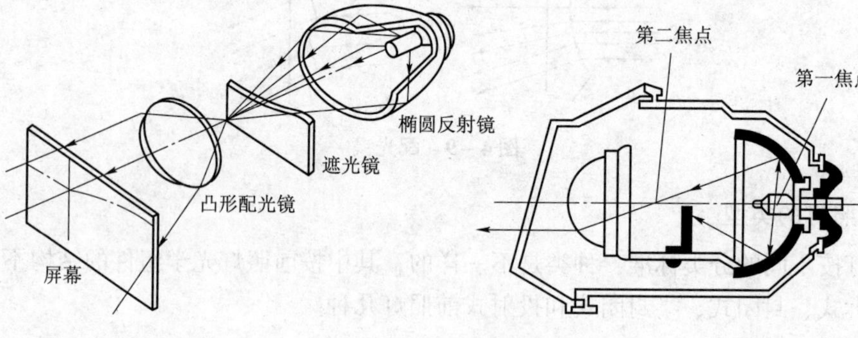

图 4-11　投射式前照灯

4. 前照灯的防炫目措施

光源发出的强光束突然射入人的眼睛，刺激视网膜，人眼就会因瞳孔来不及收缩而本能地闭合眼睛，或只看见亮处而看不见暗处物体的生理现象（即视盲），叫作炫目。夜间行驶时，汽车前照灯的强光束易造成对面车辆的驾驶员炫目，从而引发交通事故。为保障夜间的会车安全，汽车前照灯必须具有良好的防炫目措施。目前，汽车前照灯的防炫目措施主要有以下 4 种。

1）采用双丝灯泡远近光变换

远光灯丝位于反射镜的焦点上，功率为 45 ~ 60 W；近光灯丝位于反射镜焦点前上方，功率为 20 ~ 50 W。当夜间行车对面无来车时，接用远光灯丝，使前照灯束射向远方，便于提高车速；当两车会车时，接用近光灯丝，使光束倾向路面，从而避免会车驾驶员的炫目，并使车前 50 m 内的路面照得十分清晰。远近光双丝灯泡如图 4 – 12 所示。

2）采用带遮光罩的双丝灯泡

上述防炫目措施只能减轻炫目，还不能彻底防止炫目。因为近光灯丝射向反射镜下部的光线经反射后，将倾斜向上照射（高于主光轴），仍会使会车驾驶员炫目。为克服这一缺陷，现代汽车均在近光灯丝下方安装有遮光罩，如图 4 – 13 所示。这样，当使用近光灯时，遮光罩能将近光灯丝射向反射镜下部的光线遮挡住，使其无法反射，从而提高防炫目效果。

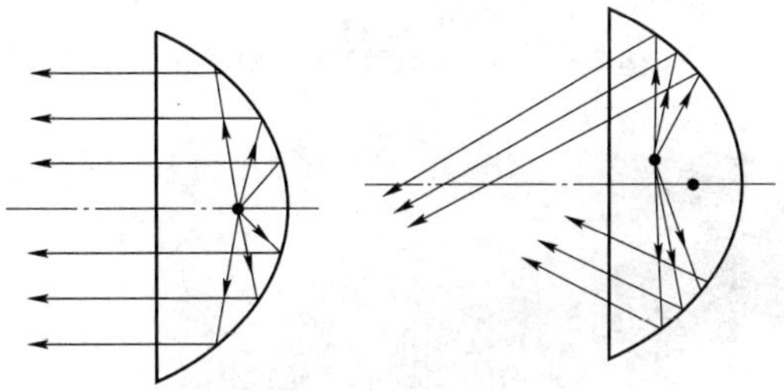

图 4 – 12　远近光双丝灯泡

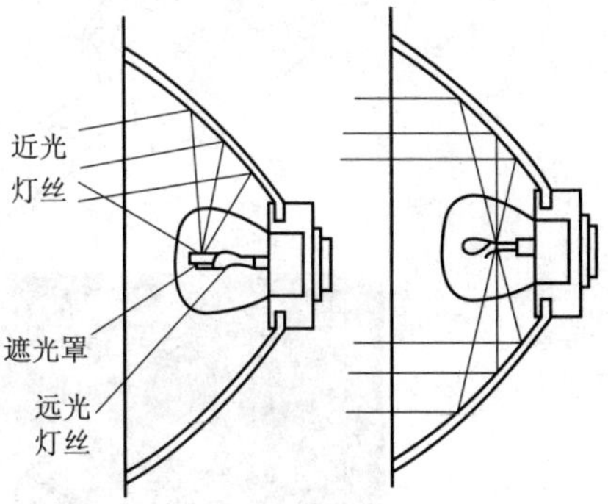

图 4 – 13　带遮光罩的双丝灯泡

3）非对称形配光

这是一种新型的防炫目前照灯，安装时将遮光罩偏转一定的角度，使其近光的光形分布不对称，将近光灯右侧光线倾斜升高 15°，形成一条明显的明暗截止线，其配光光形如图 4 – 14（b）所示。

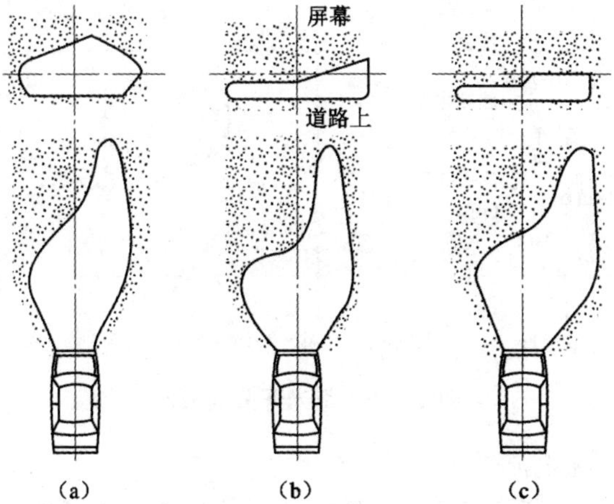

图 4 – 14　前照灯的配光光形

（a）对称形；（b）E 形非对称形；（c）Z 形非对称形

4）Z 形配光

近来，国外又发展了一种更优良的光形，明暗截止线呈 Z 形，故称为 Z 形配光。Z 形配光方式不仅可以避免迎面来车的驾驶员炫目，还可以防止迎面而来的行人和非机动车使用者炫目，更加保证了汽车夜间行驶的安全，其配光光形如图 4－14（c）所示。

5．前照灯控制电路

前照灯控制电路一般由电源、前照灯控制开关、变光开关和前照灯继电器等组成。

1）前照灯控制开关

现代汽车通常将前照灯与转向灯、刮水器与洗涤器的开关组合在一起，形成组合式开关，装在转向盘下方。组合开关的左侧开关可操纵前照灯和转向灯，右侧开关则用以操纵刮水器和洗涤器电动机。前照灯控制开关如图 4－15 所示。

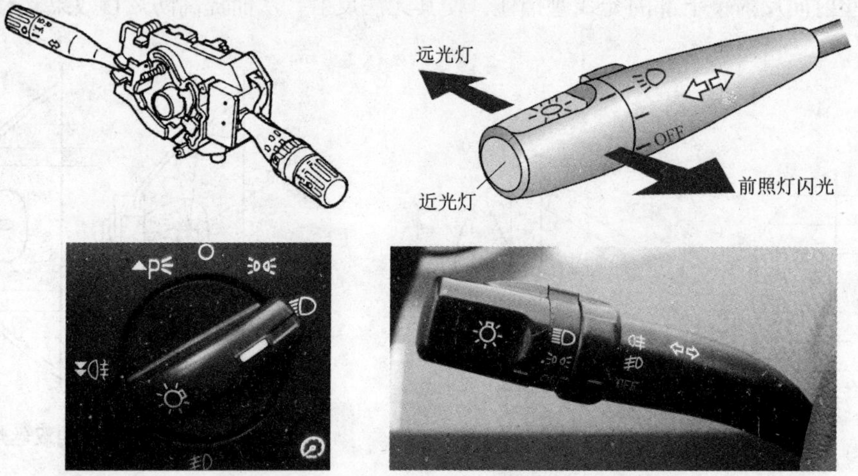

图 4－15　前照灯控制开关

灯光开关的挡位：关闭（Off）、小灯挡（Park）、大灯挡（Head），如图 4－16 所示。

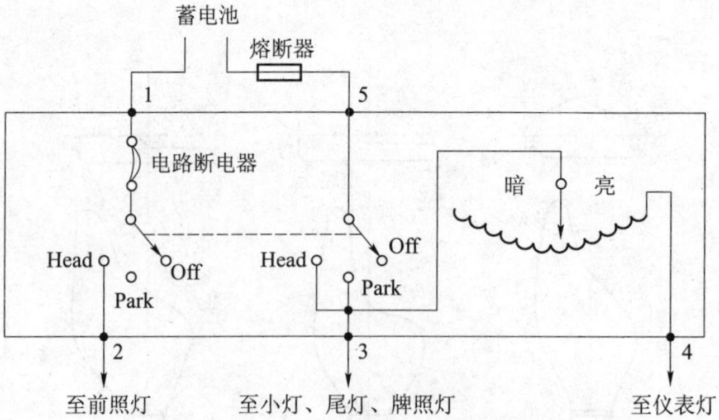

图 4－16　灯光开关的挡位

关闭（Off）：关灯，无电流进入。

小灯挡（Park）：电流送到驻车灯、尾灯、仪表灯、示宽灯和牌照灯等。

大灯挡（Head）：电流送到第二位置和前照灯。

2）变光开关

前照灯必须能选择使用远光或近光行驶，因此前照灯电路必须由变光开关来控制。现代汽车都是利用前照灯开关做变光作用，因此没有单独的变光开关。

前照灯开关除做小灯及前照灯的控制外，也可变换远近光或将操纵杆扳到底做前照灯闪光，前照灯闪光在前照灯开关关闭时也有作用。变光开关如图 4－17 所示。

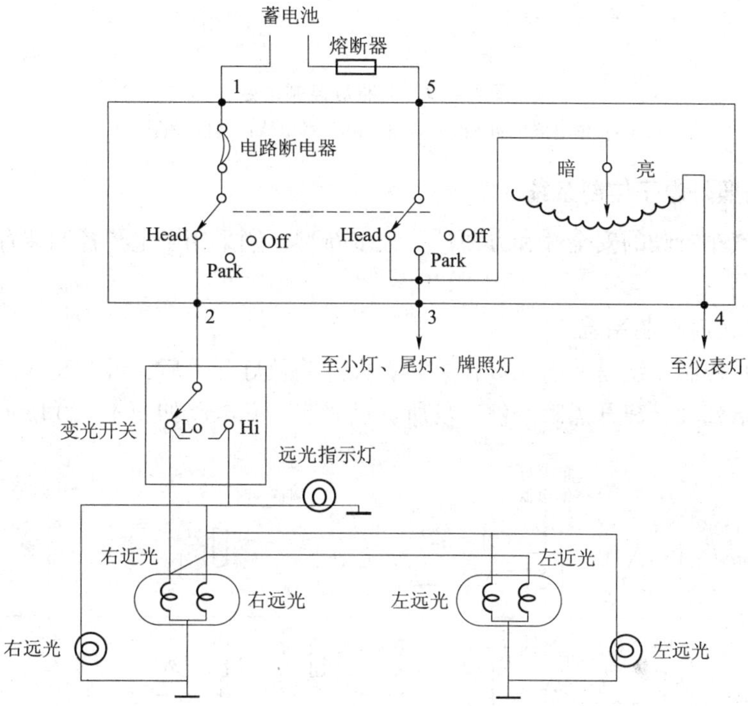

图 4－17　变光开关

3）前照灯继电器

前照灯的工作电流较大，如用车灯开关直接控制前照灯，车灯开关易烧坏，因此在灯光电路中常设有灯光继电器，以保护车灯开关。目前，汽车上常将远光与近光分别用一个单独的继电器来控制。图 4－18 所示为触点常开式前照灯继电器的结构和原理，端子 SW 与前照灯开关相连，端子 E 搭铁，端子 B 与电源相连，端子 L 与变光开关相连。当接通前照灯开关后，继电器铁芯通电，触点闭合，通过变光开关向前照灯供电。

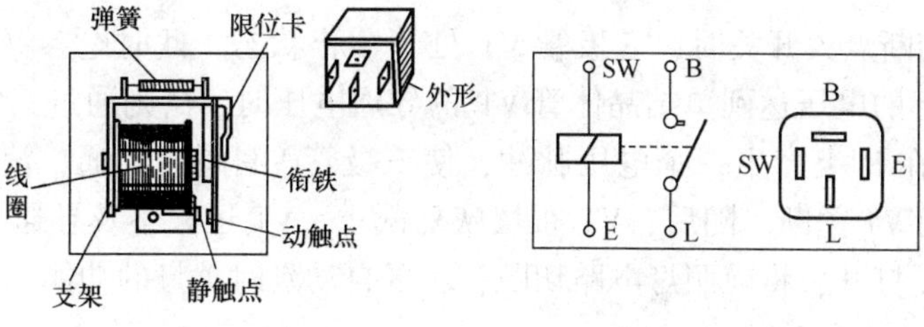

图 4－18　触点常开式前照灯继电器的结构和原理

因车型不同，前照灯电路按继电器控制方式分为继电器控制火线式和继电器控制搭铁式两种，如图 4－19 所示。

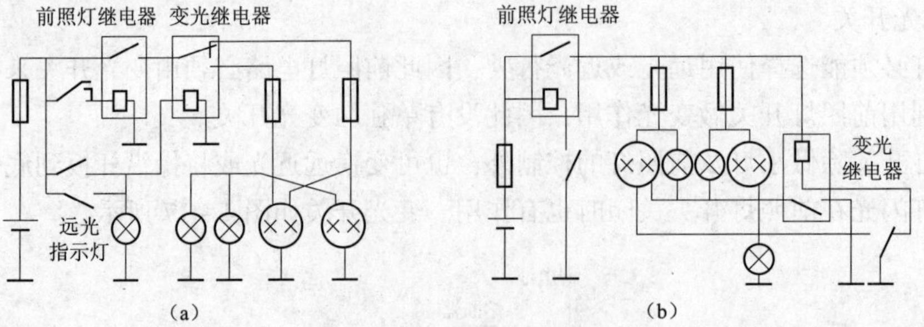

图 4-19　前照灯控制电路

(a) 继电器控制火线式电路；(b) 继电器控制搭铁式电路

6. 新型前照灯电子控制系统

为了提高汽车行驶的安全性和方便性，很多新型车辆采用了电子控制装置，以实现对前照灯的自动控制。

1）前照灯延时控制系统

前照灯延时控制系统是使前照灯在关闭点火开关及灯开关后，继续亮一段时间，然后自动熄灭，以便给驾驶员离开黑暗的停车场所提供照明。其电路如图 4-20 所示。

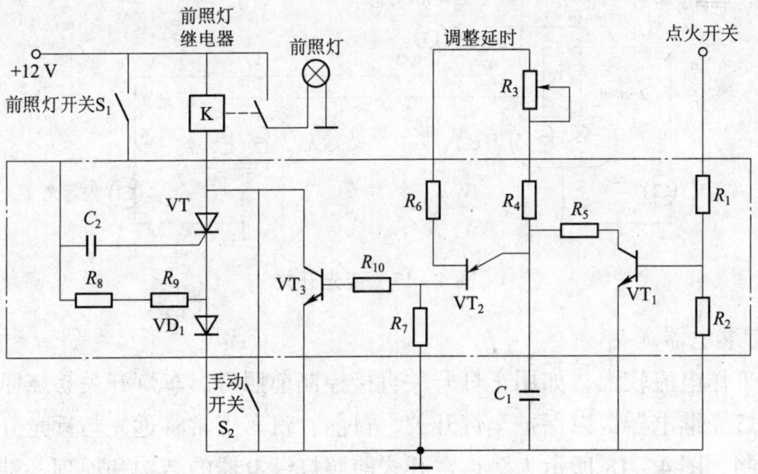

图 4-20　前照灯的延时控制系统

工作原理：

当汽车停驶切断点火开关时，三极管 VT_1 处于截止状态，此时电容器 C_1 立即经 R_3、R_4 开始充电，当 C_1 上的电压达到单结晶体管 VT_2 的导通电压时，C_1 则通过其发射极、基极和电阻 R_7 放电，于是在 R_7 上产生一个电压脉冲，使三极管 VT_3 瞬时导通，消除加于晶闸管 VT 上的正向电压，使 VT 关断。随后，VT_3 很快恢复截止，VT 还来不及导通，前照灯继电器 K 失电而使其触点 K 打开，将前照灯电路切断，实现自动延时关灯的功能。

2）前照灯自动变光系统

前照灯自动变光系统能够根据迎面来车的灯光，自动调节前照灯的近光和远光。当在 200 m 以外有对方车辆灯光信号时，变光器能够自动地将本车的远光变为近光，从而避免给对方驾驶员带来炫目；两车交会后，前照灯又可自动恢复为远光。该系统主要由光传感器、信号放大器和功率继电器等组成，光传感器一般安装于通风栅之后、散热器之前，其电路如图 4－21 所示。

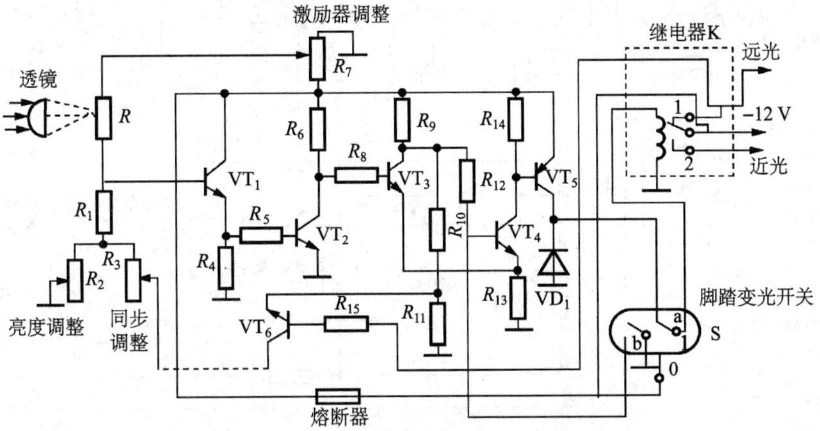

图 4－21　前照灯自动变光系统

工作原理：

前照灯的初始状态是远光灯工作，此时在继电器 K 作用下将电源“+”与至远光灯丝的接柱“1”连通。当迎面来车的灯光照射于光敏电阻 R_1 上时，R_1 的阻值将减小，三极管 VT_1 获得正向偏压而导通，VT_2 亦导通，使得 VT_3 截止而 VT_4 导通，并把低电平信号送至功率三极管 VT_5 的基极，VT_5 导通，使继电器 K 得电动作，断开远光灯丝接线柱而接通近光灯丝接线柱，这个时候，汽车前照灯由远光照明转换成近光照明。

当两车交会之后，该变光器光敏电阻 R_1 上的光信号消失，R_1 阻值增大，三极管 VT_1 截止，VT_2 亦截止；多谐振荡器翻转一次；VT_3 导通，VT_4 截止，输出高电平至 VT_5 的基极，VT_5 截止，切断继电器 K 线圈中的电流，其触点恢复接通远光灯丝接线柱，即恢复前照灯的远光照明。

如果前照灯处于远光灯工作时，用脚踏下机械式变光开关 S，S 就由“a”位置转到“b”位置，此时继电器 K 的线圈可由电源“+”→“b”→S 而获得电流，于是继电器 K 得电动作，使前照灯由远光变为近光。与此同时，三极管 VT_4 的基极直接接地，使多谐振荡器停滞不再振动。

3）前照灯昏暗自动发光系统

前照灯昏暗自动发光系统能够在汽车行驶过程中（并非夜间行驶），当汽车前方自然光的强度降低到一定程度时，自动将前照灯电路接通，开灯行驶以确保行车安全。例如汽车通过高架桥、林荫小道、树林或天空突然乌云密布等情况下，能够自动接通前照灯电路，为车辆行驶提供足够的照明。前照灯昏暗自动发光系统如图 4－22 所示。

4）随动转向前照灯系统

随动转向前照灯系统（Adaprive Front Lingting Systen，AFS），也称为主动转向前照灯，主要由传感器组、传输通路、处理单元和执行机构组成。它能够不断对前照灯进行动态调节，由转向盘下面的转向柱中的角速度传感器直接给灯光控制电动机或者辅助补偿灯一个信号，使其按照驾驶员需要做的转向角度自动转向或者向需要转向的一侧打亮补偿灯光，从而减少视觉盲区。随动转向前照灯系统简图与控制器原理如图 4－23 所示。

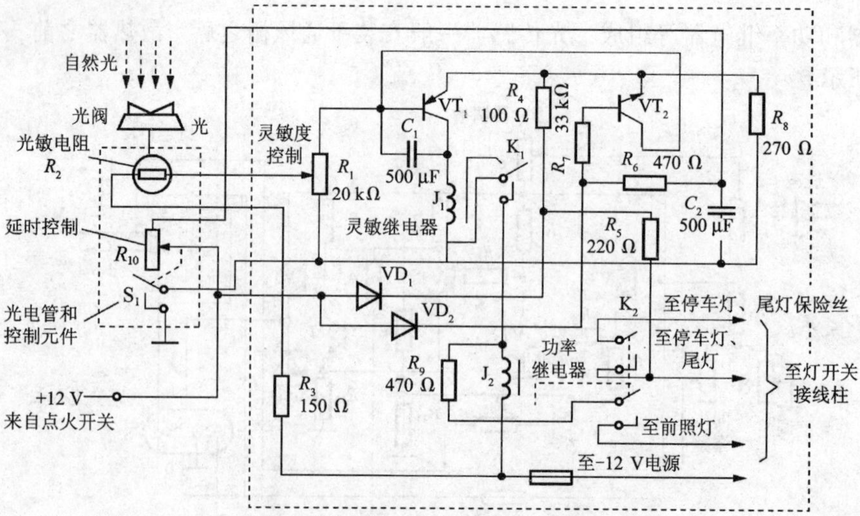

图 4-22　前照灯昏暗自动发光系统

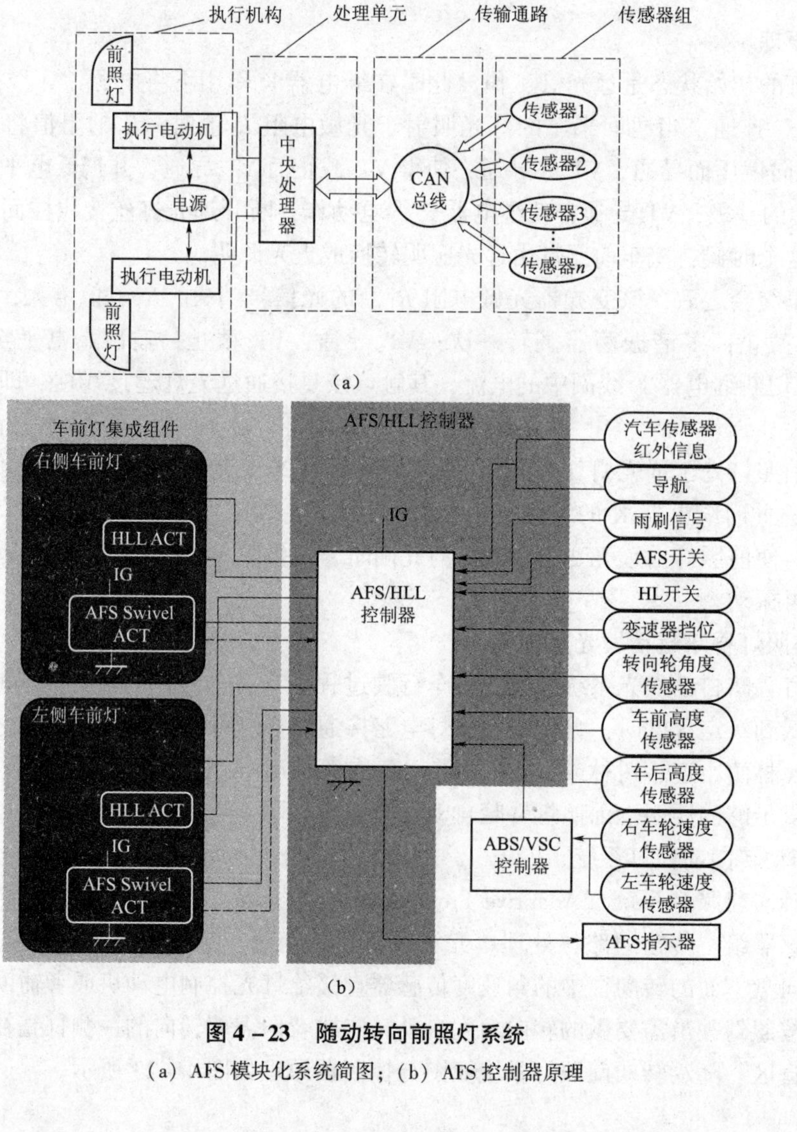

图 4-23　随动转向前照灯系统

（a）AFS 模块化系统简图；（b）AFS 控制器原理

7. 前照灯的使用与维护

1）前照灯的正确使用

前照灯安装要牢固，光学组件要配套，不要随意更换不同功率的灯泡；在使用时应注意前照灯的密封，防止水及灰尘进入，以免污染反射镜。

2）前照灯的维护

（1）前照灯的清洁：清洗前照灯的配光玻璃表面灰尘，并用抹布擦干。

（2）前照灯外观的检查：检查前照灯的配光玻璃是否破裂，如果有，则更换前照灯；检查前照灯安装是否牢固，如果有松动，则予以紧固。

（3）前照灯工作情况的检查：检查两侧前照灯的远光或近光是否同时点亮，远近光变换是否正常，如果前照灯工作异常，则予以检修。

（4）前照灯光束的检查：检查前照灯的近光束照射位置可使用屏幕检查法或检验仪检查法。检查时，场地应平整，轮胎气压正常，汽车空载（允许乘坐一名驾驶员），蓄电池电量充足，前照灯安装牢固。

① 屏幕检查法。如图 4－24 所示，汽车停在前照灯距幕布 *L*（一般为 10 m）正前方，两前照灯应分别进行检查，盖住一侧前照灯，检查另一侧前照灯的光束明暗截止线转角或中点是否落在幕布 *a* 或 *b* 点上，左、右差不得大于 100 mm，且明暗截止线应重合。如果不符合要求，则予以调整。

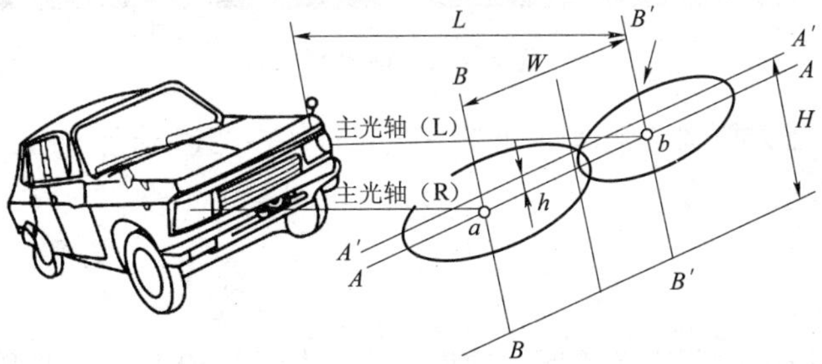

图 4－24　屏幕检查法

② 检验仪检查法。该方法可以检验前照灯的光束照射位置与发光强度或照度。检验仪有聚光式、屏幕式、投影式和自动追踪光轴式四种。FD－2 型投影式前照灯检验仪可以测得光轴的偏移量和发光强度，如图 4－25 所示。

（二）雾灯

雾灯用于雨、雪、雾或尘埃弥漫天气时的行车照明并具有信号作用。雾灯有前雾灯和后雾灯两种。前雾灯安装在汽车前部比前照灯稍低的位置，如图 4－26 所示。雾灯的光色规定为光波较长的黄色、橙色或红色，这是因为光波较长时，透雾性能好。雾灯由雾灯开关控制，有些汽车的雾灯开关又受灯光开关控制。

（三）倒车灯

倒车灯主要用于提供夜间倒车照明。当汽车倒行时，照亮车后路面和障碍物，以便安全倒车，同时可向其他车辆和行人发出倒车警告。

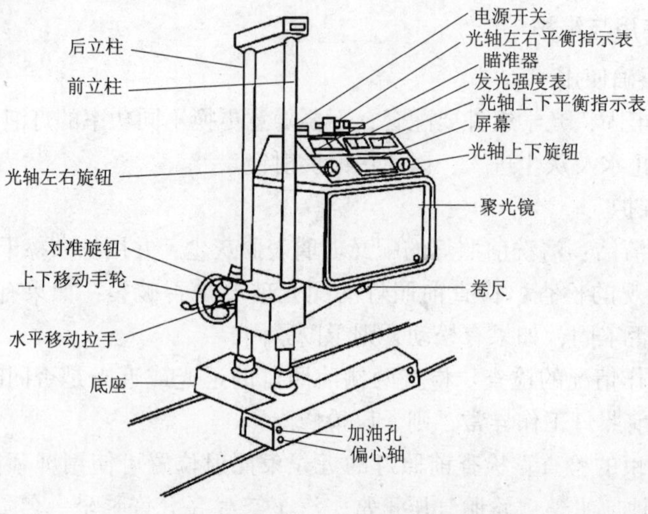

图 4-25　FD-2 型投影式前照灯检验仪

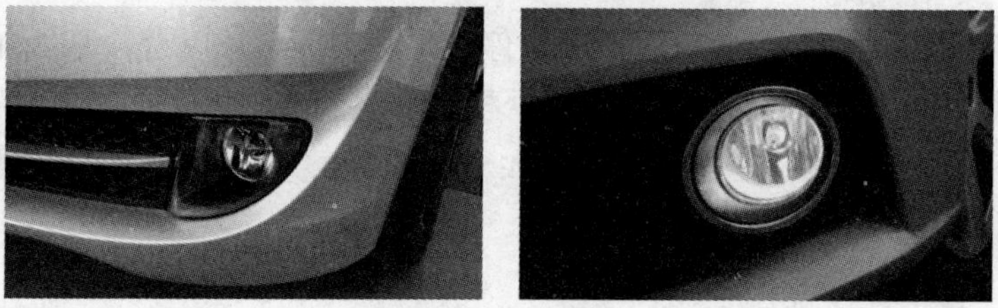

图 4-26　前雾灯

倒车灯受倒车灯开关控制，倒车灯开关一般都安装在变速器上，当挂上倒挡时，倒车灯开关将倒车灯电路接通而发亮。

(四) 牌照灯

牌照灯用于夜间行驶时照亮车牌照，前后牌照灯与示宽灯及尾灯并联，同时点亮，其灯泡功率多为 5 W，如图 4-27 所示。

图 4-27　牌照灯

三、车内照明装置

车内照明装置有仪表灯、阅读灯、顶灯、门灯、工作灯和行李舱灯等，如图 4-28 所示。

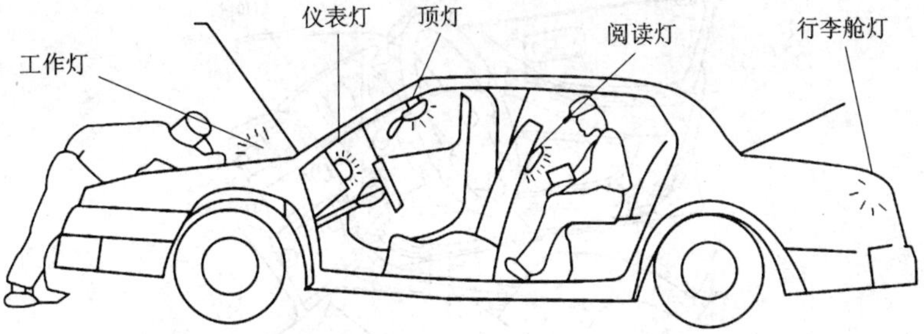

图 4－28　车内照明装置

（一）仪表灯

仪表灯的功用是照亮汽车仪表盘，以便驾驶员看清仪表显示的信息。仪表灯安装在仪表盘上，一般采用 2 W 左右的灯泡进行照明。

（二）阅读灯

阅读灯又称地图灯、个人灯、内小灯等，在前座椅上方，压下开关灯亮，点火开关在任何位置时均可作用，如图 4－29 所示。其灯泡功率容量为 5 ~ 8 W。

（三）顶灯

顶灯又称车内灯或室内灯，装在车顶的中央。其开关通常有三个位置：“OFF” 位置灯熄灭；“ON” 位置灯一直亮着；“DOOR” 位置在车门打开时灯才亮，车门关闭后熄灭。现代汽车利用定时器电路在车门关闭后使车顶灯持续点亮 10 ~ 15 s 才熄灭，以方便驾驶员及乘员。如图 4－30 所示，为一般车顶灯的电路，其灯泡功率为 10 W。

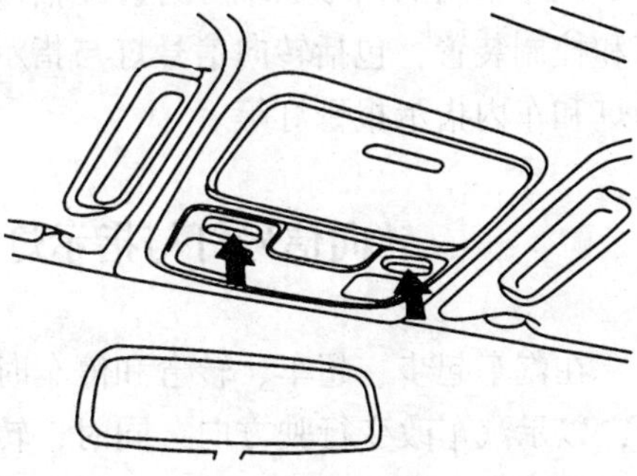

图 4－29　阅读灯

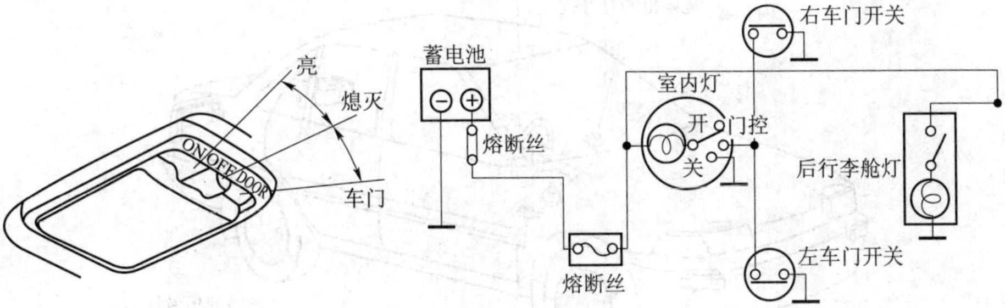

图 4－30　顶灯及其控制电路

（四）门灯

门灯又称探照灯，其灯泡功率约为 3.4 W。门灯装在四个车门下方，当车门打开时灯亮，照亮地面，以方便进出车辆的驾驶员及乘员，如图 4－31 所示。

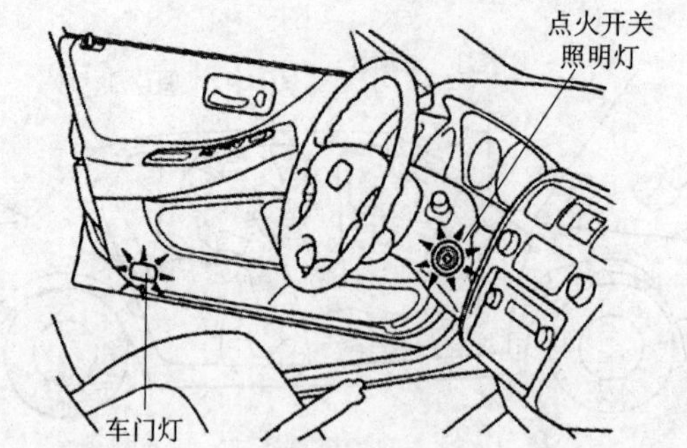

图 4－31　门灯

（五）行李舱灯

行李舱灯装在行李舱内，其灯泡功率为 5 W，当行李舱打开时灯亮。

第二节　灯光信号系统

汽车采用的信号系统分为灯光信号系统和声响信号系统两种。灯光信号系统指各种指示灯和控制装置，包括转向信号灯与指示灯、危险报警灯、制动信号灯、后雾灯、示宽灯、驻车灯和车内指示报警灯等。

一、转向信号灯与指示灯

在汽车起步、超车、转弯和停车时，左侧或右侧的转向信号灯会发出明暗交替的闪光信号，以示汽车改变行驶方向；同时，转向指示灯向驾驶员指示汽车转向方向和转向信号灯工作情况。转向信号装置在整车上的布置如图 4－32 所示。

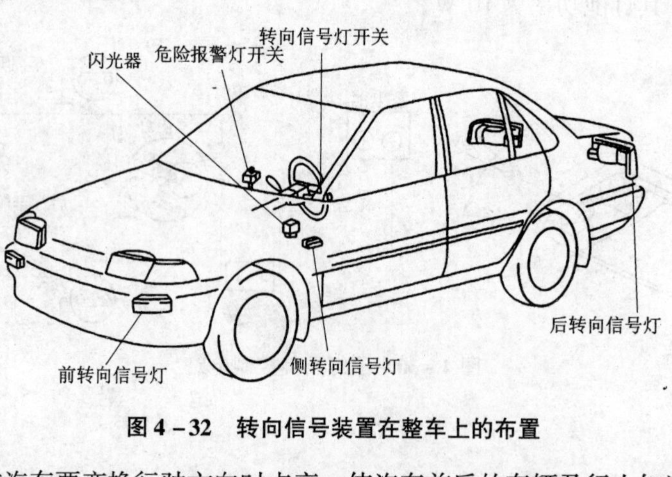

图 4－32　转向信号装置在整车上的布置

转向信号灯在汽车要变换行驶方向时点亮，使汽车前后的车辆及行人知道汽车的动向，以确保行车安全。它安装在汽车前后左右四个角的外部，功率一般为 20 W，为使转向信号醒目可靠，其信号灯光颜色采用橙色或琥珀色。转向信号灯信号距离要求在左右各 5°的视角范围内，无论是白天还是黑夜，能见距离不小于35 m，而在右偏30°～左偏30°的视角范围内，能见距离不小于10 m。闪光频率通常为60～120次/min，但以70～90次/min为宜，若其中一个灯泡烧坏，转向信号灯闪烁的周期变短，驾驶员可立即发现问题，给予适当的调整与检查，若损坏则需更换。

转向指示灯的功用是向驾驶员指示汽车转向方向和转向信号灯工作情况。转向指示灯安装在驾驶室仪表盘上，每辆汽车安装1～2只，受转向开关和闪光器控制。

大部分汽车使用的转向灯为闪烁式。其组成包括转向灯开关、左右车前转向灯、左右车后转向灯、侧转向灯及转向指示灯、闪光器、熔断丝、点火开关等。其灯泡通常为21 W，侧转向灯则使用5 W灯泡。当转向灯开关向左（右）扳时，电流流经蓄电池→点火开关→熔断丝→闪光器→转向灯开关→左（右）前、后、侧转向灯及指示灯搭铁，因闪光器的作用，灯以每分钟60～120次的速度不断闪烁，以警告其他驾驶员及行人。转向灯控制电路如图4－33所示。

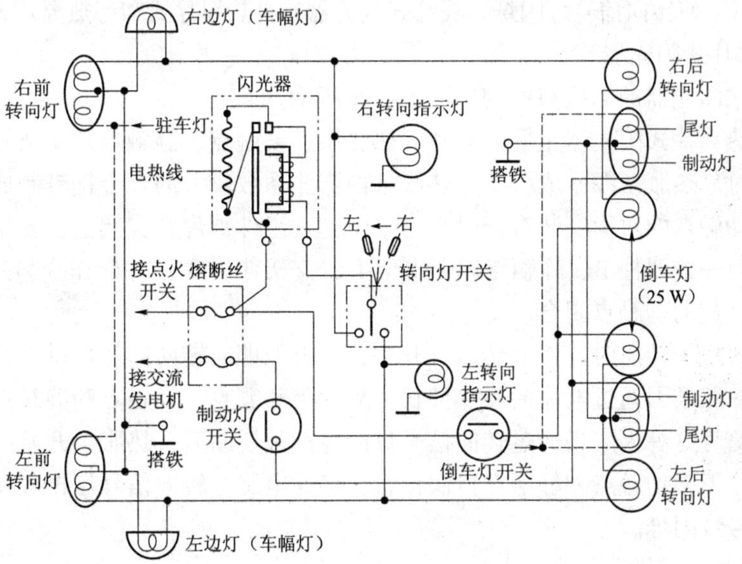

图4－33　转向灯控制电路

（一）转向灯开关

现代汽车的转向灯开关都是包含在组合开关内，用来控制转向灯电路的接通。拨动转向灯开关，可接通转向灯电路，左或右转向灯闪烁。转向灯开关如图4－34所示。

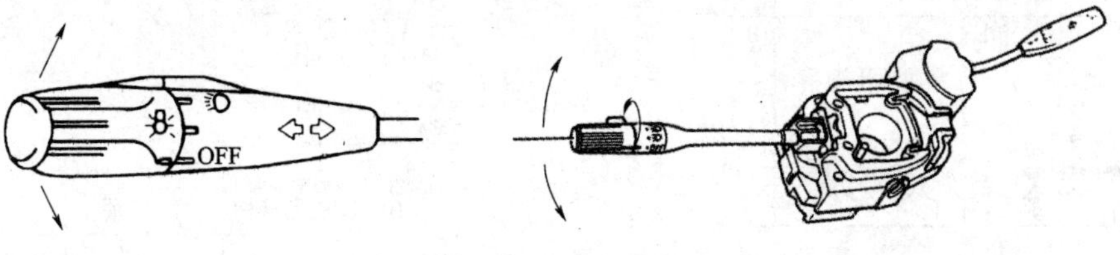

图4－34　转向灯开关

转向灯开关均为自动复原式，开关向顺时针方向扳动时为右转，向逆时针方向扳动时为左转，等汽车转弯后，转向盘开始回转时，转向灯开关自动复原至OFF位置，驾驶员不必在转弯后再将转向灯开关拨回。

（二）闪光器

转向及危险报警灯信号电路一般由转向灯、转向灯开关、危险警告灯开关和闪光器等组成。转向信号灯的闪烁是由闪光器控制的。

闪光器按结构和工作原理可分为电热丝式、电容式、翼片式、电子式、集成电路式等多种类型。电热丝式闪光器结构简单，但寿命短，闪光频率不够稳定，亮暗不够明显，目前很少使用；电容式闪光器闪光频率稳定；翼片式闪光器结构简单，体积小，闪光频率稳定，监控作用明显，工作时伴有响声；电子式闪光器具有性能稳定、可靠等优点，现已广泛使用。

1. 翼片式闪光器

翼片式闪光器是利用电流的热效应，以热胀条的热胀冷缩为动力，使翼片产生突变动作，接通和断开触点，使转向信号灯闪烁。翼片式闪光器有直热翼片式和旁热翼片式两种类型。

1）直热翼片式闪光器

直热翼片式闪光器的结构与原理如图 4 – 35 所示。

结构：直热翼片式闪光器主要由翼片、热胀条、动触点、静触点及支架等组成。翼片为弹性钢片，平时靠热胀条绷紧成弓形。热胀条由膨胀系数较大的合金钢带制成，在其中间焊有动触点，在动触点的对面安装有静触点，整个弹跳组件被焊在支架上，支架的另一端伸出底板外部作为另一接线柱 B。静触点焊在支架上，支架伸出底板外部作为另一接线柱 L。热胀条在冷态时，使动静触点闭合。

工作原理：汽车转向时，接通转向灯开关，蓄电池即向转向信号灯供电，转向信号灯立即发亮。这时热胀条因通过电流而发热伸长，翼片突然绷直，动触点和静触点分开，切断电流，于是转向信号灯熄灭。当通过转向信号灯的电流被切断后，热胀条开始冷却收缩，又使翼片突然弯成弓形，动触点和静触点再次接触，接通电路，转向信号灯再次发亮，如此反复变化使转向信号灯闪烁。

2）旁热翼片式闪光器

旁热翼片式闪光器的结构与原理如图 4 – 36 所示。

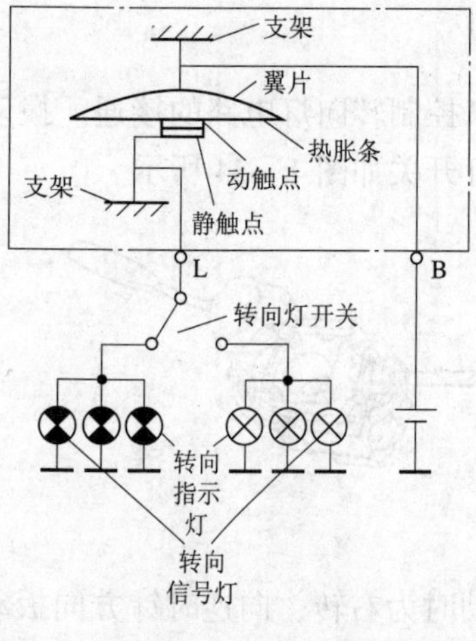

图 4 – 35　直热翼片式闪光器的结构与原理

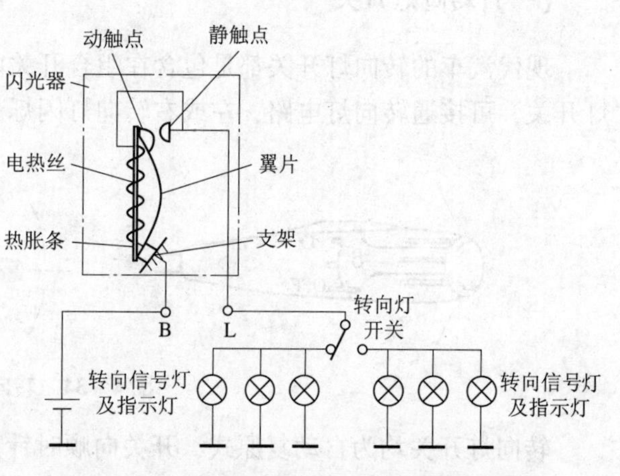

图 4 – 36　旁热翼片式闪光器的结构与原理

结构：旁热翼片式闪光器的主要功能零件是不锈钢制成的翼片，翼片上固定有热胀条，热胀条上绕有电阻丝，电阻丝的一端与热胀条相连，另一端与静触点相连，翼片靠热胀条绷成弓形。动触点固定在翼片上，整个弹跳组件焊在支架上，由支架伸出底板外部作接线柱用，静触点与接线柱相连。闪光器不工作时，动静触点处于分开状态。

工作原理：当汽车向左转弯时，接通转向灯开关，电流流经电阻丝、静触点、接线柱、转向灯开关、左转向信号灯和指示灯。这时信号灯上虽然有电流通过，但由于电阻丝的电阻较大，电路中电流较小，此时转向灯不亮。同时，电阻丝加热热胀条，使热胀条受热伸长，于是翼片依靠自身弹性使动静触点闭合。电流流经翼片、动触点、静触点、接线柱 L、转向灯开关、左转向信号灯和指示灯。此时由于电流不再通过电阻丝，电流增大，转向信号灯和指示灯发亮。同时，也因动静触点闭合，电阻丝被短路，使热胀条逐渐冷却收缩，拉紧翼片，动静触点再次分开。如此反复变化，使转向信号灯闪烁。

2. 电容式闪光器

电容式闪光器主要由一个继电器和一个电容器组成，如图 4－37 所示。在继电器的铁芯上绕有串联线圈和并联线圈，电容器采用大容量的电解电容器。电容式闪光器是利用电容器充放电延时特性，使继电器的两个线圈产生的电磁吸力时而相加，时而相减，继电器便产生周期的开关动作，从而使转向信号灯闪烁。

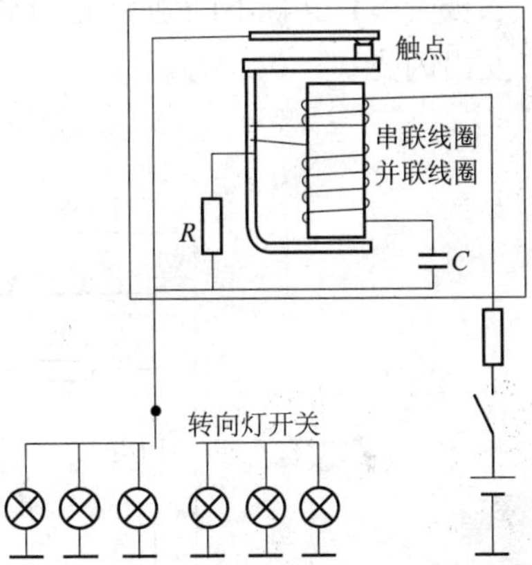

图 4－37　电容式闪光器的结构与原理

工作原理：

当汽车向左转弯时，接通转向灯开关，左转向信号灯就被串入电路中。此时并联线圈、电容器及电阻被触点短路，而电流通过线圈产生的电磁吸力大于弹簧片的作用力，触点迅速被打开，转向信号灯处于暗的状态（转向信号灯和指示灯尚未来得及点亮）。触点打开后，蓄电池经串联线圈、并联线圈向电容器充电，由于线圈电阻较大，充电电流很小，不足以使转向信号灯亮，则转向信号灯仍处于暗的状态。同时充电电流通过串联线圈和并联线圈产生的电磁吸力方向相同，使触点继续打开，随着电容器的充电，电容器两端电压逐渐升高，其充电电流减小，串联线圈和并联线圈的电磁吸力减小使触点重又闭合。

触点闭合后，转向信号灯和指示灯处于亮的状态。与此同时，电容通过线圈和触点放电，其放电电流通过线圈时产生的磁场方向与线圈相反，所产生的电磁吸力减小，故触点仍保持闭合，左转向信号灯和指示灯继续发亮。随着电容器的放电，电容器两端电压逐渐下降，其放电电流减小，则线圈的退磁作用减弱，串联线圈的电磁吸力增强，触点重又打开，灯变暗。如此反复，继电器的触点不断开闭，使转向信号灯和指示灯发出闪光。灭弧电阻与触点并联，用来减小触点火花。

3. 电子式闪光器

电子式闪光器由一个三极管的开关电路、电容器及继电器组成。电子式闪光器利用三极

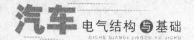

管的开关特性、电容器的充放电延时特性，控制继电器线圈的通断电，接通和断开触点，使转向信号灯闪烁。电子式闪光器分为带继电器的有触点电子闪光器和全晶体管式（无触点）闪光器。

1）带继电器的有触点电子闪光器

它主要由一个三极管的开关电路和一个继电器组成，如图 4－38 所示。当汽车向右转弯时，接通电源开关 S 和转向灯开关，电流流经电阻 R_1、继电器 J 的常闭触点 J、接线柱“L”、转向灯开关、右转向信号灯，右转向信号灯亮。当电流通过 R_1时，在 R_1上产生电压降，三极管 VT 因正向偏压而导通，集电极电流 I_C 通过继电器 J 的线圈，使继电器常闭触点立即断开，右转向信号灯熄灭。三极管 VT 导通的同时，VT 的基极电流向电容器 C 充电，随着电容器电荷的积累，充电电流逐渐减小，三极管 VT 的集电极电流 I_C 也随之减小，当此电流不足以维持衔铁的吸合而释放时，继电器 J 的常闭触点 J 又重新闭合，转向信号灯再次发亮。这时电容 C 通过电阻 R_2、继电器 J 的常闭触点 J、电阻 R_3放电。放电电流在 R_2上产生的电压降又为 VT 提供正向偏压使其导通。这样，电容器 C 不断地充电和放电，三极管 VT 也就不断地导通与截止，控制继电器的触点反复地闭合、断开，使转向信号灯发出闪光。

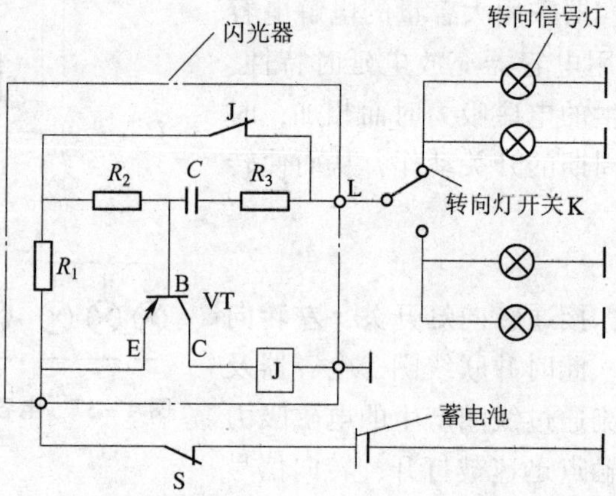

图 4－38　带继电器的有触点电子闪光器工作电路

2）全晶体管式（无触点）闪光器

无触点闪光器利用电容器放电延时的特性，利用三极管 VT_1的导通和截止来达到闪光的目的，如图 4－39 所示。接通转向灯开关后，三极管 VT_1的基极电流由两路提供，一路经电阻 R_2，另一路经 R_1和 C，使 VT_1导通，在其导通时，VT_2和 VT_3组成的复合管处于截止状态。由于 VT_1的导通电流很小，仅 60 mA 左右，故转向信号灯暗。与此同时，电源对电容器充电，随着电容器 C 两端电压的升高，充电电流减小，VT_1的基极电流减小，使 VT_1由导通变成截止。这时 A 点电位升高，当其电位达到 1.4 V 时，VT_2和 VT_3导通，于是转向信号灯亮。此时电容器 C 经过 R_1和 R_2放电，放电时间为灯亮时间。C 放完电，接着又充电，VT_1再次导通使 VT_2和 VT_3截止，转向信号灯又熄灭，C 的充电时间为灯灭的时间。如此反复，使转向信号灯发出闪光。改变 R_1和 R_2的电阻值和 C 的大小以及 VT_1的 β 值，即可改变闪光频率。

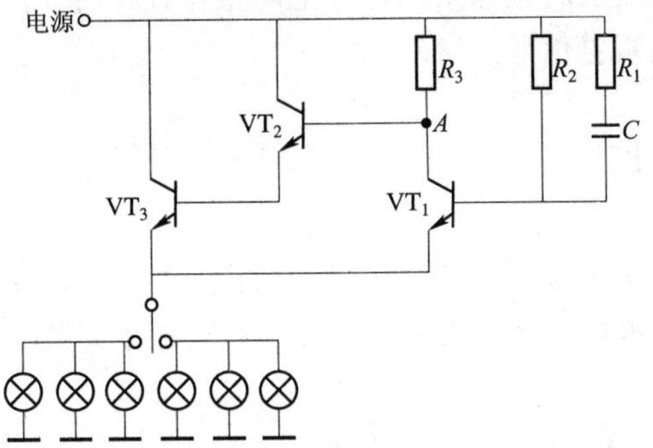

图 4－39　无触点电子闪光器工作电路

4. 集成电路闪光器

图 4－40 所示为集成电路闪光器的工作原理。U243B 型集成块的标称电压力 12 V，实际工作电压范围为 9 ~ 18 V，采用双列 8 脚直插塑料封装。内部电路主要由输入检测器 SR、电压检测器 D、振荡器 Z 和功率输出级 SC 四部分组成。它是一块低功率、高精度的汽车电子闪光器专用集成电路。

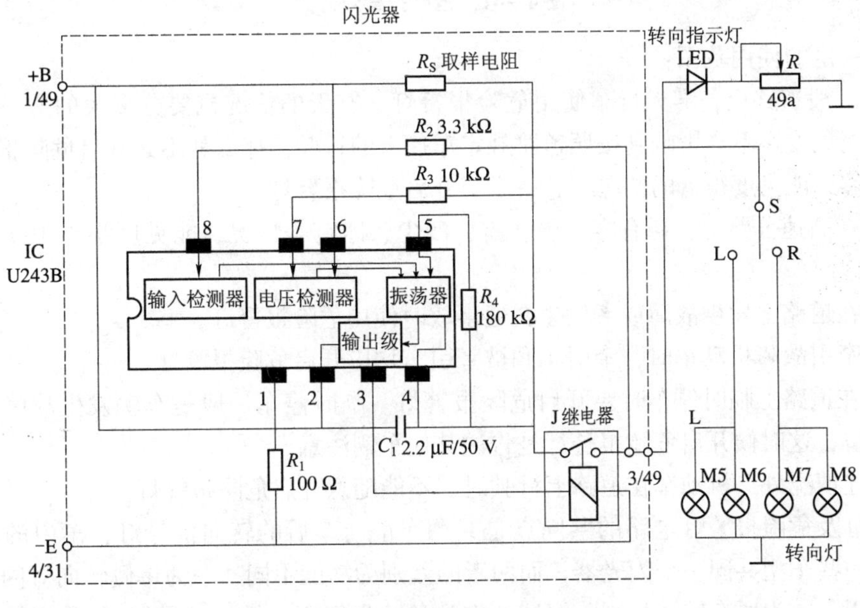

图 4－40　集成电路闪光器的工作原理

输入检测器用来检测转向信号灯开关是否接通。振荡器由一个电压比较器和外接的电阻 R_4 和电容器 C_1 构成。内部电路比较器的一端提供了一个参考电压，其值由电压检测器控制，比较器的另一端则由外接的电阻 R_4 和电容器 C_1 提供一个变化的电压，从而形成电路的振荡。振荡器工作时，输出级的矩形波便控制继电器线圈的电路并使继电器触点反复打开和闭合。于是转向信号灯和转向指示灯闪烁，频率为 80 次/min。

如果一只转向灯烧坏，则流过取样电阻 R_S 的电流减小，其电压降减小，经电压检测器识别后，便控制振荡器电压比较器的参考电压，从而改变振荡频率，使转向指示灯的闪光频率加快一倍，以提示驾驶员及时检修。当打开危险报警开关时，汽车的前、后、左、右转向信号灯同时闪烁作为危险报警信号。

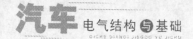

二、危险报警灯

汽车上将转向信号灯兼作危险报警灯。标有红色“△”形的按钮为危险报警灯开关，如图 4 - 41 所示，危险报警灯不经点火开关控制，只要压下开关，车外的左右转向灯将同时闪烁。

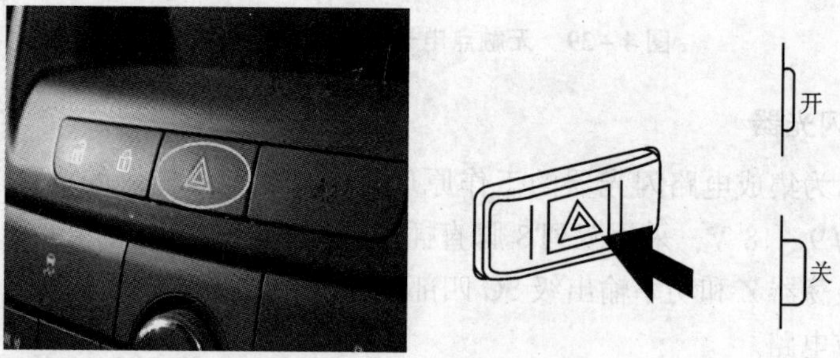

图 4 - 41　危险报警灯开关

它有一定的使用范围：

(1) 一般道路上，雾天行车使用危险报警灯。雾天的情况也要分多大的雾，如果雾不是很大，能见度还不会影响到按照道路规定车速下的行驶，那么就不必开启危险报警灯。但如果是大雾，能见度很低的情况下，一定要开启危险报警灯。

(2) 在高速公路上，遇有雾、雨、雪、沙尘、冰雹等情况，能见度小于 100 m 时使用危险报警灯。

(3) 在道路上发生故障或者发生交通事故时使用危险报警灯。

(4) 牵引故障机动车时，牵引车和被牵引车均应开启危险报警灯。

(5) 在道路上临时停车时要开启危险报警灯。临时停车一般是车辆发生故障或者车主有紧急事情，这时候开启危险报警灯是告诫其他车辆注意。

除上述情况外，机动车在道路上行驶时，不能随意开启危险报警灯。

转向灯及危险报警灯电路的共同点是共用车前与车后的转向信号灯、车内的转向指示灯，以及一些车型共同一个闪光器。而两者的差别为功能不同，一为单侧转向灯闪亮，作为转向指示用；一为所有转向灯同时闪亮，作为危险报警用。转向信号灯/危险报警灯工作电路如图 4 - 42 所示。

转向信号灯工作情况：打开点火开关，断开危险报警灯开关，将转向灯开关拨到左（或右），电流从蓄电池正极→点火开关→转向熔断丝→危险报警灯开关→转向信号闪光器→左转向信号灯开关（或右）→左（或右）转向信号灯→搭铁→蓄电池负极，左（或右）转向信号灯闪烁。

危险报警灯工作情况：危险报警灯在点火开关打开和关闭时均可工作。点火开关打开，接通危险报警灯开关，电流从蓄电池正极→点火开关→转向熔断丝→危险报警灯开关→转向信号闪光器→危险报警灯开关→左、右转向信号灯→搭铁→蓄电池负极，左、右转向信号灯

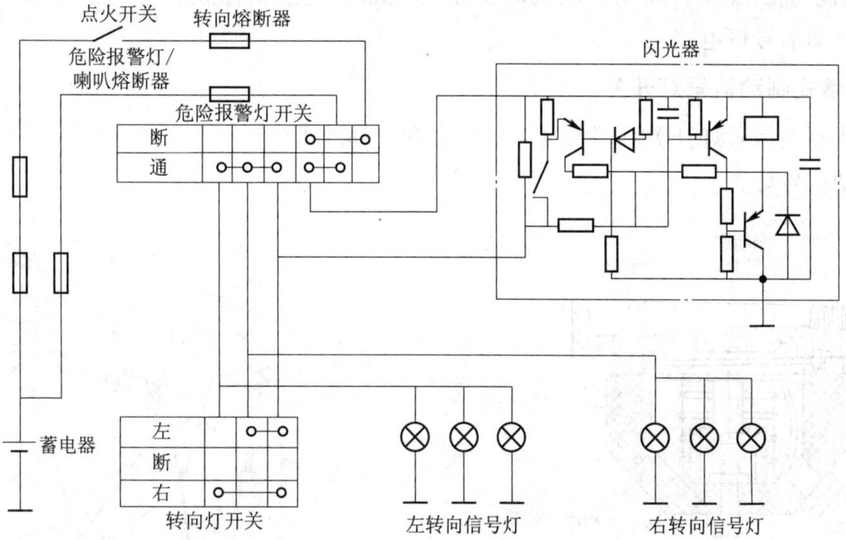

图 4-42　转向信号灯/危险报警灯工作电路

同时闪烁，点火开关关闭，电流从蓄电池正极→危险报警灯/喇叭熔断器→危险报警灯开关→转向信号闪光器→危险报警灯开关→左、右转向信号灯→搭铁→蓄电池负极，左、右转向信号灯同时闪烁。

三、制动信号灯

制动信号灯又叫刹车灯，安装在车辆尾部，以警告后面尾随的车辆或行人，保持安全距离。其灯光颜色呈红色，功率一般为 20 W，亮度为尾灯的 5 倍以上。正常情况下踩下制动踏板时，开关内的接点接通，制动信号灯点亮，车后相距 100 m 处的其他车辆应能看清楚，以告诉后车需减速或停车，避免后面车辆与其相撞。

制动信号灯电路一般不受点火开关控制，直接由电源、熔断器到制动信号灯开关，只要制动信号灯开关接通，制动信号灯就亮起。

制动信号灯由制动信号开关控制，常见的制动信号灯开关有以下几种情况。

1. 液压式制动信号灯开关

液压式制动信号灯开关（见图 4-43）安装于液压制动主缸的前端或制动管路中。踩下制动踏板时，制动系统压力增大，膜片向上弯曲，动触片接通接线柱，制动信号灯通电发亮；松开制动踏板时，系统压力降低，动触片在回位弹簧的作用下复位，制动信号灯电路被切断而熄灭。

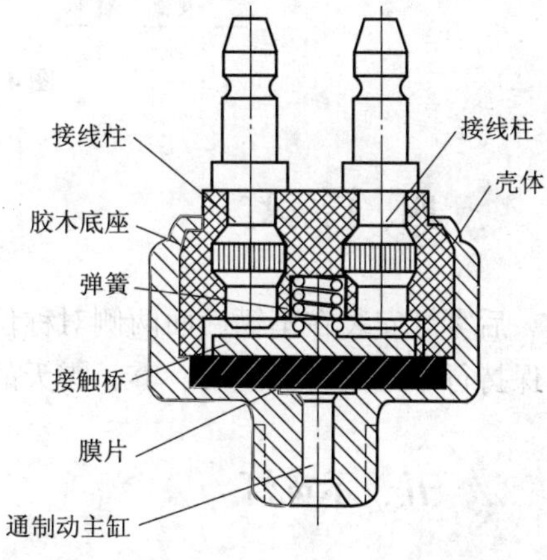

图 4-43　液压式制动信号灯开关

2. 气压式制动信号灯开关

气压式制动信号灯开关（见图 4-44）通常被

安装在制动系统的气压管路上。制动时，制动压缩空气推动橡胶膜片向上弯曲，使触点闭合，接通制动信号灯电路。

3. 弹簧式制动信号灯开关

弹簧式制动信号灯开关（见图4－45）装在制动踏板的后面，当踩下制动踏板时，开关闭合，制动信号灯亮。

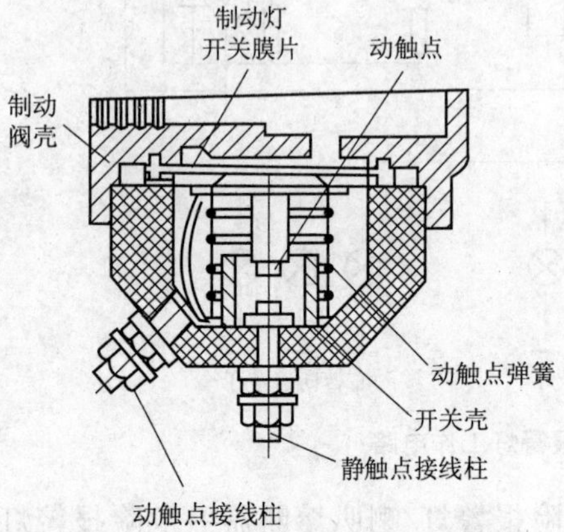

图4－44　气压式制动信号灯开关

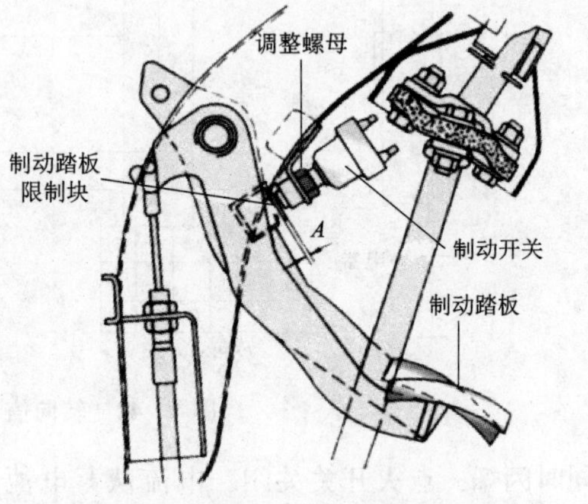

图4－45　弹簧式制动信号灯开关

制动信号灯电路如图4－46所示。目前，轿车均装有高位制动灯，它安装在后窗中心线、靠近窗顶部或底部处，当前后两辆车离得很近时，后面车辆驾驶员就能从高位制动灯的亮灭来判断前车的行驶状况。高位制动灯，因其位置比后灯座的制动灯高，警示效果更佳，可提高行车安全。其灯泡功率约为18 W；LED式每个功率约8 W，数量可达84个。

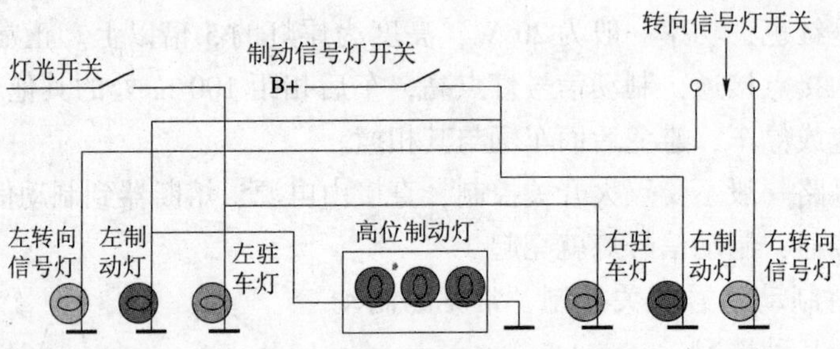

图4－46　制动信号灯电路

四、后雾灯

后雾灯安装在车辆后面两侧对称位置，其结构原理与前雾灯一致，但主要功用是警示后车保持行车距离，提高雨、雾、雪天的行车安全。

五、示宽灯

示宽（廓）灯又称小灯、驻车灯或停车灯，装在车辆前面和后面两侧对称位置。

装在车辆前面的两个小灯又称为示宽灯，多数车辆的小灯与组合式前照灯装在一起，用于标识汽车夜间行驶或停车时的宽度轮廓。

装在车辆后面的两个小灯通常又称为尾灯，灯光一般为红色，用于在夜间行驶时向后面的车辆或行人提供位置信息。多数车辆的尾灯与后组合式灯装在一起，与制动灯共用一灯泡，灯泡内功率为双灯丝 21 W/5 W，21 W 为制动灯用，5 W 为尾灯用。

六、驻车灯

驻车灯装于车头和车尾两侧，前后各 2 只，用于指示夜间车辆停放位置。目前，通常将示宽灯兼作驻车灯。

现代汽车特别是小轿车，外形美观、流线型好，普遍将汽车后部的转向信号灯、制动灯、倒车灯、示宽灯等组合在一起构成组合后灯。

七、车内指示报警灯

汽车内警告及指示灯的种类有很多，依车型及配备的不同，在构造上各有差异。本部分在单元五汽车仪表与报警系统中再一并介绍。

第三节　声响信号系统

汽车装备声响信号系统的功用是引起行人和其他车辆的注意，保证行车安全。汽车采用的声响信号系统主要有喇叭信号装置和倒车报警器等。

一、喇叭信号装置

汽车喇叭又称扬声器，属于声响信号装置，主要用于警告行人和其他车辆，以引起注意，保证行车安全。

（一）喇叭的分类

1. 按发音动力分类

按发音动力有气喇叭和电喇叭之分。气喇叭是利用气流使金属膜片振动产生音响，外形一般为筒形，多用在具有空气制动装置的重型载重汽车上。电喇叭是利用电磁力使金属膜片振动产生音响，其声音悦耳，广泛用于各种类型的汽车上。

2. 按声频高低分类

按声频有高音和低音之分。为了得到较为和谐悦耳的声音，在汽车上常装有两个不同音调（高、低音）的电喇叭。

3. 按结构形式分类

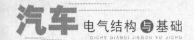

按结构形式有螺旋形、盆形、筒形之分，如图4-47所示。在中小型汽车上，由于安装的位置限制，多采用螺旋形和盆形电喇叭。盆形电喇叭具有体积和质量小、指向好、噪声小等优点。

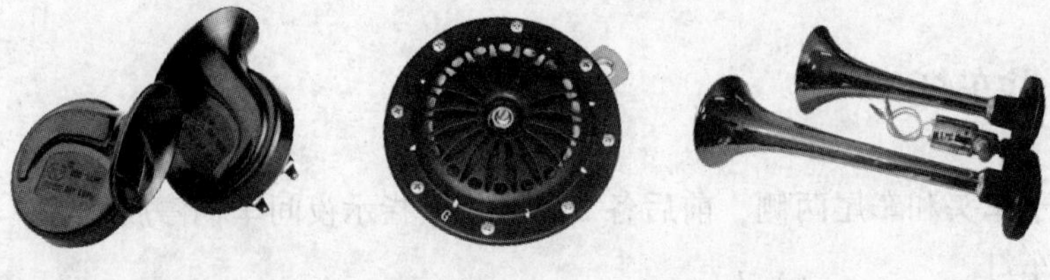

图4-47 不同结构的喇叭类型

(a) 螺旋形；(b) 盆形；(c) 筒形

4. 按接线方式分类

按接线方式有单线制和双线制之分。

(二) 电喇叭的结构与工作原理

1. 筒形、螺旋形电喇叭

1) 结构

如图4-48所示，其主要机件由山形铁芯、励磁线圈、衔铁、膜片、共鸣板、扬声筒、触点以及电容器等组成。膜片和共鸣板将中心杆与衔铁、调整螺母、锁紧螺母连成一体。通过线圈的通断使膜片不断振动，从而发出一定音调的音波，由扬声筒加强后传出。

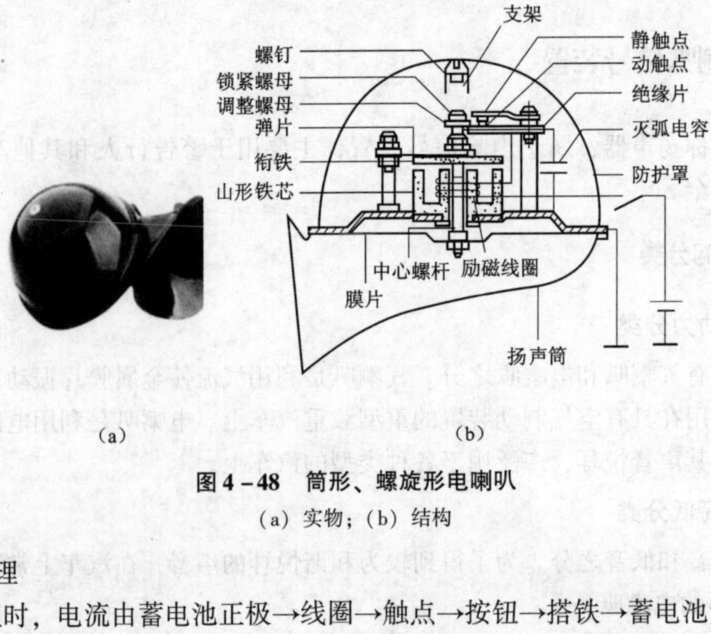

(a)　(b)

图4-48 筒形、螺旋形电喇叭

(a) 实物；(b) 结构

2) 工作原理

当按下按钮时，电流由蓄电池正极→线圈→触点→按钮→搭铁→蓄电池负极。当电流流过线圈时，产生电磁吸力，吸下衔铁，中心杆上的调整螺母压下动触点臂，使触点分开而切断电路。此时线圈电流中断，电磁吸力消失，在弹簧片和膜片的弹力作用下，衔铁又返回原位，触点闭合，电路重又接通。此后，上述过程反复进行，膜片不断振动，从而发出一定音调的声波，经扬声筒加强后传出，共鸣板与膜片刚性连接，在振动时发出陪音，使声音更加悦耳。

为了减小触点火花，保护触点，在触点间并联一个电容器（或消弧电阻）。

2．盆形电喇叭

1）结构

盆形电喇叭的基本结构如图 4－49 所示，与上述不同，电磁铁采用螺管式结构，铁芯上绕有线圈，上、下铁芯之间的气隙在线圈中间，所以能产生较大的吸力。它无扬声筒，而是将上铁芯、膜片和共鸣板固装在中心轴上。当电路接通时，线圈产生吸力，上铁芯被吸下与下铁芯碰撞，产生较低的基本频率，并激励与膜片一体的共鸣板产生共鸣，从而发出比基本频率强得多，且分布又比较集中的谐音。

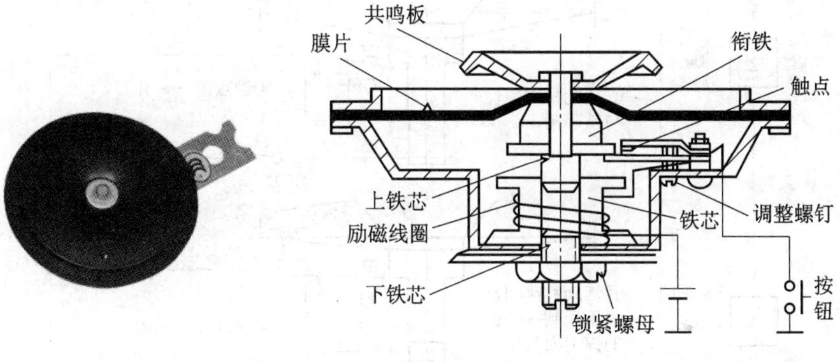

（a）　　　　（b）

图 4－49　盆形电喇叭的基本结构

（a）实物；（b）结构

2）工作原理

盆形电喇叭的动作原理如图 4－50 所示。其动作顺序为：压下喇叭按钮，从蓄电池来的电流进入线圈，产生吸引力；由于活动柱被吸引，振动板随之移动；活动柱被吸引至与白金触点接触，使触点打开；白金触点打开时，电路中断，故吸力消失；但振动板总成因惯性会继续移动，并与固定在外壳上的铁芯发生撞击；活动柱与铁芯的撞击力，使振动板总成产生振动，因而发出声音。撞击后，振动板总成因撞击而跳回及本身的弹力，反方向回到原位。接着触点再闭合，又产生吸引力，如此反复进行。

（三）电喇叭的控制电路

为了得到更加悦耳的声音，在汽车上常装有两个不同音调（高、低音）的喇叭。其中高音喇叭膜片厚，扬声筒短，低音喇叭则相反。有时甚至用三个不同音调（高、中、低）的喇叭。装用单只喇叭时，喇叭电流是直接由按钮控制的，按钮大多装在转向盘的中心。当汽车装用双喇叭时，因为消耗电流较大（喇叭继电器 15～20 A），用按钮直接控制时，按钮容易烧坏。为了克服这个缺点，采用喇叭继电器，如图 4－51 所示。

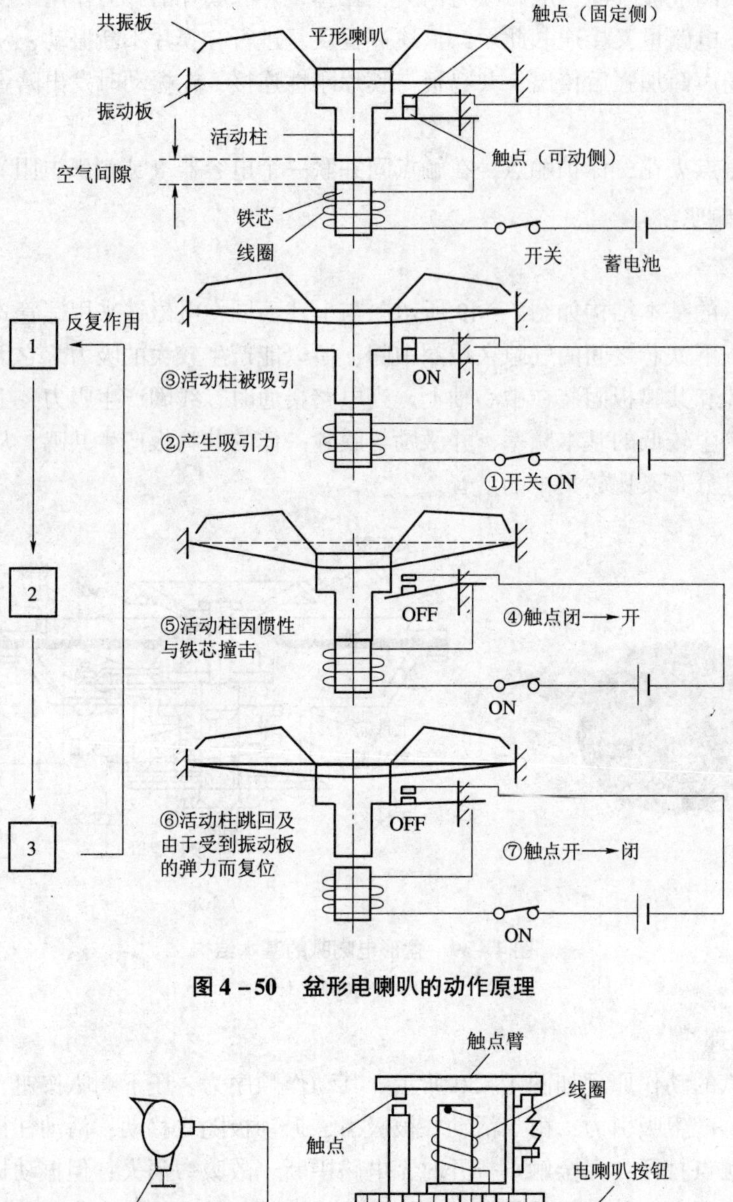

图 4-50　盆形电喇叭的动作原理

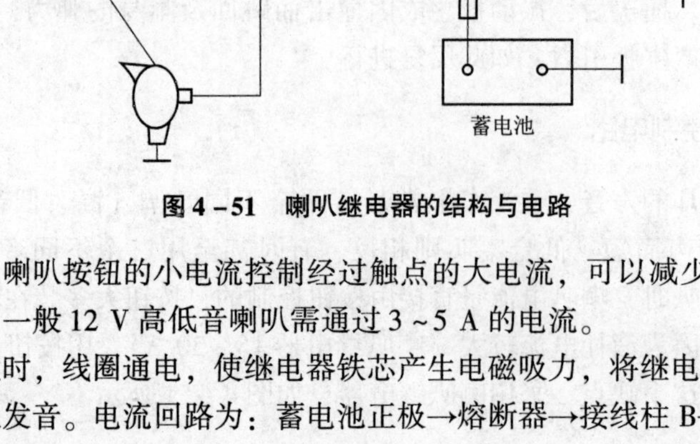

图 4-51　喇叭继电器的结构与电路

喇叭继电器以喇叭按钮的小电流控制经过触点的大电流，可以减少喇叭电路的电压降，以保护喇叭按钮。一般 12 V 高低音喇叭需通过 3 ~ 5 A 的电流。

按下喇叭按钮时，线圈通电，使继电器铁芯产生电磁吸力，将继电器触点闭合，接通了双音电喇叭，喇叭发音。电流回路为：蓄电池正极→熔断器→接线柱 B→触点臂→触点→接线柱 H→电喇叭→搭铁→蓄电池负极。松开喇叭按钮时，继电器线圈断电，铁芯电磁吸力消失，触点在自身弹力作用下断开，切断了喇叭电路，电喇叭停止发音。

（四）电喇叭的调整

喇叭的调整主要调整音调和音量。

1. 音调的调整

音调的高低取决于膜片振动的频率，改变铁芯间隙可以改变膜片的振动频率，从而改变音调。

螺旋形电喇叭调整：松开锁紧螺母，旋转铁芯，调至合适音调时，旋紧螺母即可，如图 4－52 所示。

盆形电喇叭调整：松开锁紧螺母，旋转音调调整铁芯，使上、下铁芯间的间隙调至合适量，拧紧锁紧螺母即可，如图 4－53 所示。

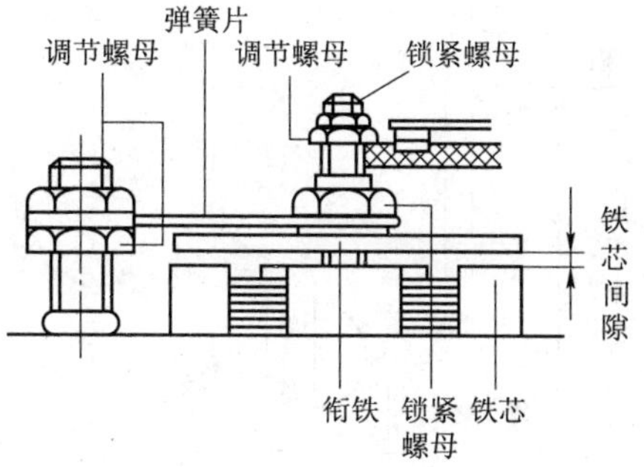

图 4－52　螺旋形电喇叭的调整

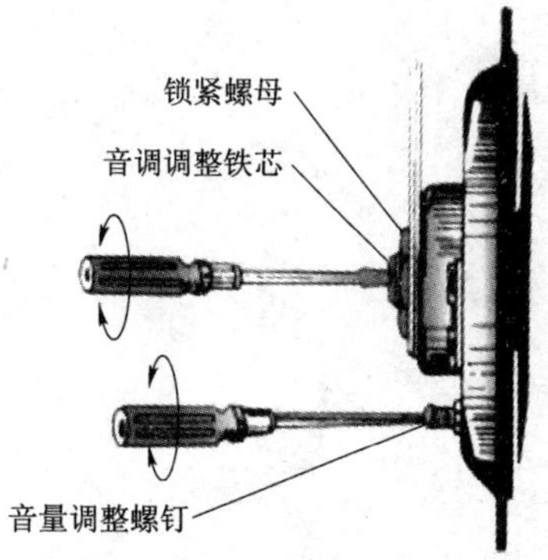

图 4－53　盆形电喇叭的调整

2. 音量的调整

音量的大小与通过线圈的电流大小有关，通过的工作电流大，喇叭发出的音量也就大。线圈通过的电流大小，可以通过改变喇叭触点的接触压力来调整（压力增大，通过线圈的电流增大，喇叭的音量增大，反之音量减小）。

螺旋形电喇叭调整：松开锁紧螺母，然后转动调节螺母，逆时针方向转动时，触点压力增大，音量增大；顺时针方向转动时，触点压力减小，音量减小。

盆形电喇叭调整：旋转音量调节螺钉，逆时针方向转动时，音量增大；顺时针方向转动时，音量减小。

电喇叭音量和音调调整并不是完全独立的，两者实际上是相互关联的，因此需反复调试才会获得最佳效果。

二、倒车报警器

汽车倒行时，为了警告车后的行人和其他车辆，除了在尾部装备有倒车灯之外，部分汽车上还装有倒车蜂鸣器或语音倒车报警器。

倒车蜂鸣器或语音倒车报警器以及倒车灯的电源电路均受安装在变速器盖上的倒车灯开关控制。当变速器换挡杆拨入倒挡位置使倒车灯开关工作时，倒车蜂鸣器或语音倒车报警器以及倒车灯才能接通电源工作。

倒车灯开关一般安装在变速器上，其结构如图 4－54 所示。钢球平时被倒车挡叉轴顶起，而当变速杆拨至倒车挡时，倒车挡叉轴上的凹槽对准钢球，钢球被松开，在弹簧的作用下，触点闭合，将倒车信号电路接通。

倒车蜂鸣器是一种间歇发声的音响装置，其电路如图 4－55 所示。倒车时，安装在变速器上的倒车灯开关闭合，倒车灯亮；同时，电流经继电器中的触点到蜂鸣器，使蜂鸣器间歇发声，以警告行人和其他车辆的驾驶员注意。

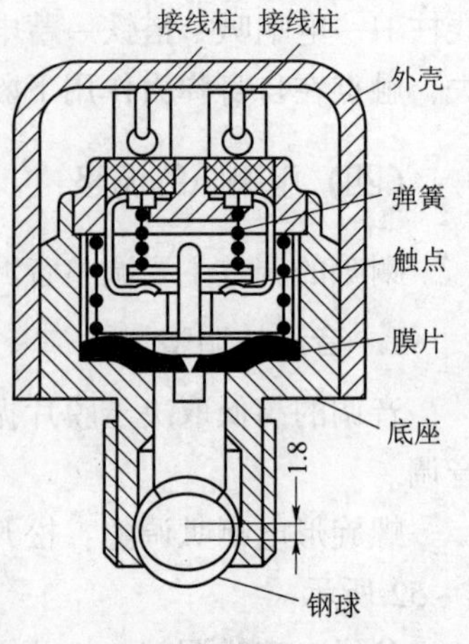

图 4－54　倒车灯开关

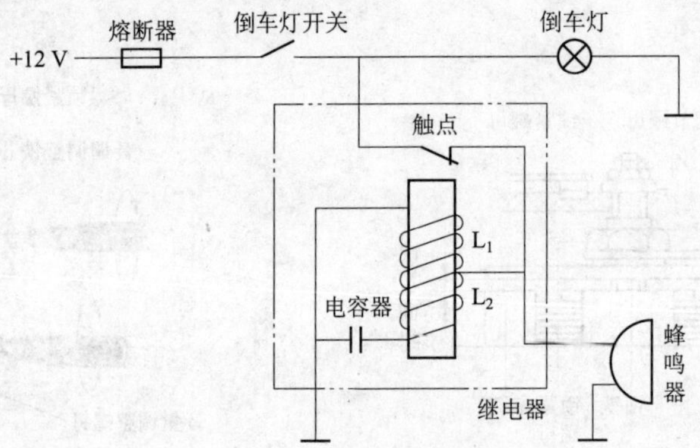

图 4－55　倒车蜂鸣器电路

前导知识回顾

多谐振荡电路

多谐振荡器也被称为矩形波发生器，它是一种能够产生矩形波的自激振荡器。

“多谐”是指产生的矩形波中除了含有基波成分外，还含有很多高次谐波成分。该振荡器没有稳定状态，只有两个暂稳态。正常工作时，电路就在这两个暂稳态间自动替换，由此产生矩形波脉冲信号，该器件常用作脉冲信号源和时序电路中的时钟信号。书中用到的多谐振荡器由两只三极管组成，在集电极上分别接上发光管，该发光管就能够根据多谐振荡器的周期进行交替闪烁。

这里主要介绍基于三极管的多谐振荡电路原理及其工作原理，如图 4－56 所示。

由图 4－56 可见，这个电路是由两个非门（反相器）用电容器 C_1、C_2 构成的正反馈闭合环路。三极管 VT_1 的集电极输出接在 VT_2 的基极输入，VT_2 的集电极输出又接在 VT_1 的基极输入。电路接通电源后，通过基极电阻 R_2、R_3 同时向两只三极管 VT_1、VT_2 提供基极偏置电流，使两只三极管进入放大状态。虽然两只三极管型号一样对称，但电路参数总会存在微小的差异，也包括两只三极管本身，也就是说 VT_1、VT_2的导通程度不可能完全相同，假设 VT_1 导通快些，则 *D* 点的电压就会降得快些。这个微小的差异将被 VT_2放大并反馈到 VT_1的基极，再经过 VT_1的放大，形成连锁反应，迅速使 VT_1饱和，VT_2截止，*D* 点变成低电平“0”，*C* 点变成高电平“1”。

VT_1饱和后相当于一个接通的开关，电容器 C_1 通过它放电，C_2通过它充电。随着 C_1的放电，由于有正电源 VCC 的作用，VT_2的基极电压逐渐升高，当 *A* 点电压达到 0.7 V 后，VT_2开始导通进入放大区，电路中又会立刻出现连锁反应，使 VT_2迅速饱和，VT_1截止，*C* 点电位变低电平“0”，*D* 点电位变高电平“1”。这时电容器 C_2放电，C_1充电。这一充放电过程又会使 VT_1重新饱和，VT_2截止。如此周而复始，形成振荡。

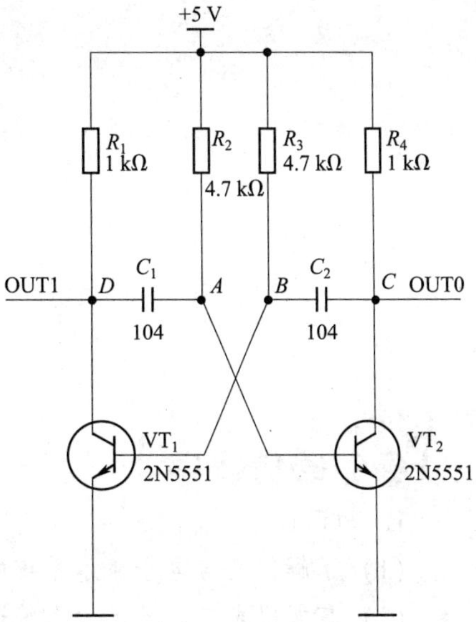

图 4-56　基于三极管的多谐振荡电路

由上可知，通过改变 C_1、C_2的电容大小，可以改变电容器的充放电时间，从而改变振荡频率。

思考与练习题

1. 简述汽车照明与信号系统的组成。
2. 简述前照灯电路的组成及工作原理。
3. 简述汽车灯泡的种类及特点。
4. 电磁式喇叭有何优点？

单元五

汽车仪表与报警系统

本章学习目标

1. 知识目标

(1) 了解仪表与电子显示系统的作用。

(2) 掌握仪表与电子显示系统通用符号的含义。

(3) 掌握系统的组成、主要部件的作用及工作原理。

2. 能力目标

(1) 能正确分析仪表系统的电路图。

(2) 能说明组合仪表上各警告灯符号的含义。

(3) 掌握各主要仪表的检修方法。

(4) 能熟练使用各种常见维修工具和检测仪器。

为了方便驾驶员随时掌握车辆的各种运行状况，及时发现和排除潜在的故障，防止发生人身和机械事故，保证行车安全，汽车上安装有多种仪表和报警装置。

第一节　汽车仪表系统

一、汽车仪表的作用

汽车仪表的作用是监测汽车的运行状况，使驾驶员随时观察与掌握汽车各系统工作状态的相关信息，故而在驾驶室转向盘的前方台板上装有仪表盘。

仪表盘包括发动机转速表、车速里程表、燃油表、水温表、机油压力表以及各种报警显示装置等。由于仪表系统是驾驶员了解汽车工作状况的“眼睛”，对确保汽车行车安全、及时排除故障和避免发动机出现严重故障起着重要的作用，因此要求各个仪表结构简单，工作可靠，显示数据清晰、准确，指示值受电源的电压波动和环境温度变化的影响小，除此之外，仪表的抗振、耐冲击性能也要好。

二、汽车仪表的分类

1. 按工作原理分类

（1）机械式仪表：基于机械作用力而工作的仪表。

（2）电气式仪表：基于电测原理，通过各类传感器将被测的非电量变换成电信号（模拟量）加以测量的仪表。

（3）模拟电路电子式仪表：工作原理与电气式仪表基本相同，只不过是用电子器件（分立元件和集成电路）取代原来的电气器件，现在均采用各种专用集成电路。

（4）数字式仪表：由 ECU 采集传感器的信号，将模拟量转换为数字量，经分析处理后控制显示装置的仪表，目前汽车上应用较多的是数字式仪表。

2. 按安装方式分类

（1）组合式仪表：组合式仪表就是将各仪表组合安装在一起。不同汽车组合式仪表中的仪表个数不同，一般仪表盘上主要有燃油表、水温表、发动机转速表、车速里程表等。仪表盘上还有许多指示灯、报警灯和仪表灯等。组合式仪表中的仪表可单独更换，各种指示灯、报警灯和仪表灯从仪表盘外面就可更换灯泡。图 5 - 1 所示为奥迪轿车组合式仪表。

图 5 - 1　奥迪轿车组合式仪表

（2）分装式仪表：分装式仪表就是将各仪表单独安装。

三、常用仪表的结构与原理

汽车上较常用的一般有 5 种仪表和 3 种相应的传感器，即燃油表、机油压力表、冷却液温度表、车速里程表、发动机转速表等指示仪表和机油压力传感器、水温传感器、油量传感器等。汽车的燃油表、冷却液温度表和机油压力表，虽然测量的参数不同，但均由指示表和传感器两部分组成。指示表在结构上分为电热式和电磁式两种，传感器分为电热式和可变电阻式两种。电热式指示表是利用电热线圈产生的热量加热双金属片（热偶片），使之变形带动指针指示相应的刻度，它需要的是断续的脉冲电流；电磁式指示表是利用垂直布置的两个电磁线圈通过不同的电流，形成合磁场摆动转子，转子带动指针指示相应的刻度，它是一种流比式仪表，需要的是连续的电流信号。指示表和传感器的配合类型如下：

（1）电热式指示表 + 电热式传感器。

（2）电磁式指示表＋可变电阻式传感器。

（3）电热式指示表＋可变电阻式传感器。

（一）燃油表

燃油表的功用是指示燃油箱内燃油的存储量，使驾驶员明确是否需要加油。它与安装在油箱内的燃油传感器配套工作。

燃油传感器如图5－2所示，该变阻器的输出电阻值依赖于浮子的位置，当油量多时，浮子的位置高，输出电阻小，电流大；当油量少时，浮子位置低，输出电阻大，电流小。

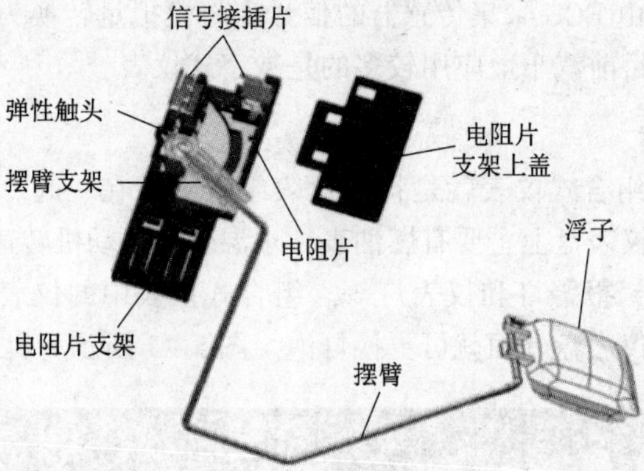

图5－2　燃油传感器

目前，汽车上常用的燃油表有电热式、电磁式、电子式和数字式四种。

1．电热式燃油表

1）结构

图5－3所示为电热式燃油表的结构，主要由电压调节器、电热式指示表和可变电阻式油位传感器等组成。传感器装在油箱内，油箱中的浮子随油量的多少而升降，经过连杆使传感器中的电阻值发生变化。

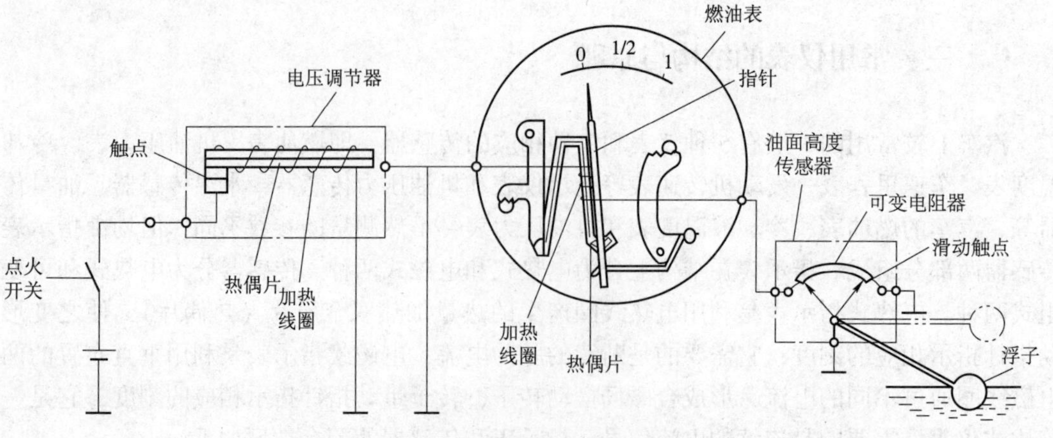

图5－3　电热式燃油表的结构

2）工作原理

当油箱中的油量少时，浮子降到下面位置，传感器的电阻变大，电流由蓄电池→点火开关→电压调节器→燃油表指示表加热线圈→传感器电阻→搭铁。因电阻值大，通过热偶片加热线圈的电流小，产生热量少，热偶片弯曲量少，指针指在“无油”附近。

当油箱中的油满时，浮子升到上面位置，传感器的电阻减到最小，流过热偶片的电流增大，产生热量多，热偶片弯曲最大，指针指在“油满”附近。

2. 电磁式燃油表

1）结构

电磁式燃油表由装在燃油箱内的浮筒传感器和装在仪表盘上的燃油指示表组成，如图5－4所示。浮筒传感器由滑线电阻、滑杆和浮子组成。燃油指示表由两个绕在铁芯上的线圈、转子、指针和分流电阻等组成。

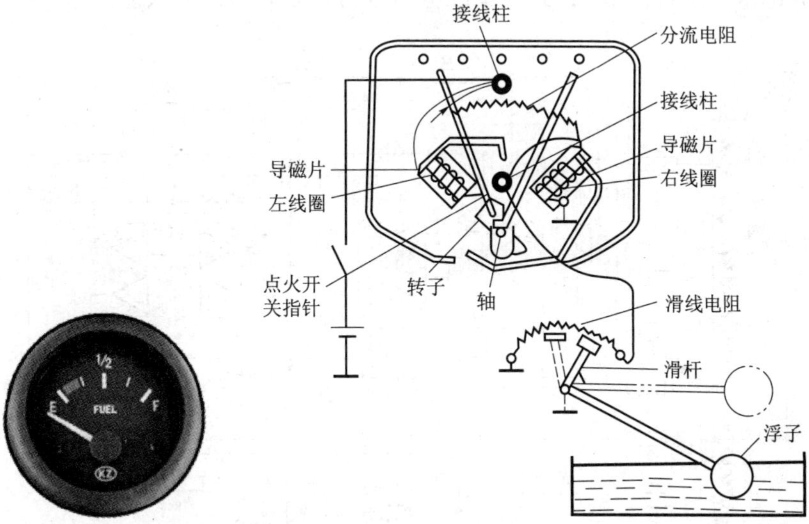

图5－4　电磁式燃油表的结构

2）工作原理

当油箱无油时，浮子下沉，滑线电阻上的滑片移至最右端，将右线圈短路，电流由蓄电池正极→点火开关→接线柱（上）→左线圈→接线柱（下）→浮子滑片→滑杆→搭铁→蓄电池负极。左线圈产生的磁场使转子带动指针左偏，使指针在“E”位上。

当油量增加时，浮子上升，滑线电阻部分接入，这一部分电阻与右线圈并联，同时又与左线圈串联，电流由蓄电池正极→点火开关→接线柱（上）→左线圈→接线柱（下）→两路（其中一路经滑线部分电阻，另一路经右线圈）→搭铁→蓄电池负极。左线圈由于串联了电阻使左线圈中的电流相对减小，磁场减弱，而右线圈中有电流通过，电流相对增大，合成磁场使转子带动指针右偏，指示出油箱中的油量。

当油箱中装满油时，浮子带着滑片移到电阻的最左端，电阻全部接入电路中。此时左线圈中电流更小，磁场更弱，而右线圈中电流增大，磁场加强，转子便带着指针向右移，使指针在“F”（满）位上。

3. 电子式燃油表

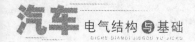

电子式燃油表由一个随燃油液面高度升降的浮子、一个带有电阻器的机体和一个浮动臂组成。可以随时测量并显示汽车油箱内的燃油情况，一般采用柱状或其他图形方式来提醒驾驶员油箱内可用的剩余燃油量。电子式燃油表的传感器仍然采用浮子式滑线电阻器结构，传感器由机体固定在油箱壁上，当浮子随燃油液面的高度升降时，带动浮动臂使接触片在电阻器上滑动，从而使检测回路产生不同的电信号。当在整个电阻外部接上固定电压时，燃油高度就可根据接触片相对地线的电压变化输出测量值。

如图 5 – 5 所示，R_x 是浮子式滑线电阻器传感器，两块 LM324 及相应的电路和 VD_1 ~ VD_7发光二极管作为显示器件组成。由 R_{15} 和 VD_8 组成的串联稳压电路，为各运算放大器提供作为基准电压的稳定电压，输入集成电路 IC_1 和 IC_2 组成的电压比较器反向输入端，为了消除汽车行驶时油箱中燃油晃动的影响，R_x 输出端 A 点的电位通过 R_{16} 及 C_4 组成的延时电路加到 IC_1 和 IC_2 的同向输入端，并与基准电压进行比较并加以放大。

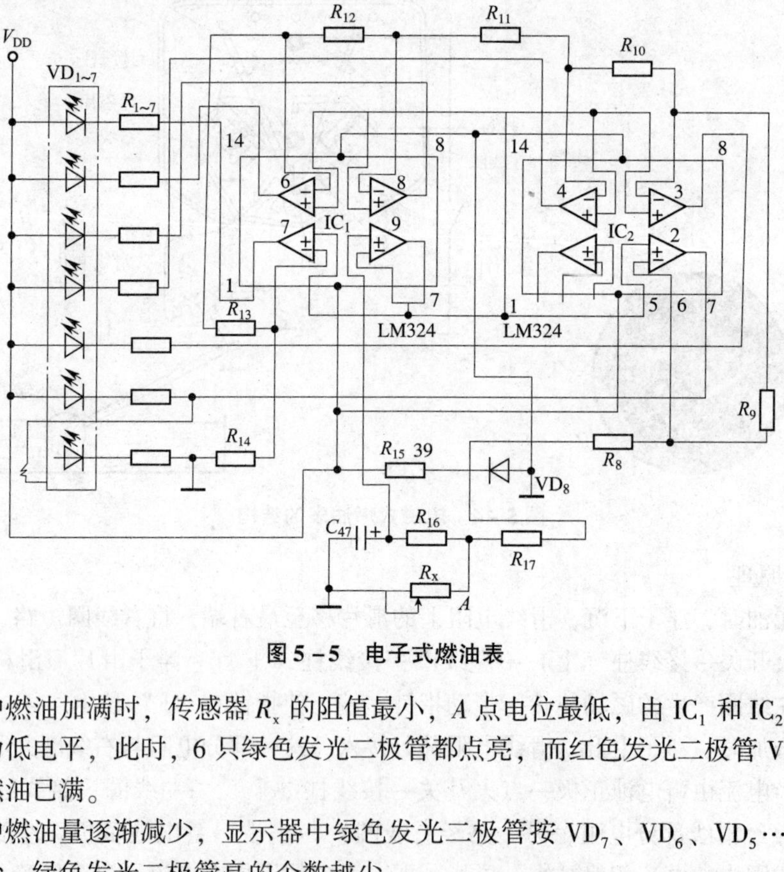

图 5 – 5 电子式燃油表

当油箱中燃油加满时，传感器 R_x 的阻值最小，A 点电位最低，由 IC_1 和 IC_2 组成的电压比较器输出为低电平，此时，6 只绿色发光二极管都点亮，而红色发光二极管 VD_1 熄灭，表示油箱中的燃油已满。

当油箱中燃油量逐渐减少，显示器中绿色发光二极管按 VD_7、VD_6、VD_5…次序依次熄灭。油量越少，绿色发光二极管亮的个数越少。

当油箱中燃油量达到下限时，R_x 的阻值最大，A 点电位最高，集成块 IC_2 的第 5 脚电位高于第 6 脚的基准电位，6 只绿色发光二极管全部熄火，红色发光二极管 VD_1点亮，提醒驾驶员补充燃油。

4. 数字式燃油表

数字式燃油表的组成及电路如图 5 – 6 所示，主要由传感器、处理器和指示表组成。数字式燃油表仍然采用浮子式可变电阻器传感器来测量油箱的油面高度。燃油箱可变电阻式传感器（信号器）产生模拟信号传送至处理器，利用 A/D 转换器将模拟信号转换为二进制数或称二进制代码的信号给微计算机，经微计算机处理后将数字信号送给仪表盘内电路，以照明正确的线节，而显示出汽油存量。

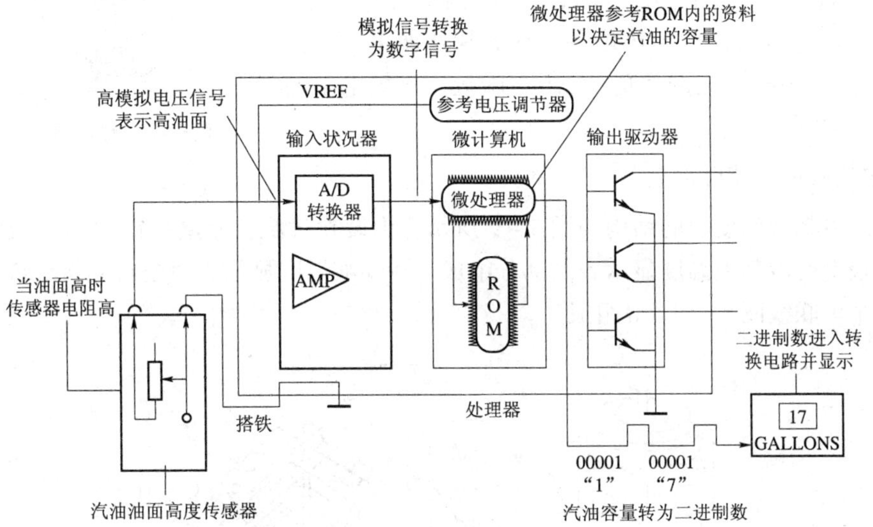

图 5－6　数字式燃油表的组成及电路

（二）冷却液温度表

冷却液温度表（简称水温表），用来指示发动机冷却液的工作温度，使驾驶员了解发动机的工作状态，以防发动机因过热而损坏。常用的有电热式、电磁式、电子式和数字式四种。

1. 电热式冷却液温度表

图 5－7 所示为传感器使用热敏电阻，接收器使用热偶片的电热式冷却液温度表结构。

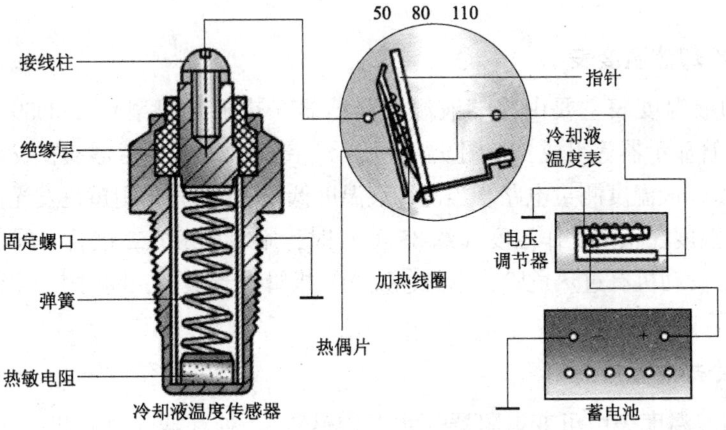

图 5－7　电热式冷却液温度表的结构

电热式冷却液温度表的工作原理与电热式燃油表相同，都是可变电阻配合热偶片的作用。当冷却液温度低时，热敏电阻的电阻值大，通过热偶片加热线圈的电流小，产生热量少，热偶片弯曲量少，指针指在图 5－7 中指示表的数值“50”附近；当冷却液温度高时，热敏电阻的电阻值小，流过热偶片的电流大，产生热量多，热偶片弯曲量大，指针指在图 5－7 中指示表的数值“110”附近。热敏电阻的结构如图 5－8 所示。

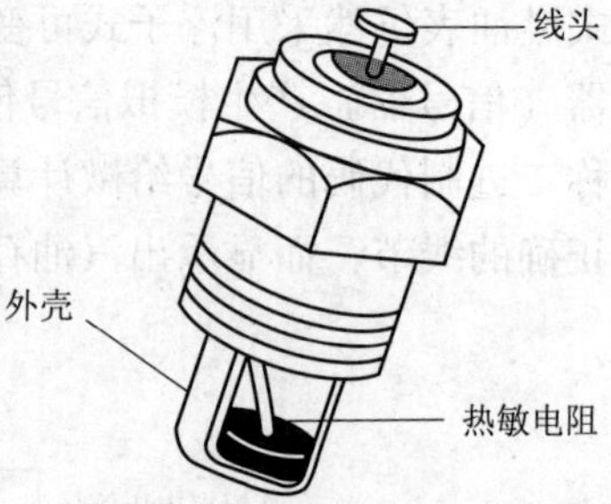

图 5－8　热敏电阻的结构

2．电磁式冷却液温度表

电磁式冷却液温度表的结构如图 5－9 所示，由装在气缸盖水套中的热敏电阻传感器和装在仪表板上的冷却液温度显示表两部分组成。冷却液温度显示表由塑料支架、带指针的衔铁以及两个串联线圈 L_1、L_2 等组成。

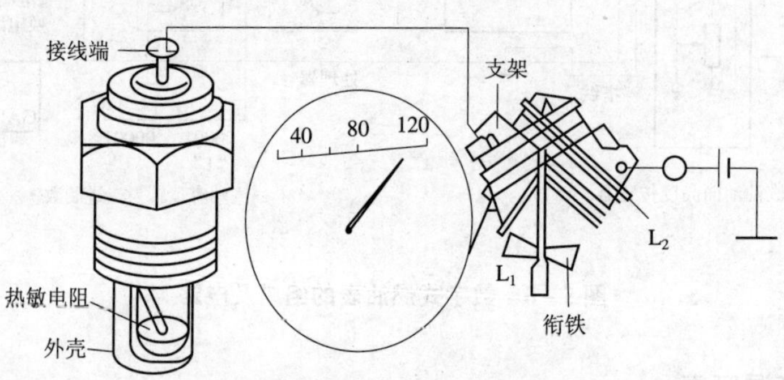

图 5－9　电磁式冷却液温度表的结构

当电源开关接通时，电流由蓄电池正极、点火开关、线圈 L_1→分两路（一路流经热敏电阻，另一路流经线圈 L_2）→搭铁→蓄电池负极，构成回路。当冷却液温度低时，传感器中热敏电阻的阻值大，电流经 L_1 后，大部分流入 L_2 中，产生的合成磁场使带指针的衔铁向左偏转，使表针指向低温刻度；当冷却液温度高时，传感器中热敏电阻的阻值减小，L_2 中的电流相对减小，产生的合成磁场使带指针的衔铁向右偏转，使表针指向高温刻度。

3．电子式冷却液温度表

电子式冷却液温度表主要由冷却液温度传感器（热敏电阻型）、LM339 集成电路和红、黄、绿发光二极管显示器等组成，如图 5－10 所示。冷却液温度传感器装在发动机水套内，它与电阻 R_{11} 组成冷却液温度测量电路。当冷却液温度低于 40 ℃时，用黄色发光二极管发黄色光显示；当冷却液温度在正常工作温度（约 85 ℃）时，用绿色发光二极管发绿色光显示；当水温超过 95 ℃时，发动机有过热危险，以红色发光二极管发光报警，同时由三极管 VT 控制的蜂鸣器也发出报警声响信号。

4．数字式冷却液温度表

数字式冷却液温度表由可变电阻器（水温传感器）、处理器（计算机）及指示表（显示器）组成，如图 5－11 所示。

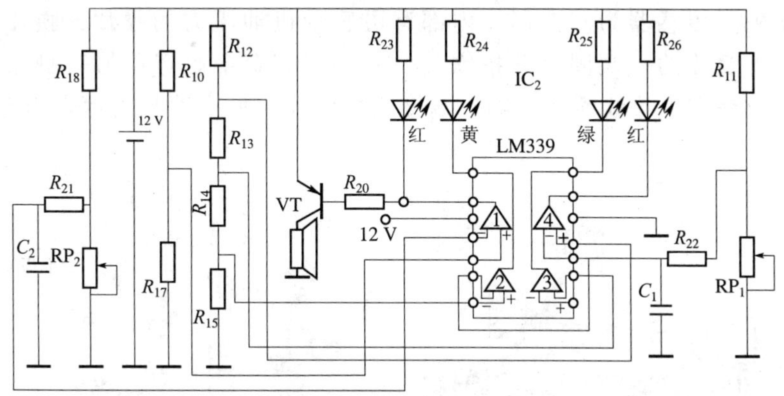

图 5－10　电子式冷却液温度表（油压与水温集成式）

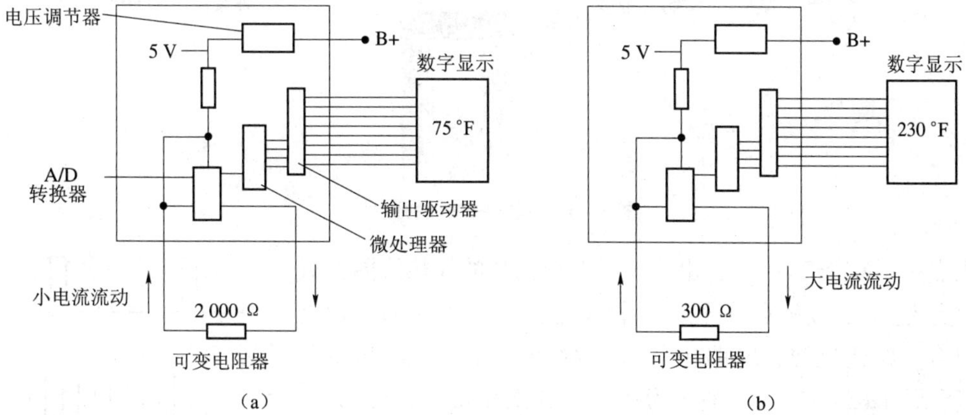

图 5－11　数字式冷却液温度表的组成

（a）水温低时；（b）水温高时

当水温低时，水温传感器电阻高，流过的电流小，传感器两端的电压高，A/D 转换器将高电压信号转为数字信号，送给微处理器，微处理器再送出信号给输出驱动器，使显示器显示出 75 ℉（23.9 ℃）的水温，如图 5－11（a）所示；反之，当水温逐渐升高时，因水温传感器电阻逐渐降低，流过的电流逐渐变大，因此传感器两端电压逐渐变低，故水温的显示会逐渐升高，例如达 230 ℉（110 ℃），如图 5－11（b）所示。

（三）机油压力表

机油压力表用来检测和显示发动机主油道机油压力的大小，以防因缺机油而造成拉缸、烧瓦的重大故障发生。它由机油压力传感器和机油压力指示表两部分组成。

机油压力指示表可分为电热式、电磁式和电子式三种。机油压力传感器可分为双金属片式和可变电阻式两种。常用的是电热式机油压力指示表配双金属片式机油压力传感器和电磁式机油压力指示表配可变电阻式机油压力传感器。

1. 电热式机油压力表

电热式机油压力表也称双金属片式机油压力表，基本结构如图 5－12 所示。指示表内装有双金属片，上绕有电热线圈，其一端通过接线柱与传感器相连，另一端通过接线柱接电源正极。传感器为圆盒形，内部有可感受机油压力的膜片，膜片的上方为弯曲的弹簧片，弹簧片的一端固定并搭铁，另一端焊有合金触点；另一触点在双金属片上，双金属片上绕有电热线圈，线圈一端接双金属片，另一端与指示表相连。

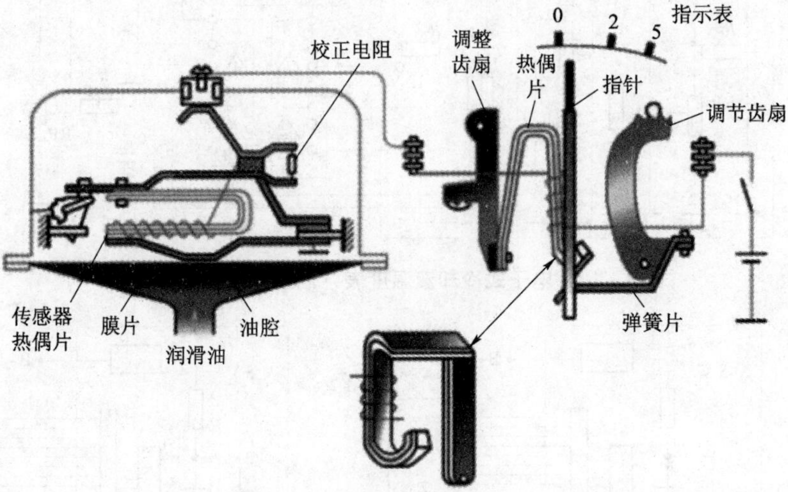

图 5－12　电热式机油压力表

当点火开关置于 ON 时，电流流过双金属片的加热线圈，双金属片受热变形，使触点分开；随后双金属片又冷却伸直，触点重又闭合。如此反复，电路中形成一脉冲电流，其波形如图 5－13 所示。图 5－13（a）油压为 0，$f=15$ 次/min，$I=0.06$ A；图 5－13（b）油压为 0.2 MPa，$f=70$ 次/min，$I=0.17$ A；图 5－13（c）油压为 0.5 MPa，$f=125$ 次/min，$I=0.24$ A。

当油压降低时，传感器膜片变形小，触点压力小，闭合时间短，打开时间长，变化频率低，电路中平均电流小，双金属片弯曲变形小，指针偏摆角度小，指向低油压；反之，当油压升高时，指针偏摆角度大，指向高油压。

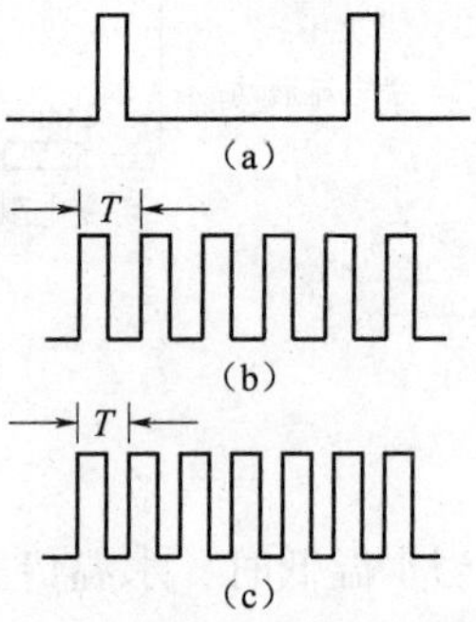

图 5－13　电热式机油压力表加热线圈中电流的波形图

2. 电磁式机油压力表

电磁式机油压力表是在电热式机油压力表基础上，利用电磁式指示表代替即可。其工作原理与电热式机油压力表相似，参考电磁式冷却液温度表。

3. 电子式机油压力表

目前国外汽车基本取消了机油压力表而用机油压力报警灯代替，国产大多数汽车还同时装有机油压力表和机油压力报警灯。它主要由机油压力传感器（双金属片电阻型）、LM339 集成电路和红、黄、绿发光二极管显示器等组成。机油压力传感器装在发动机主油道上，与电阻 R_{18} 组成机油压力测量电路，如图 5－14 所示。

当机油压力过低时（低于 68.6 kPa），双金属片式机油压力传感器产生的脉冲信号频率最低，此时红色发光二极管发光显示，并由蜂鸣器发出声响报警信号；当发动机机油压力

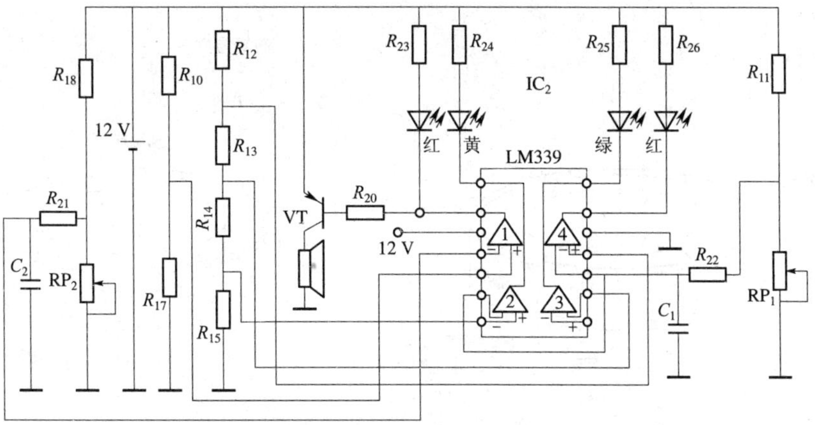

图 5－14　电子式机油压力表（油压与水温集成式）

正常时，绿色发光二极管发光显示，表示发动机润滑系统工作正常；而在油压过高时，机油压力传感器产生的脉冲信号频率较高，黄色发光二极管发光显示，以引起驾驶员的注意，防止润滑系统故障，尤其是注意防止润滑系统各部分的垫子被冲走和润滑装置损坏。

（四）车速里程表

车速里程表可显示车速、行驶总里程及短程行驶距离等。

1．磁感应式车速里程表

磁感应式车速里程表结构如图 5－15 所示，由变速器输出轴上的一套蜗轮、蜗杆以及软轴驱动，主要由车速表和里程表两部分构成。

1）车速表

车速表由永久磁铁、带有轴及指针的铝碗、罩壳和紧固在车速里程表外壳上的刻度盘等组成。

车速表指针的指示原理是：软轴带动磁铁旋转时，转盘产生旋转力，此旋转力与游丝弹簧的弹力平衡时指示在一定位置。

旋转磁铁之所以使转盘转动，其原理是把导体置于旋转磁场中，导体便感应产生电流，从而发生与旋转磁场同方向的转矩。旋转磁铁是永久磁铁产生的磁力线，由 N 极发出，切割转盘后回到 S 极。当旋转磁铁顺时针旋转时，转盘不动，由相对运动可假定旋转磁铁不转，而转盘以逆时针方向切割磁力线，如图 5－16（a）所示，根据右手定则可知，在靠近 N 极处的电流向下，靠近 S 极的电流向上；再根据左手定则可知，在磁场中的转盘，当有电流发生后，会产生顺时针方向旋转的作用，如图 5－16（b）所示。所以旋转磁铁旋转时，转盘会随之产生同方向的旋转。

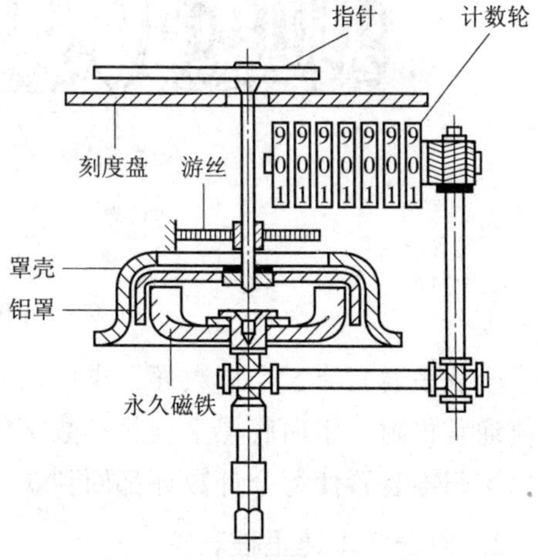

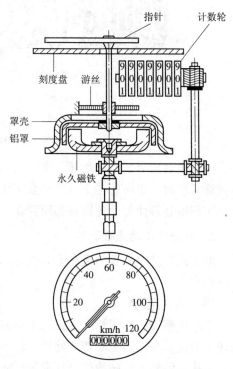

图 5－15　磁感应式车速里程表结构

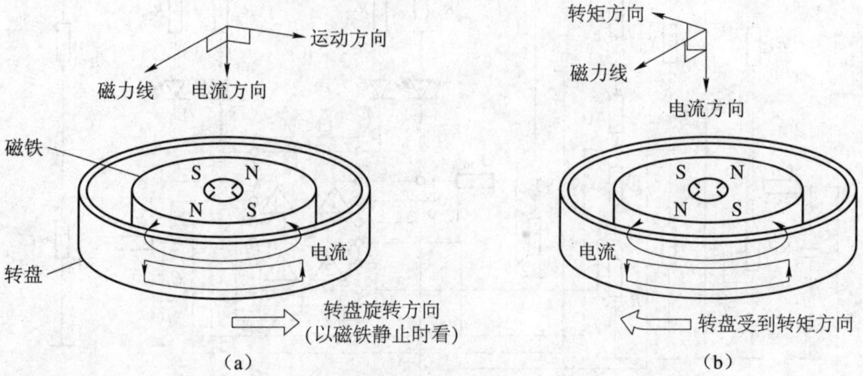

图 5－16　车速表的工作原理

转盘的旋转力与旋转磁铁的旋转速度（即车速）成正比，而游丝弹簧的力与此旋转力平衡时，便决定了指针的指示位置。

2）里程表

图 5－17 所示为里程表结构。里程表是以车速表旋转磁铁的驱动软轴驱动特殊的齿轮来带动计数环计算行驶里程的。

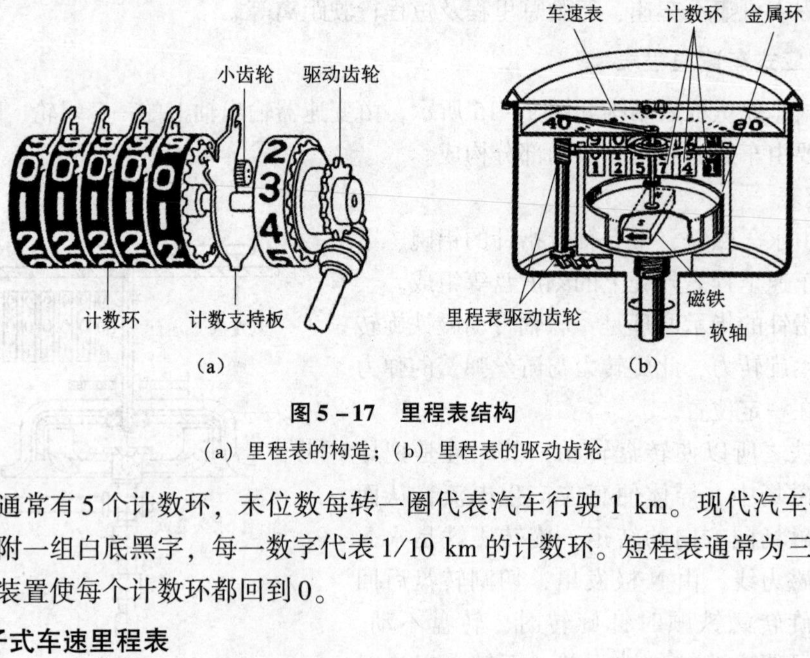

图 5－17　里程表结构

（a）里程表的构造；（b）里程表的驱动齿轮

全程表通常有 5 个计数环，末位数每转一圈代表汽车行驶 1 km。现代汽车全程表的最右侧通常再附一组白底黑字，每一数字代表 1/10 km 的计数环。短程表通常为三位数，随时可以用归零装置使每个计数环都回到 0。

2．电子式车速里程表

电子式车速里程表主要由车速传感器、电子电路、车速表和里程表四部分组成，如图 5－18 所示。

1）车速传感器

车速传感器的作用是产生正比于车速的电信号。它由一个舌簧开关和一个含有 4 对磁极的转子组成。变速器驱动转子旋转，转子每转一周，舌簧开关中的触点闭合、打开 8 次，产生 8 个脉冲信号，该脉冲信号频率与车速成正比。

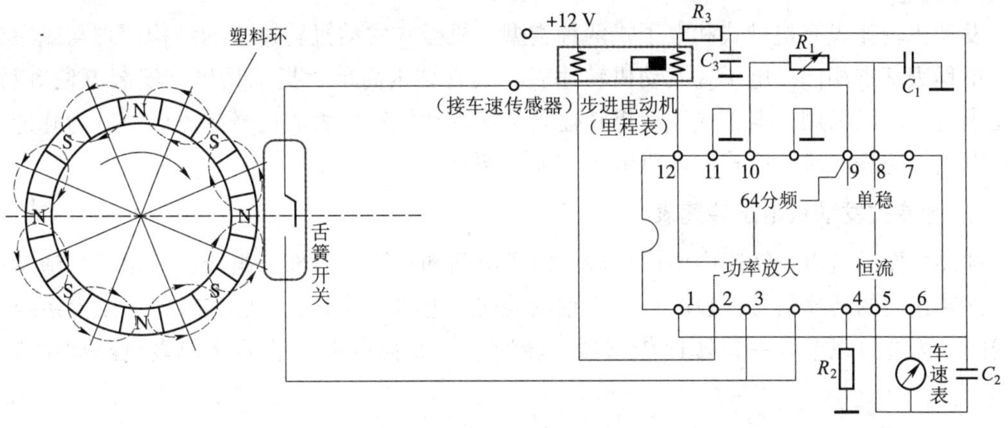

图 5－18　电子式车速里程表

2）电子电路

电子电路的作用是将车速传感器送来的电信号整形、触发，输出一个电流大小与车速成正比的电流信号。其基本组成主要包括稳压电路、单稳态触发电路、恒流源驱动电路、64分频电路和功率放大电路。

3）车速表

它是一个电磁式电流表，当汽车以不同车速行驶时，从电子电路接线端输出的与车速成正比的电流信号便驱动车速表指针偏转，即可指示相应的车速。

4）里程表

它由一个步进电动机和六位数字的十进制数字轮组成。车速传感器输出的信号，经64分频后，再经功率放大器放大到足够的功率，驱动步进电动机，带动数字轮转动，从而记录行驶的里程，如图5－19所示。

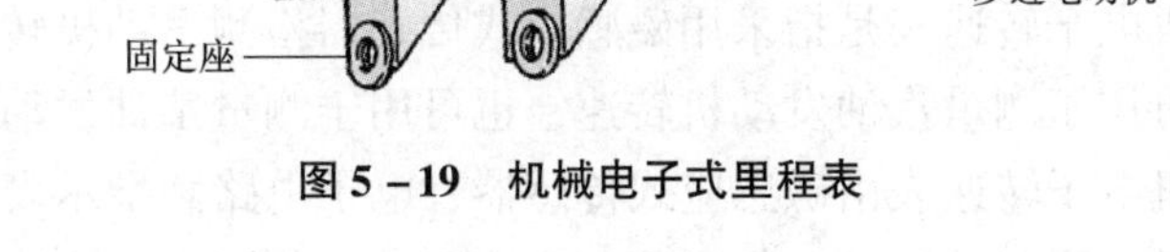

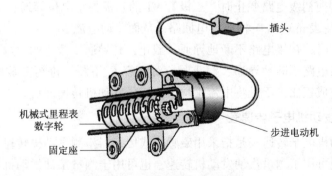

图 5－19　机械电子式里程表

电子式车速里程表与磁感应式车速里程表基本相同，其不同点为不使用机械式的软轴，而是利用车速传感器及处理器的电子控制作用，现为许多汽车所采用。

（五）发动机转速表

发动机转速表用来指示发动机转速，以便于驾驶员了解发动机运转、怠速，以及避免发动机超速运转。转速表通常利用送到点火线圈的脉冲电压或电流，使指示器作用，以显示发动机转速。

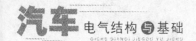

发动机转速表有机械式和电子式两种类型。机械式发动机转速表的结构原理与磁感应式车速里程表基本相同。电子式发动机转速表，具有结构简单、指示精确、安装方便等特点，因此小轿车广泛采用。电子式发动机转速表根据发动机转速表的信号源不同，分为脉冲式发动机电子转速表和磁感应式发动机电子转速表两种。

1. 脉冲式发动机电子转速表

脉冲式发动机电子转速表由信号源、电子电路和指示表三部分组成，常用于汽油发动机上。该转速表的转速信号一般取自点火系统的初级电路，如分电器触点或电子点火系统的点火线圈，因此可以节省一只转速传感器。转速信号取自点火系统的转速表电路如图 5－20 所示。

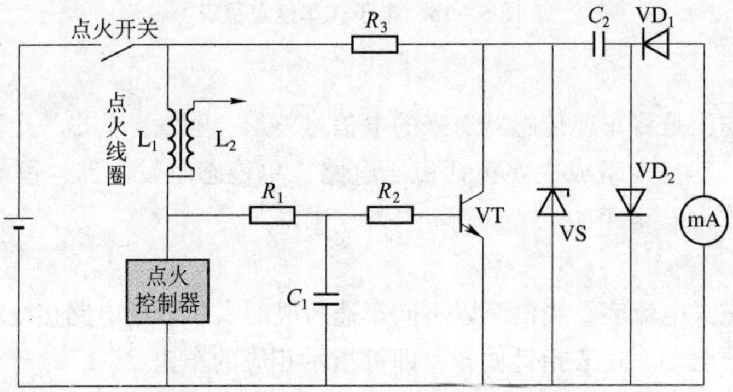

图 5－20　脉冲式发动机电子转速表电路

当点火控制器使初级电路导通时，三极管 VT 处于截止状态，电容 C_2 被充电。其充电电路为：蓄电池正极→R_3→C_2→VD_1→蓄电池负极，构成回路。

当点火控制器使初级电路截止时，三极管 VT 的基极得正电位导通，此时 C_2 便通过导通的三极管 VT、电流表 mA、VD_1 构成放电回路，从而驱动电流表。

当发动机工作时，初级电路不断地导通、截止，其导通、截止的次数与发动机转速成正比。所以，当初级电路不断地导通、截止时，对电容 C_2 不断地进行充放电，其放电电流平均值与发动机转速成正比，于是将电流平均值标定成发动机转速即可。

2. 磁感应式发动机电子转速表

磁感应式发动机电子转速表是指采用磁感应式传感器检测发动机转速信号的电子式转速表。这种转速表既可用于测量汽油发动机转速，也可用于测量柴油发动机转速。

磁感应式发动机电子转速表由磁感应式传感器、电子电路和指示表组成。转速信号一般取自发动机曲轴信号，因此传感器一般安装在飞轮壳上，如图 5－21（a）所示。

在图 5－21（b）所示电路中，电子电路的核心部件是频率/电压转速器 LM2907 或 LM2917。试验证明，转速传感器信号输入频率/电压转换器后，经过频率/电压转换器 LM2907 或 LM2917 内部电路进行处理，即可将反映发动机转速的频率信号转换为电压信号，从而得到图 5－21（b）中曲线所示的输出特性，这样指示表（毫安表）便能随传感器输入信号频率增加，平稳地指示发动机转速升高。

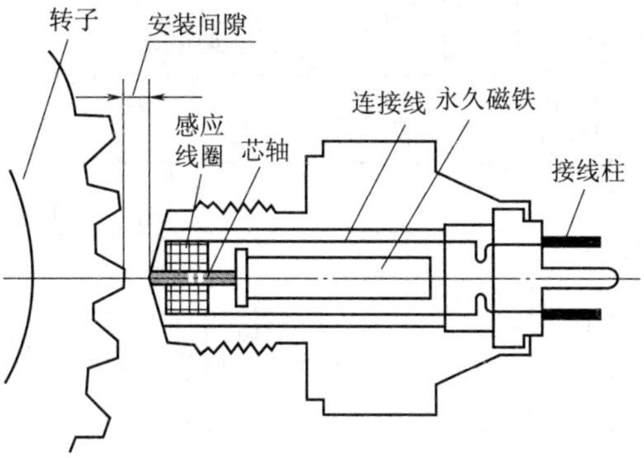

(a)

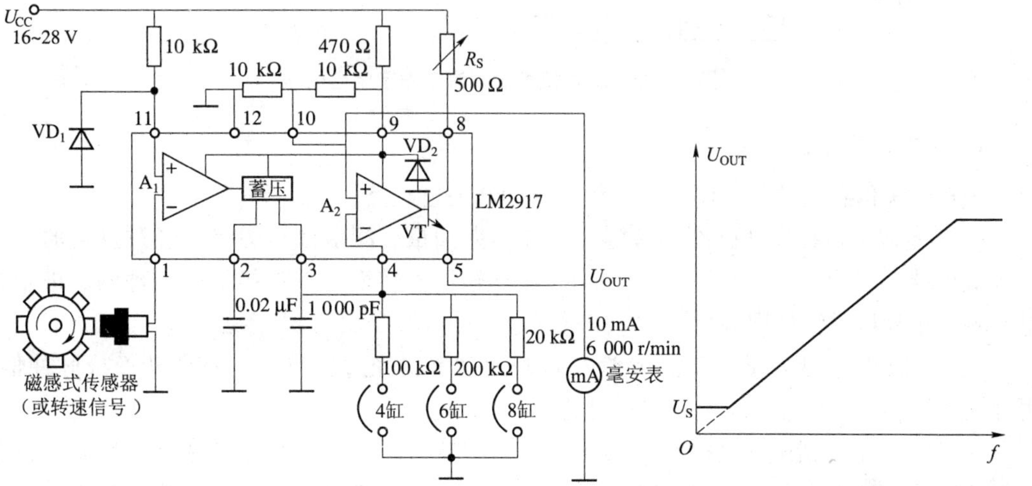

(b)

图 5－21　磁感应式发动机电子转速表

(a) 磁感应式传感器；(b) 磁感应式发动机电子转速表电路和输出特性

电压 U_S 称为最小输出电压，在频率较低（发动机转速在 0～100 r/min 范围内）时，保持最小输出电压稳定的目的是克服指示表的机械惯性和磁滞性，使转速表在低速时就能准确指示发动机转速。调节电阻 R_S 的阻值，即可调节最小输出电压的大小，从而使指示表在某一转速开始比较准确地指示发动机转速。

四、汽车数字组合仪表

上述分装式汽车仪表具有各自独立的电路，不便采用先进的结构工艺，所有仪表加在一起体积过大，安装不方便。现代汽车通常采用数字组合仪表，其结构紧凑，便于安装和接线，但各仪表间磁效应和热效应相互影响，易引起附加误差，所以要采取一定的磁屏蔽和热隔离措施，还要进行相应的补偿。

图 5－22 所示为单片机控制的汽车数字组合仪表，它由汽车工况采集、单片机控制及信号处理、显示器等系统组成。

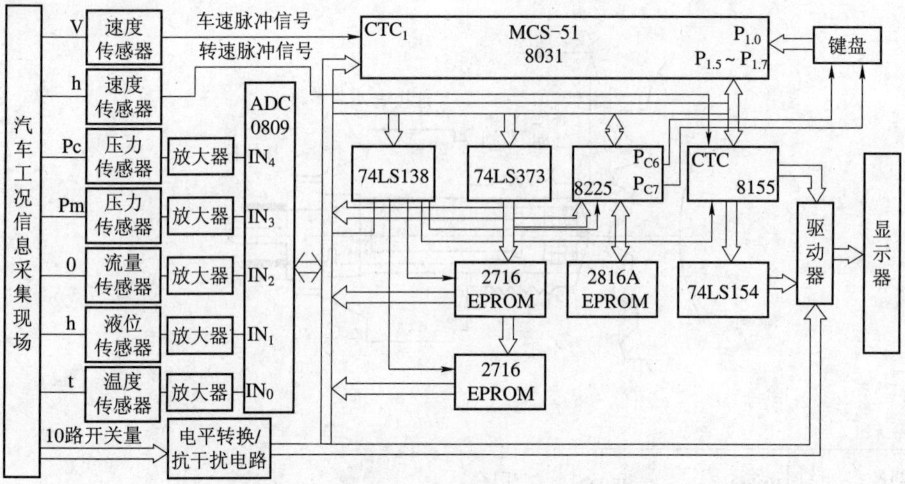

图 5-22 单片机控制的汽车数字组合仪表

1. 汽车工况信息采集

汽车工况信息通常分为模拟量、频率量和开关量三类。

(1) 模拟量包括发动机冷却液温度、油箱燃油量、润滑油压力等，经过各自的传感器转换成模拟电压量，经放大处理后，再由 A/D 转换器转换成单片机能够处理的二进制数字量，输入单片机进行处理。

(2) 频率量包括发动机转速和汽车行驶速度等，经过各自的传感器转换成脉冲信号，再经单片机相应接口输入单片机进行处理。

(3) 开关量包括由开关控制的汽车左转、右转、制动、倒车，各种灯光控制、各车门开关情况等，经电平转换/抗干扰处理后，根据需要，一部分输入单片机进行处理，另一部分直接输送至显示器进行显示。

2. 信息处理

汽车工况信息经采集系统采集并转换后，按各自的显示要求输入单片机进行处理。如汽车速度信号除了要由车速显示器显示外，还要根据里程显示的要求处理后输出里程量的显示。

车速信息在单片机系统中按一定算法处理后送至 2816A 存储器累计并存储。汽车其他工况信息都可以用相应的配置和软件来处理。

3. 信息显示

信息显示可采用前述汽车电子仪表介绍的方式显示，如指针指示、数字显示、声光和图形辅助显示等。常见电子显示器件的工作原理如下：

1) 发光二极管（LED）

发光二极管是一种把电能转换成光能的固态发光器件，实际上也是一种晶体管，它是应用最广泛的低压显示器件，如图 5-23 所示。

发光二极管一般用半导体材料制成。当在正、负极引线间加上适当的正向电压后，二极管导通，半导体晶片便发光，通过透明或半透明的塑料外壳显示出来，结构如图 5-24 所示。发光二极管可通过透明的塑料壳发出红、绿、黄、橙等不同颜色的光，以便需要时使用。发光二极管可单独使用，也可用于组成数字、字母或光条图，如图 5-25 所示。

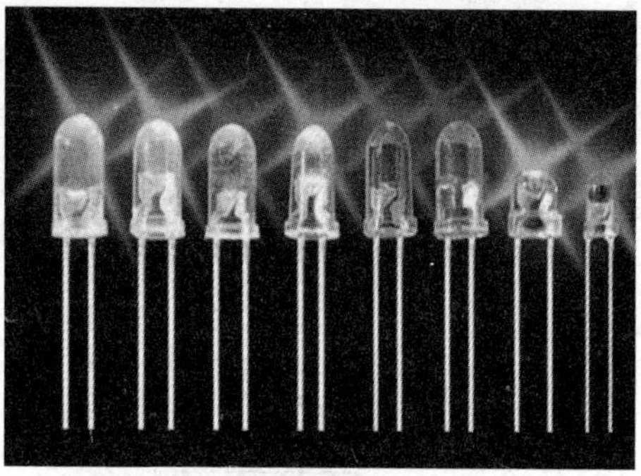

图 5-23　发光二极管

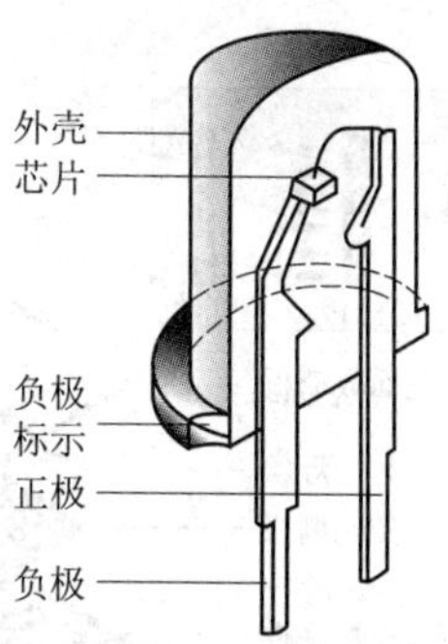

图 5-24　发光二极管结构

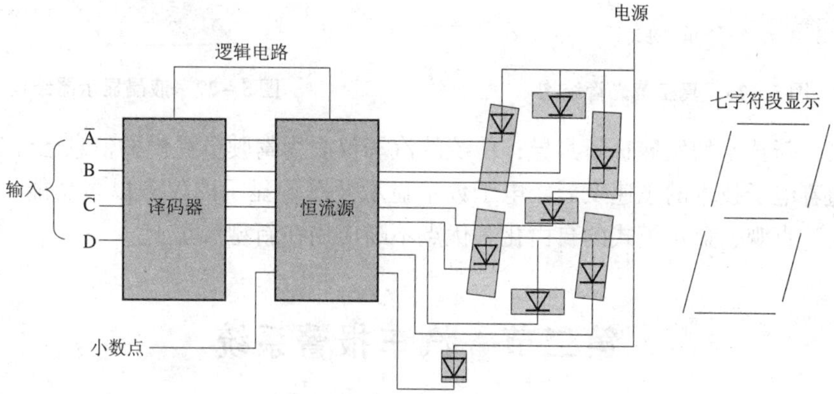

图 5-25　发光二极管组成的七字符段显示电路

发光二极管响应速度较快、工作稳定、可靠性高、体积和质量小、耐振动、寿命长，因此汽车电子仪表中常用发光二极管作为汽车仪表板上的指示灯、数字符号段或不太复杂的图符显示。

2）真空荧光管（VFD）

真空荧光管实际上是一种低压真空管，它是最常用的数字显示器。如图 5-26 所示，钨灯丝为阴极，接电源负极；涂有荧光物质的数字板为阳极，接电源正极，其上制有若干字符段图形，每个字符段由电子开关单独控制通电状态；栅极置于灯丝和数字板之间；整个装置密封在被抽真空的玻璃板内。

3）液晶显示器（LCD）

液晶显示器是最常用的非发光型显示器，其结构如图 5-27 所示。前玻璃板和后玻璃板之间加有一层液晶，外表面贴有前偏光板和后偏光板，最后面是反射镜。

当两电极间通一定电压时，位于通电电极范围内（要显示的数字、图形等）的液晶分子重新排列，这样通电部分电极就形成了在发亮背景下的字符或图形。

除了显示装置以外，汽车仪表系统还设有功能选择键盘，微机与汽车电气系统的接头和显示装置连接。当点火开关接通时，输入信号有蓄电池电压、燃油箱传感器、温度传感器、行驶里程传感器、喷油脉冲以及键盘的信号，微机即按相应汽车动态方式进行计算与处理，除了发出时间脉冲以外，尚可用程序按钮选择显示出瞬时燃油消耗、平均燃油消耗、平均车速、距离和外界温度等各种信息。

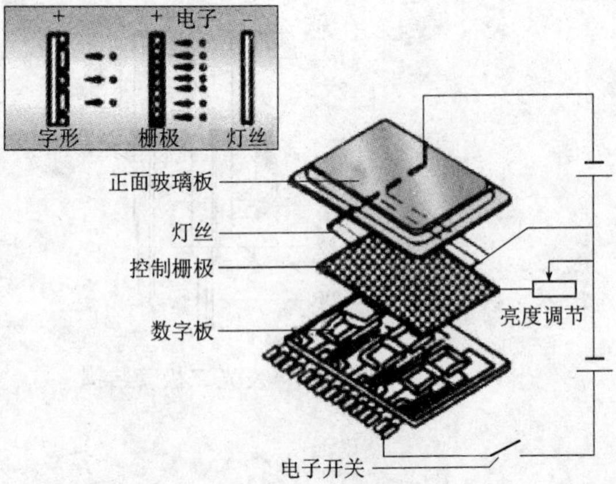

图 5-26　真空荧光管结构

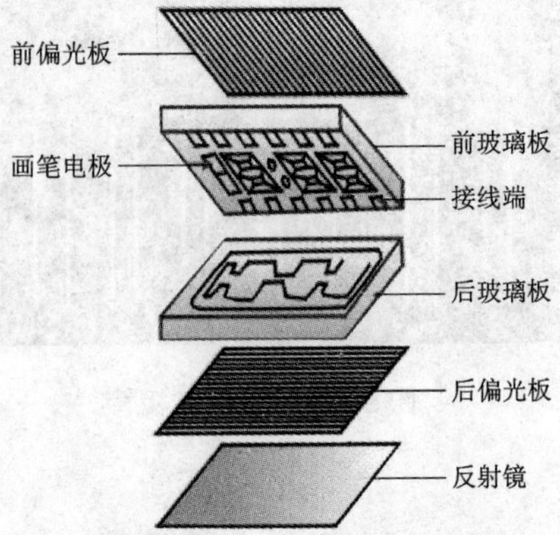

图 5-27　液晶显示器结构

现代汽车新技术的发展日新月异，传统的汽车仪表为驾驶员提供的信息已经远远不能满足要求。随着电子技术的飞速发展，电子数字显示及图像显示的仪表以多功能、高灵敏度、高精度、读数直观、显示模式的自由化等优点不断应用在新型汽车上。

第二节　汽车报警系统

汽车仪表指针指示的刻度对一般汽车驾驶并不具有特别的报警作用，因此为了警示汽车、发动机或某一系统处于不良或特殊状态，引起驾驶员的注意，保证车辆可靠工作和安全行驶，汽车上安装了多种警示性、直观性高的报警装置来取代仪表。

报警装置由报警灯和报警开关组成，当被监测的系统或总成工作不正常时，开关自动接通，使报警灯发亮。常见的报警灯有冷却液温度警告灯、机油压力警告灯、燃油油位警告灯、制动系统警告灯等。

图 5-28 所示为现代汽车仪表盘上的各种警告及指示灯，其代表图案与报警内容见表 5-1。

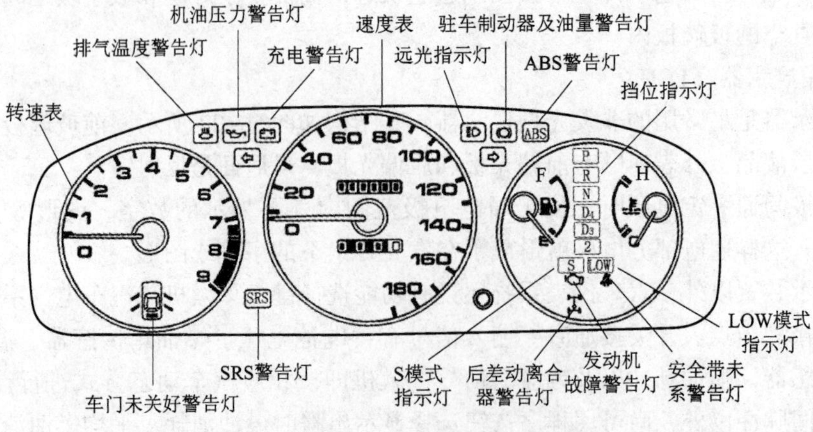

图 5-28　汽车上常见的警告及指示灯

表 5－1　常见的警告灯图形符号及功用

序号	名称	图形	颜色	灯泡功率/W	功用（警告或指示内容）
1	蓄电池液面过低警告灯	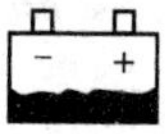	红	1～4	蓄电池的液面比规定值低时灯亮
2	机油压力警告灯	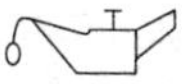	红	1～4	发动机机油压力过低时灯亮
3	充电警告灯	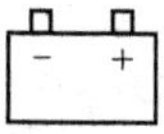	红	1～4	充电系统故障时灯亮
4	预热警告灯	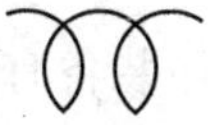	黄	1～4	点火开关闭合时灯亮，预热结束时灯灭
5	燃油滤清器积水警告灯		红	1～4	燃油滤清器内积水时灯亮
6	远光指示灯		蓝	1～4	使用前照灯远光时灯亮
7	散热器液量不足警告灯		黄	1～4	散热器的液量比规定少时灯亮
8	转向指示灯	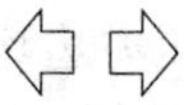	绿	1～4	开转向灯时灯亮
9	驻车制动警告灯	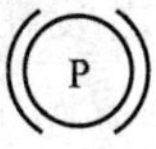	红	1～4	驻车制动器起作用时灯亮
10	车轮制动失效警告灯		红	1～4	制动器失效时灯亮
11	燃油油位警告灯		黄	1～4	燃油余量在 10 L 以下时灯亮
12	安全带未系警告灯		红	1～4	安全带未系时灯亮
13	车门未关好警告灯		红	1～4	车门打开或半开时灯亮
14	制动灯或后示位灯失效警告灯	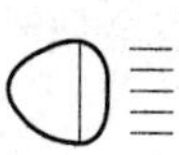	黄	1～4	制动灯或后示位灯断路时灯亮

续表

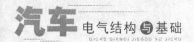

序号	名称	图形	颜色	灯泡功率/W	功用（警告或指示内容）
15	洗涤器液面过低警告灯		黄	1～4	洗涤器液面过低时灯亮
16	SRS 警告灯	SRS	黄	1～4	安全气囊失效时灯亮
17	ABS 警告灯	ABS	红	1～4	ABS 电控部分有故障时灯亮
18	发动机故障警告灯	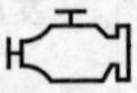	红	1～4	发动机电控系统有故障时灯亮

一、机油压力警告灯

在汽车润滑系统中，除了装备有机油压力表之外，还装备有机油压力警告灯，用以提醒驾驶员注意发动机的机油压力是否异常。当驾驶员打开点火开关时灯亮，起动发动机，机油压力达到规定值时，警告灯熄灭。油压低于规定值时警告灯亮，表示机油压力不足，需立刻停车检查。

机油压力警告灯为红色警告灯，主要由警告灯和机油压力过低传感器组成。机油压力过低传感器一般装在主油道上，有膜片式和弹簧管式两种类型。

图 5－29（a）所示为最常见的弹簧管式机油压力报警装置。它由装在发动机主油道内的弹簧管式传感器和装在仪表板上的警告灯两部分组成。传感器内的管形弹簧一端与发动机主油道连接，另一端与动触点连接，静触点经导电片与接线柱连接。

当润滑系统机油压力低于允许值时，管形弹簧几乎无变形，动、静触点接触，警告灯中有电流通过，灯亮，提醒驾驶员注意。当润滑系统机油压力达到允许值时，管形弹簧变形程度增大，使动、静触点分开，警告灯中无电流通过，灯灭。

图 5－29（b）所示为膜片式机油压力报警装置。它由装在仪表板上的警告灯和装在发动机主油道的膜片式传感器组成。钢制膜片将传感器分割成两个互不相通的腔室，下腔室与发动机润滑系统主油道相通；弹簧片上焊有动触点，静触点固定在壳体上；上腔室内设有一根弹簧，调节弹簧的预紧力可以调整报警压力的高低。

当机油压力低于规定值时（50～90 kPa），膜片在弹簧预紧力的作用下克服机油压力向下拱曲，弹簧将膜片向下推，带动弹片和动触点向下移动并使触点闭合，警告灯亮；当机油压力高于规定值时，油压克服弹簧力，将膜片上推，使触点分开，警告灯熄灭。

二、冷却液温度警告灯

在汽车冷却系统中，除了装备有冷却液温度表之外，还装备有冷却液温度警告灯。冷却液温度警告灯为红色警告灯，其功用是当冷却液温度升高到一定值时，警告灯自动发亮报警，指示冷却液温度过高。

图 5－30 所示为常见的冷却液温度报警装置，它由双金属片式温度传感器和仪表盘上的冷却液温度警告灯两部分组成。

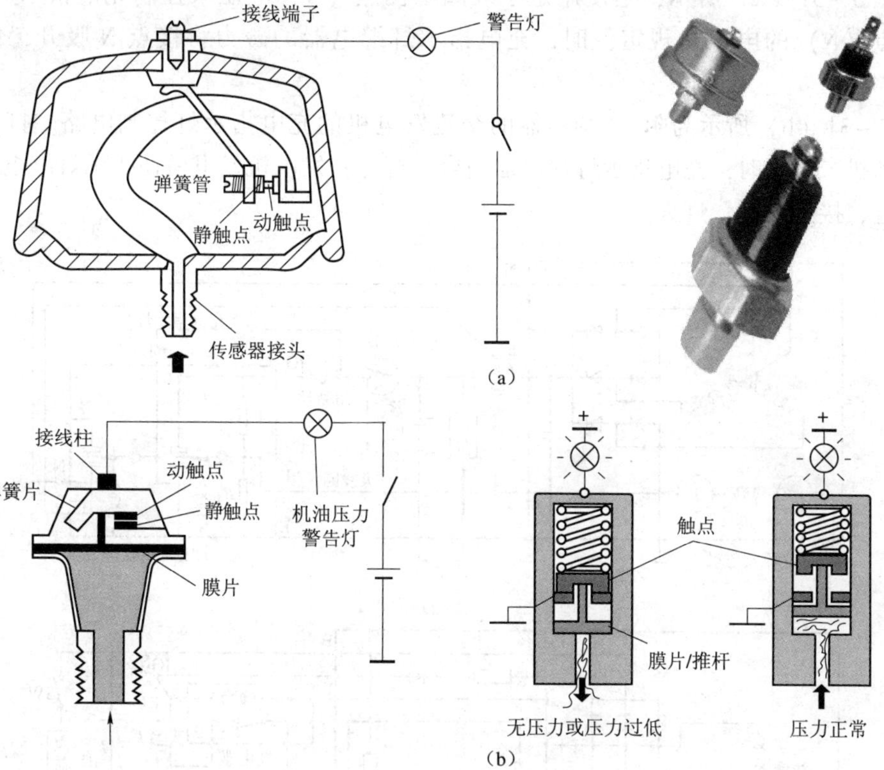

图 5-29 机油压力报警装置

(a) 弹簧管式机油压力报警装置；(b) 膜片式机油压力报警装置

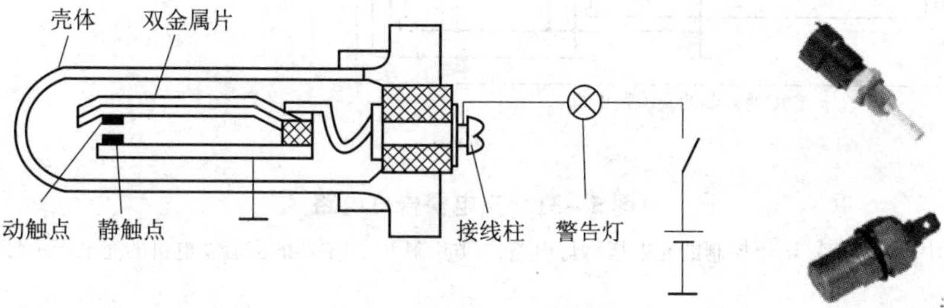

图 5-30 冷却液温度报警装置

当发动机冷却液的温度达到或超过极限温度时，传感器内双金属片温度高，变形程度大，使其内动、静触点接触，报警灯中有电流通过，灯亮。当发动机冷却液的温度正常时，传感器内双金属片温度较低，变形程度小，其内动、静触点分开，警告灯中无电流通过，灯灭。

三、充电警告灯

充电警告灯，当打开点火开关时灯亮，发动机发动后，发电机定子中性点（N）的电压达一定值时灯熄灭。

如图5-31（a）所示，是使用定子线圈中性点（N）电压来控制充电指示灯的电路。当中性点（N）的电压达规定值时，充电指示灯继电器的磁力将接点N吸开，使警告灯熄灭。

图5-31（b）所示为附IC调整器的交流发电机的充电指示灯控制电路。打开点火开关，发动机未起动时，充电指示灯继电器闭合，灯亮；发电机发电后使指示灯继电器两边的电压接近，接点跳开，灯灭。

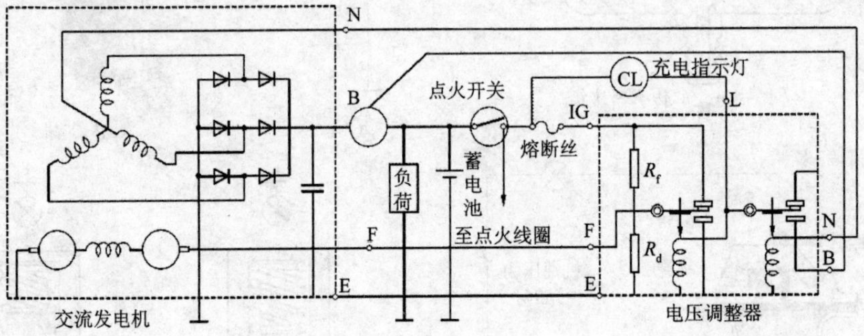

（a）

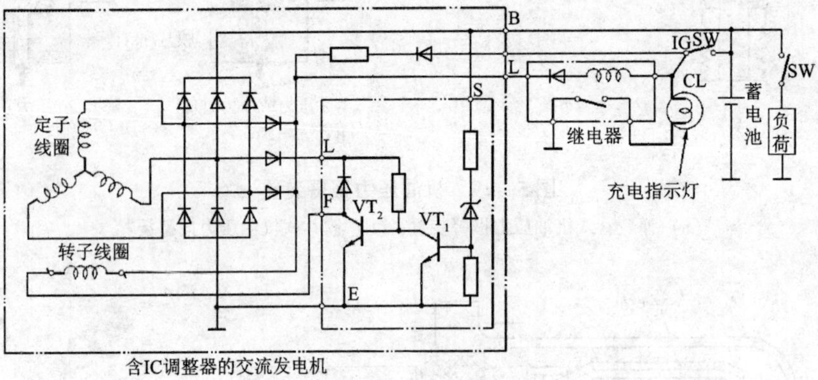

（b）

图5-31　充电警告灯电路

（a）使用中性点（N）电压控制的充电指示灯电路；（b）附IC调整器的交流发电机的充电指示灯控制电路

四、燃油油位警告灯

燃油油位警告灯用于监视燃油箱中的燃油量，当燃油剩余量不足时警告灯点亮，提醒驾驶员及时补充燃油。汽车常用燃油油位警告灯的控制方式有热敏电阻控制式、可控硅控制式和电子控制式三种。

1. 热敏电阻控制式

图5-32所示为热敏电阻控制式燃油油位警告灯电路，它由负温度系数热敏电阻传感器和仪表盘上的燃油量警告灯两部分组成。

当油箱燃油量较多时，热敏电阻完全浸泡在燃油中，由于其散热快、温度低、阻值大，警告灯电路中相当于串联了一个很大的电阻，流过警告灯的电流很小，灯灭。当燃油减少到热敏电阻露出油面时（规定值以下），温度升高，散热慢，电阻值减小，流过警告灯的电流增大，灯亮。

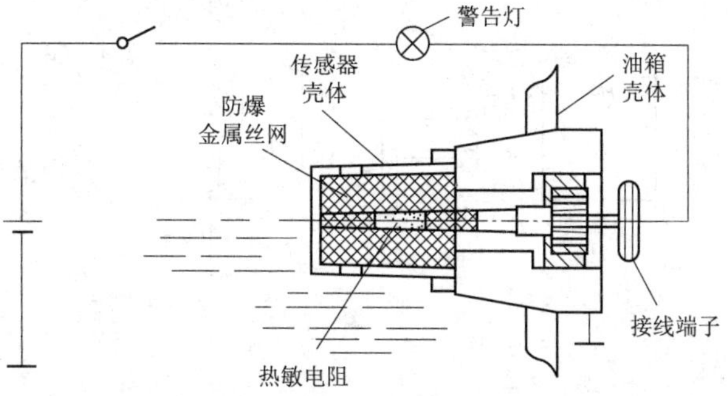

图 5－32　热敏电阻控制式燃油油位警告灯电路

2．可控硅控制式

可控硅控制的燃油油量警告灯适合与热偶片（双金属片）式仪表稳压器、热偶片（双金属片）式燃油指示表配套使用，电路如图 5－33 所示。

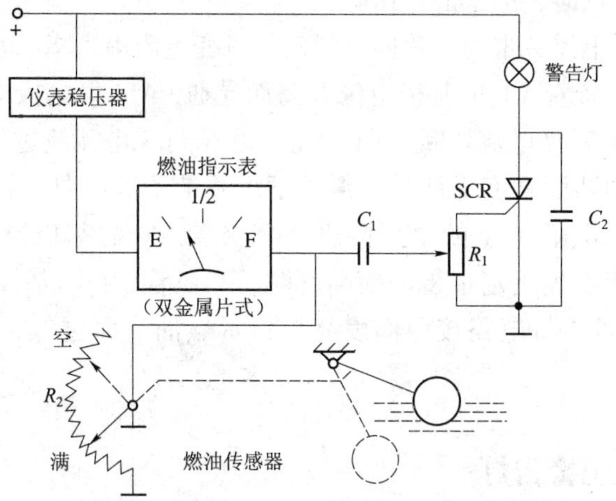

图 5－33　可控硅控制式燃油油位警告灯电路

当仪表稳压器向热偶片式指示表输入脉冲电压信号时，在传感器的可变电阻器上也会出现与燃油油面成比例的脉冲电压信号。当燃油油面下降到一定值时，串入指示表电路的可变电阻阻值增大，脉冲电压的幅值随之增大。当脉冲电压的幅值达到一定值时，便会触发可控硅 SCR 使其导通。当可控硅导通时，警告灯电路接通而发亮，指示燃油油面过低，提醒驾驶员及时补充燃油。

当脉冲电压消失时，触发信号消失，可控硅截止，警告灯熄灭。

调整电阻 R_1 阻值，可以调整可控硅的导通时机，以使警告灯的报警时刻与燃油量减少到报警油面一致。

3．电子控制式

电子控制式燃油油位警告灯适合与电磁式燃油指示表配套使用，其电路如图 5－34 所示。

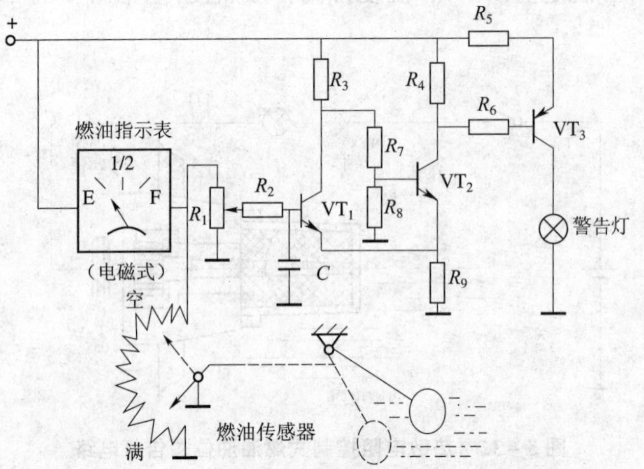

图 5-34　电子控制式燃油油位警告灯电路

三极管 VT_1、VT_2 组成施密特触发器，可变电阻 R_1 上的电压与燃油箱内的燃油油面高度成正比，即油面升高时，传感器可变电阻串入指示表电路的阻值增大，可变电阻 R_1 上的电压升高；反之，油面降低时，R_1 上的电压降低。

当油箱全满时浮子上浮，带动滑片向下滑动使可变电阻串入指示表电路的阻值增大，电阻 R_1 上的电压升高，三极管 VT_1 的基极电位升高而导通，VT_1 集电极电位降低使三极管 VT_2 截止，VT_2 截止时将 VT_3 基极电流切断，VT_3 截止，警告灯无电流流过而熄灭。

当燃油箱内的燃油油面高度降低时，浮子下沉并带动滑片向上移动，可变电阻串入指示表电路的阻值减小，电阻 R_1 上的电压降低，三极管 VT_1 的基极电位随之降低。当燃油箱内的燃油油面高度降低到规定报警油面高度时，三极管 VT_1 因基极电位降低而截止，三极管 VT_2、VT_3 导通，警告灯电路接通而发亮，指示燃油油面过低，提醒驾驶员及时补充燃油。

五、制动系统警告灯

现代汽车制动系统设置的警告装置有制动液液位警告灯、制动灯电路故障警告灯、制动器摩擦片使用极限警告灯、驻车制动与制动压力过低警告灯等。

1. 制动液液位警告灯

制动液液位警告灯的作用是当制动液液面过低时，发出报警信号，以提醒驾驶员注意。

制动液液位警告灯由制动液液位传感器和警告灯组成，其电路如图 5-35 所示。液位传感器为舌簧开关式，安装在制动液储液罐上。传感器壳体上设有两个接线端子，其中一个接 12 V 电源，另一个接警告灯。传感器浮子随制动液液位高低而上下浮动，浮子上固装有永久磁铁。舌簧开关的触点受永久磁铁磁场的作用而断开与闭合。

当补充制动液时，浮子带动永久磁铁随制动液液面升高而上升，随着永久磁铁对舌簧开关触点的作用力减弱，舌簧开关触点在自身弹力的作用下断开，警告灯电路切断而熄灭，表示制动液液位正常。

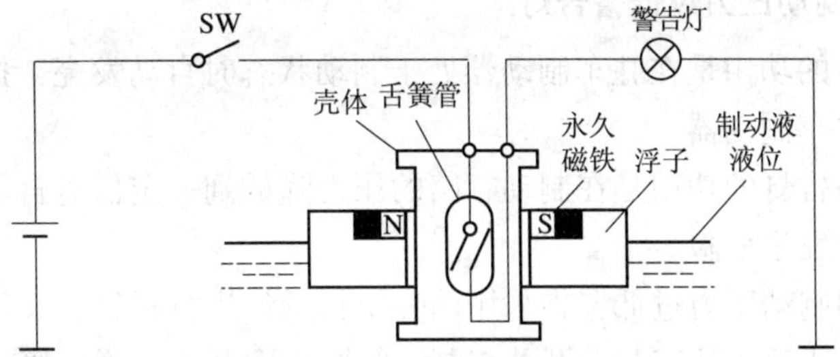

图 5－35　制动液液位警告灯电路

2．制动灯电路故障警告灯

由于制动灯对于行车安全极为重要，而驾驶员在开车过程中很难发现制动灯有故障，所以在一些车辆中设置了制动灯电路故障警告灯。

图 5－36 所示为制动灯电路故障警告灯控制电路。在正常情况下，踩下制动踏板，制动灯开关接通，电流经左、右两电磁线圈到制动信号灯。此时，两线圈所产生的磁场相互抵消，舌簧开关的触点继续处于常开状态，警告灯不亮；当左、右两个制动信号灯中有一个灯泡坏了，或者线路有断路时，则有故障一侧的电磁线圈将不产生磁场，而另一侧的电磁线圈产生磁场，舌簧开关中的触点将闭合，警告灯亮，提醒驾驶员注意制动灯电路有故障。

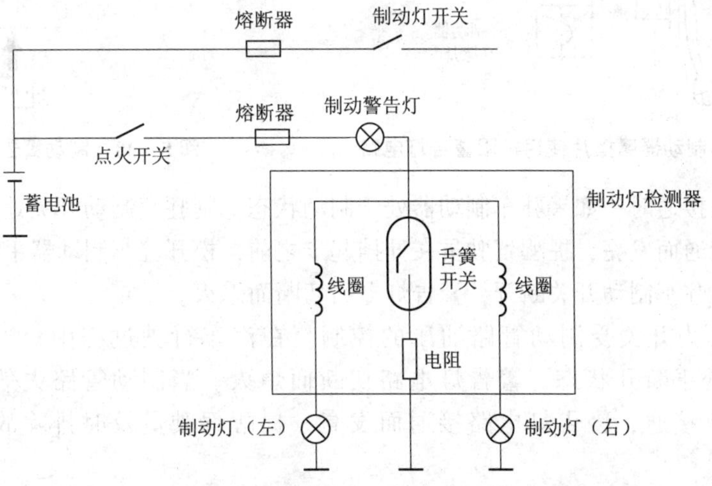

图 5－36　制动灯电路故障警告灯控制电路

3．制动器摩擦片使用极限警告灯

制动器摩擦片使用极限警告灯的作用是当制动器摩擦片磨损到使用极限厚度时，发出报警信号，以提示驾驶员制动器摩擦片需要更换。

图 5－37 所示为制动器摩擦片使用极限警告灯电路。其原理为：在摩擦片内部埋有一段导线，该导线与组合仪表中的电子控制器相连，当摩擦片没有到使用极限时，电子控制器中的晶体管基极电位为低电位，晶体管截止，警告灯不亮；当摩擦片到使用极限时，摩擦片中埋设的导线被磨断，电子控制器中的晶体管基极电位为高电位，晶体管导通，警告灯亮。一般情况下，制动器摩擦片使用极限报警与制动液不足报警共用一个警告灯。

4．驻车制动与制动压力过低警告灯

驻车制动警告灯的功用是在驻车制动器处于制动状态时自动发亮，提醒驾驶员在挂挡起步之前，预先松开驻车制动器。

制动压力过低警告灯的功用是在制动管路的压力降低到一定值时自动发亮，提醒驾驶员及时排除故障，以免发生危险。

驻车制动警告和制动压力过低警告采用同一个指示灯进行报警，又称为制动警告灯，警告灯电路如图 5－38 所示。驻车制动开关与制动管路压力开关并联连接。

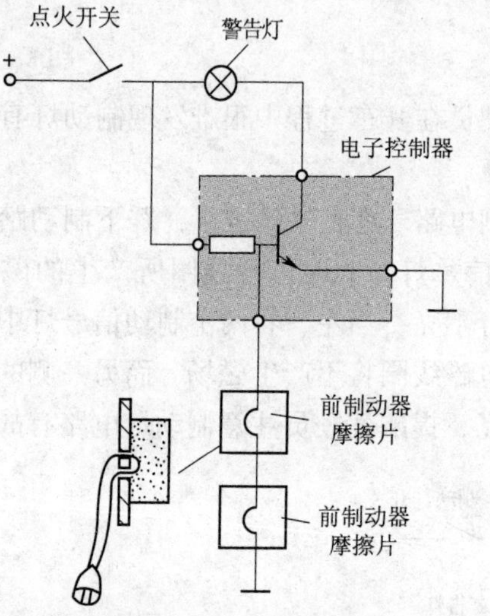

图 5－37　制动器摩擦片使用极限警告灯电路

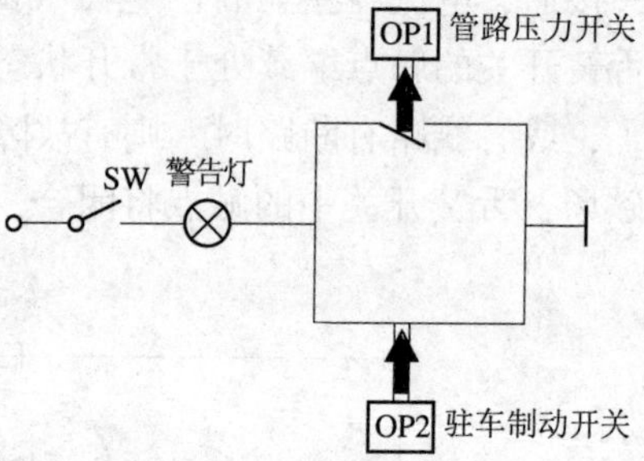

图 5－38　制动警告灯电路

当点火开关接通时，如果驻车制动器处于制动状态，则驻车制动开关处于接通状态，制动警告灯电路接通而发亮，提醒驾驶员在挂挡起步之前，松开驻车制动器手柄。当松开驻车制动器手柄后，驻车制动开关断开，警告灯电路切断而熄灭。

制动管理压力开关受制动管路油压的控制。在汽车行驶过程中，当管路油压正常时，压力开关处于断开状态，警告灯电路切断而熄灭。当制动管路失效时，管路压力下降使开关触点接通，警告灯电路接通而发亮，提醒驾驶员及时排除故障，以免发生危险。

六、空气滤清器堵塞警告灯

空气滤清器堵塞警告灯由一个安装在空气滤清器上的负压开关控制，其控制电路如图 5－39 所示。

负压开关由膜片将其隔为两个腔室，上腔室通过管道连至空气滤清器进风口，下腔室的管道装在空气滤清器出风口与节气门体进风口之间。当空气滤清器里灰尘较多被堵塞时，负压开关中两腔室压力差增大，下腔室在负压的作用下，将膜片向下吸，使动触点与静触点吸合，控制电路被接通，警告灯点亮，以提醒驾驶员空气滤清器堵塞出现故障，并及时更换。

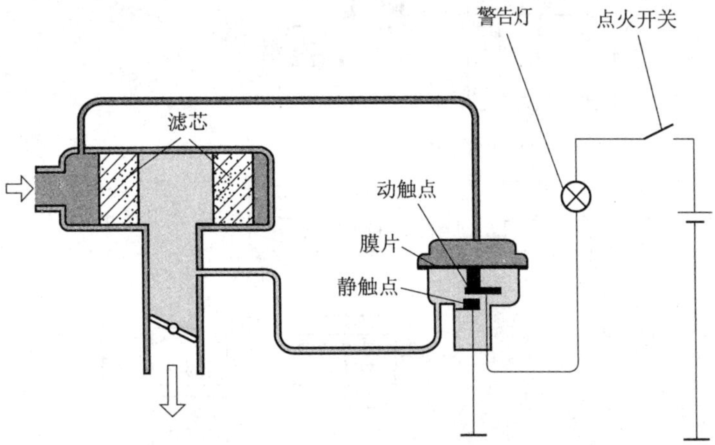

图 5－39　空气滤清器堵塞警告灯电路

第三节　综合信息显示系统

一、概述

随着汽车电子技术的飞速发展，汽车电子控制系统所用的传感器不断增多，汽车仪表的电子显示系统从简单地显示传感器信息的系统，已发展成为可以对各种信息进行分析计算、加工处理的综合信息系统。

1．功用

综合信息系统能够从大量的信息中选择出驾驶员所需要的各种信息内容，包括电子行车地图、汽车维修等信息，还可以显示电视、广播、电话等实况信息。显示器通常采用阴极射线管（CRT）显示器，其阴极射线管屏幕是触摸式的，通过触摸屏幕上的按钮（菜单）便能变更显示的内容。阴极射线管显示器的优点是可以彩色显示、响应速度快、对比度高以及工作测试范围宽；其缺点是体积和质量大、驱动方法复杂，且需要有较高的驱动电压。

2．配置原理

图 5－40 所示为综合信息系统配置原理。该综合信息显示系统的显示器可显示电子地图、燃料消耗和行程信息等综合信息。该综合信息显示系统的组成包括用于管理和控制整个系统的 CRT ECU；用于调用 CD ROM 数据并传送给 CRT ECU 的 CD ECU；接收电视信号并与 CRT ECU 通信的 TV ECU；控制音响系统并与 CRT ECU 通信的音频 ECU；控制空调并与 CRT ECU 通信的空调 ECU；从 GPS 卫星接收无线电信号，计算汽车的当前位置并传送给 CRT ECU 的 GPS ECU；控制蜂窝电话并与 CRT ECU 通信的电话 ECU。

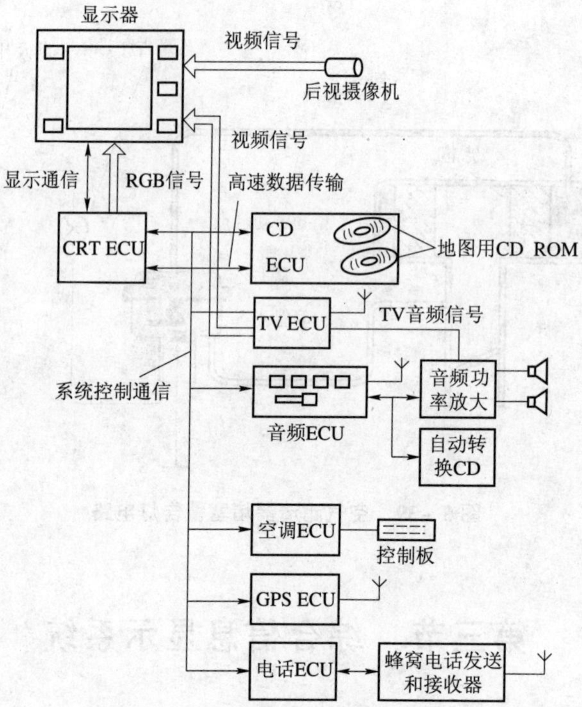

图 5-40　综合信息系统配置原理

二、综合信息显示系统所显示的种类

1. 地图信息

地图信息可将公路交通图按不同的比例显示，它与一般地图的区别是可以滚屏显示，使需要的内容可以被放大单独显示出来。另外，借助于导航系统，汽车的当前位置也可以直接显示在电子地图上。

2. 行车信息

行车信息包括从出发开始的行程、行程时间和燃料消耗，并可根据燃料消耗率和存油量显示剩余燃料可能行驶的里程。

3. 维修信息

维修信息显示如发动机换润滑油、更换轮胎以后所行驶的里程，供驾驶员确定下次维修时间与维修项目参考。

4. 日历信息

日历信息显示驾驶员的日历和日程表。

5. 空调信息

空调信息显示空调的操作模式和风扇的设置，通过触摸屏幕上的键盘可以操作空调系统。

6. 音响系统信息

音响系统信息显示音响系统的操作模式，通过触摸屏幕上的键盘可以控制音响系统及显示音响系统的音乐资料。

7. 电视广播

电视广播接收电视、广播节目。

8. 电话信息

电话信息显示诸如移动电话号码信息，并可通过触摸屏幕键盘来实现拨号和挂机。

9. 后视摄像机信息

后视摄像机信息可在倒车时，显示从安装在车后部的镜头摄取的图像信息。

三、触摸键盘

显示系统的触摸键盘通常是以模拟形式显示在屏幕上，用手指触摸键盘即可进行操作，从而简化了选择信息的过程。通常，显示系统采用红外触发开关来检测屏幕是否被触摸。红外触发开关的原理如图 5－41（a）所示。

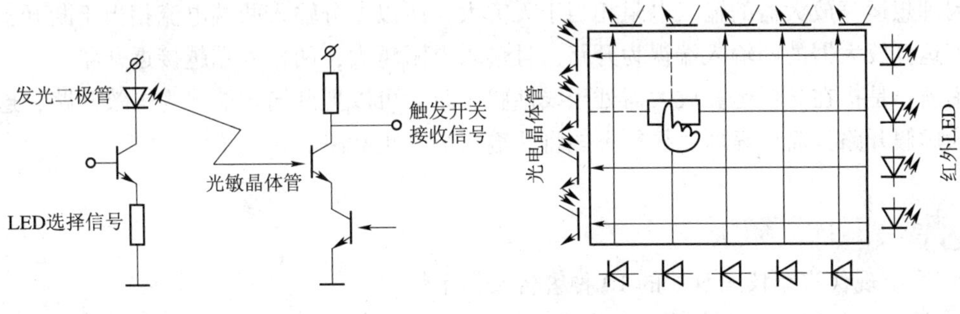

（a）　（b）

图 5－41　红外触发开关

（a）红外触发开关的原理；（b）红外触发开关配置

在显示器的两端都有一个红外 LED 和光敏晶体管相对。在显示器键盘未被触摸时，红外 LED 的光束到达光敏晶体管促使其导通。键盘被触摸时，红外 LED 光波被截断，光敏晶体管立即截止。红外 LED 和光敏晶体管的混合体安放在显示器的多个地方，如图 5－41（b）所示。因此，屏幕上被触摸到的键盘位置由被关断的光敏晶体管所在位置测定。

前导知识回顾

电压比较器

电压比较器是集成运放非线性应用电路，可以看作放大倍数接近“无穷大”的运算放大器。它将一个模拟量电压信号和一个参考固定电压相比较，在二者幅度相等的附近，输出电压将产生跃变，相应输出高电平或低电平。

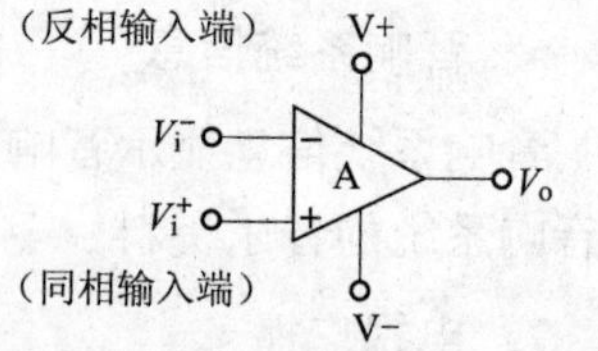

图 5－42　电压比较器电路符号

1. 电压比较器的功能

电压比较器的功能：比较两个电压的大小（用输出电压的高或低电平，表示两个输入电压的大小关系）。电路符号如图5－42 所示。

电压比较器输入输出关系为 $V_o = V_i^+ - V_i^-$。

当同相输入端电压高于反相输入端时，电压比较器输出为高电平。

当同相输入端电压低于反相输入端时，电压比较器输出为低电平。

2. 电压比较器的两个重要特性

电压比较器两个重要特性为“虚短”和“虚断”。

1）虚短

因理想运算放大器放大倍数等效于无穷倍，即 $A = U_0/U_1 - U_2$无穷大，所以 $U_1 - U_2$等于0，两输入端近似等电位，相当于短路。开环电压放大倍数越大，两输入端的电位越接近。

虚短：是指在分析运算放大器处于线性状态时，可把两输入端视为等电位，这一特性称为虚假短路，简称虚短。显然不能将两输入端真正短路。

2）虚断

因理想运算放大器的输入电阻相当于无穷大，所以差分输入两端电流相当于断开，故通常可把运算放大器的两输入端视为开路，且输入电阻越大，两输入端越接近开路。

虚断：是指在分析运算放大器处于线性状态时，可以把两输入端视为等效开路，这一特性称为虚假开路，简称虚断。显然不能将两输入端真正断路。

思考与练习题

1. 写出现代汽车仪表盘上的 10 种警告及指示灯。
2. 简述冷却液温度表电路的组成及工作过程。
3. 简述车速里程表的组成及工作原理。
4. 简述发动机转速表电路的组成及工作原理。
5. 简述润滑油压力警告灯的工作过程。
6. 简述综合信息显示系统的原理及作用。

单元六

汽车空调系统

本章学习目标

1. 知识目标

(1) 理解汽车空调系统的组成和原理。

(2) 掌握制冷系统各部分的结构和工作原理。

(3) 掌握空调系统控制元件的组成和工作原理。

(4) 掌握汽车空调控制系统电路。

2. 能力目标

(1) 能对空调系统进行日常维护保养。

(2) 能正确合理地使用空调。

(3) 熟悉空调控制系统电路图。

第一节　汽车空调系统概述

一、汽车空调系统的功用

1. 汽车空调的作用

空调就是空气调节器的简称，汽车空调的作用是在各种气候和行驶条件下，为乘员提供舒适的车内环境（对车内空气的温度、湿度、流速和清洁度等参数进行调节），并能预防或清除附在风窗玻璃上的雾、霜或冰雪，以确保驾驶员的视野清晰与行车安全。

2. 汽车空调的功能

(1) 汽车空调能调节车内空气的温度。在夏季人感到舒适的温度是 22 ~ 28 ℃，冬季是 16 ~ 18 ℃。温度低于 14 ℃，人会感到"冷"，温度越低，手脚动作就会越僵硬，驾驶员将不能灵活操作。温度超过 28 ℃，人就会觉得燥热，精神集中不起来，思维迟钝，容易造成交通事故。超过 40 ℃，则称为有害温度，将对人体的健康造成损害。另外，人体面部所需求的温度比足部略低，即要求"头凉足暖"，温差大约为 2 ℃。

(2) 汽车空调能调节车内空气的湿度。人觉得舒适的相对湿度是 50% ~ 60%，冬季是 40% ~ 50%。在这种湿度环境中，人会觉得心情舒畅。湿度过低，皮肤会痒，这是由于湿度太低时，皮肤表面和衣服都比较干燥，它们之间摩擦会产生静电；湿度过高人会觉得闷，这是由于人体皮肤的水分蒸发不出来，干扰了人体正常的新陈代谢过程。

（3）汽车空调能调节车内空气的流速。人在流动的空气中比在静止的空气中舒适，这是因为流动的空气能促进人体的散热。所以，空气流速是汽车空调的重要调节内容之一。空气流速在0.2 m/s以下为好，并且以低速变动为佳。

（4）汽车空调能过滤并净化车内空气。由于车内空间小，乘员密度大，车内极易出现缺氧和二氧化碳浓度过高的情况。为防止车内人员缺氧，产生疲劳、头晕和恶心等症状，进气门应处于外循环，以不断向车内补充外界的新鲜空气，常采用强制通风或自然通风装置。车内每位乘员所需新鲜空气量为20～30 m^3/h，二氧化碳浓度应保持在0.1%以下。

二、汽车空调系统的组成

汽车空调系统按其功能分为制冷系统、采暖系统、通风与换气系统、空气净化系统和空调控制系统。

1．制冷系统

对车内空气或由外部进入车内的新鲜空气进行冷却，来实现降低车内温度的目的。

2．采暖系统

汽车空调采暖系统是将车外新鲜空气引入热交换器，吸收其中某种热源的热量，从而提高空气的温度，并将热空气送入车内的装置。同时它还可以对前风窗玻璃进行除霜、除雾。

3．通风与换气系统

通风与换气系统是由进气模式风挡、鼓风机、混合气模式风挡、气流模式风挡和导分管等组成。汽车室内或室外未经调节的空气，经鼓风机作用送至蒸发器或暖风芯片处，此时已被调节成冷空气或暖空气的空气流，根据风门模式伺服电动机开启角度位置而流向相应的出风口。

4．空气净化系统

车外空气含有发动机废气中的一氧化碳和道路上的粉尘、野外有毒的花粉，如果简单地把车外空气引入车内，容易造成车内空气混浊，影响乘员的身体健康。因此，必须要求汽车空调具有补充车外新鲜空气、过滤和净化车内空气的功能，一般汽车空调装置上都设有进风门、排风门、空气过滤装置和空气净化装置。

5．空调控制系统

空调控制系统由电气元件、真空管路和操纵机构组成。一方面用以对制冷和暖风系统的温度、压力进行控制，另一方面对车室内空气的温度、风量、流向进行操纵。现在中高级轿车上普遍采用了电脑自动控制，大幅度降低了人工调节的麻烦，提高了空调经济性和空调效果。

三、汽车空调系统在汽车上的布置

为了实现空调系统的上述功能，汽车空调部件的布置位置如图6－1所示。

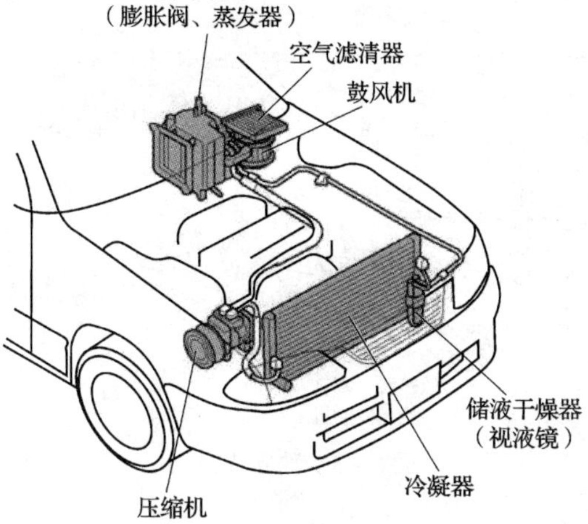

图 6－1　空调系统在车上的布置

四、汽车空调系统的类型

1．按驱动方式分类

1）非独立式空调

非独立式空调制冷系统工作时由车用发动机提供动力，它的优点是结构简单，便于安装布置，噪声小；缺点是制冷量小，工作稳定性差，且空调的制冷性能受发动机工作影响较大，低速制冷量不足，高速则制冷量过剩，并且消耗发动机 10%～15% 的功率，因而对汽车的加速性能和爬坡性能影响较大，汽车停驶时，空调系统也不能工作。故这种类型的空调系统多用于制冷量相对较小的小客车和轿车上，如图 6－2 所示。

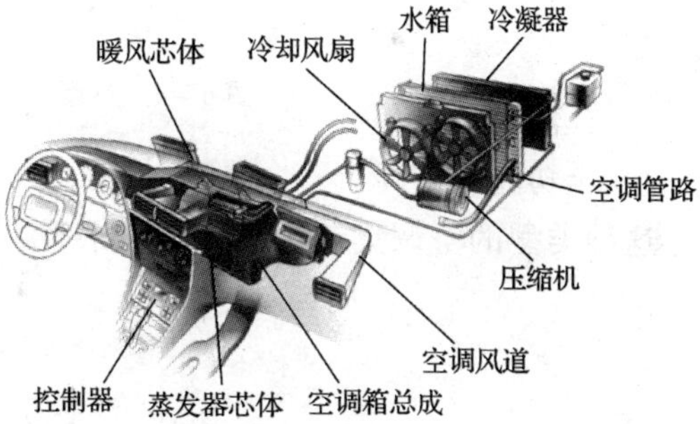

图 6－2　非独立式空调

2）独立式空调

它是单独用一台专用发动机（副发动机）来驱动空调系统的制冷系统。其优点是制冷量大，工作稳定，制冷系统工作状况不受汽车（主）发动机的影响，制冷系统对汽车的行驶性能也无影响，而且发动机怠速或车辆停驶时，制冷系统可正常运行；缺点是结构复杂，加装了一台发动机，不仅加大了车辆成本，而且增加了整车的质量、体积和布置难度。因此，这种类型的空调系统多用于大中型客车上，如图 6－3 所示。

2．按功能分类

1）单一功能型空调

单一功能型是将制冷、采暖、强制通风系统各自独立安装，独立操作，单独工作互不干涉。这种空调多用于大型客车和载货汽车上。

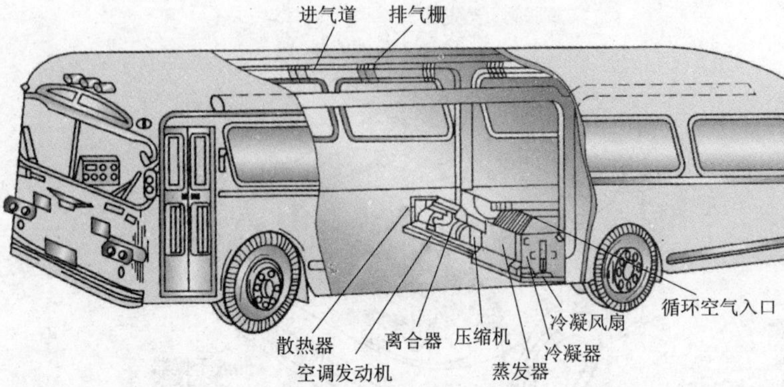

图 6－3　独立式空调

2）冷暖一体机型空调

这种类型的空调，制冷、采暖和通风系统共用一台鼓风机、一个风道送风口，并在同一控制面板上控制，如图 6－4 所示。

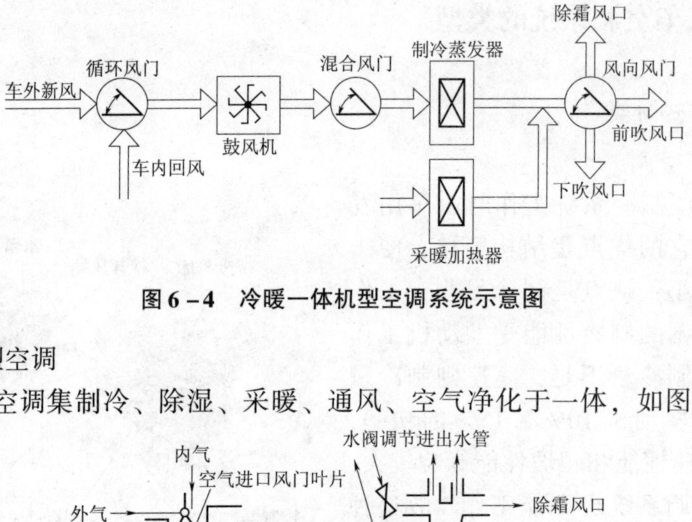

图 6－4　冷暖一体机型空调系统示意图

3）全功能型空调

这种类型的空调集制冷、除湿、采暖、通风、空气净化于一体，如图 6－5 所示。

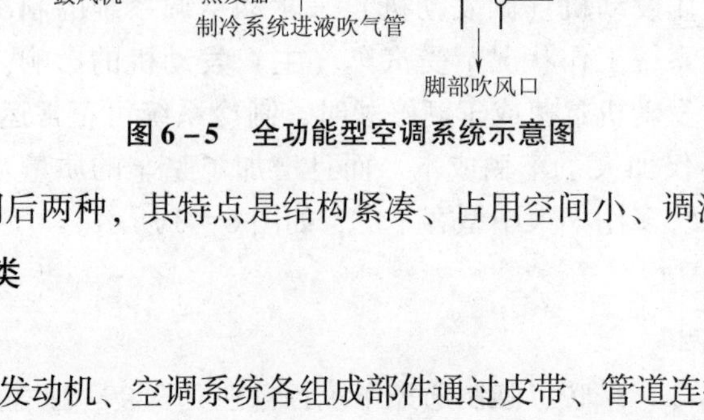

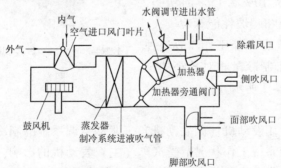

图 6－5　全功能型空调系统示意图

汽车空调一般采用后两种，其特点是结构紧凑、占用空间小、调温容易、操控方便。

3．按结构形式分类

1）整体式空调

整体式空调是将副发动机、空调系统各组成部件通过皮带、管道连接成一个整体，安装在一个专门机架上，构成一个独立总成，由副发动机带动，通过车内送风管将冷风送入车室内。

2）分体式空调

这种类型的空调系统各组成部件和独立式空调的副发动机部分全部分开布置，用管道连接成一个制冷系统。

3）分散式空调

这种类型的空调系统各组成部件分散安装在汽车各个部位，并用管道相连接。轿车、中小型客车及货车都采用这种结构形式。

4. 按控制方式分类

1）手动式空调

只能手动对冷/热风的温度和风量进行粗略的分级调节，不能设定车内空调的具体温度，如图6－6（a）所示。

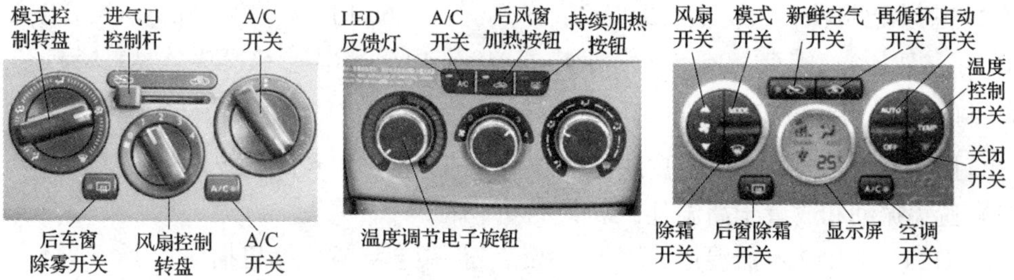

（a）　　（b）　　（c）

图6－6　不同控制方式的空调

（a）手动空调控制机构；（b）半自动空调控制机构；（c）自动空调控制机构

2）半自动空调

所谓半自动空调，就是空调的温度调节是自动的，其余如风道的方向、风量的大小，以及关闭/开启内循环则是手动的，如图6－6（b）所示。

3）自动式空调

可以根据已设定的温度，自动调节从而保持车内温度的恒定。另外自动空调有自检装置，可以及早发现故障隐患，如图6－6（c）所示。

第二节　制 冷 系 统

一、制冷剂

我们知道，物质有气态、液态和固态三种形态，由于温度的变化，三者之间会互相转化。汽车空调制冷系统就是利用一种物质由于温度的变化而导致形态变化的原理来产生制冷效应的。该种物质称为制冷剂，也叫冷媒。

物质由液态变为气态的过程称为汽化。物质汽化时需要吸收一定的热量，汽化的形式有蒸发和沸腾两种。在汽车空调系统中，是采用降低压力的方法使制冷剂在蒸发器内完成汽化过程的。物质由气态变为液态的过程称为液化，物质液化时需要放出一定的热量。

1. 对制冷剂的要求

(1) 与冷冻机油互溶不起化学反应，不改变润滑油的特性。

(2) 不易燃烧，不易爆炸，无毒，无刺激性气味，不腐蚀金属和橡胶件。

(3) 在蒸发器内容易蒸发，蒸发温度低。蒸发压力应该稍高于大气压力，防止制冷系统产生负压而吸进空气，使制冷能力下降。

(4) 冷凝压力不宜太高，如果冷凝压力太高，对制冷设备、管路的要求也会提高，并且会引起压缩机功耗增加。

(5) 制冷剂在高温下不易分解，化学性质稳定。

2. 制冷剂的类型

车用空调的制冷剂主要是 R12 和 R134a。

R12（基本已淘汰）：沸点 -29.8 ℃，潜热值 165.65 kJ/kg，对大气臭氧层有破坏作用。

R134a（使用）：沸点 -26.5 ℃，潜热值 219.8 kJ/kg，不会破坏大气臭氧层。

3. 制冷剂使用注意事项

(1) 操作制冷剂时，不要与皮肤接触，应戴护目镜，以免冻伤皮肤和眼球。

(2) 避免振动和放置于高温处，以免发生爆炸。

(3) R134a 与 R12 不能混用，因为不相溶，混用会导致压缩机损坏。

(4) 使用 R134a 制冷剂的系统，应避免使用铜材料，否则会产生镀铜现象。

(5) 制冷剂应放置在低于 40 ℃的地方保存。

二、汽车空调制冷系统的组成

汽车空调制冷系统主要由压缩机、冷凝器、储液干燥器、膨胀阀、蒸发器、导管与软管、压力开关等组成，如图 6-7 所示。

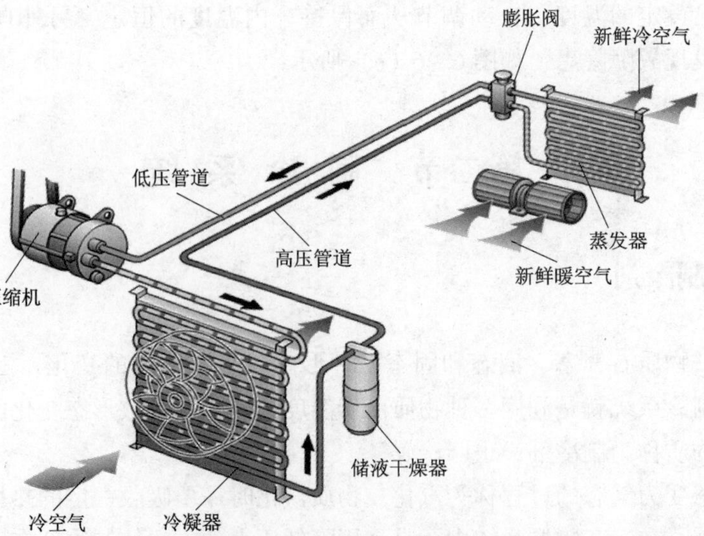

图 6-7 空调制冷系统的组成

三、汽车空调制冷系统的分类

空调制冷系统可分为两类，一类是膨胀阀系统，另一类是孔管系统，如图 6－8 所示。它们的区别，一是所用的节流膨胀装置结构不同；二是具有储液干燥功能的部件即储液干燥器和储液罐的安装位置不同。

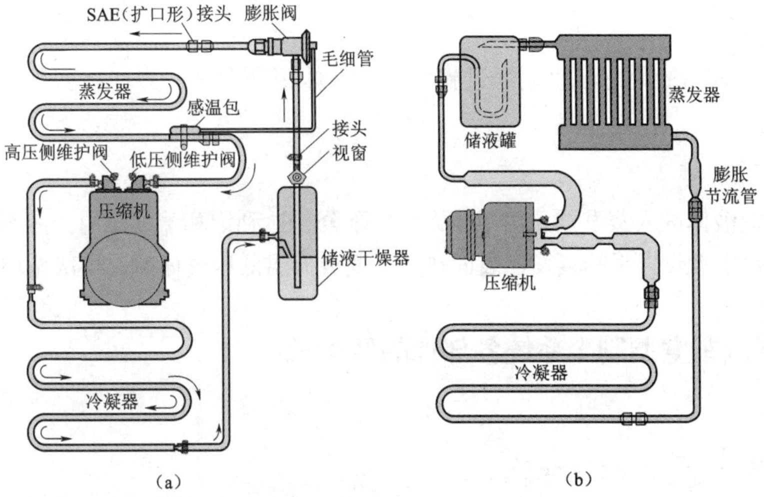

图 6－8　空调制冷系统类型

(a) 膨胀阀系统；(b) 孔管系统

四、汽车空调制冷系统的工作原理

汽车空调制冷系统的工作原理如图 6－9 所示，分为压缩、放热、节流和吸热四个过程。

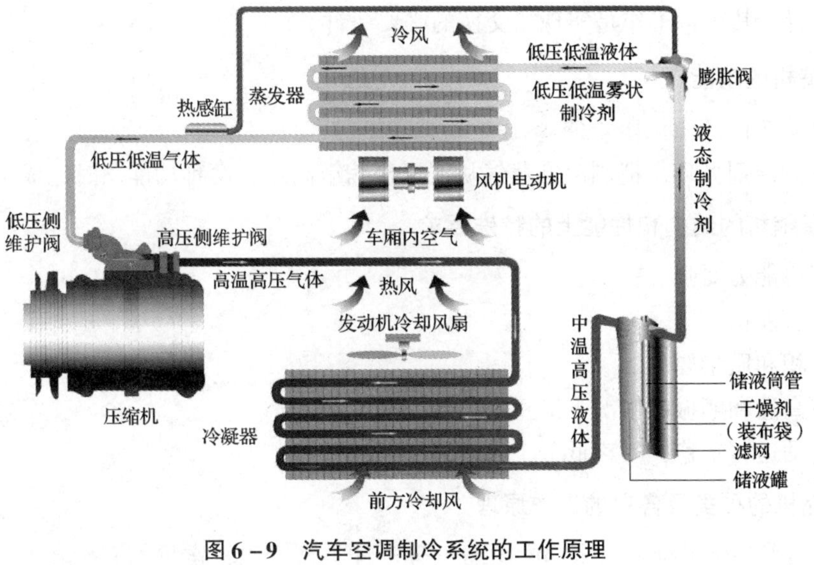

图 6－9　汽车空调制冷系统的工作原理

1. 压缩过程

汽车空调压缩机吸入蒸发器出口处的低温低压制冷剂气体，把它压缩成高温高压气体后排出压缩机，经管道进入冷凝器。

2. 放热过程

高温高压的过热制冷剂气体进入冷凝器后，由于温度降低，达到制冷剂的饱和蒸气温度，制冷剂气体冷凝成液体，并放出大量的液化气热。

3. 节流过程

温度和压力较高的液态制冷剂通过膨胀装置后体积变大，压力和温度急剧下降，以雾状排出膨胀装置。

4. 吸热过程

雾状制冷剂液体进入蒸发器，由于压力急剧下降，达到饱和蒸气压力，液态制冷剂蒸发成气体。蒸发过程中吸收大量的蒸发器表面热量，变成低温低压气体后，再次循环进入压缩机。

五、汽车空调制冷系统各部件的结构及原理

（一）压缩机

作为汽车空调制冷系统的核心部件，压缩机（compressor，俗称空调泵，如图 6－10 所示）具有两个重要功能：首先，压缩机吸气时相当于一个真空泵，使系统内部产生低压，吸入蒸发器中低温低压的气态制冷剂；然后，在压缩过程中将气态制冷剂压缩成高温高压状态并输入冷凝器，维持制冷剂在制冷系统管路中循环流动。

图 6－10　汽车空调压缩机

压缩机是蒸气压缩制冷系统中低压和高压、低温和高温的转换装置，其正常工作是实现热交换的必要条件。

1. 压缩机的功能

（1）使系统内产生低压条件。

（2）使制冷剂循环，把制冷剂蒸气从低压压缩至高压，两种功能同时完成。

2. 对压缩机的结构和性能上的特殊要求

（1）制冷能力要强。

（2）节省能量。

（3）体积和质量要小。

（4）在高温和颠振的情况下能正常工作。

（5）起动运转平稳，噪声低，工作可靠。

3. 压缩机的种类及各自的工作原理

目前在汽车空调系统中所采用的压缩机有多种类型，比较常见的有旋转斜盘式压缩机、

旋转叶片式压缩机、涡旋式压缩机和斜盘可变容量压缩机等。此外，压缩机还可分为定排量和变排量两种形式，变排量压缩机可根据空调系统的制冷负荷自动改变排量，使空调系统运行更加经济。

1）旋转斜盘式压缩机。

（1）结构。旋转斜盘式压缩机实物如图6－11所示，其各部分结构如图6－12所示。这种压缩机通常在机体圆周方向上布置有3个或者5个气缸，每个气缸中安装一个双向活塞，形成6缸机或10缸机，每个气缸两头都有进气阀和排气阀。活塞由斜盘驱动在气缸中往复运动，活塞的一侧压缩时，另一侧则进气。

图6－11　旋转斜盘式压缩机实物

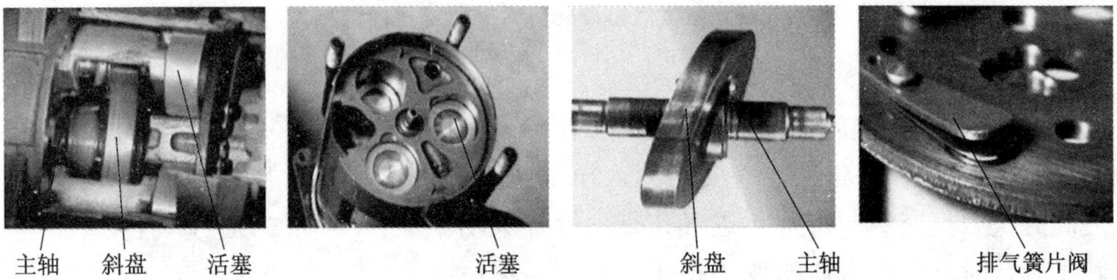

图6－12　旋转斜盘式压缩机的内部结构

（2）工作原理。旋转斜盘式压缩机的工作过程如图6－13所示，压缩机轴旋转时，轴上的斜盘同时驱动所有的活塞运动，部分活塞向左运动，部分活塞向右运动。当活塞向左运动时，活塞左侧的空间缩小，制冷剂被压缩，压力升高，打开排气阀，向外排出制冷剂；此时，活塞右侧空间增大，压力减小，进气阀开启，制冷剂进入气缸。由于进、排气阀均为单向阀结构，故能保证制冷剂不会倒流。

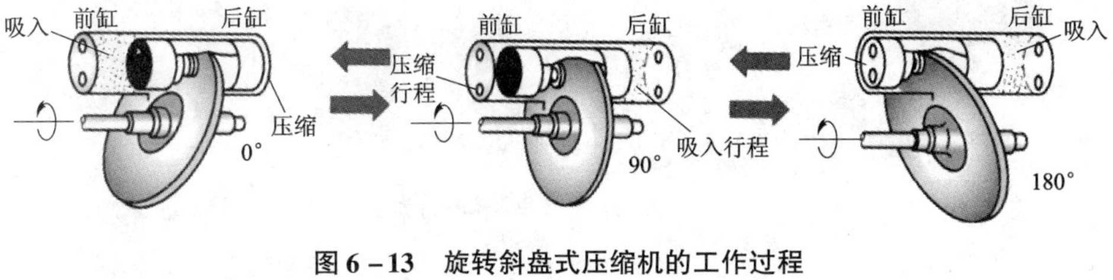

图6－13　旋转斜盘式压缩机的工作过程

2）旋转叶片式压缩机

（1）结构。旋转叶片式压缩机的气缸形状有圆形和椭圆形两种。在圆形气缸中，转子的主轴与气缸的圆心有一个偏心距，使转子紧贴在气缸内表面的吸、排气孔之间。在椭圆形气缸中，转子的主轴和椭圆中心重合。三叶片气缸旋转叶片式压缩机的实物如图 6－14 所示。各种类型的气缸旋转叶片式压缩机的内部结构如 6－15 所示。

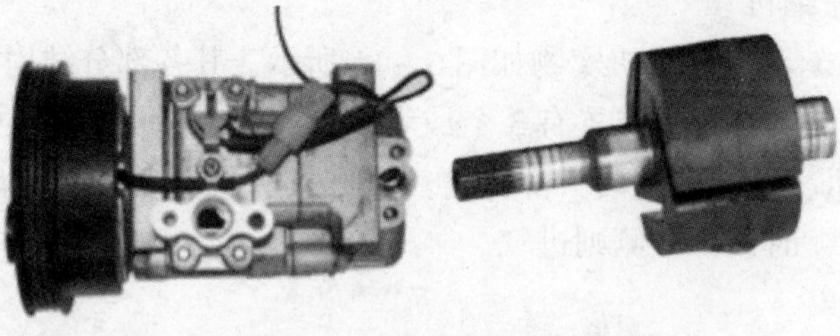

图 6－14　三叶片气缸旋转叶片式压缩机实物

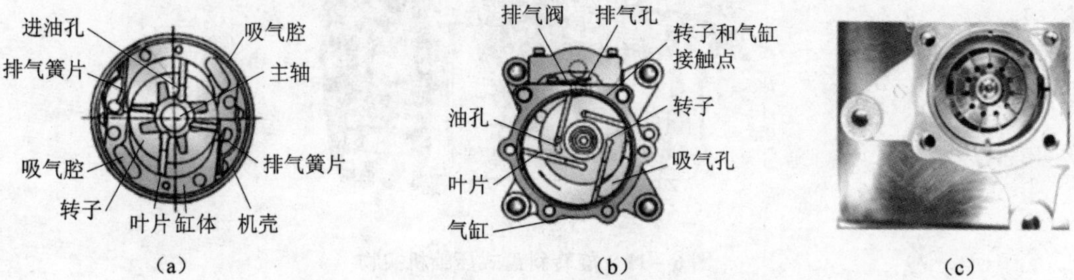

图 6－15　各类气缸旋转叶片式压缩机内部结构

（a）四叶片椭圆形；（b）四叶片圆形；（c）十一叶片式

（2）工作原理。旋转叶片式压缩机的工作原理如图 6－16 所示。制冷剂是通过进气孔流入压缩机的，叶片之间的压力室充满制冷剂。进气孔是由叶片关闭的。转子旋转时，压力室体积变小挤压制冷剂，然后加压的制冷剂经过排气孔被排出。

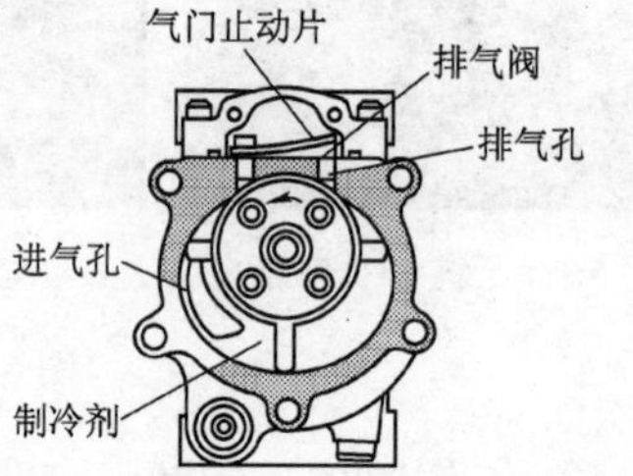

图 6－16　旋转叶片式压缩机的工作原理

3）涡旋式压缩机

（1）结构。涡旋式压缩机是一种用于汽车空调比较新颖的旋转式空调压缩机，由涡线定子、涡线转子、防自转机构和曲轴等部件组成。涡旋式压缩机的内部结构分解如图 6－17 所示。

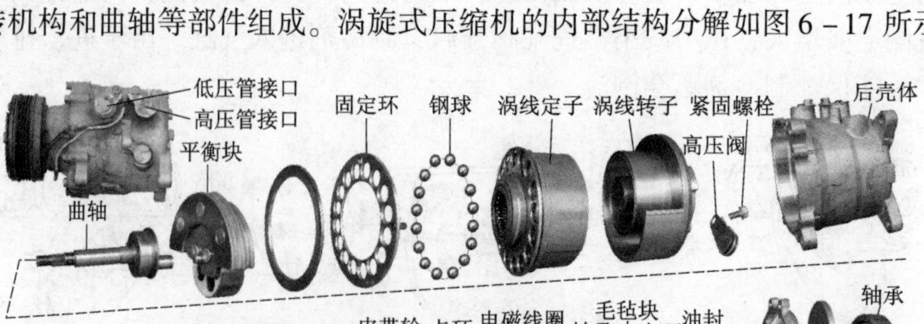

图 6－17　涡旋式压缩机的内部结构分解

（2）工作原理。当压缩机旋转时，转子相对于定子运动，使两者之间的月牙形空间的体积和位置都发生变化，体积在外部进气口处大，在中心排气口处小，进气口体积增大使制冷剂吸入，当到达中心排气口部位时，体积缩小，制冷剂被压缩排出。

4）斜盘可变容量压缩机

图 6－18 所示为一种斜盘可变容量压缩机，其结构与旋转斜盘式压缩机类似，通过斜盘驱动周向分布的活塞，只是将双向活塞变为单向活塞，并可通过改变斜盘的角度来改变活塞的行程，从而改变压缩机的排量。根据斜盘调节方式的不同，可分为压力调节式和电磁阀调节式两种。

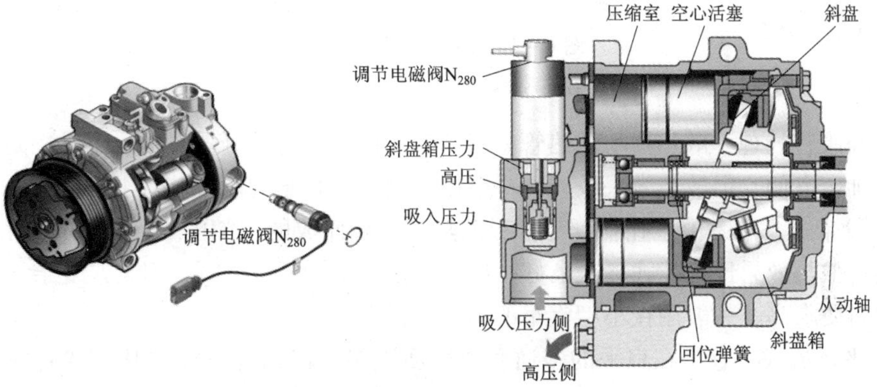

图 6－18　斜盘可变容量压缩机的结构

（二）冷凝器

冷凝器的作用是将压缩机送来的高温、高压的气态制冷剂转变为液态制冷剂，制冷剂在冷凝器中散热而发生状态的改变。冷凝器是一个热交换器，它将制冷剂在车内吸收的热量通过冷凝器散发到大气中。其散热示意图如图 6－19 所示。

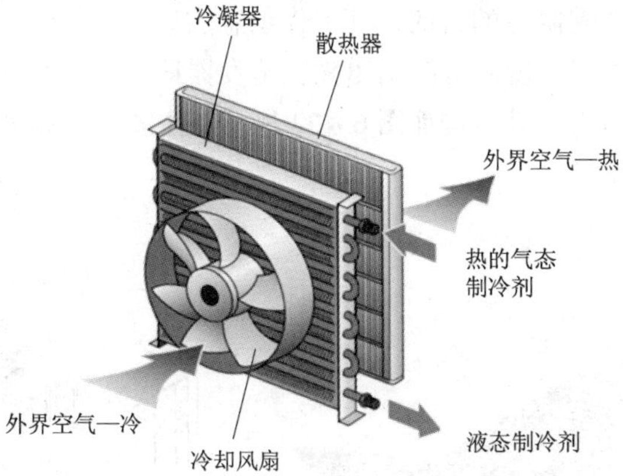

图 6－19　冷凝器散热示意图

冷凝器通常安装在汽车的前面（一般安装在散热器前），通过风扇进行冷却（冷凝器风扇一般与散热器风扇共用，也有车型采用专用的冷凝器风扇）。冷凝器的结构形式主要有管片式、管带式和平行流式三种，如图 6－20 所示。

（1）管片式。它是由铜质或铝质圆管套上的散热片组成的，如图 6－20（a）所示。片与管

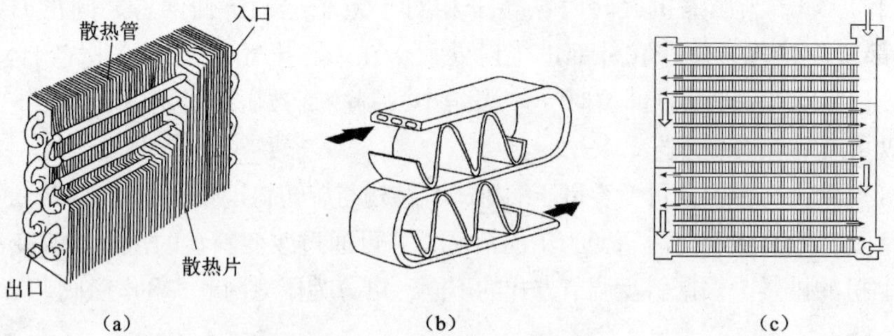

图 6－20　冷凝器的结构形式

(a) 管片式；(b) 管带式；(c) 平行流式

组装后，经胀管处理，散热片与散热管紧密接触，使之成为冷凝器总成。这种冷凝器结构比较简单，加工方便，但散热效果较差，一般用在大中型客车的制冷装置上。

(2) 管带式。它是由多孔扁管与 S 形散热带焊接而成的，如图 6－20 (b) 所示。管带式冷凝器的散热效果比管片式冷凝器好一些（一般可高 10% 左右），但工艺复杂，焊接难度大，且材料要求高，一般用在小型汽车的制冷装置上。

(3) 平行流式。它是在扁平的多通管道表面直接锐出鳍片状散热片，然后装配成冷凝器，如图 6－20 (c) 所示。由于散热鳍片与管子为一个整体，因而不存在接触热阻，故散热性能好。另外，管、片之间无须复杂的焊接工艺，加工性好，节省材料，而且抗振性也特别好。所以，它是目前较先进的汽车空调冷凝器。

(三) 蒸发器

1. 蒸发器的结构

蒸发器也是一个热交换器，膨胀阀喷出的雾状制冷剂在蒸发器中蒸发，吸收蒸发器空气中的热量，使其降温，达到制冷的目的。其工作示意图如图 6－21 所示。在降温的同时，溶解在空气中的水分也会由于温度降低凝结出来，蒸发器还要将凝结的水分排出车外。蒸发器安装在驾驶室仪表台的后面，其结构如图 6－22 所示，主要由管路和散热片组成，在蒸发器的下方还有接水盘和排水管。

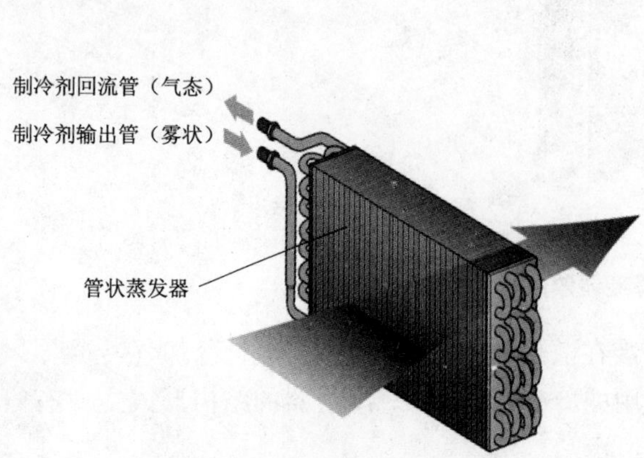

图 6－21　蒸发器工作示意图

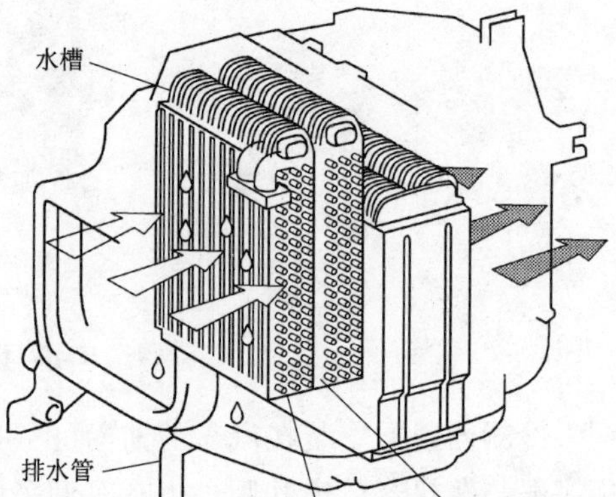

图 6－22　蒸发器结构

2. 蒸发器的工作原理

当热力膨胀阀节流降压后的低温、低压制冷剂在蒸发器内流动时，由于制冷剂蒸发汽化吸热，并通过管壁和吸热片吸收风道中空气的热量，因此空气冷却降温变成冷气（即产生冷源），再用鼓风机将冷空气从各出风口送入车内（乘员室），从而达到降温的目的。

（四）节流装置

对目前汽车空调广泛采用的制冷系统而言，压缩机、冷凝器、节流装置、蒸发器是实现制冷循环的四个基本组成部分，亦称为汽车空调蒸气压缩制冷系统不可或缺的“四大件”。

作为汽车空调制冷装置的主要部件之一，节流装置（膨胀阀和孔管）安装在蒸发器入口处（见图 6－23），是汽车空调制冷系统的高压与低压的分界点。

汽车空调制冷系统常用的节流装置有膨胀阀和节流管两种。膨胀阀的使用历史悠久，种类繁多，其具体分类如表 6－1 所示。

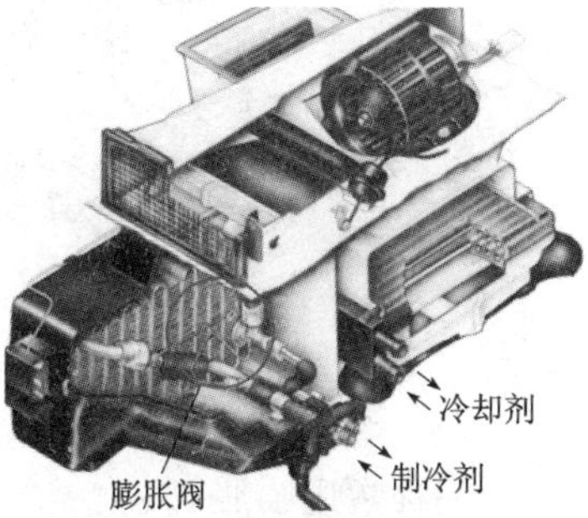

图 6－23　节流装置安装位置

表 6－1　膨胀阀的分类

按平衡方式分类	外平衡式、内平衡式
按感温包安装位置分类	外置式、内置式
按充注的感温介质分类	液体充注式、气体充注式、吸附充注式、混合充注式、同工质充注式
按内部通道形状分类	F 形、C 形、H 形

1. 膨胀阀

1）膨胀阀的作用

膨胀阀又称为节流阀，汽车空调系统使用的膨胀阀为温度控制式膨胀阀，故又称为热力膨胀阀。图 6－24 所示为膨胀阀安装位置及结构。热力膨胀阀是空调系统的重要制冷部件之一，安装在蒸发器入口处。图 6－25 所示为某款轿车空调系统膨胀阀、蒸发器、鼓风机和暖风加热器芯的安装位置。

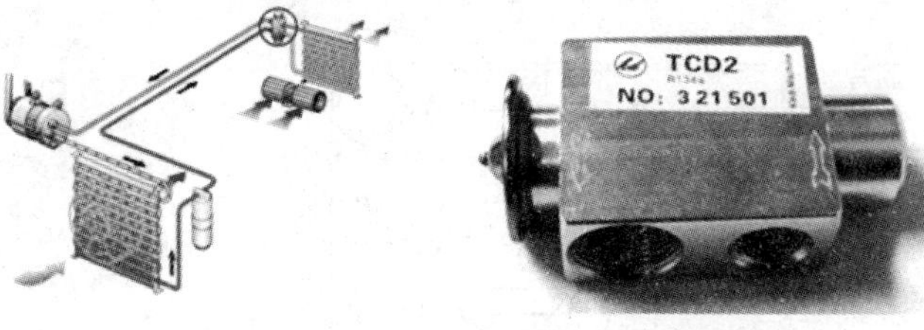

（a）　　（b）

图 6－24　膨胀阀安装位置及结构

（a）安装位置；（b）结构

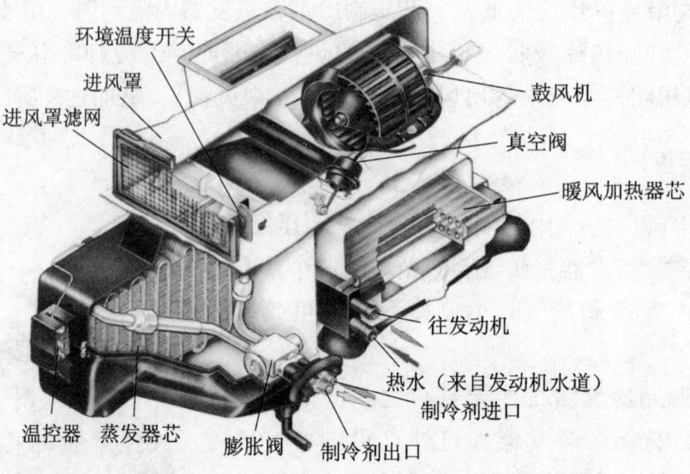

图 6－25　空调系统各组件安装位置

2）三种常用膨胀阀

（1）内平衡式膨胀阀。

内平衡式膨胀阀的结构与外平衡式膨胀阀的结构类似，如图 6－26 所示。不同之处在于，内平衡式膨胀阀没有平衡管，膜片下方的气体压力直接来自于蒸发器的入口。

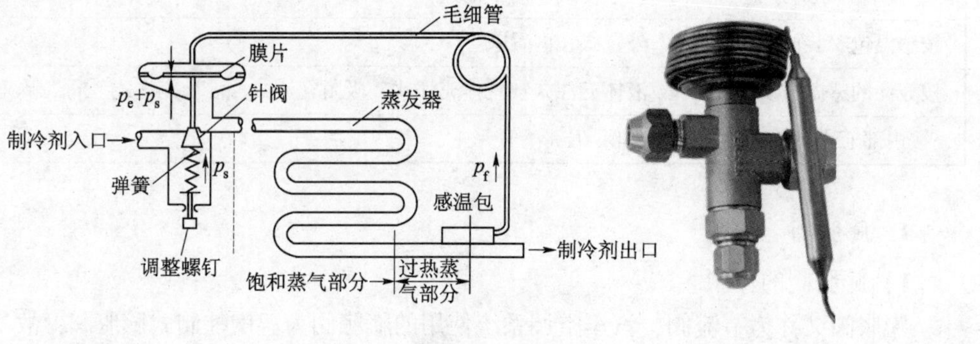

图 6－26　内平衡式膨胀阀

（2）外平衡式膨胀阀。

外平衡式膨胀阀的入口接储液干燥器，出口接蒸发器，其结构如图 6－27 所示。

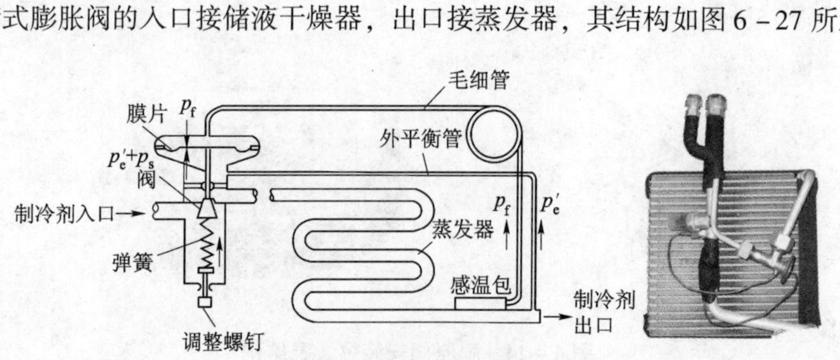

图 6－27　外平衡式膨胀阀

（3）H 形膨胀阀。

除了上述内、外平衡式膨胀阀以外，还有一种 H 形膨胀阀得到了广泛应用。H 形膨胀阀取消了外平衡式膨胀阀的外平衡管和感温包，使其直接与蒸发器进出口相连。H 形膨胀阀因其内部通路形状像 H 而得名，如图 6－28 所示。

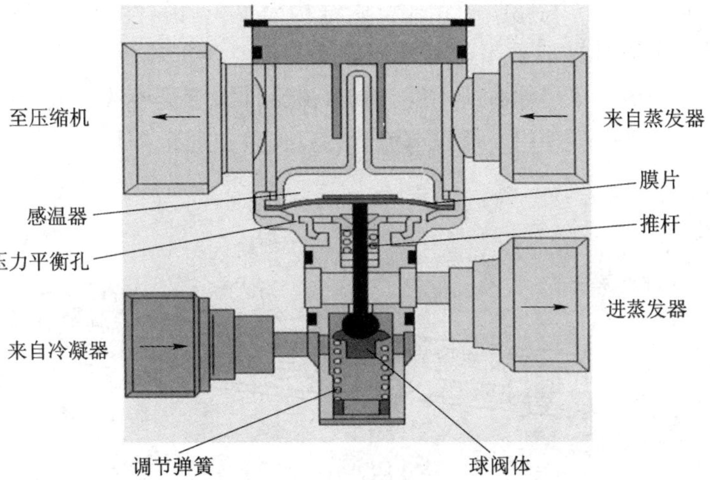

图 6－28　H 形膨胀阀

3）膨胀阀的工作原理

膨胀阀的针阀是通过膜片联动的，膜片的控制因素有三个：蒸发器的压力使阀关闭；弹簧压力使阀关闭；膜片顶部通过毛细管的来自热敏管的惰性气体压力使阀打开。这三种力的合力使膨胀阀打开一定的开度，控制制冷剂的流量。膨胀阀的工作过程如图 6－29 所示。

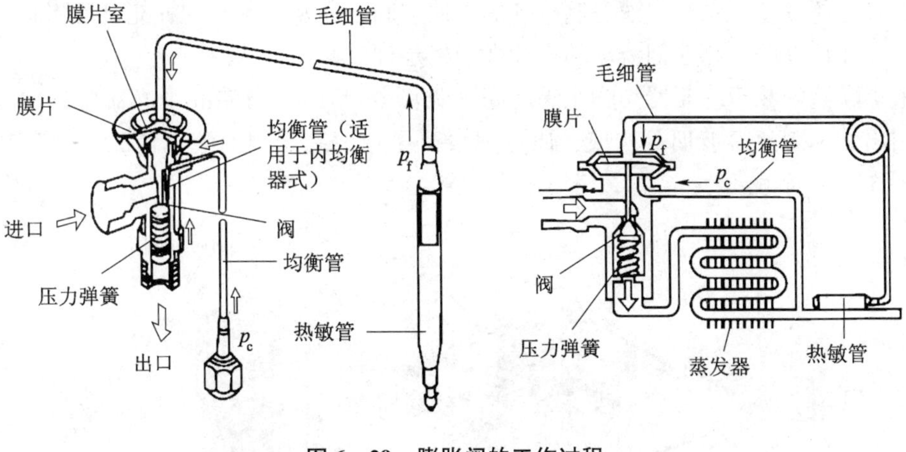

图 6－29　膨胀阀的工作过程

热敏管固定在蒸发器的出口或尾管处。热敏管感应出尾管的温度后，通过毛细管对阀中的膜片作用。当作用在膜片顶部的压力比蒸发器的压力与弹簧压力的组合还大时，针阀从阀座移开，直到压力达到平衡为止，以此方式将适量的制冷剂流入蒸发器芯。

尾管处的温度上升时，热敏管中的膨胀气体通过毛细管作用在膜片上的压力增加，膜片接着又迫使推杆向下推动阀销和针阀，使更多的制冷剂进入蒸发器。尾管处的温度下降时，热敏管和膜片上的压力降低，从而使针阀就座，流入蒸发器的制冷剂量受到限制。

2. 节流管

膨胀阀的另一种形式是节流管，也称细管，用于孔管系统上，它没有感温包、平衡管，而有一个小孔节流元件和一个网状过滤器，如图 6－30 所示。它一般用在隔热性能好，且车内负荷变化不大的轿车上。与膨胀阀相比，它结构简单，可靠性好，价格便宜，应用广泛，美国、日本的许多高级轿车都采用这种节流方式，但它不能根据工况变化调节制冷剂的流量。节流管根据使用情况，尺寸有所不同，其节流元件堵塞会导致节流管失效，即使清理堵塞，节流管的节流效果也不理想，所以节流管一旦失效，通常都是直接换件，而且储液罐一般也要同时更换。

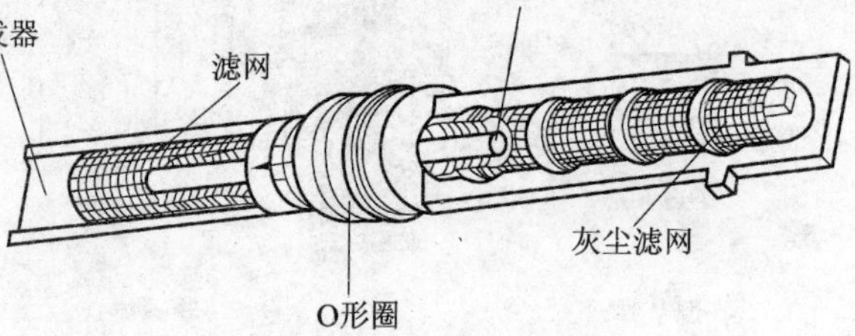

图 6－30　节流管结构

（五）其他辅助部件

1. 储液干燥器

储液干燥器的主要作用有储存制冷剂，过滤水分与杂质，防止气态制冷剂进入蒸发器等。此外，它还提供了系统内液态制冷剂的缓冲空间，能及时调整和补充供给膨胀阀的制冷剂流量，以保证系统内制冷剂流动的连续性和稳定性。

储液干燥器安装于冷凝器与膨胀阀之间（见图 6－31），由储液干燥器体、过滤器、干燥剂、引出管和观察窗玻璃等构成，通过观察窗可观察制冷剂的流动情况，确定制冷剂的量，如图 6－32 所示。

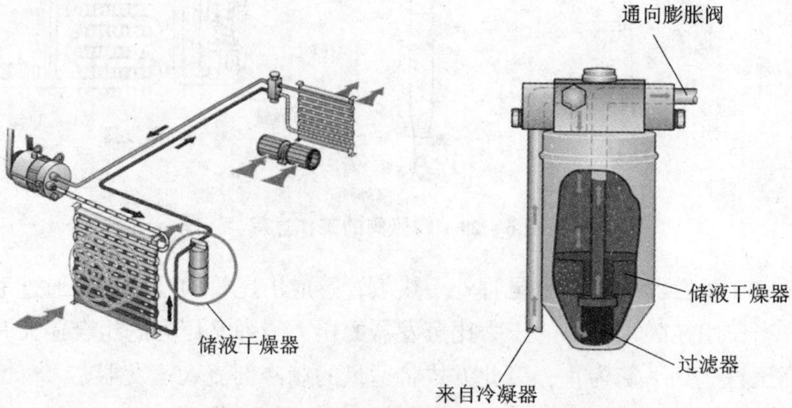

图 6－31　储液干燥器的安装位置

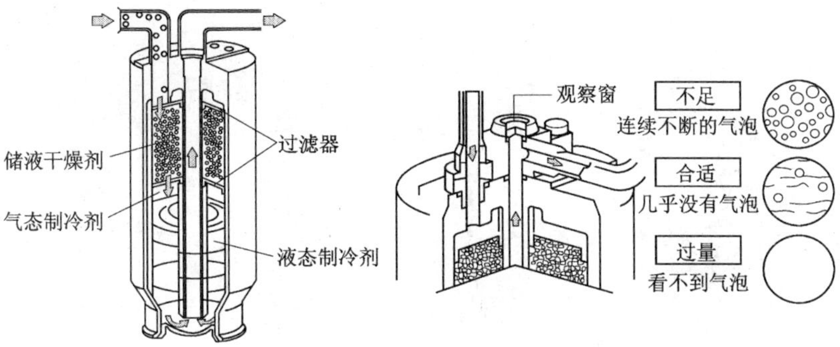

图 6－32　储液干燥器的内部结构

2. 集液器

集液器用于孔管式的制冷系统，安装在蒸发器出口处的管路中。由于孔管无法调节制冷剂的流量，因此蒸发器出来的制冷剂不一定全部是气体，还可能有部分液体。为防止压缩机损坏，在蒸发器出口处安装有集液器。集液器一方面将制冷剂进行气液分离，制冷剂进入集液器后，液体部分沉在集液器底部，气体部分从上面的管路出去进入压缩机；另一方面可以起到与储液干燥器相同的作用。其结构如图 6－33 所示。

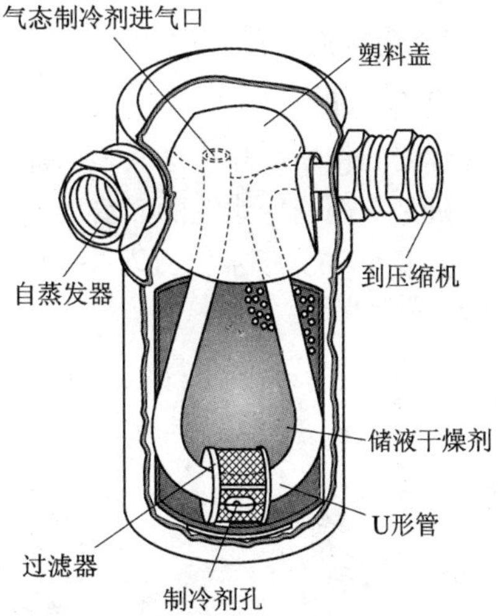

图 6－33　集液器的结构

集液器与一般储液干燥器的区别：

（1）集液器安装在制冷系统的低压区，而储液干燥器则安装在系统的高压区。

（2）集液器和储液干燥器存储的都是液态制冷剂，但集液器存储的这些制冷剂会在低压区慢慢地自然蒸发，离开集液器的只是气态制冷剂，因而起到气液分离的作用；而储液干燥器留下的是多余的液态制冷剂，用以调节运行的需要。

（3）集液器中主要是气体，所以要求容积比较大，因而集液器尺寸一般比较大，而储液干燥器的尺寸一般比较小。

集液器的优点：

（1）保证压缩机不会吸入液态制冷剂，只能吸入气态制冷剂，因而压缩机不会发生“液击”现象。

（2）能减少压缩机的排气脉冲，使系统工作更平衡。

（3）在制冷剂不足的情况下，能维持一定量的润滑油回流，从而提高系统对制冷剂泄漏的容忍度。

3. 风机

汽车空调制冷系统采用的风机也称通风机、鼓风机。按工作原理不同，风机可分为叶轮式和容积式两类。叶轮式风机按气体流向与风机主轴的相互关系，又可分为离心式风机和轴流式风机两种，如图 6－34 所示。

（a）　　　　　　　　　　（b）

图 6－34　风机

（a）离心式风机；（b）轴流式风机

4. 制冷剂管路

出于总体布置的需要，汽车空调的各总成部件一般是分散安装在汽车的各个部位的，制冷剂管路的作用就是将这些总成部件连接起来，组成一套完整的汽车空调制冷系统。如果说压缩机是空调制冷系统的“心脏”，那么制冷剂管路就是空调制冷系统的“血管”。

如图 6－35 所示，汽车空调制冷剂管路一般由铝管、橡胶管、管路接头和维修阀等组成。

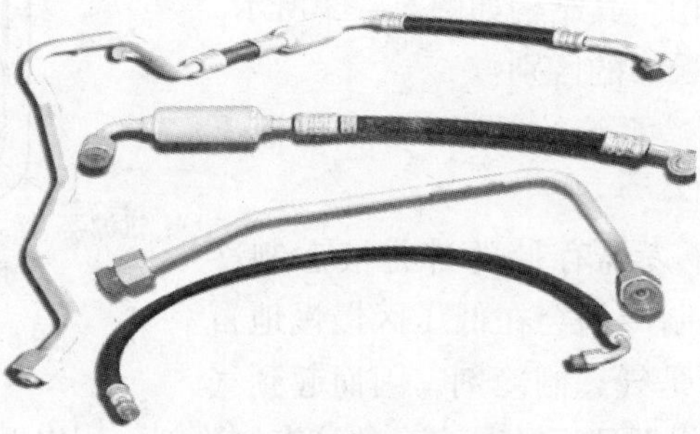

图 6－35　制冷剂管路

第三节　采 暖 系 统

一、汽车空调采暖系统的作用

向车厢内供暖是汽车空调的重要功能之一，而汽车空调的目的不是单纯的制冷和供暖，而是在不断变化的车外大气环境下保持车内的温度、湿度稳定在一定范围内，并保证送入车内的空气清新，所以必须有通风配气系统对已经通过制冷和加热的空气重新进行调和温度、输送和分配。汽车空调采暖系统的功能是将冷空气送入热交换器，吸收某种热源的热量，提高空气的温度，并将热空气送入车内。

二、汽车空调采暖系统的分类

1. 按热源不同分类

(1) 热水采暖系统。热水采暖系统利用的是发动机冷却液的热量，这种系统大多用于轿车、大货车及要求不高的大客车上。

(2) 独立燃烧采暖系统。独立燃烧采暖系统安装有专门的燃烧机构，这种系统多用于大客车上。

(3) 综合预热采暖系统。综合预热采暖系统既采用发动机冷却液的热量，又利用装有燃烧预热器的综合加热装置，此种系统多用于大客车上。

(4) 气暖采暖系统。气暖采暖系统利用的是发动机排气系统的热量，这种系统多用于风冷式发动机上。

不论利用何种热源，热量都是通过热交换装置传递给空气，并通过风机把热空气送入驾驶室内的。

2. 按空气循环方式不同分类

按空气循环方式不同分为内循环、外循环式和内外混合循环式三种，如图 6－36 所示。

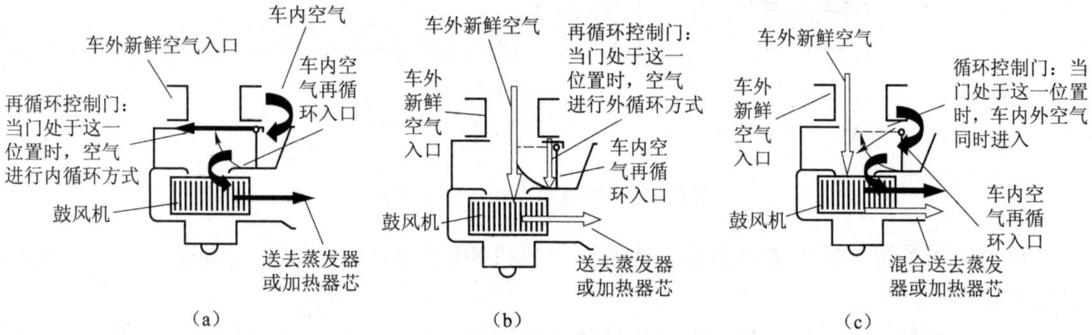

图 6－36　不同空气循环方式的采暖系统

(a) 内循环式；(b) 外循环式；(c) 内外混合循环式

三、各种不同的空调采暖系统

1. 热水采暖系统

热水采暖系统实际上是发动机冷却系统的一部分，借助于发动机的水泵实现热水循环。热水采暖系统的热源通常采用发动机的冷却液，使冷却液流过一个加热器芯，再使用鼓风机将冷空气吹过加热器芯加热空气，使车内的温度升高。其工作原理如图 6－37 所示，热的冷却液流过一个加热器芯，再利用鼓风机将冷空气吹过加热器芯加热空气，使车内的温度升高。此装置设备简单，安全经济，但热量小，且受发动机运行工况影响，发动机停止运行时，没有暖气提供。

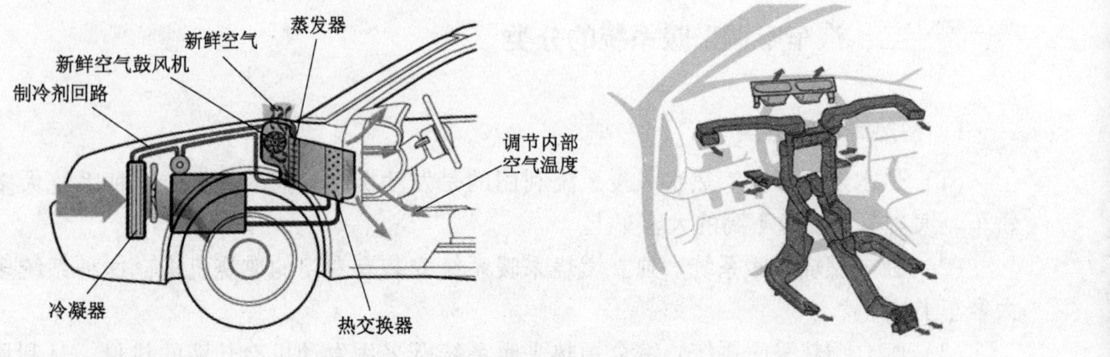

图 6－37　热水采暖系统的工作原理

在通风装置中，由风机（鼓风机电动机）强制使空气循环运动。空气经由进风口被吸入，流经加热器时被加热，并由出风口导出，进入车厢内实现采暖或为风窗除霜，如图 6－38 所示。

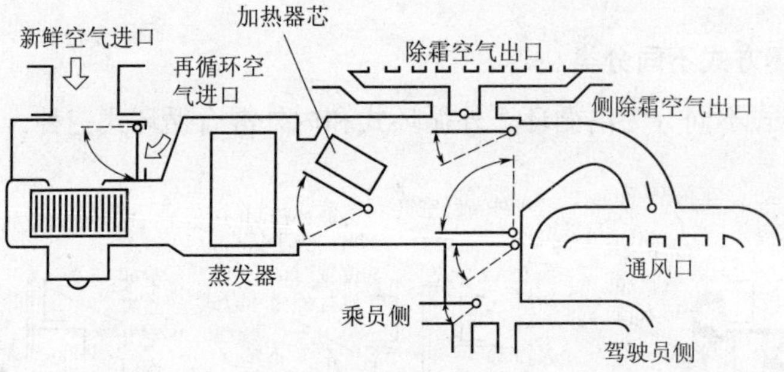

图 6－38　气道内空气循环示意图

热水采暖系统主要由加热器芯、水阀、鼓风机和控制面板等组成，它们在车上的安装位置如图 6－39 所示。

（1）加热器芯。加热器芯由管子和散热片等构成。新式的加热器芯的管道上有凹坑，可改善热量输出性能，加热器芯的形状与散热器相似，如图 6－40 所示。如前所述，当热水阀打开时，加热后的发动机冷却液部分流经加热器芯，以便为车厢内的乘员提供所需的热空气。

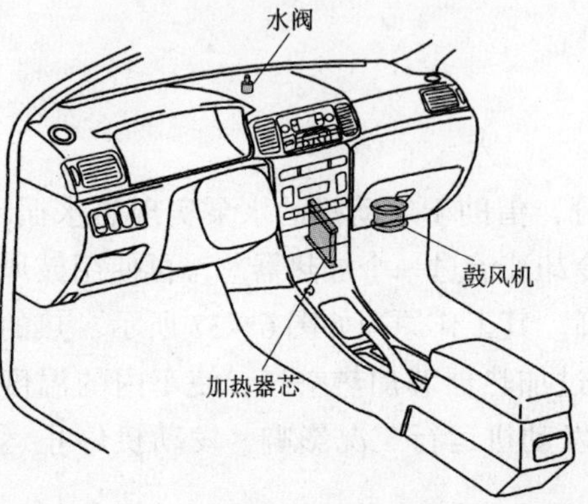

图 6－39　热水采暖系统部件的安装位置

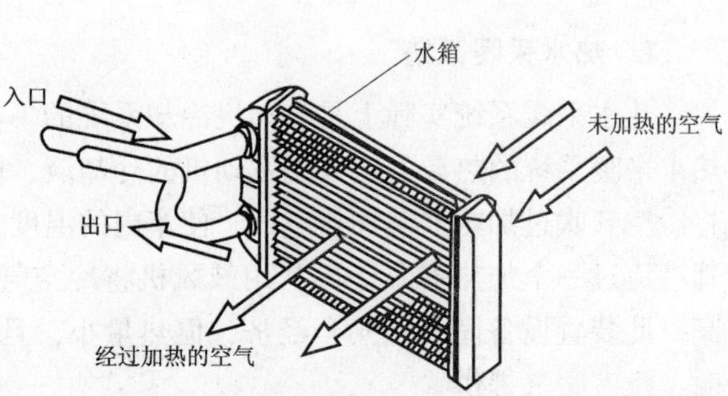

图 6－40　加热器芯的结构和原理

(2) 水阀。水阀也称加热器控制阀、冷却液流动控制阀，它安装在发动机冷却液通道中，用于控制进入加热器芯的发动机冷却液流量，如图 6－41 所示。通过移动控制板上的温度调节杆便可操纵热水阀。

(3) 鼓风机。鼓风机由可调节速度的直流电动机和鼠笼式风扇组成，如图 6－42 所示。其作用是将空气吹过加热器芯加热后送入车内，通过调节电动机的速度，可以调节向车厢内的送风量。

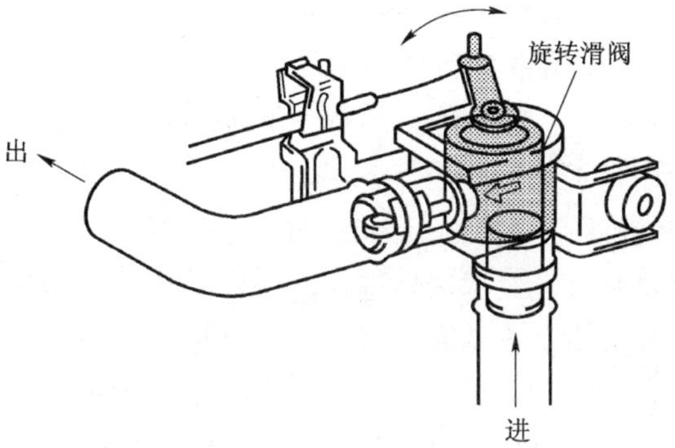

图 6－41　水阀的结构和原理

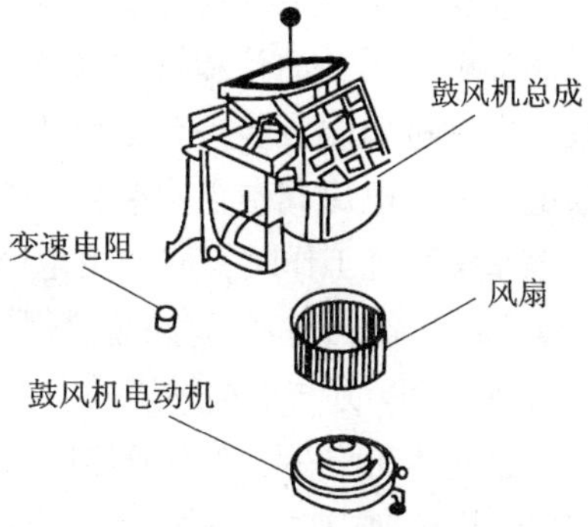

图 6－42　鼓风机

根据空气流动方向的不同，风扇可分为轴流式和离心式两种。轴流式风扇可将空气从与转轴平行的方向吸入，并将空气从与转轴平行的方向排出，如图 6－43 所示。

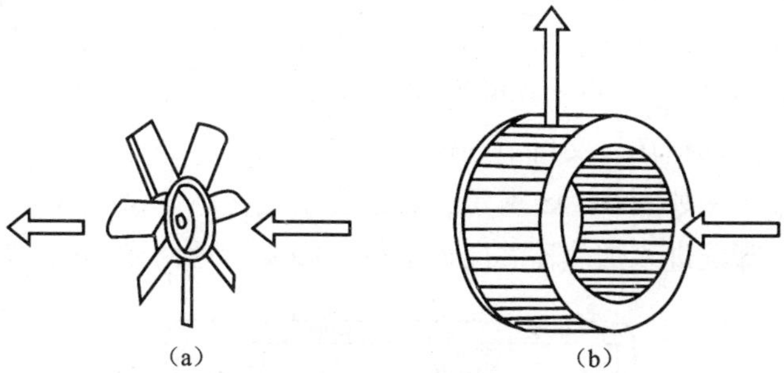

图 6－43　风扇类型

(a) 轴流式；(b) 离心式

2. 气暖采暖系统

在发动机排气管上装一段肋片管，管外套上外壳，如图 6－44 所示，管内通发动机排气，外壳与管子之间的夹层中通空气，这段管子就是热交换器。在鼓风机的作用下，将空气吸入并加热后送入车室。加肋片的目的在于增加换热面积以强化换热。值得注意的是，排气中含有二氧化硫和水分等杂质，具有腐蚀性。因此，要求这段管必须是耐腐蚀的，连接处应密封严实，且应经常检查。如因受腐蚀而导致管穿孔，废气将和空气一起进入车室内危及人体健康和安全。现在这种系统已经很少采用。

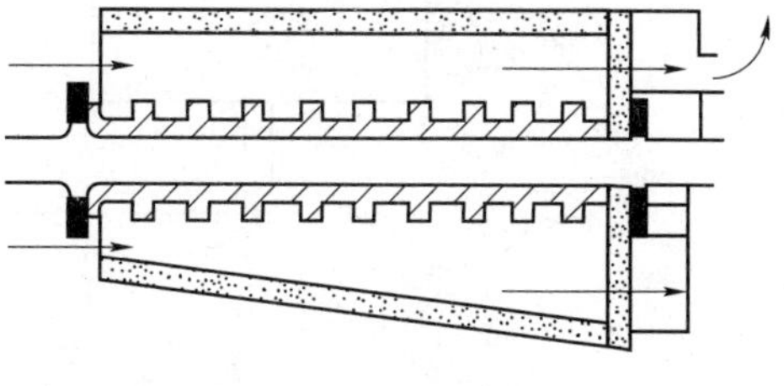

图 6－44　气暖肋片式

3. 独立燃烧采暖系统

1）直接式（空气加热式）

这种装置通常由燃烧室、热交换器、供给系统和控制系统四部分组成。燃烧室由火花塞和燃料分布器组成，燃料分布器直接装在暖房空气送风机的电动机轴上，在工作时，由其内部出来的燃油在离心力作用下便于雾化。热交换器位于燃烧室后端，由双层腔组成，内腔通过的是燃烧的高温气体，外腔通过的是新鲜空气，便于冷热交换。供给系统包括燃料供给系统、助燃空气供给系统和被加热空气供给系统三个部分。其中燃料供给系统由燃料泵、电动机、燃油电磁阀、油箱和输油管组成。助燃空气供给系统和被加热空气供给系统共用一台电动机，电动机两端各装一台鼓风机供两个系统使用。控制系统有手动和自动两种方式，用来控制电动机、电磁阀、点火装置及自动控制元件的工作。

该采暖系统工作时，燃油由电路电磁阀和液压泵来控制。当打开暖风开关时，电磁阀打开，电动机工作，与其同轴的燃料泵工作，燃油从油箱经滤清器进入燃料分布器，在离心力作用下飞散雾化，并与供给燃烧的空气混合进入燃烧室。火花塞通电点火，使混合气点燃，燃烧后的高温气体在与新鲜空气换热后，由排气管排向大气。另一方面，在电动机轴前端安装的暖风空气送风机向内送入空气，经换热器加热后由暖气排出口进入车室内的管路和送风口。

2）间接式

间接式独立燃烧采暖系统用水作为载热介质向车室内提供暖风，出风柔和，舒适感好，且采用内循环空气，灰尘少，效果较为理想。其最大的优点是不仅可供车室内取暖用，还可供预热发动机、润滑油和蓄电池等使用。如果这种水加热器与汽车发动机的冷却液系统连通起来，则可起到互补作用。当发动机冷却液温度低于 80 ℃时，由加热器工作，而冷却液温度高于 80 ℃时，恒温器动作，自动切断燃油泵电源，由发动机冷却液提供热源。这样既保证水加热器不致因过热而损坏，又可节约能源。

燃气采暖系统示意图如图 6－45 所示，燃油和空气在燃烧室中混合燃烧，加热发动机的冷却液，加热后的冷却液进入加热器芯向外散热，降温后返回发动机再进行循环。

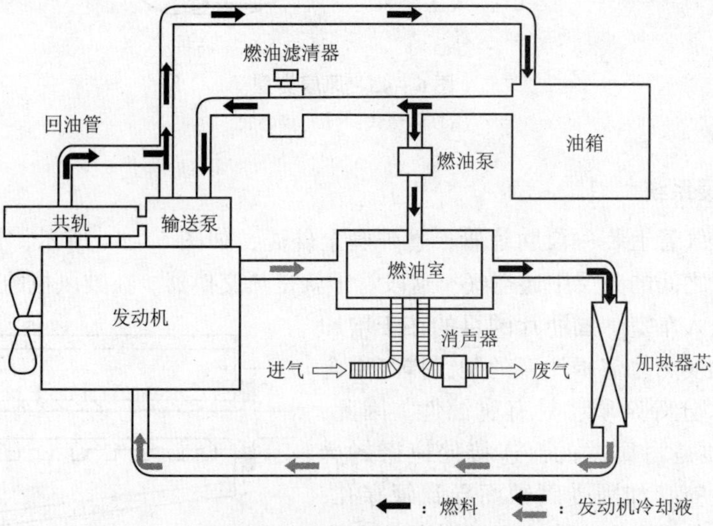

图 6－45　燃气采暖系统示意图

四、空调采暖系统温度调节

1. 空气混合型

空气混合型暖风系统（见图6－46）在暖风的气道中安装空气混合调节风门，该风门可以控制通过加热器芯的空气和不通过加热器芯的空气的比例，从而实现温度调节，目前绝大多数汽车均采用这种方式。

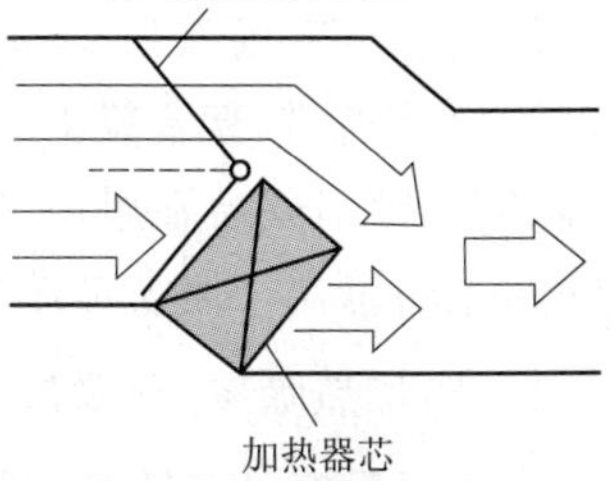

图6－46　空气混合型暖风系统

如图6－47所示，当鼓风机风扇工作时，通过进气门吸入的内外空气，被连接至温度控制杆的空气混合调节风门分为两股气流，一股气流通过加热器芯，温度升高；另一股气流不流过加热器芯，仍然保持较低的温度。

2. 冷却液流量调节型

冷却液流量调节型暖风系统（见图6－48）采用冷却液阀门调节冷却液流经加热器芯的流量，以改变加热器芯的温度，进而调节车内温度。

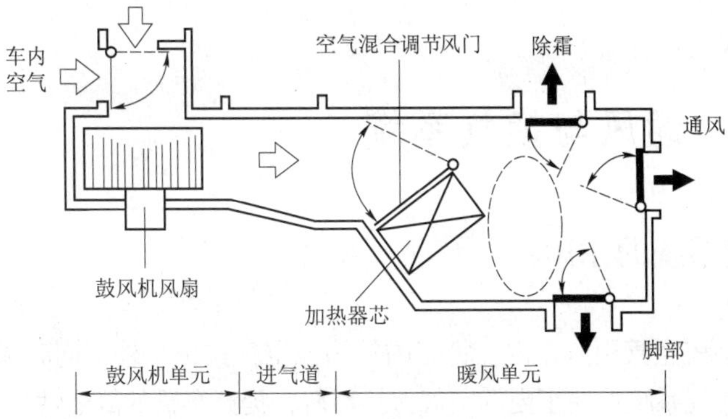

图6－47　空气混合型暖风系统

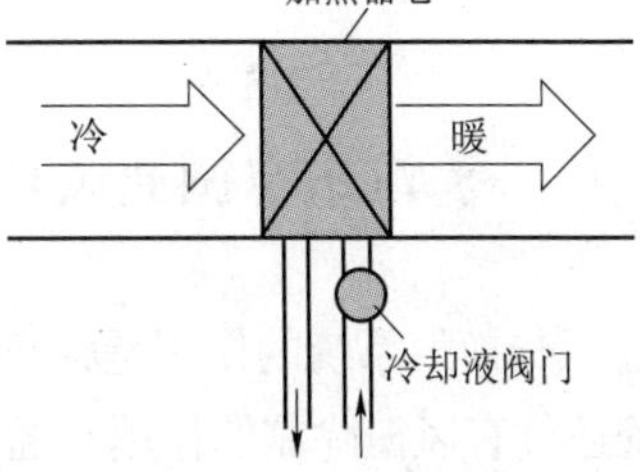

图6－48　冷却液流量调节型暖风系统

水暖式暖风系统的冷却液循环路线如图6－49所示。

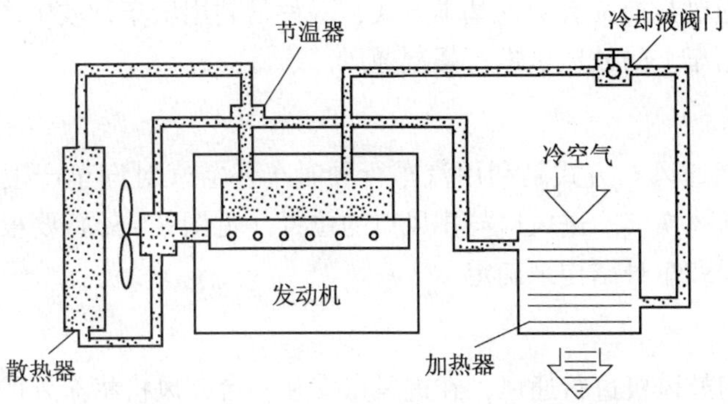

图6－49　水暖式暖风系统的冷却液循环路线

五、汽车除霜/除雾装置

1．暖风吹拂除霜/除雾法

一般前风窗玻璃采用暖风吹拂除霜/除雾法。该方法是将暖风装置产生的热空气吹向前风窗玻璃，以实现除霜/除雾。

暖风除霜/除雾装置主要由鼓风机、进出暖风风管、除霜/除雾器喷口等组成。其中，除霜/除雾器喷口安装在风窗玻璃下部，暖风的进口和车内暖风装置的风管相连，以便直接利用暖风来将覆盖于风窗玻璃外面的霜和冰雪融化，并防止玻璃起雾。

2．电加热除霜/除雾法

由于后风窗玻璃距离暖风装置比较远，如果采用暖风吹拂除霜/除雾法，则暖风风管较长，布置较为困难，且热量损失较大。因此，汽车后风窗玻璃多采用电加热除霜/除雾法进行除霜/除雾。

电加热除霜/除雾法是在汽车玻璃的内侧印制导电胶，或者镀上氧化铟导电薄膜，通电后，导电胶或氧化铟导电薄膜发热，即可使汽车玻璃温度升高，实现除霜/除雾。

电热丝（导电胶或氧化铟导电薄膜）的消耗功率一般为500～700 W，玻璃表面温度可达70～90 ℃。

第四节　通风与换气系统

一、汽车空调通风与换气系统的作用

通风与换气系统的作用是将车外的新鲜空气引入车内，将车内的污浊空气排出车外，同时通风系统还具有风窗除霜的作用。通风与换气系统可使车内的空气保持新鲜，提高车辆的舒适性。

二、汽车空调通风与换气系统的分类

目前汽车上的通风与换气有两种基本方式，一种是利用汽车行驶中产生的动压进行动压通风，另一种是利用车上的鼓风机进行强制通风。

1．动压通风

动压通风（自然通风）方式是利用汽车行驶时车外空气对汽车产生的风压，通过进风口和排风口，实现通风换气。进风口与排风口的位置（见图6－50）要根据汽车行驶时车身表面的风压分布状况和车身结构来确定。

2．强制通风

强制通风是利用鼓风机进行通风，在进风口安装一台鼓风机将车外的空气吸入车内，车内的空气从排风口排出，如图6－51所示。这种通风方式不受车速的限制，通风效果较好。目前汽车通常利用空调系统的鼓风机进行强制通风。

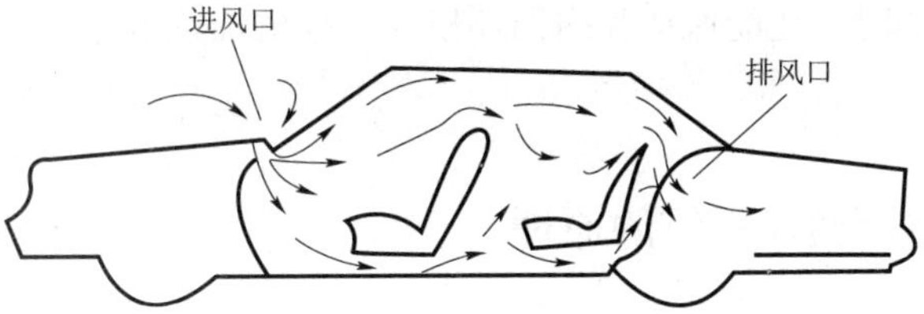

图 6 – 50　动压通风

如果将上述两种通风方式结合起来，就形成了所谓的综合通风方式。汽车在低速行驶时采用强制通风，高速行驶时采用动压通风，这样就保证了汽车在各种工况下都能保持良好的通风效果，同时也降低了能耗。目前，小型汽车基本都采用综合通风的方式。

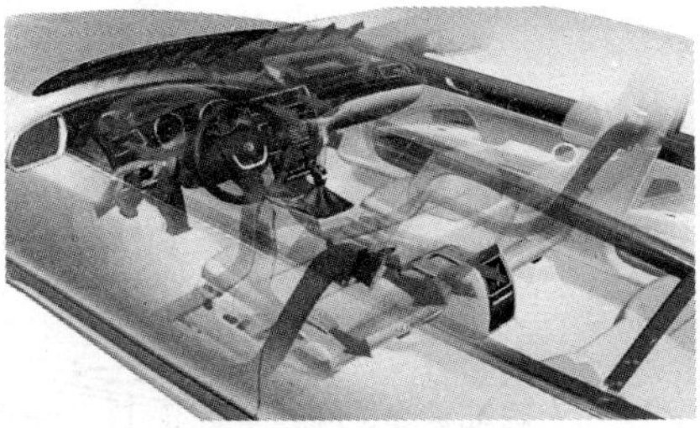

图 6 – 51　强制通风

3. 新鲜/再循环空气的切换

如图 6 – 52 所示，采用强制通风时，既可以采用车内空气再循环方式（Recirc，亦称内循环模式），只循环车厢中的空气；也可以采用车外新鲜空气方式（Fresh，亦称外循环模式），用来与车外空气进行交换。

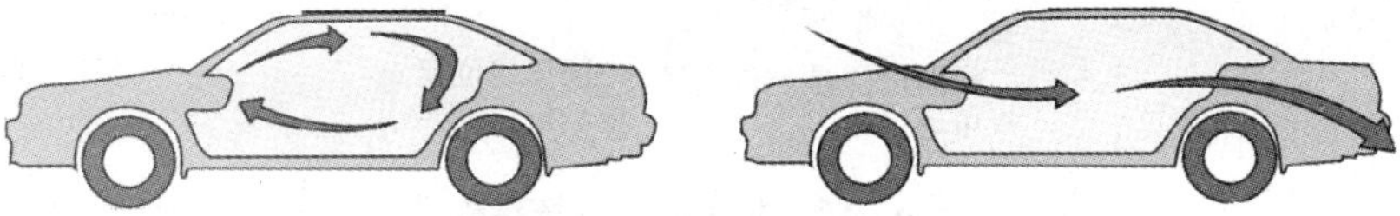

(a)　　(b)

图 6 – 52　两种循环模式

(a) 内循环模式；(b) 外循环模式

如图 6 – 53 所示，新鲜/再循环空气的切换，可以通过空调控制面板上的内循环模式按钮和外循环模式按钮进行选择。

近年来，一些车辆为使车厢的顶部吸进新鲜空气并使内部空气沿底部循环，采用了双层控制系统。当选择外循环模式（室外空气进入）时，车厢气温会因空气混合调节风门处于 MAX – HOT 位置而突然变热，在通常系统中，其加热效率将低于内循环模式下的加热效率，因为全部空气都来自车外（冷空气）。

如图 6 – 54 所示，新鲜/再循环空气双层控制系统能够从车厢顶部吸入新鲜空气，并从

图 6 – 53　新鲜/再循环空气的切换按钮

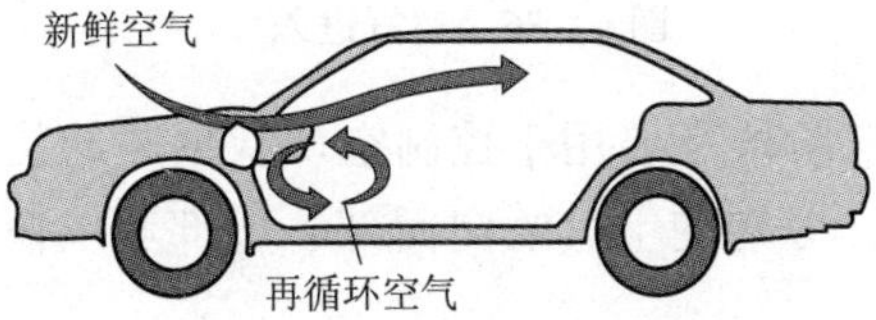

图 6 – 54　新鲜/再循环空气双层控制系统

底部循环车内空气。同时，还能保持和内循环模式一样的加热效率，并可以防止内循环模式下易发生的车窗结霜。

三、汽车空调通风系统的原理

以暖风通风系统为例，其结构如图 6 – 55 所示。通风系统原理一般由三个阶段构成，第一阶段为空气进入段，第二阶段为空气混合段，第三阶段为空气分配段。

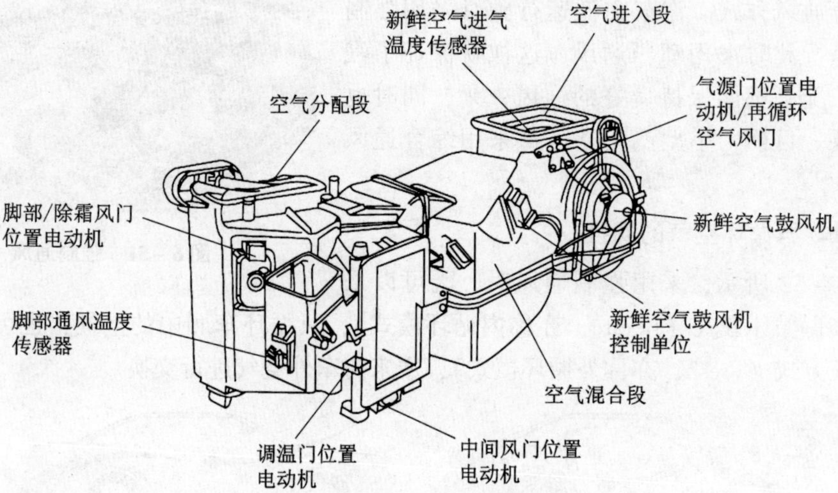

图 6 – 55　暖风通风系统结构

第一阶段主要由气源门和气源门控制元件组成，用来控制新鲜空气和车内再循环空气的进入，如图 6 – 56 所示。

第二阶段主要由蒸发器、加热器芯、调温门及控制元件组成，用来调节所需空气的温度，如图 6 – 57 所示。

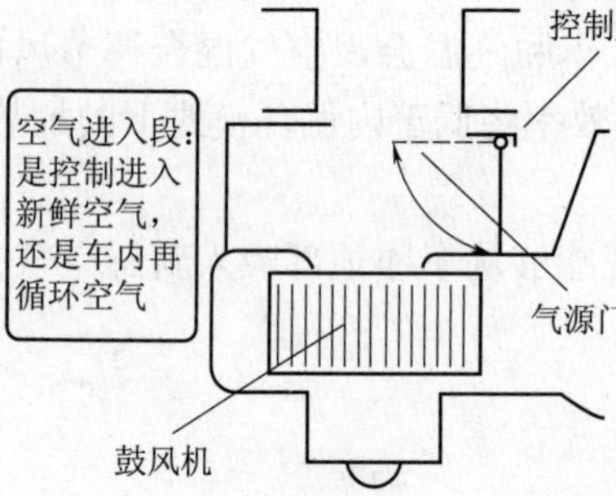

图 6 – 56　空气进入

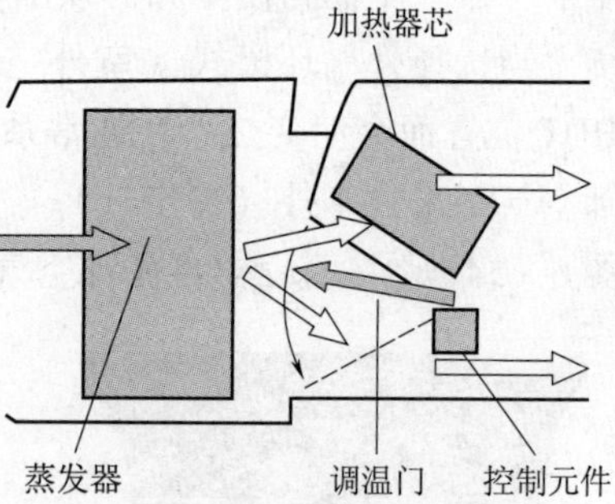

图 6 – 57　空气混合

第三阶段主要用于控制空调吹出风的位置和方向。它主要由各种风门、风道及控制元件组成，分别使空气吹向面部、脚部和风窗玻璃，如图 6 – 58 所示。

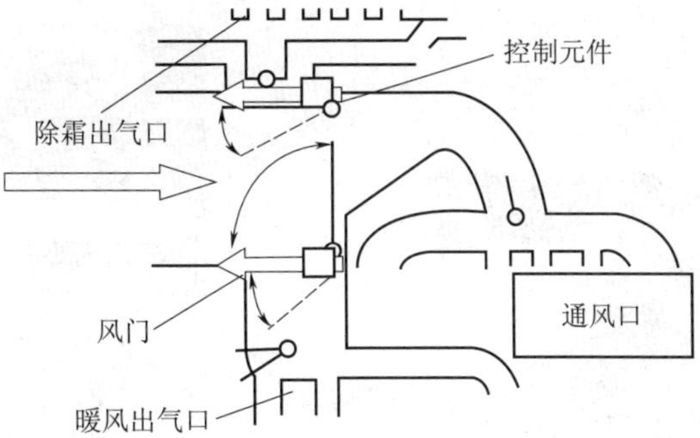

图 6－58　空气分配

第五节　空气净化系统

一、空气净化系统的作用

进入车内的空气由车外新鲜空气和车内再循环空气组成。车外空气受到粉尘、烟尘以及汽车尾气中 CO、SO_2等有害气体的污染；车内空气受到乘员呼出的 CO_2、人体汗味以及漏入车内的废气污染。这些因素降低了车内空气的洁净度，而空气净化系统能够清除车内空气中的异味微粒，并能去除车外空气中的花粉和灰尘，使空气得到净化，因此汽车空调需要装备空气净化系统，如图 6－59 所示。很多车在副驾驶员侧脚部和发动机舱都设置了粉尘滤清器，如图 6－60 和图 6－61 所示。

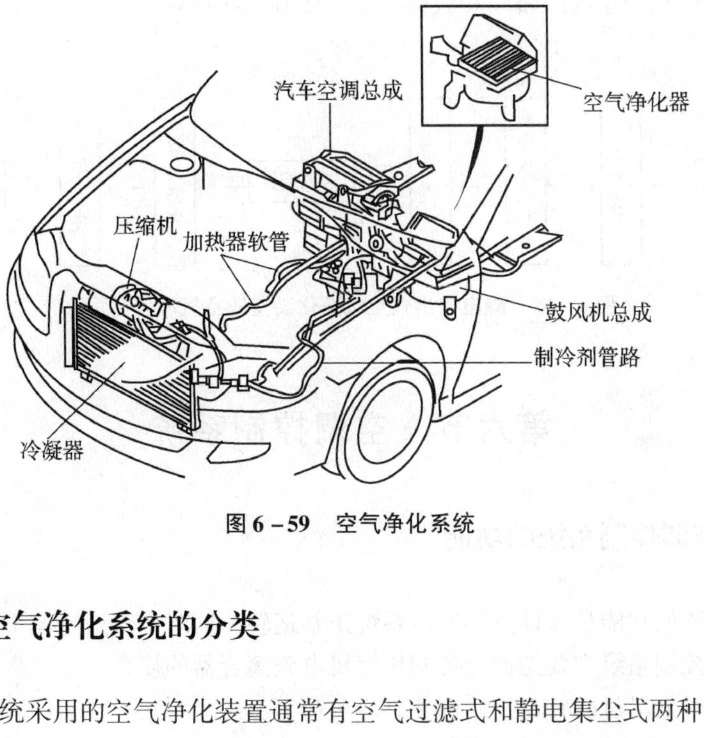

图 6－59　空气净化系统

二、空气净化系统的分类

汽车空调系统采用的空气净化装置通常有空气过滤式和静电集尘式两种。

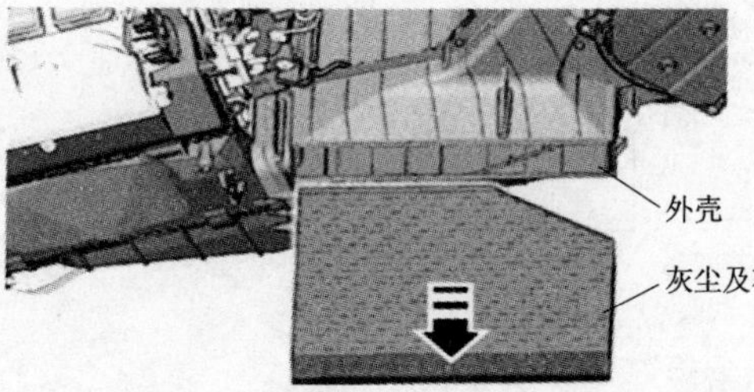

图 6－60　副驾驶员侧脚部粉尘滤清器

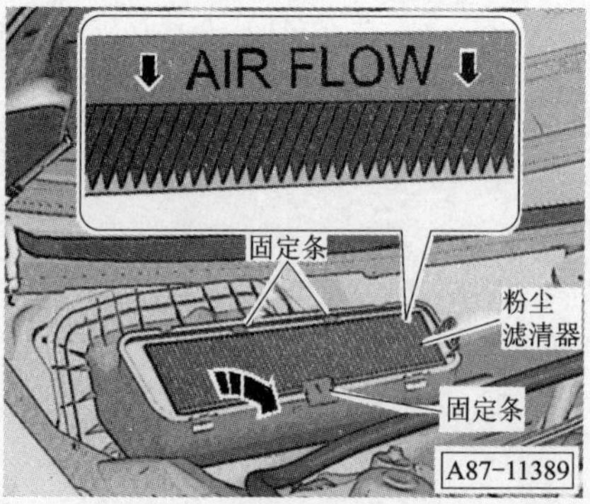

图 6－61　发动机舱粉尘滤清器

1．空气过滤式空气净化装置

空气过滤式空气净化装置是在汽车空调系统的送风和回风口处设置空气滤清装置，滤除空气中的灰尘和杂物，有些车辆的空气净化系统在滤清器中加入活性炭过滤器，可吸收空气中的异味，这种过滤装置结构简单，广泛用于各种汽车空调系统中，如图 6－62 所示。

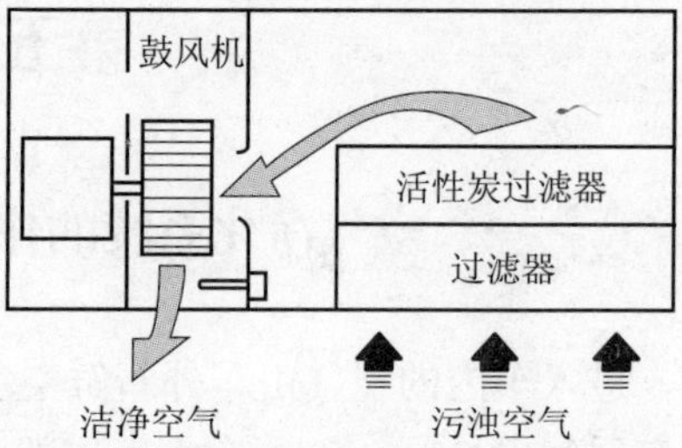

图 6－62　空气过滤式空气净化装置

2．静电集尘式空气净化装置

静电集尘式空气净化装置是在空气进口的过滤器后再设置一套静电集尘装置或单独安装一套用于净化车内空气的静电除尘装置，它除具有过滤和吸附烟尘等微小颗粒杂质的作用外，还具有除臭、杀菌、产生负氧离子以使车内空气更为新鲜洁净的作用。由于其结构复杂、成本高，所以只用于高级轿车和旅行车上。图 6－63 所示为静电集尘式空气净化装置的空气净化过程。

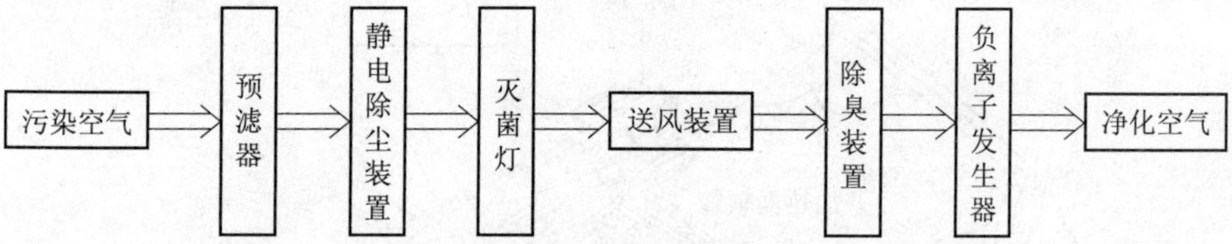

图 6－63　静电集尘式空气净化装置的空气净化过程

第六节　空调控制系统

一、空调控制系统的功能

空调控制系统的功能是保证空调制冷系统正常运转，同时也保证空调系统工作时发动机正常运转。空调控制系统主要是通过控制压缩机电磁离合器的接合与分离来实现温度控制与系统保护，通过对鼓风机的转速控制调节制冷负荷。

二、空调控制系统的组成

为保证汽车空调系统正常工作，维持车内所需要的温度，汽车空调系统需要一整套的环境温度控制、送风量控制以及制冷工况的温度控制、压力控制、流量控制和相关的电路。它包括传感器、控制器和执行器等装置。同时，为保证在一些特殊情况下汽车空调系统能正常可靠的工作，系统内还需要设置安全保护装置和电路。

空调控制系统主要由蒸发器温度控制器、鼓风机、电磁离合器、各种控制开关（空调开关A/C、鼓风机开关、高压保护开关、低压保护开关、通风方向控制开关、温度调节控制开关、除霜风门控制开关，等等）、各种传感器、各种控制阀和继电器组成。

三、空调系统控制元件的结构与原理

1. 高、低压保护开关

高、低压保护开关是空调系统的重要元件，是手动空调控制电路中的重要元件。它们的作用是保证系统在压力异常的情况下启动相应的保护电路，或者切断压缩机电磁离合器线圈，防止损坏系统部件。

1）高压保护开关

高压保护开关用来防止制冷系统在异常的高压下工作，保护冷凝器和高压管路不会爆裂，压缩机的排气阀不会折断以及压缩机其他零件和离合器不损坏。当冷凝器被污垢等杂物阻挡冷却风道时，由于制冷剂无法冷却，制冷剂压力便会升高；当制冷系统制冷剂量过多时，或者系统管路发生堵塞等其他原因时，压力也会升高。发生这种情况时，高压保护开关通常有两种保护方式：一是自动将冷凝器风扇高速挡电路接通，提高风扇转速，以便较快地降低冷凝器的温度和压力；二是切断压缩机电磁离合器电路，使压缩机停止运行。

高压保护开关的结构如图6－64所示，它通常安装在储液干燥器上，使高压制冷剂蒸气直接作用在膜片上。对于图6－64（a），高压开关是常开形式，正常情况下，触点断开，冷

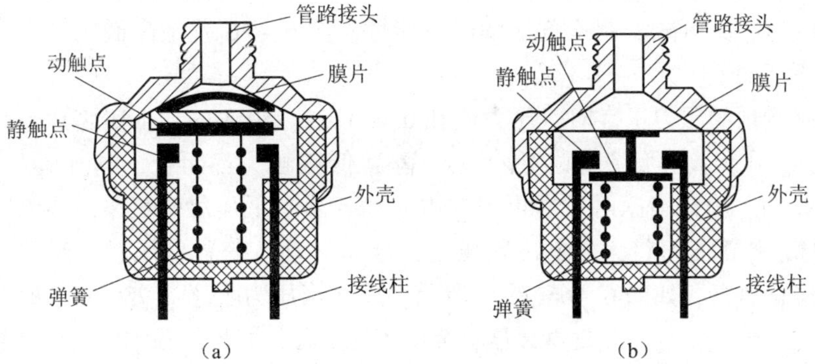

图6－64　高压保护开关结构

（a）常开型高压开关；（b）常闭型高压开关

凝器风扇停止工作。当制冷系统压力异常，升高至工作压力上限时，制冷剂蒸气压力大于弹簧压力，触点接通，冷凝器风扇高速运转强制冷却。而对于图 6－64（b），高压开关是常闭形式，压缩机电磁离合器电路接通，制冷系统正常工作。当系统压力高于正常值时，制冷剂压力大于弹簧压力，触点将离合器电路断开，压缩机停止运行，从而保护了压缩机。当制冷剂压力下降到正常值时，触点重新闭合，电路接通，压缩机即可恢复运行。

2）低压保护开关

当制冷系统的制冷剂不足或泄漏时，冷冻润滑油也有可能随之泄漏，系统的润滑便会不足，压缩机继续运行，将导致严重损坏。低压保护开关的功能就是感测制冷系统高压侧的制冷剂压力是否正常。低压保护开关的结构如图 6－65 所示。它通常用螺纹接头直接安装在系统管路高压侧。当制冷剂压力正常时，动触点接通压缩机电磁离合器电路；当压缩机排出的制冷剂压力过低时，低压保护开关会自动切断电磁离合器电路，压缩机停止运行，以保护压缩机不会损坏。

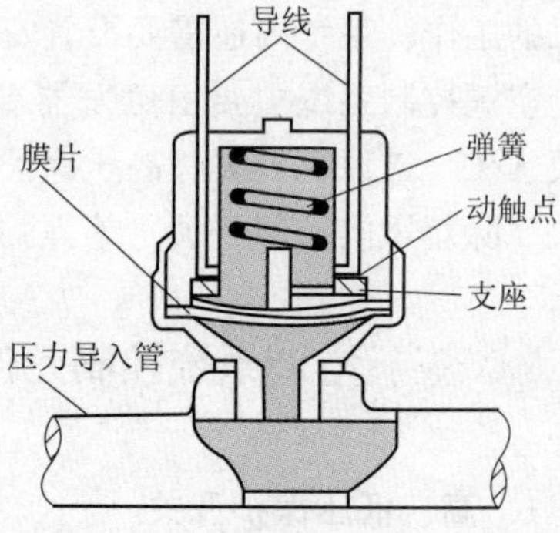

图 6－65　低压保护开关结构

低压保护开关还有一个功能，是在环境温度较低时，会自动切断离合器电路，使压缩机在低温下自动停止运行，这样可减少动力消耗，达到节能的目的。

还有一种低压保护开关安装在制冷系统的低压端，用来控制蒸发器的压力不致过低而结冰，保证制冷系统正常工作。在 CCOT 系统中，为控制压缩机工作循环，在热旁通阀系统中，除了用恒温开关、热敏电阻来控制电磁旁通阀的通路外，还可采用低压开关来控制。这时，低压开关装在蒸发器的出口处，以感测其压力。当蒸发器压力过低时，低压保护开关将电磁旁通阀的电路接通，电磁旁通阀开始工作，让一部分高压制冷剂蒸气通过旁通阀流到压缩机吸气口，使蒸发器压力回升，以防止其结冰。当蒸发器压力上升到一定量值时，低压保护开关又切断其电路，系统恢复正常的制冷工作。这种用低压开关控制的电磁旁通阀系统一般用在大、中型客车的空调系统中。

3）高低压组合保护开关

新型的空调制冷系统是把高、低压保护开关组合成一体，安装在储液罐上面，这样既可减小质量和接口，又可减少制冷剂泄漏的可能性。图 6－66 就是高低压组合保护开关的结构，其工作原理如下：

当高压制冷剂的压力正常时，压力应在 0.423～2.750 MPa，金属膜片和弹簧力处在平衡位置，（动、静）高压触头和左右（动、静）低压触头都闭合，电流从左边（动、静）低压触头到（动、静）高压触头后再到右边（动、静）低压触头出来。当制冷压力下降到 0.423 MPa 时，弹簧压力将大于制冷剂压力，推动（动、静）低压触头脱开，电流随即中断，压缩机停止运行，如图 6－66（a）所示。反之当压力大于 2.750 MPa 时，蒸气压力将整个装置往上推到上止点，蒸气继续压迫金属膜片上移，并推动顶销将高压动触头与高压静触头分开，将离合器电路断开，压缩机停止运行，如图 6－66（b）所示。当高压端的压力小于 2.15 MPa 时，金属膜片恢复正常位置，压缩机又开始运行。

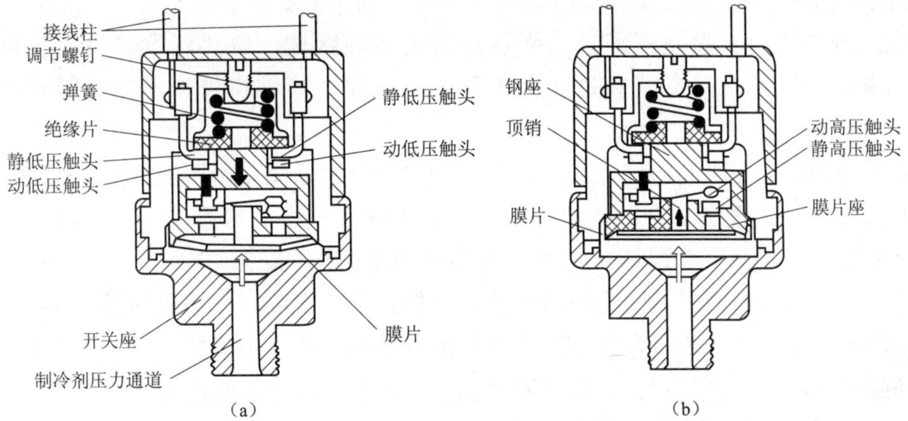

(a)　　　　(b)

图 6-66　高低压组合保护开关

（a）制冷压力小于 0.423 MPa 时；（b）制冷压力大于 2.750 MPa 时

2. 过热限制器

过热限制器主要用于压缩机温度过高时，切断电磁离合器的电路，使压缩机停止运行，防止压缩机受到损坏。它包括过热开关和熔断器两部分。

过热开关是一种温度传感开关，装在压缩机后盖紧靠吸气腔的位置，其结构如图 6-67 所示。它的工作原理是：当制冷系统的制冷剂泄漏量较多时，压力会下降，若这时压缩机继续工作，它就会产生过热现象；此时制冷剂的温度上升，但压力不增加，润滑油会变质，进而损坏压缩机；这时，过热开关传感器内的制冷剂蒸气将感受到入口的温度升高而使开关内部压力升高，推动膜片将导电触点与端子接通。导电触点通常直接与外罩连通，即过热开关的端子平时是断开的，压缩机温度过热才会闭合搭铁。

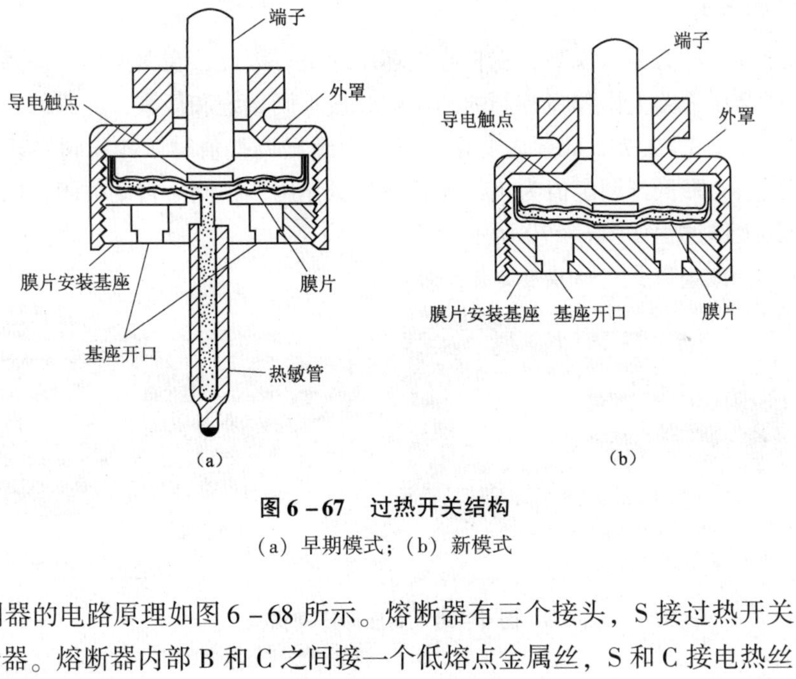

(a)　　　　(b)

图 6-67　过热开关结构

（a）早期模式；（b）新模式

过热限制器的电路原理如图 6-68 所示。熔断器有三个接头，S 接过热开关，B 接外电源，C 接离合器。熔断器内部 B 和 C 之间接一个低熔点金属丝，S 和 C 接电热丝。正常情况下，电流通过空调开关，经过熔断器低熔点金属丝到压缩机离合器的电磁线圈。当发生过热时，过热开关闭合，它使流经过热限制器的电热丝接地。电热丝发热后熔化低熔点金属丝，切断压缩机离合器电路和过热保护开关的电路，压缩机停止运行，起到过热保护的作用。

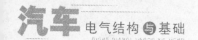

熔断器断路后，不会自行恢复，一定要仔细检查制冷系统是否因泄漏而缺少制冷剂。否则，接好易熔丝后，很快又会被烧断。另外，如果仔细检查制冷系统后，确认不缺少制冷剂，那么就可能是过热开关损坏，此时需要更换新的过热开关。

还有一种压缩机过热开关，也称压缩机过热保护器，安装在压缩机尾部，如图 6－69 所示。其作用是当压缩机排出的高压制冷剂气体温度过高时或者由于缺少制冷剂以及润滑不良而造成压缩机本身温度过高时，开关将断开，直接使电磁离合器断电而停止工作，防止压缩机因为过热而损坏。其工作原理和保护过程与过热限制器相似。

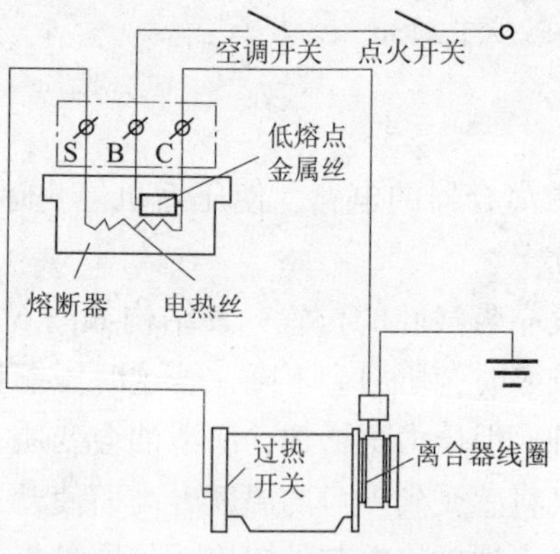

图 6－68　过热限制器的电路原理

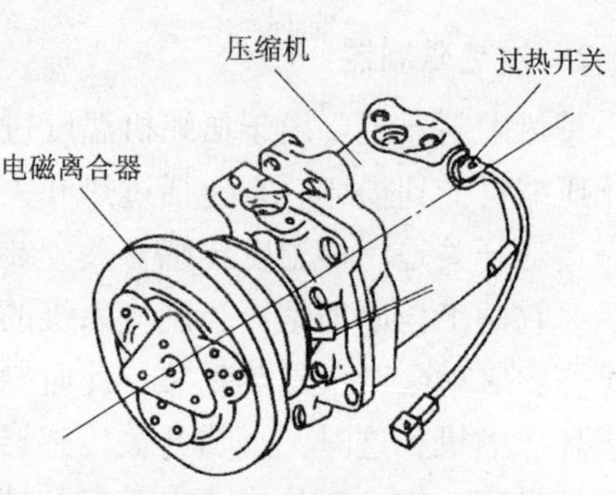

图 6－69　过热开关安装位置

3. 高压卸压阀

如果制冷剂的压力升得太高，它将会损坏压缩机。因此，在典型的空调系统中，有一个装在压缩机或高压管路上由弹簧控制的卸压阀。按不同系统和厂家，此阀的压力调整值有所不同，一般在 2. 413 ~2. 792 MPa 内变化。当压力超出调整值时，卸压阀将开始使制冷剂放空溢出，直到压力降低到调定值为止，此时在弹簧作用下，阀又自动关闭，以保证制冷系统正常工作，其工作过程如图 6－70 所示。

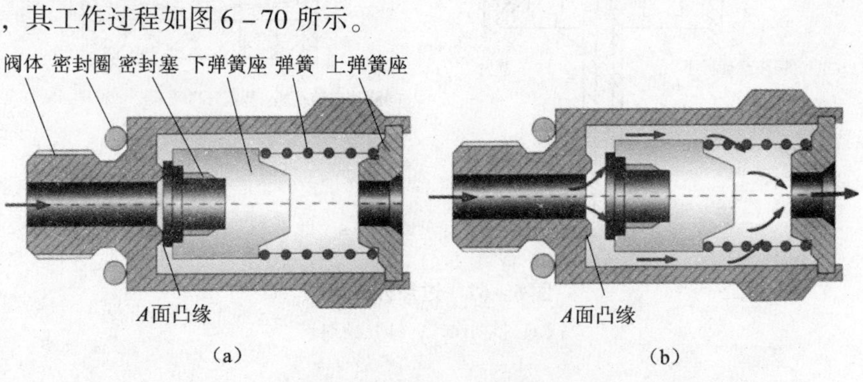

图 6－70　高压卸压阀结构

（a）系统压力正常时；（b）系统压力异常时

4. 压力传感器

压力传感器是一个密封的用于测量目的的电容型传感器（见图6－71），可以进行信号调整。它输出0～5 V的电压，需要5 V标准电源供给。

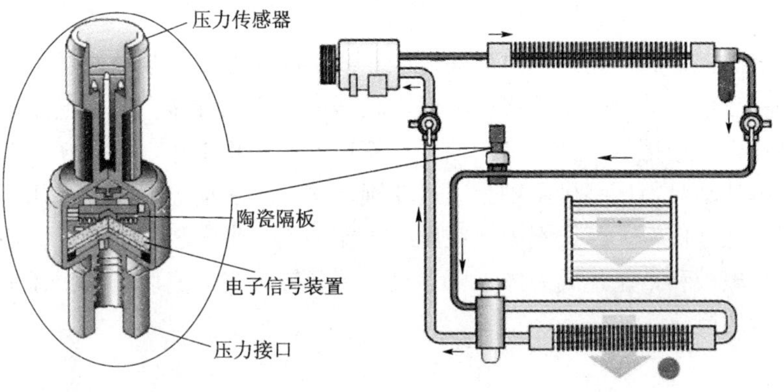

图6－71 压力传感器

压力传感器有压敏电阻式和压敏电压式两种，压敏电压式在使用中，压力传感器通过两片陶瓷横隔膜的偏转来施加压力，其结果是平行板电容器电容改变，这种变化由传感器的信号处理电路转换成模拟信号输出。

压力传感器的电路位于一块可变形的电路板上，包含传感器的上半部分，并且可以由陶瓷感应膜提供连续的电容数值。

5. 冷却液过热开关和冷凝器过热开关

冷却液过热开关也称水温开关，其作用是防止在发动机过热的情况下使用空调。水温开关一般使用双金属片结构，安装在发动机散热器或者冷却液管路上，感受发动机冷却液温度，当发动机冷却液温度超过某一规定值（如奥迪100为120 ℃）时，触点断开，直接切断（或者触点闭合通过空调放大器切断）电磁离合器电路使压缩机停止工作；而当发动机冷却液下降至某一规定值（如奥迪100为106 ℃）时，触点动作，自动恢复压缩机的正常工作。

冷凝器过热开关安装在冷凝器上，感受其过热度，当其温度过高时，接通冷凝器风扇电动机，强迫冷却过热的制冷剂，使系统能正常工作。桑塔纳轿车的冷凝器过热开关有两个，当冷凝器温度为95 ℃时，起动风扇低速运转；当温度为105 ℃时，风扇高速运转，以增强冷却效果。

6. 环境温度开关

环境温度开关也是串联在压缩机电磁离合器电路中的一种保护开关，或者直接串联在空调放大器电路中。通常当环境温度高于4 ℃时，其触点闭合；而当环境温度低于4 ℃时，其触点将断开而切断电磁离合器的电路或者空调放大器电源。也就是说，当环境温度低于4 ℃时是不宜开动空调制冷系统的，其原因是当环境温度低于4 ℃时，由于温度较低，压缩机内冷冻油黏度较大，流动性很差，如这时起动压缩机，润滑油还没来得及循环流动并起润滑作用时，压缩机就会因润滑不良而磨损加剧甚至损坏。

7. 电磁离合器

汽车空调用的电磁离合器，其作用是在不需要使用空调设备的季节或在车厢内温度达到规定温度时，可使发动机与压缩机分离，中断动力传递；而在需要使用空调设备时，电磁离合器又使发动机与压缩机接合，传递动力。电源的通断，则由高低压开关和温度开关进行控制。图 6－72 所示为电磁离合器结构。

电磁离合器的工作原理是：当电流通过电磁线圈时，产生较强的磁场，使压缩机的电磁离合器从动盘和自由转动的带轮吸合，从而驱动压缩机主轴旋转；当把电流切断时，磁场就消失，此时靠弹簧作用把从动盘和带轮分开，使压缩机停止工作。如图 6－73 所示，图中左侧的电磁离合器从动盘与压缩机主轴是通过花键连接的，从动盘上固定了几个弹簧爪，弹簧爪的另一端固定在摩擦板上，线圈固定在压缩机壳体上，带轮装在轴承上，可自由转动。当电流接通时，摩擦板和带轮连成一体，压缩机开始运转；当电流切断时，弹簧爪使摩擦盘和带轮分开，压缩机就停止运转。

图 6－72　电磁离合器结构

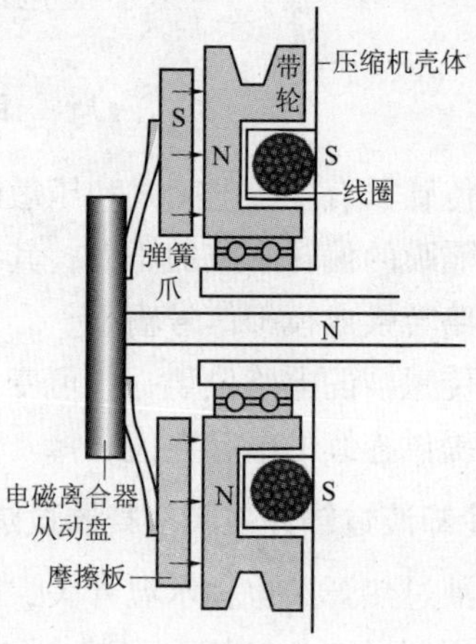

图 6－73　电磁离合器的工作原理

电磁离合器在使用时应注意：

（1）为了适合温度控制要求，电磁离合器的接合与分离是高速进行的，因此在压板和转子表面会有很多离合器痕迹，这些痕迹对工作不会造成危害。

（2）电磁线圈和转子之间的间隙很重要。电磁线圈与转子应靠得尽量近，以便获得更强的磁场作用，但间隙也不能过小，以免转子刮伤线圈。

8. 鼓风机

鼓风机的作用是向空调通风配气系统提供压力气流，满足暖风与冷气输送风量。如图 6－74 所示，汽车空调鼓风机安装在空调机壳上，位于空调单元的送风管道起始端，蒸发器的前面。汽车空调一般使用鼠笼式鼓风机，鼓风机有一个高速转动的转子，转子上的叶片带动空气高速运动，离心力使空气在渐开线形状的机壳内，沿着渐开线流向鼓风机出口，高速的气流具有一定的风压，新空气由机壳的中心进入补充。

9. 继电器

继电器一般在空调控制电路中用于保护电流负载能力低的开关（也就是具有较小的接触区域/不耐用的压力接触点），或是元器件之间电流输出存在不同的地方。

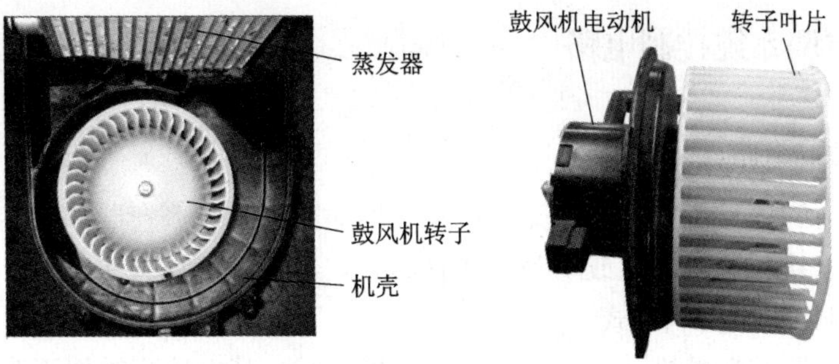

图 6－74　鼓风机结构

图 6－75 所示为无继电器压缩机控制电路，由 A/C 开关直接控制压缩机离合器线圈的通断电。

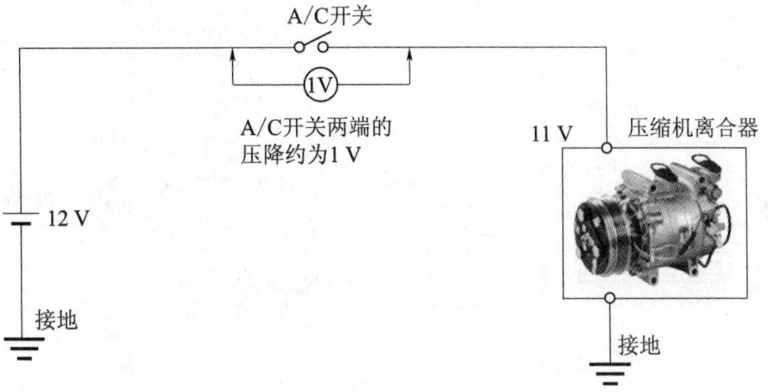

图 6－75　无继电器压缩机控制电路

结果构成回路后，大电流在 A/C 开关较小的电阻上产生较大电压降，压降约为 1 V，因此，与之串联的离合器线圈其工作电压只有 11 V。这样不仅降低了负载的工作电压，更容易烧蚀 A/C 开关触点。

图 6－76 所示为有继电器压缩机控制电路，A/C 开关接通后，压缩机继电器工作，通过继电器触点给离合器线圈供电。由于继电器工作仅需小电流，故 A/C 开关通地电流较小，同时继电器可以控制大电流，就相当于将蓄电池电压直接加载到了压缩机离合器上，使离合器线圈产生正常的电磁吸力。

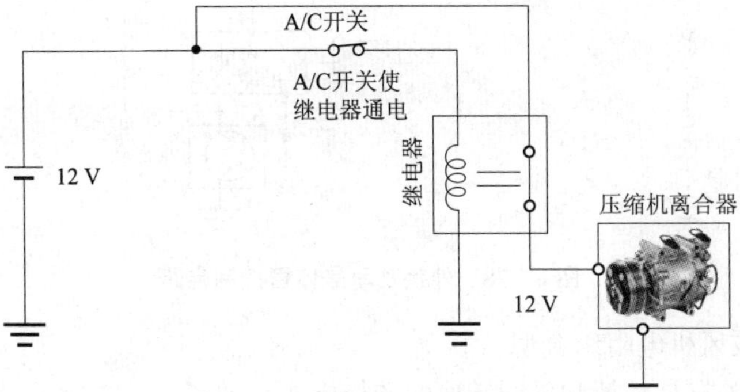

图 6－76　有继电器压缩机控制电路

四、空调系统控制电路

1．鼓风机控制电路

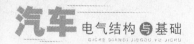

鼓风机工作时，电动机驱动一个笼型风扇，推动空气通过蒸发器和加热器。目前，汽车空调中均是通过外接鼓风机电阻或功率晶体管的方式来控制电动机转速的。

1）外接鼓风机电阻控制方式

鼓风机电阻串联在鼓风机开关与鼓风机电动机之间，其电压降被用于改变电动机的端电压，控制电动机转速和调节空气流量。

当电动机运转时，变阻器会变热，需要冷却，因此它被安装在鼓风机电动机前蒸发箱内使之通风良好，如图 6－77 所示。

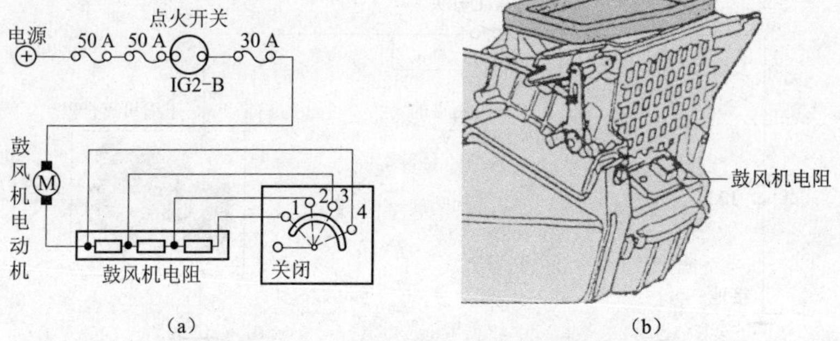

图 6－77　外接鼓风机电阻控制电路

（a）鼓风机开关；（b）鼓风机电阻

2）外接功率晶体管控制方式

这种控制方式，利用了晶体管可放大的特性，空调控制器通过改变晶体管基极电流的大小使鼓风机在不同转速下工作，如图 6－78 所示。

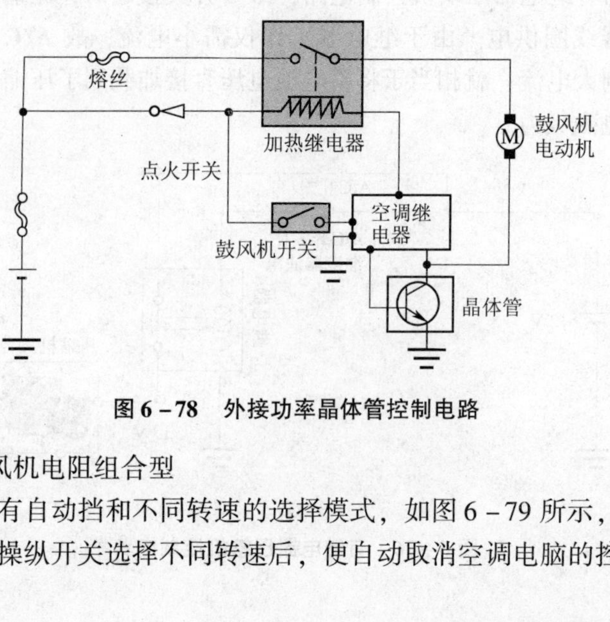

图 6－78　外接功率晶体管控制电路

3）晶体管与鼓风机电阻组合型

鼓风机控制开关有自动挡和不同转速的选择模式，如图 6－79 所示，鼓风机转速由空调电脑控制，一旦人为操纵开关选择不同转速后，便自动取消空调电脑的控制功能。

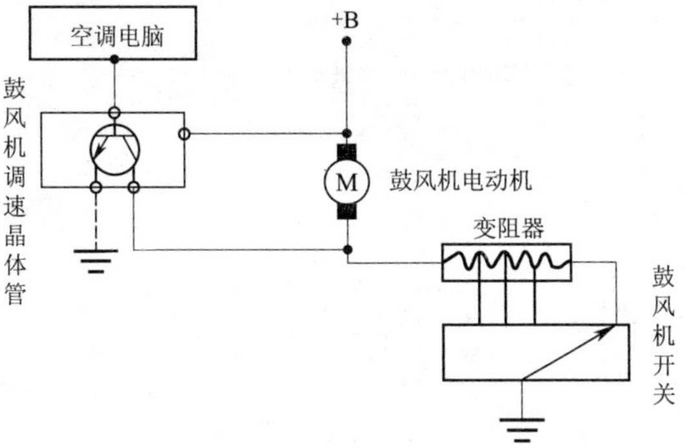

图 6-79　晶体管与鼓风机电阻组合型电路

2. 散热风扇控制电路

1）空调开关直接控制式

空调开关直接控制散热风扇是一种原始的控制方式，一般用在货车空调上。这种控制方式比较简单，接通空调开关时，冷却风扇便同时为发动机散热器和空调冷凝器降温。

空调开关直接控制电路如图 6-80 所示。其工作原理是：按下空调开关，继电器的电磁线圈就有电流通过，并产生磁力吸合触点，这时电流由 12 V 直流电源→继电器触点→冷却风扇电动机→搭铁，冷却风扇电动机便通电运转；关闭空调开关时，继电器电磁线圈无电流通过，磁力消失，继电器触点断开，冷却风扇电动机停止运转。

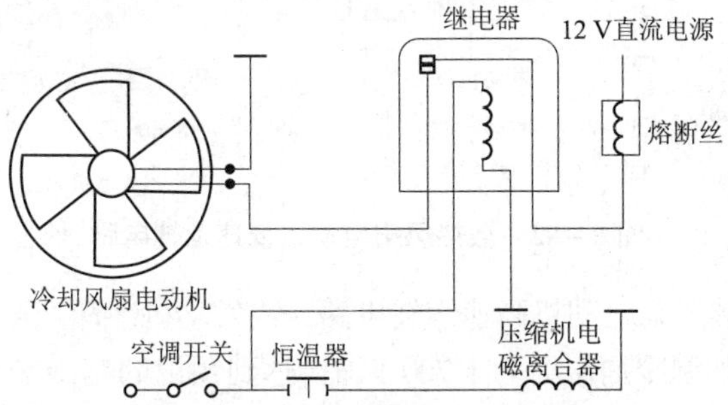

图 6-80　空调开关直接控制电路

2）电控模块控制式

（1）空调模块控制式。

图 6-81 所示为典型的大众车系散热风扇控制电路。散热风扇分为左右两个，散热风扇内部附加一个电阻，因而具有高低挡供选择：风扇与电阻串联时为低速挡，电流直接通过风扇电动机则为高速挡。

（2）发动机 ECU 控制式。

与大众车系不同的是，日韩车系常采用发动机 ECU 接通不同继电器的方式控制散热风扇运转。

图 6-82 所示为散热风扇电动机低速运转电路，当发动机冷却液温度达到 95 ℃或开启空调系统（发动机 ECU 收到空调请求信号）时，发动机 ECU 给 3 号风扇继电器通电，电流经保险丝→3 号风扇继电器触点→冷凝器风扇→2 号风扇继电器触点 3→2 号风扇继电器触点 4→散热器风扇→搭铁。冷凝器风扇与散热器风扇串联，以低速散热。

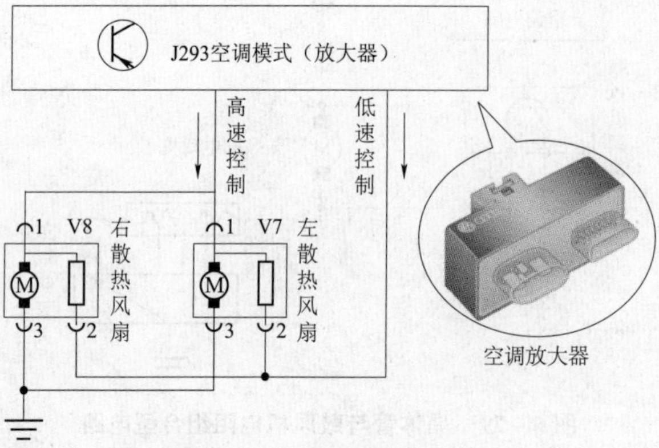

图 6－81　散热风扇控制电路

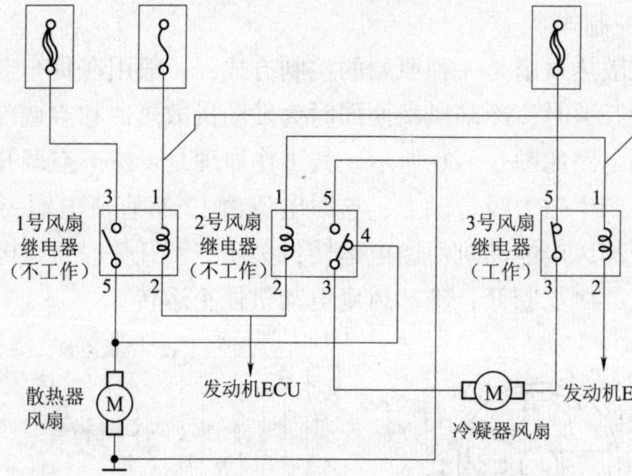

图 6－82　散热风扇电动机低速运转电路

图 6－83 所示为散热风扇电动机高速运转电路，当发动机冷却液温度达到 105 ℃或制冷管路上的中压开关闭合（如制冷剂压力为 1 700 kPa，达到预设的制冷剂压力）时，发动机 ECU 使所有风扇继电器工作，冷凝器风扇与散热器风扇各自独立通电（相当于并联），高速起动。

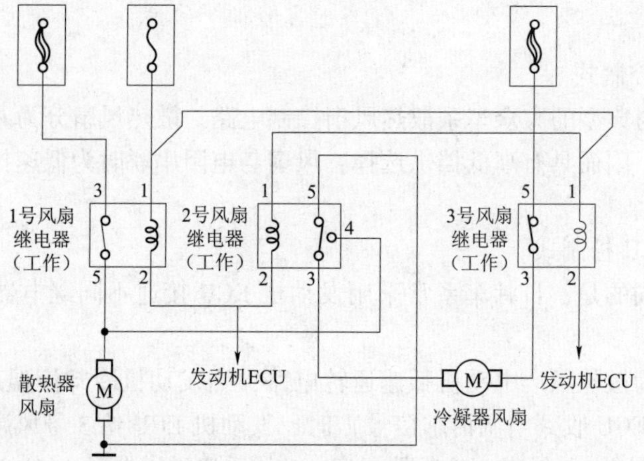

图 6－83　散热风扇电动机高速运转电路

3. 压缩机控制电路

1）压缩机离合器的工作原理

汽车空调压缩机的离合器接合时，才能带动压缩机运转，进行制冷循环。压缩机离合器的简单控制电路如图 6－84 所示，由于离合器线圈工作电流较大，故采用继电器用小电流控制大电流。继电器是否工作是由压缩机离合器控制元件状态决定的，这些元件包括空调开关、压力开关、空调模块和发动机模块等，共同组成一个回路控制系统。

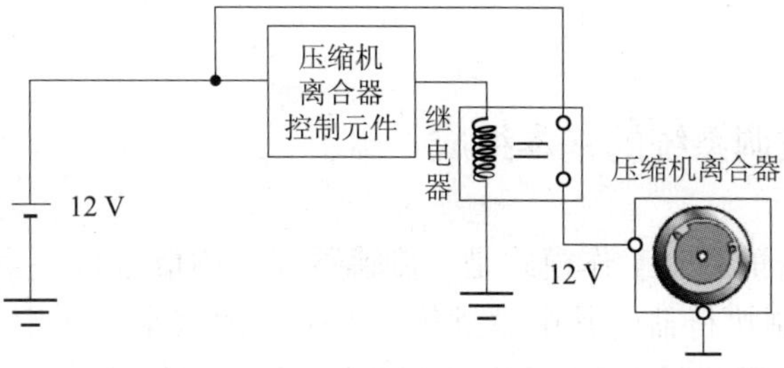

图 6－84　压缩机离合器的简单控制电路

2）压缩机离合器的控制

电控时代的汽车空调都是由微处理器（空调 ECU、发动机 ECU 或 PCM）来起动和停止 A/C 电路，控制压缩机和冷凝器风扇的。从各个传感器发出的，有关发动机转速、行驶速度、制冷剂温度、A/C 开关起动、压力开关、加速踏板位置以及变速器挡位等数字或模拟信号，一直由 ECU 或 PCM 来监测。这些信号在微处理器中进行转化，完成需要的计算。

图 6－85 所示为手动空调系统电路。

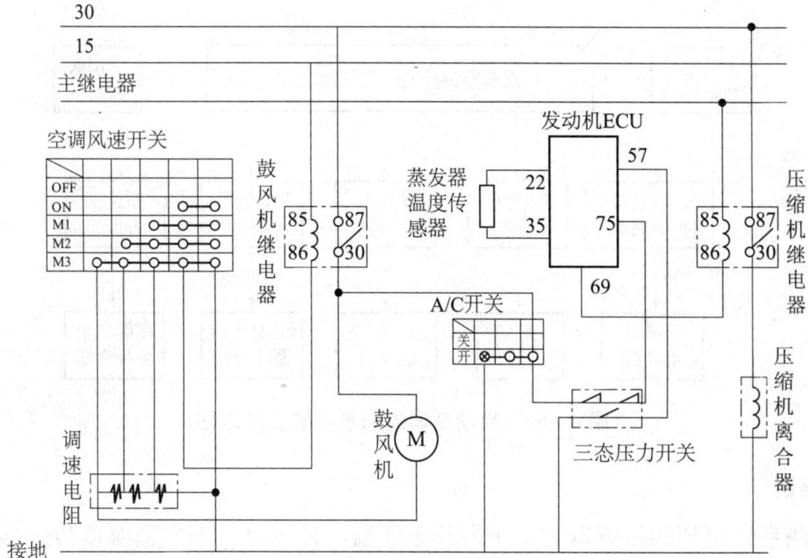

图 6－85　手动空调系统电路

第七节 自动空调

一、自动空调系统的功能

现代汽车自动空调系统，不仅能按照乘员的需要送出温度和湿度最适宜的空气，而且可以根据需要自动调节风速、风量，还极大地简化了乘员的操作工作。现代汽车自动空调系统主要用在高级轿车上。

二、自动空调系统的基本组成

汽车自动空调系统的基本工作模式是：传感器（检测信号）→空调器放大器（或空调控制单元 ECU）→控制执行器。其中通过传感器来检测汽车工作中的一些信息（如车内、车外、导风管及环境日照辐射的温度和压缩机工况等），并将其检测到的信息以相应的物理量（电阻、电压、电流等）传送到空调放大器（或空调控制单元 ECU）中，经分析、比较、运算等处理，再由执行器完成其相应工作，如图 6－86 所示。

图 6－87 所示为自动空调的结构组成及控制示意图。自动空调和手动空调的机械部分基本是一致的，其区别在于空调的控制系统不同。

自动空调系统由制冷、暖风、送风、操纵控制等分系统组成。自动空调电子控制系统主要由传感器、执行元件和空调电控单元（ECU）三部分构成。

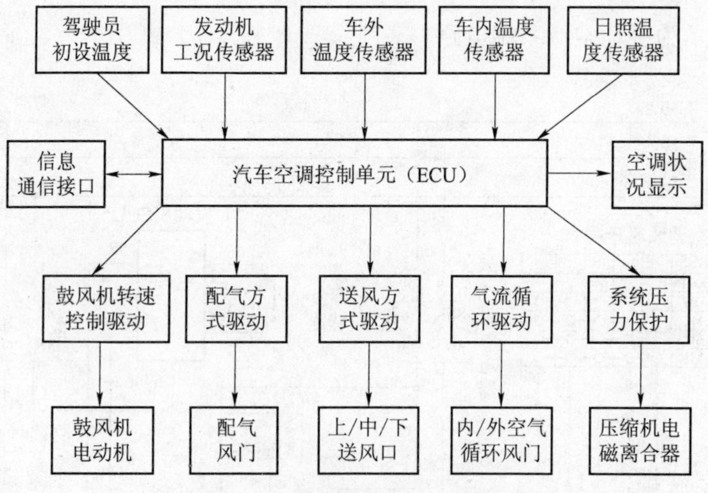

图 6－86 自动空调控制系统的工作过程

1. 传感器

自动空调系统用到的传感器有：车内及车外温度传感器、蒸发器温度传感器、冷却液温度传感器、太阳能传感器等。

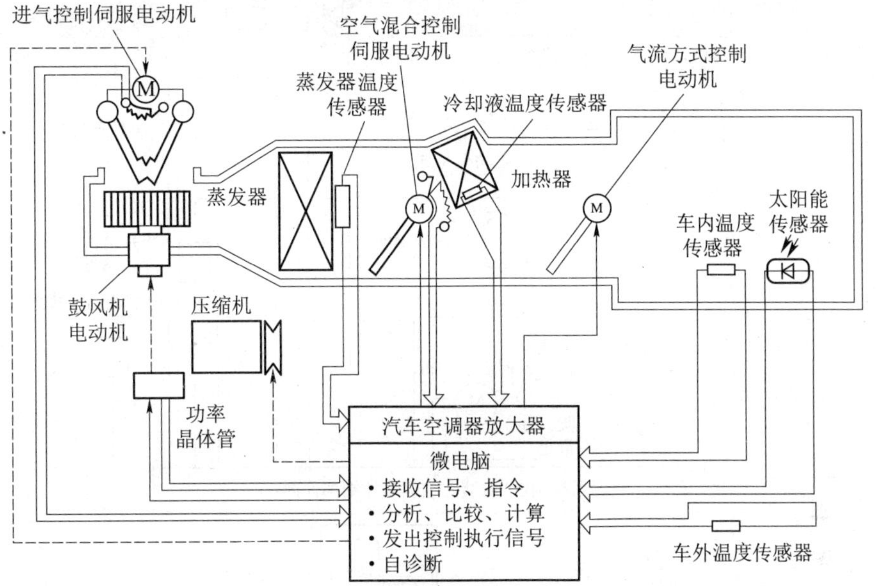

图 6－87　自动空调的结构组成及控制示意图

2．执行元件

自动空调的执行元件一般包括进气控制伺服电动机、空气混合控制伺服电动机、出风模式伺服电动机、最冷控制伺服电动机、鼓风机及压缩机电磁离合器等。

3．空调电控单元（ECU）

空调电控单元又称空调控制器。控制器总成上的键是控制器的输入装置。控制器首先接收来自车内温度和外界温度传感器的输入信号，然后根据来自传感器和控制器总成上各键的输入，输出用于控制压缩机、电磁离合器、暖风加热器、热水阀等的工作情况，以及模式门位置的信号。

三、自动空调系统的工作原理

1．送风温度控制

温度控制的目的是使车内空气温度达到车内人员设定温度的要求，并保持稳定。如图 6－88 所示，微机控制自动空调系统的温度控制系统的基本组成包括车内温度传感器、车外温度传感器、太阳能传感器、蒸发器温度传感器、冷却液温度传感器、设定温度电阻器、自动空调控制 ECU 和空气混合控制伺服电动机等。

ECU 根据设定温度和车内温度传感器、车外温度传感器、太阳能传感器等信号，自动调节混合风门的位置。一般来说，车内温度越高、车外温度越高、阳光越强，混合风门就越接近“全冷”位置。ECU 根据车内温度和车外温度控制空气混合风门的位置。若车内温度为 35 ℃，则混合风门处于最冷位置；若车内温度为 25 ℃，则混合风门处于 50% 的位置。

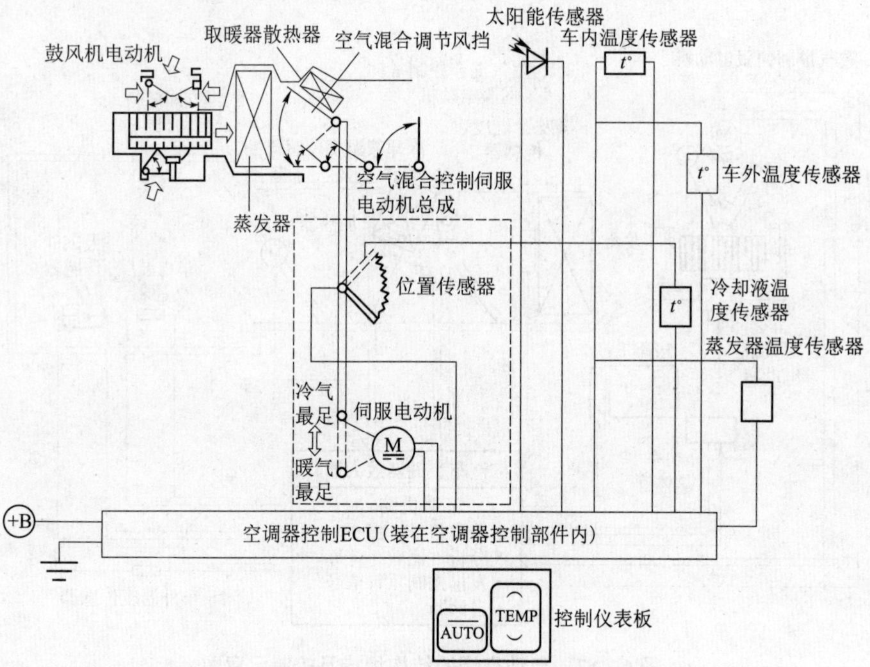

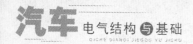

图 6-88　送风温度控制电路

空气混合风门伺服电动机的控制电路如图 6-89 所示。

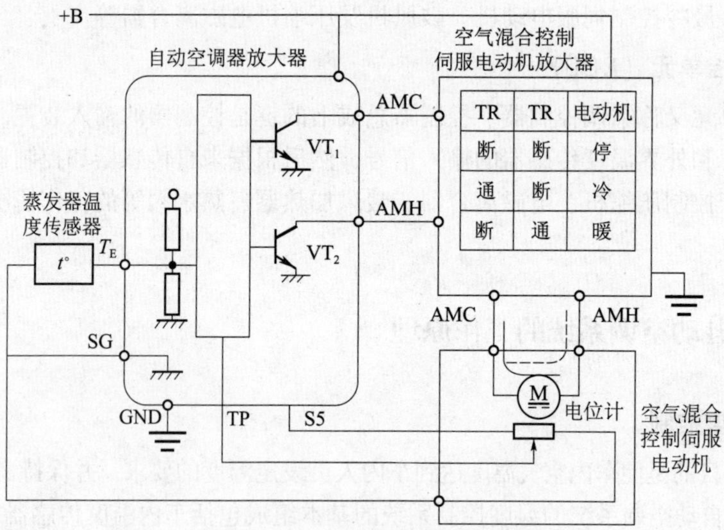

图 6-89　空气混合风门伺服电动机的控制电路

2. 鼓风机转速控制

鼓风机转速控制的目的是调节降温或升温速度，稳定车内温度。如图 6-90 所示，鼓风机转速控制系统主要由冷却液温度传感器、蒸发器温度传感器、鼓风机电阻器、功率晶体管、ECU、鼓风机电动机和控制面板等组成。其中功率晶体管的作用是根据 ECU 的 BLW 端子输出的鼓风机驱动信号，改变流至鼓风机电动机的电流，从而改变鼓风机的转速。

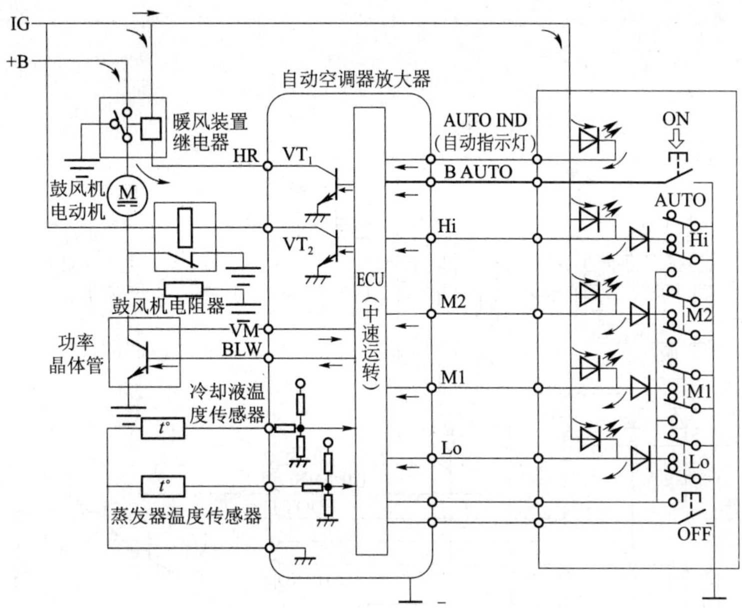

图 6－90　鼓风机转速控制电路

3．工作模式控制

工作模式控制的目的是调节送风方向，提高舒适性。工作模式控制系统主要由传感器、ECU、工作模式控制伺服电动机和控制面板等组成。在手动模式中，模式风门有吹脸、双层、吹脚、吹脚/除雾、除雾五种位置。在自动模式中，模式风门一般有吹脸、吹脚、双层三种位置，ECU 根据传感器信号按照“头冷脚热”的原则自动调节模式风门的位置。ECU 根据 T_{AO}值控制工作模式，其控制规律如图 6－91 所示，控制电路如图 6－92 所示。

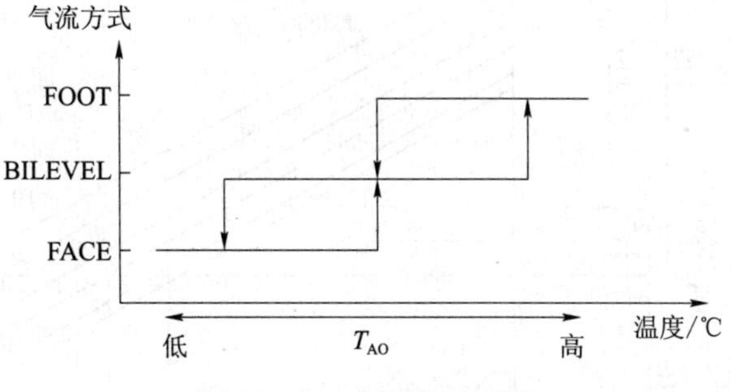

图 6－91　T_{AO}值控制规律

4．进气模式控制

进气模式控制的目的是调节进入车内的新鲜空气量，使车内空气温度和质量达到最佳。在手动模式中，进气门只有内循环和外循环两种位置。在自动模式中，进气门一般有内循环、20% 新鲜空气和外循环三种位置。ECU 根据传感器信号自动调节进气门的位置，其控制规律如图 6－93 所示：若车内温度为 35 ℃，进气门处于内循环位置，以快速降温；若车内温度为 30 ℃，进气门处于 20% 新鲜空气位置，引进部分新鲜空气以改善空气质量；若车内温度为 25 ℃，进气门处于外循环位置。

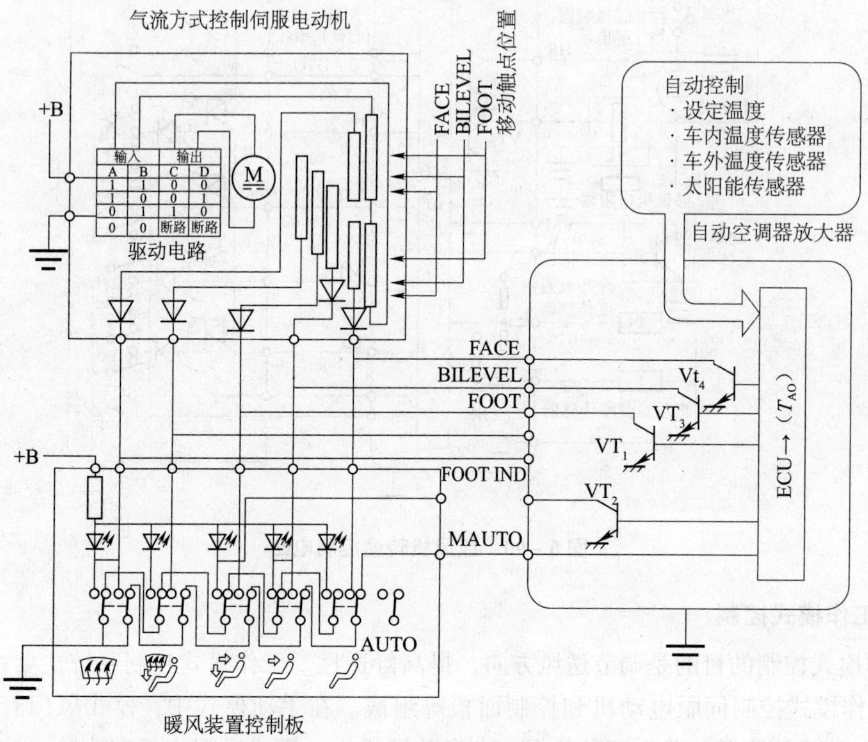

图 6－92　自动空调工作模式控制电路

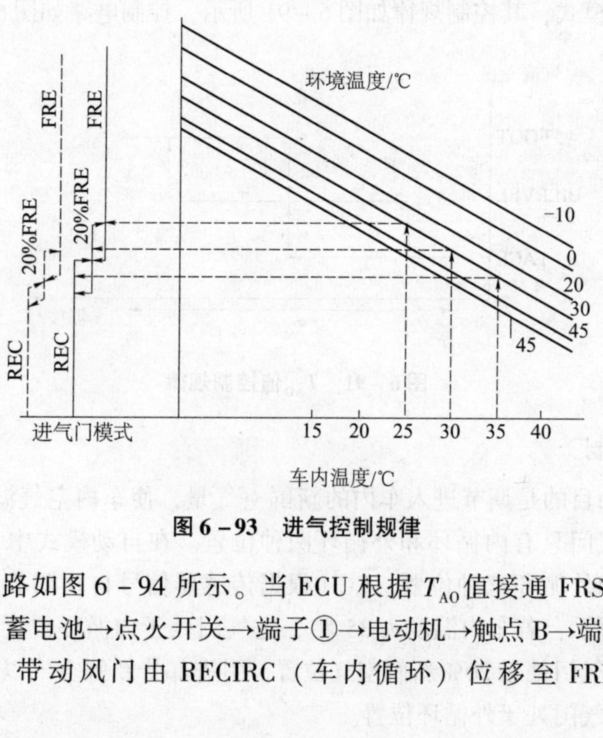

图 6－93　进气控制规律

进气模式控制电路如图 6－94 所示。当 ECU 根据 T_{AO} 值接通 FRS 晶体管时，触点 B 搭铁，电流方向为：蓄电池→点火开关→端子①→电动机→触点 B→端子③→FRS 晶体管→搭铁，电动机旋转，带动风门由 RECIRC（车内循环）位移至 FRESH（车外新鲜空气）位。

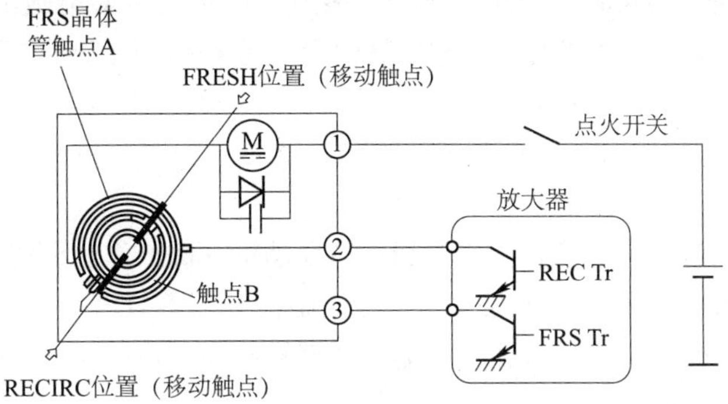

图 6－94　进气模式控制电路

第八节　汽车空调系统的使用与维护

汽车空调系统使用一段时间后，运动件由于摩擦会产生磨损，制冷剂、润滑油等工作介质可能会变质、失效或漏失，零部件表面会积聚污垢，金属零件会疲劳、变形、破损、腐蚀，紧固件会松动，橡胶及塑料等非金属件会老化或损坏等。这些现象会导致制冷系统的技术状况变坏，控制电路也会出现故障，严重时甚至会使系统失去工作能力。为此，正确使用空调系统，对空调系统适时进行维护，可以维持空调系统良好的工作性能，延长其使用寿命，降低运行成本。

一、汽车空调系统的正确使用

正确使用汽车空调系统，可以节约能源，减少故障，并能保证汽车空调系统具有良好的技术状况和工作可靠性，发挥其最大效率，延长其使用寿命。

对于非独立式汽车空调系统，其操作使用是比较方便的。但是否正确使用，对机组的空调性能及寿命、发动机的工作稳定及功耗、乘员的舒适性都有很大影响。为此，应注意下列几点：

（1）使用空调前应先起动发动机，待发动机稳定运转几分钟后，打开鼓风机至某一挡位，然后再按下空调开关 A/C 以起动空调压缩机，调整送风温度和选择送风口，空调即可正常工作。需要注意的是，当温度调节推杆处于最大冷却位置时，应尽量使用鼓风机的高速挡，以免蒸发器因过冷而结冰。

（2）在空调系统运行时，若听到空调装置（如压缩机、风机等）有异常响声或发生其他异常情况，应立即关闭空调，及时查明原因并排除故障。

（3）若汽车空调系统无超速自动停转装置，在爬长坡或超车时应暂时断开压缩机的运行（即关闭 A/C 开关），以免发动机动力不足或发动机超负荷运行而过热。

（4）在夜间行驶时，由于整车耗电量较大，不应长时间使用空调以免引起蓄电池亏电。

（5）汽车停驶时不要长时间使用空调制冷装置，以免耗尽蓄电池的电能并防止废气被吸入车内，造成再次起动发动机时困难和乘员中毒，还可避免因冷凝器和发动机散热不良而影响空调的性能和发动机的寿命。

（6）当制冷量突然减少时，应断开空调开关 A/C，检查排除空调系统故障后再继续使用。

（7）发动机过热时，应当停止使用空调，待发动机正常工作后再使用。

（8）使用空调时，若风机开在低速挡，冷气温控开关不宜调得过低。因为调得过低不仅达不到使车内温度进一步降低的目的（蒸发器容易结霜，产生风阻），而且有可能出现压缩机液击现象。

（9）有些汽车空调空气入口的控制有新鲜（FRESH）和封闭循环（RECIRC）两个控制位置，若汽车在尘土飞扬的道路上行驶，应将空气入口控制在封闭循环位置，以防车外灰尘进入。

（10）对于具有独立式空调（指有专用辅助发动机带动压缩机的空调装置）的汽车，应严格按使用说明书的规定起动和运行空调器。因这类空调装置控制辅助发动机的起动和运行，起动方法要比非独立式空调复杂。

（11）为延长辅助发动机的寿命，尽量做到低速起动，低速关机。有可能时，加设卸载起动装置的同时，应保证发动机吸气的清洁度。

二、汽车空调系统的维护

做好空调系统的日常维护和定期维护工作是很重要的。由于在维护过程中能及时发现故障先兆，可积极采取措施消除隐患，所以能充分发挥空调的作用，保证系统正常运行。

1．汽车空调系统的日常维护

（1）保持冷凝器和蒸发器的清洁。因为它们的清洁程度与其换热状况有很大关系，所以应经常检查表面有无污物、散热片是否弯曲或被阻塞等现象。如发现表面脏污，应及时用压缩空气吹净或用压力清水清洗干净，以保持良好的散热条件，防止因散热不良而造成冷凝压力和温度过高、制冷能力下降。在清洗冷凝器的过程中，应注意不要把散热片碰倒，更不能损伤制冷管道。

（2）保持送风通道空气进口过滤器的清洁。送入车厢内的空气都要经过空气进口过滤器的过滤，如果滤网堵塞会使风量减少，因此应经常检查过滤器是否被灰尘、杂物所堵塞并进行清洁，以保证进风量充足。一般每星期应检查一次。如发现堵塞，可打开蒸发器检查门，卸下滤网；然后用压缩空气或带有中性洗涤剂的温水洗净，也可将滤网浸在水中，用毛刷刷净污物。

（3）经常检查制冷剂是否充足。可低速运转空调，从观察窗上查看是否有气泡出现。如出现气泡，说明制冷剂不足，应及时进行检查修理或补充。

（4）应定期检查制冷压缩机驱动皮带的使用情况和松紧程度。皮带过紧会增加磨损，导致轴承损坏；过松则易使转速降低，造成制冷不足，甚至发出异常声响。如皮带过紧或过松应及时调整，如发现皮带裂口或损坏应采用汽车空调专用皮带进行更换。另外，新装冷气皮带在使用 36 ~ 48 h 后会有所伸长，应重新张紧。

（5）在春秋季或冬季不使用空调的季节里，应每半个月起动空调压缩机一次，每次 5 ~ 10 min。这样制冷剂在循环中可把冷冻油带至系统内的各个部分，从而防止系统管路中各密封胶圈、压缩机轴封等因缺油干燥而引起密封不良和制冷剂泄漏，并使压缩机、膨胀阀以及系统内各活动部件不致结胶黏滞或生锈。还要注意的是，在进行这项维护时，应在环境温度高于 4 ℃时进行，否则，环境温度过低会因冷冻油黏度过大而流动性变差，当压缩机起动后不能立即将油带到需要润滑的部位而造成压缩机磨损加剧甚至损坏。

（6）经常检查制冷系统各管路接头和连接部位、螺栓、螺钉有无松动现象，是否有与周围机件相磨碰的现象，传动机构的工作是否正常，胶管有无老化，在进出叶子板孔处的隔振胶垫是否脱落或损坏。

（7）由于有些辅助发动机有单独的供油系统，还需经常注意空调油箱的储油情况，并要检查辅助发动机的水温、水位和油压等情况，及时补充到规定的位置。

（8）检查电路连接导线、插头是否有损坏和松动现象。

（9）经常注意空调在运行中有无不正常的噪声、异响、振动和异常气味，如有应立即停止使用并送至专业修理部门及时检查和修理。

2. 汽车空调系统的定期维护

作为汽车上比较重要的一个系统，除了前述的一些日常维护和检查工作外，在汽车空调的使用过程中，还应由汽车空调专业维修人员对空调系统各总成和部件做一些必要的定期维护和调整检查工作，这样做不但可以保证空调的性能和发挥空调的最佳效果，而且可以更好地保证汽车空调的使用寿命和工作可靠性，减少维修工作量。汽车空调的定期维护方法一般有两种：一种是与汽车的维护同步进行，另一种是按其制定的维护周期独立进行。维护项目主要有以下几项：

1）压缩机的检查和维护

一般每两年进行一次，主要检查进、排气压力是否符合要求，各紧固件是否有松动，有无漏气现象。拆开后主要检查进、排气阀片是否有破损和变形现象，如有应修整或更换进、排气阀总成。压缩机拆修后装复时必须更换各密封圈和轴封，否则会造成压缩机密封处泄漏。目前，我国轿车压缩机主要依靠进口，压缩机配件尤其是相配套的压缩机修理包（内装某种压缩机的易损件，如密封件、轴封等）奇缺，因此，国内各厂家对压缩机的定期维护基本上没有条件进行，一般是当压缩机出现故障时更换整个压缩机总成。

2）冷凝器及其冷却风扇的检查和维护

一般每年进行一次，维护内容主要是彻底清扫或清洗冷凝器表面的杂质、灰尘，用扁嘴钳扶正和修复冷凝器的散热片，仔细检查冷凝器表面是否有异常情况，并用检漏仪检查制冷剂有无泄漏。如防锈涂料脱落，应重新涂刷，以防止生锈穿孔而泄漏。检查冷凝器冷却风扇是否运转正常，检查风扇电动机的电刷是否磨损过量。

3）蒸发器的检查和维护

一般应每年用检漏仪进行一次检漏作业，每 2～3 年应拆开蒸发箱盖，对蒸发器内部进行清扫，清除送风通道内的杂物（可用压缩空气来吹）。

4）电磁离合器的检查和维护

每 1～2 年应检修一次，重点检查其动作是否正常，是否有打滑现象，接合面、离合器轴承是否严重磨损。同时，还必须用厚薄规检查其电磁离合器间隙是否符合要求。

5）储液干燥器的更换

轿车空调在正常使用情况下，一般每三年更换一次储液干燥器，如因使用不当使系统进入水分，应及时更换。另外，如果系统管路被打开，一般也应更换储液干燥器。

6）膨胀阀的维护

一般每 1～2 年检查一次其动作是否正常，开度大小是否合适，进口滤网是否被堵塞，如不正常应更换或作适当调整。

7）制冷系统管路的维护

（1）管接头：每年检查一次，并用检漏仪检查其密封情况。

（2）配管：检查其是否与其他部件相碰，软管是否有老化、裂纹现象，一般每 3～5 年应更换软管。

8）驱动机构的检查和维护

（1）V 形带：每使用 100 h 检查一次张紧度和磨损情况。

（2）张紧轮及轴承：每年检查一次，并加注润滑油。使用 3 年左右应更换新品。

9）冷冻油的更换

一般每两年左右检查或更换，对于管路有较大泄漏时，应及时检查或补充冷冻油。

10）安全装置的检查与更换

高压开关、低压开关、水温开关等关系到空调系统是否能安全、可靠工作的安全装置，一般应每年检查一次，每五年更换一次。

11）怠速提升装置的检查和维护

怠速提升装置应每年检查和调整一次。

12）其他注意事项

（1）装配螺栓、螺母等紧固件应每三个月紧固一次。

（2）防振隔振橡胶应每年检查其是否老化、变形，如有应及时更换。

（3）管道保温材料应每年检查一次是否老化失效。

（4）制冷状况的检查应每两年进行一次，一般测量进、出风口温度差应在 7～10 ℃。

上述定期检查和维护周期，应根据空调运行的具体情况和相应车辆的维护手册进行，不可生搬硬套。例如，对于空调使用十分频繁的南方地区，可适当缩短维护周期；而对于北方地区，每年空调运行时间相对较短，因此可适当延长维护周期。

前导知识回顾

物质有三种形态：气态、液态和固态。由于温度的变化，三者之间会互相转化，如图 6－95 所示。汽车空调制冷系统就是利用一种物质由于温度的变化而导致形态变化的原理来产生制冷效应的，这种物质称为制冷剂，也叫冷媒。

物质由液态变为气态的过程称为汽化。物质汽化时需要吸收一定的热量，汽化的形式有蒸发和沸腾两种。在汽车空调系统中，是采用降低压力的方法使制冷剂在蒸发器内完成汽化过程的。物质由气态变为液态的过程称为液化，物质液化时需要放出一定的热量。

制冷剂温度与压力之间关系的特性曲线称为蒸发曲线，如图 6－96 所示，曲线以上的部分是气态制冷剂，曲线以下的部分是液态制冷剂。

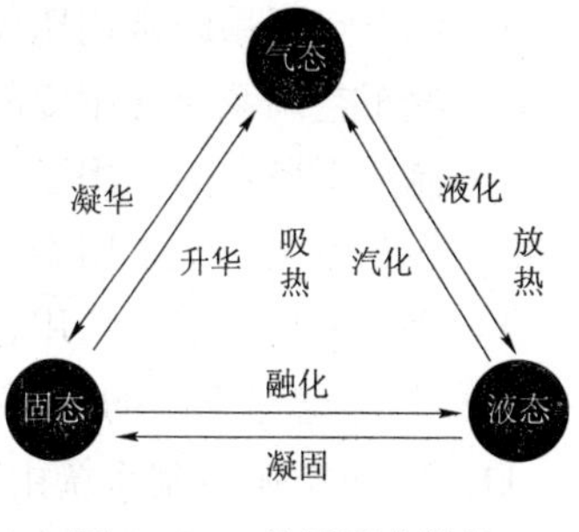

图 6－95　物质形态转换

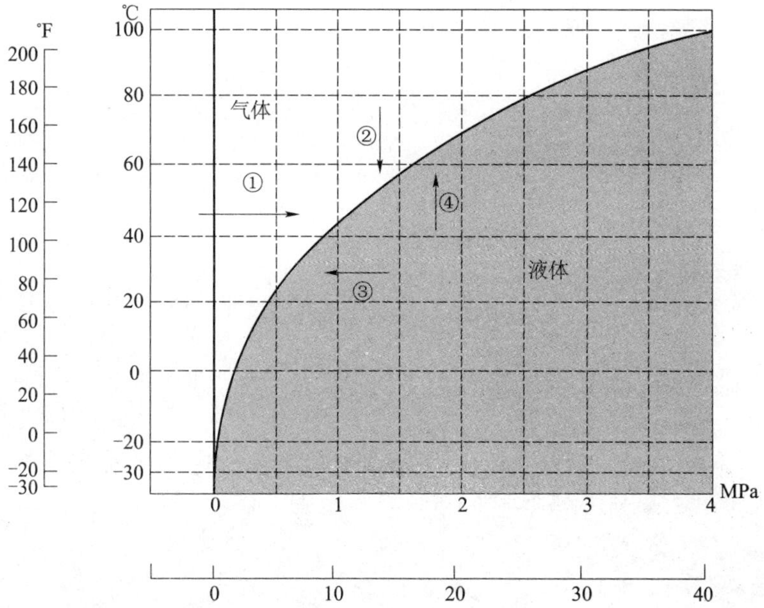

图 6－96　蒸发曲线

通过提高压力而不改变温度，或降低温度而不改变压力的方法，都可使气态的制冷剂转化为液态的制冷剂，如图 6－96 中①、②所示。

通过降低压力而不改变温度，或升高温度而不改变压力的方法，便使液态制冷剂转化为气态的制冷剂（如蒸发器、节流管），如图 6－96 中③、④所示。

汽车空调是利用压缩制冷装置，利用制冷剂循环流动来实现制冷的。液体制冷剂在蒸发器中低温下吸取冷却对象的热量而汽化，使被冷却对象得到降温。然后，又在高温下把热量传给周围介质冷凝成液体。如此不断循环，借助于制冷剂的状态变化，将热量由车内带到车外，达到制冷目的。

思考与练习题

1. 汽车空调系统的功用是什么？
2. 汽车空调制冷系统的功用是什么？
3. 空调制冷系统主要由哪些部件组成？各部件的功用是什么？
4. 什么是制冷循环？制冷循环分为哪四个过程？

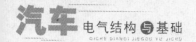

5. 汽车空调系统常用压缩机有哪几种？
6. 汽车空调系统常用冷凝器和蒸发器分为哪些类型？
7. 储液干燥器的功用是什么？它由哪些部件组成？
8. 汽车空调系统常用安全保护装置有哪些？
9. 汽车采暖系统的功用是什么？分为哪两种类型？各有什么特点？
10. 汽车通风系统的功用是什么？通风形式有哪几种？
11. 汽车空调控制系统由哪些部件组成？空调的控制原理是什么？
12. 汽车空调系统的维护保养有哪些？

单元七

汽车舒适与安全系统

本章学习目标

1. 知识目标

(1) 掌握风窗清洁装置的作用、结构和工作原理。

(2) 了解电动车窗的组成及功能，掌握其工作原理。

(3) 了解电动后视镜的组成及功能，掌握其工作原理。

(4) 能简单叙述电动座椅的组成及工作原理。

(5) 能正确简述中控门锁系统的组成及基本原理。

(6) 能正确简述汽车防盗系统的组成及基本原理。

2. 能力目标

(1) 会检测风窗清洁装置各元部件。

(2) 能正确识别电动车窗各部件的名称及安装位置，能识读与分析电动车窗电路。

(3) 能识读与分析电动后视镜电路，会检测电动后视镜各元部件。

(4) 会正确分析电动座椅的控制电路。

(5) 能进行中控门锁系统部件的简单选择与检修。

(6) 正确识别汽车防盗系统的组成及各个组件。

第一节　汽车风窗清洁装置

汽车风窗清洁装置由电动刮水器、风窗玻璃洗涤器和除霜装置三部分组成。其作用是清除风窗玻璃上的雨水、雪、尘土或污物以及除霜等，以保证驾驶员有良好的驾驶视线。风窗清洁装置在汽车上的布置如图 7－1 所示。

一、电动刮水器与风窗玻璃洗涤器

(一) 电动刮水器

1. 电动刮水器的作用与分类

电动刮水器的功用是汽车在遇到下雨或下雪天气时，为保持良好的视线，通过联动机构

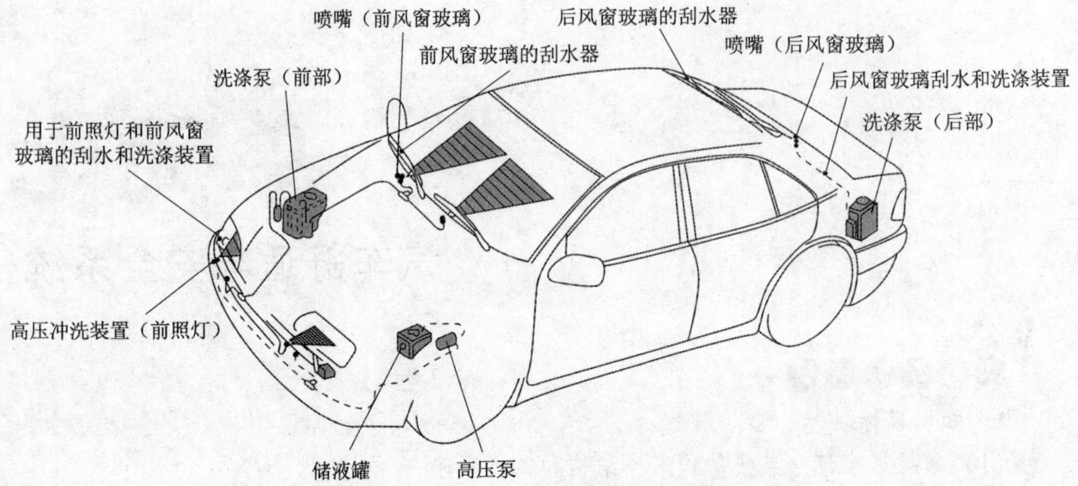

图7-1　风窗清洁装置在汽车上的布置

使前及后风窗玻璃表面上的刮水片来回摆动，从而清除玻璃上的雨雪或积物。

现代汽车均使用电动机驱动刮水器，这样可以保持一定速度的摆动，不受发动机转速与负荷变动的影响，且可以随驾驶员需要，视雨势大小调整动作速度。电动刮水器更可以做每秒一次至30 s一次间歇动作的无级变速调整。

根据刮水片的联动方式，刮水器可分为平行联动式、对向联动式、单臂式三种类型，如图7-2所示。目前，汽车上使用的刮水器多数是平行联动式。

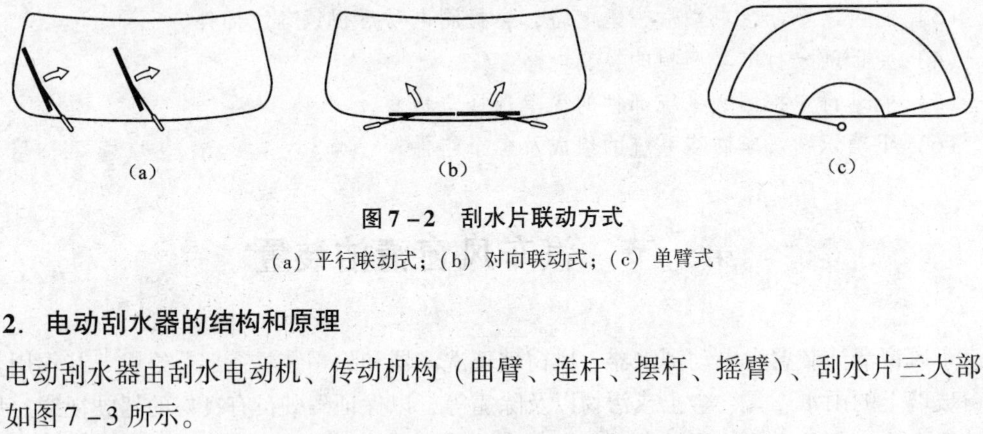

图7-2　刮水片联动方式

(a) 平行联动式；(b) 对向联动式；(c) 单臂式

2. 电动刮水器的结构和原理

电动刮水器由刮水电动机、传动机构（曲臂、连杆、摆杆、摇臂）、刮水片三大部分组成，如图7-3所示。

电动刮水器的基本原理是利用直流电动机的动力，经蜗轮蜗杆减速机构，并带动连杆和摆杆运动，使刮水片作往复摆动，从而清除玻璃上的雨雪或积物。

1）刮水电动机

刮水电动机一般有励磁式和永磁式两种。永磁式直流电动机具有结构简单、功率大、省电等优点，在大多数汽车上采用。

现代汽车刮水电动机均使用永磁式直流电动机。永磁式刮水电动机的构造如图7-4所示，主要由磁场、电枢、蜗轮蜗杆减速机构和自动停位器等组成。

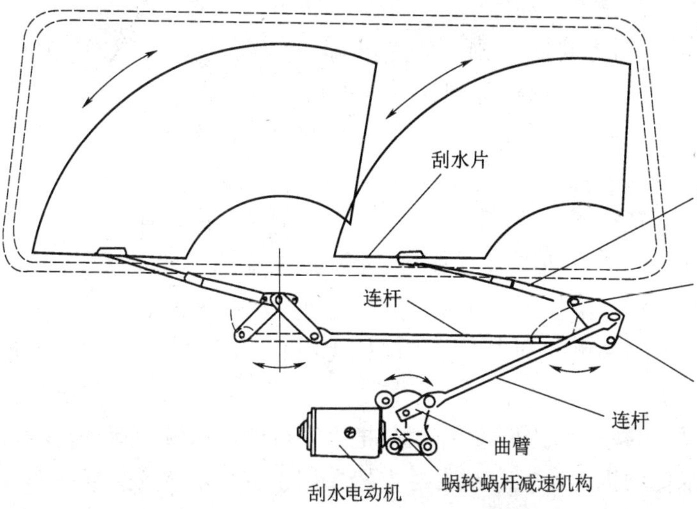

图 7－3　电动刮水器的结构

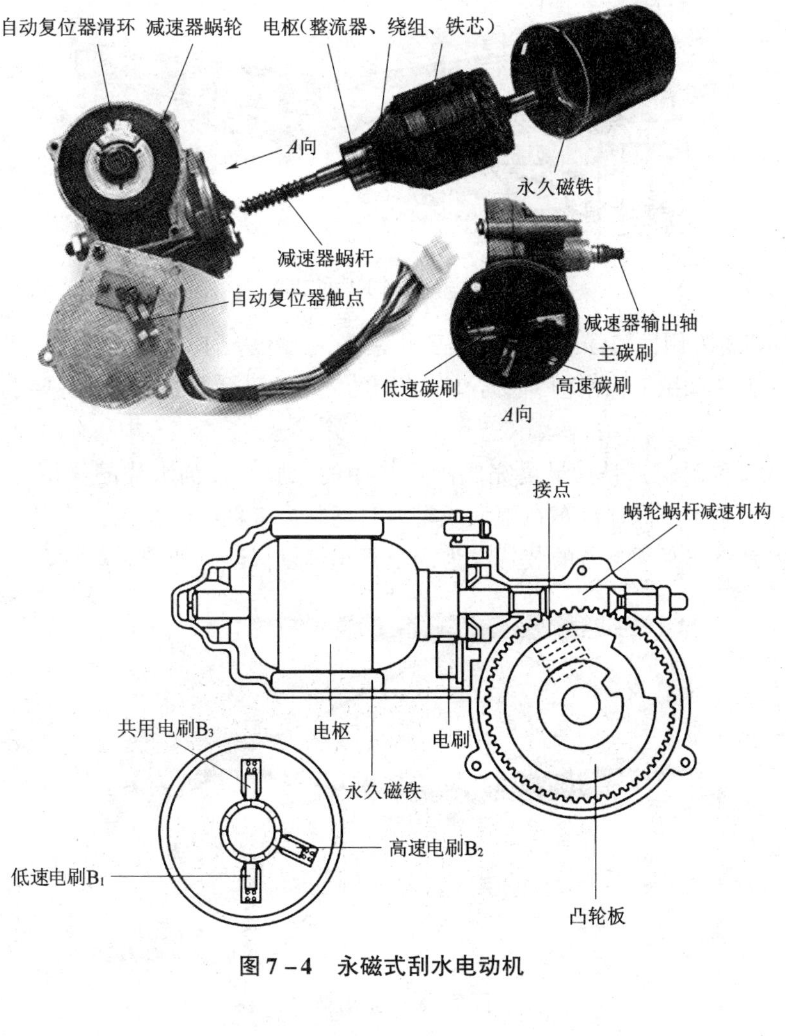

图 7－4　永磁式刮水电动机

为了满足实际使用的需要，刮水电动机有低速和高速刮水两个挡位，在任意位置切断刮水电动机电路，刮水片总是能自动回到挡风玻璃最下方。它的变速是利用永磁三刷式电动机来实现的。三个电刷分别为共用电刷、低速电刷、高速电刷；低速电刷与高速电刷相隔60°，与共用电刷相隔180°。当电源加到低速电刷和共用电刷上时，在电动机内部形成两条对称的并联支路，电动机稳定在一定转速下运行。当电源加在高速电刷和共用电刷上时，电动机内部支路上串联的有效绕组减少，因而正负电刷之前的反电动势减小，电枢电流增大，电动机的转矩增大，在负载不变的情况下，电动机获得较高的转速。

当刮水电动机转动时，电动机输出轴蜗杆带动蜗轮旋转，减速输出动力，并使蜗轮上的曲臂旋转，经连杆使短臂以电枢中心作扇形运动，此短臂上安装右侧的刮水器臂，另一连杆与左侧的短臂连接，左右两侧的刮水器臂以电枢为中心作同方向左右平行的运动。

2）刮水传动机构

刮水传动机构又称为联动机构，其作用是把电动机的旋转输出运动传递到刮水臂，并转化为摆动运动。刮水传动机构还配有刮水器支架，用于将刮水器安装在汽车风窗玻璃前，以及刮水器系统各部件的安装，如图7－5所示。

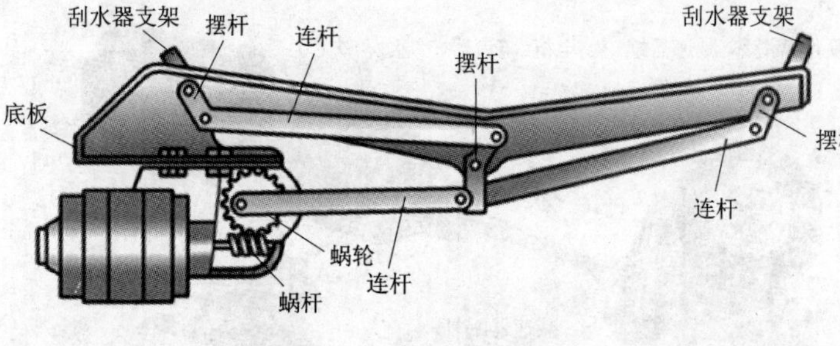

图7－5　刮水传动机构

刮水传动机构专用性较强，尺寸种类变化繁多，无统一的型号编制。其外形、安装尺寸、刮拭角等参数基本上由汽车制造厂根据汽车前围的大小、高低及布置空间等要求而确定。

3）刮水片

刮水片（又称雨刷）是指最终完成刮水作用的橡胶片。刮水片的作用是清扫风窗玻璃上的雨水、雪或尘土，保证汽车在雨大或雪大时驾驶员有良好的视线，确保行驶安全。刮水片与清洗装置是汽车必须具备的装置，为安全行车提供保证，如图7－6所示。

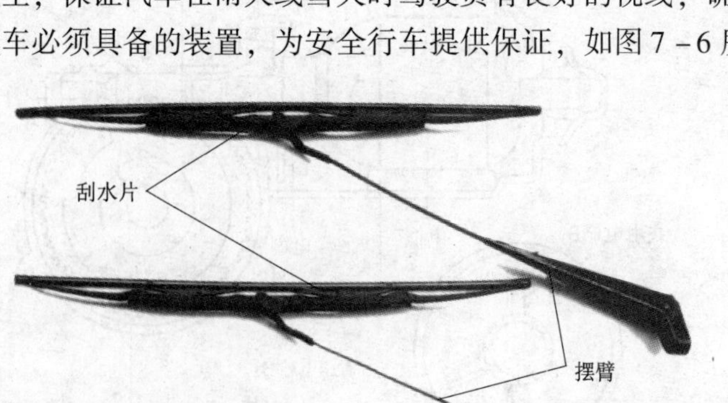

图7－6　刮水片总成

3. 电动刮水器的控制原理

1）变速原理

电动刮水器刮水片的摆动速度由电动机转速决定，刮水电动机转速的高低可通过改变磁通进行变速和改变电刷间导体数进行变速。永磁式刮水电动机采用改变电刷间导体数进行变速，其原理如图 7－7 所示。

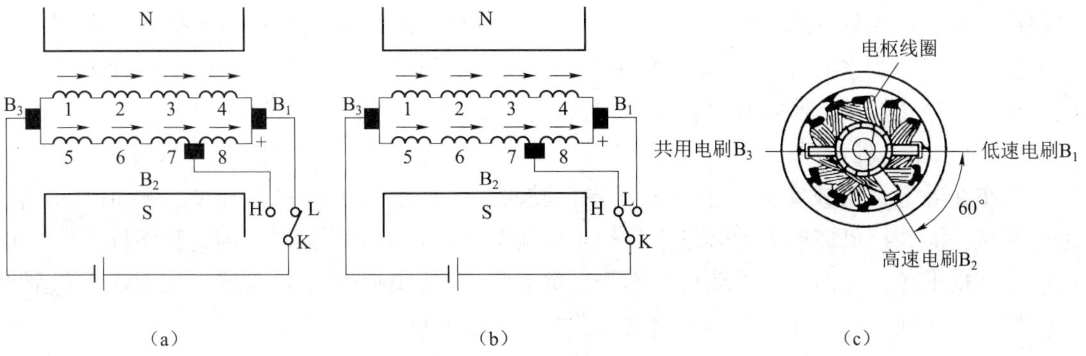

图 7－7　刮水器变速原理

（a）低速时电路；（b）高速时电路；（c）电刷布置

（1）低速刮水原理。

当开关拨向 L（低速挡）位置时，控制电路如图 7－7（a）所示，由于电动机电枢内部为对称的两条并联支路（B_1、B_3 两条支路），电动机转动时电枢绕组产生的感应电动势较高，与电源电压平衡后，使流过的电枢电流较小，电动机以较低转速运转。

（2）高速刮水原理。

当开关拨向 H（高速挡）位置时，控制电路如图 7－7（b）所示，由于电动机电枢内部不是对称的两条并联支路（B_2、B_3 两条支路），电动机转动时电枢绕组产生的感应电动势将有部分相互抵消，使流过的电枢电流较大，电动机以较高转速运转。

2）自动复位原理

当刮水器停止工作时，为了避免刮水片停在风窗玻璃中间而影响驾驶员视线，汽车上电动刮水器都设有自动复位装置。其功能是在关断刮水器开关时，刮水片能自动停在驾驶员视野以外的指定位置（即风窗玻璃的下部）。刮水器自动复位电路如图 7－8 所示。

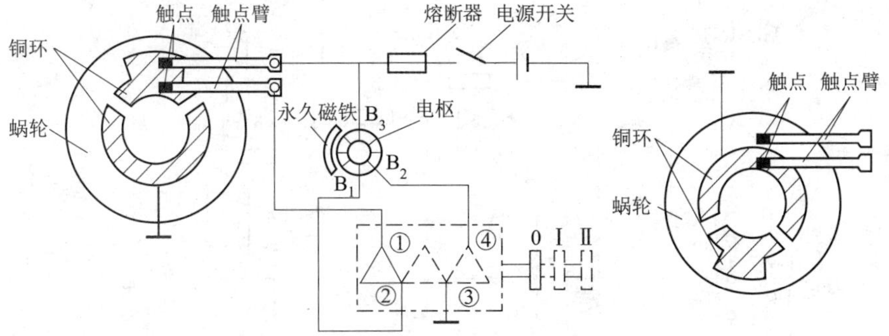

图 7－8　刮水器自动复位电路

当刮水器开关推到“0”挡（停止）时，若刮水片没有停在规定的位置，则蜗轮转动的位置将使触点与铜环接触，电流继续流入电枢。此时，电流由蓄电池正极→电源开关→熔断器→共用电刷 B_3→电枢→低速电刷 B_1→刮水器开关接线柱②→刮水器开关接线柱①→下触点臂→下触点→铜环→搭铁→蓄电池负极，形成电流回路，电动机仍以低速运转，直至蜗轮转到特定位置时，铜环将两触点跨接，电动机电枢绕组被短路。由于电动机存在惯性，不能立即停转，而是以发电机方式运行。因为电枢绕组产生的电动势的方向与外加电源电压的方向相反，所以电流从共用电刷 B_3→上触点臂→上触点→铜环→下触点→下触点臂→刮水器开关接线柱①→刮水器开关接线柱②→低速电刷 B_1，形成电流回路，并产生制动力矩，使电动机迅速停止转动，刮水片停在指定位置。

3）间歇刮水控制原理

汽车在毛毛细雨或雾天、小雪天气中行驶时，如按前述的刮水器速度（哪怕是低速）进行刮拭，那么挡风玻璃上的微量水分和灰尘就会形成发黏的覆盖层。因此，不仅不能将挡风玻璃刮拭干净，反而会使玻璃模糊不清，留下污斑，影响驾驶员的视线。故现代汽车刮水器除低、高速外，通常在刮水器上增设间歇控制功能的旋钮。在遇到上述情况时，开动间歇开关，使刮水器按一定周期自动停止和刮拭，即每刮水一次停止 2 ~ 12 s，这样，可使驾驶员获得良好的视野。有些汽车在间歇动作时，为能彻底刮净风窗玻璃上的尘土，并且避免刮水片或玻璃刮伤，一般附有自动喷水动作。

刮水系统的“间歇刮水”功能主要依靠间歇刮水控制器来实现，刮水器的间歇控制电路有多种形式，按照间歇时间能否调节可分为不可调式和可调式两种类型。

（1）不可调节式间歇控制电路。

不可调节式刮水器的间歇控制一般利用自动复位装置、电子振荡电路或集成电路来实现。

① 同步振荡电路。

图 7－9 所示为同步间歇刮水器内部控制电路。当刮水器开关置于断开位置（“0”挡），间歇开关置于接通位置时，电源便向电容器 C 充电，其电路为蓄电池正极→点火开关→熔断器→自动复位开关常闭触点（上）→电阻 R_6→电容器 C→搭铁→蓄电池负极。

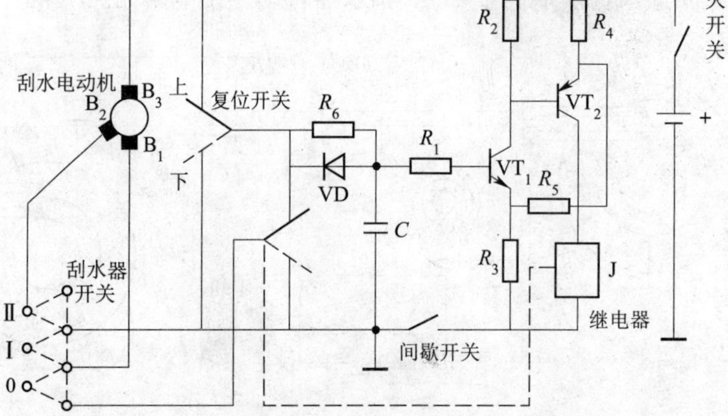

图 7－9　同步间歇刮水器内部控制电路

随着充电时间的增长，电容器两端的电压逐渐升高。当电容器 C 两端的电压升高到一定值时，VT_1 导通，VT_2 也随之导通，从而接通继电器磁化线圈的电路，在电磁吸力的作用下，继电器常闭触点打开，常开触点闭合，从而接通了刮水电动机的电路，此时的电路为蓄电池正极→点火开关→熔断器→B_3→B_1→刮水器开关→刮水继电器 J 的常开触点→搭铁→蓄电池负极，此时刮水电动机将低速运转。

当复位装置将自动复位开关的常开触点（下）接通时，电容器 C 通过二极管 VD 自动复位装置常开触点迅速放电，此时刮水电动机的通电回路不变，电动机继续转动。随着放电时间的增长，VT_1 基极的电位逐渐降低。当 VT_1 基极的电位降低到一定值时，VT_1 和 VT_2 由导通变为截止，从而切断了继电器磁化线圈的电路，继电器复位，常开触点打开，常闭触点闭合。此时，由于自动复位开关的常开触点处于闭合状态，电动机仍将继续转动，其电路为蓄电池正极→点火开关→熔断器→B_3→B_1→继电器常闭触点→复位开关的常开触点→搭铁→蓄电池负极。只有当刮水片回到原位，自动复位开关的常开触点打开、常闭触点闭合时，电动机方能停止转动。继而电源将再次向电容器 C 充电，重复以上过程，如此反复，以实现刮水器的间歇动作，其间歇时间的长短取决于 R_6、C 电路充电时间常数的大小。

② 无稳态方波发生器控制电路。

如图 7－10 所示，VT_1、VT_2 组成无稳态多谐振荡器，其工作原理与闪光器相同。

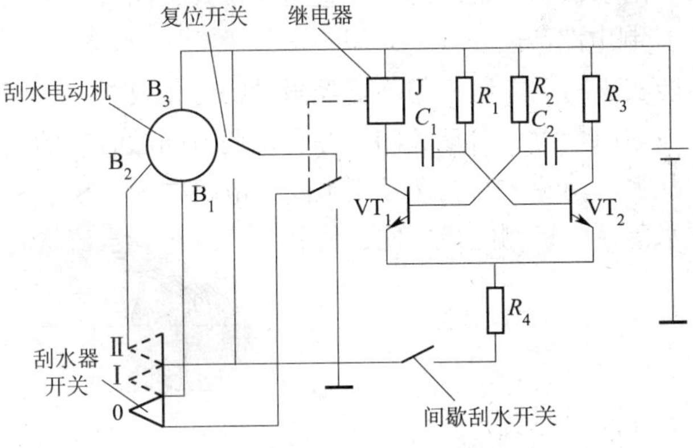

图 7－10　无稳态方波发生器控制电路

R_1、C_1 决定继电器 J 通电吸合时间，R_2、C_2 决定继电器 J 的断电时间。当刮水器开关在“0”挡位置时，刮水电动机电枢被电刷 B_3、B_2，继电器 J 的常闭触点和复位（自停）开关短路，电动机不转动。此时，若接通间歇开关，则 VT_1 导通，VT_2 截止，继电器 J 通电动作，常开触点闭合，此时刮水电动机低速运转。当 C_1 充电到一定值后，VT_2 导通，VT_1 迅速截止，继电器 J 断电，常闭触点闭合。此时，自停触点通过铜环搭铁，刮水电动机继续运转，直到雨刮臂到达风窗玻璃下部，复位开关上部闭合，电枢短路制动而停止。当 C_2 充电到 VT_1 导通电压时，VT_1 导通，VT_2 截止，继电器 J 动作，常开触点闭合，又重复上述过程。

由上述可知，只要 VT_1 导通时间足够长（1～2 s），刮水电动机转过自停位置后，即使 VT_1 截止，刮水电动机也会继续转动，使刮水橡胶刮拭一次，调整 R_2、C_2 的值，则可调整间歇时间。

③ 集成电路电子间歇振荡电路。

图7－11所示为集成电路电子间歇振荡电路控制的间歇刮水器。用集成电路接成的振荡器，充电时间为R_1C_1，放电时间为R_2C_1。

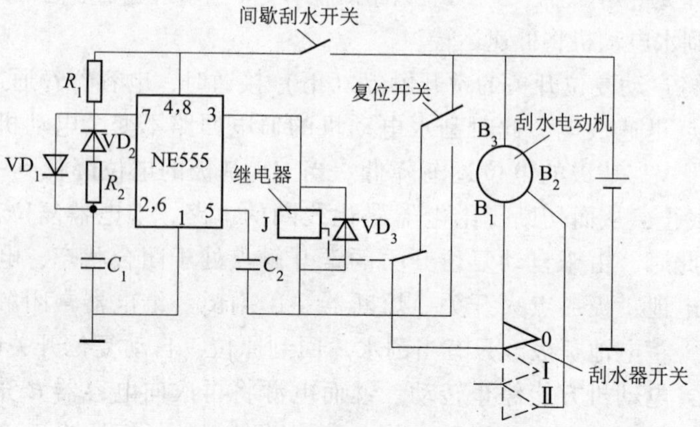

图7－11　集成电路电子间歇振荡电路

当间歇刮水开关闭合时，电路输出高电位，继电器J通电，常开触点闭合，刮水电动机运转。经过一定时间后，电路翻转，3号端子输出低电位，继电器J断电，常开触点断开，常闭触点闭合，此时，刮水电动机继续运转，直至复位开关闭合，刮水片停在原始位置。

（2）可调式间歇控制电路。

电动刮水器虽然能实现间歇控制，但不能随雨量的变化及时调整雨刮的刮水频率。可调式间歇控制电路就是根据雨量大小自动关闭，并自动调节间歇时间的间歇刮水系统。

图7－12所示为刮水自动开关与调速控制电路。电路中S_1、S_2、S_3是安装在风窗玻璃上的流量检测电极，雨水落在两检测电极之间，使其阻值减小，水流量越大，其阻值越小。

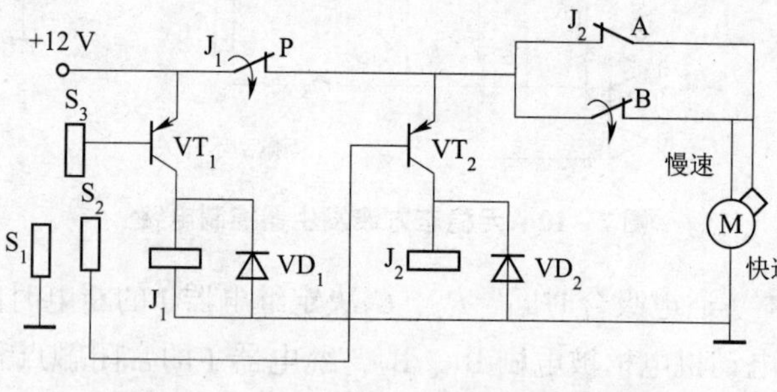

图7－12　刮水自动开关与调速控制电路

S_1与S_3之间的距离较近（约2.5 cm），晶体三极管VT_1首先导通，继电器J_1通电，在电磁吸力的作用下，P点闭合，刮水电动机低速旋转。当雨量增大时，S_1与S_2之间的电阻减小到三极管VT_2也导通，于是继电器J_2通电，在电磁吸力的作用下，A点断开，B点接通，刮水电动机转为高速旋转。雨停时，检测电阻之间的阻值均增大，三极管VT_1、VT_2截止，继电器复位，刮水电动机自动停止工作。

目前，汽车上广泛采用了一种雨滴感知型刮水系统。雨滴感知型刮水器能根据雨量的大小自动调节刮水频率，使驾驶员始终保持良好的视线。

雨滴感知型刮水器主要由雨滴传感器、间歇刮水放大器和刮水电动机等组成，如图7－13所示。

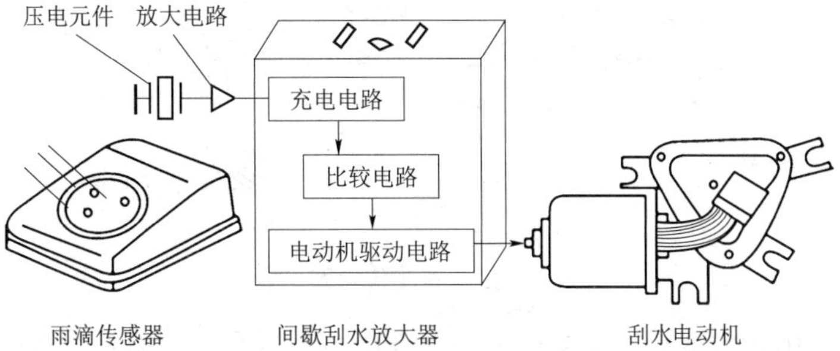

图7－13　雨滴感知型刮水器

图7－14所示为雨滴感知型刮水器的电子调速电路与原理框图。该调速刮水器可根据雨量的大小或雾天等实际情况，自动调节刮水片的摆动速度，提高风窗玻璃的清晰度，而且能自动接通或关闭刮水器以达到无级调速的目的。

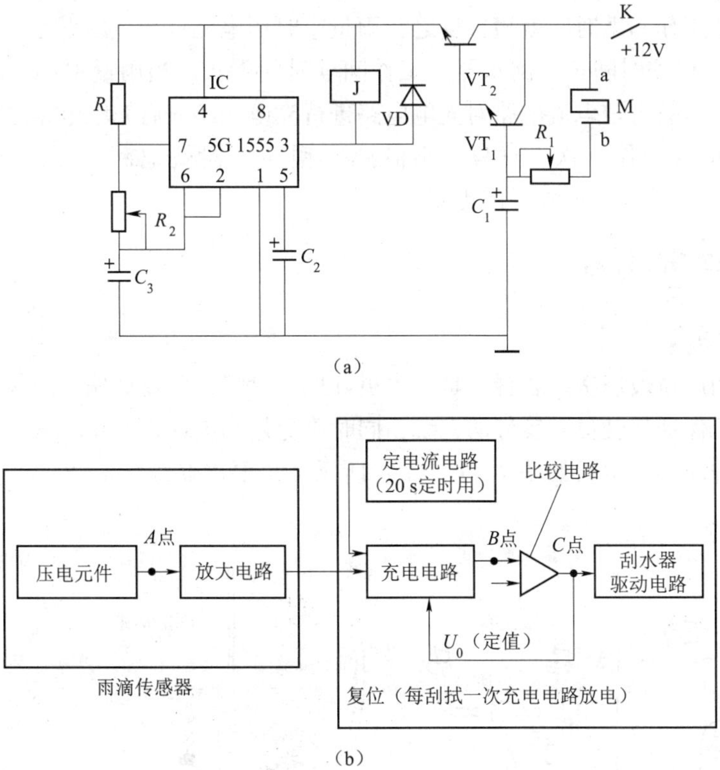

图7－14　雨滴感知型刮水器电子调速电路与原理框图

（a）雨滴感知型刮水器的电子调速电路；（b）雨滴感知型刮水器的原理框图

图7－14（a）电路中的雨滴传感器M是用镀铜板制成的两个间隔很近但不相通的电极，可利用压电元件制成，其作用是将雨量的大小转变为与之相对应的电信号，其结构如图7－15所示。

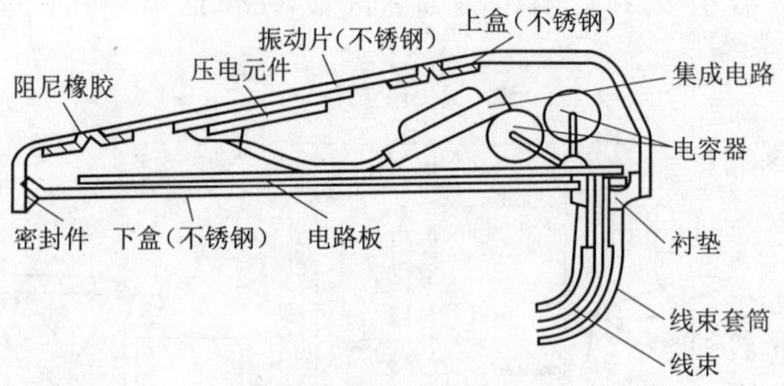

图 7-15　雨滴传感器结构

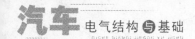

工作时，由于雨滴下落撞击到传感器的振动片上，振动片将振动能量传给压电元件，压电元件受压而产生电压信号，电压值与撞击振动片上的雨滴的撞击能量成正比。电压信号经过放大后送入间歇刮水放大电路，对放大器的充电电路（电容）进行 20 s 的定时充电，电容电压上升。该电压输入比较电路，比较电路将其与基准电压 U_0 比较，当电容电压达到 U_0 时，比较电路向刮水电动机发出信号，使其工作一次。

当雨量大时，压电元件产生的电压信号强，充电电路电压达到基准电压值 U_0 所需的时间短，刮水器的工作间歇时间就短；反之，雨量小时压电元件产生的电压小，充电电路电压达到基准电压 U_0 所需时间长，刮水器的工作间歇时间就长。当雨量很小，雨滴传感器没有电压信号输出时，只有定电流电路对充电电路进行充电，20 s 后充电电路的输出电压达到基准电压 U_0，刮水器动作一次。这样，雨滴感知型刮水器就把刮水器的间歇时间控制在 0 ~ 20 s 范围内，以适应不同雨量的需要。

（二）风窗玻璃洗涤器

1. 功用与组成

汽车上增加风窗玻璃洗涤装置，是为了更好地消除附在风窗玻璃上的灰尘污物，它与刮水器配合使用，保证驾驶员有良好的视线，同时避免划伤玻璃。

风窗玻璃洗涤器的组成如图 7-16（a）所示，主要由储液罐、洗涤泵、软管和喷嘴等组成。

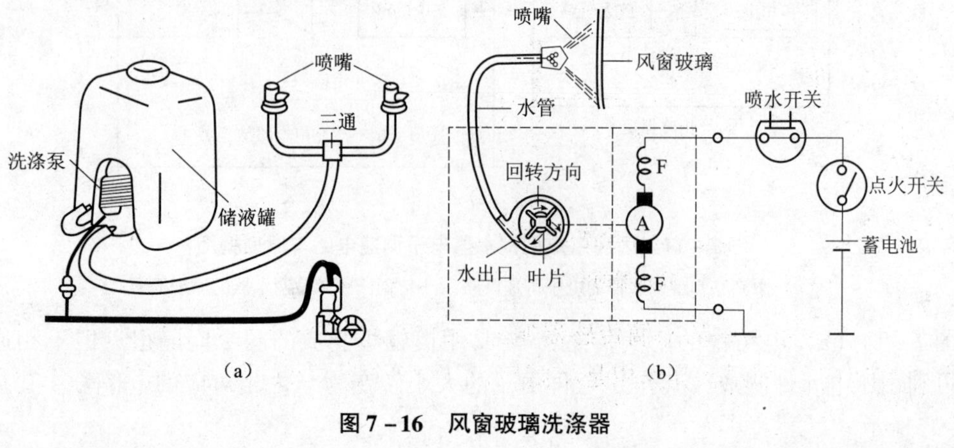

图 7-16　风窗玻璃洗涤器

储液罐由塑料制成，内装有用水、酒精或洗涤剂等配制的清洗液。

洗涤泵俗称喷水电动机，由永磁式直流电动机和离心式叶片泵组装成为一体，安装在储液罐上或管路内，其作用是将清洗液加压（70～88 kPa），通过软管和喷嘴喷洒到风窗玻璃表面。喷嘴安装在风窗玻璃下面，其喷射方向可以调整，使洗涤液喷射在风窗玻璃的合适位置，使用时应先开洗涤泵后开刮水器。洗涤泵连续工作的时间一般不超过 1 min，在喷水停止后，刮水器应继续刮 2～5 次，以达到较好的洗涤效果。清洗泵的工作过程如图 7－16（b）所示。

2. 工作原理

图 7－17 所示为风窗玻璃洗涤器和刮水器配合使用电路。

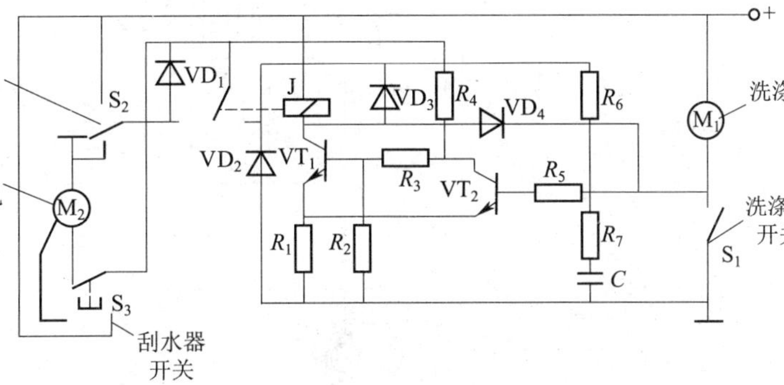

图 7－17　风窗玻璃洗涤器和刮水器电路

当关闭刮水器电源时，开关 S_3 在位置“0”挡，刮水器的复位开关 S_2 和继电器 J 的常闭触点使 M_2 电枢短路，这时电容器 C 经继电器线圈、VD_3、R_6、R_7 充电。风窗玻璃洗涤器开关 S_1 接通，洗涤泵 M_1 起动，开始向风窗玻璃喷水。电容器 C 经电阻 R_7 和开关 S_1 放电。当接通 S_1 时，继电器 J 的绕组经二极管 VD_4 和 S_1 搭铁形成回路，继电器 J 动作，常开触点闭合。

当打开刮水器开关时，S_3 处于“Ⅰ”挡。继电器 J 绕组的电感引起一定的延时，电流流经继电器闭合触点和电阻 R_4、R_3、R_2 组成的分压器，使 VT_1 导通，所以只有在 S_1 关闭时，电流才能流经继电器 J。当切断开关 S_1 时，放电电容器经电阻 R_6 和 R_7 重新充电，当电容器 C 的电压充到足够使 VT_2 导通时，VT_2 导通，这时在由 R_4、R_3、R_2 组成的分压器网络下，经导通的 VT_2 补充一个电阻 R_1，使 VT_1 的基极电位低于门限值，VT_1 截止，继电器 J 断电，刮水电动机 M_2 停止工作。由电容器 C 和电阻 R_6 及 R_7 组成的延迟网络，决定切断电动机 M_2 的延迟时间。二极管 VD_1、VD_2 和 VD_3 起保护作用。

（三）风窗玻璃刮水洗涤装置控制电路

图 7－18 所示为风窗玻璃刮水洗涤装置的控制电路。

其工作过程如下：

1. 刮水器低速工作

当点火开关打至 IG_1 挡且刮水开关置于低速挡位时，电流由蓄电池正极→熔丝盒→点火开关 IG_1 挡→刮水器 20 A 熔丝→刮水洗涤组合开关 B 接线柱→低速开关→刮水洗涤组合开关 7 接线柱→刮水电动机低速电刷→电枢→公共电刷→搭铁→蓄电池负极，形成电流回路，刮水电动机低速运转。

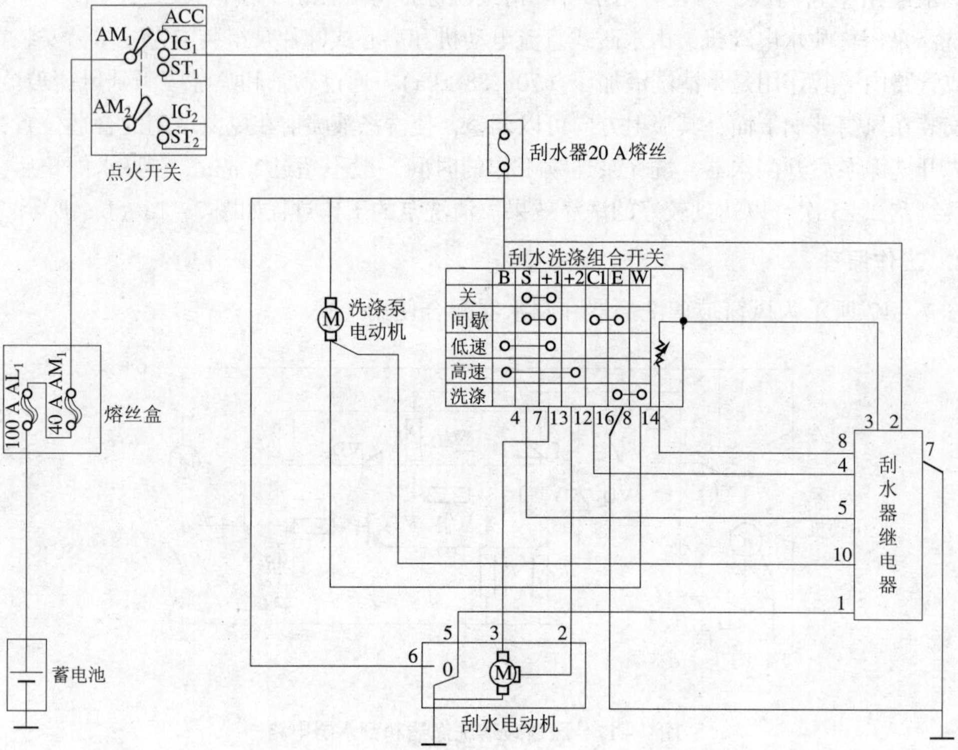

图 7－18　风窗玻璃刮水洗涤装置控制电路

2．刮水器高速工作

当点火开关打至 IG_1 挡且刮水开关置于高速挡位时，电流由蓄电池正极→熔丝盒→点火开关 IG_1 挡→刮水器 20 A 熔丝→刮水洗涤组合开关 B 接线柱→高速开关→刮水洗涤组合开关 13 接线柱→刮水电动机高速电刷→电枢→公共电刷→搭铁→蓄电池负极，形成电流回路，刮水电动机高速运转。

3．刮水器间歇工作

当点火开关打至 IG_1 挡且刮水开关置于间歇位时，电流由蓄电池正极→熔丝→点火开关 IG_1 挡→刮水器 20 A 熔丝→刮水器继电器 2 号端子→刮水器继电器 5 号端子→刮水洗涤组合开关 4 接线柱→间歇开关→刮水洗涤组合开关 7 接线柱→刮水电动机低速电刷→电枢→公共电刷→搭铁→蓄电池负极，形成电流回路，刮水电动机低速运转。刮水器继电器决定间歇时间。

4．刮水器停机复位

当刮水器开关打至复位挡位置时，若刮水片没有停在规定位置，则刮水器电动机内复位装置将 5 号端子与 6 号端子接通，电流由蓄电池正极→熔丝→点火开关 IG_1 挡→刮水器 20 A 熔丝→刮水电动机 6 号端子→刮水电动机 5 号端子→刮水器继电器 1 号端子→刮水器继电器 5 号端子→刮水洗涤组合开关 4 接线柱→复位开关→刮水洗涤组合开关 7 接线柱→刮水电动机低速电刷→电枢→公共电刷→搭铁→蓄电池负极，形成电流回路。直至刮水器停在规定的停止位置上。

5. 洗涤器工作

当点火开关打至 IG_1 挡且刮水洗涤开关置于洗涤位时，电流由蓄电池正极→熔丝→点火开关 IG_1 挡→刮水器 20 A 熔丝→洗涤泵电动机→刮水洗涤组合开关 8 接线柱→洗涤开关→刮水洗涤组合开关 16 接线柱→搭铁→蓄电池负极，形成电流回路。同时，刮水器继电器被触发工作，使刮水器配合洗涤器工作一段时间。

二、除霜装置

除霜装置用以清除汽车风窗玻璃上的霜和冰雪，以确保驾驶员的良好视野。除霜装置分前窗除霜装置和后窗除霜装置。在气温较低的环境中，风窗玻璃内侧易结冰霜，给人们驾车出行造成很大不便和困扰，通常是采用加热的方法将其除去。目前，汽车上采用的除霜方式主要有车载暖风除霜、加有电阻丝的电热玻璃除霜、使用汽车防雾剂和防雾贴膜除霜三种方式。

1. 车载暖风除霜

在装有空调或暖风装置的车上，可以通过风道向前面及侧面风窗玻璃吹热风以加热玻璃防止水分凝结，达到除霜的目的。这种方式主要用于汽车前挡风玻璃，它由鼓风机、进出暖风风管和除霜喷口等组成。除霜器喷口安装在风窗玻璃的下部，喷口长度应占风窗玻璃半边的 2/3 左右。

暖风的进口和车内暖风装置的风管相连，以便直接用暖风将覆盖于风窗玻璃外表面的霜和冰雪融化，消除风窗玻璃内表面的雾气。

2. 加有电热丝的电热玻璃除霜

向风窗玻璃上吹热空气的除霜方法需较长的时间，且不能快速将整个风窗玻璃上的冰雪融化。因此，后挡风玻璃采用电热玻璃除霜方式，如图 7－19 所示。

后挡风玻璃除霜器一般是在玻璃成型过程中，将很细的电阻丝烧结在玻璃表面上。它由一组平行的含银陶瓷电阻丝组成，在玻璃两侧有汇流条，各焊有一个接线柱，其中一个用来供电，另一个是搭铁接线柱。

电热玻璃除霜的工作电流较大，因此电路中除设有开关外，有的还设有一个定时继电器。其原理是在挡风玻璃中均匀布置多条加热电阻丝，打开电阻开关后，电阻丝通电加热，使玻璃温度升高，附着在玻璃上的霜雾则受热融化，从而达到除霜效果。

其缺点是：电阻丝的不透明性会影响驾驶员的视线，对安全行车造成隐患，故无法安装在汽车前挡风玻璃上，目前此种除霜方式较多应用在汽车后挡风玻璃上。

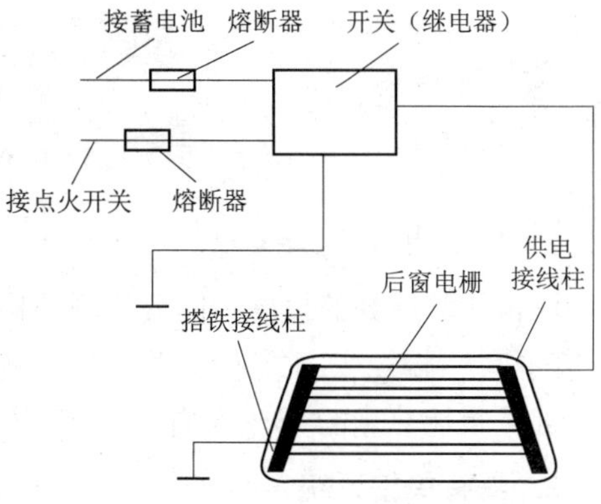

图 7－19 电热式后挡风玻璃除霜电路原理

3. 使用汽车防雾剂和防雾贴膜除霜

汽车防雾剂和防雾贴膜除霜装置是目前比较

流行的防雾化方式，其防雾化、霜化效果显著。它的缺点是价格高、持久性有限，一般最多一个月就得重新贴膜，而防雾剂更是基本每天都得喷涂。

第二节　电动车窗与天窗

一、电动车窗

（一）功用

电动车窗是指通过车载电源来驱动玻璃升降器电动机，使升降器上下运动，带动车窗玻璃上下运动的装置，以达到车窗自动开闭的目的。电动车窗可使驾驶员或者乘员坐在座位上，利用开关使车门玻璃自动升降，操作简便并有利于行车安全。它取代了传统的转动摇柄升降玻璃，使得玻璃的升降轻便化、舒适化、自动化，现已成为各个主机厂车窗设计时的首选。电动车窗部件在整车上的布置如图 7－20 所示。

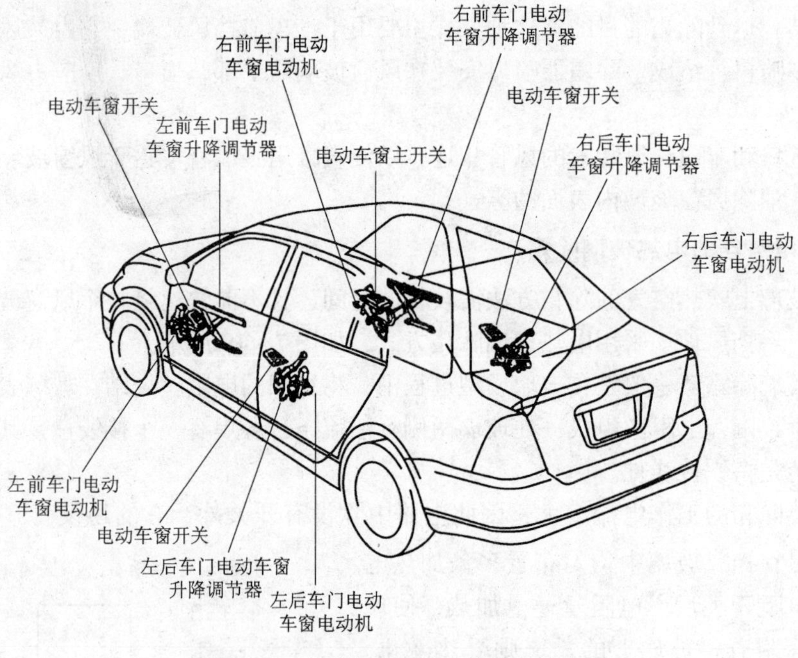

图 7－20　电动车窗部件在整车上的布置

1．保护功用

门窗按其所处的位置不同分为围护构件和分隔构件，有不同的设计要求，要分别具有保温、隔热、隔声、防水、防火等作用，新的要求是节能，寒冷地区由门窗缝隙而损失的热量占全部采暖耗热量的25%左右。

2．具有单按系统

即对开关的一个简单、短暂的轻按，就能使玻璃完全地打开或关闭。这样，驾驶员需要关闭门窗时，不再需要一只手驾驶而用另一只手去控制门窗，提高了舒适性和安全性。

3. 能够在车外关闭门窗

如果驾驶员自车内走出而忘记把门窗关闭，无须再进入车内关窗，可在车外通过中央门锁系统将门窗自动关闭。

4. 具有安全控制功能（防夹功能）

当门窗上升而遇到障碍时，能自动地检测出由障碍所引起的阻力，并自动停止门窗的关闭，避免损害人体的可能。防夹电动车窗电路原理如图 7－21 所示。

它由车窗电动机和 2 个霍尔传感器组成。当车窗玻璃向上移动时，霍尔传感器监测它的工作情况；如果车窗玻璃电脑接收到的信号还没有识别到车窗玻璃上升到顶位，而此时遇到有异物卡在窗内，则此功能自动停止，同时电动车窗将向下移动大约 50 mm。

5. 延时功能

汽车在熄火后如果忘记关上车窗，无须将车钥匙插回点火开关，可利用延时继电器为车窗电路提供电能。在某些汽车上，车身控制器会使继电器保持关闭的时间延长 1 min 左右。

（二）组成

电动车窗主要由车窗玻璃、玻璃升降器、直流电动机、继电器和开关组件（主控开关、分控开关）等组成。

1. 玻璃升降器

玻璃升降是把电动机的旋转运动变为车窗的上下移动。

1）绳轮式电动车窗升降器

绳轮式电动车窗升降器，其电动机的输出部分是一个塑料绳轮，绳轮上绕有钢丝绳，钢丝绳上装有滑块。电动机驱动绳轮，带动钢丝绳卷绕，钢丝绳上的滑块带动玻璃，使之沿导轨上下运动，如图 7－22 所示。

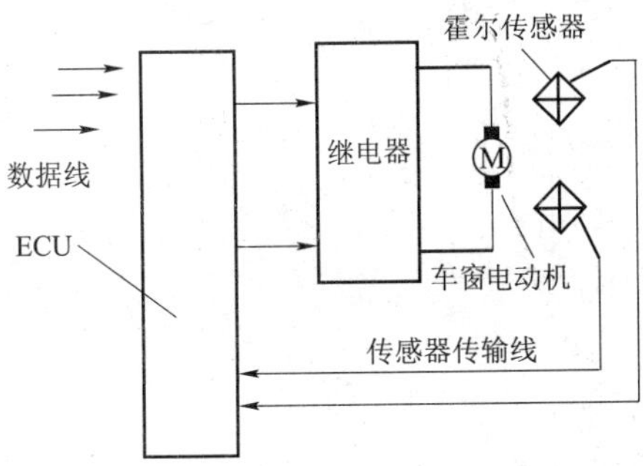

图 7－21　防夹电动车窗电路原理

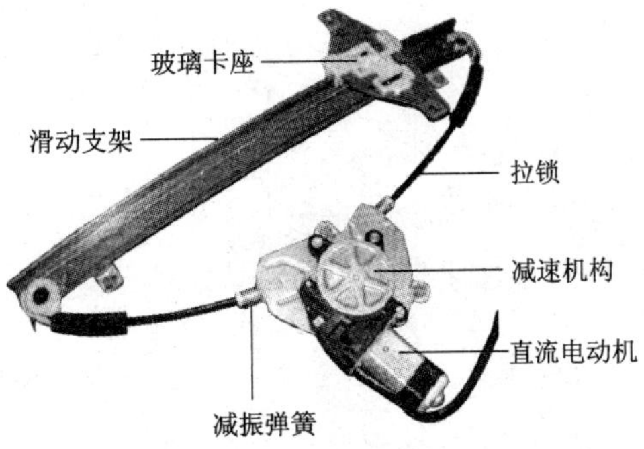

图 7－22　绳轮式电动车窗升降器

2）齿条式电动车窗升降器

齿条式电动车窗升降器，其电动机的输出部分也是一个小齿轮，通过与软轴上的齿（近似于齿条）相啮合，驱动软轴卷绕，带动玻璃沿导轨上下运动，如图 7－23 所示。

3）交叉臂式电动车窗升降器

交叉臂式电动车窗升降器，其电动机的输出部分是一个小齿轮，经啮合的扇形齿轮片，通过交臂式升降机构，带动玻璃沿导轨上下运动，如图 7－24 所示。

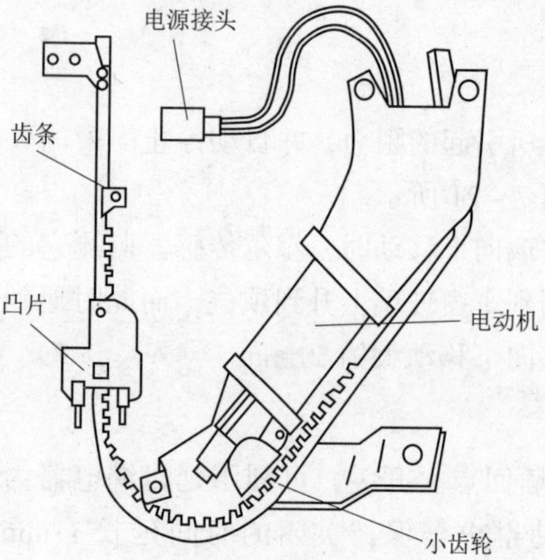

图 7－23　齿条式电动车窗升降器

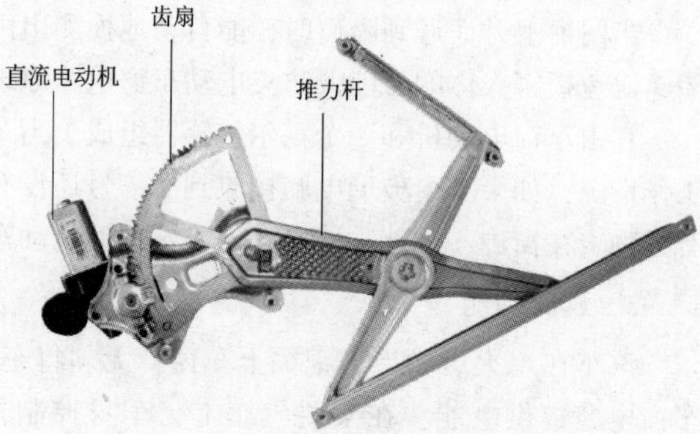

图 7－24　交叉臂式电动车窗升降器

2. 直流电动机

电动车窗一般使用双向永磁或双绕组串励式电动机，每个车窗各安装有一个电动机，通过开关控制其电流的方向，从而实现车窗的升降。另外，为了防止电动机过载，在电路或电动机内装有一个或多个热敏电路开关，用来控制电流，当车窗玻璃上升到极限位置或由于结冰而使车窗玻璃不能自由移动时，即使操纵控制开关，热敏开关也会自动断路，避免电动机通电时间过长而烧坏。

双绕组串励式电动机与永磁式电动机的电动车窗控制电路分别如图 7－25 和图 7－26 所示。

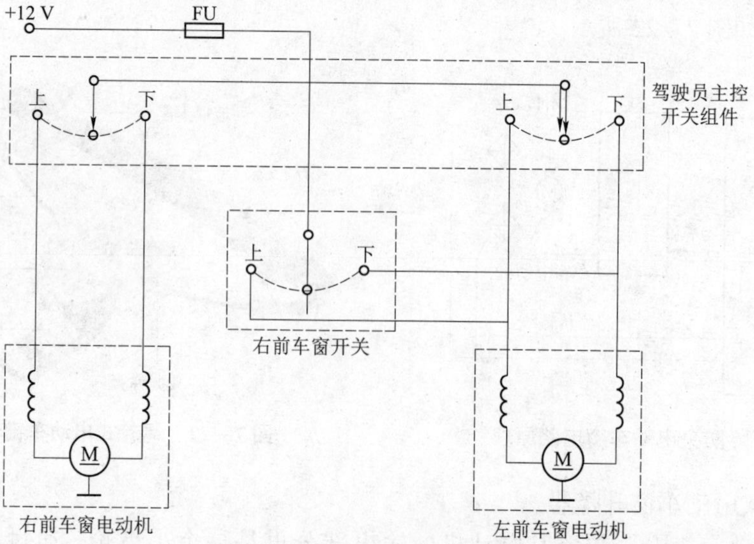

图 7－25　双绕组串励式电动机的电动车窗控制电路

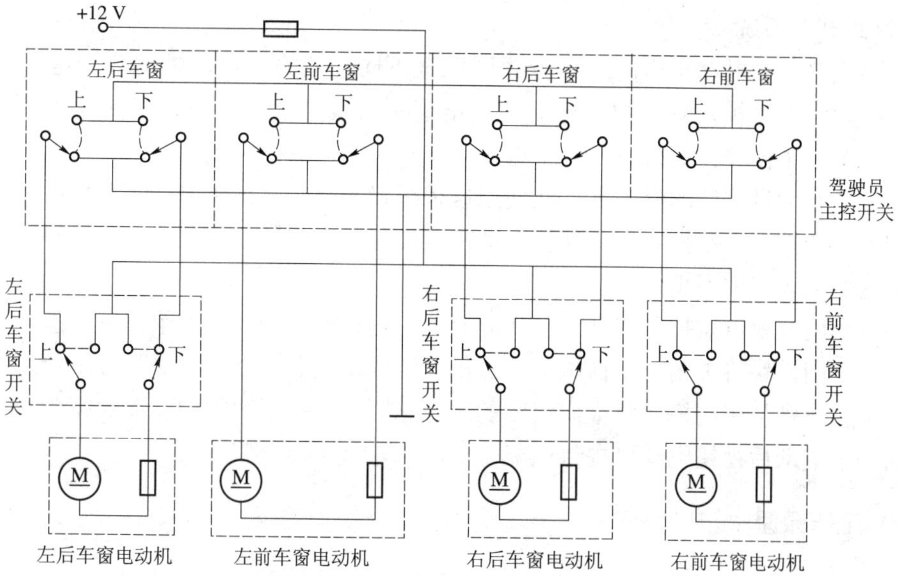

图 7－26　永磁式电动机的电动车窗控制电路

3. 开关组件

开关组件由主控开关和分控开关等组成，如图 7－27 所示。电动车窗控制系统中的主控开关，用于驾驶员对电动车窗系统进行总的操纵，一般安装在左前车门把手上或变速杆附近；分控开关安装在每个车门的中间或车门把手上，用于乘员对车窗进行操纵。

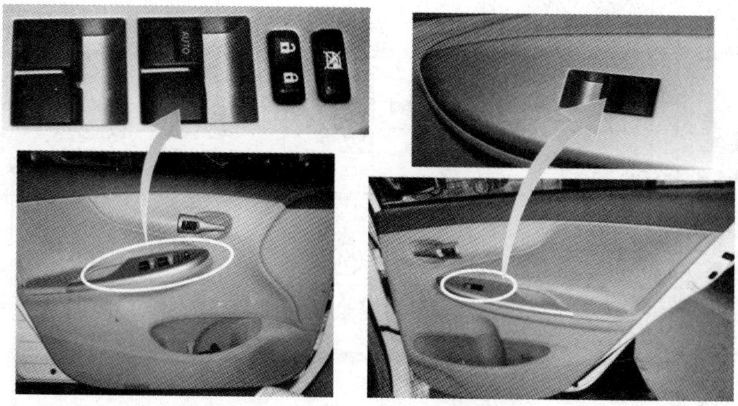

图 7－27　电动车窗开关组件

1）基本开关系统

这种系统通过 20 A 的断路器来为驾驶员的车门输送电能。电能进入车门上的车窗开关控制板，然后分配到每一个车窗（共四个）开关中心的触点。两个触点（分别位于电动触点的两侧）分别与车辆接地端及电动机相连，电能将经过锁定开关到达其他车门上的车窗开关。

驾驶员按下其中一个开关时，两个侧触点中的一个将断开与接地端的连接，并连接到中央电动触点，而另一触点仍将保持接地状态。这将为车窗电动机提供电能。如果反向按下开关，则电能以相反方向穿过电动机。

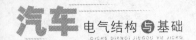

2）高级开关系统

在某些汽车上，电动车窗的工作方式则完全不同。开关将与车中的多个电子模块之一（一般汽车包含25个模块）连接，电动机的电能不直接经过开关。某些汽车的驾驶员车门中不仅有一个电子模块，而且还有一个被称为车身控制器的中央模块。

车门上配有大量控件的汽车更可能使用这种配置。有些汽车将电动车窗控制器、电动后视镜控制器、中控动力锁控制器，甚至电动座椅控制器全部装在车门上，这将导致电线太多而无法将它们从车门中引出。

驾驶员车门模块可监控所有开关，从而避免上述累赘。例如，如果驾驶员按下自己的车窗开关，则车门模块将关闭为车窗电动机提供电能的继电器。如果驾驶员按下调节乘员侧后视镜的开关，驾驶员车门模块就会向汽车的通信总线发送一个数据包，此数据包会通知车身控制器向一个电动后视镜电动机提供电能。

（三）工作原理

如图7－28所示，当点火开关转至“ON”挡时，电动车窗主继电器工作，触点闭合，给电动车窗电路提供电源，此时电源指示灯点亮。如将主开关上的窗锁开关闭合，那么所有车窗都可随时进入工作状态，乘员车窗的指示灯点亮。

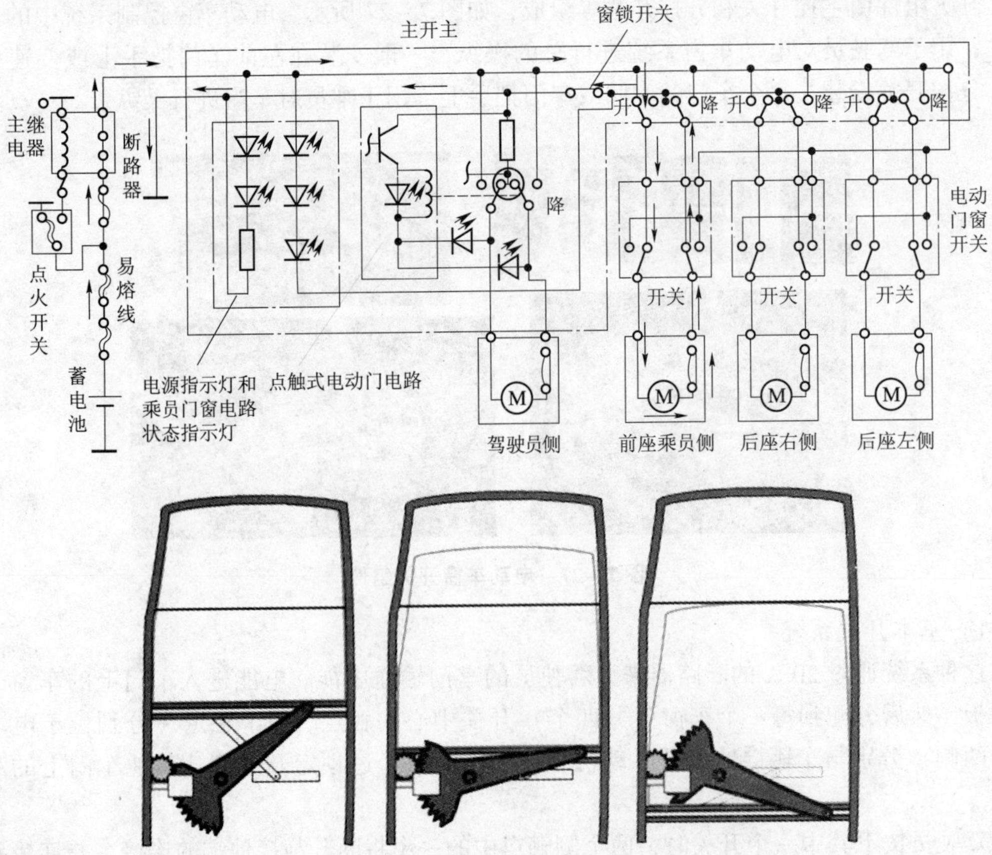

图7－28　电动车窗工作电路原理

1. 前右侧车窗升降

1）乘员操纵

乘员接通前乘员车窗上升开关时，其电流由蓄电池正极→易熔线→断路器→乘员开关左触点→电动机→断路器→乘员开关右触点→窗锁开关→搭铁→蓄电池负极，构成闭合电路。该电路中的电动机通电而工作，使车窗上升。当需要车窗下降时，乘员按下开关上的下降开关，其电动机的电流方向相反，电动机通电反转使车窗下降。

2）驾驶员操纵

当驾驶员按下主开关相应的前乘员车窗上升开关时，其电流由蓄电池正极→易熔线→断路器→主继电器→主开关→乘员开关左触点→电动机→断路器→乘员开关右触点→窗锁开关→搭铁→蓄电池负极，构成闭合回路。该电路中的电动机通电而工作，使车窗上升。当需要车窗下降时，驾驶员按下主开关上的下降开关，因电动机是永磁双向电动机，其电动机的电流方向相反，电动机通电反转使车窗下降。

2. 驾驶员侧车窗升降

若主开关的窗锁开关断开时，则只有驾驶员侧车窗具备工作条件。另外，驾驶员侧的车窗开关由点触式电路控制。车窗在下降过程中，如果要使其停止在某一位置，只要再点触一下开关即可。当驾驶员侧的门窗需要下降时，可按下主开关下降按钮，其电流由蓄电池正极→断路器→主继电器→驾驶员侧下降开关触点→断路器→电动机→驾驶员侧开关的另一触点→蓄电池负极，构成闭合电路。与此同时，触点式开关的电路也同时接通，下降指示灯点亮，继电器线圈也通电而产生吸力，保持开关处于下降工作状态直至下降到极限位置。在下降过程中，如果要使车窗停在某一位置，驾驶员可再点触一下开关，则继电器线圈断路，车窗下降停止。

二、电动天窗

为了提高乘坐的舒适性，现在越来越多的中高档轿车装备了电动天窗。汽车电动天窗是依靠汽车在行驶过程中气流在汽车顶部的快速流动，有效地使车内空气流通，增加新鲜空气进入，使驾驶员和乘员更加健康、舒适。

电动天窗主要由开关、电子控制系统（ECU）和执行机构等组成，如图 7－29（a）所示。

电动天窗的开关可分为控制开关和限位开关。电子控制系统是一个数字控制电路，并设有定时器、蜂鸣器和继电器等，其作用是接收开关输入的信息，通过数字电路进行逻辑运算，确定继电器的动作，以控制天窗开闭。执行机构是用来执行驾驶员的指令，使天窗进行开闭。它主要由电动机、齿轮驱动机构、滑动螺杆和天窗机构等组成。

图 7－29（b）所示为天窗结构，铰接销穿过后导向体的槽中并固定在约束点上，后导向体以铰接销为支点前后运动，实现天窗的打开或关闭。天窗遮阳板采用玻璃材料制成，为实现轻量化也有采用树脂材料制成的。

电动天窗有滑动打开、滑动关闭、关闭前 200 mm 处停止、从停止到关闭、全关闭时停止、斜升、斜升至全关闭位置时停止等工作状态。电动天窗的控制电路如图 7－30 所示。

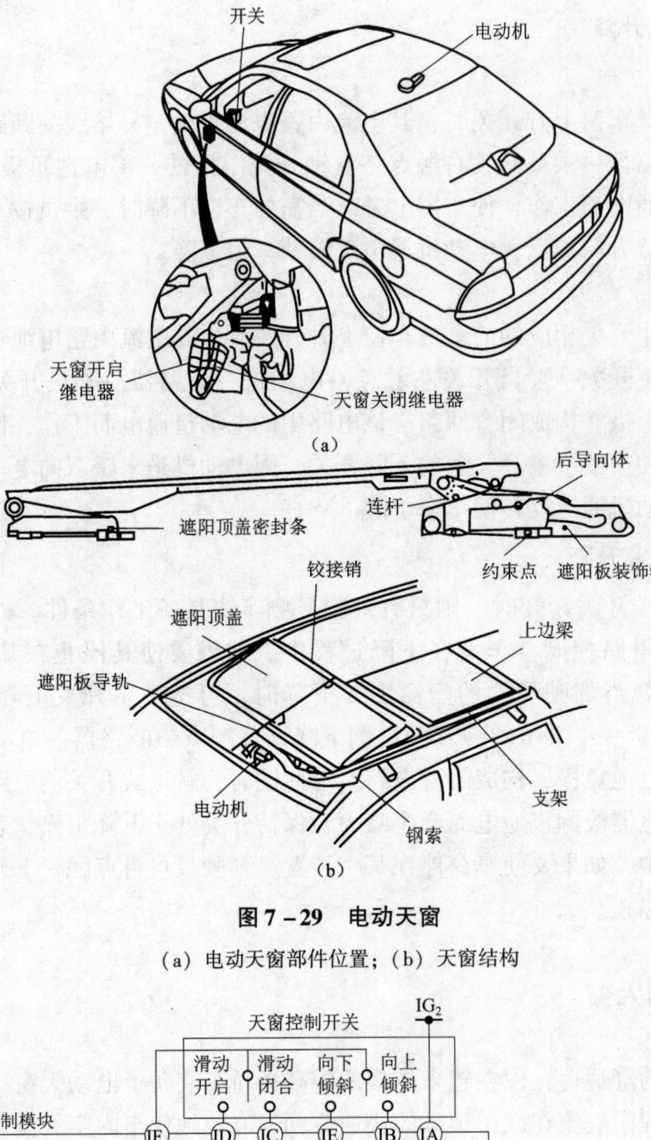

图 7－29　电动天窗

(a) 电动天窗部件位置；(b) 天窗结构

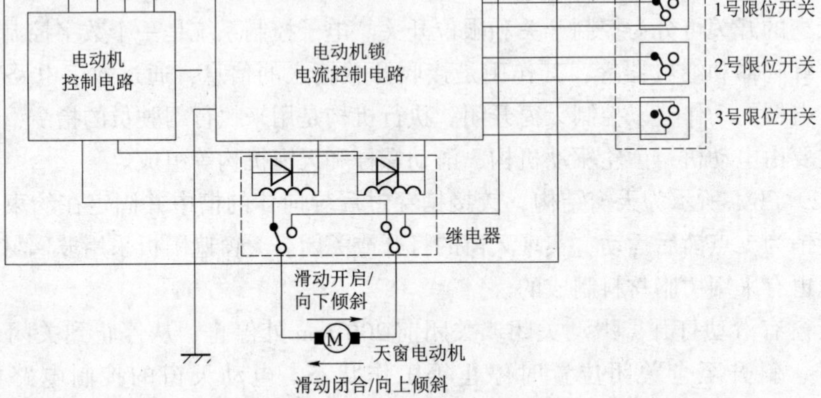

图 7－30　电动天窗的控制电路

第三节　电动后视镜

一、电动后视镜的基本功用与组成

电动后视镜俗称倒车镜，通常分为车外和车内两种。车外后视镜主要是让驾驶员观察汽车左右两侧的行人、车辆以及其他障碍物的情况，确保行车或倒车安全。车内后视镜主要供驾驶员观察和注视车内乘员、物品以及车后路面的情况。车内后视镜还具有在夜间防止后随车辆的前照灯光线所引起炫目的功能。

电动后视镜由调整开关、驱动电动机、传动和执行机构等组成，如图 7－31 所示。

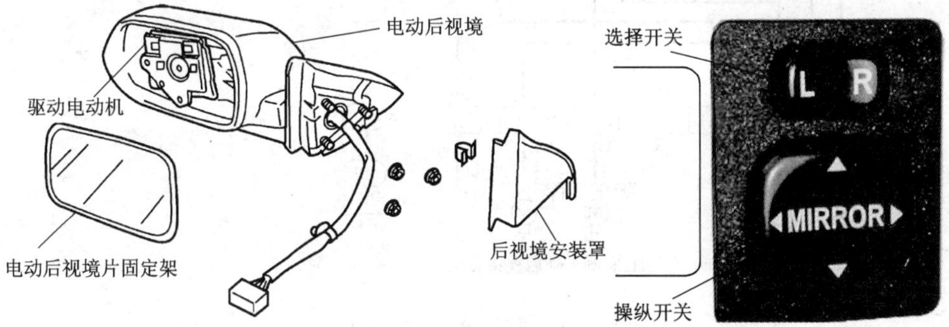

图 7－31　电动后视镜结构及内部开关调整按钮示意图

车外电动后视镜的外形及内部结构，主要以枢轴为中心，由使后视镜进行上下和左右方向灵活变换位置的两个独立的微电机、永久磁铁及霍尔 IC 等组成。后视镜由一个开关控制，能多方向运动，可使一个微电机工作或两个同时工作。

二、电动后视镜的工作原理

电动后视镜采用的是车内电动调节方式，驾驶员在车厢内操纵按钮开关，通过调节按钮用电器装置控制转动部件即可调整车外后视镜的方向，以达到所需的视角。电动后视镜的电动机一般采用永磁式电动机，其背后装有两套电动机和驱动器，可操纵其上下及左右运动。车外后视镜上下左右各方向的调整角度可达 30°，操作方便、舒适，但结构复杂，价格较高。

电动后视镜的控制电路如图 7－32 所示。当点火开关处于 ACC 挡时，蓄电池电压通过一系列熔断丝供电给电动后视镜电路，操作车外后视镜开关的上/下、左/右键，控制后视镜电动机做相应动作，从而带动车外后视镜上下或左右运动。

左、右后视镜的动作基本相同，下面以左后视镜的运动为例进行分析。选择车外后视镜开关中的选择开关“L”。

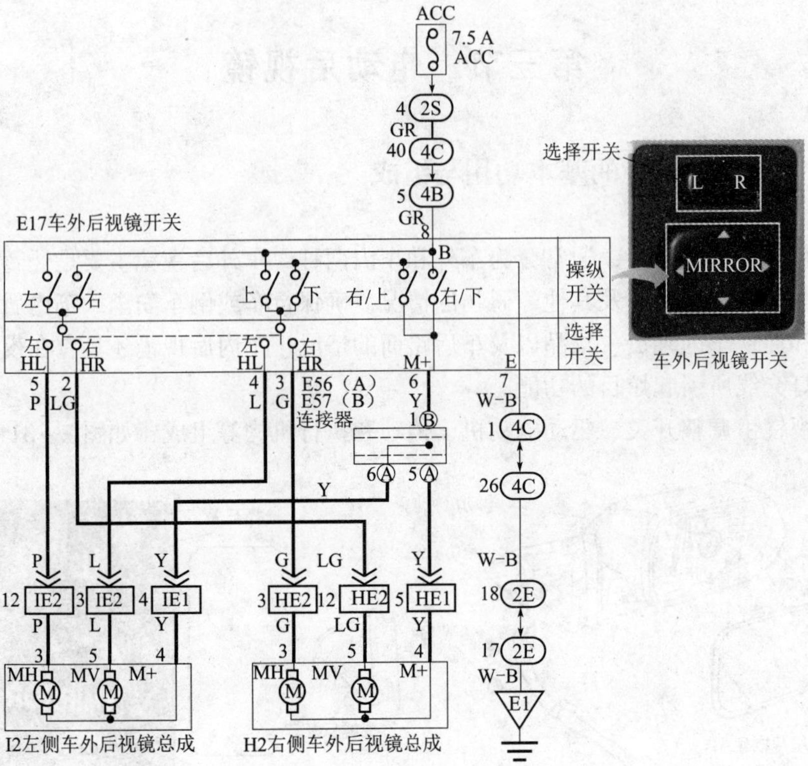

图7－32　电动后视镜控制电路

1．左后视镜向上运动

当按下车外后视镜开关的操纵开关“上”键时，车外后视镜开关端子8－4接通，6－7接通，电流方向为：经过熔断丝后的蓄电池电压→车外后视镜开关端子8→车外后视镜开关端子4→左外后视镜电动机端子5→左外后视镜电动机端子4→车外后视镜开关端子6→车外后视镜开关端子7→E1搭铁→蓄电池负极，左后视镜向上运动。

2．左后视镜向下运动

当按下车外后视镜开关的操纵开关“下”键时，车外后视镜开关端子8－6接通，3－7接通，电流方向为：经过熔断丝后的蓄电池电压→车外后视镜开关端子8→车外后视镜开关端子6→左外后视镜电动机端子4→左外后视镜电动机端子5→车外后视镜开关端子4→车外后视镜开关端子7→E1搭铁→蓄电池负极，左后视镜向下运动。

3．左后视镜向左运动

当按下车外后视镜开关的操纵开关“左”键时，车外后视镜开关端子8－5接通，6－7接通，电流方向为：经过熔断丝后的蓄电池电压→车外后视镜开关端子8→车外后视镜开关端子5→左外后视镜电动机端子3→左外后视镜电动机端子4→车外后视镜开关端子6→车外后视镜开关端子7→E1搭铁→蓄电池负极，左后视镜向左运动。

4．左后视镜向右运动

当按下车外后视镜开关的操纵开关“右”键时，车外后视镜开关端子8－6接通，5－7

接通，电流方向为：经过熔断丝后的蓄电池电压→车外后视镜开关端子 8→车外后视镜开关端子 6→左外后视镜电动机端子 4→左外后视镜电动机端子 3→车外后视镜开关端子 5→车外后视镜开关端子 7→E1 搭铁→蓄电池负极，左后视镜向右运动。

三、电动后视镜的先进功能

1. 记忆储存式后视镜

此类后视镜的镜面调节设计与驾驶员座椅、转向盘构成一个调节系统，每个驾驶员可根据个人身高与驾驶习惯不同来调节后视镜的最佳视角、座椅和转向盘最佳舒适性，然后进行记忆储存。当他人驾驶汽车后或被他人调整已记忆的视角，就可以非常轻松地开启自己的记忆储存，所有内在设施就可恢复到最佳的设定状态。其结构和电路分别如图 7－33和图 7－34所示。

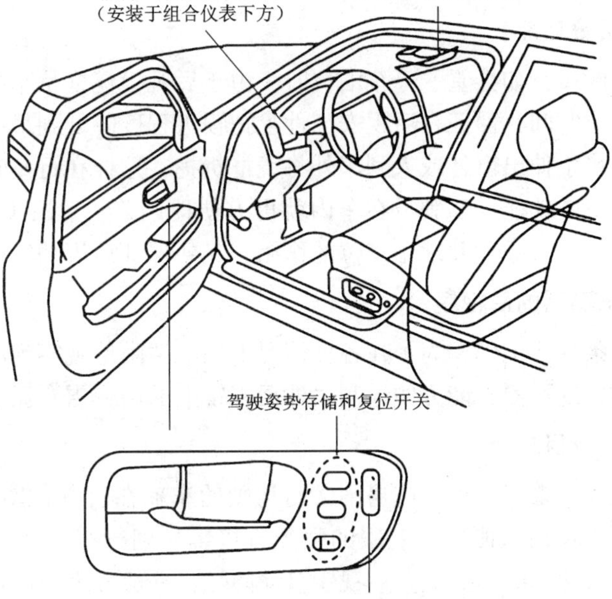

图 7－33　带记忆功能姿势存储器

2. 后视镜的加热除霜功能

当驾驶员在雾天或雨天行驶时，由雾气造成的后视镜镜面积雾、冬天积霜或雨水侵袭会造成驾驶员对侧后方的视线不清，影响行车安全，驾驶员需将手伸出车窗外清洁镜面表面，这样极不方便，又是暂时措施，雾气及雨水又会马上使之模糊不清。因此，为了功能上的完备、驾驶的安全性及操作的方便性，设计采用加热除霜装置。

电加热后视镜是在两侧后视镜的镜片内安装一个电热片（电热膜），在雨雪天气时，打开后视镜电加热功能，电热片会在几分钟内迅速加热至一个固定的温度，一般在 35～60 ℃，从而起到对镜片加热和除雾除霜的效果。

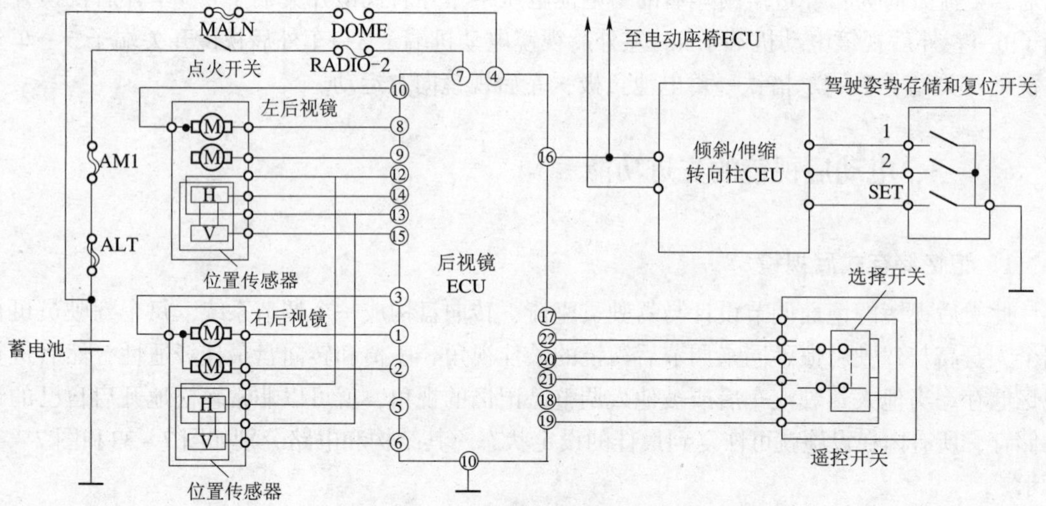

图7－34 带记忆功能姿势存储器电路

3. 后视镜自动折叠功能

当汽车进入较小区域，如弄堂、停车泊位时，由于后视镜镜框是车身最宽部位，这时为防擦伤及缩小停车泊位空间，保证在后视安全性上把损害程度降低到最小限度，就需将镜框折叠，通常的做法是将手伸出窗外或人到车外将镜框折拢，这样在行车时就很不方便，因此在折叠上设计了电动折叠功能，驾驶员在车内就可方便地调节，解决了许多操作上的不便。折叠机构的设计既要有保证缓冲及缩小车位的作用，又要保证后视功能的正常使用。

4. 带刮水器、洗涤器的后视镜

汽车在各种气候条件下工作，为了在各种情况下均能清晰地观察到汽车外部情况，外后视镜上增加了刮水器、洗涤器，能方便地刮去外后视镜上的雨、雪、泥浆及灰尘等。

5. 后视镜自动防炫目功能

夜间行车，因光线、来车的大灯或遇不文明驾驶的车辆在后方长期打开远光灯行驶时，车内后视镜直接将强光反射入眼睛，刺眼的强光直接影响到行车安全，为了减小危险的发生，后视镜自动防炫目功能应运而生。后视镜自动防炫目一般分为内后视镜防炫目和外后视镜防炫目两种。

内后视镜自动防炫目有两种形式，一种为手动，通过光学原理抑制炫目，这种后视镜使用一块双反射率的镜子，当驾驶员认为反射光过强感到刺眼时，即可手动扳动后视镜角度调节杆，使后视镜角度偏移，此时镜面的反射率减小，削弱光线强度。

外后视镜自动防炫目是用传感器实时监测后方光线强度，并自动调整镜面反射效果。夜晚后方车辆刺眼的灯光将变得暗淡而柔和；后方无刺眼灯光时，镜面反射效果瞬间恢复正常，保证稳定及良好的后方视野，提高夜间行车安全。

6. 为提高分辨性而装的测距和测高用后视镜

驾驶员通过这种特殊后视镜，能看清后面跟随而来车辆的距离，并估计出速度，保证汽车安全行驶。

第四节　电 动 座 椅

一、电动座椅的功用与类型

1. 电动座椅的功用

现代汽车极为方便及舒适，座椅已采用电动调整，以便为不同身高及驾驶习性的驾驶员或乘员提供便于操作、舒适又安全、不易疲劳的驾乘位置。电动座椅具有前后移动、前端升降、后端升降及前后端同时升降的功能，如图 7－35 所示。

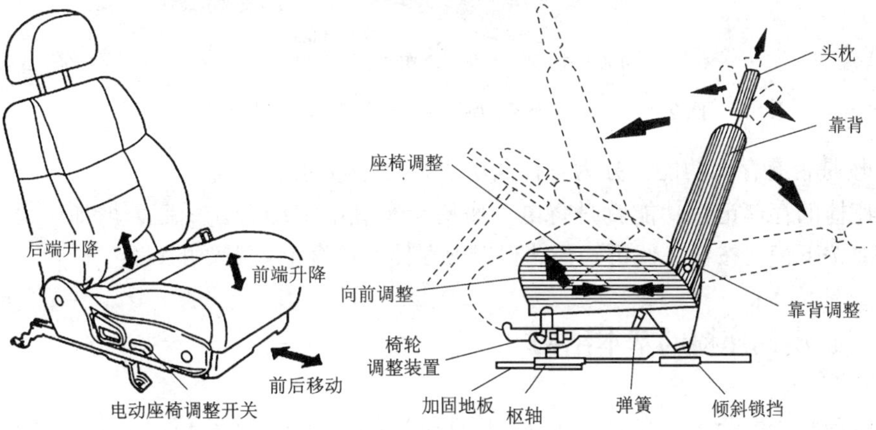

图 7－35　汽车电动座椅

2. 电动座椅的类型

在一些高级轿车中，乘员的电动座椅控制系统依靠电力可以实现座椅滑行、倾斜的调整；驾驶员的电动座椅控制系统不仅可以实现座椅滑行、倾斜的调整，还可以实现前垂直、后垂直、头枕和腰垫位置的调整，有的还带有位置存储功能。因此，现代轿车电动座椅的调节功能有座椅前后滑动调节、座椅垂直调节、后垂直调节、靠背调节、腰部支撑调节、头枕调节等。调节装置及其在座椅上的布置如图 7－36 所示。

电动座椅的分类形式较多，主要有以下几种：

（1）按照使用电动机数量分类，分为单电动机式、双电动机式、三电动机式和四电动机式等。

汽车电动座椅装用的电动机最多可达 8 个，除了保证前、后、高、低调整的基本运动外，还可对头枕高度、靠背的倾斜度、座椅长度和扶手的位置进行调整。目前，汽车常用的有四向（前、后及上、下移动）、六向（前、后，上、下，前俯、后仰调整）、八向电动机座椅。

（2）按照有无加热装置分类，分为有加热装置和无加热装置两种。

电加热座椅是将座椅加热装置安装在座椅内部，以产生热量的体系。其原理是利用加热系统加热，目前采用新型的柔性高科技复合纤维作为发热体，它具有高强度、耐高温、耐腐蚀等优异功能。

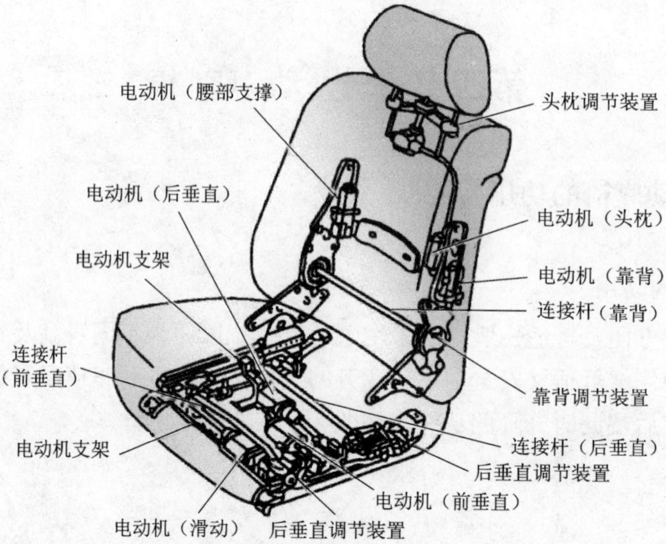

图 7－36　电动座椅的调节装置及其在座椅上的布置

（3）按是否有存储功能，分为有存储功能和无存储功能两种。

电动座椅的存储记忆功能就是将电动座椅与车载电脑结合在一起，增加座椅的记忆功能。只需要按下记忆按钮，便可轻松获得以前存储的适合个人需要的设定。

二、电动座椅的基本结构

普通电动座椅由若干个双向电动机、传动机构和控制开关等组成，无存储功能。

自动电动座椅是在普通电动座椅的基础上增加一套具有存储记忆功能的电子控制系统，其主要由座椅开关和位置传感器、电子控制器（ECU）、执行机构的驱动电动机三大部分组成。开关和位置传感器包括座椅各位置（头枕、靠背、腰部、滑动、前垂直、后垂直）的电动开关、座椅各位置传感器、安全带扣环传感器及转向盘倾斜传感器等；ECU 包括输入接口、微机 CPU 和输出处理电路等；执行机构主要包括座椅调整、安全带扣环及转向盘倾斜调整的驱动电动机等，而且这些电动机均可灵活地进行正反转，以执行各种装置的调整功能。

1. 座椅开关和位置传感器

1）手动调节开关

它主要用来调整座椅的各种位置，当按下此开关后，电控单元就会控制相应电动机运转，按照驾驶员的要求调整座椅的位置，如图 7－37 所示。

2）存储和复位开关

它主要用来存储或恢复驾驶员已经调整好的座椅位置，只要按下此按钮，就能按存储的各个座椅位置的要求调整座椅的位置。

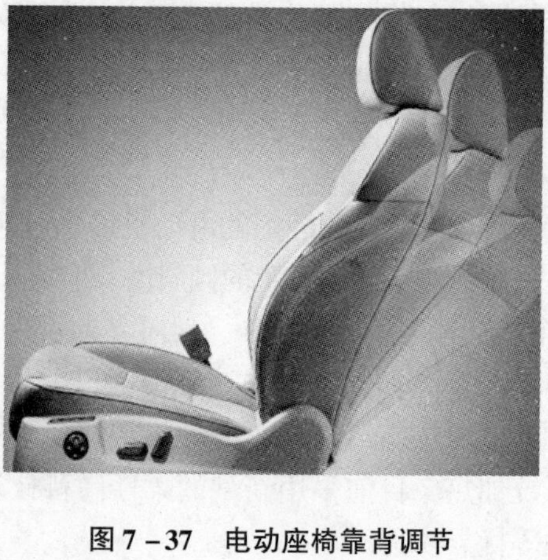

图 7－37　电动座椅靠背调节

3）位置传感器

位置传感器主要是用来检测座椅的各种位置，其结构如图 7－38 所示。它主要由齿轮、滑块和螺旋杆（可变电阻器）组成，其工作原理与一般电位计相似。螺旋杆由电动机通过齿轮驱动旋转，并带动滑块在电阻器上滑动，从而使输出电压信号发生变化。电控单元根据此电压信号决定座椅的位置。只要座椅位置调定后，驾驶员按下存储和复位开关，电控单元就把这些电压信号存储起来，作为重新调整位置时的基准。

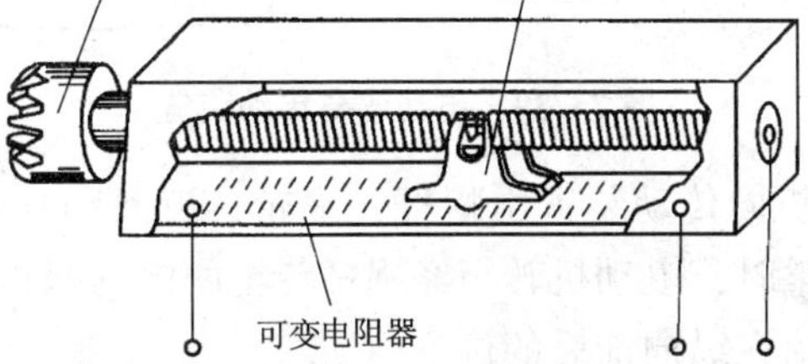

图 7－38　座椅位置传感器

2．电子控制装置（ECU）

电动座椅 ECU 主要用来控制靠手动调节开关的座椅调节装置，也能根据从转向柱倾斜与伸缩 ECU、位置传感器等送来的信号存储座椅位置。考虑到驾驶员的不同体型和喜好的驾驶姿势，自动调节系统能在该 ECU 中存储两种不同的座椅位置（供选择），靠一个“单独”开关的点动，ECU 即可将座椅调整到驾驶员所期望的位置。

座椅进行调整时，由手动调节开关通过电控单元控制调整量，然后利用存储和复位开关控制某一位置的数据存储；座椅位置信号取自变阻器上的电压降。根据每个自由度上的电动机驱动座椅，从而使变阻器随动。根据变阻器的电压降，控制单元识别座椅的运动机构是否到达“死点”，如果到达“死点”位置，电控单元及时切断供电电源，保护电动机和座椅驱动机构。

3．执行机构

1）电动机

电动座椅大多采用永磁式电动机驱动，并通过装在座位侧板上或门扶手上的肘节式控制开关来控制电路通路和电流方向，使某一电动机按所需的方向运转，以达到调整座椅的目的。

为了防止电动机过载，大多数永磁式电动机内装有热过载保护断路器。有些电动座椅采用串激电动机来驱动，并装有两个磁场线圈，使其可作双向运转。这种电动机多使用继电器控制电流方向，当开关换向时，可听到继电器动作的“咔嗒”声。

2）传动装置（调整机构）

电动座椅传动装置如图 7－39 所示。传动机构由变速器、软轴、螺旋千斤顶及蜗轮蜗杆机构组成。

（1）高度传动装置。高度传动装置由蜗杆轴、蜗轮和心轴等组成，如图 7－40 所示。调整时，蜗杆轴在电动机的驱动下带动蜗轮转动，从而保证心轴旋进或旋出，实现座椅上升与下降，改变座椅在空间高度的位置。

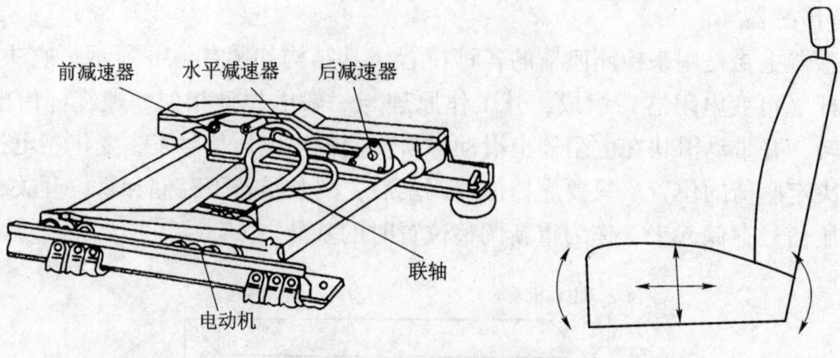

图 7－39　电动座椅传动装置

(2) 纵向传动装置。纵向传动装置由蜗杆、蜗轮、齿条和导轨等组成，如图 7－41 所示。齿条装在导轨上，调整时，电动机转矩经蜗杆传至两侧的蜗轮上，经导轨上的齿条，带动座椅前后移动，改变座椅在纵向前后的位置。

图 7－40　电动座椅高度传动装置

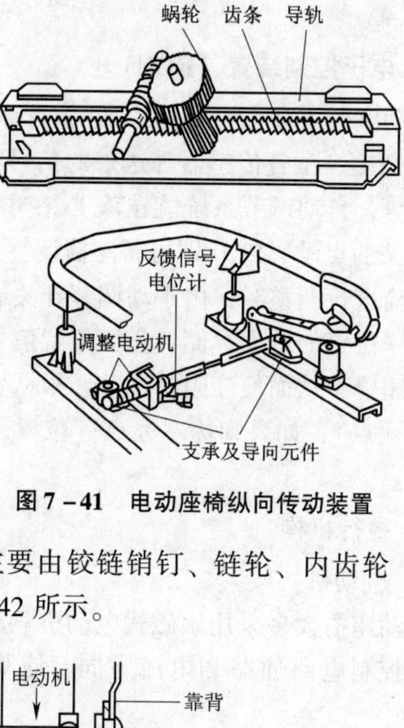

图 7－41　电动座椅纵向传动装置

(3) 靠背倾斜调节机构。靠背倾斜调节机构主要由铰链销钉、链轮、内齿轮（30 个齿）、外齿轮（29 个齿）和电动机等组成，如图 7－42 所示。

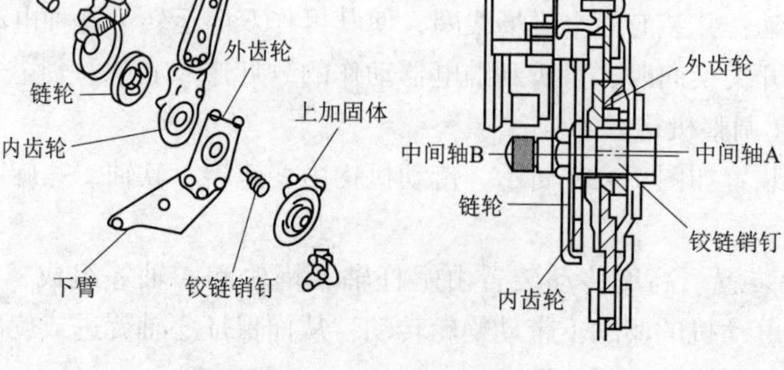

图 7－42　靠背倾斜调节机构

（4）腰部支撑调节机构。腰部支撑调节机构主要由电动机、螺母、扭力弹簧和压板等组成，如图 7－43 所示。

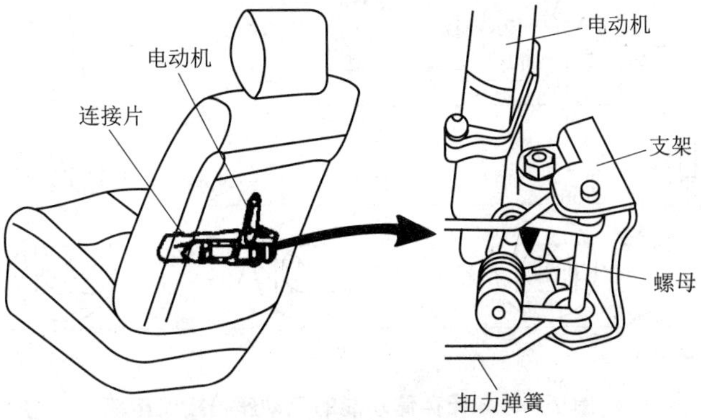

图 7－43　腰部支撑调节机构

（5）头枕高度调节机构。头枕高度调节机构主要由电动机、外壳、螺杆及固装在座椅靠背框架上的轴等组成，如图 7－44 所示。

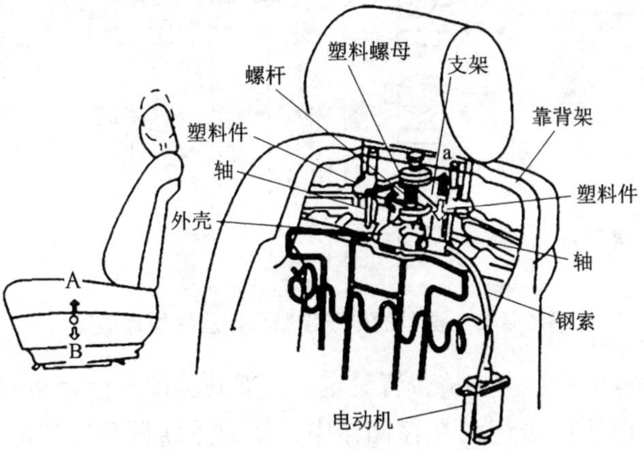

图 7－44　头枕高度调节机构

三、电动座椅的工作原理

1．无存储功能的电动座椅

无存储功能的电动座椅的典型结构主要由座椅本体、座椅调节器开关、座椅调节器和调节器电动机等组成。其控制电路如图 7－45 所示。

2．有存储功能的电动座椅

有存储功能的电动座椅系统采用存储器，具有记忆功能。当按下记忆按钮时，它能够将设定的座椅调节位置进行记录，使用时只要按指定的按键开关，座椅就会自动地调节到预先设定的座椅位置上。有记忆功能的电动座椅系统控制示意图如图 7－46 所示。

有记忆功能的电动座椅系统主要由传感器、电控部分和执行器等组成，四个位置传感

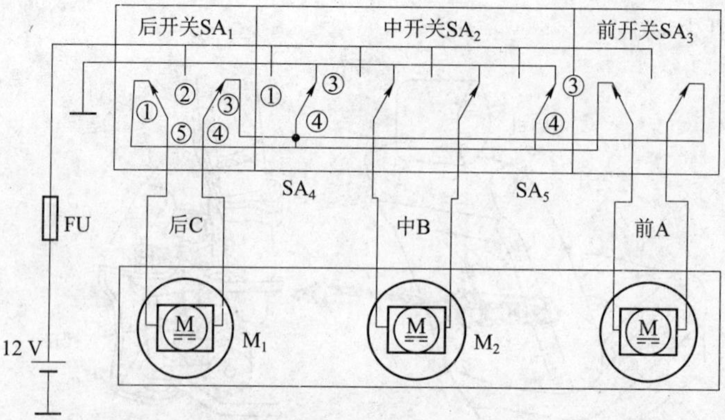

图 7－45　无存储功能的电动座椅控制电路

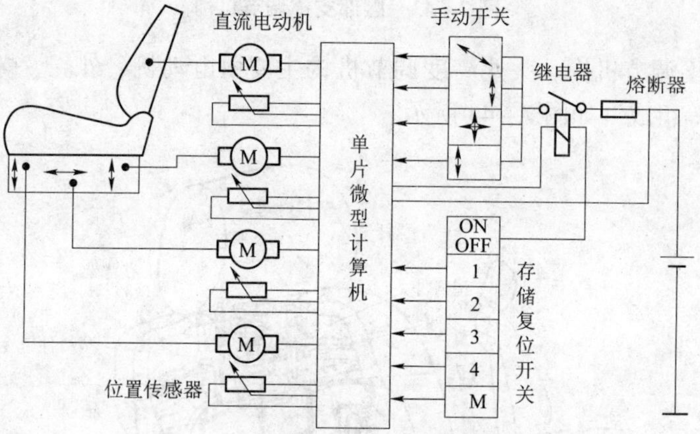

图 7－46　典型的电子控制可调座椅原理框图

器用来检测座椅的设定位置。当座椅位置设定后，驾驶员按下存储器的按钮，单片微型计算机（ECU）就把这些电压信号记忆在存储器中，作为重新调整位置时的基准。使用时，只要按下控制按钮，就能按存储的座椅位置要求调整座椅位置。

3. 开关组件的工作原理

以四向电动座椅为例，组合控制开关内部有四套双排开关触点，驾驶员或乘员通过控制开关上的按钮来调整座椅的位置。电动座椅开关组件的工作原理如图 7－47 所示。

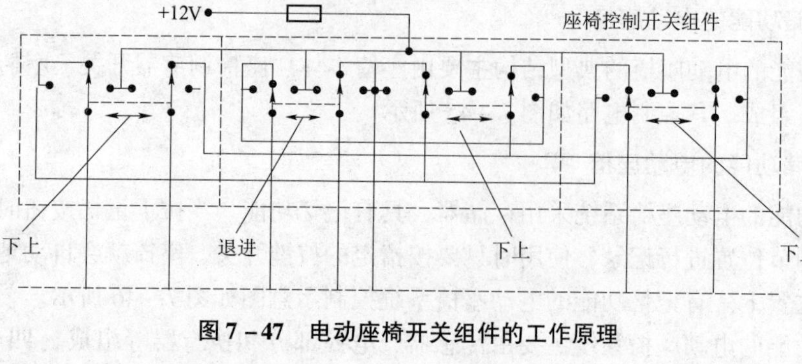

图 7－47　电动座椅开关组件的工作原理

4. **电动座椅的控制调节电路**

图 7－48 所示为电动座椅的控制调节电路。其驾驶员座椅带有 8 项电动调节功能，并且带有 2 项电动调节的腰部支撑。

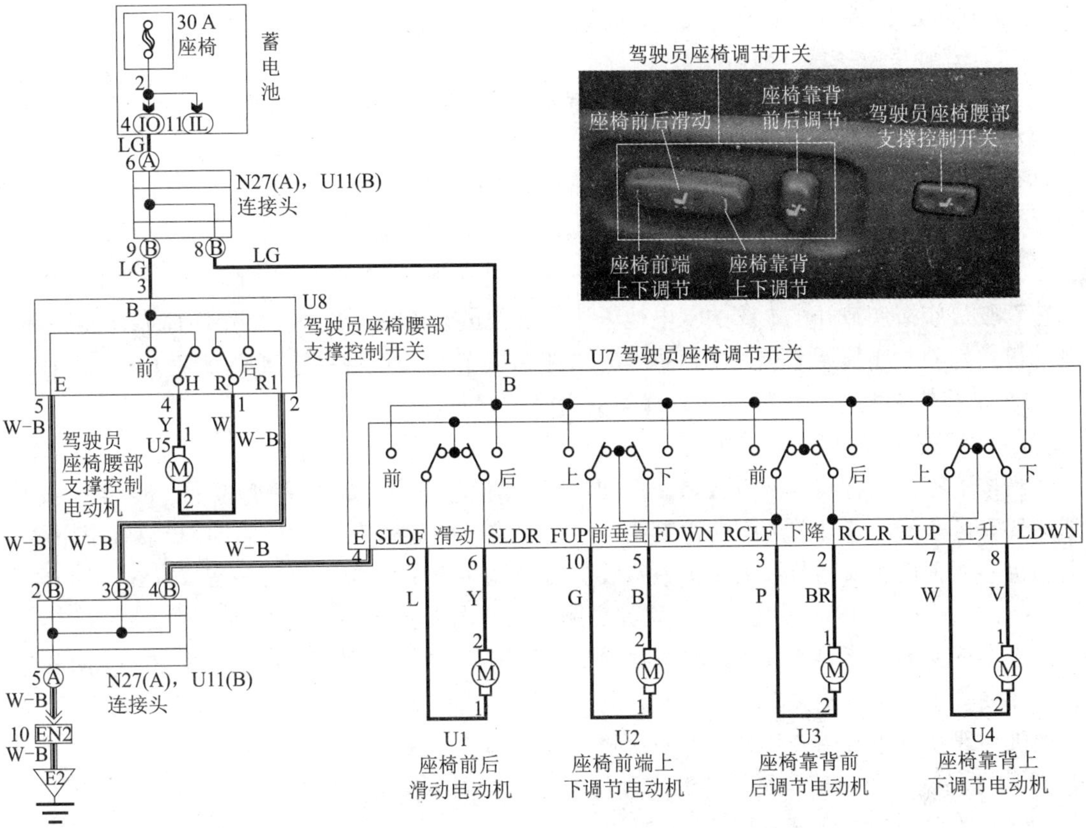

图 7－48　电动座椅的控制调节电路

其工作原理如下：

（1）驾驶员座椅前后滑动调节。

当按下座椅向前滑动键时，驾驶员座椅调节开关 U7 的 1－9 脚接通、6－4 脚接通，蓄电池电压→30 A 乘员座椅熔断丝→驾驶员座椅调节开关 1 脚→驾驶员座椅调节开关 9 脚→座椅前后滑动电动机→驾驶员座椅调节开关 6 脚→驾驶员座椅调节开关 4 脚→连接头 N27（A）的 B4 号端子→E2 搭铁→蓄电池负极。此时驾驶员座椅向前滑动。

当按下座椅向后滑动键时，驾驶员座椅调节开关 U7 的 1－6 脚接通、9－4 脚接通，到达驾驶员座椅调节开关 1 脚的蓄电池电压→驾驶员座椅调节开关 6 脚→座椅前后滑动电动机→驾驶员座椅调节开关 9 脚→驾驶员座椅调节开关 4 脚→连接头 N27（A）的 B4 号端子→E2 搭铁→蓄电池负极。此时驾驶员座椅向后滑动。

（2）驾驶员座椅前端上下调节。

当按下座椅前端向上调节键时，驾驶员座椅调节开关 U7 的 1－10 脚接通、5－4 脚接通，到达驾驶员座椅调节开关 1 脚的蓄电池电压→驾驶员座椅调节开关 10 脚→座椅前端上下调节电动机→驾驶员座椅调节开关 5 脚→驾驶员座椅调节开关 4 脚→连接头 N27（A）的

B4 号端子→E2 搭铁→蓄电池负极。此时驾驶员座椅前端向上移动。

当按下座椅前端向下调节键时，驾驶员座椅调节开关 U7 的 1－5 脚接通、10－4 脚接通，到达驾驶员座椅调节开关 1 脚的蓄电池电压→驾驶员座椅调节开关 5 脚→座椅前端上下调节电动机→驾驶员座椅调节开关 10 脚→驾驶员座椅调节开关 4 脚→连接头 N27（A）的 B4 号端子→E2 搭铁→蓄电池负极。此时驾驶员座椅前端向下移动。

（3）驾驶员座椅靠背前后调节。

当按下座椅靠背向前调节键时，驾驶员座椅调节开关 U7 的 1－3 脚接通、2－4 脚接通，到达驾驶员座椅调节开关 1 脚的蓄电池电压→驾驶员座椅调节开关 3 脚→座椅靠背前后调节电动机→驾驶员座椅调节开关 2 脚→驾驶员座椅调节开关 4 脚→连接头 N27（A）的 B4 号端子→E2 搭铁→蓄电池负极。此时驾驶员座椅靠背向前移动。

当按下座椅靠背向后调节键时，驾驶员座椅调节开关 U7 的 1－2 脚接通、3－4 脚接通，到达驾驶员座椅调节开关 1 脚的蓄电池电压→驾驶员座椅调节开关 2 脚→座椅靠背前后调节电动机→驾驶员座椅调节开关 3 脚→驾驶员座椅调节开关 4 脚→连接头 N27（A）的 B4 号端子→E2 搭铁→蓄电池负极。此时驾驶员座椅靠背向后移动。

（4）驾驶员座椅靠背上下调节。

当按下座椅靠背向上调节键时，驾驶员座椅调节开关 U7 的 1－7 脚接通、8－4 脚接通，到达驾驶员座椅调节开关 1 脚的蓄电池电压→驾驶员座椅调节开关 7 脚→座椅靠背上下调节电动机→驾驶员座椅调节开关 8 脚→驾驶员座椅调节开关 4 脚→连接头 N27（A）的 B4 号端子→E2 搭铁→蓄电池负极。此时驾驶员座椅靠背向上移动。

当按下座椅靠背向下调节键时，驾驶员座椅调节开关 U7 的 1－8 脚接通、7－4 脚接通，到达驾驶员座椅调节开关 1 脚的蓄电池电压→驾驶员座椅调节开关 8 脚→座椅靠背上下调节电动机→驾驶员座椅调节开关 7 脚→驾驶员座椅调节开关 4 脚→连接头 N27（A）的 B4 号端子→E2 搭铁→蓄电池负极。此时驾驶员座椅靠背向下移动。

（5）驾驶员座椅腰部支撑控制。

当按下驾驶员座椅腰部支撑控制向前调节键时，驾驶员座椅腰部支撑控制开关 3－4 脚接通、1－2 脚接通。蓄电池电压→30 A 乘员座椅熔断丝→驾驶员座椅腰部支撑控制开关 3 脚→驾驶员座椅腰部支撑控制开关 4 脚→驾驶员座椅腰部支撑控制电动机→驾驶员座椅腰部支撑控制开关 1 脚→驾驶员座椅腰部支撑控制开关 2 脚→连接头 N27（A）的 B3 号端子→E2 搭铁→蓄电池负极。此时驾驶员座椅腰部支撑向前移动。

当按下驾驶员座椅腰部支撑控制向后调节键时，驾驶员座椅腰部支撑控制开关 3－1 脚接通、3－5 脚接通，蓄电池电压→30 A 乘员座椅熔断丝→驾驶员座椅腰部支撑控制开关 3 脚→驾驶员座椅腰部支撑控制开关 1 脚→驾驶员座椅腰部支撑控制电动机→驾驶员座椅腰部支撑控制开关 4 脚→驾驶员座椅腰部支撑控制开关 5 脚→连接头 N27（A）的 B2 号端子→E2 搭铁→蓄电池负极。此时驾驶员座椅腰部支撑向后移动。

四、座椅加热系统

座椅加热是在座椅上安装电加热元件及相关的开关和控制单元来调整对座椅的加热温度与热量，以提高乘坐舒适度。加热器必须满足下列条件：

（1）加热器必须能且只能提供人体所感觉到的加热量。

（2）仅仅能在人与座椅的主要接触点上提供加热。

（3）皮革和纤维座椅需要不同的加热系统，原因是它们的导热属性不同。

（4）加热元件必须符合座椅的设计。

（5）加热元件必须通过与座椅相同的严格测试，例如蠕动、弹跳和颠簸试验。

五、电动座椅的技术参数

1. 舒适性要求

座椅在车厢内的布置要合适，尤其是驾驶员的座椅，必须处于最佳的驾驶位置。按人体工程学的要求，座椅必须具有良好的静态与动态舒适性。其外形必须符合人体生理功能，在不影响舒适性的前提下，力求美观大方。

2. 安全性要求

座椅是支撑和保护人体的构件，必须十分安全可靠，应具有充分的强度、刚度与耐久性。对可调的座椅，要有可靠的锁止机构，以保证安全。座椅应有良好的振动特性，能吸收从车厢地板传来的振动。座椅应采用最经济的结构，尽可能地减小质量。

3. 技术参数要求

（1）电动座椅的供电电压为 12 V。

（2）丰田卡罗拉座椅有 8 种调节功能，全程移动所需时间为 8 ~ 10 s。

（3）座椅的前后调节量为 100 ~ 160 mm。

（4）座椅的上下调节量为 30 ~ 50 mm。

（5）座椅角度调节最小可达 8°。

（6）座椅加热装置最大功率为 50 W，控温范围为 20 ~ 50 ℃，控温误差≤2 ℃。

第五节　中 控 门 锁

一、中控门锁的功用与类型

1. 中控门锁的功用

中控门锁是中央控制车门锁的简称，是指通过控制驾驶室座门上的控制装置可以控制全车车门开与关的一种控制装置。为了提高汽车使用的便利性和行车的安全性，现代汽车越来越多地安装中控门锁。汽车装备中控门锁以后可实现以下几个功能：

（1）中央控制功能。

（2）单独控制功能。

（3）驾驶员侧车门防误锁功能。

（4）后车门儿童安全锁止功能。

（5）防盗功能。

这样可以对汽车的所有车门实现集中控制，大大提高汽车的乘用舒适性、操作方便性和使用安全性。

2. 中控门锁的分类

汽车中使用的中控门锁的种类较多，主要有以下几种分类形式：

（1）按其发展过程，可以分为普通中央控制电动门锁系统、电子式电动门锁系统、车速感应式电动门锁系统和遥控电动门锁系统。

（2）按控制方式不同，可以分为无线电遥控门锁和红外线遥控门锁。在现代汽车中应用较为广泛的是无线电遥控门锁。

（3）按执行机构不同，可以分为电磁式门锁、电动式门锁和气动膜盒式门锁。其中电磁式中控门锁的开启和关闭均是由电磁铁驱动进行的；电动式中控门锁的开启和关闭是由电动机带动相应的机械传动系统实现的；气动膜盒式中控门锁的开启和关闭是由压力泵产生的气压带动的。

二、中控门锁的基本组成

目前汽车上装用的中控门锁种类虽较多，但其基本结构都是由门锁开关、门锁执行机构和门锁控制器组成的。中控门锁系统的结构如图 7－49 所示。

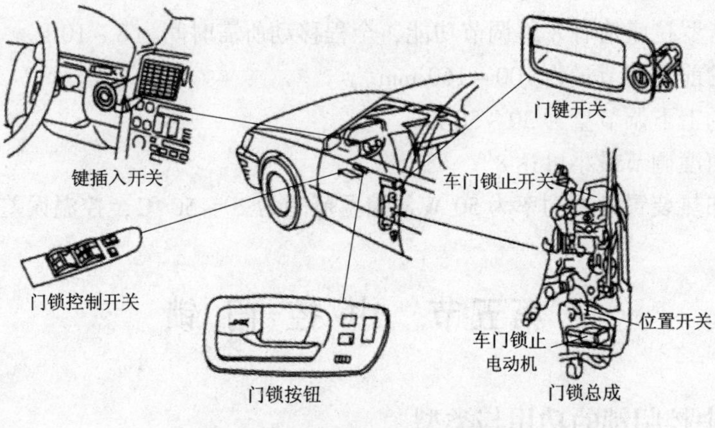

图 7－49　中控门锁系统的结构

1. 门锁开关

现代汽车中大部分中控门锁开关是由主开关和分开关组成的。主开关（门锁控制开关）由驾驶员操纵；分开关装在其他各个车门上，每一个分开关单独控制一个车门的启闭。

（1）门锁控制开关（主开关）。门锁控制开关一般安装在驾驶室侧前门内的扶手上，通过门锁控制开关可以同时将全车所有车门锁住或打开，如图 7－50 所示。

（2）钥匙控制开关。钥匙控制开关安装在左前门和右前门的外侧门锁上，如图 7－51 所示。当从车外面用钥匙开门和关门时，钥匙控制开关便发送开门或锁门的信号给门锁 ECU，

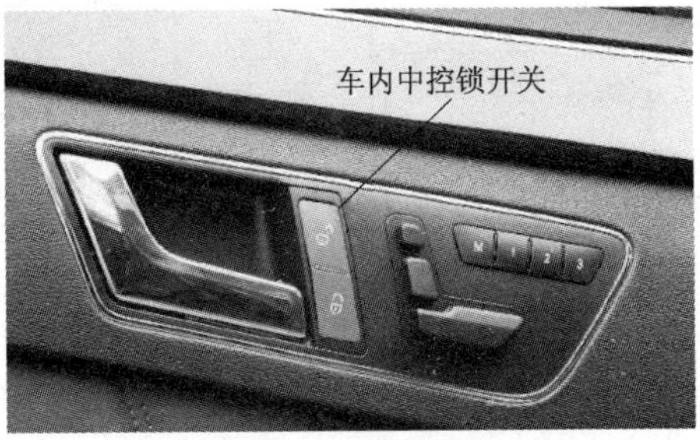

图 7－50　门锁控制开关

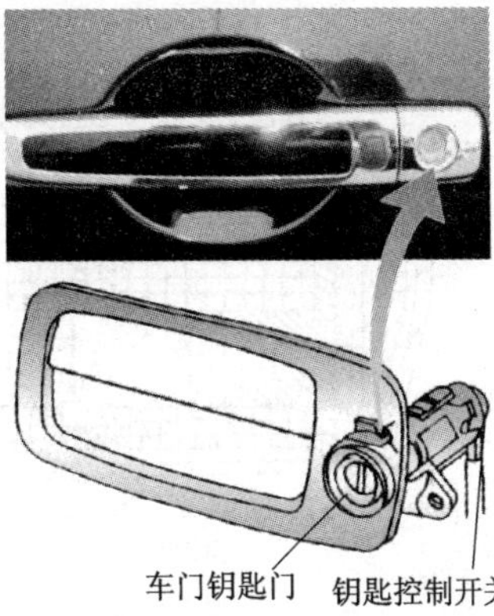

图 7－51　钥匙控制开关

实现车门的打开或锁上。车门钥匙的功能是实现在车外锁车或打开车门锁，同时车门钥匙也是点火开关、燃油箱和行李厢等全车设置锁的地方共用的钥匙。

（3）行李厢门开启器开关。行李厢门开启器开关用来开启行李厢，拉动此开关便能打开行李厢门。

（4）门控开关。门控开关也称门控灯开关，安装在门框上，其作用是探测车门的开闭状态，并将车门状态传送给 ECU。当车门开启时，此开关接通；当车门关闭时，此开关断开。

（5）门锁开关。门锁开关安装在门锁总成内，其作用与门控开关相同。

（6）位置开关。位置开关安装在门锁总成内，其作用是探测门锁的状态。当锁杆处于锁止位置时，位置开关断开；当锁杆处于开锁位置时，位置开关接通。

（7）钥匙未锁报警开关。当钥匙插入钥匙门内时，钥匙未锁报警开关接通；当拔离时，开关断开；当钥匙在钥匙门内且驾驶员侧车门打开时，接通报警，提示钥匙遗忘。

2．门锁执行机构

门锁执行机构是接受驾驶员或乘员的指令，通过改变执行机构通电电流方向控制连杆左右移动，实现门锁的锁止和开启。

门锁执行机构有电磁式、直流电动机式和永磁电动机式三种驱动方式，其结构均是通过改变极性转换其运动方向而执行锁门或开门动作的。

1）电磁式门锁执行机构

图 7－52 所示为一种双线圈式门锁执行机构。双线圈是指门锁执行机构内安装有两个线圈，分别实现开启和锁紧门锁的功能。当锁门线圈通电以后，衔铁带动操纵杆左移，此时锁门；当开门线圈通电以后，电流方向反向，衔铁带动操纵杆右移，此时开门。通常情况下，门锁操纵按钮处于中立位置，按下按钮以后即可使相应的线圈导电而开启或者紧锁车门，松开后按钮即可恢复到中立位置。

2）直流电动机式门锁执行机构

直流电动机式门锁执行机构主要由可逆式电动机、传动装置和锁体总成等组成。它是通过直流电动机转动并经传动装置（传动装置有螺杆传动、齿条传动和直齿轮传动）将动力传给门锁锁扣，使门锁锁扣开启或锁止。由于直流电动机能双向转动，所以通过电动机的正反转实现门锁的锁止或开启。这种执行机构与电磁式执行机构相比，耗电量较小，动作迅速，缺点是长时间通电易损坏电动机。

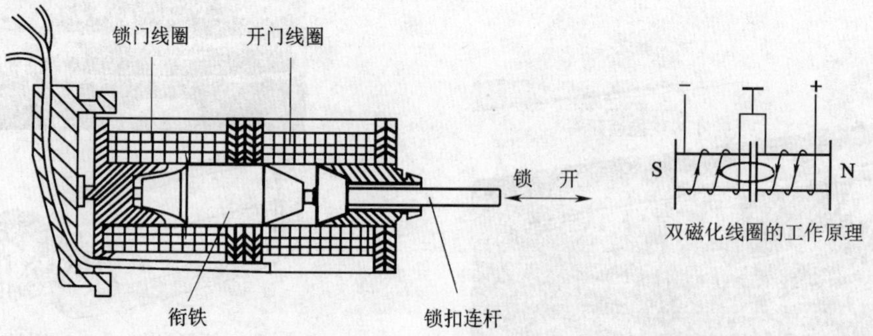

图 7－52 双线圈式门锁执行机构

3）永磁电动机式门锁执行机构

永磁电动机式门锁执行机构如图 7－53 所示，由双向永磁电动机以及齿轮和齿条等组成。它的作用与前两种基本相同，结构差异较大。

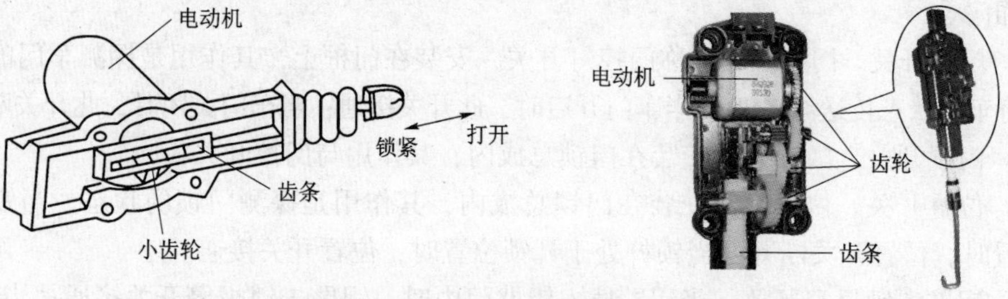

图 7－53 永磁电动机式门锁执行机构

双向永磁电动机的转子带有凸齿，凸齿与定子磁极径向间隙小而磁通量大。定子上带有轴向均布的多个电磁极，而每个电磁线圈按径向布置。定子周布铁芯，每个铁芯上绕有线圈，当电流通过某一相位的线圈时，该线圈的铁芯产生吸力吸动转子上的凸齿对准定子线圈的磁极，转子将转动到最小的磁通处，即一步进位置。要使转子继续转动一个步进角，根据需要的转动方向向下一个相位的定子线圈输入一脉冲电流，转子即可转动。转子转动时，带动齿条伸出或缩回完成开锁和闭锁动作。

3. 门锁控制器

门锁控制器是为门锁执行机构提供锁止、开启脉冲电流的控制装置。门锁控制器按其控制原理大致可以分为晶体管式门锁控制器、电容式门锁控制器和车速感应式门锁控制器三种。

1）晶体管式门锁控制器

门锁控制器内部设有闭锁和开锁两个继电器，由晶体管开关电路控制，利用电容器的充放电过程，控制一定的脉冲电流持续时间，使门锁执行机构完成闭锁和开锁动作，如图 7－54所示。

2）电容式门锁控制器

电容控制的中央门锁系统利用充足电的电容器，在工作时继电器串联接入电容器的放电回路，使其触点短时间闭合。当正向或反向转动车门钥匙时，相应的电路开关（闭锁或开锁）

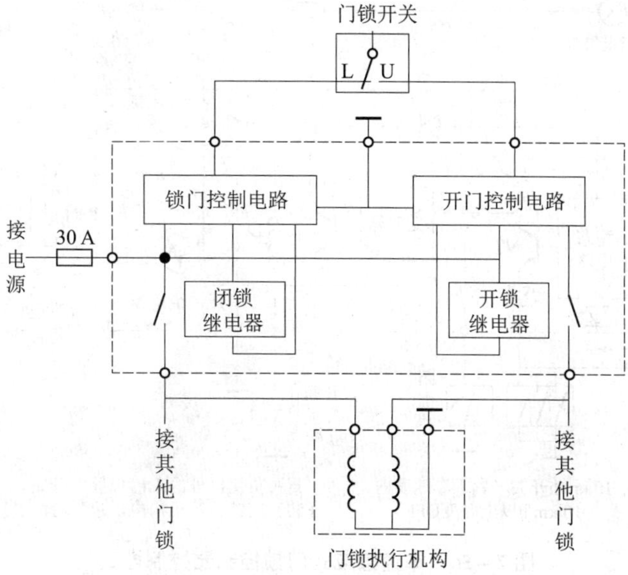

图 7－54　晶体管式门锁控制器控制电路

接通，电容器放电电流通过继电器线圈（开锁或闭锁继电器）搭铁，线圈产生电磁吸力，触点闭合，接通执行机构电磁线圈的电路，完成闭锁或开锁的动作。当电容器放电完毕后，继电器触点打开，中央门锁系统停止工作。此时另一只电容器被充电，为下一次操纵做好准备，如图 7－55 所示。

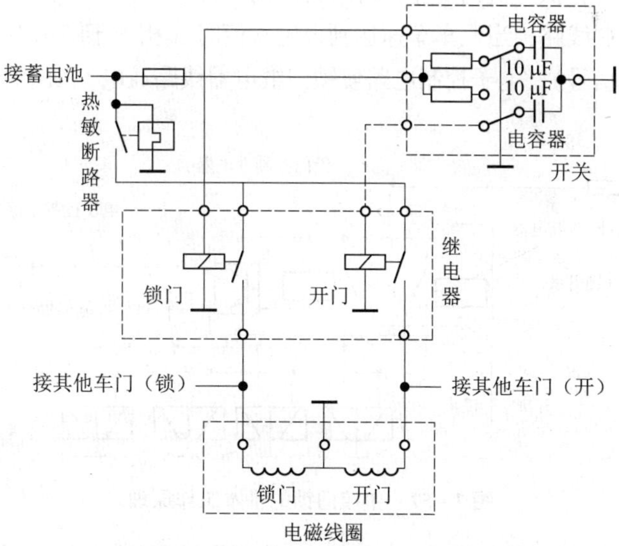

图 7－55　电容式门锁控制器控制电路

3）车速感应式门锁控制器

在中央门锁系统中加装一车速（10 km/h）感应开关，当汽车行驶速度达 10 km/h 以上时，若车门未闭锁，则不需要驾驶员操纵，门锁控制器将自动关闭。每个门可单独进行锁门。车速感应式门锁控制器的控制电路如图 7－56 所示。

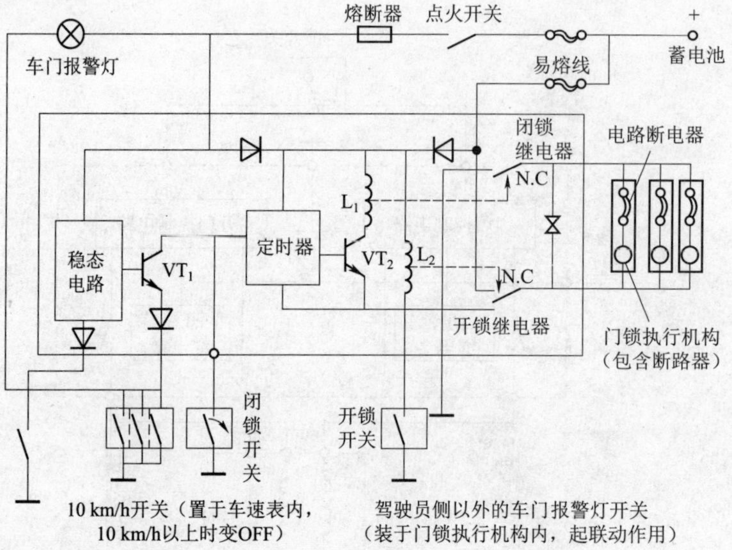

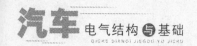

图 7－56　车速感应式门锁控制器控制电路

三、中控门锁的基本工作原理

中控门锁的基本工作原理如图 7－57 所示。当门锁开关置于锁止位置时，锁门继电器线圈通电，触点闭合，执行机构工作，将所有的车门锁止；当门锁开关置于开启位置时，开启继电器线圈通电，触点闭合，执行机构工作，将所有的门锁开启。在带有自动门锁的汽车上，设有速度传感器和电子控制线路，当汽车车速达到设定数值时（相当于图示中的附加功能开关，输入一个较高的车速电信号），电子控制电路使锁门继电器线路通电，锁止所有的车门。

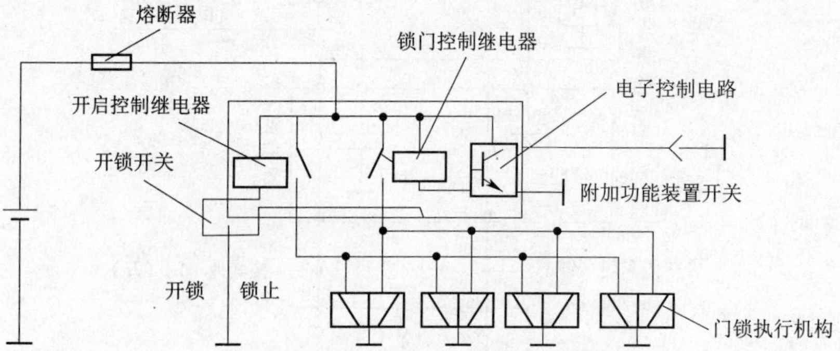

图 7－57　中控门锁的基本工作原理

典型中控门锁的控制电路如图 7－58 所示，其工作过程如下：

1）锁止车门

当将钥匙插入锁筒内并旋转一定的角度后，车门门锁开关接通控制电路，通过一系列的控制使继电器 W_1 的电磁线圈通电，吸合 S_1 触点，使门锁电动机的电路导通并构成闭合回路，电动机转动将门锁锁扣锁止。其电路为：蓄电池正极→熔断器→二极管 VD_5→三极管 VT_1 发射极→电阻 R_3→二极管 VD_1→电容器 C_1→锁止开关→蓄电池负极。

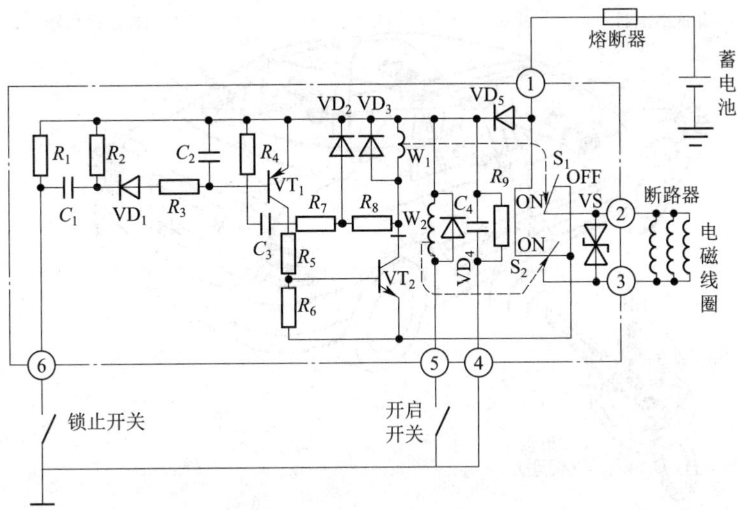

图 7－58　典型中控门锁的控制电路

C_1充电瞬间，VT_1、VT_2导通，继电器 W_1线圈中有电流通过而产生吸力将 S_1触点吸到 ON 的位置。当电容器 C_1充电完毕时，三极管 VT_1无基极电流通过而截止，三极管 VT_2也随之截止，这时的电流由蓄电池正极→熔断器→S_1→执行机构（电动机）→S_2→蓄电池负极。电动机有电流通过产生动力拉下车门锁扣杠杆，锁止车门。继电器线圈 W_1失电而吸力消失，开关 S_1断开，电动机停止工作，锁止车门结束。

2）打开车门

当驾驶员需要将门锁打开时，可将钥匙插入门锁锁筒内并旋转一定角度，车门锁开启开关闭合。这时，电流由蓄电池正极→熔断器→继电器 W_2→开锁开启开关→蓄电池负极。由于继电器 W_2的线圈通电而产生吸力，使 S_2处于 ON（接通状态），电动机产生动力，由于通过电动机的电流方向与车门锁止时相反，所以车门锁锁扣被拉起，车门锁被打开。

四、遥控门锁系统

遥控门锁系统也叫无钥匙进入系统，如图 7－59 所示。它的作用是不使用钥匙，利用遥控器在一定距离内完成车门的打开及锁闭。遥控门锁系统不但能控制驾驶员侧车门，还可控制其他车门和行李厢门。

（一）遥控门锁系统的组成

遥控门锁系统一般是在前述中控门锁系统的基础上加上发射器、接收器和执行元件等组成的，如图 7－60 所示。

1．发射器

发射器也称遥控器，其作用是利用发射开关发射规定代码的无线遥控信号，控制驾驶员侧车门、其他车门、行李厢门等的开启和锁闭，且具有寻车功能。

遥控器按控制方式可以分为红外线式、无线电波式和超声波式三种，其中应用较多的是前两种，现代汽车中应用最广的是无线电波式遥控器。

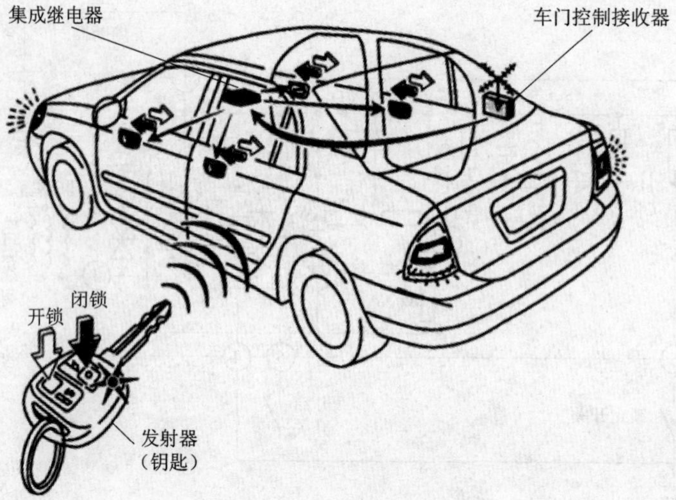

图 7-59　汽车无线门锁遥控系统

1）红外线式遥控器

红外线式遥控器的组成如图 7-61 所示，主要由发光二极管、控制电路、身份代码存储器、开关按钮和电池等组成。

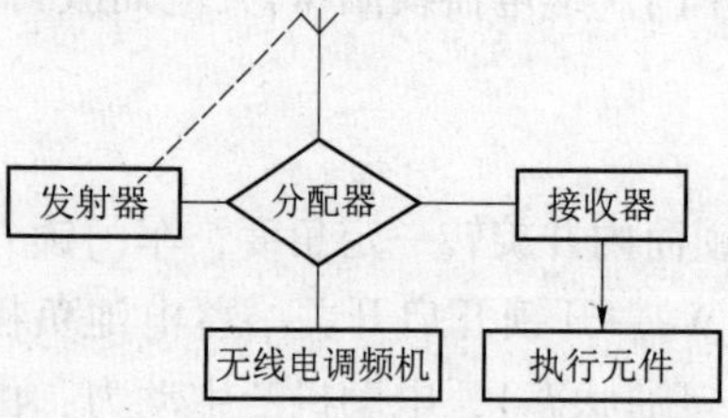

图 7-60　遥控门锁系统的组成框图

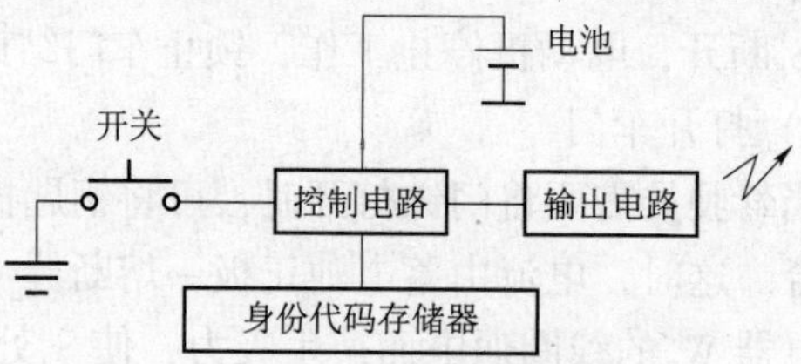

图 7-61　红外线式遥控器的组成

2）无线电波式遥控器

无线电波式遥控器的组成如图 7-62 所示，主要由输出部分、控制电路、身份代码存储器、开关按钮和电池等组成。输出部分由调制电路、高频振荡电路、高频放大电路以及发射天线等组成。

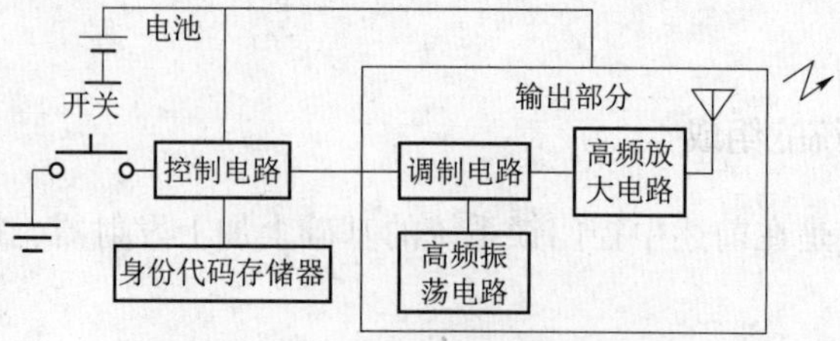

图 7-62　无线电波式遥控器的组成

2. 接收器

接收器对接收的信号进行放大和调制，检查身份鉴定代码是否相符，当代码一致时，判别功能代码，并驱动相应的执行器。

1）红外线式接收器

红外线式接收器的结构如图 7－63 所示。红外线式接收器主要由电源电路、接收部分、身份鉴定代码存储器、身份鉴定控制电路 ECU、开关信号输入电路以及输出电路等组成。接收部分主要由接收遥控器信号的光敏二极管、放大器、选频放大器和检波器等组成。开关信号主要是指车门的手动开关的输入信号。输出电路主要用于控制车门锁电动机。

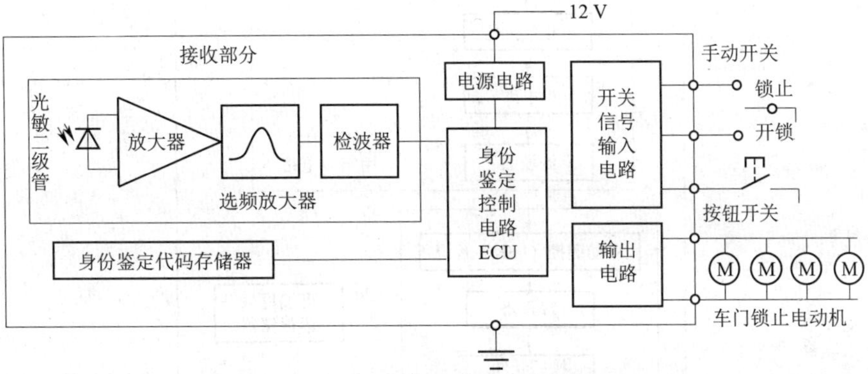

图 7－63　红外线式接收器的结构

在红外线方式的接收器中，利用光敏晶体管把红外线信号变换为电压信号，进行放大和滤波。并应考虑到使用环境，应具有对直射阳光、荧光灯、霓虹灯等的外部干扰不受影响的放大电路特性。与遥控器的发光二极管调制驱动频率相同，在 38 kHz 的频带域放大电路中进行放大，以提高其性能。

2）无线电波式接收器

无线电波式接收器如图 7－64 所示。无线电波式接收器主要由电源电路、接收部分、身份鉴定代码存储器、身份鉴定控制电路 ECU、开关信号输入电路以及输出电路等组成。接收部分主要由接收天线、射频放大器、局部振荡器、混频器、选频放大器、功率放大器和滤波器等组成。开关信号主要是指车门的手动开关的输入信号。输出电路主要用于控制车门锁电动机。

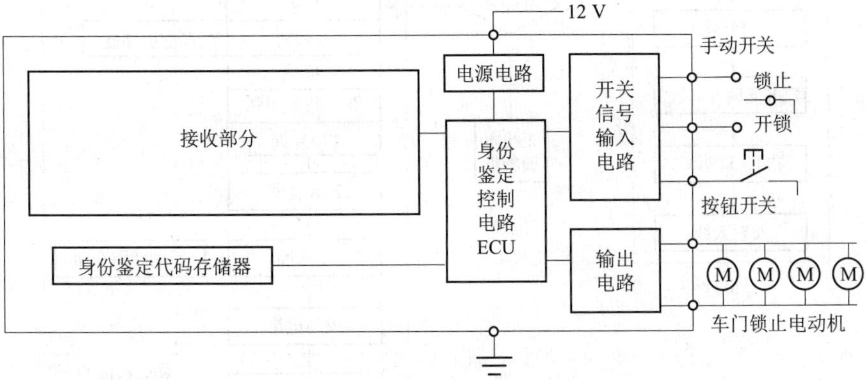

图 7－64　无线电波式接收器

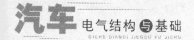

接收器接收信号以后，需要对信号进行相应的处理，其处理流程如图 7－65 所示。

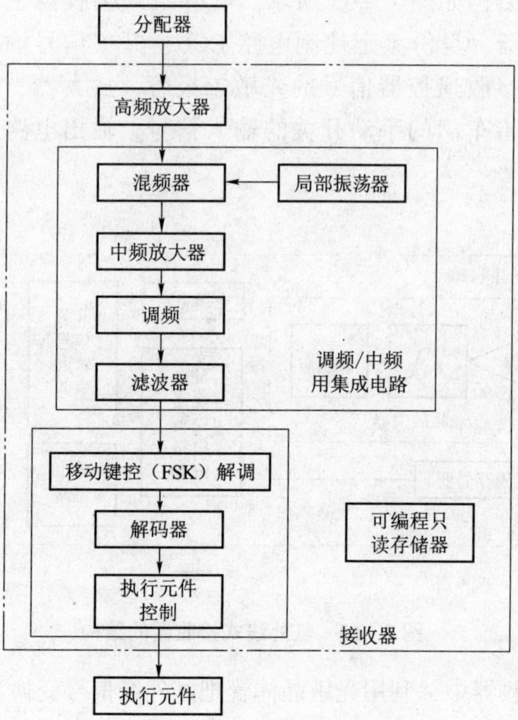

图 7－65　接收器信号处理流程

3）接收天线

接收天线的功用是接收遥控器输出信号，同时也可用作收音机天线，如图 7－66 所示。

通过手持遥控器发出的微弱电波，接收天线接收到信号后，由分配器将信号分检出遥控信号和收音机接收信号。遥控信号送至接收器，接收器对信号进行识别比较，若识别对比后的代码一致，接收器则将信号送至执行器完成相应的动作。

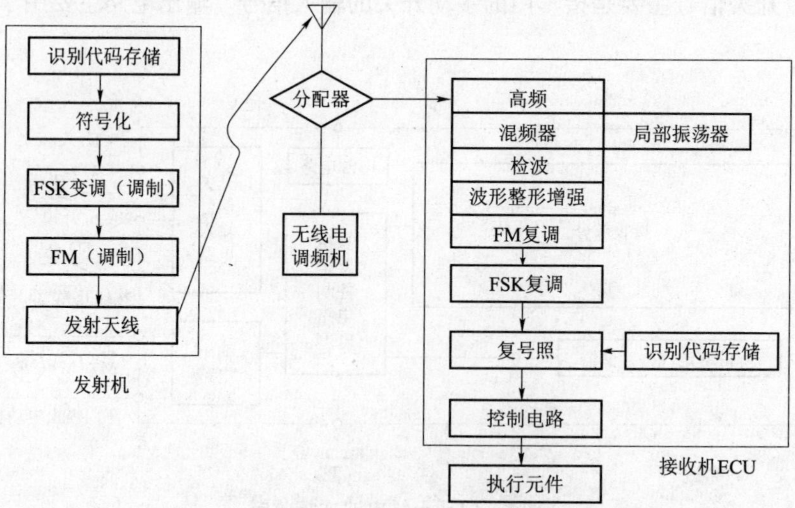

图 7－66　与收音机共用天线的遥控装置的结构

（二）遥控门锁系统的工作原理

图 7－67 所示为遥控门锁系统控制电路。电控单元根据钥匙开关、门锁控制开关的位置及车速传感器的信号发出锁门或开锁指令，通过电磁铁或电动机实现锁门或开锁。若驾驶员未从点火开关中拔出钥匙便锁车门，则电控单元根据钥匙开关提供的信号自动实现开锁，使所有车门门锁打开。

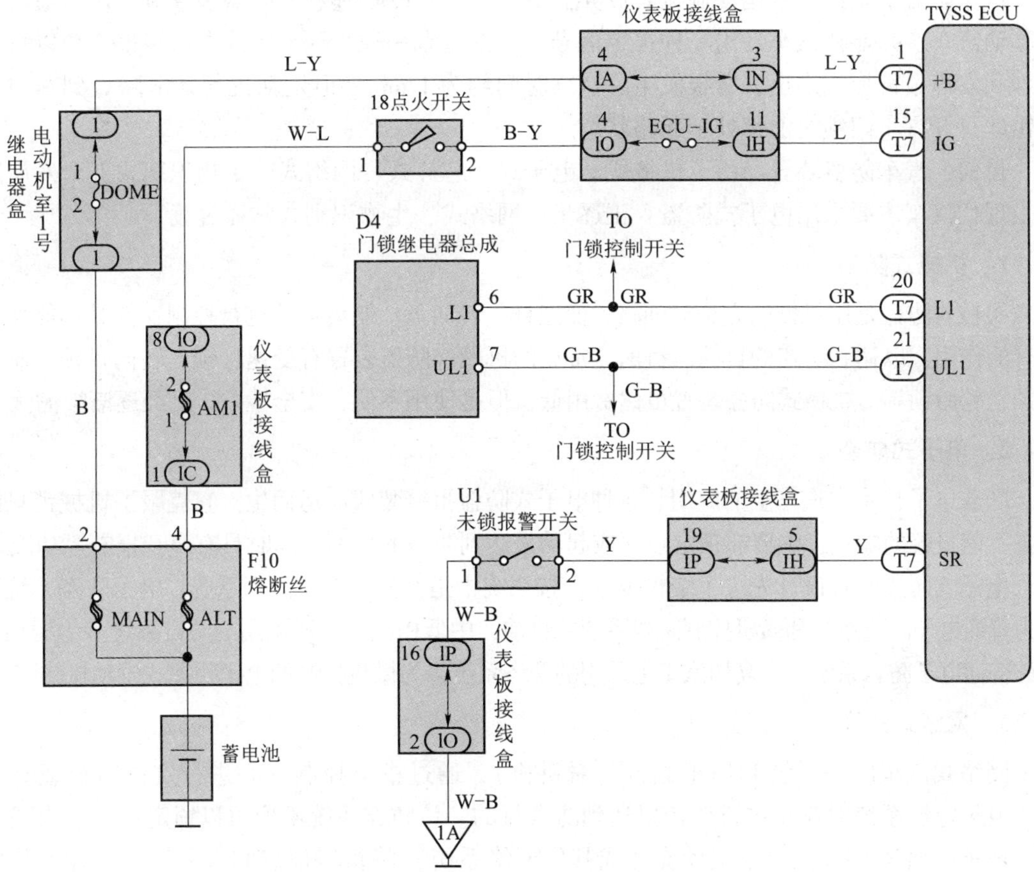

图 7－67　遥控门锁系统控制电路

电路分析如下：

蓄电池电压→MAIN 熔断丝→DOME 熔断丝→防盗系统（TVSS）ECU 的 1 脚，此为常电源电路；当点火开关闭合时，蓄电池电压→ALT 熔断丝→AM1 熔断丝→点火开关→ECU－IG 熔断丝→防盗系统 ECU 的 15 脚。

防盗系统 ECU 接收来自发射器的信号，并通过其 20 脚、21 脚（其中 20 脚输出的是上锁信号，21 脚输出的是开锁信号）把这个信号发送给门锁控制继电器总成，门锁控制继电器总成向每个门锁电动机发出上锁/开锁信号实现控制。具体上锁/开锁电路分析参看威驰电控门锁部分。

其中防盗系统 ECU 的 7 脚外接未锁报警开关。该开关用来检测点火开关钥匙是否插入，当钥匙插入时，未锁报警开关闭合；当钥匙拔出时，未锁报警开关断开。

第六节 电子防盗系统

一、概述

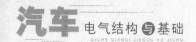

汽车防盗系统的任务是使偷盗者放弃偷盗汽车的企图。理想的防盗装置应能使偷盗者不能移动汽车，并能使汽车发出一种报警信号，给偷盗者一种心理上的冲击。警报一般以灯光闪烁和发声报警形式发出，警报发生后持续时间约为 1 min，但发动机起动电路直到车主用车钥匙打开汽车门锁之前都处于断路状态。

目前，汽车防盗装置经历了机械式、电子式、芯片式、网络式、生物识别式五个发展阶段。现代汽车主要采用电子式防盗，正逐步向网络式、生物识别式防盗过渡。

1. 机械式防盗

机械式防盗是用机械的方法对油路、变速杆、转向盘、制动器等进行控制，使其不能发挥应有的作用，以达到防盗的目的。目前，常见的机械式防盗装置有变速杆锁、转向盘锁、制动器锁、轮胎锁等。机械式防盗装置虽然费用低，但是使用不便，安全性差，已经逐渐被淘汰。

2. 电子式防盗

随着电子技术在汽车上的应用，各种电子式防盗报警装置应运而生。它克服了机械锁只能防盗不能报警的缺点，主要靠锁定点火或起动来达到防盗的目的，同时具有声音报警等功能。

电子式防盗装置设计先进、结构复杂，按系统中是否使用微机处理系统，电子防盗系统可分为普通电子防盗系统和微机控制防盗系统。目前，中低档汽车上所采用的防盗系统多为振动触发的普通电子防盗系统，中高档汽车上采用的防盗系统多为微机控制的电子钥匙式发动机防盗。

3. 网络式防盗

网络式汽车防盗系统利用车载台（对讲机），通过中央控制中心进行定位监控或利用 GPS 卫星定位系统对汽车进行监控以达到防盗目的。该防盗系统不但可以锁定汽车点火或起动，还可以通过 GPS 卫星定位系统（或其他网络系统）将报警信息和报警汽车所在的位置传送到报警中心。GPS 卫星定位汽车防盗系统有定位、通信、监控、停驶和调度五大功能。

4. 生物识别式防盗

生物识别式防盗系统是利用人体特征作为唯一解锁的钥匙，目前主要有汽车指纹起动控制器和静脉扫描控制器两种。以指纹起动为例，其利用人体指纹所携带的大量信息，以及每个人的指纹的重合率几乎为零的特性，在该系统中事先存放车主的指纹信息，通过指纹的核实后才能起动汽车。

二、电子防盗系统的组成

汽车电子防盗系统主要由报警调制/解除装置、门控开关和传感器、防盗 ECU 和执行机构等组成，如图 7-68 所示。

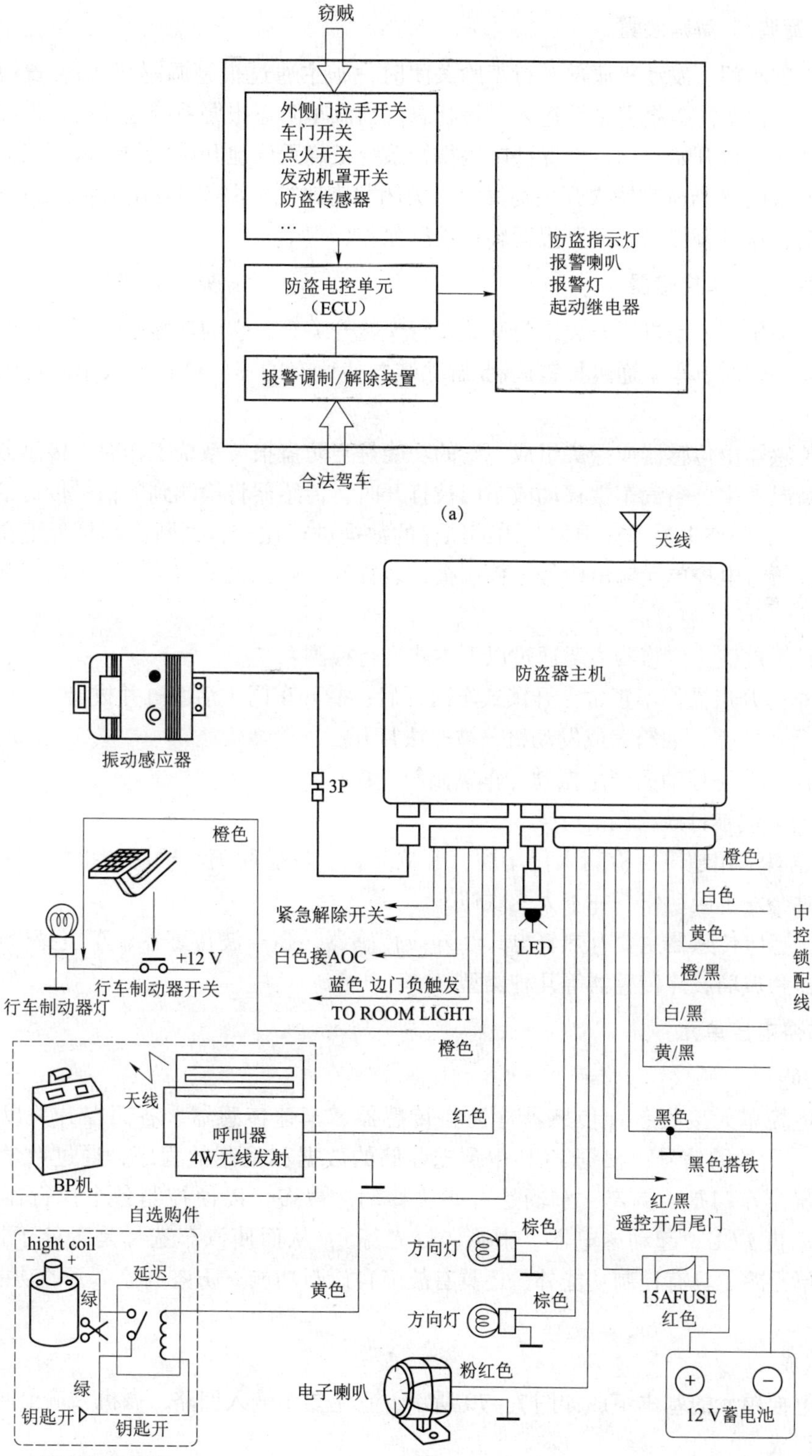

图 7－68　电子防盗系统

（a）电子防盗系统组成框图；（b）电路组成

1．报警调制/解除装置

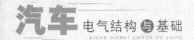

当所有的车门、发动机底部及行李舱关闭时，车主通过报警调制/解除装置使所有的车门进行锁止，汽车防盗报警系统进入预警状态。当汽车防盗报警系统起动时，设在车内可见位置的工作显示灯开始工作，以保证防盗报警系统正确无误地开始工作。若第三方试图解除门锁或打开车门（当所有输入开关均设定为关闭状态时），系统则发出警报。当车主用钥匙开启门锁时，这种警报状态或警报运转将被解除。

2．门控开关和传感器

门控开关包括发动机罩开关、门开关及行李舱开关等，它的功能是当所有车门、发动机罩及行李舱关闭时，车主通过报警调制/解除装置使所有的车门锁止，汽车防盗系统进入预警状态。

感应传感器由传感器或探头组成。它的功能是当防盗报警系统工作时，传感器检测汽车有无异常情况发生。当汽车被移动或车门被打开时，传感器将检测到的信号传送给防盗电控单元（ECU），防盗电控单元根据其内部储存的数据进行比较，判断汽车是否正在被盗。如汽车被盗，防盗电控单元输出信号，控制报警装置发出声光报警信号，阻止汽车起动，切断燃油供给。

汽车是否被盗，传感器主要通过以下方式进行检测：

（1）车门开启操作不正常：开锁式车门开启；撬开车门主活塞缸并拔出。

（2）后备厢盖、油箱盖或发动机盖被非法打开。

（3）汽车非法移动而产生振动、车辆倾斜。

（4）窗玻璃被打破检测。

（5）也有采用超声波检测入侵车厢、音响装置、轮胎脱离车辆时的报警方法，但是这种方法有时会发生误动作，并不太受欢迎。

目前，感应传感器主要有热释电式红外线传感器、超声波传感器、车主身份识别系统、振动传感器和玻璃破碎传感器等几种类型。

3．防盗电控单元

1）功能

防盗电控单元接收各种传感器（防盗传感器、车速传感器、各门控开关以及电动机的位置等）发送的信号，根据 ECU 中预先存储的数据和编制的程序，通过数学计算和逻辑判断，确定车门是否锁定，车辆是否非法移动、被盗，以便控制各个执行器（门锁电动机、发动机 ECU、起动继电器、喇叭、灯光等），从而使汽车选择是否处于报警状态。防盗电控单元除了具有控制功能外，还具有故障自诊断功能。防盗电控单元的功能如图 7－69 所示。

2）组成

防盗电控单元的基本组成如图 7－70 所示，它主要由输入回路、微机、输出回路和 A/D 转换器等组成。

（1）输入回路。从传感器来的信号，首先进入输入回路，在输入回路中对传感器信号进行预处理，包括检波或滤波、限幅、波形变换等。如车速传感器输入微机的信号，其幅值是随车速变化的，车速升高时，输出的电压幅值增大；车速降低时，输出的电压幅值减

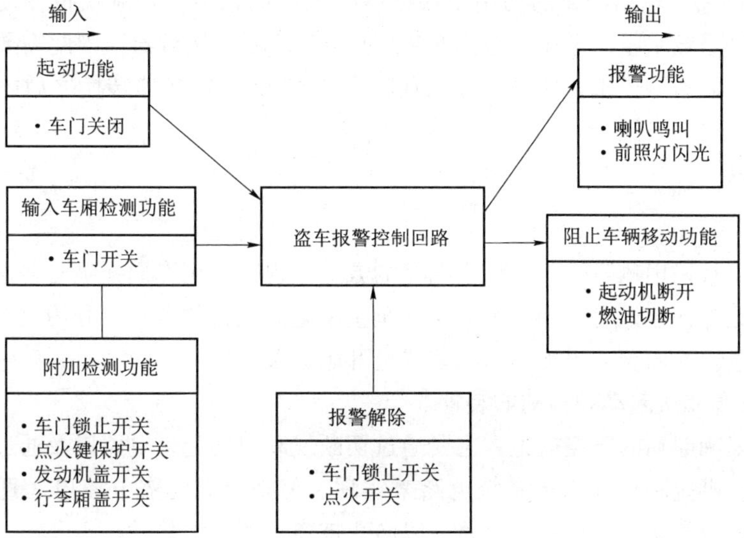

图 7－69　防盗电控单元的功能

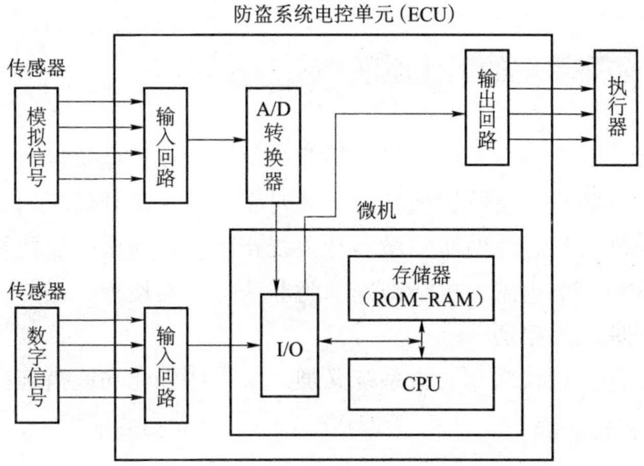

图 7－70　防盗电控单元的基本组成

小，电压信号较弱。为了使信号能够输入微机并被采用，必须在输入回路中将其信号放大、整形。

(2) A/D 转换器。在汽车电控系统中，传感器采集的信号有两种：一种是模拟信号，如车速信号；另一种是数字信号，如车门开关的输入信号。信号形态不同，输入微机的处理方法也不同。

对于数字信号可直接输入微机，而对于连续变化的模拟信号，则必须经 A/D 转换器转换成微机能够识别的数字信号后才能输入微机。

(3) 微机。微机是防盗控制系统的神经中枢，它能根据需要对各种传感器送来的信号进行运算处理，并把运算结果（如报警信号）送往输出回路。其主要由中央处理器(CPU)、存储器（包括只读存储器（ROM）和随机存储器（RAM））、输入/输出口（I/O）

等部分组成。

（4）输出回路。输出回路的功用是根据微机发出的指令，控制执行器动作。由于微机输出的控制信号是数字量，电压一般为5 V，不能直接驱动执行器，因此需要输出回路进行放大。如果执行器需要模拟量驱动，那么还需要经过D/A转换器转换之后才能控制执行器动作。

4．执行机构

1）报警装置

报警方法通常采用喇叭鸣叫和灯光闪亮的方式，也有采用专用喇叭与普通喇叭进行组合的报警方法。此外，还设有专用警笛或者向车主用电波报警的方式。利用电波在电子地图上显示被盗车位置，并向警方报警的追踪装置也开始普及。

2）防止汽车非法起动和移动的装置

作为阻止车辆起动的防盗措施，主要通过切断发动机的起动电路以及通过发动机电控单元间接切断燃油供应和切断点火系统电路来实现。另外也有防盗电控单元直接切断起动电路、切断燃油供应和切断点火系统电路，以防止被盗车辆非法移动。

防止汽车非法起动，除切断起动机继电器的电路外，还可通过点火钥匙来防止汽车被非法起动。防盗电控单元通过点火钥匙验明身份，并输出许可信号，进行发动机起动。

三、电子防盗系统的工作原理

当防盗器起动后，只有通过遥控器发出的开门信号被遥控模块接收到，或用车钥匙插入钥匙孔开门，才能使防盗电脑解除警戒状态，此时就可以正常开启车门。若有人不通过上述手段打开车门，即非法开启，此时车门微型开关线路闭合，而遥控模块和车门锁孔开关并没有将开门信号送给防盗控制电脑，电脑即判断为非法，于是使喇叭线路及其相关的各种灯的开关模块的断电器控制线路接通。

为了提高防盗功能，现代汽车防盗系统又加入了一些强化功能措施。

1．强化中控锁系统功能

1）测量开门锁钥匙的电阻

钥匙带电阻的防盗系统电路如图7－71所示。该种车系的每一把钥匙内部均有一定的电阻，每辆车的中央控制电脑将记住该电阻值。当PASS－KEY起动后，所有车门均被锁住，此时若用齿形相同但阻值不同的钥匙开启车门或起动发动机，则防盗系统认为是非法。这时防盗喇叭会响，同时会切断起动继电器控制线圈的搭铁回路，使起动机不能工作，同时控制发动机电脑，使喷油嘴不喷油。

2）加装密码锁

车用密码锁的功能与钥匙、遥控器处于同一种地位，即用其中任何一种方法都可打开车门。加装密码锁后，车主就无须为保管好钥匙或遥控器以免丢失而头痛了。密码锁有10位键，而密码则一般取五位数，此时密码共有10万种组合，而且已设定的密码也可以由车主任意改变。

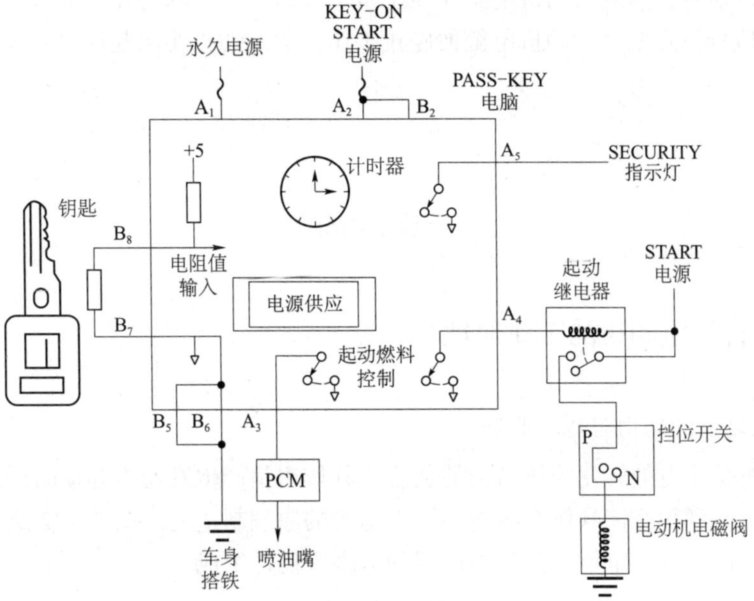

图 7－71　钥匙带电阻的防盗系统电路

3）遥控器增加保险功能

为防止窃贼复制遥控器轻松打开车门，新型遥控器与防盗电脑配合，由固化程序设定频率，即每次车主重新锁门后，遥控器与接收器均按事先设定的程序同时改变为另一频率，这样遥控器便无法复制。

4）意外振动警报器

为了防止窃贼将车用集装箱拉走再拆开处理，现在有些车采用了意外振动警报装置。它的工作原理是在汽车内部加装振动传感器，若汽车受到意外移动、碰撞，使振动传感器反馈信号大于标准值时，警报喇叭、灯光一起工作，以提示车主注意。

2．防盗控制的增强途径

1）使起动机无法工作

防盗电脑控制起动继电器，从而控制起动机起动。若通过正常途经解除防盗警戒，则起动机与喇叭、灯光等都处于正常工作状态；若未解除防盗警戒而发动汽车，即使短接钥匙孔后面的起动线，也无法将发动机起动，从而起到防盗功能。

2）使发动机无法工作

防盗电脑不仅控制着起动线路，同时也可切断汽油泵继电器控制线路，使发动机处于无油供给状态；另外又控制自动变速器继电器控制线路，使自动变速器液压油路控制板中的电磁阀无法打开，从而使变速器无法工作。

另外，也有某些车系同时可以切断发动机电脑板中的某些搭铁线路，使点火系统不工作，喷油嘴电磁阀处于切断位置，从而使发动机无法工作。

3）使发动机电脑处于非工作状态

前两种防盗措施都可以通过自行连接搭铁线路来解决，因此，现在又出现一种新的防盗措施，即防盗电脑通过连线把某一特定频率的信号送到发动机电脑。解除防盗警戒后，防盗电脑板便发出该信号，这时发动机电脑才能正常工作，若未解除防盗警戒或直接切断防盗电脑电源，则该信号不存在，发动机电脑便停止工作，使发动机无法起动。

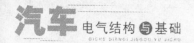

前导知识回顾

直流电动机

一、直流电动机的工作原理

1. 直流电动机的功用与基本原理

直流电动机是将电能转化为机械能的装置，其作用是产生发动机起动时所需要的电磁转矩。直流电动机是利用载流导体在磁场中受力运动的原理制造的。图 7－72 所示为最简单的直流电动机，它由磁场、电枢线圈、换向器和电刷等机件组成。

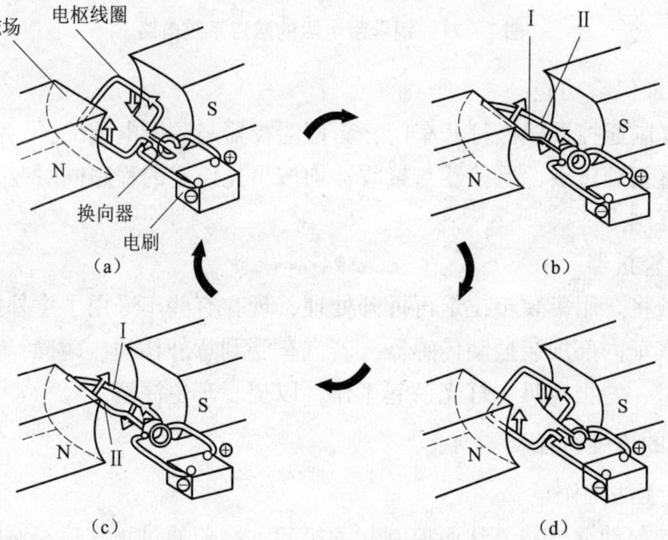

图 7－72　直流电动机的工作原理

当线圈在垂直位置时，如图 7－72（a）所示，电刷不与换向器接触，线圈中没有电流通过，因此电枢线圈不转动。如将电枢线圈稍向顺时针方向转过一些，如图 7－72（b）所示，换向器片分别与两电刷接触，线圈中有电流通过，其方向是从线圈Ⅰ边流入，从Ⅱ边流出。根据左手定则可以判定，线圈Ⅰ边向下运动，Ⅱ边向上运动，电枢线圈向顺时针方向转动。

当线圈转到图 7－72（c）所示的位置时，换向器片不与电刷接触，线圈中无电流通过，此时，电枢线圈在惯性作用下转过这个位置。当线圈转过垂直位置时，换向器片又与两电刷接触，如图 7－72（d）所示。但此时换向器片已经调换了位置，因此电流从线圈Ⅱ边流入，从Ⅰ边流出。根据左手定则可以判定，线圈Ⅰ边向上运动，Ⅱ边向下运动，电枢线圈仍向顺时针方向转动。这样，使电流不断地通入线圈，线圈便按一定方向继续不停地转动。

一个线圈的电动机，虽能旋转，但转动力量小，产生的转矩小，转速也不稳定，而且在图7－72（a）和图7－72（c）的位置时不能转动。所以，为了增大电磁转矩和提高电动机运转的平顺性能，实际使用的起动电动机都是由较多的线圈并配有相应换向器片构成，同时采用多对电磁铁来产生较强的磁场，但其工作原理还是一样的。

2．直流电动机的转矩

当直流电动机接上直流电源时，由于载流导体在磁场中受到电磁力的作用，产生电磁转矩使电枢旋转。

电动机产生的电磁转矩 M 取决于磁通 Φ、电枢电流 I_a 的乘积，即

$$M = C_m I_a \Phi \quad (7-1)$$

式中，C_m 为电动机结构常数，它与电动机的磁极对数 P、电枢绕组导线总根数 Z 及电枢绕组电路的支路对数 a 有关，即

$$C_m = Pz/(2\pi a) \quad (7-2)$$

3．反电动势

直流电动机拖动负载，当负载发生变化时，电动机的电枢转速、电枢电流、电磁转矩均会自地地做相应的变化，以满足不同负载的需要。

如图7－73所示，其原理如下：当直流电动机的电枢绕组通电后，产生电磁转矩，使电枢旋转；旋转的电枢绕组切割磁力线后产生感应电动势，由右手定则可判断出其电动势的方向与线圈电流方向相反，即与外加电压的方向相反，故称为反电动势，其大小为

$$E_f = C_e \Phi n \quad (7-3)$$

式中，C_e 为电动机结构常数；Φ 为磁极磁通；n 为电枢转速。

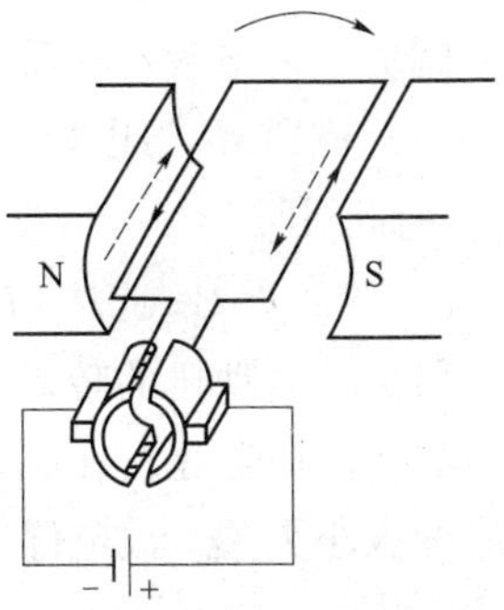

图7－73　反电动势的形成

二、直流电动机的转矩自动调节原理

1．电压平衡方程式

电动机工作时由于外加于电枢上的电压 U，一部分要用来平衡电动机的反电动势，另一部分消耗在电枢绕组 R_a 上，故其电压平衡方程式为

$$U = E_f + I_a R_a \quad (7-4)$$

式中，U 为电源电压；E_f 为反电动势；R_a 为电枢回路电阻；I_a 为电枢电流。该公式称为电动机－发电机一体公式。即电动机在一定条件下可以变成发电机，用于电动机的制动和储能。

2．转矩自动调节原理

由上述电压平衡方程式可得，电动机工作时的电枢电流 I_a 满足下式：

$$I_a = (U - E_f)/R_a = (U - C_e \Phi n)/R_a \quad (7-5)$$

由上式可得，当电动机负载↓→轴上阻力矩↓→电枢转速↑→E_f↑→I_a↓→电磁转矩 M↓→直至电磁转矩减至与阻力矩相等→电动机拖动负载以比原转速高的转速平稳运转。

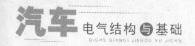

反之，当负载↑→轴上阻力矩↑→电枢转速↓→E_f↓→I_a↑→电磁转矩 M↑→直至电磁转矩增至与阻力矩相等→电动机拖动负载以比原转速低的转速平稳运转。

可见，当负载发生变化时，电动机的转速、电流和电磁转矩将自动发生相应的变化，以满足负载变化的需要，这就是直流电动机的转矩自动调节原理。

三、直流电动机的特性

直流电动机的电磁转矩 M、转速 n 和功率 P 随电枢电流 I_a 的变化规律，称为电动机的特性。它包括转矩特性、转速特性和功率特性，如图 7－74 所示。

1. 转矩特性

由电动机的转矩公式可知，直流串励电动机的电磁转矩 M 取决于磁通 Φ 和电枢电流 I_a 的乘积，即

$$M = C_m I_a \Phi \tag{7-6}$$

因为电枢电流和激磁电流相等，故在磁路未饱和时，磁通 Φ 与电枢电流 I_a 成正比，即 $\Phi = KI_a$。由此可得

$$M = C_m I_a \times KI_a = CI_a^2 \tag{7-7}$$

可见，电动机的转矩在磁路未饱和时与电枢电流的平方成正比，在磁路饱和后，磁通与电枢电流的大小无关，故电磁转矩与电枢电流大小成正比。

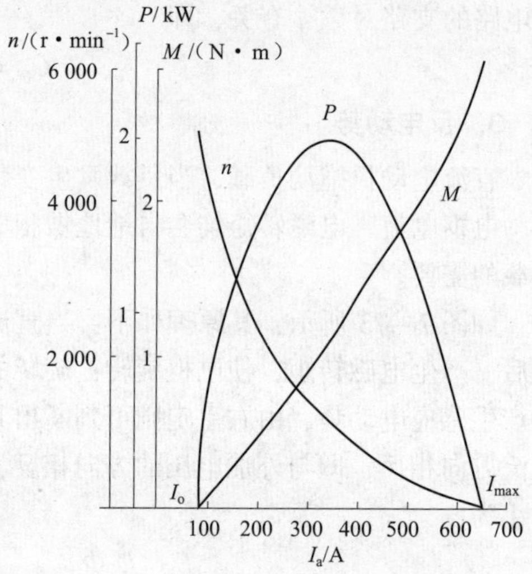

图 7－74 直流电动机的特性

在起动机起动瞬间，由于发动机的阻力很大，起动机处于完全制动状态，故转速 n 为 0，此时电枢电流最大，转矩也最大，很容易起动发动机，可见直流电动机具有起动转矩大的特点。

2. 转速特性

对于串励式直流电动机，工作时的电源电压 U 一部分消耗在电枢绕组 R_a 和磁场绕组 R_f 上，另一部分用于平衡电动机的反电动势 E_f，即

$$U = E_f + I_a(R_a + R_f) = C_e \Phi n + I_a(R_a + R_f) \tag{7-8}$$

由此可得

$$n = \frac{U - I_a(R_a + R_f)}{C_e \Phi} \tag{7-9}$$

当磁路未饱和时，由于磁通 Φ 与电枢电流 I_a 成正比，由上式可知，随着负载的增加，即电枢电流 I_a 的增大，电动机的转速急剧下降。当电动机空载，即电枢电流 I_a 最小时，转速 n 达最大值。可见，直流串励电动机具有轻载转速高而重载转速低的特点，这就保证了发动机起动的安全可靠。但在轻载或空载时，会因为转速过高而导致“飞散”事故，因此，当功率大时采用复励电动机。

3. 功率特性

电动机的输出功率 P 由其转矩 M 和转速 n 确定，即

$$P=\frac{Mn}{9\ 550} \tag{7-10}$$

当电动机完全制动时，即 n 为 0 时，电动机的功率为 0；空载时，转矩为 0，输出功率也为 0；只有当电枢电流接近于制动电流一半时，其输出功率最大，如图 7－74 所示。

四、直流电动机的分类

直流电动机按励磁方式可分为永磁式和电磁式两大类。永磁式直流电动机磁极磁通工作时保持不变，其转速随转矩的增加而近似地按线性规律下降，但下降很小。电磁式直流电动机按励磁绕组与电枢绕组的连接关系又可分并励式、串励式和复励式三种，如图 7－75 所示。

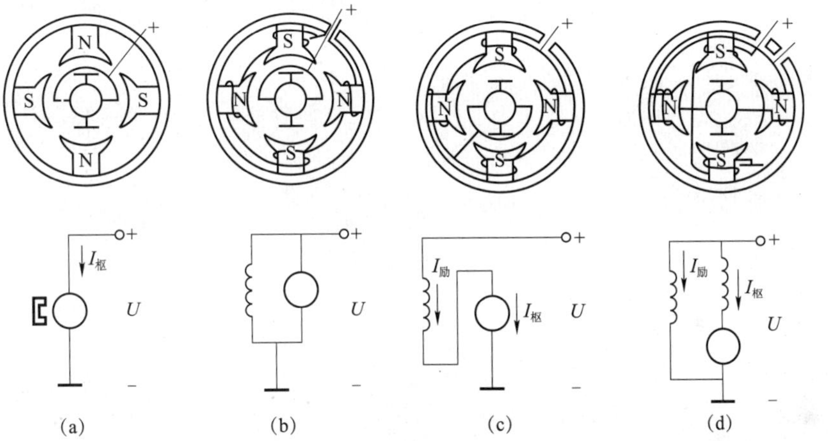

图 7－75　直流电动机的类型

(a) 永磁式；(b) 并励式；(c) 串励式；(d) 复励式

并励式直流电动机的励磁绕组与电枢绕组连在同一电源上，若外电压不变，励磁电阻不变，则每极磁通也基本不变，其机械特性和永磁式基本相同，即它们具有较“硬”的机械特性，如图 7－76 所示。它们的适应性能较差，一般用于减速型起动机。

串励式直流电动机的励磁绕组与电枢绕组串联，电枢电流等于励磁绕组电流，并与总电流相等。串励式直流电动机具有起动转矩大，轻载转速高，重载转速低，短时间内能输出最大功率等特点，它具有较“软”的机械特性，因此特别适合应用于直接驱动式起动机。

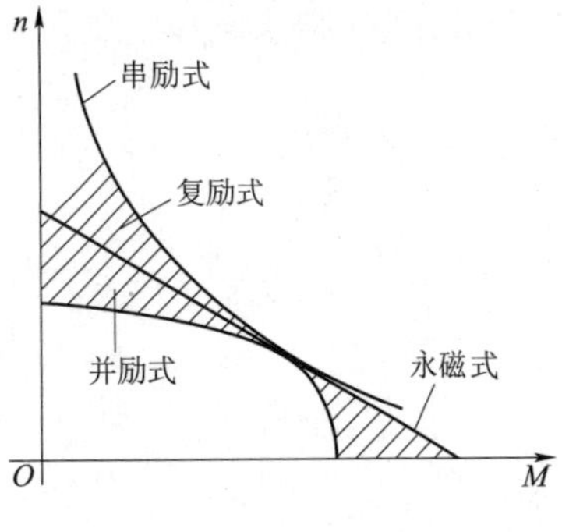

图 7－76　几种电动机的机械特性

复励式直流电动机的磁极上有两组励磁绕组，一组与电枢串联，另一组则与电枢并联。复励式直流电动机在空载运行的情况下与并励电动机相似，加了负载后，串励绕组的磁场将随负载的增加而加强，运行情况接近串励式电动机。因此它的机械特性比并励式软，比串励

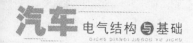

式硬，复励式直流电动机被一些大功率起动机所采用。

思考与练习题

1. 简述风窗刮水器的组成和动作过程。
2. 简述风窗刮水器高低速转动以及自动复位的原理。
3. 简述电动天窗的组成，以及实现双向动作的原理。
4. 简述电动后视镜电路分析方法。
5. 列举 10 个方向电动座椅所使用的传动机构。
6. 简述中控门锁的组成。
7. 中控门锁执行机构以及门锁控制器分别有哪些类型？
8. 简述遥控门锁系统的工作原理。
9. 简述电子防盗系统的工作原理。

单元八

汽车娱乐信息与网络系统

本章学习目标

1. 知识目标

(1) 掌握音响系统的基本组成及工作原理。

(2) 理解汽车导航系统的功能和基本知识。

(3) 了解车载网络分类和协议标准，掌握汽车车载网络系统的组成结构。

2. 能力目标

(1) 会对音响系统进行日常维护。

(2) 能对汽车导航系统进行简单维护。

第一节　汽车音响系统

随着人们对汽车舒适性要求的提高和电子技术的发展，汽车娱乐系统的技术含量和功能也越来越强，已经从单一的收音机功能、卡带机、CD、VCD，发展到如今市场上常见的DVD、MP3/WMA播放器、导航、USB播放设备、蓝牙免提、数字电视等多功能综合产品，且正沿着多功能、网络化、智能化的轨迹向前发展，越来越高度整合。

一、汽车音响系统的结构

汽车音响是指为了减轻驾驶员和乘员旅行中的枯燥感而设置的收放音装置。其作为音响领域中不可缺少的一部分，已经从最早的单一AM（调幅）收音机发展到具有AM/FM（调幅/调频）收音机、CD/MP3/WMA放音，兼容DCC、DAT数码音响。为了使汽车音响可以适应复杂的道路情况，现在的汽车音响在音色、操作和防振等各方面均达到了较高的水平，以保证性能的稳定和音质的完美。

汽车音响系统主要由天线、接收装置、车载播放器与外接音源接口、声场修正、功率放大器和扬声器六个部分组成，如图8－1所示。

1. 天线

天线用于接收广播电台的发射电波，通过高频电缆向无线电调频装置传送。汽车用天线无方向性，手动或电动天线均可伸缩。现代部分汽车为避免天线在高速行驶时弯曲，或被

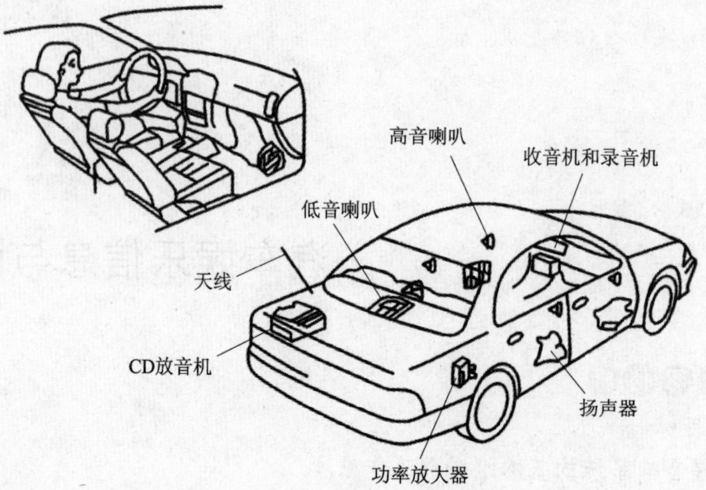

图 8－1　汽车音响系统组成

折断，并扩大接收范围，以提高接收品质，采用粘贴在后风窗玻璃上的隐藏式天线。

2. 接收装置

接收装置（收音机）是由无线电调谐装置将电台发射的高频电磁波（无线电波）有选择地接收，并解调为音频电信号。收音机通过接收从许多广播电台发射的无线电波中的一种来选择某一需要收听的节目。

在无线电广播中，分为调幅（AM）广播和调频（FM）广播，它们通过按钮操作来切换。AM 是调幅的缩写，它将载波的波幅按声音信号转换；FM 是调频的缩写，它将载波的频率按声音信号的频率转换。AM 信号与 FM 信号的区别在于，FM 广播有良好的音质和较少的噪声；所有的 FM 广播均是立体声广播，但 AM 广播除某些电台（或节目）外，均是单声道的；AM 广播使用中波，FM 广播使用超高频；AM 广播服务范围大于 FM 广播。

收音机通过天线接收到广播信号后，还必须清除电信号中的载波。广播电台发射的音乐和语音的信号与载波进行合成变成调制信号，因此，要把此信号转换成音乐和语音，必须去掉载波，只保留声信号。

收音机的工作原理如图 8－2 所示。

3. 车载播放器与外接音源接口

车载播放器读取光盘以及外接音源接口传输的数字信号。

现代汽车上开始越来越多地使用 CD 播放器，可兼容 MP3、WMA 多种格式。CD 播放器的核心是 CD 机芯，它根据激光束发射到刻在 CD 上凹点处的反射光强度，将 CD 盘上所刻录的音乐或声音数字信号转变成原来的模拟信号。CD 播放器有单碟 CD、多碟 CD、虚拟多碟 CD、单碟 DVD、多碟 DVD 等几种主流媒体形式。CD 播放器的结构与原理如图 8－3 所示。

外接音源接口是指外接输入接口，通过连接外接设备，如 MP3/MP4、U 盘、移动硬盘等，即可在车载音响中播放外接设备的影音节目。目前常用的音频接口形式有 AUX、USB、存储卡和 iPod 等。

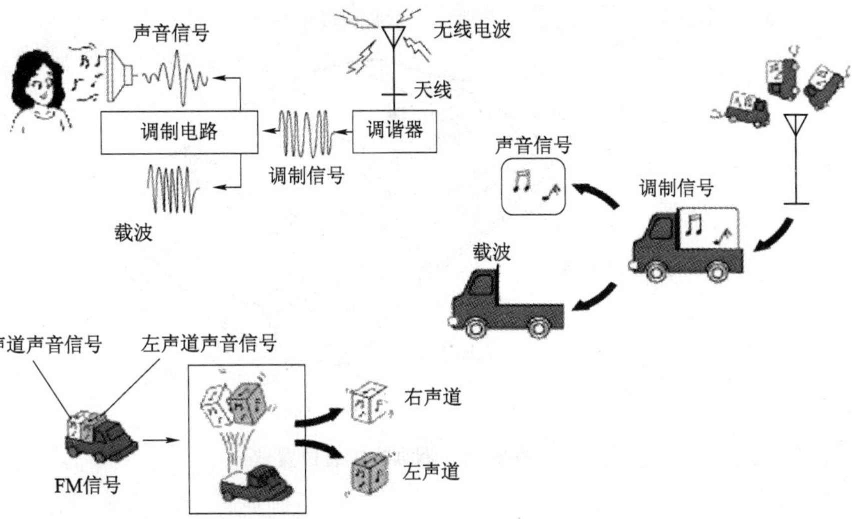

图 8 –2　收音机的工作原理

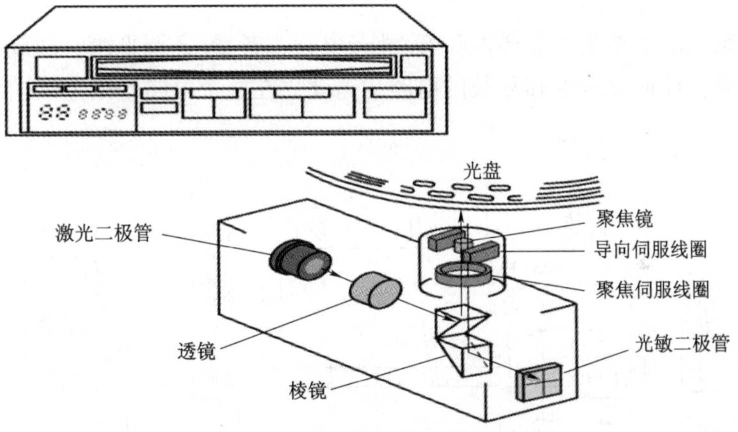

图 8 –3　CD 播放器的结构与原理

4．声场修正

按照车厢内声场特性及听者爱好，增强或减弱频率带，具有修正声场的功能。

5．功率放大器

因为收音机收到的无线电信号非常微弱，需要用功率放大器将微弱的音频信号放大到可推动扬声器的足够功率，使扬声器（喇叭）发出声音。功率放大器可以装在收音机中，也可以单独安装，作为立体声音响的一个组件。

6．扬声器

扬声器俗称喇叭，是最终决定车厢内音响性能的重要部件。所有的音乐都是通过“喇叭”发出声音，供人们聆听、欣赏。作为将电能转变为“声能”的唯一器材，喇叭的口径大小、安装方法与位置、品质、特性对整个音响系统的音质起着决定性作用。为欣赏立体声，车上至少要装 2 个扬声器。一般汽车扬声器的数量大多数在 2 ~ 6 个，而价格较高的豪华车，扬声器数量一般能达到 4 ~ 8 个甚至更多。喇叭的安装位置如图 8 –4 所示。

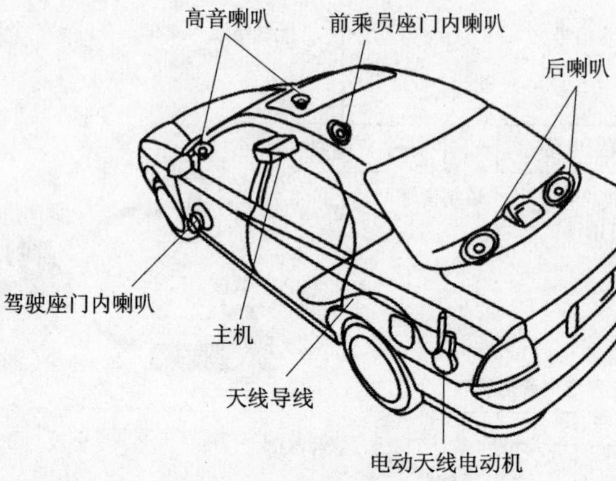

图 8-4　喇叭的安装位置

二、汽车音响系统的基本电路

汽车音响系统的基本电路主要由收音/放音电路、音量/音调平衡、功放集成电路三个基础电路部分组成，任何高难度和复杂的电路均是建立在这个电路基础上的，如图 8-5 所示。

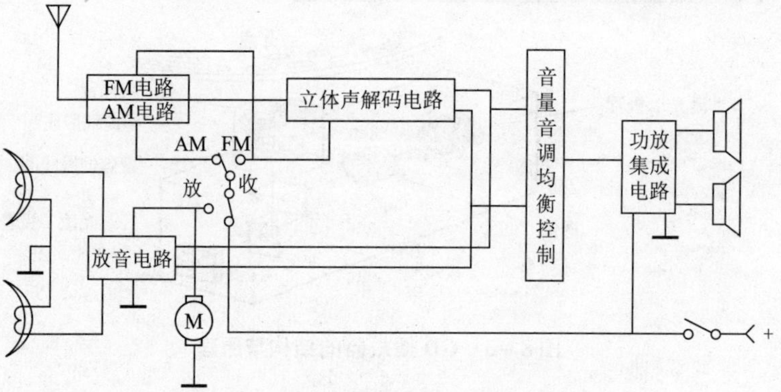

图 8-5　汽车音响系统的基本电路

三、汽车音响系统的特点

基于汽车音响系统的使用情况，汽车音响系统应该具备以下特性：

1．由蓄电池供电

汽车音响系统的电源是蓄电池，此系统以 12 V（24 V）电压工作。

2．抗干扰能力强

汽车音响系统设计要能承受不平、颠簸路面的振动及灰尘。

3．灵敏度高，动态范围大

收音机设计得非常灵敏，这样即使在车子经过无线电波不强的区域也可以接收到信号。

无线电波的强度是随地方而变化的，它装有一套 AGC 线路来调整这种差别。

4．容易操作

汽车音响系统应在驾驶员开车时很容易使用，收音机有一套按钮机构和自动搜索功能。

5．对电气噪声不敏感

调幅广播容易受外界噪声的影响，如果无线电波微弱的区域发生雷电或者靠近交通信号、电力线或火车轨道，噪声就易于产生。此外，汽车音响系统容易受到音响系统所在汽车的电气元件，诸如火花塞、点火线圈和发电机产生的电气噪声的影响。为了有较好的音响效果，采取了一系列噪声抑制措施，以阻止噪声进入系统而对汽车音响系统造成影响。

6．对冷热不敏感

停放在户外的车子，仲夏时节其内部温度会很高（高于 80 ℃），而在严冬车中温度变得非常低（低于 -20 ℃），汽车音响系统设计应能承受此温度波动。

第二节　汽车通信系统

汽车通信系统是帮助驾驶员用以完成信息传输过程的技术系统的总称，主要借助电磁波在自由空间的传播或在导引媒体中的传输机理来实现。汽车通信系统包括汽车导航系统、电话免提系统、驾驶舱管理和数据系统等几个主要部分，主要目的是帮助驾驶员轻松、方便行驶，高效、安全出行。

一、汽车导航系统

汽车导航系统也称为车载 GPS 导航系统，是指车辆道路交通信息通信系统。汽车内部设置的 GPS 天线会接收到来自环绕地球的 24 颗 GPS 卫星中的至少 3 颗所传递的数据信息，结合储存在车载导航仪内的电子地图，通过 GPS 卫星信号确定的位置坐标与此匹配，进而确定汽车在电子地图中的准确位置。在定位的基础上，可以通过多功能显示器，提供最佳行车路线、前方路况以及最近的加油站、饭店、旅馆等信息。

1．汽车导航系统的功用

汽车导航系统主要具备汽车踪迹监控和驾驶指南两大功能。

1）汽车踪迹监控功能

只要将已编码的 GPS 接收装置安装在汽车上，该汽车无论行驶到任何地方都可以通过计算机控制中心的电子地图指示出它所在的方位。

2）驾驶指南功能

驾驶指南功能包括地图查询、路线规划和自动导航等功能。车主可以将各个地区的交通线路电子图存储在软盘上，只要在车上接收装置中插入软盘，显示屏上就会立即显示出该车所在地区的位置及目前的交通状态，既可输入要去的目的地，预先编制出最佳行驶路线，又可接收计算机控制中心的指令，选择汽车行驶的路线和方向。

（1）地图查询。

汽车导航系统可以在操作终端上搜索车主要去的目的地位置，可以记录车主常去的地方的位置信息并保留下来，也可以和他人共享这些位置信息，模糊的查询车主附近或某个位置附近的（如加油站、旅馆、取款机等）信息。

（2）路线规划。

汽车导航系统会根据所设定的起始点和目的地，自动规划一条线路。规划线路可以设定是否经过某些途经点，是否避开高速等功能。

（3）自动导航。

语音导航：用语音提前向驾驶者提供路口转向、导航系统状况等行车信息，使车主无须观看操作终端，通过语音提示就可以安全到达目的地。

画面导航：在操作终端上会显示地图，以及车子现在的位置、行车速度、目的地的距离、规划的路线提示、路口转向提示的行车信息。

重新规划线路：当车主没有按规划的线路行驶，或者走错路口时，GPS 导航系统会根据车主当前的位置，重新规划一条新的到达目的地的线路。

2. 汽车导航系统的基本组成

汽车导航系统主要由两部分构成，一部分由安装在汽车上的传感器、GPS 接收机和显示设备组成，另一部分由计算机控制中心组成，两部分通过定位卫星进行联系。典型的汽车导航系统结构如图 8－6 所示。

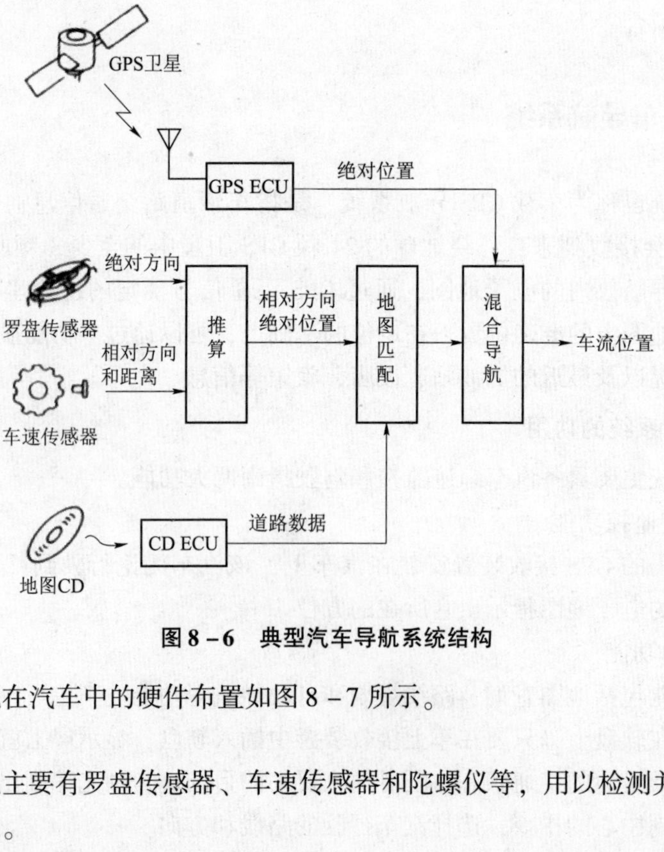

图 8－6　典型汽车导航系统结构

车载导航系统在汽车中的硬件布置如图 8－7 所示。

1）传感器

汽车导航系统主要有罗盘传感器、车速传感器和陀螺仪等，用以检测并确定汽车的行驶方向和车速等信息。

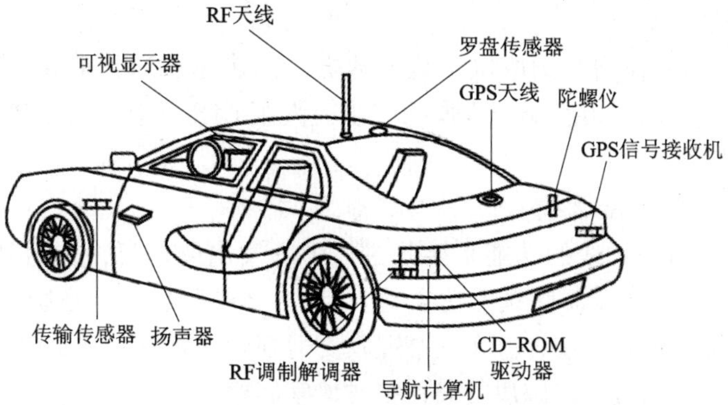

图 8-7　车载导航系统在汽车中的硬件布置

2）GPS 信号接收机

GPS 信号接收机能够对 GPS 卫星进行搜索、捕捉。当捕捉到卫星后，即对信号进行牵引和跟踪，并将所接收到的 GPS 信号进行变换、放大和处理，以便测量出 GPS 信号从卫星到接收机的传播时间，解析出 GPS 卫星所发送的导航电文，实时地计算出 GPS 信号接收机自身所在的经度、纬度和高度。GPS 信号接收机主要由天线单元和接收控制单元两部分组成，如图 8-8 所示。

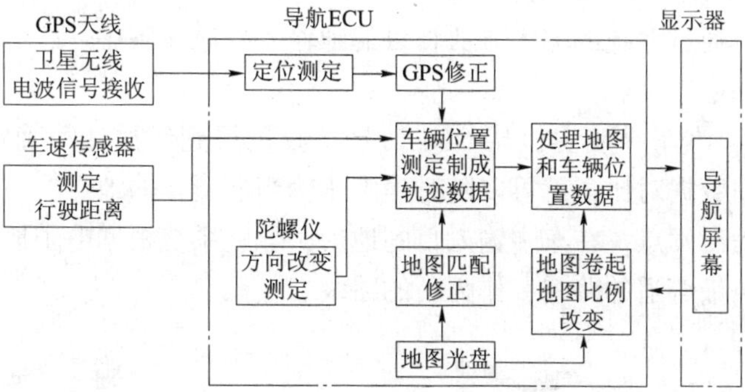

图 8-8　汽车导航系统组成框图

（1）天线单元

天线单元是由接收天线和前置放大器组成的。

GPS 信号接收机的天线通常采用全向振子天线、小型螺旋天线或微带天线，其作用是将从卫星传来的无线电信号的电磁波能量变换成接收机电子器件可摄取应用的电流。

（2）接收控制单元。

接收控制单元主要由信号波道、存储器及计算与控制部分等组成。它能对 GPS 卫星信号、安装在汽车上的传感器输入信号以及储存在存储器中的电子地图数据进行处理，并再经综合的图像协调后，通过显示器将地图显示在屏幕上，并以闪光标识表示出汽车的适时位置，指示出汽车应该的行驶方向及不断地显示当前距目的地的距离。

① 电子地图。

电子地图即地图 CD，储存着丰富的城市地图、全国的公路网图，以及加油站、便利商店、政府机关、旅游景点、餐馆、停车场等信息。

② CD－ROM 驱动器。

CD－ROM 驱动器的作用是读取电子地图数据，并快速发送到 ECU 进行处理。为了使 LCD 显示效果连续，同时保持声响与音像的同步，汽车 GPS 导航系统采用了 4 倍速 650 MB 的 CD－ROM 驱动器。

③ RF 调制解调器与 RF 天线。

RF 调制解调器与 RF 天线的功能是接收主控中心发出的信息，并同时控制汽车，以实现汽车动态导航。通过 RF 调制解调器建立与 VICS（交通信息控制系统）的联系，以获取交通堵塞、道路故障、道路施工、停车场情况及交通规则变化等实时交通信息，使驾驶员做出快速反应，改变行驶路线，以解决交通拥挤与堵塞问题。

3）显示器

显示器用来显示位置路况等视频图像信息，常用 LCD 液晶显示，也可选用 CRT 或 TV 显示。

4）计算机控制中心

计算机控制中心是由机动车管理部门授权和组建的，它负责随时观察辖区内指定监控的汽车动态和交通情况。

3. 汽车导航系统的基本工作过程

1）用户输入目的地

在出发前，用户通过系统的输入方法将目的地输入导航设备中。

2）确定行驶路线

如图 8－9 所示，汽车导航主机从 GPS 信号接收机得到经过计算确定的当前经度和纬度，通过与电子地图数据对比，就可以随时确定车辆当前所在的地点。一般汽车导航系统将车辆当前位置默认为出发点，在车主输入目的地后，导航系统根据电子地图存储的地图信息就可以自动算出一条最合适的路线，作为新的路线。

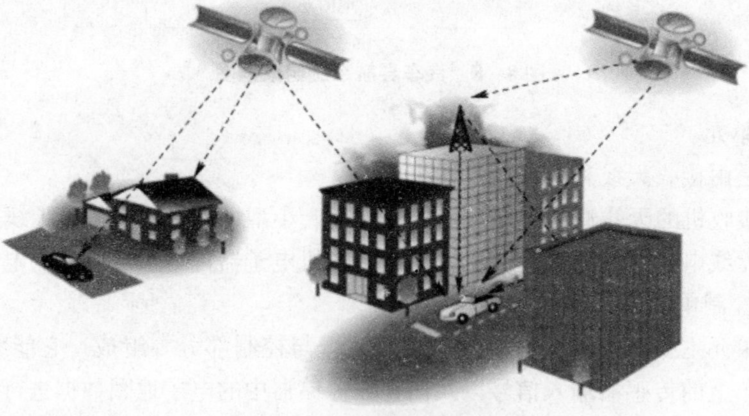

图 8－9　GPS 定位原理

3）行驶中的导航

汽车自动导航系统的输出设备包括显示屏幕和语音输出设备。在行驶过程中，驾驶员必须全神贯注于驾驶，而不能经常查看显示屏幕，因此，一个实用而人性化的车辆自动导航系统利用语音输出，在必要时刻向驾驶员提示信息。例如，车辆按照系统推荐路线行驶到应该转弯的路口前，语音输出设备提示驾驶员“300 m 后请向左转”，这样驾驶员根本不必关注屏幕的显示，就可以按照推荐路线正确快捷地到达目的地。

二、电话免提系统

电话免提系统是专为行车安全和舒适性而设计的。其功能主要是：用语音指令控制接听或拨打电话，使用者可以通过车上的音响或蓝牙无线耳机进行通话、收发短信、来电显示、上网、数字拨号、通讯录、通话管理、设置时间和日期等功能。部分车载电话具有多频或双频和蓝牙功能，常见的有车载式、蓝牙式、车载 + 蓝牙式等几种。

三、驾驶舱管理和数据系统

随着汽车电子技术的飞速发展，汽车电子控制系统所用的传感器不断增多，汽车仪表的电子显示系统从简单地显示传感器信息的系统，已发展成为可以对各种信息进行分析计算、加工处理的综合信息系统。

驾驶舱管理和数据系统就是指基于一台中央电脑来控制大部分车载设施和功能的智能中央控制系统，其作用是将车辆信息、多媒体系统、GPS 导航、空调、电话等功能整合为一个整体，旨在方便用户对这些配置的控制和操作。该系统能够从大量的信息中选择出驾驶员所需要的各种信息内容，让车内乘员可以快速地启用或操控娱乐、信息、导航和电信功能。

第三节　车载网络系统

随着汽车技术的快速发展，汽车性能不断提高，汽车电气与电子控制装置在汽车上的应用越来越多，如电子燃油喷射系统（EFI）、汽车防滑控制系统（ABS/ASR）、电控自动变速器、安全气囊（SRS）、电子悬架、电控动力转向系统等。随着集成电路和单片机在汽车上的广泛应用，汽车上电控单元的数量越来越多，线路越来越复杂，传统的点到点布线方式使汽车上的导线数量成倍增加，汽车的线束越来越庞大。而复杂和凌乱的线束使电气线路的故障率增大，降低了汽车电气与电子控制装置的工作可靠性；占用空间更大，使得在有限的汽车空间内布线越来越困难，限制了功能的扩展；当线路发生故障时，不仅故障查找麻烦，而且维修也很困难，在一定程度上影响了电子控制技术在汽车上的应用。

此外，随着汽车电子控制装置的大量使用，有些数据信息需要在不同的控制系统中共享，大量的控制信号也需要实时交换，以提高系统资源的利用率和系统的工作可靠性。采用传统的点到点的布线方式，信号传输的可靠性、信息传送的速度均具有不适应性，信息传输材料成本较高。

为了简化线路，提高信息传输的速度和可靠性，降低故障率，车载网络技术应运而生，如控制器局域网（CAN）、局部连接网络（LIN）和局域网（LAN）等。一辆汽车不管有多少个电控单元，每个电控单元都只需引出两条线共同接在两个节点上，这两条导线就称为数据总线，也称为网线。车载网络可减小线束尺寸、降低成本、减少插接器的数量，同一款车同等配置下，可以大大简化汽车线束；可以进行设备之间的通信，增加功能；通过信息共享，减少传感器信号的重复数量。常规方法布线与采用总线方式布线如图 8－10 所示。

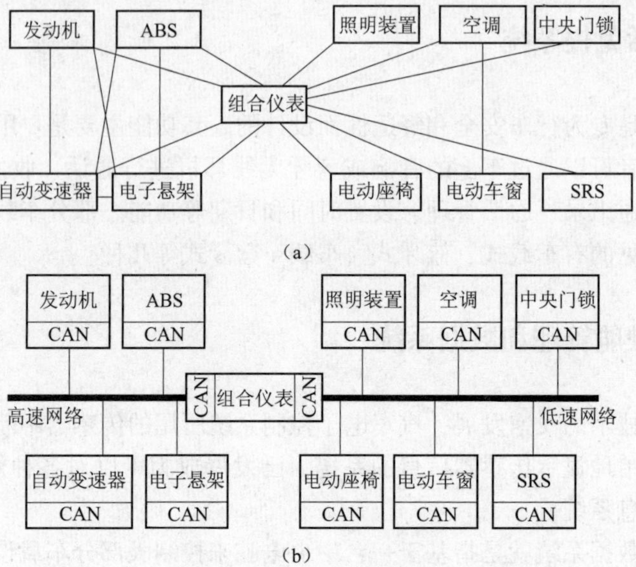

图 8－10　汽车总线布置

(a) 常规方法布线；(b) 总线方式布线

一、车载网络的发展历程

自 20 世纪 80 年代起，汽车上开始装用车载网络。1983 年，日本丰田公司在世纪牌汽车上采用光纤车门多路传输集中控制系统，车身电控单元可对各车门锁、电动车窗进行控制。

1986—1989 年，汽车车身系统采用了铜网线，如日产公司的车门多路传输集中控制系统、通用汽车公司的车灯多路传输集中控制系统等，都已处于批量生产阶段。同时，一些汽车网络标准也纷纷推出，如德国 Robes Bosch 公司的 CAN 网络标准、美国汽车工程师学会（SAE）提出的 J1850、马自达的 PALMNET、德国大众的 ABUS 等。

20 世纪 90 年代，集成电路技术和电子器件制造技术迅速发展，用廉价的单片机作为总线的接口端，使总线技术布线的价格逐渐进入实用化阶段。

为了实现音响系统的数字化，建立了将音频数据与信号系统综合在一起的 AV 网络，该网络采用光缆连续地传输大容量的数据。

当汽车引入智能交通系统（ITS）后，开始使用更大容量的网络，如 DDB 协议、MOST 及 IEEE 1394 等。随着汽车电子技术的发展，欧洲提出了控制系统的新协议 TTP。

2000 年以后，随着车载网络的进一步细分，低端 LIN 网络产生。根据汽车各个系统对数据的传输速率的不同要求，汽车上常用的总线分为 CAN 总线和 LIN 总线两大类。CAN 总线用于对数据传输速率和带宽要求较高的场合，如发动机电控单元和 ABS 电控单元等。LIN 总线用于对数据传输速率要求较低的场合，为车载网络提供辅助功能，多用在不需要总线的高带宽和多功能的场合，如智能传感器和车身系统的通信，使用 LIN 总线可使成本大大降低。

2010 年，国际 Telematics 产业联盟（ITIF）正式成立，标志着汽车信息化时代的到来。Telematics 是远程通信技术（Telecommunications）与信息科学技术（Informatics）的合成词，它整合了汽车网络技术（也包括其他移动运输工具内部的网络技术）、无线通信技术、GPS（Global Positioning System，全球定位系统）卫星导航技术，通过无线网络，随时给行车中的人们提供驾驶、生活、娱乐所必需的各种信息。

几种典型网络的成本比例及通信速度比较如图 8－11 所示。

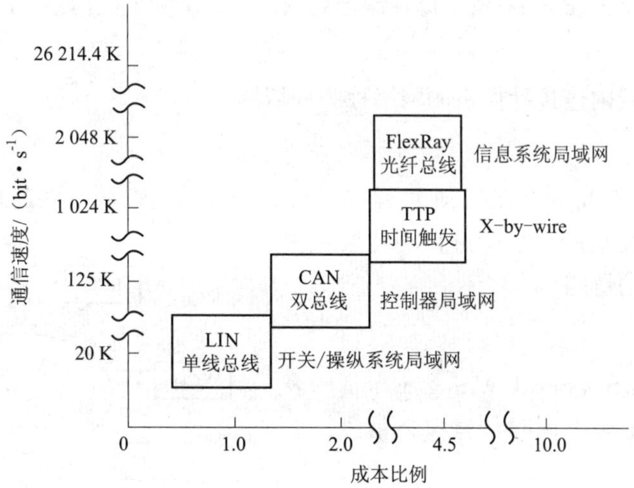

图 8－11　几种典型网络的成本比例及通信速度比较

二、车载网络系统的结构类型

车载网络系统的主要类型如图 8－12 所示。

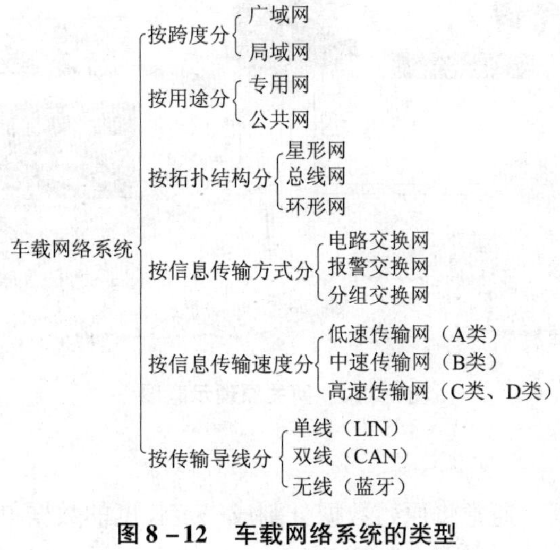

图 8－12　车载网络系统的类型

三、车载网络系统常用的基本术语

1. 数据总线

数据总线是模块间运行数据的通道，即所谓的信息高速公路。数据总线可以实现一条数据线上传递的信号可以被多个系统（控制单元）共享，从而最大限度地提高系统整体效率，充分利用有限的资源。

2. CAN

CAN（Controller Area Network）即控制器局域网，是国际上应用最广泛的现场总线之一。

3. 局域网

在一个有限区域内连接计算机的网络称为局域网。

4. 现场总线

现场总线（Field Bus）是在工业过程控制和生产自动化领域发展起来的一种网络体系，是在过程现场，安装在控制室先进自动化装置中的一种串行数字通信链路。

5. 多路传输

多路传输用 SWS（Smart Wiring System）表示，是指在同一条通道上同时传输多条信息，如图 8-13 所示。

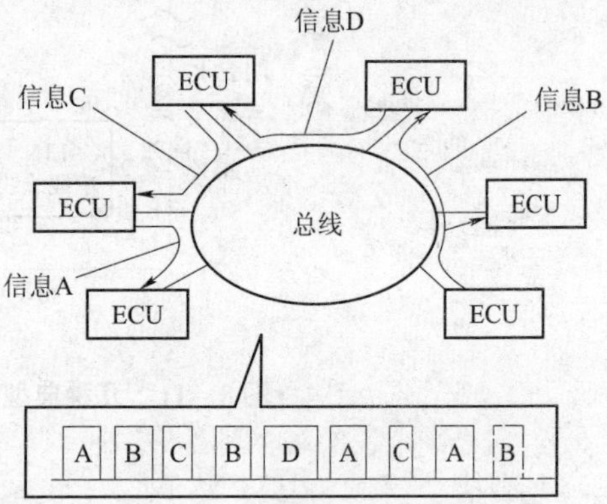

图 8-13　多路传输线路

6. 网关

因为汽车上往往不止使用一种总线网络，所以必须用一种方法达到信息共享，而不产生协议间的冲突，如图 8-14 所示。

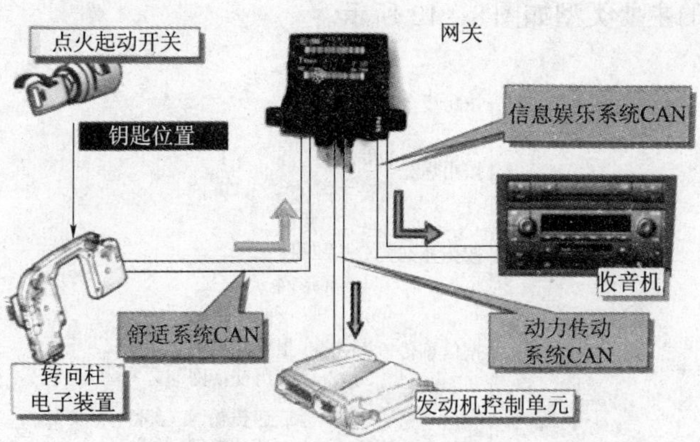

图 8-14　网关原理示意图

7. 帧

为了可靠地传输数据，通常将原始数据分割成一定长度的数据单元，这就是数据传输的单元，称为帧。

8. 通信协议

通信协议是通信双方控制信息交换规则的标准、约定的集合，即指数据在总线上的传输规则，如表 8-1 所示。

表 8-1 八种典型的通信协议

序号	通信协议名称	推荐或实施单位
1	CAN	奔驰、英特尔、博世、SAE、ISO/TC22/SC3/WG1
2	BASIC CAN	飞利浦、博世
3	ABWS	大众
4	VAN	雷诺、标致、雪铁龙、ISO/TC222/SC3/WG1
5	HBCC	福特、SAE J850
6	PALMENT	马自达、SAE
7	DLCS	通用
8	CCD	克莱斯勒、SAE

四、车载网络系统的应用

（一）CAN 总线技术应用

1. 概述

1）CAN 总线的特性

（1）CAN 的特点。

① CAN 支持从几千到 1 Mbit/s 的传输速率。

② 使用廉价的物理传输媒介。CAN 可以使用普通的双绞线、同轴电缆及光纤作为网线（双绞线最常用）。

③ 数据帧短，实时性好，降低了有效数据传输的速度。

④ 错误检测、校正能力强，系统可靠性高。

⑤ 多站同时发送信息，模块可以优先获取数据。

⑥ 能判断暂时错误和永久错误的节点，具有故障节点自动脱离功能。

⑦ 大部分 CAN 在丢失仲裁或出错时，具有信息自动重发功能。

（2）CAN 数据传输系统的优点。

数据总线与其他部件组合在一起即成为数据传输系统，CAN 数据传输系统的优点如下：

① 将传感器信号线减至最少，更多的传感器信号进行高速数据传输。

② 组网自由，功能扩展能力强。如果系统需增加新的功能，仅需软件升级即可，对复杂的汽车网络具有强大的优势。

③ 总线利用率高，数据传输距离长，可达 10 km；数据传输速率高，可达 1 Mbit/s。

④ CAN 总线符合国际标准，便于一辆车上不同生产厂家的电控单元间进行数据交换。

⑤ 电控单元实时监测。对所连接的 CAN 总线进行实时监测，当出现故障时，该电控单元存储相应的故障码。

⑥ 电控单元和电控单元插接器端子最小化应用，节省电控单元的有限空间。

⑦ 节省大量有色金属，成本相对较低。

（3）传输线颜色特点。

CAN 总线基本颜色为橙色；CAN－L（低位）均为棕色；CAN－H（高位）中的驱动系统传输线为黑色，舒适系统传输线为绿色，信息系统传输线为紫色。

网络使用数据链路接口（DLC）为解码器提供接口。由于所有系统信息可通过另一根（冗余）导线进行传递，所以当数据总线的一根导线损坏时，系统仍可继续工作。若两根导线损坏，则会影响诊断功能。

2）CAN 总线的位数值表示与通信距离

CAN 总线用“显性”（Dominant）和“隐性”（Recessive）两个互补的逻辑值表示 0 和 1。当总线上出现同时发送显性和隐性位时，总线数值为显性（即 0 与 1 的结果为 0）。V_{CAN-H}和V_{CAN-L}为 CAN 总线收发器与总线之间的两接口端子电压，信号以两线之间的差分电压形式出现，如图 8－15 所示。在隐性状态下，V_{CAN-H}和V_{CAN-L}被固定在平均电压附近，V_{diff}近似于零。在总线空闲或隐性位期间，发送隐性位。显性位以大于最小阀值的差分电压表示。

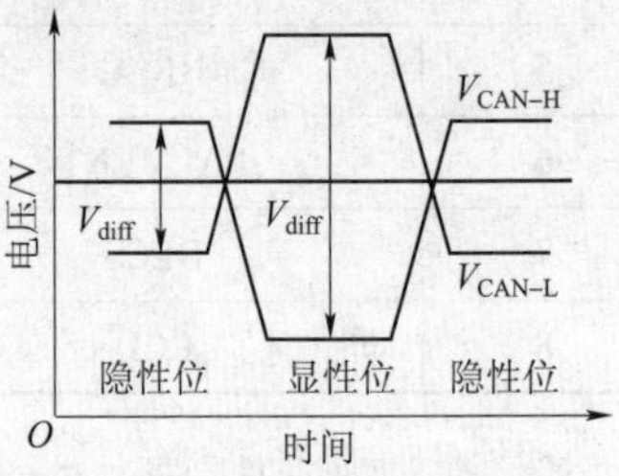

图 8－15　CAN 总线收发器与总线之间的两接口端子电压

CAN 总线上任意两个节点之间的最大传输距离与其位速率有关。最大通信距离是指在同一条总线上两个节点之间的距离。在各级“分支”的节点上采用“网关”（中继器或网桥），即由多个 CAN 控制器或外加其他通信协议（如 RS485、TCP/IP）的接口芯片组成的一个设备，几乎不受限制地扩大了通信距离（“中继器”作用），又有“网关”或“网桥”，甚至“路由器”的作用。

2. CAN 协议

CAN 技术的应用推广，要求通信协议标准化。1991 年 9 月，博世公司制定并发布了 CAN 技术规范（Version 2.0）。该技术规范包括 A 和 B 两部分，CAN 2.0A 给出了曾在 CAN 技术规范版本 1.2 中定义的 CAN 报文格式，而 CAN 2.0B 给出了标准的和可扩展的两种 CAN 报文格式。此后，1993 年 11 月，ISO 正式颁布了道路交通运输工具“数字交换—高速通信控制器局域网国际标准（ISO 11898—高速 CAN）”以及低速标准（ISO 11519—低速 CAN）。美国汽车工程师学会等组织和团体也以 CAN 协议为基础颁布了本组织的标准，并将汽车通信协议按通信速度进行分类。

1）CAN 的分层结构

CAN 协议包括 ISO/OSI 参考模型中的数据链路层和物理层，如图 8－16 所示。物理层分为物理层信号（PLS）、物理媒体连接（PMA）和媒体从属接口（MDI）。数据链路层分为逻辑链路控制（LLC）和媒体访问控制（MAC）。

MAC 层的运行借助于“故障界定实体”（FCE）进行监控。故障界定是使判别短暂干扰和永久性故障成为可能的一种自检机制。物理层可借助检测和管理物理媒体对故障实体进行

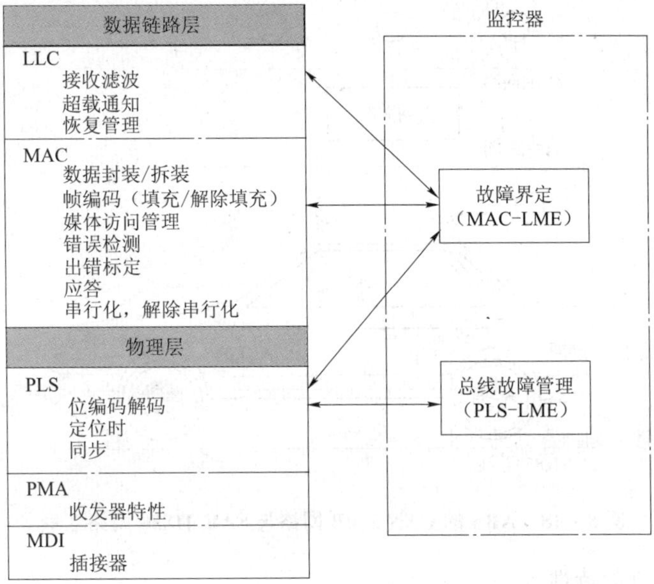

图 8-16　ISO/OSI 参考模型中的数据链路层和物理层

监控（如总线短路或断路，总线故障管理）。LLC 和 MAC 两个同等的协议实体通过交换帧或协议数据单元（PDU）相互通信。CAN 协议的数据链路层由Ⅳ层协议数据单元 NPDU、N 层服务数据单元 N-SDU 和Ⅳ层指定的协议控制信息 N-PCI 构成。

2）不同版本的通信协议与互联

（1）B 类通信协议与 C 类通信协议互联。

不同版本的 CAN 可以通过网关取得互联。网关就是具备不同网络协议之间信息转换能力的单片机。如美国三大汽车公司采用网关，使 B 类通信协议 SAE J1850 网络与 C 类通信协议 Bosch CAN 网络之间进行互联，即 Intel 16 位 87C169KR 单片机。

如图 8-17 所示，两个 CAN 网络执行器是两个独立芯片，由 CAN 电控单元（单片机）作为网关，CAN 执行器芯片如同随机存储器被网关写读。当收到信息时，网关执行接收 CAN 芯片的外部操作，然后按转换信息的逻辑指令执行外部操作，并对网络第二个 CAN 芯片编程传输。

CAN 2.0B 协议数据位速率可达 1 Mbit/s，相当于可执行 SAE C 类高速数据速率的通信协议，故被称为 SAE J1939 规范。由于高速率串行链路的电子元件和相应硬件成本较高，因此某些控制系统不需要高速数据速率，如灯光、车内温度、中控门锁等可以采用中速（B 类）、低速（A 类）数据速率的通信网络。SAE J1850 是采用数据速率为 41.6 Kbit/s 的 B 类通信网络，利用网关将要求高速率 C 类通信的发动机控制互联。ABS 的 CAN 2.0B 网络用网关与 SAE J1850 网络实现互联，如图 8-18 所示。

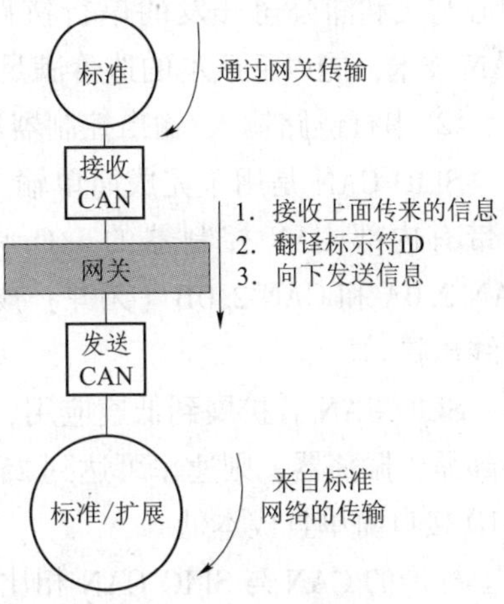

图 8-17　B 类通信协议与 C 类通信协议互联

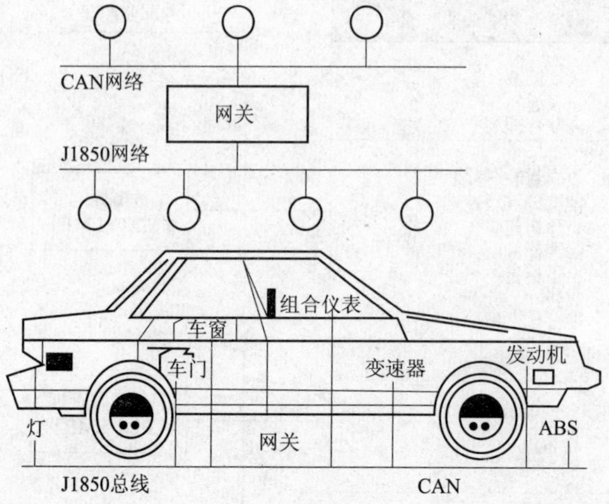

图 8-18　ABS 的 CAN 2.0B 网络与 SAE J1850 网络互联

（2）通用工作负荷特性。

为了合理分配通信速率，提高效率和降低成本，博世公司开发了供不同等级通信选用的通用工作负荷特性表，共有 90 项内容，可供 CAN 总线汽车使用或维修时参考。

（3）低速车身控制系统实施高速的 CAN 协议。

① 低速车身控制系统的含义。

低速（小于 125 Kbit/s）车身控制系统主要指汽车灯光、刮水器、电动车窗、后视镜、中控门锁、空调以及其他低速数据的通信系统。若低优先级和低通信量的低速车身控制信息采用高速数据总线结构，会使生产成本和维修费用提高。

近年来，用于车身控制系统的各种协议并不通用，且有一定的局限性。CAN 虽然是国际标准化组织推荐的汽车高速网络标准，但也可用于低速的车身控制系统。若选用同类的 CAN 协议，则很容易从高速到低速网络或从低速到高速网络桥接数据。当 CAN 被配置于低速应用时，若 CAN 的芯片仍然与高速应用的芯片相同，则不经济。由沃威克大学先进技术中心与飞利浦公司开发的串行链路输入/输出控制器局域网（SLIO CAN）发展和改进了 CAN 技术，能以低成本的造价满足低速车身控制系统的应用要求。

② 串行链路输入/输出控制器局域网。

SLIO CAN 是用于完成简单输入/输出功能的低智能 CAN 芯片，其最简单的结构可以看作带有内部 CAN 控制器的 I/O 端口，具有 CAN 协议规定的全部特征和能力，并符合 CAN 2.0A 和 CAN 2.0B（无源）规格，具有 11 位 CAN 标识符和 29 位忽略标识符，不会使总线出错。

SLIO CAN 若扩展到低速应用，采用其内部振荡器，则速率可达到 125 Kbit/s；如果采用外部晶体振荡器，则速率可达到 250 Kbit/s。通常，在无外部晶体时钟的条件下使用，以使 SLIO 接口简单且成本低。

标准的 CAN 与 SLIO CAN 相比，前者所有电控单元通过物理层连接到一根双绞总线上，后者用低智能的只带有内部 CAN 控制器的 I/O 端口（SLIO CAN）代替电控单元，即 SLIO CAN 只用一个电控单元。

由于 SLIO CAN 是一种低智能装置，要靠一个智能主节点编程和控制。智能主节点是一种含有电控单元的 CAN 节点，全部 16 个 SLIO 都受控于 SLIO CAN 总线上的一个主节点。由于各个 SLIO 中均有 4 个标识位，产生 16 个不同的标识符。合并两个不同制造厂有不同标识符设定（如各不相同的 ID）的 SLIO，将会给出 32 个 SLIO 节点（如飞利浦和国家半导体公司各 16 个）。11 位 CAN 标识符中的 IDO 指示的数据传输方向有两种情况：当 IDO 为 0 时，信息方向从主控制器传送至 SLIO；而当 IDO 为 1 时，信息传递方向相反。SLIO CAN 的主控制器也能使用遥控帧从其节点进行查询。SLIO CAN 的数据字节一直被制造厂固定为 2 个或 3 个字节。在数据字段（主存储器中保存数据记录的一个区域）中，第一个数据字节起到命令寄存器和状态寄存器的功能，其余的数据字节与 SLIO 的输入/输出端子相适配（8 位或 16 位）。各个 SLIO 端口可以单独编程。

③ SLIO 的物理寻址方法。

由于 SLIO 标识符为 4 位，SLIO CAN 继承了由一特定标识符指定每个 SLIO CAN 节点的物理寻址方法，因此通常不再采用 CAN 的功能寻址方法。例如，在车内的某一个 SLIO CAN 系统中，为了接通右转向信号灯，两个数据帧必须送到汽车的前、后 SLIO 分支点，若采用功能寻址，则被调作“转向信号”的功能帧将在网络上广播，全部对应的接收器将会接收和处理“转向”信息，由此会导致数据混乱。此外，SLIO 还按虚拟主/从结构操作至一定的级别。SLIO 主节点的相关情况如图 8－19 所示。

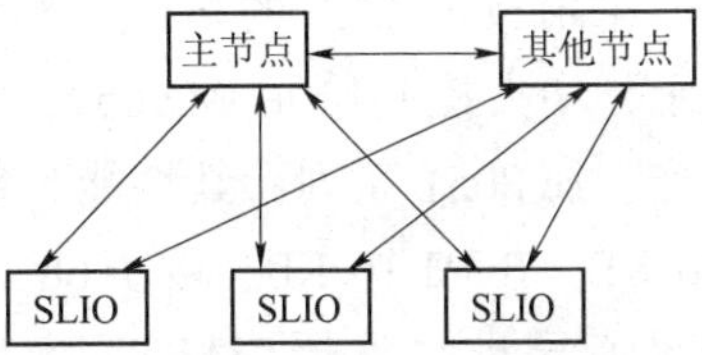

图 8－19　SLIO 主节点的相关情况

通常一根 CAN 总线上的全部 16 个 SLIO 由一个主节点控制，在某些情况下它们可分组，并受几个主控制器控制，但同一总线上的 SLIO 总数不能超过 16（或 32）个。而在多主机的条件下，仅需对一个主机定标。CAN 的广播方法是所有的其他 CAN 节点（主节点和 SLIO 节点）也能接收 SLIO 发送的信息。因此，SLIO 的物理寻址方法最重要的是确保其他智能节点（专用的主节点除外）不能对数据起作用，否则会导致数据混乱和差错。

④ SLIO CAN 的信息发送方式。

为了使 SLIO 的内部振荡器同步以供总线定时，主控制器需每隔 3 800 位时间发送 1 条标定帧，只需标定 SLIO 节点，就能发送 1 条 CAN 信息。

SLIO 的传输由内部 CAN 控制器硬件逻辑自动完成。在初始化过程中，SLIO 安排完成一定的功能，例如事件捕获输入、输出或 A/D 转换。初始化是通过编程的 SLIO 节点，经 CAN 总线，然后置电控单元主节点于启动状态。同样只需标定 SLIO 节点就能传送一条 CAN 信息。在接收端，SLIO 具有只有该节点才有的标识符，将自动应答内部 CAN 控制器逻辑。

例如，ID644 被主节点送至 SLIO 节点，如果信息已被校正接收，则 SLIO 用 ID645 响应。应答帧由 SLIO 寄存器的现状态和现值组成，将对主控制器发送的信息和 SLIO 的现状态做一次校核。此外，SLIO 使用 CAN 中的应答时隙（空位），只响应标定帧，不发送应答帧。如果新的 SLIO 节点添加到 SLIOCAN 网络中，则该节点将会按自身对主控制器的已知量，在 8 000 位时间内至少能检测 3 个帧。这种检验新节点存在的信息，可能会对总线或某一监视帧起到一定作用。新的 SLIO 将用一条有标记的信息应答主机，新的 SLIO 节点必须具有与现存的 CAN 节点不同的标识符。

⑤ SLIO CAN 总线与 CAN 总线对比。

SLIO CAN 缺少石英振荡器的精度，SLIO 的内部位计时逻辑以最大的振荡器容限作为最佳选择条件。这要求缩短 CAN 总线的有效长度，作为抽样点的位时间必须尽量提前，进而限制传输线上允许的传播延迟时间。SLIO CAN 与 CAN 的总线长度对比，SLIO CAN 的总线长度较 CAN 总线缩短了几百甚至几千米。另外，SLIO CAN 中两个外主节点间的最大容许距离较短，但即使是最短的 80 m，相应的总线长度也足以满足小型汽车的应用。

⑥ SLIO CAN 车身控制系统的布局。

SLIO CAN 技术应用于汽车车身控制系统，一般可在 40 Kbit/s 位速率下操作，需要增速时也可扩展至 125 Kbit/s。除了每隔 3 800 位时间标定恒定传输的信息外，所有的 CAN 传输都属于事件驱动（状态变化）。总线负载相当低，通过使用 CAN 总线分析器，在改进的系统中记录下的最大总线负载为 6.4%，其中包括转向信号灯接通、重复按压座椅位置开关和前照灯远光开关。SLIO CAIN 的标定帧总数是总线负载的 1.8%。SLIO CAN 的这种“附加开销”与智能的 CAN 网络相比差别很大。

采用 SLIO CAN 的车身控制系统如图 8－20 所示，中央控制单元 P8XC592 由飞利浦公司生产，属 8051 系列，其性能参数如下：RAM 256 KB，ROM 16 KB，端子 68，I/O 端子 48，全双工异步收发器 UART，定时/计数器 3，CAN 总线，10 位 A/D 转换。其中最主要的性能特点是具有多机通信和网络接口功能，即有 CAN 总线接口。

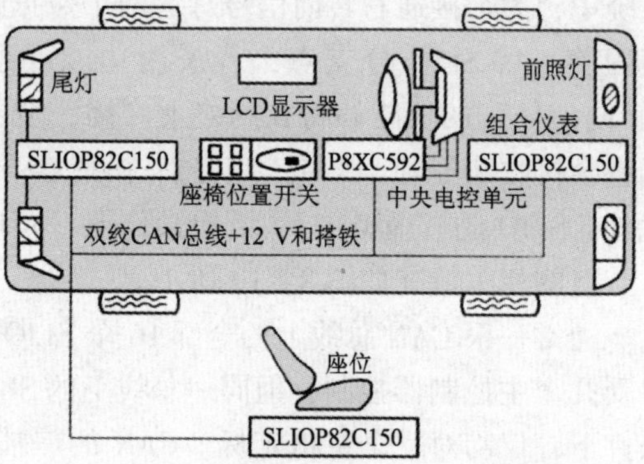

图 8－20　采用 SLIO CAN 的车身控制系统

除了电动座椅和装在翼子板上的后视镜需做 A/D 转换外，大多数车身电控单元只需做数字通/断。另外，由于 SLIO 备有内部 A/D 转换器，将用数字记录电位差计的读数，故操作速度会增加一些。

⑦ SLIO CAN 网络发生故障时的“对抗措施”。

针对总线故障，SLIO CAIN 与智能的 CAN 节点相同，即一旦 CAN 总线出现故障，各自独立的节点不能再与其主机或其他节点通信，此时系统按照预定义参数进入低效运行方式或缓者复位。

由于 SLIO 有物理寻址能力，所以无大型软件辅助也能很容易地检测出故障部位。监视计时器可以周期地检查所有节点的状况，确保系统的完好性。一旦某个节点发生故障，系统将采取妥当的“对抗措施”。

SLIO CAN 总线网络最大的特点之一是有较好的灵活性和适应性。在汽车设计和改装中，并不需要过多地改变原车身的主要线束。由于 SLIO CAN 内的电控单元已做了定时和延迟，因此不存在继电器或定时器的磨损问题。高压开关灵敏半导体装置与传统的熔断丝相比，具有更佳的回路保护性能。另外，它还具有在零点几秒之内检测各种断路或短路的能力。这些故障状况可以反馈至中央控制单元，P8XC592 进一步对错误报警和采取妥当的“对抗措施”。

“对抗措施”包括接通制动灯作为后转向信号灯发生故障时的后备保险，或接通后雾灯作为制动灯发生故障时的后备保险等。SLIO CAN 网络采取“对抗措施”形成的“灯光混乱"，实际上是中央控制单元对故障报警和对回路补偿的安全措施之一。当与安全行车有紧密关系的制动灯或转向灯电路发生短路或断路时，点亮警告灯，对前方或后方的人和车做出"本车正在转弯或制动"的"补偿警告"，以减少行车事故。与此同时，警告驱动器驱动液晶显示器，提醒驾驶员尽快维修车辆。

当网络出现故障时，由于不存在维修继电器、定时器等部件，故需采用外接仪器进行诊断。SLIO CAN 很容易将故障诊断仪连接到数据总线上获取全部信息，也可补充使用数据登录器对汽车的非正常工况进行检测。另外，与诊断软件有关的知识也能进一步增强对汽车故障的诊断能力。

⑧ SLIO CAN 车身控制系统的"即插即用"特性。

目前的 SLIO CAN 车身控制系统如图 8 – 21 所示，带有较多的局部线束，整个系统的工作可靠性和电磁兼容性并非最佳。因此，将灯群集器上的 SLIO、功率驱动器以及传感器或执行器（灯、螺线管、电动机等）组合制成单个的"即插即用"的标准组件，如图 8 – 22 所示。采用该模块化方法，再将各个标准组件按图 8 – 22 左边的 5 个框图直接连接 CAN 总线，可省去图 8 – 21 中的局部线束，还能提高整个系统的工作可靠性，并改善电磁兼容性。模块化设置对增加产品数量、提高产品质量和维修方便性非常有利。

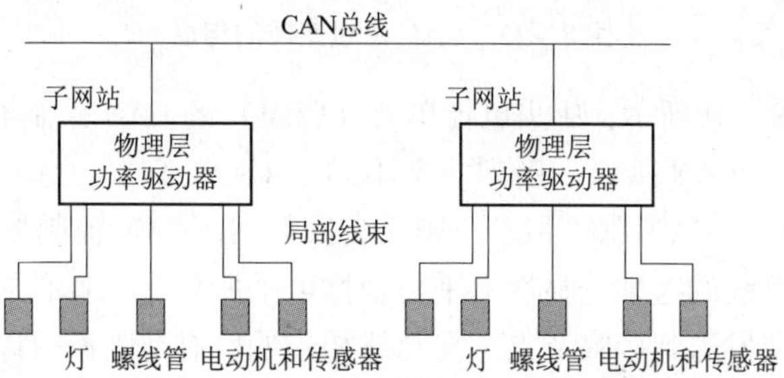

图 8 – 21 SLIO CAN 车身控制系统

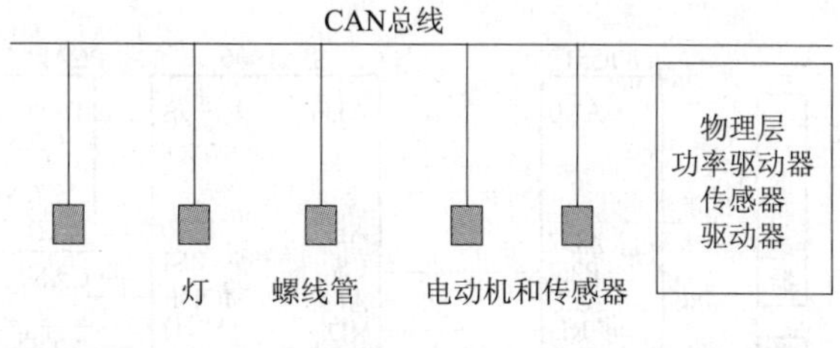

图 8 – 22 模块化设置的 SLIO CAN 车身控制系统

（4）大型汽车中应用最广泛的应用层协议 SAE J1939。

SAE J1939 由美国 SAE 组织维护和推广，其特点如下：

① 以 CAN 2.0B 协议为基础，物理层标准与 ISO 11898 规范兼容，并采用符合该规范的 CAN 控制器和收发器。通信速率最高可达 250 Kbit/s。

② 采用协议数据单元（PDU）传送信息，每个 PDU 相当于 CAN 协议中的一帧。由于每个 CAN 帧最多可传输 8 个字节数据，因此 PDU 的传输具有很高的实时性。

③ 利用 CAN 2.0B 扩展帧格式的 29 位标志符定义每一个 PDU 的含义以及 PDU 的优先级。

④ SAE J1939 协议主要作为汽车中应用的通信协议，对汽车中应用到的各类参数都进行

了规定，参数的规定符合 ISO 11992 标准。

3. CAN 总线系统的结构和数据传输原理

1）CAN 的基本组成

CAN 由每个电控单元内部的 CAN 控制器和收发器、每个电控单元外部连接的两条 CAN 总线和整个系统中的两个数据传递终端组成，如图 8－23 所示。

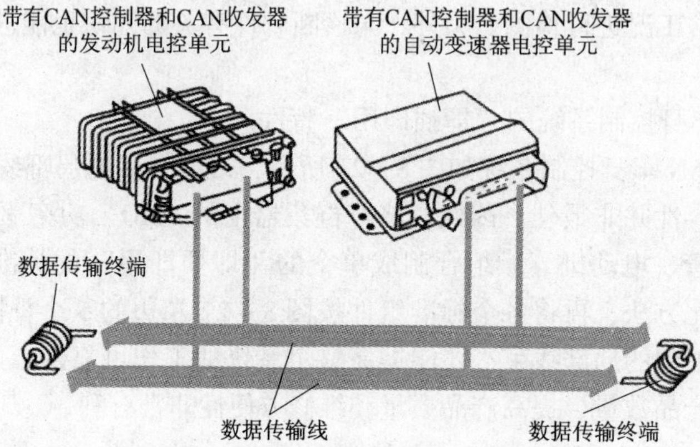

图 8－23　CAN 总线系统的组成

CAN 的接线如图 8－24 所示，中央电控单元（CEM）的 CAN 控制器具有双通道（CRX0、CTX0/CRX1、CTX1）的 CAN 接口，接到两个不同的 CAN 总线（CAN－H 和 CAN－L）上。各电控单元通过收发器与 CAN 总线相连，相互交换数据。CAN 控制器根据两根线的电位差判别其总线的电平。总线的电平分显性电平与隐性电平两种，二者必居其一。发送节点通过改变总线电平，将报文发送到接收节点。与总线相连的所有节点都可以发送报文，在两个以上的节点同时开始发送报文的情况下，具有优先级报文的节点获得发送权，其他所有节点转为接收状态。

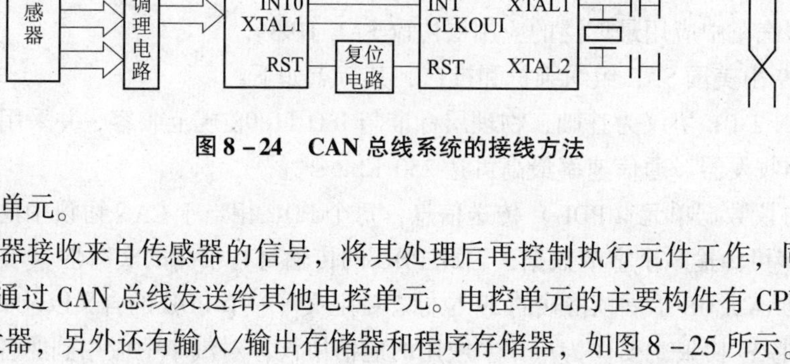

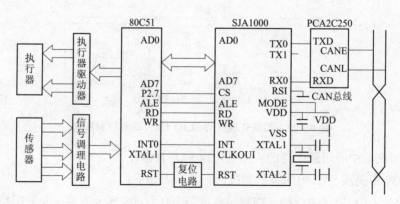

图 8－24　CAN 总线系统的接线方法

（1）电控单元。

CAN 控制器接收来自传感器的信号，将其处理后再控制执行元件工作，同时根据需要将传感器信息通过 CAN 总线发送给其他电控单元。电控单元的主要构件有 CPU、CAN 控制器和 CAN 收发器，另外还有输入/输出存储器和程序存储器，如图 8－25 所示。

带有 CAN 收发功能的电控单元内部结构如图 8－26 所示。电控单元接收到的传感器信号（如发动机温度或转速信号）被定期按顺序存入输入存储器。电控单元按存储的程序处理输入值，处理结果存入相应的输出存储器，然后控制各执行元件工作。为了能够处理数据传输总线信息，各电控单元内还有一个数据传输总线存储区，用于容纳接收和发送的信息。

由于电控单元通过 CAN 控制器实现网络传输，因此 CAN 网络成为电控单元的输入信息来源，同时也是电控单元的信息输出对象。

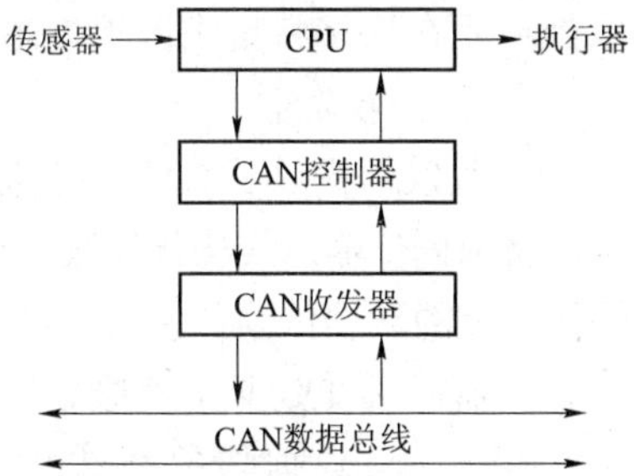

图 8－25　CAN 总线系统的电控单元

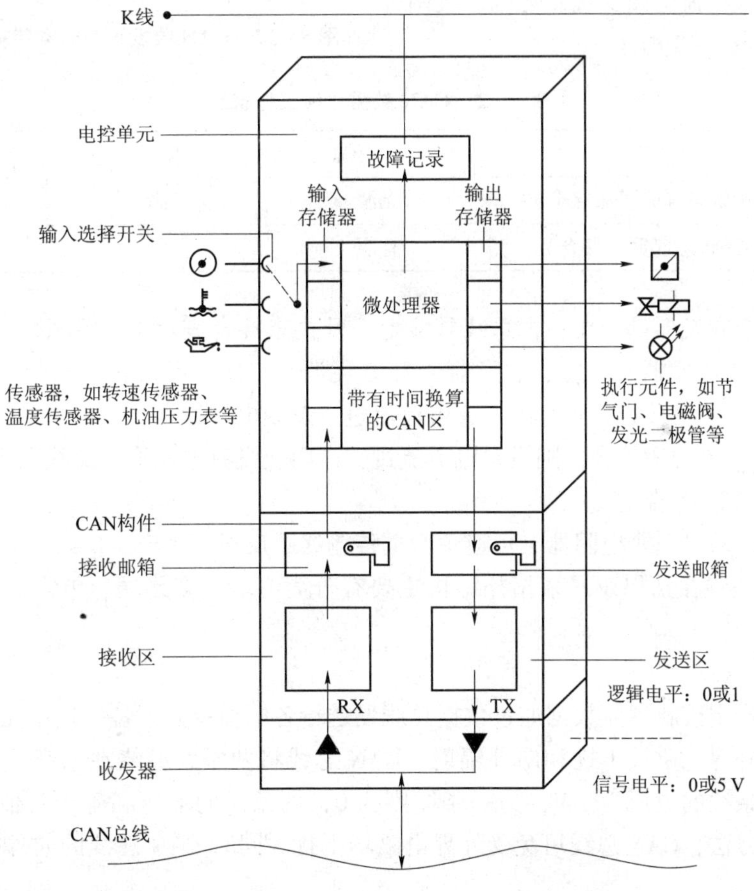

图 8－26　带有 CAN 收发功能的电控单元内部结构

（2）CAN 控制器。

CAN 控制器由一块可编程芯片上的逻辑电路组成，实现通信模型中物理层和数据链路层的功能，并对外提供与电控单元的物理接口。使用者通过对 CAN 控制器编程，可设置其工作方式，控制其工作状态，进行数据发送和接收，以它为基础建立应用层。

目前，CAN 控制器可分为 CAN 独立控制器和 CAN 集成电控单元两种。CAN 独立控制器使用灵活，可与多种类型的单片机、微型计算机的各类标准总线进行接口组合。CAN 集成电控单元在许多特定情况下使电路设计简化和紧凑，可靠性提高。

（3）CAN 收发器。

CAN 收发器提供了 CAN 控制器与物理总线之间的接口，是一个发送/接收放大器。其中，发送器将数据传输总线构件连续的比特流（逻辑电平）转换成电压值（线路传输电平），以适合铜导线上的数据传输；接收器将电压信号转换成连续的比特流，以适合 CPU 处理。

收发器通过 TX 线（发送导线）或 RX 线（接收导线）与数据传输总线构件相连，如图 8-27所示。RX 线通过一个放大器直接与数据传输总线相连。

收发器是 TX 线与总线的耦合，耦合过程通过一个断路式集流电路实现，总线出现两种工作状态，如表 8-2 所示。

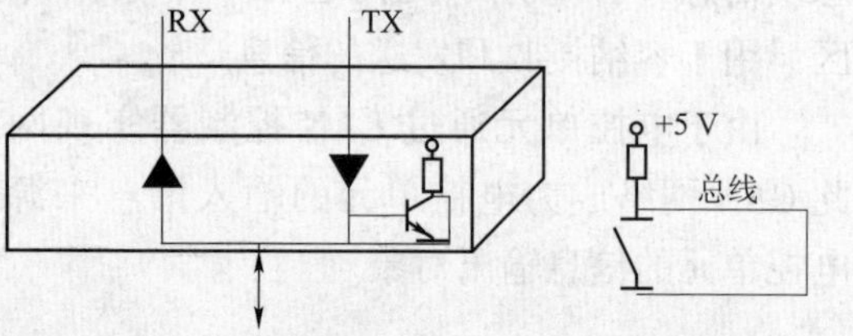

图 8-27　CAN 收发器与数据传输总线的连接

表 8-2　CAN 数据总线工作状态

状态	晶体管	是否有源	电阻状态	总线电平
1	截止状态（开关未接合）	无源	高	1
0	接通状态（开关接合）	有源	低	0

假设有 3 个收发器耦合在一根总线导线上，开关未接合表示 1（无源），开关已接合表示 0（有源），则收发器 C 有源，收发器 A 和 B 无源。工作过程如下：

① 若某一开关已接合，则电阻上有电流流过，总线电压为 0。

② 若所有开关均未接合，则没有电流流过，电阻上没有电压降，总线电压为 5 V。

（4）数据传递终端。

数据传递终端是一个电阻器，可避免数据传输终了反射回来产生反射波而使数据遭到破坏。CAN 总线终端接法以及网络拓扑结构主要有分离终端、多终端、单终端以及非匹配终端 4 种。

（5）CAN 总线。

数据没有指定接收器，数据通过数据总线发送给各电控单元，各电控单元接收后进行计算。为了防止外界电磁波干扰和向外辐射，CAN 总线将两条线缠绕在一起，两条线上的电位相反，若一条线的电压为 5 V，另一条线则为 0，两条线的电压和等于常值，如图 8-28 所示。通过此方法，CAN 总线可免受外界电磁场干扰，同时 CAN 总线的向外辐射也保持中性，即无辐射。

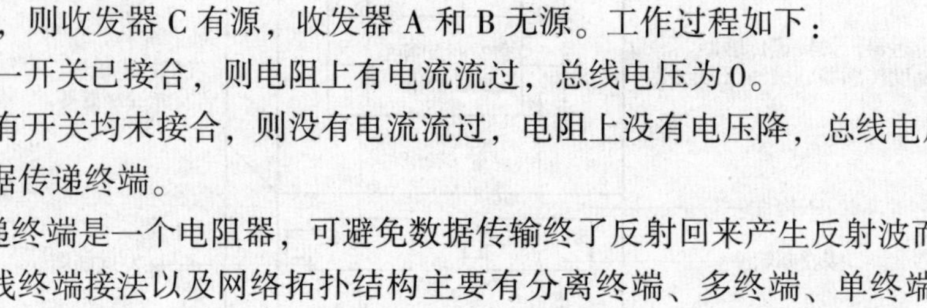

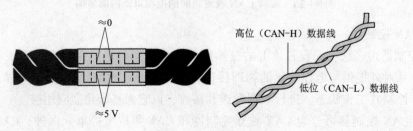

图 8-28　CAN 总线

大众汽车采用的 CAN 是一条现成的诊断通路，不必依靠 ISO 9141 中定义的 K 线，而仅依靠系统中的某一个电控单元作为诊断接口（或称诊断界面）对电控单元进行故障诊断。

2）数据传输原理

（1）信息格式转换与请求发送信息。

发动机电控系统的曲轴位置传感器检测到转速信号，该信号以固定的周期（循环往复地）到达电控单元的输入存储器（送到发动机）。由于瞬时转速信号还用于其他电控单元，如组合仪表等，所以该信号应通过 CAN 总线传递。于是转速信号被复制到发动机电控单元的发送存储器内，然后从发送存储器进入 CAN 构件的发送邮箱内。若发送邮箱内有一个实时值，则该值由发送特征位（举起的小旗）显示出来，将发送任务委托给 CAN 构件。

发动机信息按协议被转换成 CAN 的特殊格式。CAN 特殊格式含有“标识”11 位，“信息内容”0 ~ 8 位，“CRC”16 位，“应答场”2 位。标识 = 发动机（转速），信号内容 = 转速值。发动机信息也可包括其他值，如怠速、转矩等，如图 8 – 29 所示。

（2）发送开始（总线空闲判断）。

若发送邮箱内有一个实时值，则表明发动机准备向外发送信息，CAN 构件通过 RX 线检查总线是否有源（是否正在交换其他信息），必要时会等待，直至总线空闲为止。若某一时间段内的总线电平一直为 1（无源），则表示总线空闲，如图 8 – 30 所示。

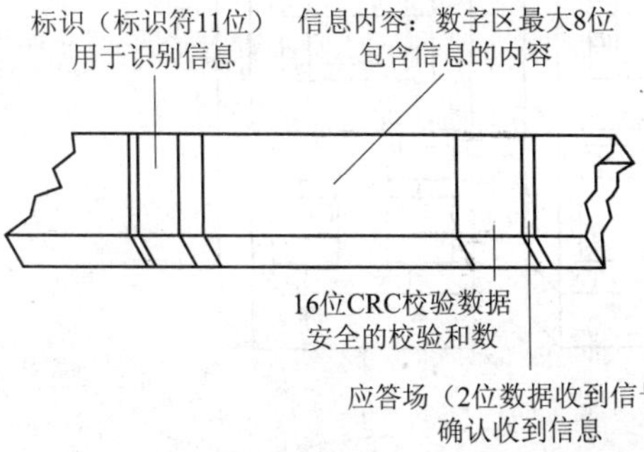

图 8 – 29　信息按协议被转换成 CAN 的特殊格式

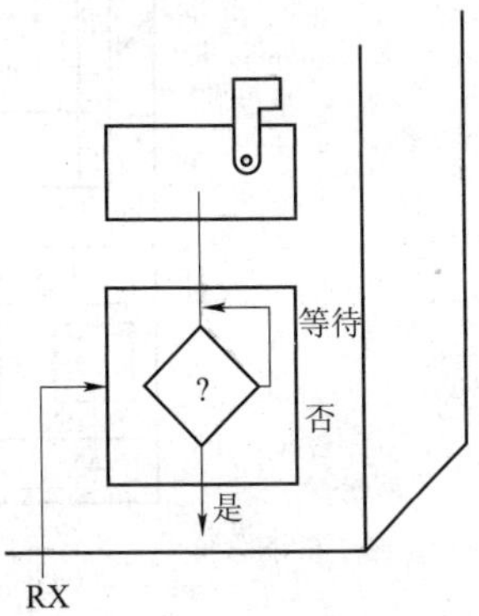

图 8 – 30　总线空闲判断

（3）发送信息。

若总线空闲，则预先存在发送存储器中的“发动机转速信息”被发送出去，如图 8 – 31 所示。

（4）接收过程。

信息接收过程分两步，即检查信息是否正确和检查信息是否可用，如图 8 – 32 所示。

第一步：检查信息是否正确（监控层）。

连接的所有电控单元都可以接收发动机电控单元发送的信息，该信息通过 RX 线到达 CAN 构件各自的接收区。

接收器接收发动机电控单元发送的信息（广播），并在相应的监控层通过 CRC 校验和数，确定是否有传递错误。发送每个信息时，所有数据位产生并传递一个 16 位的校验和数。接收器按同样的规则，从所有已经接收到的数据位中计算出校验和数。随后将接收到的校验和数与计算出的校验和数进行比较。

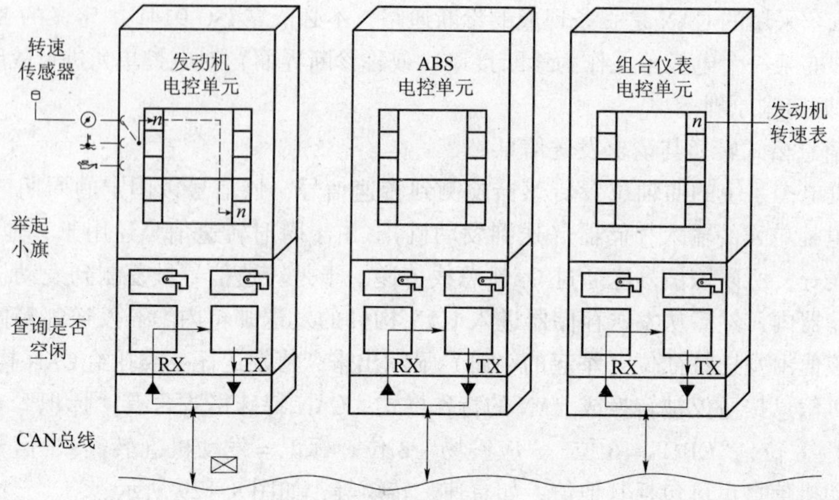

图 8－31　发送信息

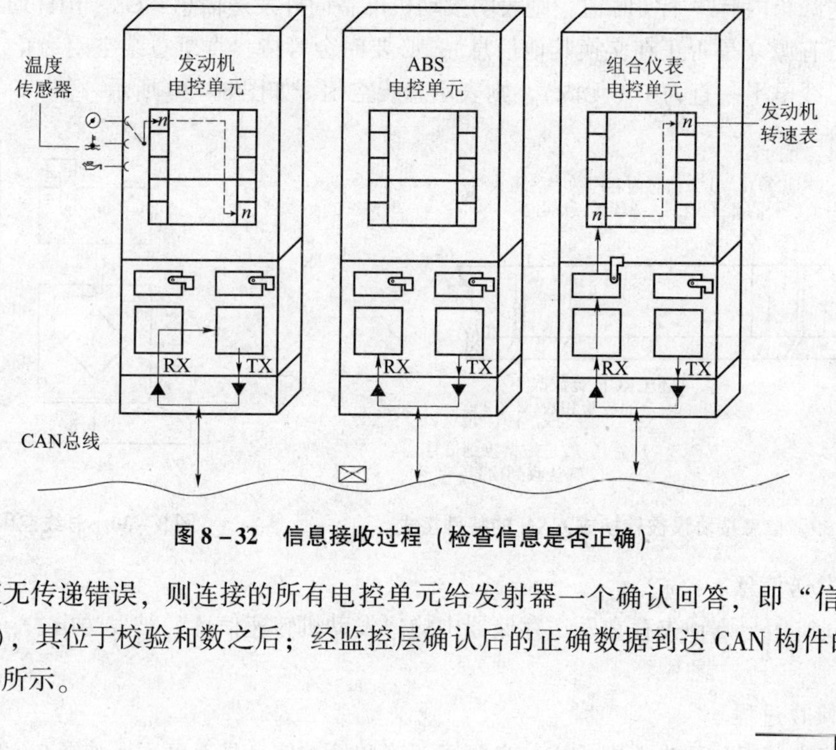

图 8－32　信息接收过程（检查信息是否正确）

若确定无传递错误，则连接的所有电控单元给发射器一个确认回答，即“信息收到符号”（ACK），其位于校验和数之后；经监控层确认后的正确数据到达 CAN 构件的接收层，如图 8－33 所示。

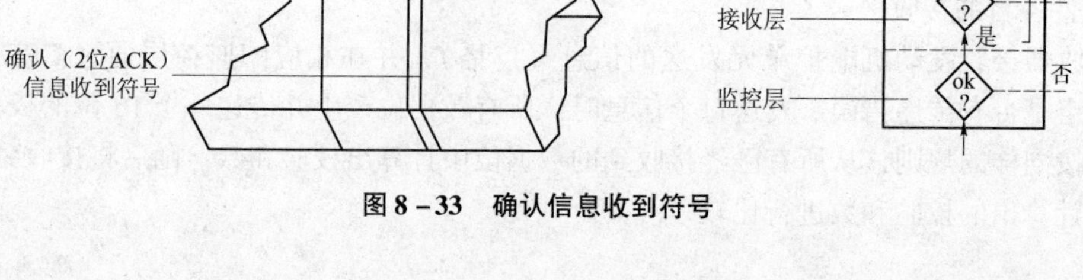

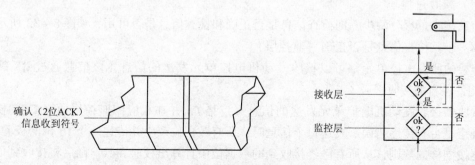

图 8－33　确认信息收到符号

第二步：检查信息是否可用（接收层）（见图 8 – 34）。

接收到的正确信息到达相关 CAN 构件的接收层，在此决定该信息是否用于完成各电控单元的相应控制。若得到确认，则该信息进入相应的接收邮箱；否则，该信息被拒收。

如组合仪表工作过程需要发动机转速信号，则发动机转速信息通过组合仪表的接收层检查，到达组合仪表的接收邮箱，并升起“接收旗”，以通知电控单元。组合仪表根据升起的“接收旗”判定目前有一个信息（如转速）在排队等待处理，组合仪表调出该信息，将相应的值复制并输入存储器。

至此，通过 CAN 构件发送和接收信息的过程结束。在组合仪表内，转速经电控单元处理后到达执行元件，最后到达转速表。该信息交换过程按设定好的循环时间重复进行。

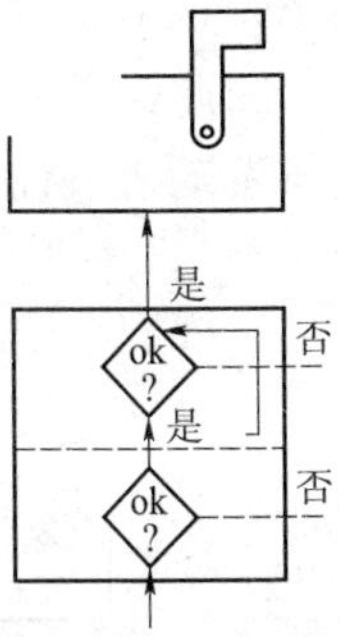

图 8 – 34　信息接收过程（检查信息是否有用）

（5）位仲裁。

多个电控单元同时发送信息时，数据总线会发生数据冲突。为此，CAN 总线采用了仲裁方法加以解决。

① 位仲裁的特点。

对数据进行实时处理时，必须快速传送数据，因此，要求数据的物理传输通路有较高的速度。在几个站同时需要发送数据时，要求快速地进行总线分配。CAN 总线以报文为单位进行数据传送，报文的优先级结合在 11 位标识符中，最低二进制数的标识符具有最高的优先级。这种优先级一旦在系统设计时被确定，不再更改。数据总线发生数据冲突，可通过位仲裁解决。

CAN 具有较高的效率是由于总线仅仅被请求总线“悬而未决”的站利用，这些请求根据报文在整个系统中的重要性按顺序处理。当网络负载较大时，总线读取的优先级已被按顺序放在每个报文中，以保证在实时系统中有较低的个体隐伏时间。由于 CAN 协议执行非集中化总线控制，所以所有主要通信，包括总线读取（许可）控制，在系统中分几次完成。这是实现有较高可靠性通信的唯一方法。

② 位仲裁实施过程。

a. 电控单元发送的每个信息都要分配优先权，且不同的信息量具有不同的优先权（优先权隐含在数据的标识符中），优先权高的信息优先发送。

b. 所有的电控单元都通过各自的 RX 线跟踪总线的变化，并获知总线的状态。

c. 请求发送信息的电控单元，每个发射器将对 TX 线和 RX 线的状态逐一进行比较，可以不一致。

d. 若某个电控单元向外发送 1（TX 线为 1），但通过 RX 线在总线接到 0，则该电控单元退出对总线的发送信息控制，转为信息接收。

用标识符中位于前部的“0”的个数即可调整信息的重要程度，从而保证按重要程度不同顺序发送信息，标识符中的号码越小，表示该信息越重要，这一方法称为仲裁。

例如，现有 3 个电控单元，即发动机电控单元、ABS 电控单元和组合仪表电控单元，同时向外发送信息。其中发动机电控单元向外发送的信息为 10101010，ABS 电控单元向外发送的信息为 10101011，组合仪表电控单元向外发送的信息为 10111111。

3 个电控单元向外发送信息的第 1 位、第 2 位、第 3 位都相同，此时不存在冲突，但 3

个电控单元向外发送第4位信息时，组合仪表电控单元的第4位为1，其他的两个电控单元的第4位为0，此时总线的状态为0。对于组合仪表电控单元，向外发送1（TX状态1），但接收到0（RX状态0），根据仲裁原则，组合仪表电控单元停止发送信息，转为接收状态，该信息等待下一次发送周期，再次请求发送。

同理，发动机电控单元和ABS电控单元继续向外发送信息的第5位、第6位、第7位（101），且这3位的信息相同，不存在冲突。发送第8位时，发动机电控单元的第8位为0，而ABS电控单元的第8位为1，此时总线的状态为0。对于ABS电控单元，向外发送1（TX状态1），但接收到0（RX状态0），根据仲裁原则，ABS电控单元停止发送信息，转为接收状态，该信息等待下一次发送周期，再次请求发送。

因此，发动机电控单元接管数据总线控制权，继续发送剩余的信息，最终数据总线的信息与发动机电控单元向外发送的信息相同，如图8－35所示。

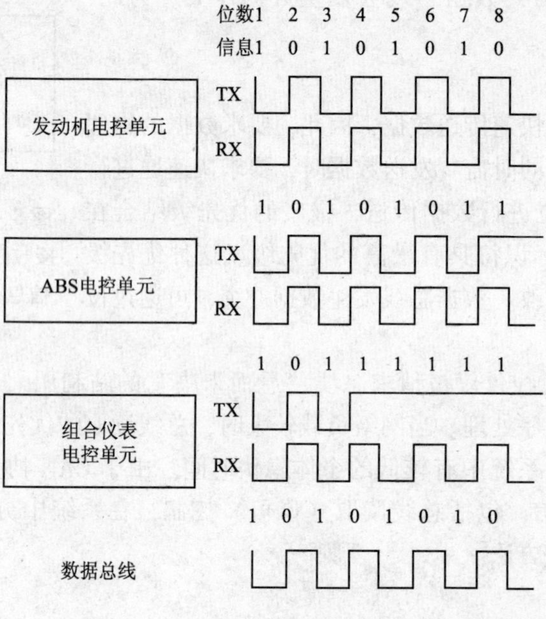

图8－35　CAN总线的位仲裁

信息与标识符如表8－3所示，当多个电控单元需同时发送信息时，转向角传感器拥有最高的优先级别，其信息被优先发送。

表8－3　信息与标识符

标识符	十六进制	二进制
发动机	280	01010000000
ABS	1A0	01010100000
组合仪表	320	01100100000
转向角传感器	0C2	00011000000
自动变速器	440	10001000000

说明：数字越小（前面的“0”多），优先级别越高。由于转向角传感器标识符数字最小，所以优先级最高，数字最先传递。

（二）LIN 总线技术应用

1. 局部连接网络（LIN）

LIN 是一种低成本的串行通信网络。LIN 协议是一个汽车底层网络协议，用于实现汽车中的分布式电子系统控制。LIN 为现有汽车网络（如 CAN 总线）提供辅助功能。LIN 总线是一种辅助的串行通信总线网络。在不需要 CAN 总线的带宽和多功能的场合，如智能传感器和制动装置之间的通信，使用 LIN 总线可大大节省成本。

1）LIN 标准

LIN 标准包括传输协议规范、传输媒体规范、开发工具接口规范和用于软件编程的接口。LIN 在硬件和软件上保证了网络节点的互操作性，并有可预测性和电磁兼容性（EMC）。LIN 标准的内容包括：

（1）LIN 协议规范部分，介绍了 LIN 的物理层和数据链路层。

（2）LIN 配置语言描述部分，介绍了 LIN 配置文件的格式。LIN 配置文件用于配置整个网络，并作为 OEM（原装设备制造厂）和不同网络节点的供应商之间的通用接口，同时可作为开发和分析工具的输入。

（3）LIN API（应用程序接口）部分，介绍了网络和应用程序之间的接口。

LIN 规范可以实现开发和设计工具之间的最佳配合，并提高了开发的速度，增强了网络的可靠性，其范围如图 8－36 中的点画线部分所示。

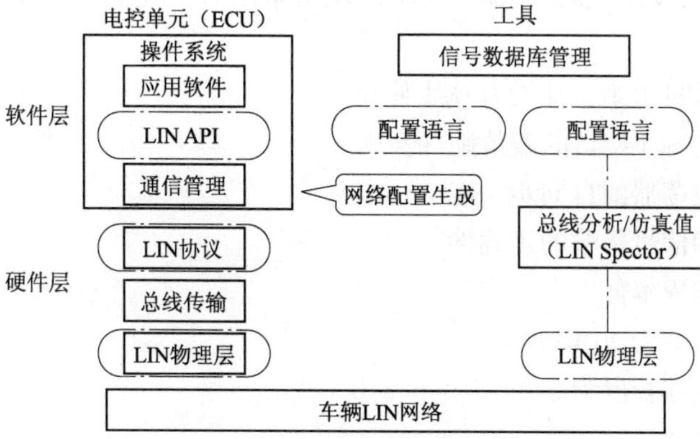

图 8－36 LIN 标准

LIN 协议是根据 ISO/OSI 参考模型的数据链路层和物理层，以实现任何两个 LIN 设备的互相兼容，如图 8－37 所示。物理层定义了信号如何在总线上传输。此规范中定义了物理层的收发器特性；MAC（媒体访问控制）子层是 LIN 协议的核心，管理从 LLC（逻辑链路控制）子层接收到的报文，也管理发送到 LLC 子层的报文，由故障界定监控；LLC 涉及接收滤波和恢复管理的功能。LIN 不要求有 CAN 的带宽和多功能性。总线驱动器/接收器的规范遵从 ISO 9141 标准，而且 EMI（电磁干扰）性能有所提高。

LIN 是一个价格低廉、性能可靠的低速网，在汽车网络层次结构中作为低端网络的通用协议，逐渐取代目前各种各样的低端总线系统。LIN 典型的应用是车上传感器和执行器的联网。根据 SAE 的车载网络等级标准，LIN 属于汽车 A 类网络。

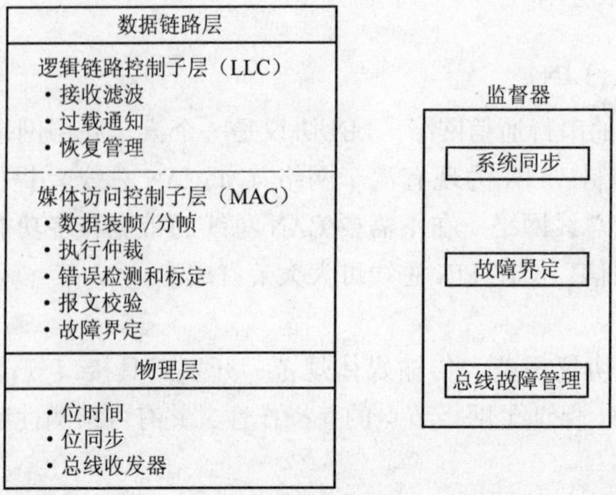

图 8-37　LIN 协议

LIN 在汽车上的应用刚刚起步，是 CAN 的经济版通信网络，可定位于低于 CAN 的通信层。这种低成本的串行通信模式和相应的开发环境已经由 LIN 协会制定成标准，这将降低汽车的成本。LIN 协议标准目前已经历了若干版本，如 LIN1.2、LIN1.3 和 LIN2.0 等。

2）LIN 的特点

LIN 协议以广泛应用的 UART/SCI 为基础定义。LIN 物理层是根据汽车故障诊断系统标准 ISO 9141 拟定的 12 V 单总线，满足汽车环境 EMC、ESD（静电放电）和抗噪声干扰要求。LIN 的特点如下：

（1）单主机多从机组织，即没有总线仲裁。

（2）基于 UART/SCI 接口的廉价硬件实现。

（3）从节点无振荡器的自同步功能。

（4）保证延时和信号传输的正确性。

（5）单总线结构成本低。

（6）数据传输速率为 20 Kbit/s。

（7）可选的报文帧长度为 2 B、4 B 和 8 B。

（8）系统配置灵活。

（9）带时间同步的多点广播式发送/接收方式，从机节点无须石英晶振或陶瓷谐振器。

（10）数据累加和校验和（Data－Checksum）及错误检测功能。

（11）检测故障节点的功能。

（12）单片元器件成本低。传送途径（按 ISO 9141）为廉价的单线传送方式，最长可达 40 m。

LIN 总线是单线式，底色是紫色，有标识色。该线的横截面面积为 0.35 mm^2，无须屏蔽。该系统允许一个 LIN 主机电控单元最多与 16 个 LIN 从机电控单元进行数据交换。

3）LIN 与 CAN 的比较

在车载网络中，LIN 处于低端，与 CAN 以及其他 B 类或 C 类网络比较，其传输速度低，结构简单，价格低廉，并与这些网络为互补关系。由于汽车产品对价格和复杂性非常敏感，所以在车载网络低端使用 LIN 会显现其必要性和优越性。LIN 和 CAN 控制器特性对比见表 8－4，LIN 和CAN 协议主要特性对比见表 8－5。

表 8－4 LIN 与 CAN 控制器特性的对比

节点	网络传输速度/（$Kbit\cdot s^{-1}$）	CPU 时钟/MHz	CPU/%	存储容量/［B（NASH/ROM）］	存储容量/［B（RAM）］
LIN 16 bit 主节点	19.2	4	10	1 200	25
LIN 8 bit 从节点（无振荡器）	19.2	4	15	750	22
LIN 从节点（带振荡器）	19.2	4	6	650	20
CAN 16 bit 节点	125	8	15	3 000	150

表 8－5 LIN 与 CAN 协议主要特性的对比

指示	LIN	CAN
媒体访问控制方式	单主方式	多主方式
典型总线传输速度/（$Kbit\cdot s^{-1}$）	24.0～19.6	62.45～500.00
信息标识符/bit	6	11/29
网络典型节点数/个	2～10	4～20
位/字节编码方式	MRZ8N1（UATR）	NRZw/位填充
每帧信息数据量/B	2、4、8	0～8
每 4 字节的发送时间/ms	3.5（20 Kbit/s 时）	0.8（125 Kbit/s 时）
错误检测	8 位累加和	15 位 CRC
物理层	单线，12 V	双绞线，5 V
石英/陶瓷振荡器	无（主机除外）	有
网络相应成本/美元	0.5	1

4）LIN 的应用

LIN 主要用于车门、转向盘、座椅、空调、照明灯、温度传感器、交流发电机等，如图 8－38所示。对于成本比较敏感的单元，如智能传感器、光敏器件等很容易连接到车载网络中，且使用、维护方便。LIN 通常将模拟信号量用数字信号量代替，以优化总线性能。

2. 车载局域网络（LAN）

1）LAN 的结构和特点

LAN 的结构如图 8－39 所示，在汽车内部采取基于总线形式的网络结构，可以达到信息共享、减少布线、降低成本及提高总体可靠性的目的。通常的汽车网络结构采用多条不同传输速率的总线，分别连接不同类型的节点。汽车控制器局域网（CAN）等通信协议的开发使多个车载局域网（LAN）可通过网关（智能服务器）进行数据通信，实现整车的信息共享和网络管理。

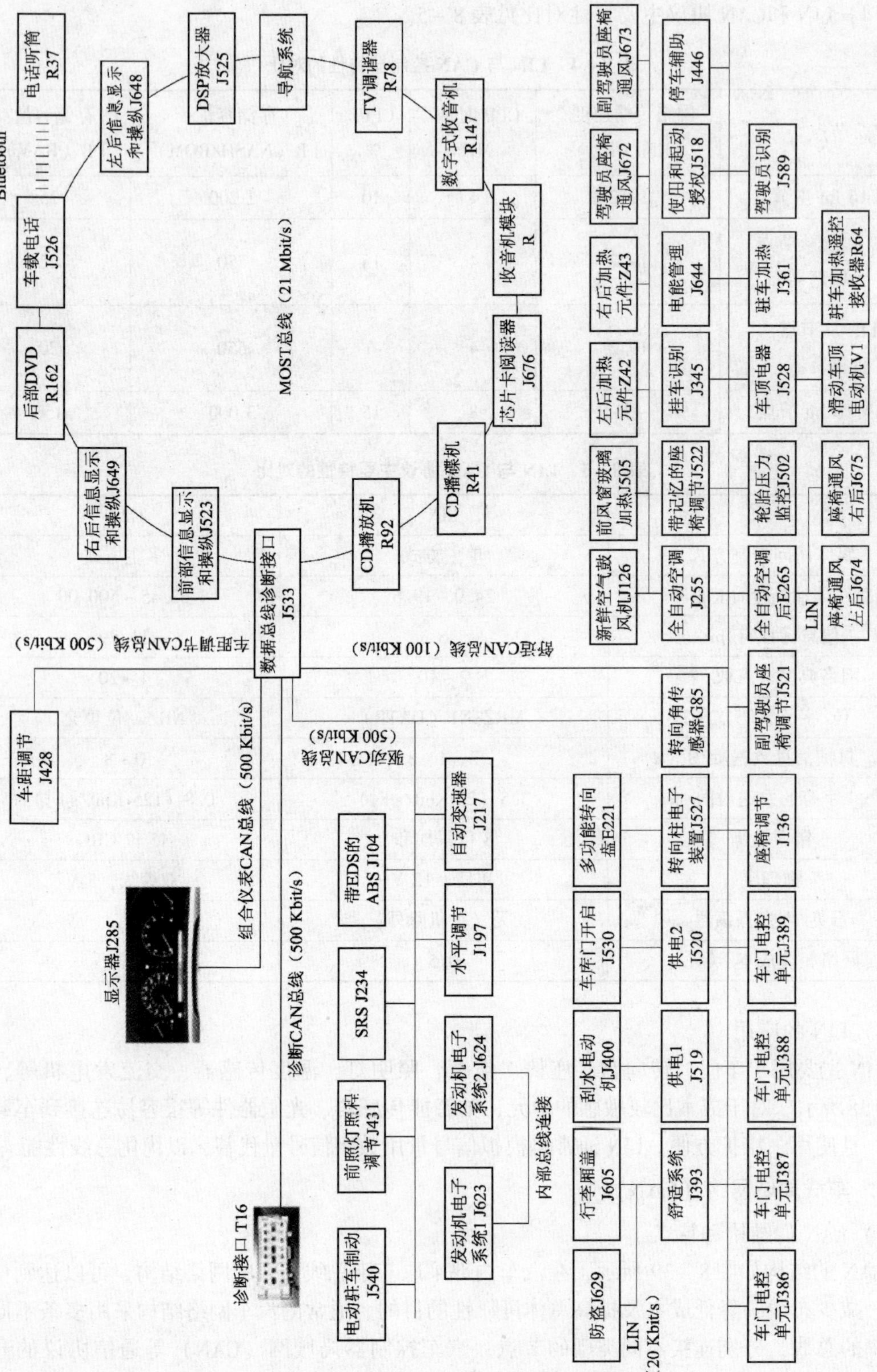

图 8－38　LIN 总线技术在汽车上的应用

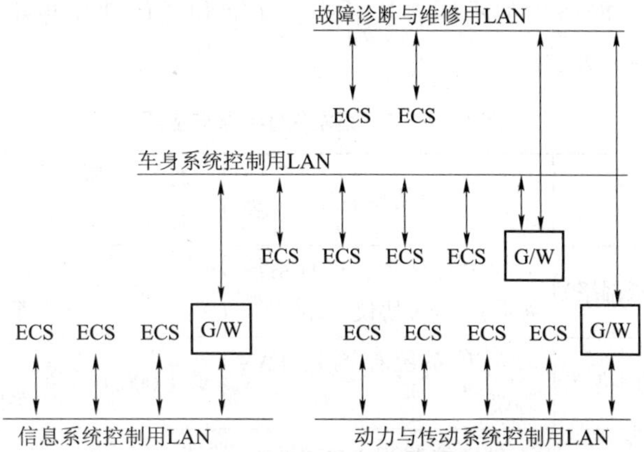

图 8-39　LAN 的结构

开发和应用 LAN，使各个电控单元之间能互相交换数据和协调工作，并实现对汽车性能的精确、快速控制，减少配件，简化故障诊断和维修。

典型的车载局域网结构如图 8-40 所示。与其他控制环境相比，车内温度变化范围和电磁干扰大，所以 LAN 的运行可靠性十分重要。

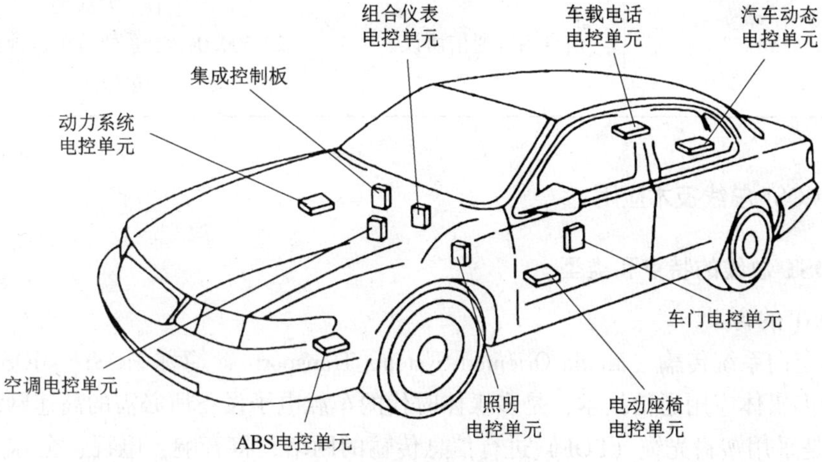

图 8-40　典型的车载局域网结构

目前，国内外中高档轿车，如上海大众帕萨特 B5 和波罗、一汽大众宝来和奥迪 A6、广州本田、东风雪铁龙等车都采用了 LAN 技术。

2）采用 LAN 技术的汽车的特点

（1）汽车电子控制系统只需 1 根通信电缆，可减少线束连接，减小汽车质量。

（2）电子控制系统部件数量减少，汽车的可靠性增加。

（3）可实现实时故障诊断、测试和报警，实现集中显示、历史查询和故障自诊断等功能，使汽车具有行驶记录仪功能。

（4）电子控制系统的扩展性强，增加电控装置时几乎不需要对原有局域网的软件和硬件进行任何改动。

3）LAN 的类型

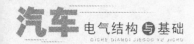

LAN 的种类很多，网络种类不同，其形式、功能和通信速率也不相同，主要车载网络的特点与应用如表 8－6 所示。

表 8－6　车载网络的特点与应用

名称		通信协议名称	通信速率/（Kbit · s^{-1}）	应用
车内网络	CAN（控制器局域网络）	动力与传动、车身系统控制用 LAN 协议（CAN）	1 000.0	动力与传动系统、车身系统，欧洲汽车采用
	LAN（车载局域网络）	车身系统控制用 LAN 协议	1 000.0	车身系统，美国汽车采用
	LIN（局部连接网络）	车身控制用 LAN 协议，液压控制组件专用 LAN 协议	20.0	开关与操作系统，欧洲汽车采用
	SAE J1850	车身系统控制用 LAN 协议	10.4	车身系统，美国、日本及欧洲汽车采用
	D2B/Optical	音频系统通信协议	5 600.0	
车外网络	MOST	信息系统通信协议	22 500.0	无线通信系统，宝马 7 系列轿车、奔驰 E 系列轿车采用

（三）MOST 总线技术应用

1. MOST 总线的特点和类型

1）MOST 的含义

多媒体定向系统传输（Media Oriented Systems Transport），简称 MOST。MOST 为车辆中使用的一种多媒体应用通信技术，是多媒体时代的车载电子设备所必需的高速网络。

MOST 是采用塑料光缆（POF）进行信息传输的网络，将音响、电视、全球定位系统及电话等设备相互连接起来，给用户带来了极大的便利。MOST 利用一根光纤，最多可以同时传送 15 个频道的 CD 质量的非压缩音频数据，在一个局域网上，最多可连接 64 个节点。其信号传输原理与使用导线进行数据传输的区别如图 8－41 所示。

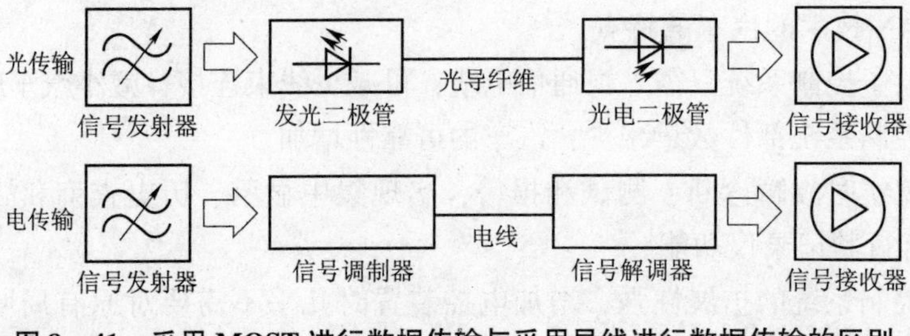

图 8－41　采用 MOST 进行数据传输与采用导线进行数据传输的区别

MOST 网络光纤作为物理层的传输介质，可连接视听设备、通信设备以及信息服务设备，支持“即插即用”方式，在网络上可随时添加和去除设备。

2）MOST 的特点

（1）保证低成本的条件下，可达到 22.5 Mbit/s，最高为 50 Mbit/s 的数据传输速度。

（2）无论是否有主机电控单元都可工作。

（3）使用塑料光缆（Plastic Optical Fiber）优化信息传送质量。

（4）支持声音和压缩图像的实时处理。

（5）支持数据的同步和异步传输。

（6）发送器/接收器嵌有虚拟网络管理系统。

（7）支持多种网络连接方式。

（8）提供 MOST 设备标准。

（9）应用系统界面方便、简洁。

（10）不受电磁干扰，MOST 总线不仅能传输控制数据和传感器数据，还能传输数字音频信号、视频信号图形以及其他数据。

3）MOST 数据的类型

在 MOST 网络中，传输的信息有同步数据、异步数据和控制数据三种类型，分别由一个信息帧的同步数据场、异步数据场和控制数据场传送，如图 8－42 所示。

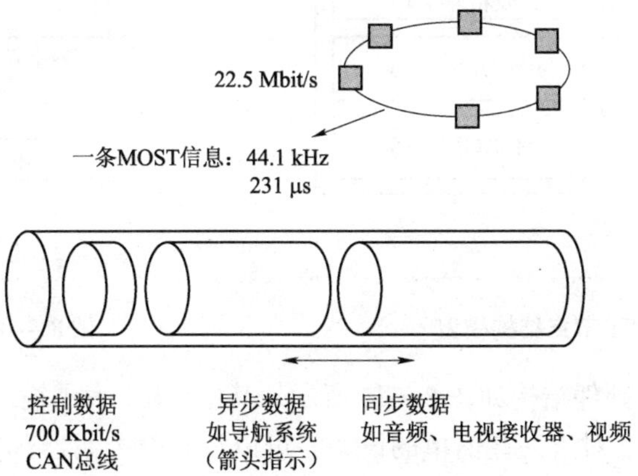

图 8－42　MOST 数据的类型

同步数据场用于传送实时数据。数据访问采用分时多路传输（TDM）方式。在一个帧中，异步传输用于传送大块的数据，异步数据以令牌环的方式访问。控制数据场传输媒体控制和其他控制用数据。控制通道的协议采用 CSMA 访问方式。

2. MOST 的结构和控制原理

1）MOST 的基本结构

（1）MOST 节点结构。

MOST 标准的节点结构模型如图 8－43 所示。MOST 网络可以连接基于不同内部结构和内部实现技术的节点，其拓扑结构可以是环行网、星形网或菊花链。MOST 网络上的设备分享不同的同步和异步数据传输通道。不同类型的数据具有不同的访问机制。

MOST 网络有集中管理和非集中管理两种模式。集中管理模式的管理功能由网络上的一个节点实施，当其他节点需要这些服务时，必须向该节点申请；非集中管理模式的网络管理分布在网络上的节点中，不需要这种中心管理。

MOST 网络由 MOST 连接机制、MOST 系统服务和 MOST 设备三个方面决定。MOST 网络启动时，为每一个网络设备分配一个地址；数据传输时，通过同步位流实现各节点的同步。

（2）MOST 设备。

连接到 MOST 上的任何应用层部分都是 MOST 设备。因为 MOST 设备建立在 MOST 系统服务层上，所以可应用 MOST 网络提供的信息访问功能以及位流传送的同步频道和数据报文异步传送功能，向系统申请用于实时数据传送的带宽，同时还可以以报文形式访问网络和发送/接收数据。

MOST 网络中的设备可以协同工作，同时传送数据流、控制信息和数据报文。

MOST 设备包括节点应用功能块、网络服务层、发送器/接收器及物理层接口，如图 8－44 所示。MOST 设备可有多个功能块，当使用 CD 时，需要有播放、停止以及设置播放时间等功能，由外部访问。

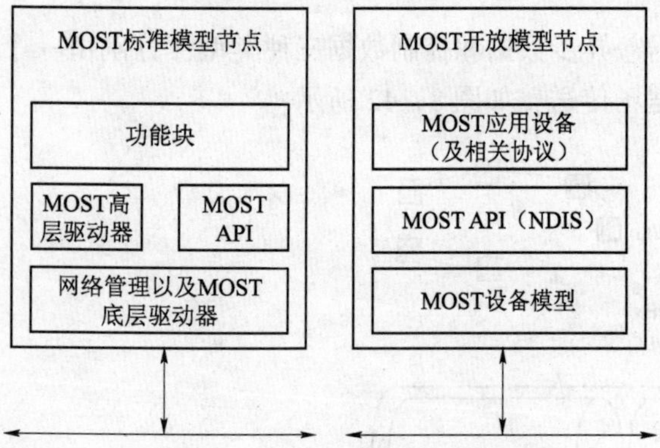

图 8－43　MOST 节点结构模型

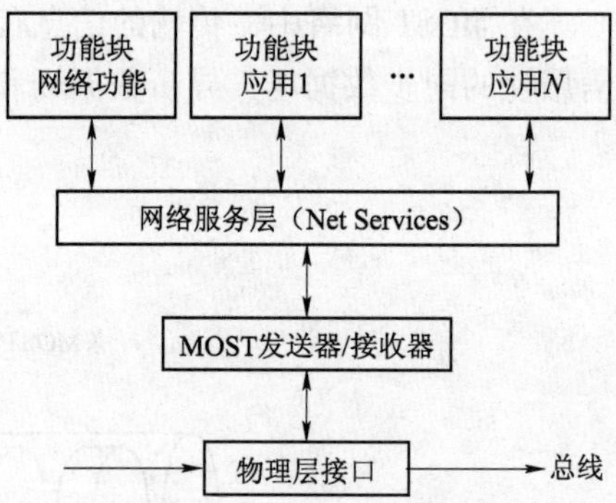

图 8－44　MOST 设备构成

典型 MOST 设备的硬件结构如图 8－45 所示。其中，RX 表示输入信号，TX 表示发送信号，Ctrl 表示控制信号。对于一些简单的设备，可以没有微控制器部分，由 MOST 功能模块（MOST 发送器/接收器）直接将应用系统连接到网络。

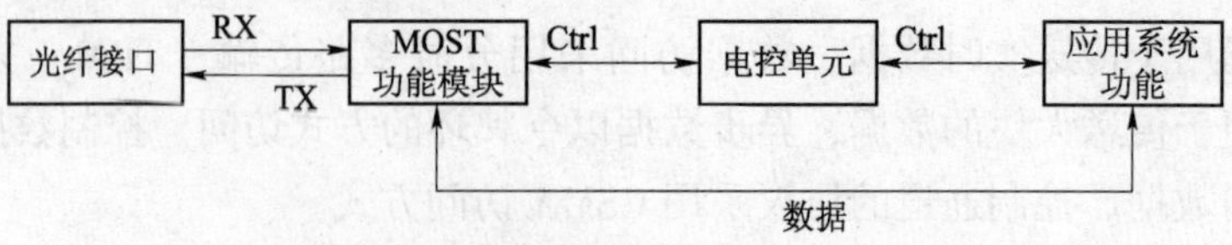

图 8－45　典型 MOST 设备的硬件结构

MOST 总线电控单元结构如图 8－46 所示。

① 光导纤维、光导插接器。光信号通过光导纤维和光导插接器送入电控单元，或传至下一个总线用户。光导纤维（亦称光缆）的作用是将在某一控制单元发射器内产生的光波传送到另一控制单元的接收器；纤芯是光导纤维的核心部分，是光波的传输介质，也可以称为光波导线，如图 8－47 所示。

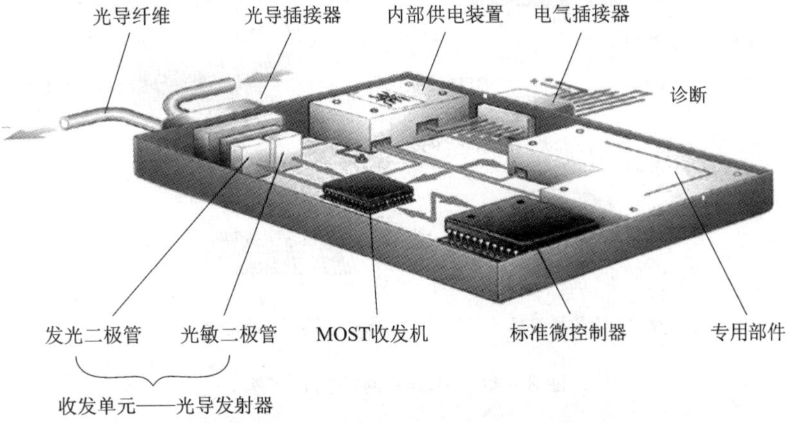

图 8－46　MOST 总线电控单元结构

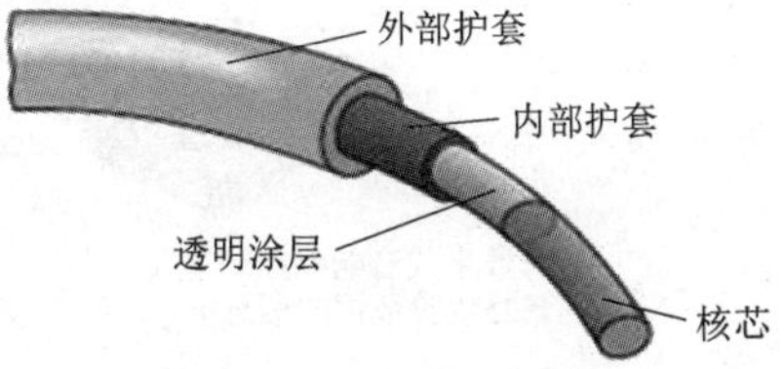

图 8－47　光导纤维的结构

② 电气插接器。电气插接器用于供电、自诊断以及输入/输出信号。

③ 内部供电装置。来自电气插接器的信号由内部供电装置送到各部件，可单独关闭电控单元内的某一部件，以降低静态电流。

④ 收发单元——光导发射器由一个光电 LED 和一个发光 LED 构成。光信号由光电 LED 转换成电压信号后传至 MOST 收发机，再经发光 LED 将 MOST 收发机的电压信号转换成光信号。光波波长为 650 nm，是可见红光。数据经光波调制后传送，调制后的光波经由光导纤维传到下一个电控单元。

⑤ MOST 收发机。MOST 收发机由发射机和接收机两个部件组成。发射机将要发送的信息作为电压信号传至光导发射器；接收机接收来自光导发射器的电压信号，并将所需的数据传至电控单元内的标准微控制器。其他电控单元不需要的信息由收发机传送，不经标准微控制器，直接将这些信息发送给下一个电控单元。

⑥ 标准微控制器。标准微控制器是电控单元的核心元件，其内部有一个微处理器。

⑦ 专用部件。专用部件用于某些特殊功能，如 CD 播放机和收音机调谐器。

2）MOST 网络拓扑结构

MOST 总线系统采用环形拓扑结构，如图 8－48 所示。电控单元通过光导纤维沿环形方向将数据发送到下一个电控单元。这个过程持续进行，直至首先发出数据的控制单元又接收到这些数据为止，即形成一个封闭环。可以通过数据总线自诊断接口和诊断 CAN 总线来对 MOST 系统进行故障诊断。

3）MOST 网络工作状态

MOST 系统的工作过程分为启动（唤醒）和数据传输两个阶段。如果 MOST 总线处于休眠模式，首先需通过唤醒过程将系统切换到备用模式。如果某一控制单元（系统管理器除外）唤醒了 MOST 总线，那么该控制单元就会向下一个控制单元发射一种专门调制的光信号，如图 8－49 所示。

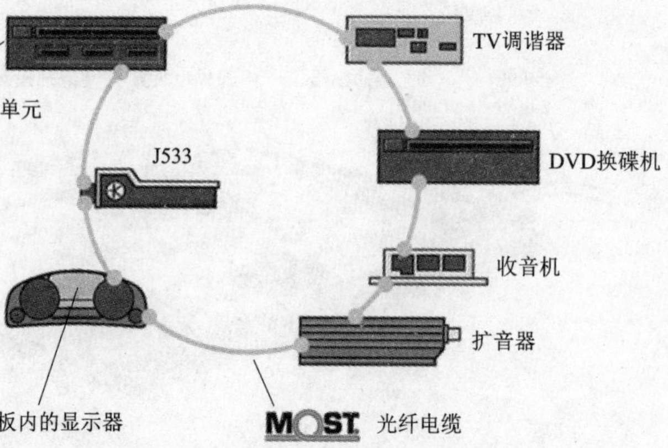

图 8－48　MOST 网络拓扑结构

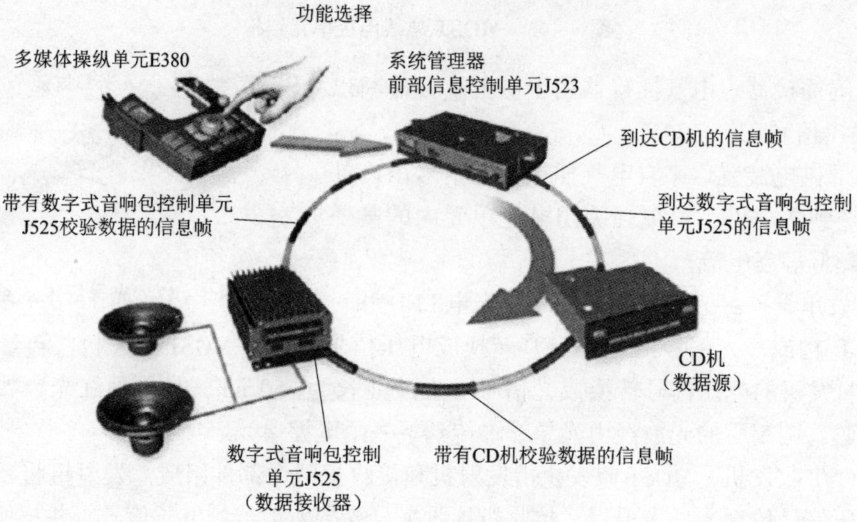

图 8－49　MOST 系统唤醒

数据传输过程中，音频和视频作为同步数据传递，而图片、文本和功能作为异步数据传递，如图 8－50 所示。

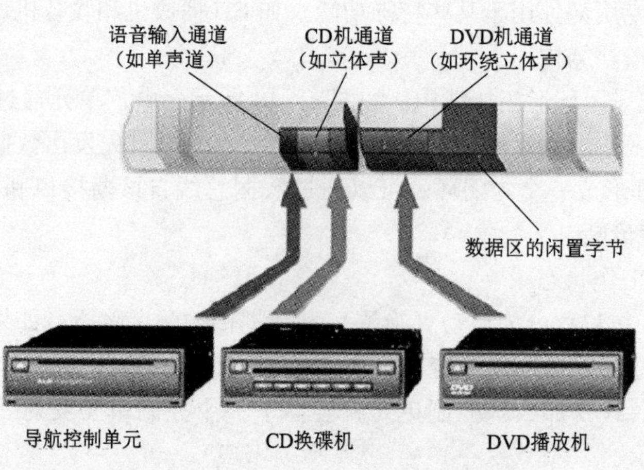

图 8－50　MOST 系统同步数据传输

异步数据源是以不规则的时间间隔来发送这些数据的。每个数据源将其异步数据存储到缓冲寄存器内，然后数据源开始等待，直至接收到带有接收器地址的信息组，如图 8 – 51 所示。

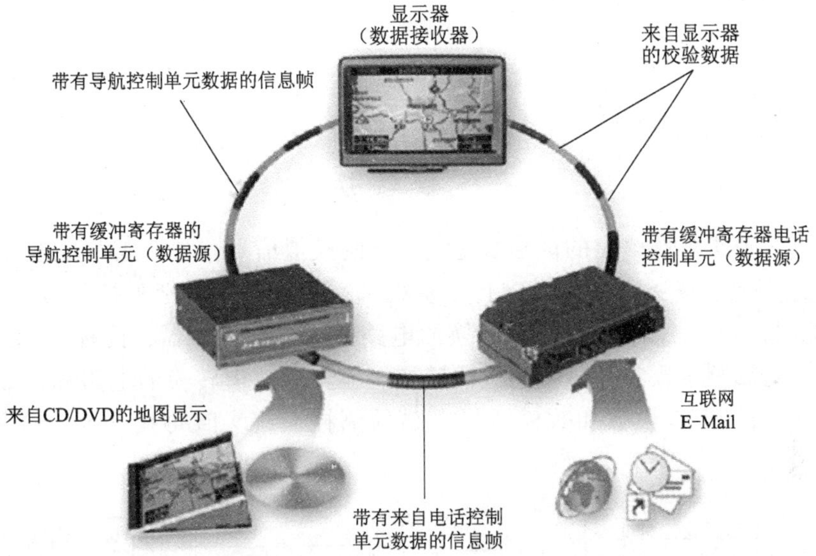

图 8 – 51　MOST 系统异步数据传输

MOST 总线上的控制单元在一定时间内会应答，环形中断诊断开始后到控制单元做出应答有一段时间间隔，诊断管理器根据这段时间的长短就可判断出哪一个控制单元已经做出了应答，并据此判断系统是否有电气故障（供电故障）以及哪两个控制单元之间的光导数据传递中断，如图 8 – 52 所示。

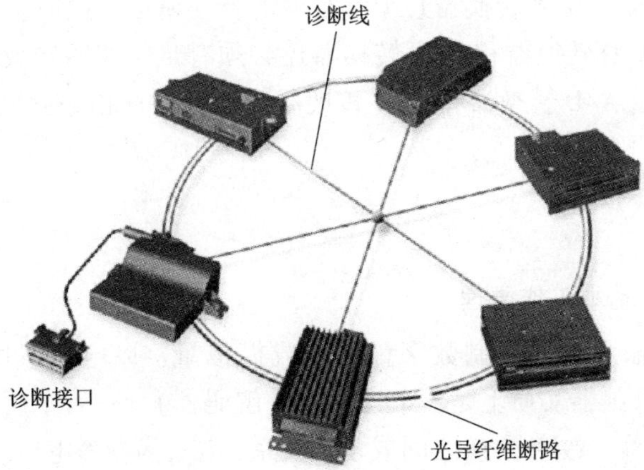

图 8 – 52　MOST 系统故障诊断

3. MOST 在汽车上的应用

汽车行业已将 MOST 技术作为汽车媒体的一个标准。MOST 性能可靠、成本低、系统简单、结构灵活、数据兼容性好和 EMI 性能良好，为将来随时加入新媒体设备节点提供了基础，尤其适合于车载媒体和信息设备的声控技术应用。

随着车载信息设备的不断增加，驾驶中使用这些设备的情况越来越多，通过声控系统访问这些设备是最安全和最经济的方式，是将来车载设备使用的首选人机接口方式。通过MOST网络把人机语音接口与车载媒体设备、通信设备以及其他信息设备连接起来，是实现车载设备语音访问技术的有效方式。

前导知识回顾

模数转换

由传感器、放大电路输出的信号是连续变化的模拟信号，它不能直接送入数码管进行数字显示，也不能直接送入计算机进行分析处理。为此，需要把模拟信号转换为数字信号，通常称为模数转换。能实现模数转换的电路称为模数转换器，简称A/D转换器。反之，把数字信号转换为模拟信号称为数模转换。能实现数模转换的电路称为数模转换器，简称D/A转换器。带有模数和数模转换电路的测控系统大致可用图8-53所示的框图表示。

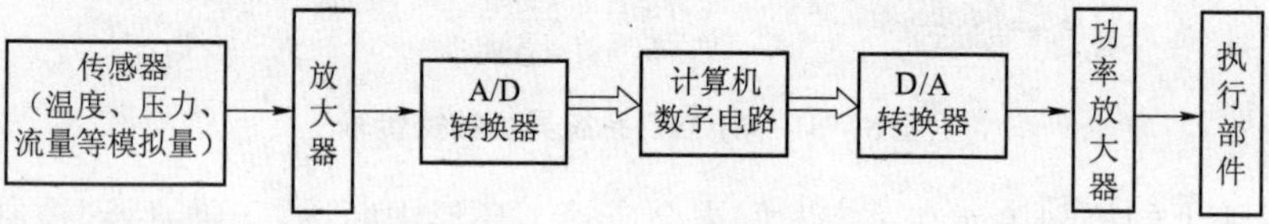

图8-53　一般测控系统框图

图中模拟信号由传感器转换为电信号，经放大送入A/D转换器转换为数字量，由数字电路进行处理，再由D/A转换器还原为模拟量，去驱动执行部件。为了保证数据处理结果的准确性，A/D转换器和D/A转换器必须有足够的转换精度。同时，为了适应快速过程的控制和检测的需要，A/D转换器和D/A转换器还必须有足够快的转换速度。因此，转换精度和转换速度仍是衡量A/D转换器和D/A转换器性能优劣的主要标志。

一、D/A转换器

1. D/A转换器的基本工作原理

D/A转换器是将输入的二进制数字量转换成模拟量，以电压或电流的形式输出，如图8-54所示。D/A转换器实质上是一个译码器（解码器）。一般常用的线性D/A转换器，其输出模拟电压 u_o 和输入数字量 D_n 之间成正比关系，U_{REF} 为参考电压。

$$u_o = D_n U_{REF} \qquad (8-1)$$

将输入的每一位二进制代码按其权值大小转换成相应的模拟量，然后将代表各位的模拟量相加，则所得的总模拟量就与数字量成正比，这样便实现了从数字量到模拟量的转换。

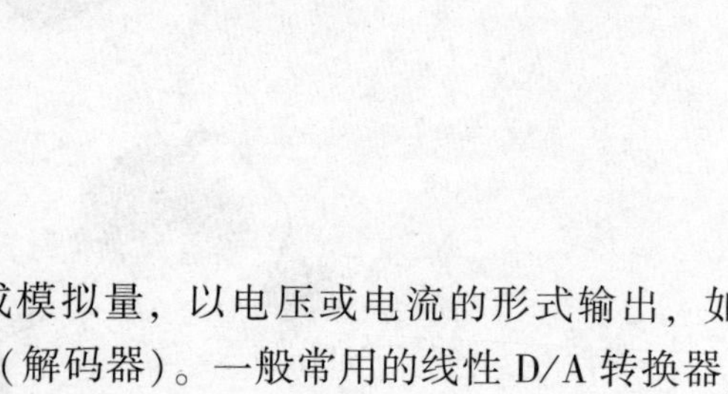

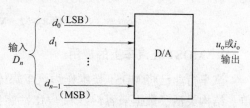

图8-54　D/A转换基本原理

$$D_n = d_{n-1} \cdot 2^{n-1} + d_{n-2} \cdot 2^{n-2} + \cdots + d_1 \cdot 2^1 + d_0 \cdot 2^0 = \sum_{i=0}^{n-1} d_i 2^i \quad (8-2)$$

$$\begin{aligned} u_o &= D_n U_{REF} \\ &= d_{n-1} \cdot 2^{n-1} \cdot U_{REF} + d_{n-2} \cdot 2^{n-2} \cdot U_{REF} + \cdots + d_1 \cdot 2^1 \cdot U_{REF} + d_0 \cdot 2^0 \cdot U_{REF} \\ &= \sum_{i=0}^{n-1} d_i 2^i U_{REF} \end{aligned} \quad (8-3)$$

即，D/A 转换器的输出电压 u_o，等于代码为 1 的各位所对应的各分模拟电压之和。

2. D/A 转换器的组成

D/A 转换器一般由数码缓冲寄存器、模拟电子开关、参考电压、位权（解码）网络和求和运算电路等组成，如图 8－55 所示。

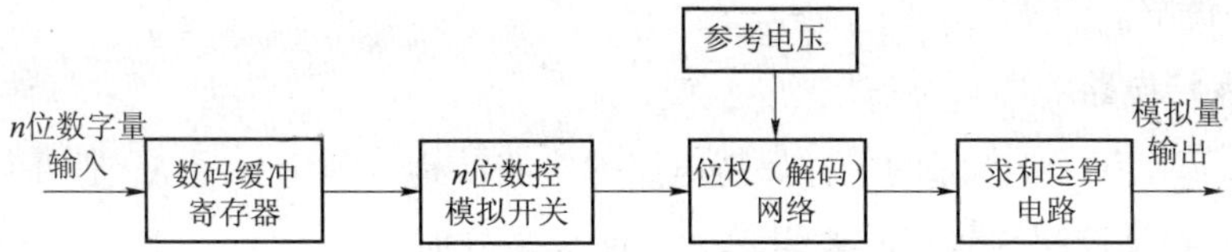

图 8－55　n 位 D/A 转换器框图

数字量以串行或并行方式输入，并存储在数码缓冲寄存器中；寄存器输出的每位数码驱动对应数位上的电子开关，将在位权网络中获得的相应数位权值送入求和电路；求和电路将各位权值相加，便得到与数字量对应的模拟量。

根据位权网络的不同，可以构成不同类型的 D/A 转换器，如权电阻网络、T 形电阻网络和单值电流型网络 D/A 转换器等。

二、A/D 转换器

A/D 转换器的功能是将输入的模拟电压转换为输出的数字信号，即将模拟量转换成与其成比例的数字量。一个完整的 A/D 转换过程，必须包括采样、保持、量化、编码四部分电路，如图 8－56 所示。在模数转换具体实施时，常把这四个步骤合并进行。例如，采样和保持是利用同一电路连续完成的。量化和编码是在转换过程中同步实现的，而且所用的时间又是保持的一部分。

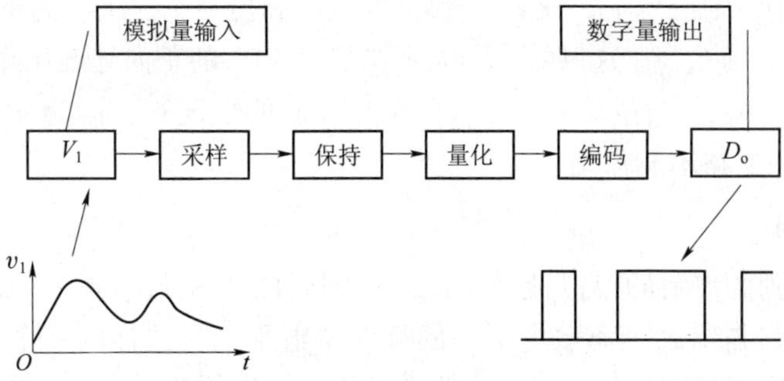

图 8－56　A/D 转换的四个步骤

1. 采样定理

图 8-57 所示为某一输入模拟信号经采样后得出的波形。为了保证能从采样信号中将原信号恢复，必须满足条件：

$$f_s \geqslant 2f_i(\max) \tag{8-4}$$

式中，f_s为采样频率，$f_i(\max)$ 为信号 u_i 中最高次谐波分量的频率。这一关系称为采样定理。

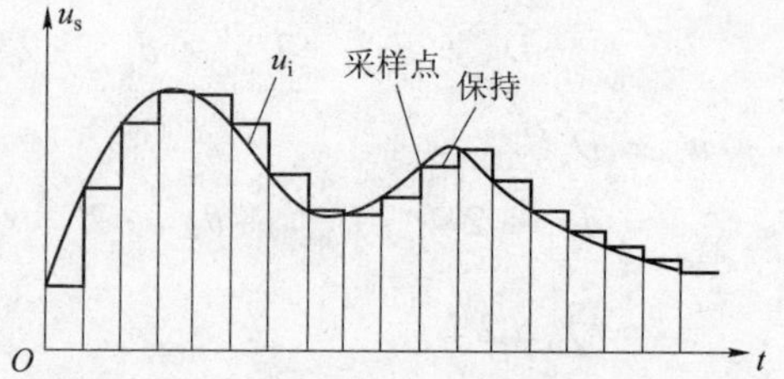

图 8-57　模拟信号采样

A/D 转换器工作时的采样频率必须大于等于式（8-4）所规定的频率。采样频率越高，留给每次进行转换的时间就越短，这就要求 A/D 转换电路必须具有更高的工作速度。因此，采样频率通常取f_s = $(3\sim5)f_i(\max)$ 已能满足要求。有关采样定理的证明将在“数字信号处理”课程中讲解。

2. 采样保持电路

图 8-58 所示为一个实际的采样保持电路的电路结构，图中 A_1、A_2 是两个运算放大器，S 是模拟开关，L 是控制 S 状态的逻辑单元电路。采样时令 $u_L=1$，S 随之闭合。A_1、A_2 接成单位增益的电压跟随器，故 $u_o=u_o'=u_i$。同时 u_o' 通过 R_2 对外接电容 C_h 充电，使 $u_{ch}=u_i$，因电压跟随器的输出电阻十分小，故对 C_h充电很快结束。当 $u_L=0$ 时，S 断开，采样结束，由于 u_{ch}无放电通路，其上电压值基本不变，故使 u_o得以将采样所得结果保持下来。

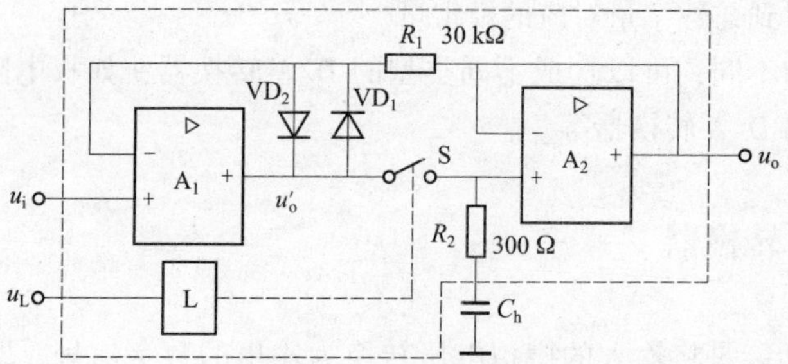

图 8-58　采样保持电路

图 8-58 中还有一个由二极管 VD_1、VD_2 组成的保护电路。在没有 VD_1 和 VD_2 的情况下，如果在 S 再次接通以前 u_i 变化了，则 u_o' 的变化可能很大，以至于使 A_1 的输出进入非线性区，u_o' 与 u_i 不再保持线性关系，并使开关电路有可能承受过高的电压。

接入 VD_1 和 VD_2 以后，当 u_o' 比 u_o 所保持的电压高出一个二极管的正向压降时，VD_1 将导通，u_o' 被钳位于 $u_i+U_{VD_1}$。这里的 U_{VD_1} 表示二极管 VD_1 的正向导通压降。当 u_o' 比 u_o 低一个二极管的压降时，将 u_o' 钳位于 $u_i-U_{VD_2}$。在 S 接通的情况下，因为 $u_o'\approx u_o$，所以 VD_1和 VD_2都不导通，保护电路不起作用。

3. 量化与编码

为了使采样得到的离散的模拟量与 n 位二进制码的 2^n 个数字量一一对应，还必须将采样后离散的模拟量归并到 2^n 个离散电平中的某一个电平上，这样的一个过程称为量化。量化后的值再按数制要求进行编码，以作为转换完成后输出的数字代码。把量化的结果用二进制码或是其他数制的代码表示出来，称为编码。这些代码就是 A/D 转换的结果。量化和编码是所有 A/D 转换器不可缺少的核心部分之一。

数字信号具有在时间上离散和幅度上断续变化的特点，在进行 A/D 转换时，任何一个被采样的模拟量只能表示成某个规定最小数量单位的整数倍，所取的最小数量单位叫作量化单位，用 Δ 表示。若数字信号最低有效位用 LSB 表示，1 LSB 所代表的数量大小就等于 Δ，即模拟量量化后的一个最小分度值。既然模拟电压是连续的，那么它就不一定是 Δ 的整数倍，在数值上只能取接近的整数倍，因而量化过程不可避免地会引入误差。这种误差称为量化误差。将模拟电压信号划分为不同的量化等级时通常有以下两种方法，如图 8－59 所示，它们的量化误差相差较大。

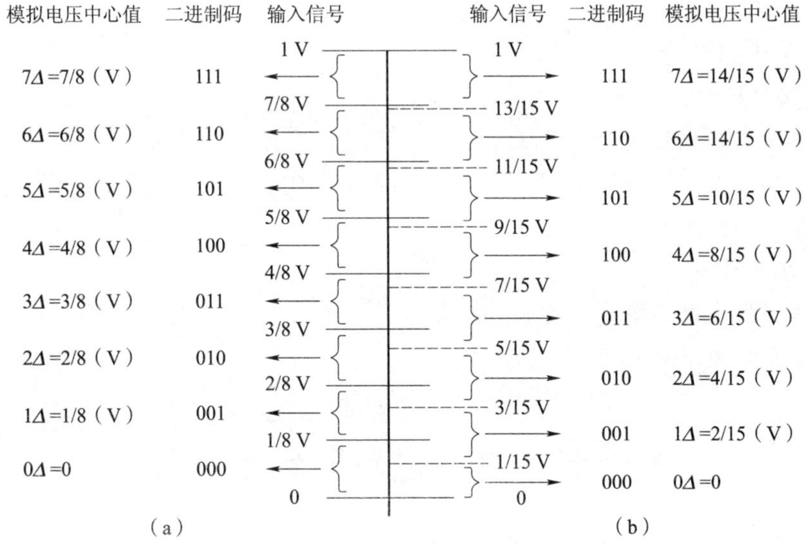

图 8－59　划分量化电平的两种方法

图 8－59（a）的量化结果误差较大，例如把 0～1 V 的模拟电压转换成 3 位二进制代码，取最小量化单位 Δ＝1/8 V，并规定凡模拟量数值在 0～1/8 V 之间时，都用 0Δ 来替代，用二进制数 000 来表示；凡数值在 1/8～2/8 V 之间的模拟电压都用 1Δ 代替，用二进制数 001 表示，以此类推。这种量化方法带来的最大量化误差可能达到 Δ，即 1/8 V。若用 n 位二进制数编码，则所带来的最大量化误差为 $1/2^n$ V。

为了减小量化误差，通常采用图 8－59（b）所示的改进方法来划分量化电平。在划分量化电平时，取量化单位 Δ＝2/15 V。将输出代码 000 对应的模拟电压范围定为 0～1/15 V，即 0～1/2Δ；1/15～3/15 V 对应的模拟电压用代码 001 表示，对应模拟电压中心值为 Δ＝2/15 V，以此类推。这种量化方法的量化误差可减小到 1/2Δ，即 1/15 V。在划分的各个量化等级时，除第一级（0～1/15 V）外，每个二进制代码所代表的模拟电压值都归并到它的量化等级所对应的模拟电压的中间值，所以最大量化误差为 1/2Δ。

思考与练习题

1. 简述汽车音响系统的组成。
2. 汽车导航系统为什么可以实现驾驶指南功能？
3. 分别列举 CAN 线、LIN 线、MOST 线的特点。

单元九

汽车全车电路分析

本章学习目标

1. 知识目标

(1) 熟悉汽车电路图的常用符号。

(2) 掌握汽车电路图的类型。

(3) 了解不同车系的电路图特点。

2. 能力目标

(1) 掌握汽车电路图的一般识图方法。

(2) 了解典型车系电路图的识读方法。

第一节 汽车电路图常用符号

汽车电路图是利用图形符号和文字符号，表示汽车电路构成、连接关系和工作原理，而不考虑其实际安装位置的一种简图。为了使电路图具有通用性，便于进行技术交流，构成电路图的图形符号和文字符号不是随意的，它有统一的国家标准和国际标准。要看懂电路图，必须了解图形符号和文字符号的含义、标注原则和使用方法。

一、图形符号

图形符号是用于电气图或其他文件中的表示项目或概念的一种图形、标记或字符，是电气技术领域中最基本的工程语言。因此，为了看懂汽车电路图，我们要掌握和熟练地运用它。常用的图形符号可分为以下几类。

(1) 限定符号，如表 9－1 所示。

表 9－1 限定符号

序号	名称	图形符号	序号	名称	图形符号
1	直流	——	3	交直流	
2	交流		4	正极	+

续表

序号	名称	图形符号	序号	名称	图形符号
5	负极	——	8	搭铁	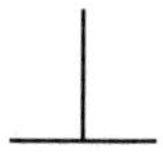
6	中性点	N	9	交流发电机输出接柱	B
7	磁场	F	10	磁场二极管输出端	D +

（2）导线、端子和导线的连接符号，如表 9－2 所示。

表 9－2　导线、端子和导线的连接符号

序号	名称	图形符号	序号	名称	图形符号
1	接点	●	11	多极插头和插座（示出的为三极）	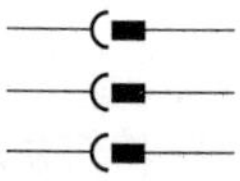
2	端子	○			
3	可拆卸的端子	ϕ			
4	导线的连接				
5	导线的分支连接		12	接通的连接片	
6	导经珠交叉连接		13	断开的连接片	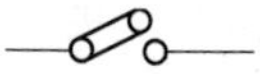
7	导线的跨越		14	边界线	
8	插座的一个极		15	屏蔽（护罩）	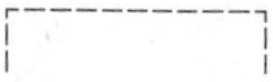
9	插头的一个极				
10	插头和插座		16	屏蔽导线	

（3）触点与开关符号，如表 9－3 所示。

表 9－3　触点与开关符号

序号	名称	图形符号	序号	名称	图形符号
1	动合（常开）触点		4	中间断开的双向触点	
2	动断（常闭）触点		5	双动合触点	
3	先断后合的触点		6	双动断触点	

续表

序号	名称	图形符号	序号	名称	图形符号
7	单动断双动合触点		20	压力控制	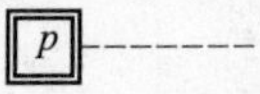
8	双动断单动合触点	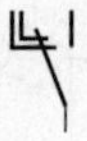	21	制动压力控制	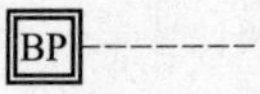
9	一般情况下手动控制		22	液位控制	
10	拉拔操作		23	凸轮控制	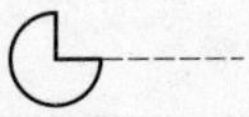
11	旋转操作		24	联动开关	
12	旋转、旋钮开关	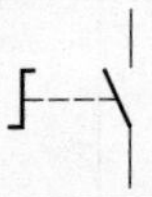	25	手动开关的一般符号	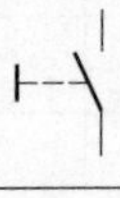
13	液位控制开关	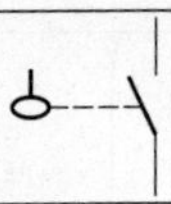	26	定位（非自动复位）开关	
14	机油滤清器报警开关	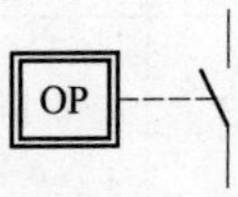	27	按钮开关	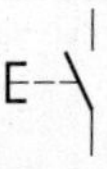
15	热敏开关动合触点	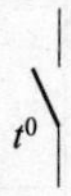	28	热继电器触点	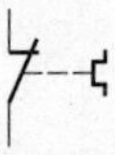
16	热敏开关动断触点	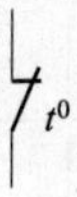	29	旋转多挡开关位置	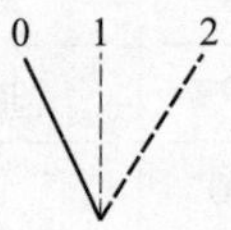
17	钥匙操作		30	推拉多挡开关位置	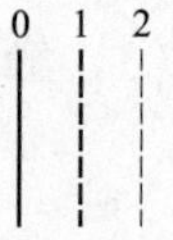
18	热执行器操作		31	钥匙开关（全部定位）	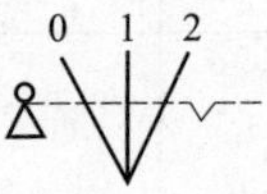
19	温度控制		32	多挡开关、点火、起动开关，瞬时位置为2能自动返回到1（即2挡不能定位）	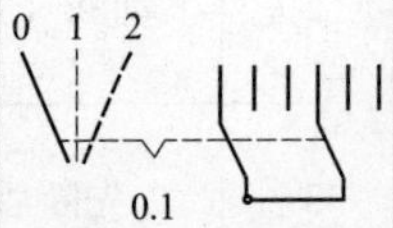

（4）电气元件符号，如表9－4所示。

表9－4　电气元件符号

序号	名称	图形符号	序号	名称	图形符号
1	电阻器		16	光电二极管	
2	可变电阻器	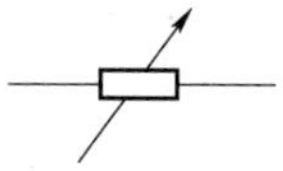	17	PNP型三极管	
3	压敏电阻器	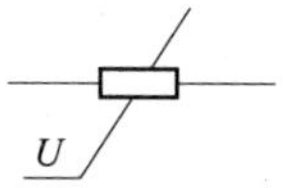	18	集电极接管壳三极管（NPN型）	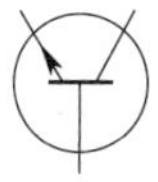
4	热敏电阻器	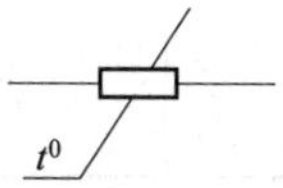	19	具有两个电极的压电晶体	
5	光敏电阻		20	滑线式变阻器	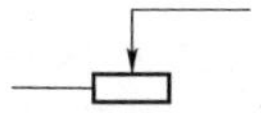
6	加热元件、电热塞		21	分路器	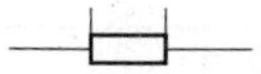
7	电容器		22	滑动触点电位器	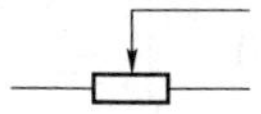
8	可变电容器		23	仪表照明调光电阻	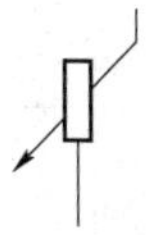
9	极性电容器	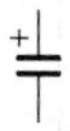	24	电感器、线圈、绕组、扼流图	
10	穿心电容器	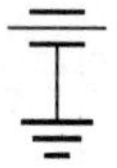	25	带磁芯的电感器	
11	半导体二极管一般符号	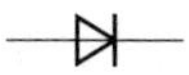	26	熔断器	
12	单向击穿二极管，电压调整二极管（稳压管）	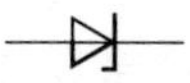	27	易熔线	
13	发光二极管	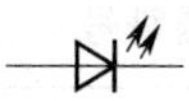	28	电路断电器	
14	双向二极管（变阻二极管）	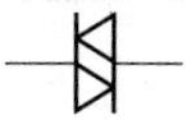	29	永久磁铁	
15	三极晶体闸液管	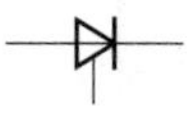	30	操作器件一般符号	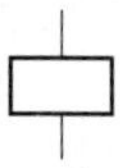

续表

序号	名称	图形符号	序号	名称	图形符号
31	一个绕组电磁铁	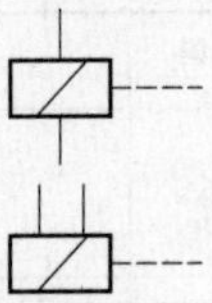	34	触点常开的继电器	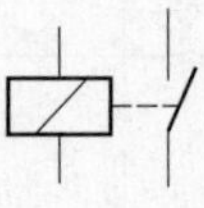
32	两个绕组电磁铁	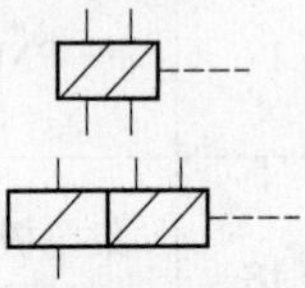	35	触点常闭的继电器	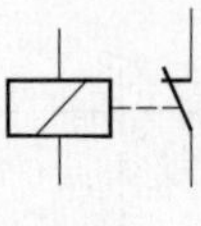
33	不同方向绕组电磁铁	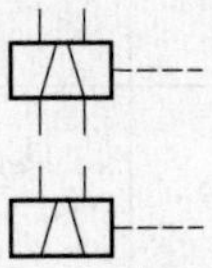			

（5）仪表符号，如表 9－5 所示。

表 9－5　仪表符号

序号	名称	图形符号	序号	名称	图形符号
1	指示仪表	(*)	8	转速表	(n)
2	电压表	(V)	9	温度表	(t^0)
3	电流表	(A)	10	燃油表	(Q)
4	电压电流表	(A/V)	11	车速里程表	(v)
5	欧姆表	(Ω)	12	电钟	
6	瓦特表	(W)	13	数字式电钟	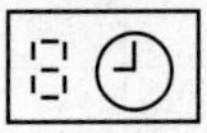
7	油压表	(OP)			

（6）传感器符号，如表 9－6 所示。

表 9－6　传感器符号

序号	名称	图形符号	序号	名称	图形符号
1	传感器的一般符号	[*]	3	空气温度传感器	[t^0a]
2	温度表传感器	[t^0]	4	水温传感器	[t^0w]

续表

序号	名称	图形符号	序号	名称	图形符号
5	燃油表传感器	Q	10	爆震传感器	K
6	油压表传感器	OP	11	转速传感器	n
7	空气质量传感器	m	12	速度传感器	v
8	空气流量传感器	AF	13	空气压力传感器	AP
9	氧传感器	λ	14	制动压力传感器	BP

（7）电气设备符号，如表 9－7 所示。

表 9－7　电气设备符号

序号	名称	图形符号	序号	名称	图形符号
1	照明灯、信号灯、仪表灯、指示灯		10	元件、装置、功能元件	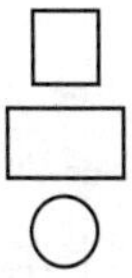
2	双丝灯				
3	荧光灯	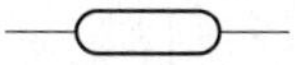	11	信号发生器	
4	组合灯	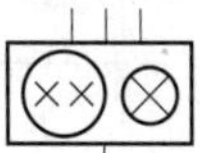	12	脉冲发生器	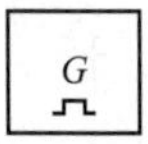
5	预热指示器	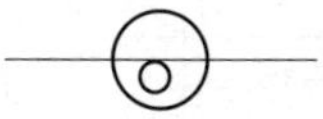	13	变换器、转换器	
6	电喇叭	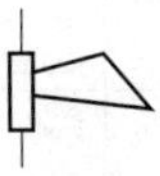	14	光电发生器	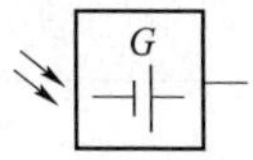
7	扬声器	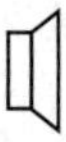	15	空气调节器	
8	蜂鸣器		16	滤波器	
9	报警器、电警笛		17	稳压器	

续表

序号	名称	图形符号	序号	名称	图形符号
18	点烟器		33	电磁阀一般符号	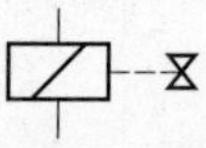
19	热继电器	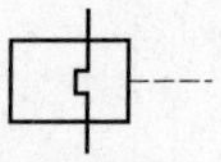	34	常开电磁阀	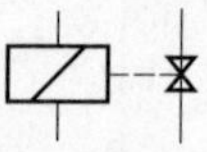
20	间歇刮水继电器		35	常闭电磁阀	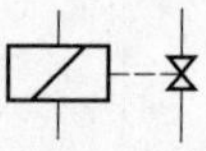
21	防盗报警系统		36	电磁离合器	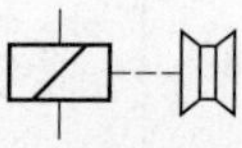
22	天线一般符号		37	用电动机模拟的怠速调整装置	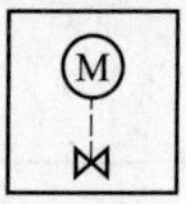
23	发射机		38	过电压保护装置	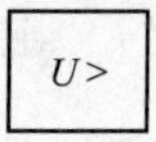
24	收音机		39	过电流保护装置	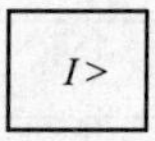
25	内部通信联络及音乐系统		40	加热器（除霜器）	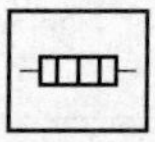
26	收放机		41	振荡器	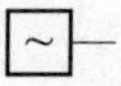
27	天线电话	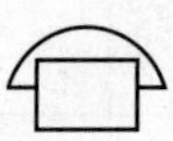	42	点火线圈	
28	传声器一般符号		43	分电器	
29	闪光器		44	火花塞	
30	霍尔信号发生器	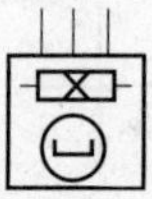	45	电压调节器	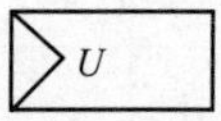
31	磁感应信号发生器		46	转速调节器	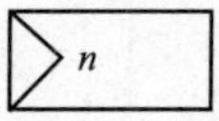
32	温度补偿器		47	温度调节器	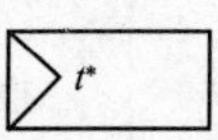

续表

序号	名称	图形符号	序号	名称	图形符号
48	串激绕组		53	并激直流电动机	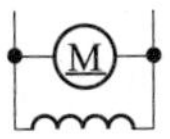
49	并激或他激绕组		54	永磁直流电动机	
50	集电环或换向器上的电刷		55	起动机（带电磁开关）	
51	直流电动机		56	燃油泵电动机、洗涤电动机	
52	串激直流电动机	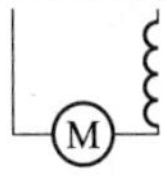	57	晶体管电动燃油泵	

二、文字符号

文字符号是由电气设备、装置和元器件的种类（名称）字母代码和功能（与状态、特征）字母代码组成，用于电气技术领域中技术文件的编制，也可标注在电气设备、装置和元器件上或其近旁，以表明电气设备、装置和元器件的名称、功能、状态和特征。此外，还可与基本图形符号和一般图形符号组合使用，以派生新的图形符号。

文字符号分为基本文字符号和辅助文字符号两大类，基本文字符号又分为单字母符号和双字母符号。

1. 基本文字符号

单字母符号是按拉丁字母将各种电气设备、装置和元器件划分为23大类，每大类用一个专用单字母符号表示，如“*C*”表示电容器类，“*R*”表示电阻类等；双字母符号是由一个表示种类的单字母符号与另一字母组成，其组合形式应以单字母符号在前而另一字母在后的次序列出，如“*R*”表示电阻，“RP”就表示电位器，“RT”表示热敏电阻；“G”表示电源、发电机、发生器，“GB”就表示蓄电池，“GS”表示同步发电机、发生器，“GA”表示异步发电机。

2. 辅助文字符号

辅助文字符号表示电气设备、装置和元器件以及线路的功能、状态和特征。如“SYN”表示同步，“L”表示限制左或低，“RD”表示红色，“ON”表示闭合，“OFF”表示断开等。

三、图形符号、文字符号的识读

对于基本的元器件，其图形符号、文字符号都是相同的，如电阻、电容、照明灯和蓄电池等。

由于目前国际上还没有汽车电气设备图形符号、文字符号的统一标准，各个汽车生产厂家对某些汽车电器所采用的图形符号、文字符号有所不同，与标准规定有一些差异，这给识读电路图造成一定困难，但图形符号基本结构的组成是相似的，只要了解它们的区别，就能避免识读错误。在识图过程中应不断地总结经验，找出不同电路中采用的图形符号有哪些相同点和不同点，这样可以提高读图速度。

第二节　汽车电路图的类型

汽车电路图是用国家标准规定的线路符号，对汽车电器的构造组成、工作原理、工作过程及安装要求所作的图解说明，也包括图例及简单的结构示图。

现代汽车电路图的种类繁多，电路图依车型不同，也存在一定差别，但归纳起来汽车电路图主要有接线图、电路原理图、布线图和线束图等。

一、接线图

接线图是按照电气设备在汽车上的大致安装位置来描绘的电路图。接线图电气部件的外形和安装位置都与实际情况相同。接线图的优点是：整车电气设备数量准确，线路的走向清楚，有始有终，便于循线跟踪，查找起来比较方便。接线图的缺点是：图上电线纵横交错，印制版面小则不易分辨，版面过大印装受限制；识图、画图费时费力，不易抓住电路重点、难点；不易表达电路内部结构与工作原理。因此，接线图只适用汽车电器部件少、线路连接简单的传统汽车。接线图如图 9－1 所示。

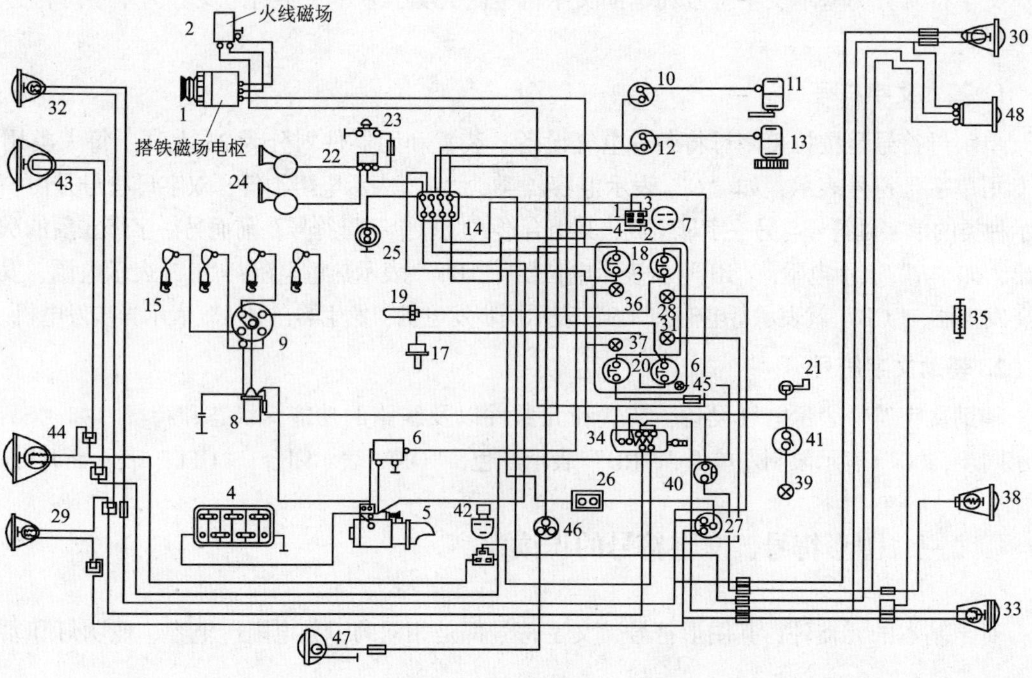

图 9－1　接线图

二、电路原理图

电路原理图是以电路连接最短、最清晰为原则布置的，且基本表示出电气设备内部电路。因此，电路原理图既表达了电器之间的连接，又体现了电气设备内部电路情况，容易分析各电器工作时电流的具体路径，了解其工作原理。因此电路原理图应用比较广泛，如图 9－2 所示。

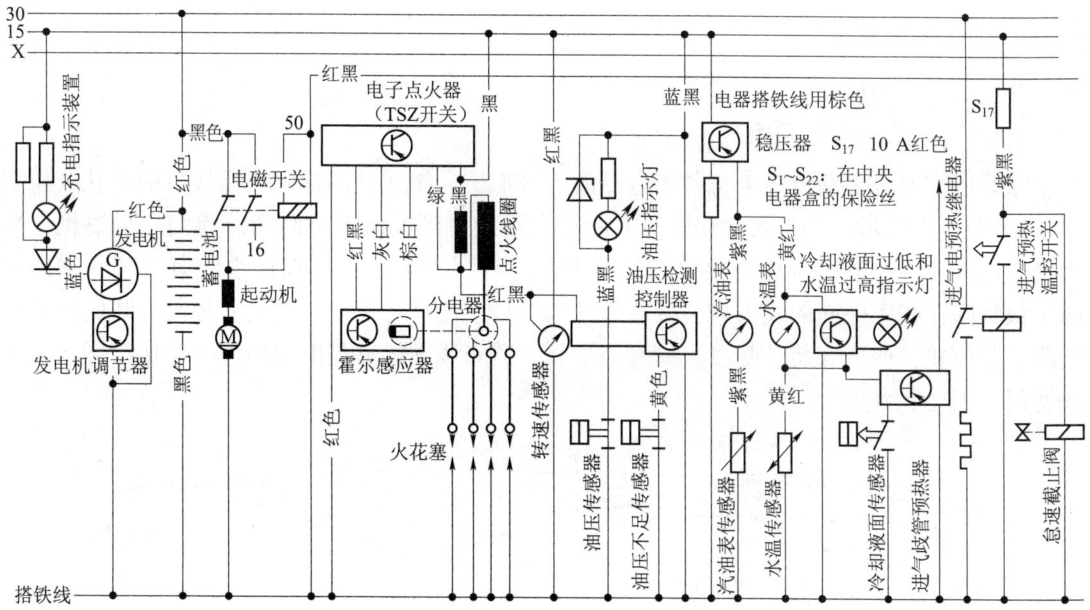

图 9－2　电路原理图

电路原理图有整车电路原理图和局部电路原理图之分。

1. 整车电路原理图

为了生产与教学的需要，常常要尽快找到某条电路的始末，以便确定故障分析的路线。在分析故障原因时，不能孤立地仅局限于某一部分，而要将这一部分电路在整车电路中的位置及与相关电路的联系都表达出来。

整车电路图的优点在于：

（1）对全车电路有完整的概念，它既是一幅完整的全车电路图，又是一幅互相联系的局部电路图。重点、难点突出，繁简适当。

（2）在此图上建立起电位高、低的概念：其负极“－”接地（俗称搭铁），电位最低，可用图中的最下面一条线表示；正极“＋”电位最高，用最上面的那条线表示。电流的方向基本都是由上而下，路径是：电源正极“＋”→开关→用电器→搭铁→电源负极“－”。

（3）尽最大可能减少电线的曲折与交叉，布局合理，图面简洁、清晰，图形符号考虑到元器件的外形与内部结构，便于读者联想，易读，易画。

（4）各局部电路（或称子系统）相互并联且关系清楚，发电机与蓄电池间、各个子系统之间的连接点尽量保持原位，熔断器、开关及仪表等的接法基本上与原图吻合。

整车电路原理图的缺点是：图形符号不太规范，容易各行其是，不利于与国际标准统一，因而也不利于对外交流。

2. 局部电路原理图

为了弄清汽车电器的内部结构、各个部件之间相互连接的关系，弄懂某个局部电路的工作原理，常从整车电路图中抽出某个需要研究的局部电路，参照其他翔实的资料进行分析。必要时根据实地测绘、检查和试验记录，将重点部位进行放大、绘制并加以说明。局部的汽车电路原理图的电气设备少、幅面小，看起来简单明了，易读易绘；缺点是只能了解电路的局部。

三、布线图

布线图主要是表明电线束与各用电器的连接部位、接线柱的标记、插接器的形状及位置等，如图 9－3 所示。它是人们在汽车上能够实际接触到的汽车电路图。我们也可以把一些车辆的电气元件位置图看成简化了的布线图。这种图一般不去详细描绘线束内部的线路走向，只将露在线束外面的线头与插接器作详细编号或用字母标记。它是一种突出装配记号的电路表达形式，便于安装、配线、检测与维修。若布线图能够与电路原理图和接线图结合起来使用，则会起到更大的作用。

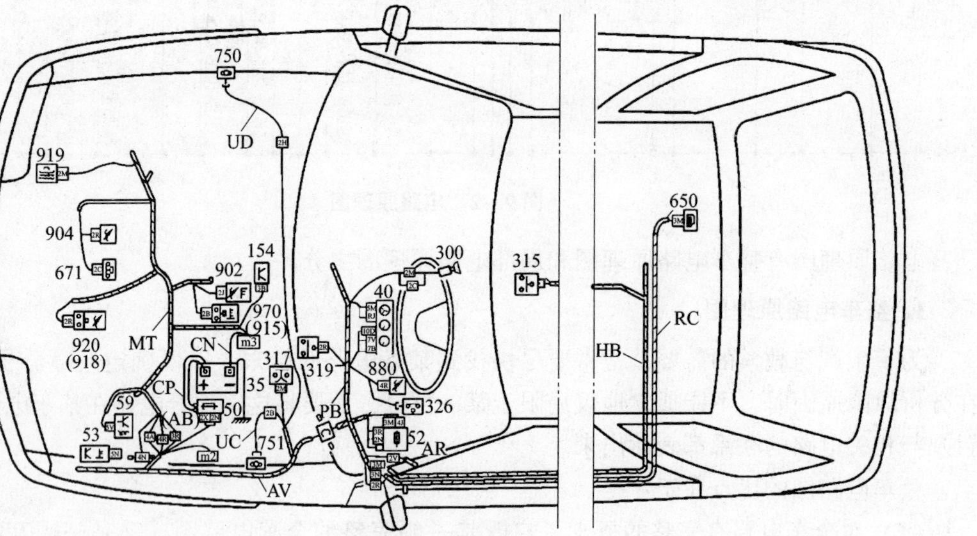

图 9－3　布线图

四、线束图

线束图是根据汽车线束在汽车上的布置、分段以及各分支导线端口的具体情况而绘制的电路图，如图 9－4 所示。其重点反映的是已制成的线束外形，组成线束各导线的规格大小、长度和颜色，各分支导线端口所连接的电气设备名称、连接端子和护套的具体型号，线束各主要部分的长度等。因此，线束图主要用于汽车线束的制作和比较方便地连接电气设备。在有的车型线束图上还表示了各段线束在汽车上的具体布置情况，即所谓的汽车线束布置图，以便在汽车上安装。

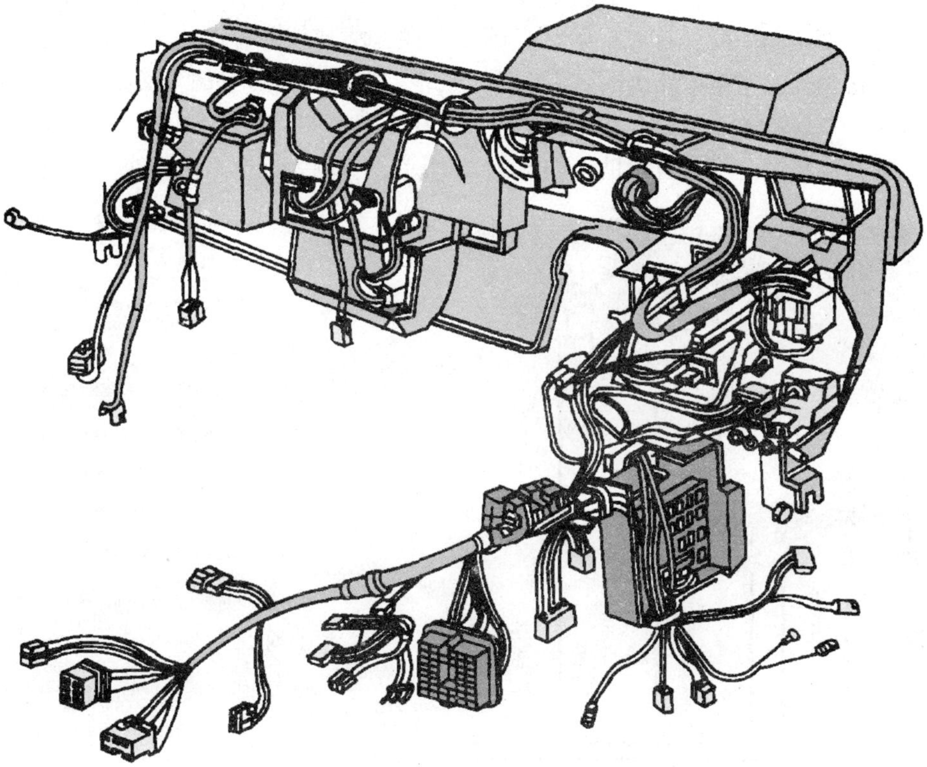

图9-4　线束图

第三节　汽车电路读图一般方法

由于各国汽车电路图的绘制方法、符号标识、技术标准的不同，各汽车生产厂家，汽车电路图的画法有很大差异，甚至同一国家不同公司汽车电路图的表示方法也存在较大的差异，这就给读图带来许多麻烦。因此，掌握汽车电路图识读的基本方法显得十分重要。

一、善于化整为零

纵观“全车”，眼盯“局部”。整车电路由各个局部电路组成，它表达了各个局部电路之间的连接控制关系。要把局部电路从总图中分解出来，必须掌握各个单元电路的基本原理和接线规律。

汽车电路的基本特点是单线制。各电气设备互相并联，各单元电路如电源系统、起动系统、点火系统、照明系统、信号系统都有其自身的一些特点，以其自身的特点为指导去分解全车电路就会少一些盲目性。

二、认真阅读图注

在阅读局部电路图时，首先必须认真阅读图注，清楚该部分电路所包含的电气设备种类、数量、用途等，了解电路图的名称、技术规范，明确图形符号的含义，建立元器件和图形符号间一一对应的关系，这有利于在读图中抓住重点。如果已经掌握了一定的汽车电气知识的话，对提高读图速度大有帮助。如图 9－5 所示，右侧为该电路图图注。

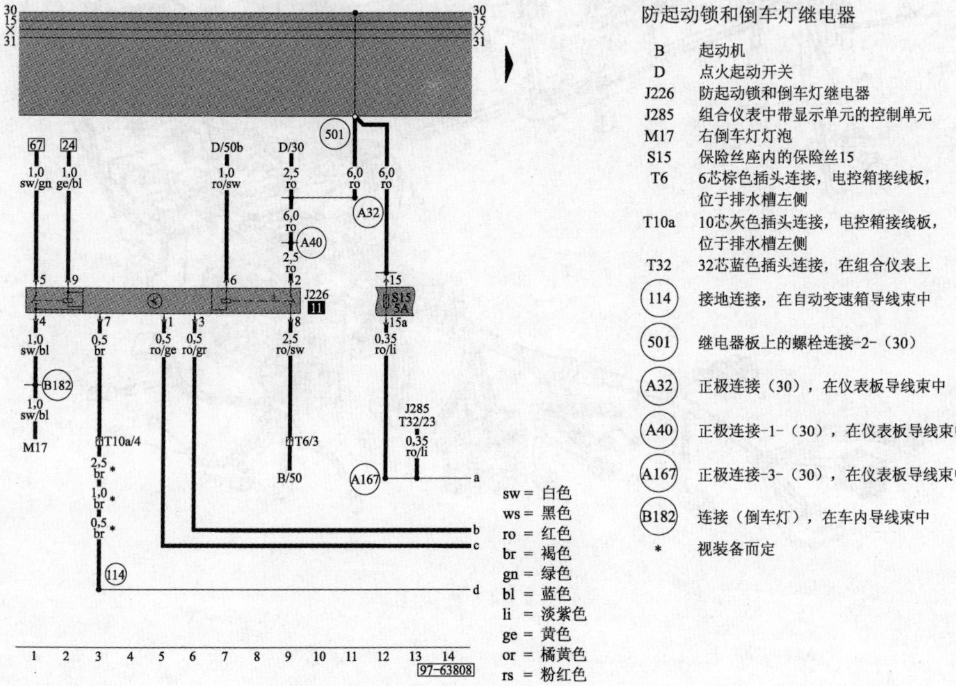

图 9－5　电路图图注

三、熟悉电气元件及配线

现代汽车的线路如同人的神经一样分布在各个区域，其复杂程度与日俱增，而线路中的配线连接器、接线盒、继电器、接地点等如同神经的“节点”。所以熟悉这些电气元件在电路图中的表示符号、位置、连接方式、内部电路，对读解汽车电路图会有很大帮助。

四、熟悉开关的作用

开关是控制电路通断的关键，电路中主要的开关往往汇集许多导线，如点火开关、车灯总开关，读图时应注意与开关有关的 5 个问题：

（1）在开关的许多接线柱中，注意哪些是接直通电源的？哪些是接用电器的？接线柱旁是否有接线符号？这些符号是否常见？

（2）开关共有几个挡位？在每个挡位中，哪些接线柱通电？哪些断电？

（3）蓄电池或发电机电流是通过什么路径到达这个开关的？中间是否经过别的开关和熔断器？这个开关是手动的还是电控的？

（4）各个开关分别控制哪些用电器？被控用电器的作用和功能是什么？

（5）在被控的用电器中，哪些电器处于常通？哪些电路处于短暂接通？哪些应先接通？哪些应后接通？哪些应单独工作？哪些应同时工作？哪些电器允许同时接通？

五、掌握回路的原则

在电学中，回路是一个最基本、最重要，同时也是最简单的概念，任何一个完整的电路都由电源、用电器、开关和导线等组成。一个用电器要想正常工作，总要得到电能。对于直流电路而言，电流总是要从电源的正极出发，通过导线，经熔断器、开关到达用电器，再经过导线（或搭铁）回到同一电源的负极，在这一过程中，只要有一个环节出现错误，此电路就不会正确、有效。例如：

（1）从电源正极出发，经某用电器（或再经其他用电器），最后又回到同一电源的正极，由于电源的电位差（电压）仅存在于电源的正负极之间，电源的同一电极是等电位的，没有电压。这种“从正到正”的途径是不会产生电流的。

（2）在汽车电路中，发电机和蓄电池都是电源，在寻找回路时，不能混为一谈，不能从一个电源的正极出发，经过若干用电设备后，回到另一个电源的负极，这种做法不会构成一个真正的通路，也不会产生电流。所以必须强调，回路是指从一个电源的正极出发，经过用电器，回到同一电源的负极。

六、了解汽车电路图的一般规律

（1）电源部分到各电器熔断器或开关的导线是电气设备的公共火线，在电路原理图中一般画在电路图的上部。

（2）标准画法的电路图，开关的触点位于零位或静态，即开关处于断开状态或继电器线圈处于不通电状态，晶体管、晶闸管等具有开关特性的元件的导通与截止视具体情况而定。

（3）汽车电路是单线制，各电器相互并联，继电器和开关串联在电路中。

（4）大部分用电设备都经过熔断器，受熔断器的保护。

（5）把整车电路按功能及工作原理划分成若干独立的电路系统，这样可解决整车电路庞大复杂、分析起来困难的问题。现在汽车整车电路一般按各个电路系统来绘制，如电源系统、起动系统、点火系统、照明系统、信号系统等，这些单元电路都有它们自身的特点，抓住特点，把各个单元电路的结构、原理吃透了，理解整车电路也就容易了。

七、识图的一般方法

（1）先看全图，把一个个单独的系统框出来。一般来讲，各电气系统的电源和电源总开关是公共的，任何一个系统都应该是一个完整的电路，都应遵循回路原则。

（2）分析各系统的工作过程和相互间的联系。在分析某个电气系统之前，要清楚该电气系统所包含各部件的功能、作用和技术参数等。在分析过程中应特别注意开关、继电器触点的工作状态，大多数电气系统都是通过开关、继电器不同的工作状态来改变回路，实现不同功能的。

（3）通过对典型电路的分析，达到触类旁通。许多车型汽车电路原理图，很多部分都是类似或相近的，这样，通过一个具体的例子，举一反三，对照比较，触类旁通，可以掌握汽车的一些共同规律，再以这些共性为指导，了解其他型号汽车的电路原理，又可以发现更多的共性以及各种车型之间的差异。

汽车电器的通用性和专业化生产使同一国家汽车的整车电路形式大致相同，如掌握了某种车型电路的特点，就可以大致了解相应车型或合资企业的汽车电路的特点。因此，抓住几个典型电路，掌握各系统的接线特点和原则，对于了解其他车型的电路大有好处。

第四节　几种典型车系电路图的特点与识读方法

一、丰田车系电路图的特点与识读方法

1. 丰田车系电路图的主要特点

（1）电路图中的电气元件通常用文字直接标注。

（2）电路总图中各系统电路按长度方向逐个布置，并在电路图上方标出各系统电路的区域和代表该电路系统的符号及文字说明。

（3）电路图中绘出了搭铁点，并标注代号与文字说明，可以从电路图了解线路搭铁点，直观明了。

（4）电路图中，有的还直接标出线路插接器的端子排列和各端子的使用情况，给识图和电路故障查寻提供方便。

2. 丰田汽车电路图的识读

识读方法如图 9－6 所示，电路图中括号内数字是注释符号，其各部分的含义如下：

（1）系统标题。在电路图上方用刻线划分区域内，用文字和系统符号表示下方电路系统的名称。

（2）表示配线颜色。图中 W 表示白色。

（3）表示与电路元件连接的插接器（数字表示接线端子的编号）。

（4）表示插接器的接线端子编号，其中插座和插头编号的方法不同。在插座编号中，顺序为从左至右，从上至下；插头则从右至左，从上至下。

（5）表示继电器盒。图中只标明继电器盒的号码，亦不印上阴影，以有别于接线盒。图示继电器盒号码为 1，表示 EFI 主继电器在 1 号位置。

（6）表示接线盒。圈内数字表示接线盒（J/B）号码，圈旁数字表示该插接器插座位置代码。接线盒上一般印上阴影，使其与其他元件区分。不同的接线盒，用不同的阴影标出，

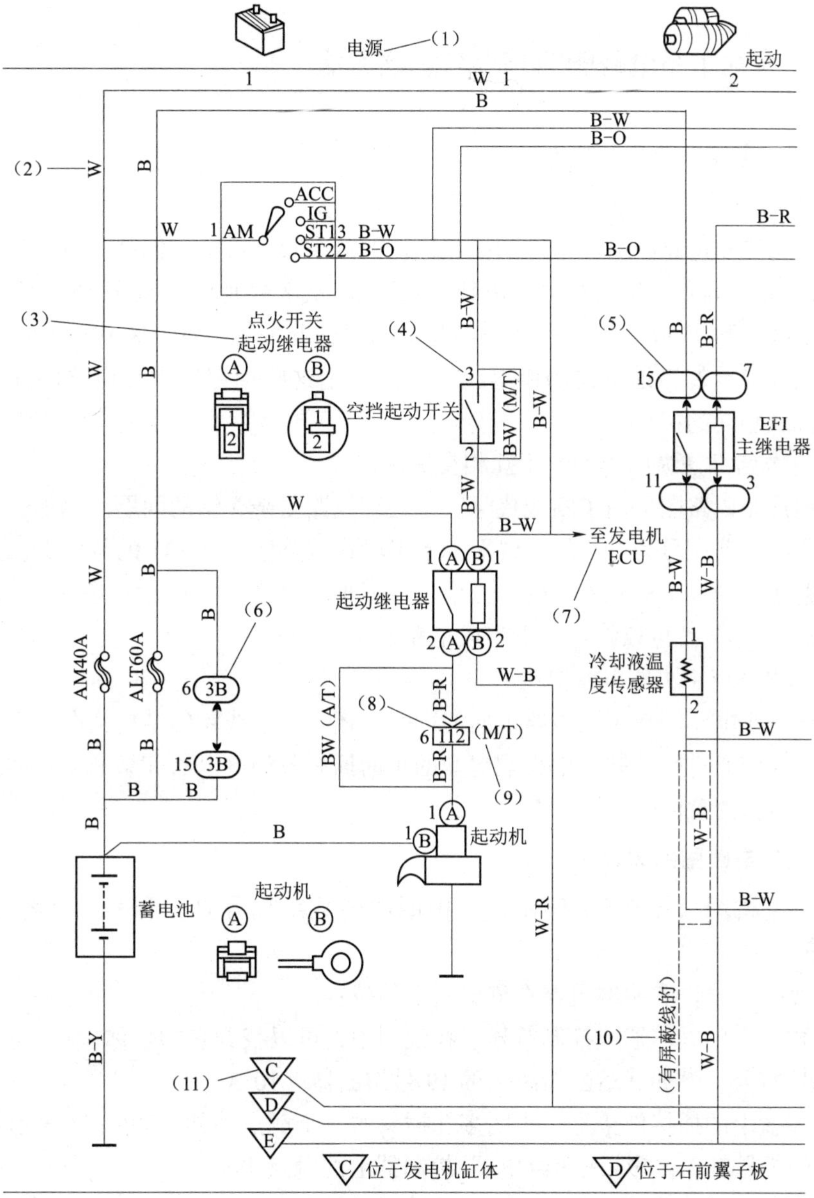

图 9－6 丰田汽车电路图

以便区分。例如图中的 3B 表示它在 3 号接线盒内；数字 6 和 15 表示两条配线分别在插接器 6 号和 15 号接线端子上。

（7）表示相关联的系统。

（8）表示配线与配线之间的插接器，带插头的配线用符号“︾”表示。外侧数字 6 表示接线端子的号码。

（9）当车辆型号、发动机型号或规格不同时，用括号中的内容来表示不同的配线和插接器等。

（10）表示屏蔽的配线。

（11）表示搭铁（接地）点位置。搭铁（接地）点在电路图中用“▽”符号表示。

二、大众车系电路图的特点与识读方法

1. 大众车系电路图的主要特点

（1）接点标记具有固定的含义。

在大众公司汽车电路图中经常遇到接点标记的数字及字母，它们都具有固定的含义。如数字 30 代表的是来自蓄电池正极的供电线；数字 31 代表接地线；数字 15 代表来自点火开关的点火供电线；数字 50 代表点火开关在起动挡时的起动供电线；X 代表受控的大容量用电设备供电线（来自卸荷继电器的供电线）等。无论这些标记出现在电路的什么地方，相同的标记都代表相同的接点。

（2）所有电路都是纵向排列，不互相交叉。

大众公司汽车电路图采用了断线代号法来处理线路复杂交错的问题。例如，假设某一条线路的上半段在电路序号为 116 的位置上，下半段在电路序号为 147 的位置上，这时，在上半段电路的终止处画一个标有 147 的小方格，在下半段电路的开始处也有一小方格，内标有 116，通过 116 和 147 就可以将上、下半段电路连在一起了。

（3）整个电路以中央配电盒为中心。

大众公司汽车电路图在表示线路走向的同时，还表达了线路的结构情况。汽车电器线路以中央配电盒为中心进行控制。中央配电盒的正向插有各种继电器和熔断器，插接器和插座安装在中央配电盒的背向。

2. 大众汽车电路图的识读

大众汽车电路图如图 9－7 所示。图中圈内的数字标号是注释号，其各部分的含义如下：

① 继电器位置号。表明继电器在继电盒上的位置。

② 继电器盒上的继电器或控制符号。在说明中，可以找到它的名称。

③ 熔断器符号。例如，熔断器座上的 19 号熔断器（10 A）。

④ 继电器盒上的插接件接号，表明多孔插头的一个触点，如 3/49a；3 表示继电器盒上 12 号继电器的 3 号触点；49a 表示继电器/控制器上的触点 49a。

⑤ 继电器盒上的连接件符号。指出一个带线束多孔或单孔插头的位置。例如，A13 表示多孔插头 A 的 13 号触点。

⑥ 导线截面积。单位为 mm^2。

⑦ 导线颜色。此缩略语是线色代码，电路图旁有说明。

⑧ 白色线上印刷的标记号。用于区分一根线束中的不同白色线。

⑨ 接线柱符号。可在零件上找到标记。

⑩ 故障诊断程序用的检测点。在插图或电路图中可以找到同样的黑色圆内的数字，用于故障诊断程序。

⑪ 线路标记。警告灯开关。

⑫ 零件符号。在说明中可以找到零件名称。

⑬ 导线连接端。方框内的数字表明电路图中的连接导线。

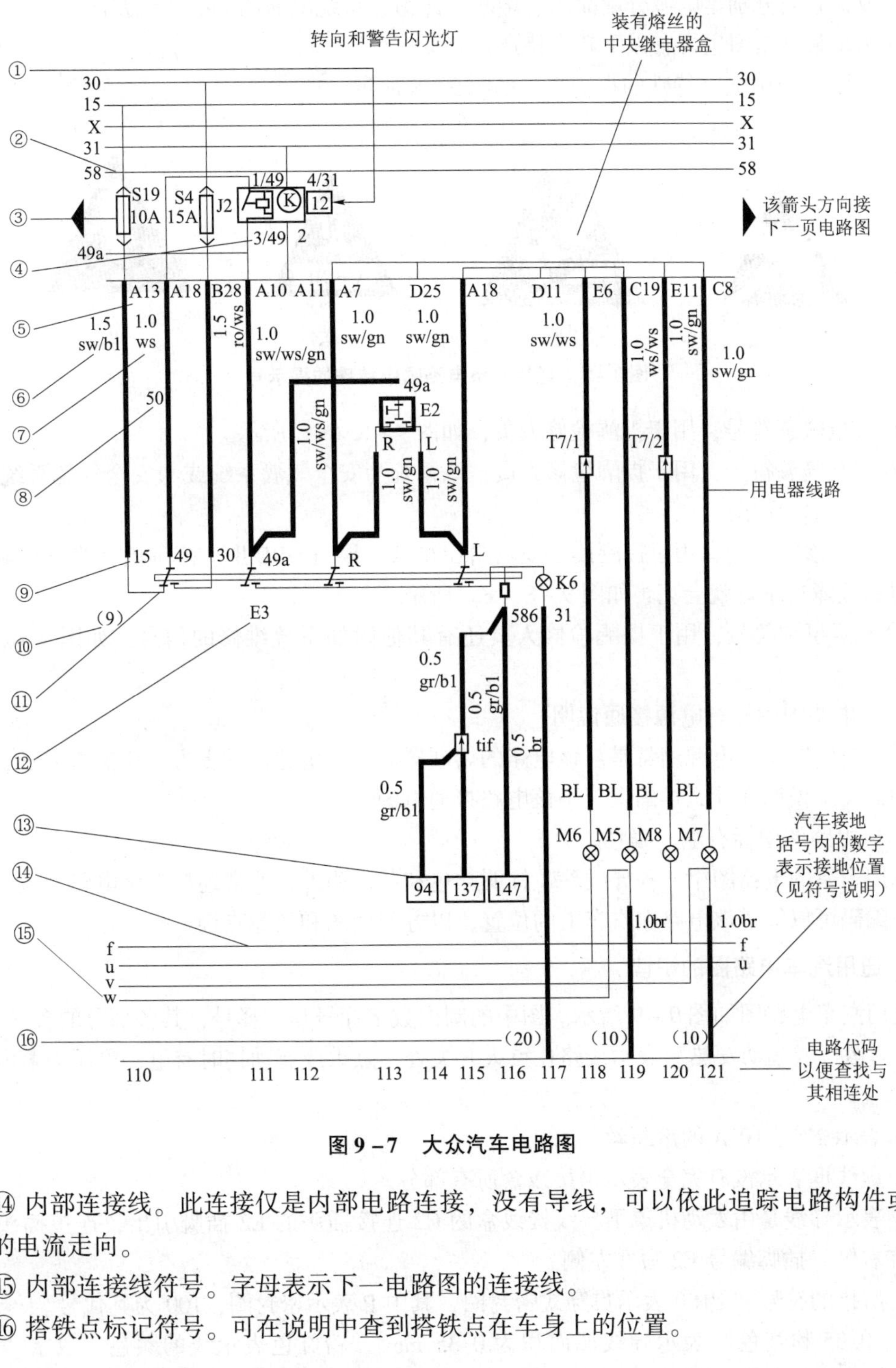

图 9－7　大众汽车电路图

⑭ 内部连接线。此连接仅是内部电路连接，没有导线，可以依此追踪电路构件或线束内部的电流走向。

⑮ 内部连接线符号。字母表示下一电路图的连接线。

⑯ 搭铁点标记符号。可在说明中查到搭铁点在车身上的位置。

三、通用车系电路图的特点与识读方法

1. 通用车系电路图的主要特点

通用车系电路图与前述几种车系的电路有着明显的区别。通用车系电路图通常由四类电

路图组成，它们分别是电源分配简图、熔断丝详图、系统电路图和搭铁线路图。

通用车系电路图主要有以下几个特点：

（1）电路图中标有特殊的提示号，如图 9-8 所示。

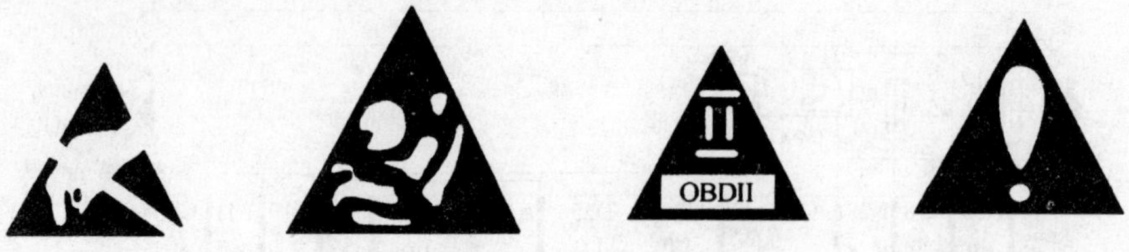

（a）　（b）　（c）　（d）

图 9-8　通用车系电路图中特殊的提示号

① 静电敏感符号，用于提醒检修人员，如图 9-8（a）所示。

② 安全气囊符号，用于提醒检修人员，该系统为安全气囊系统或与安全气囊系统相关，如图 9-8（b）所示。

③ 故障诊断符号，用于提醒读者该电路在车载诊断（OBD Ⅱ）范围内，当该电路出现故障时，故障指示灯就会亮，如图 9-8（c）所示。

④ 注意事项符号，用于提醒检修人员还有其他附加系统维修的信息，如图 9-8（d）所示。

（2）电路图中标有电源接通说明。

系统电路图中的电源通常是从该电路的熔断器起，在电路图的上方，用黑框表示，并用黑框中的文字说明在什么样的情况下该电路接通电源。

（3）电路图中标有电路编号。

通用车系的电路图中，各导线除了标明颜色和截面积外，通常还标有该电路的编码，通过电路编码可以知道该电路在汽车上的位置，以方便读图和故障查询。

2. 通用汽车电路图的识读

通用汽车电路图如图 9-9 所示。图中的圈内数字标号是注释号，其各部分的含义如下：

①“运行或起动发热”表示线路在点火开关处于点火或起动挡时有电，电压为蓄电池工作电压。

② 表示 27 号 10 A 的熔断丝。

③ 虚线框表示没有完全表示出接线盒所有部分。

④ 表示导线是由发动机罩下导线接线盒的 C2 连接插头的 E2 插脚引出，连接插头编号 C2 写在右侧，插脚编号 E2 写在左侧。

⑤ 所指的符号和 P100 表示贯穿式密封圈，其中 P 表示密封圈，100 为其代号。

⑥“0.35 粉红色”表示导线截面积为 0.35 mm^2，粉红色表示线的颜色，数字“339”表示该线束处在乘员室范围。

⑦ 表示 TCC（液力变矩器中的锁止离合器控制）开关，图中处于接通状态表示为常闭开关，其开关信号经过 P101 和 C101，由动力总成控制模块（PCM）中的 C1 插头 30 号插脚进入 PCM 中。

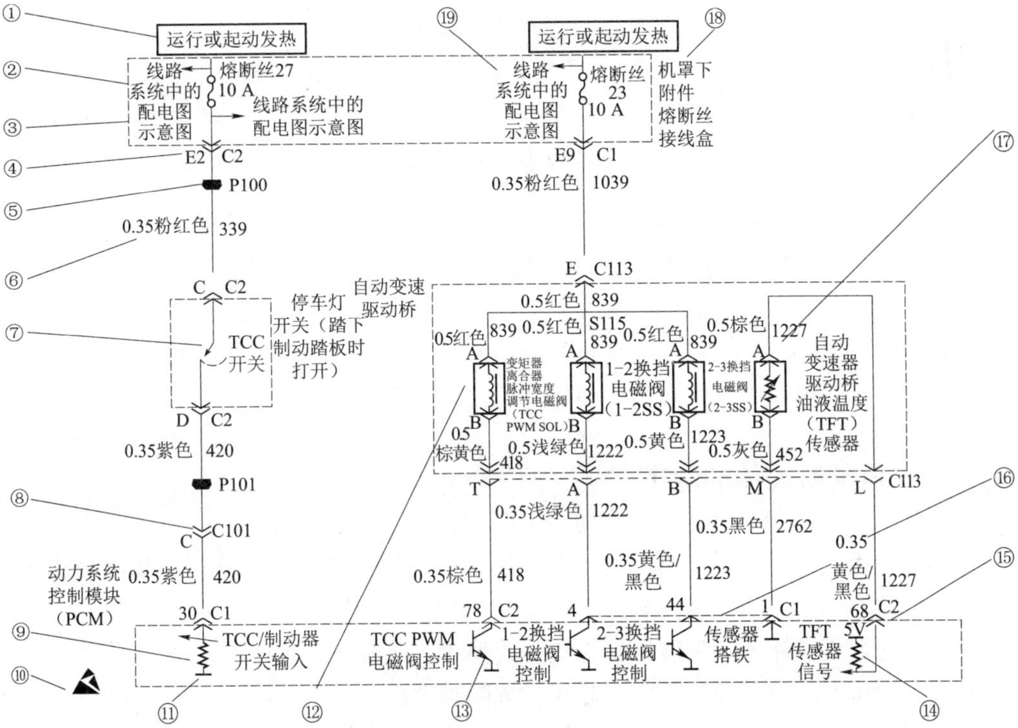

图 9－9　通用汽车电路图

⑧ 表示直列线束连接器，右侧“C101”表示连接插头编号（其中 C 表示连接插头），左侧“C”表示直列线束连接器的 C 插脚。

⑨ 表示输出电阻器，这里用来把制动灯开关的信号以一定的电压信号的形式输出给动力总成控制模块 PCM 的内部控制电路。

⑩ 表示动力总成控制模块 PCM 为对静电敏感的部件。

⑪ 表示搭铁。

⑫ 表示电磁阀，此处表示在自动变速器内部的 TCC 锁止电磁阀，此电磁阀控制液力变矩器内部锁止离合器的接合。它在点火开关处于点火或起动挡时，通过 23 号 10 A 的熔断器供电。

⑬ 表示带晶体管半导体元件控制的集成电路。这里为动力总成控制单元 PCM 内部集成的控制电路，控制电磁阀驱动电路通过 PCM 搭铁。

⑭ 表示输出电阻器。PCM 提供 5 V 稳压通过内部串接电阻与自动变速器油温传感器（TFT）连接，同时将自动变速器油温传感器（NTC 型电阻）信号传给 PCM。

⑮ 表示动力总成控制模块 PCM 的 C2 连接插头的 68 插脚。

⑯ 虚线表示 4、44、1 插脚均属于 C1 连接插头。

⑰ 表示自动变速器内部的自动变速器油温传感器，它是一个随温度增加阻值减小的 NTC 型电阻。

⑱ 表示部件的名称及所处的位置。该机罩下附件导线接线盒位于发动机的左边（从车的正面看）。

⑲ 表示导线通往机罩下附件导线接线盒内的其他电路，对目前所显示的电气系统没有作用，是一种省略的画法。

前导知识回顾

汽车安全用电常识

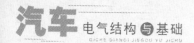

如果对电气设备使用不当，安装不合理，设备维护不及时和违反操作规程等，都可能造成人身伤亡和设备损坏等事故的发生。在汽车生产和使用过程中，为了避免人身伤亡和设备损坏等事故的发生，除了掌握汽车电气系统的相关专业理论知识外，还要充分认识安全用电的重要意义，掌握安全用电的知识，并自觉遵守安全用电操作规程，确保用电安全。

一、电流对人体的危害

触电事故是由电流通过人体造成的，触电的伤亡程度主要取决于通过人体的电流大小、途径和时间。实验证明，有 0.6 ~ 1.5 mA 的电流通过人体则有感觉，手指麻刺发抖。50 ~ 80 mA 的电流通过人体使人呼吸麻痹、心室开始颤动。电流通过人体的途径以两手间通过的情况最危险。通电时间越长，人体电阻越小，危险越大。

一般情况下，36 V 以下电压不会造成人身伤亡，称为安全电压。工程上规定有交流 36 V、12 V 两种，直流 48 V、24 V、12 V、6 V 四种。为了减少触电事故，要求所有工作人员经常接触的电气设备全部使用安全电压，而且环境越潮湿，使用安全电压等级越低。

二、触电方式及触电急救

1. 触电方式

由上可知，当人体被施加一定电压时，将会受到伤害。目前我国采用三相三线制和三相四线制供电方式，因此触电有下面几种类型。

1）单相触电

人体的某一部位碰到火线或绝缘性能不好的电气设备外壳时，电流从火线经人体流入大地的触电现象，如图 9 – 10 所示。

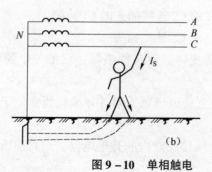

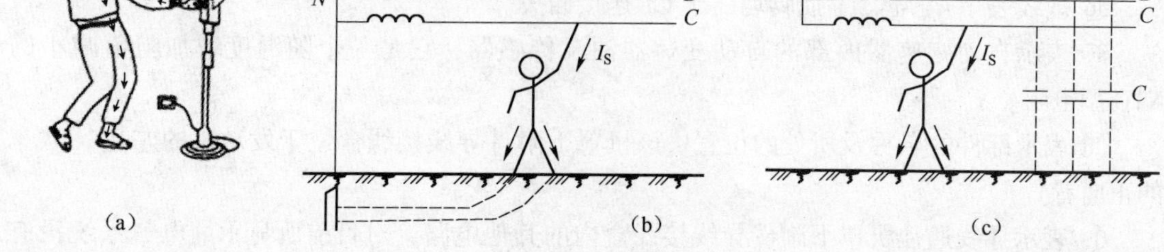

图 9 – 10　单相触电

2）两相触电

当人的双手或人体的某两部位接触三相电中的两根火线时，人体承受线电压，环路电阻为人体电阻加接触电阻，这时，将有一个较大电流通过人体，如图 9－11 所示。

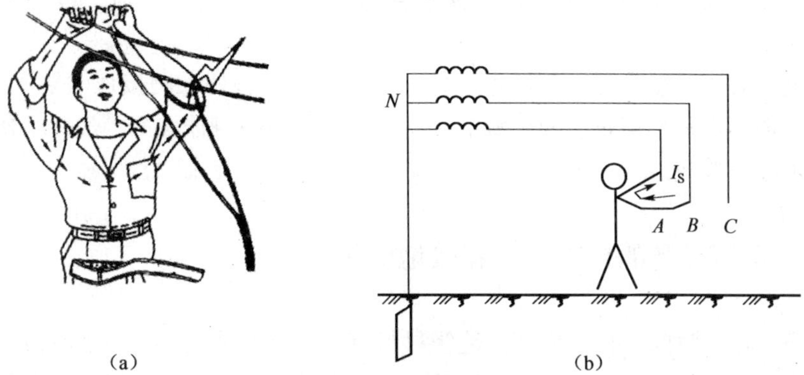

图 9－11　两相触电

3）跨步电压触电

电气设备火线碰壳接地，或带电导线直接触地时，人体虽没有接触带电设备外壳或带电导线，但是跨步行走在电位分布曲线的范围内而造成的触电现象，如图 9－12 所示。

2. 触电急救

发现有人触电时，应当及时抢救。首先应迅速切断电源，或用绝缘器具（如干布带、木棒等）迅速将电源线断开，使伤员脱离电源。如果伤员未脱离电源，救护人员需用绝缘的物体接触伤员的肌体，使伤员脱离电源。伤员脱离电源被救下后，如果是昏迷，尚未失去知觉，则应使伤员在空气流通的地方静卧休息；如果是呼吸暂时停止，心脏停止跳动，伤员尚未真正死亡，或者虽有呼吸，但是比较困难，这时必须毫不迟疑地用人工呼吸和胸外心脏按压法进行抢救。

1）人工呼吸法

① 使触电者头部尽量后仰，鼻孔朝天，解开领口的衣服，仰卧在比较坚实（如木板、干燥的泥地等）的地方。

② 用一只手捏紧鼻孔，另一只手掰开嘴巴（如果掰不开嘴巴，可用口对鼻人工呼吸法贴鼻孔吹气）。

③ 深呼吸后，紧贴嘴巴吹气或鼻孔吹气，一般吹 2 s，放松 3 s。

④ 救护人换气时，放松触电者的嘴或鼻，让其自然呼气。

2）胸外心脏按压法

① 解开触电者衣服，让其仰卧在硬地上或硬地板上。

② 救护人骑跪在其腰部两侧，两手相迭，手掌根部放在心口稍高一点的地方，即放在胸骨下

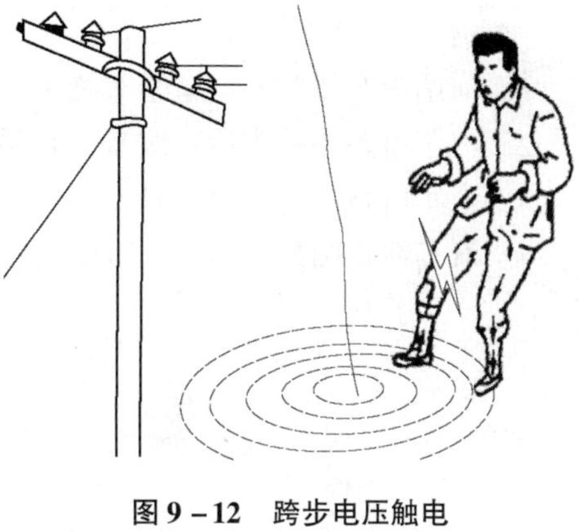

图 9－12　跨步电压触电

1/3 或 1/2 处。

③ 掌根用力垂直向下按压，压出心脏里面的血液。对成人应压 3 ~ 4 cm，以每秒钟按压一次，每分钟按压 60 次为宜。

④ 按压后，掌根迅速全部放松，让其胸自动复原，血又充满心脏，放松时掌根不必完全离开胸膛。

如果触电者心脏跳动和呼吸都停止了，人工呼吸法和胸外心脏按压法要同时交替进行，要坚持不断，切不可轻率中止。如果触电者身上出现尸斑或身体僵冷，经医生作出无法救治的诊断后方可停止抢救。

三、电气设备的接零保护和接地保护

电气设备经过长时间运行，内部的绝缘材料有可能已经老化，若不及时修理，将出现带电部件与外壳相连，从而使机壳带电，极易出现触电事故。因此，采用接零和接地两种保护措施。

1. 接零保护

在 1 000 V 以下中线接地良好的三相四线制系统中（如 380 V/220 V），将电气设备的外壳或框架与系统的零线相接，称保护接零。

2. 接地保护

接地保护就是把电气设备的金属外壳、框架等用接地装置与大地可靠地连接，以保护人身安全，它适用于 1 000 V 以下电源中性点不接地的电网和 1 000 V 以上的任何形式电网。

在采用保护接地或保护接零时要注意以下几个问题：

(1) 对于中性点接地的三相四线制系统，只能采用保护接零，不能采用保护接地。

(2) 不允许在同一电流上将一部分用电设备接零，另一部分接地。

(3) 采用保护接零时，接零的导线必须接牢固，以防脱线。在零线上不允许安装熔断器或开关，同时接零的导线阻抗不能太大。

(4) 采用保护接零时，除系统的中点接地外，还必须在零线上一处或多处进行接地，即重复接地。

思考与练习题

1. 何谓汽车线路？汽车全车线路由哪几个系统的线路组成？
2. 汽车电路图的表达方法有哪几种？
3. 全车电路的连接原则是什么？识读汽车电路图的必要条件是什么？
4. 汽车线路图的识读方法有哪些？

参 考 文 献

[1] 魏帮顶. 汽车电气维修一体化教程 [M]. 北京：机械工业出版社，2015.

[2] 刘娟娟. 汽车电气设备构造与维修 [M]. 北京：北京师范大学出版社，2010.

[3] 张伟，宋科. 汽车电气构造与维修 [M]. 北京：北京航空航天大学出版社，2013.

[4] 张仕寅，李守纪. 汽车电气构造与维修 [M]. 北京：外语教学与研究出版社，2011.

[5] 王令忠，何高山. 汽车电气设备原理与检修 [M]. 武汉：华中科技大学出版社，2014.

[6] 窦宏，陈浩. 汽车电器理实一体化教材 [M]. 北京：人民交通出版社，2011.

[7] 高丽洁，李新. 汽车电气系统构造与维修 [M]. 北京：北京邮电大学出版社，2013.

[8] 舒华，姚国平. 汽车电器设备与维修 [M]. 北京：北京理工大学出版社，2012.

[9] 周建平. 汽车电气设备构造与维修 [M]. 北京：人民交通出版社，2005.

[10] 凌晨. 汽车电气设备构造与维修 [M]. 天津：天津科学技术出版社，2010.

[11] 安宗权. 汽车电工电子技术 [M]. 北京：机械工业出版社，2011.

[12] 刘文革. 实用电工电子技术基础 [M]. 第二版. 北京：中国铁道出版社，2016.

[13] 袁洪岭，印成清，张源淳. 电工电子技术基础 [M]. 第二版. 武汉：华中科技大学出版社，2016.